Leo N. Tolstoi
Macht der Finsternis

UND ANDERE DRAMEN

WINKLER VERLAG MÜNCHEN

Aus dem Russischen übersetzt von Werner Creutziger, Gudrun Düwel und Günter Jäniche. Mit einem Nachwort von Bodo Zelinsky.

ISBN Leinen 3 538 05295 6 Leder 3 538 05795 8

DER ERSTE BRANNTWEINBRENNER *ODER* WIE DAS TEUFELCHEN DIE SACHE MIT DEM BROTKANTEN WIEDERGUTMACHTE

Komödie

Personen

Bauer
Seine Frau, *genannt Marfa*
Der Großvater
Greisin
Erster Alter
Zweiter Alter
Dritter Alter
Vierter Alter
Der Nachbar
Die Mädchen
Die Burschen
Das Teufelchen, *tritt auch als Knecht Potap auf*
Der Oberste
Der Schreiber
Das geschniegelte Teufelchen
Das Gerichtsbeamtenteufelchen

ERSTER AKT

BAUER *pflügt, blickt auf*: Ist ja Mittag, Zeit, auszuspannen. Na, kriegst gleich Ruhe! Bist müd geworden, meine Falbe. Jetzt wenden, die letzte Furche lang, dann – dann essen. Ein Glück, hab mir's recht überlegt und einen Brotkanten mitgenommen. Da fahr ich nicht nach Hause. Eß mein Brot am Brunnen, halt ein Schläfchen, und die Falbe rupft sich Gras. Danach mit Gott wieder an die Arbeit. Werd früh fertig mit dem Pflügen, Gott sei's gedankt.

Das Teufelchen hüpft hervor und flitzt zum Gebüsch.

TEUFELCHEN: Ist ja ein ganz Guter! Nennt immer Gott. Wart nur, wirst auch den Teufel nennen. Ich klau ihm den Brotkanten. Er wird nach ihm greifen, wird ihn suchen. Hat ja Mordshunger, schimpfen wird er und den Teufel nennen. *Er nimmt den Kanten, trägt ihn fort, hockt sich hinter den Busch, hält Ausschau, was der Bauer tun wird.*

BAUER *löst rasch das Geschirr*: Herr, deinen Segen! *Er führt das Pferd aus dem Geschirr, läßt es frei, geht zu seinem Kaftan.* Schrecklichen Hunger hab ich! Einen mächtigen Kanten hat das Weib abgeschnitten, aber warte, den eß ich auf. *Er faßt in den Kaftan.* Nicht da. Hab wohl den Kaftan draufgelegt. *Er hebt den Kaftan hoch.* Auch hier nicht. Na, so was! *Er schüttelt den Kaftan.*

TEUFELCHEN *hinterm Busch*: Such nur, such, ich hab ihn ja hier. *Er setzt sich drauf.*

BAUER *sucht dort, wo der Kaftan gelegen hat; schüttelt weiter den Kaftan*: Nicht zu fassen, wirklich nicht zu fassen! Keiner war hier, aber der Kanten ist weg. Hätten ihn die Vögel zerpickt, lägen Krümel herum. Sind aber keine Krümel da. Keiner war hier, und doch hat ihn einer geholt.

TEUFELCHEN *richtet sich auf, beobachtet*: Gleich wird er mich nennen.

BAUER: Nichts zu machen. Werd schon nicht verhungern. Hat's einer geholt, so hat er's eben. Soll's ihm schmecken!

TEUFELCHEN *spuckt aus*: Ach, du verdammter Bauer! Er müßt doch schimpfen, aber er sagt: Soll's ihm schmecken! Nichts anzufangen mit ihm.

Der Bauer legt sich zum Schlafen zurecht, bekreuzigt sich, gähnt und schläft ein.

TEUFELCHEN *tritt hinterm Busch hervor*: Mach einer das unserm Obersten begreiflich! Der Oberste sagt immer: Zuwenig Bauern bringst du mir in die Hölle. Schau mal: Kaufleute, feine Herrschaften und Popen – wieviel von ihnen jeden Tag dazukommen. Doch an Bauern fehlt's. – Wie aber kriegt man den Bauern zu fassen? An den kommst du einfach nicht heran. Da hab ich ihm den letzten Kanten Brot geklaut – das heißt doch was! Und der schimpft nicht mal. Ich weiß mir keinen Rat mehr. Meld ich's halt dem Obersten. *Er versinkt.*

Vorhang

ZWEITER AKT

Die Hölle. Auf dem Ehrenplatz sitzt der Oberste der Teufel. Der Schreiber der Teufel sitzt tiefer, an einem Tisch mit Schreibgerät. Wachen stehen zu beiden Seiten. Rechts stehen fünf Teufelchen von unterschiedlichem Aussehen, links an der Tür steht der Pförtner; ein geschniegeltes Teufelchen steht gerade vor dem Obersten.

DAS GESCHNIEGELTE TEUFELCHEN: Meine Gesamtbeute in drei Jahren macht 203753 Menschen aus. Alle sind jetzt in meiner Gewalt.

OBERSTER: Gut. Danke. Kannst abtreten.

Das geschniegelte Teufelchen geht zu der Gruppe auf der rechten Seite.

OBERSTER *zum Schreiber*: Ich bin müde. Ist noch viel zu erledigen? Von wem haben wir schon Bericht erhalten, und von wem müssen wir ihn noch kriegen?

SCHREIBER *zählt an den Fingern ab und weist jedesmal auf eines der rechts stehenden Teufelchen; sobald ein Teufelchen genannt worden ist, verneigt es sich*: Der Adelsteufel hat Bericht erstattet. Insgesamt 1836 eingefangen. Der Kaufmannsteufel hat erstattet; bei ihm sind's 9643. Der Popenteufel hat erstattet – 1517. Der Mönchsteufel hat erstattet – 112. Der Richterteufel hat erstattet – 3423. Der Weiberteufel hat jetzt auch erstattet – zusammen 203753, und zwar an verheirateten Weibern 186315, an Mädchen 17438. Nur zwei bleiben noch: der Gerichtsbeamtenteufel und der Bauernteufel.

OBERSTER: Na, nichts zu machen, führen wir's zu Ende. *Zum Pförtner*: Laß ein!

Das Gerichtsbeamtenteufelchen tritt ein, verneigt sich vor dem Obersten.

Nun? Wie steht deine Sache?

GERICHTSBEAMTENTEUFELCHEN *lacht immerzu, reibt sich die Hände*: Meine Sache hat Hand und Fuß – ist weiß wie Ruß. Eine Beute – seit Erschaffung der Welt hat's wohl nicht solche gegeben.

OBERSTER: Hast du so viele eingefangen?

GERICHTSBEAMTENTEUFELCHEN: Nicht die Zahl macht es. An der Zahl sind's nicht mal so viele, im ganzen 1350 Mann, dafür prächtige Burschen! Burschen sind das, die könnten gleich an Teufels Stelle treten. Besser als Teufel wickeln die selber die Menschen ein. Eine neue Mode hab ich bei denen eingeführt.

OBERSTER: Was denn für eine neue Mode?

GERICHTSBEAMTENTEUFELCHEN: Na, so: Früher waren sie nur Beamte bei Gericht, haben dort die Leute betrogen. Und jetzt hab ich ihnen beigebracht, daß sie ihr Wesen auch außerhalb des Gerichts treiben. Je mehr Geld sie von jemandem kriegen, desto mehr tun sie für ihn. Solche Mühe geben die sich; auch, wenn wo gar nichts zu machen ist – sie machen was draus. Viel besser als wir Teufel stiften sie Wirrnis unter den Menschen.

OBERSTER: Ich werde sehen. Kannst abtreten.

Das Gerichtsbeamtenteufelchen geht zu der Gruppe auf der rechten Seite.

Zum Pförtner: Laß den letzten ein!

Das Bauernteufelchen tritt mit dem Brotkanten ein, wirft sich nieder.

BAUERNTEUFELCHEN: Ich halte das nicht mehr aus, versetz mich zu was anderm.

OBERSTER: Versetzen? Was faselst du? Steh auf, red vernünftig. Gib Antwort, hast du in dieser Woche viele Bauern eingefangen?

BAUERNTEUFELCHEN *weint*: Keinen einzigen!

OBERSTER: Was? Keinen einzigen? Wie das? Was hast du die ganze Zeit gemacht? Wo hast du dich rumgetrieben?

BAUERNTEUFELCHEN *mit weinerlicher Stimme*: Überhaupt nicht rumgetrieben; hab mich die ganze Zeit abgerackert, aber es ist einfach nichts zu machen. Da habe ich einem den letzten Brotkanten vor der Nase weggeholt, und der hat nicht geschimpft, sondern gesagt: Soll's dem schmecken, der's genommen hat.

OBERSTER: Was? Was ... brabbelst du daher? Schnaub erst mal aus, und dann erzähle vernünftig, sonst wird man aus dir überhaupt nicht schlau.

BAUERNTEUFELCHEN: Also, da hat ein Bauer gepflügt, und ich hab gewußt, er hat einen Brotkanten mit, sonst nichts zu essen. Den Kanten hab ich ihm geklaut. Da hätt er doch schimpfen müssen. Aber was tut er? Er sagt: Wer's genommen hat, mag's essen, und es soll ihm schmecken. Den Kanten hab ich mitgebracht. Hier ist er.

OBERSTER: Na, und die andern?

BAUERNTEUFELCHEN: Sind doch alle so – keinen einzigen hab ich eingefangen.

OBERSTER: Wie kannst du's wagen, mit leeren Händen zu mir zurückzukehren! Und noch einen stinkenden Brotkanten mitzubringen – fällt's dir ein, dich über mich lustig zu machen? Wie? Willst du in der Hölle für nichts dein Brot essen? Andere mühen sich eifrig und geschäftig. Die dort – *er weist auf die Teufelchen* –, was sie alles schon geliefert haben: der eine 10000, der andere 20000, wieder ein anderer gar 200000! Mönche hat er gebracht, ja, auch Mönche – 112. Und du kommst mit leeren Händen daher und bringst mir noch so einen Brotkanten. Erzählst mir Märchen! Treibst dich rum und arbeitest nicht. Deshalb entwischen sie dir. Wart nur, Bruder, ich bring dir's bei.

BAUERNTEUFELCHEN: Nicht prügeln! Laß mich ein paar Worte sagen! Die Teufel dort, die haben's gut: mit Bojaren und andern vom Adel, mit Kaufleuten, mit Weibern. Ist doch eine klare Sache: Zeig einem Bojaren eine Zobelmütze und ein Erbgut, schon hast du ihn in der Hand, führ ihn, wohin du willst. Genauso der Kaufmann. Zeig ihm einen Haufen Geld und weck seine Gier, und du hast ihn in der Schlinge, er reißt sich nicht mehr los. Mit Weibern ist's auch klar. Putz und Schleckereien – mach dann mit ihr, was du willst. Dagegen die Plackerei mit den Bauern. Wenn der doch vom Morgen bis zum Abend arbeitet, auch bis in die Nacht, und ohne Gottes Namen nichts anfängt – wie sollst du da an ihn herankommen? Vater, erlaß mir die Bauern; die machen mir so sehr zu schaffen. Und ihretwegen wirst du noch zornig auf mich.

OBERSTER: Schwindel, du Faulpelz. Hast keinen Grund, auf die andern zu weisen. Die Kaufleute und die Bojaren und die Weiber werden deshalb gefangen, weil die anderen Teufel verstehen, wie sie an sie herangehen müssen, weil sie neue Schliche ausdenken. Der Gerichtsbeamtenteufel zum Beispiel hat einen ganz neuen Dreh erfunden. Und du, streng deinen Kopf an. Rühmt sich noch, daß er einen Brotkanten geklaut hat. Sieh einer den Schlaukopf an. Leg Netze aus, in eins werden sie wohl geraten. Aber weil du dich herumtreibst und ihnen freien Lauf läßt, geht's denen, deinen Bauern, gar zu wohl. Jetzt tut ihnen nicht mal mehr ein Brotkanten leid. Wenn die solche Gewohnheiten annehmen und womöglich noch ihren Weibern beibringen, ist mit ihnen überhaupt nichts mehr anzufangen. Denk dir was aus. Streng dich an, sosehr du kannst.

BAUERNTEUFELCHEN: Was soll ich mir bloß ausdenken. Gib mir andere Arbeit. Ich kann nicht mehr.

OBERSTER *zornig*: Du kannst nicht! Soll ich etwa selber, wie, für dich arbeiten gehn?

BAUERNTEUFELCHEN: Ich kann nicht.

OBERSTER: Du kannst nicht? Warte. He! Her mit den Ruten, gebt's ihm!

Die Wachen packen das Teufelchen und peitschen es.

BAUERNTEUFELCHEN: Au! Au! Au!

OBERSTER: Hast du dir was ausgedacht?

BAUERNTEUFELCHEN: Au! Au! Ich kann mir nichts ausdenken.

OBERSTER: Macht weiter.

Sie peitschen.

Ausgedacht?

BAUERNTEUFELCHEN: Ja, ja!

OBERSTER: Los, berichte, was hast du dir ausgedacht?

BAUERNTEUFELCHEN: Ich hab mir einen Kniff ausgedacht, wie ich alle in meine Hand kriege. Erlaub mir nur, daß ich mich bei einem Bauern als Knecht verdinge. Vorher verraten kann ich's nicht.

OBERSTER: Meinetwegen. Aber merk dir, wenn du in drei Jahren die Sache mit dem Brotkanten nicht gutgemacht hast, bad ich dich in Weihwasser.

BAUERNTEUFELCHEN: In drei Jahren sind sie alle mein.

OBERSTER: Gut. In drei Jahren komm ich selber und seh nach.

Vorhang

DRITTER AKT

Ein Kornspeicher; Wagen voll Korn. Der Teufel als Knecht. Er schaufelt das Korn von den Wagen, der Bauer trägt es in der Metze fort.

KNECHT: Der siebente.

BAUER: Und wieviel Scheffel sind's jetzt?

KNECHT *sieht nach den Strichen an der Tür*: Genau sechsundzwanzig Scheffel, vom siebenundzwanzigsten ist es die siebte Metze.

BAUER: Da geht gar nicht alles rein, ist schon voll.

KNECHT: Schieb's richtig breit.

BAUER: Mach ich schon. *Er trägt die Metze fort.*

KNECHT *allein, nimmt die Mütze ab, die Hörner kommen zum Vorschein*: Jetzt taucht er nicht so bald wieder auf. Da kann ich die Hörner mal ein bißchen strecken.

Die Hörner richten sich auf.

Und auch die Stiefel ausziehn – wenn er dabei ist, geht's ja nicht. *Er zieht die Beine aus den Stiefeln, man sieht die Hufe. Er setzt sich auf die Schwelle.* Nun bin ich schon das dritte Jahr hier. Bald muß abgerechnet werden. Für das Korn reicht der Speicher nicht aus. Bleibt also nur noch, ihm den letzten Kniff beizubringen. Dann mag der Oberste nur kommen und nachsehen. Ich werd ihm was zu zeigen haben. Entgelten wird er mir das mit dem Brotkanten.

Ein Nachbar kommt. Der Knecht versteckt die Hörner.

NACHBAR: Guten Tag!

KNECHT: Guten Tag!

NACHBAR: Wo ist denn der Bauer?

KNECHT: Drin in der Kornkammer, schiebt das Korn breit; er bringt sonst nicht alles unter.

NACHBAR: Der reine Segen bei deinem Herrn. Nicht mal der Platz reicht aus. Wir wundern uns alle drüber, wie bei ihm das Korn gedeiht, nun schon das zweite Jahr. Als sagt's ihm jemand ins Ohr. Voriges Jahr gab's Dürre – er hat unten am Sumpf gesät; andere ernteten wenig, ihr kriegtet den Speicher voll. Heuer ist ein nasses Jahr – er hat's geahnt und oben auf dem Hügel gesät. Andre haben Körner, die im Speicher schwitzen, bei euch sind sie prächtig ausgereift. Ein Korn ist das, ein Korn! *Er schüttelt ein paar Körner in der Hand, zerbeißt sie dann.*

BAUER *kommt mit der leeren Metze*: Guten Tag, Gevatter.

NACHBAR: Guten Tag. Ich unterhalt mich grad mit deinem Knecht darüber, daß ihr's wieder gut getroffen habt, wo auszusäen wär. Alle Leute beneiden dich. Eine Ernte habt ihr, eine Ernte! Die eßt ihr doch bestimmt in zehn Jahren nicht auf.

BAUER: Verdank ich dem Potap. *Er zeigt auf den Knecht.* Er hat die glückliche Hand. Voriges Jahr, da schick ich ihn zum

Pflügen, und er, sieh einer an, pflügt unten am Sumpf. Ich hab ihn ausgeschimpft. Aber er hat mich überredet, grad dort zu säen. Das haben wir gemacht, und es ist gut gegangen. Und dieses Jahr hat er's wieder getroffen, hat oben auf dem Hügel gesät.

NACHBAR: Grad als ob er wüßt, was für ein Jahr kommt. Na, du hast ja mächtig eingefahren.

Schweigen.

Ich komm nämlich, weil ich dich um einen Scheffel Roggen bitten möcht. Hab selber gar nichts mehr; nächstes Jahr kriegst du ihn zurück.

BAUER: Gut, gut, den kannst du kriegen.

KNECHT *stößt den Bauern an*: Gib nichts.

BAUER: Laß das Schubsen. – Nimm nur.

NACHBAR: Danke, ich lauf und hol einen Sack.

KNECHT *beiseite*: Er läßt nicht von der alten Gewohnheit – er gibt. Hört nicht in allem auf mich. Na, abwarten, bald läßt er das bleiben, das Geben.

Der Nachbar geht ab.

BAUER *setzt sich auf die Schwelle*: Warum soll ich einem guten Menschen nichts borgen?

KNECHT: Borgen, meinetwegen; aber du kriegst es doch nicht zurück. Verborgen ist wie was bergab rollen lassen; wiederkriegen ist wie mühsam bergauf ziehn. So sagen die alten Leute.

BAUER: Ach was. Ist ja viel Korn da.

KNECHT: Ja, viel Korn. Und weiter?

BAUER: Das reicht nicht bloß bis zur neuen Ernte, nein, das reicht für zwei Jahre. Also wohin damit?

KNECHT: Was heißt: wohin? Aus deinem Korn, da mach ich dir so was Feines, daß du dein Leben lang deine Freude dran hast.

BAUER: Was machst du denn draus?

KNECHT: Ein Getränk mach ich draus. Ein Getränk – wenn einer keine Kraft mehr hat und davon trinkt, kriegt er Kraft; hat er Hunger, macht ihn das Getränk satt. Findet er keinen Schlaf – einen Schluck davon, gleich schläft er; ist ihm traurig zumut, macht's ihn lustig. Hat er Angst, macht's ihm Mut. So ein Getränk bereit ich dir!

BAUER: Schwindel!

KNECHT: Von wegen Schwindel! Hast mir auch nicht geglaubt, als ich dir sagte, du sollst das Korn erst unten am Sumpf, dann oben auf dem Hügel säen. Jetzt siehst du's ein. Auch das mit dem Getränk siehst du noch ein.

BAUER: Woraus bereitest du denn das?

KNECHT: Na, eben aus dem Korn.

BAUER: Wird's auch nicht sündhaft sein?

KNECHT: Ach was! Warum denn sündhaft? Alles ist dem Menschen zur Freude gegeben.

BAUER: Wo hast du eigentlich so viel Verstand aufgelesen? Schau ich dich so an – bist doch ein einfacher Mensch, nichts weiter. Und sehr tüchtig: Bist nun schon zwei Jahre hier und hast dabei kein einziges Mal die Stiefel ausgezogen. Aber alles weißt du. Wo hast du das her?

KNECHT: Bin halt weit herumgekommen.

BAUER: Also frische Kraft kriegt man davon, von dem Trank?

KNECHT: Wirst es ja sehen – lauter Gutes verschafft er dir!

BAUER: Und wie werden wir ihn denn bereiten?

KNECHT: Ist gar nicht schwer, wenn man's einmal weiß. Bloß 'nen Kessel müssen wir beschaffen und zwei eiserne Töpfe.

BAUER: Und schmeckt er auch gut?

KNECHT: Köstlich wie Honig. Probierst du ein einziges Mal, kommst du dein Leben lang nicht davon los.

BAUER: Wahrhaftig? Ich geh zum Gevatter, der hatte mal 'nen Kessel. Wir müssen's versuchen.

Vorhang

VIERTER AKT

Die Bühne stellt eine Scheune dar; in der Mitte ein rußverschmierter Kessel auf dem Feuer; ferner ein eiserner Topf mit Hahn.

KNECHT *hält ein Glas unter den Hahn, trinkt vom Branntwein*: Also, Bauer – fertig.

BAUER *hockt auf den Fersen, sieht zu*: Ist ja ein Ding! Aus dem Teig fließt Wasser. Das läßt du wohl erst noch ablaufen?

KNECHT: Das ist kein Wasser, das ist ja eben er.

BAUER: So klar? Ich dacht, er wär dunkel, so wie Bier. Aber er sieht aus wie Wasser.

KNECHT: Riech doch mal dran.

BAUER *schnuppert*: Mm, feiner Duft! Na, gib mal, gib mal, möcht doch probieren, wie er schmeckt. *Er will dem Knecht das Glas aus der Hand reißen.*

KNECHT: Langsam, sonst verschüttest du's. *Er dreht den Hahn zu, trinkt selbst, schnalzt mit der Zunge.* Gelungen! Na, trink.

BAUER *nimmt anfangs ganz kleine Schlucke, dann immer größere, trinkt schließlich alles aus; dann hält er das Glas hin:* Gieß noch mal ein. Von so einem bißchen kriegt man den Geschmack nicht weg.

KNECHT *lacht*: Findest wohl Gefallen dran? *Er gießt wieder ein.*

BAUER *trinkt*: Feine Sache! Da muß ich gleich die Alte rufen. He, Marja, komm her. Er ist fertig! Komm, na, komm schon!

Die Frau und die kleine Tochter des Bauern treten auf.

FRAU: Was ist los, was brüllst du?

BAUER: Da, koste doch, was wir gebraut haben. *Er gibt ihr das Glas.* Riech erst mal.

FRAU *schnuppert*: Ei, ei!

BAUER: Trink!

FRAU: Hoffentlich wird nichts Schlimmes draus?

BAUER: Trink, Dumme.

FRAU *trinkt*: Der schmeckt aber gut!

BAUER *ein wenig beschwipst*: Gut, und ob! Jetzt wart mal, was weiter wird. Der Potap sagt, der Trank treibt die ganze Müdigkeit aus dem Körper. Junge macht er alt ... ach, was red ich! Alte macht er jung. Da hab ich bloß zwei Gläschen getrunken, und gleich ist mir so, als würden alle krummen Knochen wieder gerade. *Keck und stolz*: Siehst du? Paß auf, wenn wir beide jeden Tag davon trinken, sind wir bald wieder jung. Ach, Maschenka! *Er umarmt sie.*

FRAU: Hör auf! Bist ja schon ganz närrisch davon.

BAUER: Da siehst du! Du hast immer gesagt, ich und Potap, wir verderben das Korn; dabei haben wir so was Großartiges hergezaubert. Sag mal, ist doch gut, wie?

FRAU: Wie wär's nicht gut, wenn's Alte zu Jungen macht. Sieh einer an, wie lustig du geworden bist. Auch mir ist's so leicht und froh. So zum Singen! I... i... i... *Sie singt.*

BAUER: Eben. Alle werden wir jung, alle werden wir lustig sein.

FRAU: Holen wir die Schwiegermutter her, die ist doch immer so mürrisch und brummig. Soll die auch anders werden. Wird sie jünger, wird sie auch besser.

BAUER *betrunken*: Hol die Mutter, hol sie her. He, du, Maschka! Lauf, sag der Großmutter und auch dem Urgroßvater, sie sollen herkommen. Sag, ich heiß ihn gleich vom Ofen runtersteigen. Braucht dort nicht rumzuliegen! Jung machen wir ihn. Na, hopp! Flitz, daß die Beine fliegen, hopp!

Das Mädchen rennt fort.

Zu seiner Frau: Na, für jeden noch ein Gläschen!

Der Knecht gießt ein und bringt die Gläser.

Der Bauer trinkt aus: Zuerst hat er mich bloß oben jung gemacht, in der Zunge, dann ging's in die Hände. Jetzt fährt er in die Beine. Ich spür richtig, wie sie jung werden. Da, die rühren sich schon von selber. *Er beginnt zu tanzen.*

FRAU *trinkt aus*: Los, Meister, Potapuschka, spiel auf!

Potap nimmt eine Balalaika, spielt. Der Bauer und seine Frau tanzen.

KNECHT *spielt auf der Vorbühne und lacht, zwinkert den Tanzenden zu; er hört auf zu spielen, doch die beiden tanzen immer weiter*: Entgelten wirst du mir das mit dem Brotkanten. Die beiden hab ich sicher, die winden sich nicht mehr raus. Mag er kommen und sehen.

Eine rüstige Greisin tritt auf und ein alter, weißhaariger Mann.

GROSSVATER: Ihr seid wohl übergeschnappt? Andere arbeiten, und ihr tanzt.

FRAU *tanzt und klatscht in die Hände*: Juchhe, juchhe. *Sie singt*: Hab gesündigt, hab gesündigt – Gott allein ist ohne Sünd!

GREISIN: Ach, du Unflat! Der Herd ist nicht abgeräumt, und die tanzt!

BAUER: Du, Mütterchen, warte. Sollst mal sehen, was wir hier Feines tun! Wir machen Alte wieder jung. Paß auf. Hier, mußt bloß das trinken! *Er gibt ihr ein Glas.*

GREISIN: Wasser ist auch im Brunnen genug. *Sie schnuppert.* Was hast du denn da reingelassen? Ein Duft ist das, ei, ei!

BAUER UND FRAU: Trink doch!

GREISIN *probiert*: Sieh einer an! Und man stirbt nicht davon?

FRAU: Richtig lebendig wirst du davon. Ganz jung.

GREISIN: Also dann! *Sie trinkt.* Mm, gut! Besser als Bier. Jetzt, Väterchen, versuch's auch du.

Der Großvater setzt sich und schüttelt den Kopf.

KNECHT: Laßt ihn. Aber das Großmütterchen, das braucht noch ein Glas. *Er bringt es der Greisin.*

GREISIN: Ist auch nichts Schlimmes dabei? Oh, wie das brennt! Aber es tut wohl.

FRAU: Trink nur. Du wirst spüren, wie's durch die Adern läuft.

GREISIN: Das muß ich doch mal sehn. *Sie trinkt aus.*

FRAU: Na, ist's schon in den Beinen?

GREISIN: 's ist unterwegs. Jetzt, ja, jetzt ist es drin! Und so leicht wird einem davon. Na, noch ein bißchen! *Sie trinkt wieder.* Herrlich ist das! Und ganz jung bin ich geworden.

BAUER: Hab's dir doch gesagt.

GREISIN: Schade, daß mein Alter nicht mehr lebt! Könnt er wenigstens noch einmal sehen, wie ich als junges Weib war.

Der Knecht spielt, der Bauer und seine Frau tanzen. Die Greisin tritt in die Mitte. Nennt ihr das vielleicht tanzen? Ich werd's euch mal zeigen. *Sie tanzt.* So geht das. Und auch so und so. Seht ihr?

Der Großvater tritt an den Kessel und läßt den Branntwein herauslaufen.

BAUER *bemerkt es und stürzt sich auf den Großvater*: Was hast du, Halunke, da angerichtet? So kostbares Gut läßt du weglaufen? Ach, du alter Murrkopf! *Er stößt ihn weg und hält das Glas unter den Hahn.* Alles fort.

GROSSVATER: Ein Übel ist das, kein kostbares Gut. Gott hat dich Korn ernten lassen, damit du dich selber und andere ernährst, und du vergeudest es, machst ein Teufelsgetränk draus. Das bringt dir nichts Gutes. Hör damit auf. Sonst gehst du dran zugrunde und verdirbst auch andre! Du meinst, es wär ein Trank? Feuer ist es, das dich verbrennt.

Der Großvater holt ein glühendes Scheit unterm Kessel hervor und hält es an den ausgegossenen Branntwein. Der Branntwein flammt auf. Alle blicken entsetzt darauf.

Vorhang

FÜNFTER AKT

Die Stube im Hause des Bauern; nur der Knecht mit Hörnern und Hufen ist da.

KNECHT: An Korn fehlt's nicht, ist gar nicht unterzubringen, und er, er hat sich schon ganz dran gewöhnt. Grad haben wir wieder welchen gebrannt; den haben wir in ein Fäßchen gefüllt und vor den Leuten versteckt. Umsonst geben wir ihn keinem zu trinken. Wenn uns einer nützen kann, dem geben wir was davon. Jetzt hab ich ihn dahin gekriegt, daß er die Alten vom Dorfrat einlädt und ihnen den Trank vorsetzt, damit sie ihm helfen, mit dem Großvater auseinanderzukommen – damit der Großvater nämlich nichts kriegt. Nun ist auch meine Frist abgelaufen, drei Jahre sind vorbei, und mein Werk ist getan. Mag jetzt der Oberste selber kommen und nachsehen. Ich brauch mich nicht zu schämen.

Aus der Erde steigt der Oberste hervor.

OBERSTER: Deine Frist ist um. Hast du das mit dem Brotkanten wiedergutgemacht? Ich hab dir ja gesagt, ich komme selber und sehe nach. Hast du den Bauern eingewickelt?

KNECHT: Ganz und gar. Überzeug dich selbst. Gleich werden sich etliche hier einfinden. Hock dich in den Ofen, und sieh zu, was sie tun. Du wirst zufrieden sein.

OBERSTER *kriecht in den Ofen*: Wir werden sehen.

Der Bauer und vier Alte treten auf; hinter ihnen die Frau des Bauern. Man setzt sich um den Tisch. Die Frau deckt den Tisch, trägt Sülze und Pasteten auf. Begrüßung zwischen den Alten und dem Knecht.

ERSTER ALTER: Wie steht's denn, hast du noch viel von dem Getränk gemacht?

KNECHT: Wir haben halt gebrannt, soviel wie gebraucht wurde. Was sollen wir das kostbare Gut verschwenden?

ZWEITER ALTER: Und ist es gut gelungen?

KNECHT: Noch besser als damals.

ZWEITER ALTER: Wo hast du das denn gelernt?

KNECHT: Kommst du durch die Welt, so schnappst du manches auf.

DRITTER ALTER: Hm, ja – du bist ein Schlauer.

BAUER: Greift zu!

FRAU *bringt eine Karaffe mit Branntwein und gießt ein*: Mög's euch schmecken!

ERSTER ALTER *trinkt*: Auf euer Wohl. Ah gut! Wie das in die Gelenke geht. Das ist ein Trank!

Der Reihe nach trinken auch die anderen drei Alten den Wirtsleuten zu. Der Oberste kriecht aus dem Ofenloch, der Knecht stellt sich neben ihn.

KNECHT *zum Obersten*: Beobachte gut, was jetzt passiert. Ich werd der Frau ein Bein stellen, sie wird den Trank verschütten. Der Bauer, dem's damals um seinen Brotkanten nicht leid tat – paß auf, wie der sich jetzt verhält, wenn's um ein Gläschen Branntwein geht.

BAUER: Also, Frau, gieß wieder ein, reihum: dem Gevatter, dann dem Onkel Michailo.

FRAU *fängt an einzugießen, geht um den Tisch herum, der Knecht stellt ihr ein Bein, sie stolpert und verschüttet den Inhalt eines Glases*: O weh, ihr Lieben, hab was verschüttet! Muß dich auch der Böse mir in die Quere schicken!

BAUER *zu seiner Frau*: Was hast du für schiefe Pfoten, pfui Teufel! Bist selber nichts als Ungeschick und regst dich über andre auf. Was für kostbares Gut schüttest du auf den Boden!

FRAU: War doch aus Versehen.

BAUER: Was heißt: aus Versehen. Wart nur, gleich steh ich auf, dann bring ich dir bei, wie man Branntwein wegschüttet. *Zum Knecht*: Na, und du, Verfluchter, was quirlst du um den Tisch rum? Geh du zum Teufel!

Die Frau gießt von neuem ein und stellt den Branntwein vor die Gäste hin.

KNECHT *geht zum Ofen und spricht mit dem Obersten*: Siehst du, um den letzten Brotkanten tat's ihm nicht leid, aber wo's um ein Gläschen Branntwein geht, da verprügelt er beinah seine Frau, und mich schickt er zu dir, zum Teufel.

OBERSTER: Gut, sehr gut. Ein Lob für dich!

KNECHT: Warte noch. Laß sie erst mal die ganze Flasche leer trinken; paß auf, was dann noch geschieht. Jetzt reden sie schon glatt und ölig daher, aber gleich werden sie einander derart mit Schmeicheleien überschütten, daß sie ganz und gar zu hinterlistigen Füchsen werden.

BAUER: Also, wie steht's, meine lieben Alten, wie werdet ihr nun meine Sache entscheiden? Bei mir hat der Großvater gewohnt, ich hab ihn ernährt, ja, ernährt, aber jetzt ist er zu meinem Onkel gezogen, will sich seinen Anteil am Haus auszahlen lassen und ihn dem Onkel geben. Findet da mal eine gute Lösung. Ihr seid kluge Männer. Ohne euch sind wir wie ohne Kopf. Keiner im ganzen Dorf kann sich doch mit euch messen. Da ist der Iwan Fedotytsch; die Leute sagen, er ist der gescheiteste Mann im Dorf. Und ich sag dir, Iwan Fedotytsch, die Wahrheit: Mehr als Vater und Mutter lieb ich dich. Na, und Michail Stepanytsch, mein lieber alter Freund.

ERSTER ALTER *zum Bauern*: Mit einem guten Menschen ist auch gut reden – da lernst du was dazu. So wie mit dir. Da ist doch keiner, der an dich rankäme.

ZWEITER ALTER: Weil du nämlich gescheit und freundlich bist; drum hab ich dich auch gern.

DRITTER ALTER: Du tust mir wegen der Sache so leid, ich find gar keine Worte dafür. Grad hab ich das zu meiner Alten gesagt.

VIERTER ALTER: Bist mein Freund, wahrhaftig, mein lieber Freund.

KNECHT *stößt den Obersten an*: Siehst du! Alles gelogen. Kaum sind sie allein, schimpft einer über den andern. Und jetzt, schau nur, sie schmieren einander Honig ums Maul, wedeln mit den Schwänzen, die Füchse. Und alles von meinem Trank.

OBERSTER: Ein guter Trank! Ein sehr guter. Wenn die so lügen, gehören sie alle uns. Gut, ein Lob für dich!

KNECHT: Warte, laß sie die nächste Flasche leeren; paß auf, was dann geschieht.

FRAU *gießt wieder ein*: Trinkt, daß es euch wohl ergeh.

ERSTER ALTER: Wird's nicht zuviel? Na, zum Wohl! *Er trinkt.* Mit einem guten Menschen ist's auch ehrenhaft zu trinken.

ZWEITER ALTER: Geht gar nicht anders, da trinkt man halt. Auf euer Wohl, Wirt und Wirtin!

DRITTER ALTER: Herzensfreunde, auf euer Wohl!

VIERTER ALTER: Ist das ein Gebräu! Lustig Brüder! Alles machen wir. Denn was ich sag, das geschieht.

ERSTER ALTER: Von wegen – was du sagst! Zu geschehen hat, wie die sagen, die älter sind als du.

VIERTER ALTER: Älter, dafür dümmer. Steck du dich bei der Kuh untern Schwanz.

ZWEITER ALTER: He, du schimpf nicht rum! Dummer Kerl!

DRITTER ALTER: Recht hat er. Denn der Bauer hier, der bewirtet uns nicht bloß so. Der will was von uns. Darüber läßt sich reden. Tisch nur weiter auf. Laß was springen. Denn du brauchst mich, aber ich brauch dich nicht. Wer bist du schon? Du paßt grad in den Saustall.

BAUER: Bist selber für den Saustall. Der reißt das Maul auf. Denkst, du kannst mir was vormachen? Fressen, ja, darauf seid ihr aus.

ERSTER ALTER: Großmaul! Ich werd dir mal die Nase breitdrücken.

BAUER: Wer wem?

ZWEITER ALTER: Ist ja 'ne Unverschämtheit! Hol dich doch der Teufel! Ich will nicht mit dir reden, ich geh.

BAUER *hält ihn zurück*: Warum verdirbst du die Geselligkeit?

ZWEITER ALTER: Laß los! Ich schlag zu!

BAUER: Ich laß nicht los! Was fällt dir überhaupt ein?

ZWEITER ALTER: Jetzt reicht's mir. *Er schlägt zu.*

BAUER *zu den anderen Alten*: Helft mir doch!

Prügelei. Der Bauer und die Alten reden plötzlich alle gleichzeitig.

ERSTER ALTER: Weil, nämlich, immer lu...ustig!

ZWEITER ALTER: Krieg ich alles fertig!

DRITTER ALTER: Schenk ein, schenk ein!

BAUER *zu seiner Frau*: Mach noch mal voll!

Alle setzen sich wieder an den Tisch und trinken.

KNECHT *zum Obersten*: Hast du's gesehn? Jetzt spricht aus ihnen das Wolfsblut. Wie Wölfe, so böse sind sie alle geworden.

OBERSTER: Ein guter Trank! Ein Lob für dich!

KNECHT: Warte. Laß sie noch die dritte Flasche leeren, und paß auf, was dann geschieht.

Vorhang

SECHSTER AKT

Die Bühne stellt eine Dorfstraße dar. Rechts sitzen alte Männer auf Balken, unter ihnen der Großvater. In der Mitte tanzen Bäuerinnen, junge Mädchen und Burschen zur Melodie eines Tanzliedes den Reigen. Aus dem Haus des Bauern dringt Lärm, das Geschrei der Betrunkenen; einer der Alten kommt heraus und grölt etwas mit trunkener Stimme; nach ihm tritt der Bauer heraus und holt ihn zurück.

GROSSVATER: Ach, solche Sünden, solche Sünden! Was fehlt ihnen denn? Werktags arbeite, kommt der Feiertag, so wasch dich, richt das Geschirr her, ruh dich aus, sitz bei deiner Familie, geh auch mal hinaus, unterhalt dich mit den Alten über dies und jenes, was die Gemeinde angeht. Bist du jung, na gut, dann sollst du tanzen! Da, wenn sie schön tanzen, macht das Zuschaun Freude. Wenn's ordentlich und schön zugeht.

Geschrei im Haus.

Aber das da drin? Die bringen bloß die Menschen durcheinander, den Teufeln zur Lust. Und alles vom fetten Leben!

Aus dem Haus wälzen sich die Betrunkenen, taumeln auf den Reigen zu, schreien, greifen nach den Mädchen.

DIE MÄDCHEN: Laß das, Onkel Karp, was fällt dir ein!

DIE BURSCHEN: Da müssen wir woanders hin. Die stören einen bloß.

Alle gehen ab außer den Betrunkenen und dem Großvater.

BAUER *geht zum Großvater, macht ihm eine lange Nase*: Na, was hast du jetzt davon? Die Alten haben versprochen, daß ich alles kriege. Und du kriegst 'nen Dreck! Schluck das mal runter. Alles für mich und gar nichts für dich. Gleich sagen sie's dir.

Der erste, der zweite, der dritte und der vierte Alte reden gleichzeitig.

ERSTER ALTER: Weil nämlich – alles nach Recht und Gesetz, das kann ich entscheiden.

ZWEITER ALTER: Und ich behalt immer recht, gegen jeden, hab doch selber 'nen Kopf.

DRITTER ALTER: Freund, lieber, allerliebster!

VIERTER ALTER: Haus und Herd, was kümmert's mich heut – wir sind so lustig, wir sind voll Freud!

Die Alten taumeln umher, sie stützen sich gegenseitig, so daß sich zwei Paare bilden; sie gehen langsam ab, erst das eine Paar, dann das andere. Der Bauer will wieder ins Haus, er schafft es nicht, er stolpert, fällt um und brummt etwas Unverständliches; es klingt wie das Grunzen eines Schweines. Der Großvater und die anderen Bauern stehen auf und gehen ab. Der Oberste und der Knecht treten auf.

KNECHT: Hast du's gesehen? Jetzt spricht aus ihnen das Schweineblut. Eben waren sie Wölfe, jetzt sind sie zu Schweinen geworden. *Er zeigt auf den Bauern.* Da liegt er wie ein Eber im Dreck und grunzt.

OBERSTER: Du hast es wiedergutgemacht! Erst sind sie zu Füchsen, dann zu Wölfen und schließlich zu Schweinen geworden. Das heiß ich einen prächtigen Trank! Sag, wie hast du ihn bereitet? Hast gewiß Fuchsblut und Wolfsblut und Schweineblut hineingetan.

KNECHT: Nein, ich hab nur dafür gesorgt, daß mehr Korn wuchs, als er brauchte. Als er an Korn bloß das Nötigste hatte, tat's ihm um einen Brotkanten gar nicht leid; aber als der Überfluß kam, da regte sich in ihm das Fuchsblut, das Wolfsblut und das Schweineblut. Tierblut war immer in ihm, es konnte bloß nicht, wie es wollte.

OBERSTER: Bist tüchtig! Hast das mit dem Brotkanten wiedergutgemacht. Jetzt brauchen sie bloß Branntwein zu trinken, und wir haben sie immer in der Hand!

Vorhang

MACHT DER FINSTERNIS *ODER* STECKT DIE KRALLE IN DER FALLE IST DER VOGEL SCHON VERLOREN

Drama in fünf Akten

> Ich aber sage euch: Wer eine Frau ansieht, ihrer zu begehren, der hat schon mit ihr die Ehe gebrochen in seinem Herzen.
> Wenn dir aber dein rechtes Auge Ärgernis schafft, so reiß es aus und wirf's von dir. Es ist dir besser, daß eins deiner Glieder verderbe und nicht der ganze Leib in die Hölle geworfen werde.
>
> *(Matthäus 5, 28 und 29)*

Personen

Pjotr, *ein reicher Bauer, 42 Jahre, zum zweitenmal verheiratet, kränklich*
Anissja, *seine Frau, 32 Jahre, möchte gern gefallen*
Akulina, *Pjotrs Tochter aus erster Ehe, 16 Jahre, schwerhörig, einfältig*
Anjutka, *Pjotrs Tochter aus zweiter Ehe, 10 Jahre*
Nikita, *Pjotrs Knecht, 25 Jahre, ein Stutzer*
Akim, *Nikitas Vater, 50 Jahre, ein unansehnlicher einfacher Mann, gottesfürchtig*
Matrjona, *Nikitas Mutter, 50 Jahre*
Marina, *Waise, 22 Jahre*
Marinas Mann
Marfa, *Pjotrs Schwester*
Mitritsch, *ein alter Knecht, ehemaliger Soldat*
Nachbarin
Gevatterin
Brautwerber, *ein mürrischer Bauer*
Akulinas Bräutigam
Erstes Mädchen
Zweites Mädchen
Gendarm
Kutscher
Brautführer
Heiratsvermittlerin
Dorfschulze
Hochzeitsgäste

Ort der Handlung: ein großes Dorf

ERSTER AKT

Es ist Herbst. Die Bühne stellt die geräumige Stube in Pjotrs Haus vor. Pjotr sitzt auf der Bank, bessert ein Kummet aus. Anissja und Akulina spinnen. Die Frauen singen zweistimmig.

PJOTR *blickt aus dem Fenster*: Schon wieder sind die Pferde raus. Machen mir womöglich das Fohlen noch kaputt. Nikita, he, Nikita! Ist der Kerl taub! *Er horcht. Zu den Frauen*: Seid mal still, man versteht ja nichts.

NIKITAS STIMME *vom Hof*: Was ist?

PJOTR: Treib die Pferde rein.

NIKITAS STIMME: Ja doch. Gleich.

PJOTR *kopfschüttelnd*: Dieses Gesinde! Wär ich gesund, nie im Leben würd ich Knechte halten. Machen nichts als Ärger. *Er steht auf und setzt sich wieder.* Nikita ... Weg ist er. Geh doch mal eine von euch. Akul, geh, treib sie ein!

AKULINA: Die Pferde?

PJOTR: Was sonst?

AKULINA: Mach ich. *Sie geht ab.*

PJOTR: Ein Faulenzer, der Junge – pfeift auf die Wirtschaft. Eh der sich mal dreht ...

ANISSJA: Dafür bist du ein ganz flinker: husch vom Ofen auf die Bank. Aber die Leute antreiben.

PJOTR: Treibt man euch nicht an, ist übers Jahr von Haus und Hof nichts mehr da. So ein Volk!

ANISSJA: Zehnerlei hängst du einem auf, und dann schimpfst du noch. Wer auf dem Ofen liegt, hat leicht kommandieren.

PJOTR *seufzt*: Wenn's mich nicht so erwischt hätt, keinen Tag länger würd ich ihn halten.

AKULINAS STIMME *hinter der Szene*: Eh, eh, eh ...

Man hört ein Fohlen wiehern und Pferde zum Tor hereinlaufen. Das Tor knarrt.

PJOTR: Das Maul aufreißen – ja, das versteht er. Wahrhaftig, ich würd ihn nicht halten.

ANISSJA *äfft ihn nach*: Nicht halten. Greif selber zu, dann kannst du reden.

Akulina tritt ein.

AKULINA: War'n schweres Stück. Immer der Graue ...

PJOTR: Und der Nikita, wo steckt der?

AKULINA: Nikita? Steht draußen.

PJOTR: Na und?

AKULINA: Und was? Steht an der Ecke und quatscht.

PJOTR: Aus der ist nichts rauszukriegen. Mit wem quatscht er?

AKULINA *versteht nicht*: Was?

Pjotr winkt ab; Akulina setzt sich ans Spinnrad.
Anjutka läuft herein.

ANJUTKA *zur Mutter*: Zu Nikita sind sein Vater und seine Mutter gekommen. Wolln ihn nach Hause holn, Ehrenwort.

ANISSJA: Stimmt das?

ANJUTKA: Klar! Ungelogen! *Sie lacht.* Wie ich vorbeigeh, da sagt er doch, der Nikita: »Leb nun wohl, Anna Petrowna«, sagt er. »Kannst mich besuchen zum Hochzeitfeiern. Ich geh fort von euch«, sagt er. Und lacht.

ANISSJA *zu ihrem Mann*: Auf dich ist keiner sehr angewiesen. Da – der geht von selber ... Und du: »Ich schmeiß ihn raus!«

PJOTR: Soll er gehn. Als ob ich keinen andern fänd!

ANISSJA: Und sein Vorschuß?

Anjutka nähert sich der Tür, bleibt lauschend stehen und geht ab.

PJOTR *mit finsterem Gesicht*: Das Geld, das kann er im Sommer abdienen.

ANISSJA: Das Fortschicken macht dir Spaß – einen Fresser weniger. Ich – ja, ich kann dann im Winter allein ochsen. Das Mädchen, das hält vom Arbeiten nicht grad viel, und du liegst auf dem Ofen. Ich kenn dich.

PJOTR: Wart's erst ab, eh du dir das Maul wund redst.

ANISSJA: Der Hof ist voll Vieh. Die Kuh hast du nicht verkauft, die Schafe behältst du alle übern Winter, mit Füttern und

Tränken wird man nicht fertig, und da willst du den Knecht fortlassen. Ich denk nicht dran, die Männerarbeit zu machen! Ich leg mich, grad wie du, auf den Ofen – soll meinetwegen alles verkommen. Halt's, wie du willst.

PJOTR *zu Akulina*: Geh füttern, mach schon, 's ist Zeit.

AKULINA: Füttern? Na gut. *Sie zieht den Kaftan über und holt einen Strick.*

ANISSJA: Ich werd nicht arbeiten, merk dir's. Ich tu's einfach nicht. Arbeit selber.

PJOTR: Dann eben nicht. Was blökst du? Grad wie ein Schaf mit 'nem Drehwurm.

ANISSJA: Und du bist ein Hund mit Tollwut! Keinen Nutzen hat man von dir, keine Freude. Vergällst einem bloß das Leben. Ein knurriger Köter, wahrhaftig.

PJOTR *spuckt aus und zieht sich den Rock über*: Pfui Teufel! Gott verzeih mir's. Ich geh nach dem Rechten sehn. *Er geht ab.*

ANISSJA *hinterher*: Stinkteufel, langnasiger!

AKULINA: Warum schimpfst du auf den Vater?

ANISSJA: Was geht's dich an, dummes Stück. Halt's Maul!

AKULINA *geht zur Tür*: Ich weiß, warum du schimpfst. Selber dummes Stück. Ekel! Ich hab keine Angst vor dir.

ANISSJA: Waaas? *Sie springt auf und sucht etwas zum Zuschlagen.* Wart nur, ich krieg dich mit dem Ofenhaken.

AKULINA *die Tür öffnend*: Ein Ekel bist du, ein Teufel, jawohl! Teufel, Ekel, Ekel, Teufel! *Sie läuft davon.*

ANISSJA *nachdenklich*: Zur Hochzeit, sagt er, soll sie ihn besuchen. Was haben die da ausgeheckt? Hochzeit? Warte, Nikitka, wenn du das im Sinne hast, mach ich ernst ... Ohne ihn leben, das kann ich nicht. Ich laß ihn nicht.

Nikita tritt ein und schaut sich um. Da er sieht, daß Anissja allein ist, tritt er rasch auf sie zu.

NIKITA *halblaut*: So ein Unglück, mein Schatz. Da ist mein Vater gekommen, will mich holen, sagt, ich soll nach Hause. »Überhaupt«, sagt er, »du heiratest und bleibst zu Haus.«

ANISSJA: Heirat doch. Was kümmert's mich!

NIKITA: Ah so! Ich zerbrech mir den Kopf, wie's am besten zu machen wär, und sie kommt mir so: Heirat doch. Was ist nun? *Er zwinkert.* Alles vergessen?

ANISSJA: Ja, heirate, hast es wohl sehr nötig.

NIKITA: Was fauchst du? Ei, ei, darf sie nicht mal tätscheln. Was hast du bloß?

ANISSJA: Das hab ich: Willst mich sitzenlassen. Wenn du mich sitzenlassen willst – ich brauch dich nicht. Merk dir's!

NIKITA: Hör doch auf, Anissja. Will ich dich denn vergessen? Nie im Leben. Überhaupt, ich laß dich nicht sitzen. Ich denk mir's so: Solln sie mich verheiraten; das Heiraten, das macht nichts, ich komm gleich wieder zu dir. Wenn sie mich bloß nicht zu Hause behalten!

ANISSJA: Verheiratet – so brauch ich dich grade!

NIKITA: Wenn's der Vater nun so will, mein Schatz – gegen seinen Willen kann ich doch nichts machen.

ANISSJA: Auf den Vater redst du dich raus, aber ausgeheckt hast alles du. Ihr steckt ja seit langem die Köpfe zusammen, du und dein Liebchen, die Marinka. Die hat dich aufgestachelt. Hat schon seinen Grund, daß die sich neulich hier rumgedrückt hat.

NIKITA: Die Marinka?! Die brauch ich grade! Was kann ich dafür, wenn sie mir nachlaufen.

ANISSJA: Warum ist dein Vater hier? Du hast's ihn geheißen! Hast mich betrogen! *Sie weint.*

NIKITA: Anissja, versündige dich nicht! Nicht im Traum denk ich an so was. Überhaupt, ich hab keine Ahnung, keinen Dunst. Alles hat mein Alter ausgebrütet.

ANISSJA: Willst du selber nicht – mit der Schlinge kann dich doch keiner fangen!

NIKITA: Ich mein halt, man kann nichts gegen den eignen Vater ausrichten. Hab selber keine Lust.

ANISSJA: Wehr dich – und fertig!

NIKITA: Da hat sich mal einer gewehrt. Ab ging's mit ihm vors Gemeindegericht; ruck-zuck, kriegt er seine Prügel. Das mag ich nun auch nicht. Es soll kitzeln.

ANISSJA: Laß die blöden Späße. Hör zu, Nikita. Wenn du die Marina nimmst, ich weiß nicht, was ich dann mache. Ich bring mich um! Gesündigt hab ich, das Gebot gebrochen – da komm ich nicht mehr raus. Sowie du weggehst, mach ich ernst.

NIKITA: Warum sollt ich weggehn? Wenn ich fortwollte, hätt ich's längst getan. Erst kürzlich hat mir der Iwan Semjonytsch angeboten, ich könnt Kutscher bei ihm sein. Ein feines Leben! Ich hab's ausgeschlagen. Ich mein halt, ich steh überall meinen Mann. Wenn du mich nicht liebhättst, wär's was anders.

ANISSJA: Jawohl, denk dran. Mein Alter, der stirbt über kurz oder lang, glaub ich; alle Sünden deck ich dann zu. Ich mein, dann heiraten wir, und du wirst Herr auf dem Hof.

NIKITA: Wozu all die Gedanken? Ich arbeite, geb mir Mühe, als wär's für mich selber. Der Bauer hat mich gern und seine Frau halt auch. Und wenn mich die Weiber liebhaben – ich kann nichts dafür. Ganz einfach.

ANISSJA: Wirst du mich liebhaben?

NIKITA *umarmt sie*: Und ob! Liegst mir im Herzen, im Sinn!

Matrjona tritt ein und bekreuzigt sich lange vor den Heiligenbildern, während Nikita und Anissja auseinanderfahren.

MATRJONA: Will nichts gesehn haben, will nichts gehört haben. Hast mit 'nem jungen Weib geschäkert – na und? Weiß man doch, sogar ein Kälbchen schäkert. Warum nicht schäkern? Gehört zur Jugend. Und du, Junge, draußen sucht dich der Bauer.

NIKITA: Ich wollt die Axt holen.

MATRJONA: Weiß schon, weiß schon, mein Bester, was für eine Axt. Solche Äxte gibt's immer dort, wo junge Weiber sind.

NIKITA *bückt sich, nimmt die Axt*: Wie steht's denn, Mutter, soll ich wirklich heiraten? Ich mein halt, es wär viel besser, man ließ es bleiben. Ich hab nämlich auch keine Lust.

MATRJONA: Ach was, mein Engel, wozu heiraten? Papperlapapp. Hat sich der Alte ausgedacht. Geh, mein Bester, wir besprechen die Sache auch ohne dich.

NIKITA: Wirklich komisch – erst heißt's heiraten, dann wieder nicht. Überhaupt, ich versteh gar nicht.

Er geht ab.

ANISSJA: Wie denn, Tante Matrjona, wollt ihr ihn wirklich verheiraten?

MATRJONA: Heiraten – womit denn, mein Schwälbchen? Arme Schlucker wie wir? Bloß der Alte, der hört nicht damit auf: heiraten, heiraten. Begreift nicht, was los ist. Klar, vom Hafer läuft das Pferd nicht fort, geht dir's gut, bleibst du am Ort – so steht's auch hier. Ich merk doch – *sie zwinkert* –, was los ist.

ANISSJA: Wie könnt ich vor dir, Tante Matrjona, Verstecken spielen. Dir macht keiner was vor. Gesündigt hab ich, hab deinen Sohn liebgewonnen.

MATRJONA: Was für Neuigkeiten. Tante Matrjona hat gar nichts geahnt! Ach, Mädchen, Tante Matrjona hat's hinter den Ohren, dick hinter den Ohren. Tante Matrjona, sag ich dir, mein Täubchen, sieht noch drei Fuß weit in die Erde. Alles weiß ich, mein Täubchen! Ich weiß, wozu junge Frauen Schlafpulver brauchen. Hab welches mitgebracht. *Sie löst einen Knoten ihres Tuches und holt das in Papier eingewickelte Pulver hervor.* Was zu sehen gut ist, das seh ich, und was zu sehen nicht gut ist, davon ahn ich nichts und weiß ich nichts. Jawohl. Auch Tante Matrjona war mal jung. Mußt es bei ihrem Trottel aushalten, klar, und sehen, wo sie bleibt. Ich kenn alle siebenundsiebzig Kniffe. Ich merke, mein Schwälbchen, dein Alter macht schlapp, macht schlapp; ist kein Leben mehr in ihm. Kannst ihn aufstacheln, wie du willst, kalt bleibt sein Blut. Paß auf, zum Frühjahr begräbst du ihn. Dann braucht der Hof einen Mann. Warum könnt das nicht mein Junge sein? Paßt nicht schlechter als andre. Siehst du, was hätt ich davon, wenn ich den Jungen von was Gutem wegholte? Mein ich's denn schlecht mit dem eigenen Kind?

ANISSJA: Wenn er bloß nicht von uns fortgeht.

MATRJONA: Er geht nicht, Schwälbchen. Alles dummes Gerede. Du kennst doch meinen Alten. Nicht mehr viel Grips im Kopf, aber was sich drin festgesetzt hat, treibst du so schnell nicht aus.

ANISSJA: Wie hat die Sache denn angefangen?

MATRJONA: Siehst du, Schwälbchen, der Junge – du weißt es

selber – hat's halt mit den Weibern, ist ja auch ein stattlicher Bursche, muß man schon sagen. Er hat doch bei der Eisenbahn gearbeitet, und dort war auch ein Waisenmädchen als Köchin. Na, und die Kleine hat sich an ihn gehängt.

ANISSJA: Die Marinka?

MATRJONA: Ja, der Schlag soll sie treffen. Ob nun was war oder nicht – mein Alter kriegt Wind davon, kann sein, durch die Leute, kann sein, sie hat's ihm selber getratscht!

ANISSJA: Das freche Luder!

MATRJONA: Da braust mein Alter auf, der Strohkopf: »Heiraten«, schreit er, »heiraten, die Sünde zudecken! Der Junge wird heimgeholt und muß heiraten!« – Ich hab alles mögliche dagegen gesagt. Für die Katz! Na, denk ich, abwarten. Versuch ich's andersrum. Klar, mein Schwälbchen, den alten Trotteln muß man was vormachen. Man tut, als wär einem alles ganz recht. Und wenn's soweit ist, dreht man die Geschichte, wie man sie haben will. Ein Weib, klar, das hat schon siebenundsiebzig Gedanken gedacht, während es bloß vom Ofen steigt – wie käm er da mit. Gut, sag ich, Alter, 's ist recht so. Wir müssen's uns bloß noch überlegen. Weißt du, sag ich, gehn wir zum Jungen und besprechen wir's mit Pjotr Ignatjitsch. Mal hörn, was der sagt. Nun sind wir da.

ANISSJA: O weh, Tantchen – was aber, wenn's der Vater so bestimmt?

MATRJONA: So bestimmt? Was der bestimmt, taugt für den Hund untern Schwanz. Ich werd gleich mit deinem Alten die ganze Geschichte durchhecheln, durchseihen, daß nichts übrigbleibt; verlaß dich drauf, es bleibt nichts übrig. Deshalb bin ich ja mitgegangen – will's ihm mal ordentlich zeigen. Das wär ja auch – der Junge hat sein Glück und kriegt sein Glück, und da soll ich ihm 'ne Braut zuführn, die 'ne Schlampe ist? Bin ich denn blöd?

ANISSJA: Sie rennt ihm auch hierher nach, die Marinka. Glaub mir, Tantchen, wie es hieß, daß er heiraten soll, da war mir's, als stieß mir jemand ein Messer ins Herz. Ich glaub, er hängt noch an ihr.

MATRJONA: Ach, Schwälbchen! Er ist doch nicht blöd. Wird er

eine liebhaben, die sich rumtreibt und nirgends zu Hause ist? Der Junge, klar, der hat Grips im Kopf. Er weiß, wohin mit der Liebe. Und du, mein Schwälbchen, hab keine Angst. Nie im Leben holn wir ihn weg. Und verheiraten tun wir ihn auch nicht. Laßt's euch 'n paar Rubelchen kosten, und er mag bleiben.

ANISSJA: Wenn Nikita geht, ich glaub, ich tu mir was an.

MATRJONA: Versteht sich, die Jugend. Und ob! Bist ein Weib in Saft und Kraft und mußt mit so 'nem Schlappschwanz leben.

ANISSJA: Glaub mir's, Tantchen, widerlich, ganz widerlich ist mir mein Alter geworden, der Hund, der langnasige; brauchten ihn meine Augen doch nicht mehr zu sehn!

MATRJONA: So ist das eben. Schau mal, hier! *Halblaut, sich umblickend*: Weißt du, ich war bei dem alten Mann, solches Pulver holen; er gab mir zweierlei. Schau mal. »Das da«, sagt er, »ist Schlafpulver. Gibst du jemandem davon, schläft er gleich so fest, daß du auf ihm rumtrampeln kannst. Das andre«, sagt er, »ist eine Arznei – wenn du die wo reinmischst, kein Geruch ist da zu merken, aber die Wirkung ist groß. Siebenmal«, sagt er, »immer soviel, wie du zwischen drei Finger nehmen kannst. Gibt eine siebenmal die Arznei«, sagt er, »so ist sie bald, bald frei.«

ANISSJA: Oooh! Was für Sachen!

MATRJONA: »Nichts ist hinterher zu merken«, sagt er. Ein Rubelchen nahm er. »Darunter geht's nicht«, sagt er. Denn, weißt du, 's ist knifflig, das Zeug zu beschaffen. Ich hab ihm erst mal von mir was gegeben, mein Schwälbchen. Hab gedacht: Ob sie's nimmt oder nicht, ich trag's zu Anissja Michailowna.

ANISSJA: Ooh! Kann das nicht schlimm ausgehn?

MATRJONA: Was heißt da schlimm, mein Schwälbchen? Ja, wenn du 'nen strammen Mann hättst, aber so ... der lebt doch gar nicht mehr richtig, er tut bloß so. Kommt oft genug vor.

ANISSJA: Oh, mein armer, armer Kopf! Ich hab Angst, Tantchen, vor der Sünde. Was tu ich bloß?

MATRJONA: Ich kann's auch wieder mitnehmen.

ANISSJA: Wie macht man's? Das eine wie das andre in Wasser tun?

MATRJONA: »Besser in Tee«, sagt er. Da merkt einer gar nichts davon – keinen Geruch, nichts. Ein gescheiter Mann.

ANISSJA *nimmt die Pulver*: Mein armer, armer Kopf. Würd ich mich denn in so was einlassen, wenn mein Leben nicht die Hölle wär!

MATRJONA: Vergiß nicht das Rubelchen. Ich hab's dem alten Mann zu bringen versprochen. Hat ja auch seine Mühe.

ANISSJA: Schon recht. *Sie geht zur Truhe und versteckt die Pulver.*

MATRJONA: Und du, Schwälbchen, versteck's gut, daß keiner was erfährt. Und wenn doch, Gott verhüt's, was rauskommt, sag: 's ist gegen die Schaben. *Sie nimmt den Rubel.* Es hilft auch gegen Schaben. *Sie bricht ab.*

Pjotr und Akim kommen herein. Akim bekreuzigt sich nach dem Eintreten vor den Heiligenbildern.

PJOTR *setzt sich*: Also wie nun, Onkel Akim?

AKIM: Es wär schon besser, Ignatjitsch, wär schon besser, wenn ... Na ja, das müßt er eben ins reine bringen. Die Dummheit, mein ich. Nämlich, da möcht ich ... die Sache, deswegen gern den Jungen. Also, wenn du ... wenn sich's machen ließe. Damit's ins reine kommt.

PJOTR: Recht so, setz dich, reden wir drüber.

Akim setzt sich.

Also? Willst ihn verheiraten?

MATRJONA: Mit dem Verheiraten hätt's besser noch Zeit, Pjotr Ignatjitsch. Weißt ja, Ignatjitsch, wie's bei uns zugeht: ärmlich und dürftig. Selber fehlt's uns hinten und vorn. Und da noch den Sohn verheiraten!

PJOTR: Müßt's euch halt überlegen.

MATRJONA: Hat auch keine Eile. So was – ist ja keine Himbeere: fällt nicht ab.

PJOTR: Na, wiederum wär's gut, das Heiraten.

AKIM: Ich möcht ja, das heißt ... Weil da nämlich ... hat sich eine Arbeit in der Stadt gefunden, 'ne kleine Arbeit, 'ne günstige also.

MATRJONA: Schöne Arbeit. Abtrittgruben ausräumen. Das letzte Mal, wie er da zurückkam – gekotzt hab ich da, gekotzt, pfui Teufel!

AKIM: Stimmt schon, zu Anfang, wahrhaftig, da schmeißt es einen um, das heißt, der Gestank; aber hat man sich dran gewöhnt, macht's weiter nichts – 's ist dann wie die Schlempe beim Schnapsbrennen. 'ne günstige Arbeit ... Der Gestank nämlich, na – unsereiner darf sich nicht dran stoßen. Man kann ja auch was anders anziehn. Also, den Nikita, den möcht ich heimholen. Soll er wirtschaften. Zu Hause also wirtschaften. Und ich nämlich verdien was in der Stadt.

PJOTR: Willst den Sohn zu Hause haben, klar. Aber wie halten wir's mit dem Vorschuß, den er gekriegt hat?

AKIM: Stimmt, stimmt, Ignatjitsch, nämlich, das muß gesagt werden. Hast dich verdungen, also arbeit deine Zeit ab, heißt das. Aber jetzt wär's nämlich bloß ums Heiraten; also, wenn's ginge, laß ihn erst mal für 'ne Zeitlang nach Haus.

PJOTR: Läßt sich machen.

MATRJONA: Das ist so was, da sind wir uns nicht einig. Ich breit's vor dir, Pjotr Ignatjitsch, offen aus, wie vor dem lieben Gott. Sag du, wer recht hat, ich oder mein Alter. Der weiß schon nichts anderes mehr, bloß: Heiraten muß der Junge, heiraten. Aber frag mal, wen! Wenn's noch 'ne ordentliche Braut wäre – ich gönn doch meinem Kind nichts Schlechtes –, aber so eine, die was weg hat ...

AKIM: Ist aber nicht recht. Nämlich nicht recht, daß du dem Mädchen was anhängen willst. Nicht recht. Weil doch ihr, also dem Mädchen, mein Sohn ein Leid angetan hat, ein Leid, jawohl. Also dem Mädchen.

PJOTR: Was denn für ein Leid?

AKIM: Da war eben was, nämlich zwischen ihr und meinem Nikitka. Mit dem Nikitka.

MATRJONA: Hör du mal auf, ich hab 'ne weichere Zunge, laß mich's machen. Unser Kleiner, der hat doch, weißt ja, ehe er zu dir kam, bei der Eisenbahn gearbeitet. Und da hat sich ein Mädchen an ihn rangemacht, weißt du, so eine mit nicht viel im Kopf, Marinka heißt sie – war als Köchin beim Bautrupp.

Und nun zeigt die, das Mädchen, auf unsern Jungen und redet ihm nach, er, also der Nikita, hätt sie betrogen.

PJOTR: So was ist schlimm.

MATRJONA: Dabei taugt sie gar nichts, treibt sich rum, das liederliche Ding.

AKIM: Da redst du, Alte, schon wieder ... 's ist nämlich gar nicht, das heißt, nämlich gar nicht ...

MATRJONA: Was anders kriegt man von ihm bald nicht mehr zu hören, von meinem Adler: nämlich, nämlich, nämlich; aber was nämlich, weiß er selber nicht. Wenn du was über sie wissen willst, Pjotr Ignatjitsch, frag nicht mich, frag die Leute. Jeder wird dir sagen: ein Nichtsnutz ohne Heim und Halt.

PJOTR *zu Akim*: Na, Onkel Akim, wenn's so steht, dann besser keine Heirat. 's geht ja nicht um 'nen Bastschuh, den man ausziehn könnt, es geht um die Schwiegertochter.

AKIM *sich ereifernd*: Sie schwindelt was zusammen, die Alte, will nämlich das Mädchen schlechtmachen. Dabei ist das nämlich ein durch und durch gutes Mädchen, jawohl, ein gutes, und sie tut mir leid, tut mir leid, das Mädchen.

MATRJONA: Sieh einer an – so ein weiches Herz, fühlt mit aller Welt den Schmerz. Doch der eigne Tisch bleibt leer. Das Mädchen tut ihm leid, der Sohn nicht. Häng sie dir selber um den Hals und geh mit ihr aus. Genug dummes Zeug geredet.

AKIM: Kein dummes Zeug.

MATRJONA: Halt du den Mund, jetzt red ich.

AKIM *unterbricht sie*: Kein dummes Zeug. Das heißt, du legst deine Elle an, mag's um dich gehn oder um das Mädchen; du legst deine Elle an, drehst es, wie dir's paßt. Gott aber, der mißt nämlich nach seinem Maß. So ist es.

MATRJONA: Den Mund kann sich einer an dir wund reden.

AKIM: Ein fleißiges Mädchen ist es, gesetzt und ... nämlich überhaupt so alles. Und für unsre Armut ist sie nämlich eine tüchtige Hand, und die Hochzeit kommt nicht teuer. Am teuersten ist ja, daß er dem Mädchen ein Leid angetan hat, also sie ist doch Waise, das Mädchen. Ein Leid angetan.

MATRJONA: Was nicht noch alles.

ANISSJA: Hör du, Onkel Akim, lieber auf uns Frauen, da erfährst du schon das Rechte.

AKIM: Und Gott, Gott! Ist sie denn kein Mensch, das Mädchen? Das heißt nämlich, für Gott ist sie auch ein Mensch. Und was meinst du?

MATRJONA: Der redet und redet ...

PJOTR: Ich sag dir, Onkel Akim, dem Mädchen kann man wiederum nicht glauben. Aber der Junge ist ja zur Hand. Gleich hier! Wie wär's, holen wir ihn her und fragen wir ihn ordentlich? Er wird nicht an Herzdrücken sterben. Ruft mal den Jungen her!

Anissja steht auf.

Sag, sein Vater heißt ihn herkommen.

Anissja geht ab.

MATRJONA: Wahrhaftig, mein Lieber, das nenn ich schlau entschieden, Unrecht gemieden. Soll's der Junge selber sagen. Heutzutage darf einer doch nicht sein Kind mit Gewalt verheiraten. Da muß auch der Junge gefragt werden. Und er wird sie ums Leben nicht heiraten, sich keine Schande aufladen wolln. Wenn's nach mir geht: Mag er bei dir bleiben, seinem Herrn dienen. Und daß wir ihn zum Sommer heimholen – das muß nicht sein; wir nehmen Taglöhner. Gib du uns einen Zehner, und der Junge mag bleiben.

PJOTR: Davon später. Jetzt der Reihe nach. Ist das eine fertig, kommt das andre dran.

AKIM: Ich sag's ja eben, Pjotr Ignatjitsch. So ist das nämlich oft gekommen. Also, da macht man's so, wie's für einen selber gut ist, und Gott nämlich, den vergißt man; da denkt man: So ist's besser, man mißt nach seiner eignen Elle, und auf einmal hast du was am Halse hängen. Hast es besser machen wollen, und es ist viel schlechter geraten, ohne Gott.

PJOTR: Versteht sich! Mußt bei allem an Gott denken.

AKIM: Jawohl, viel schlechter geraten. Hältst du dich aber an Gottes Gebot, wird's gleich anders, nämlich, daß es dich freut. Merkt man gleich. So hab ich mir's überlegt und gedacht: Verheirat ich den Jungen, dacht ich, weg von der Sünde, also. Er nämlich zu Hause, wie sich's gehört, und ich, das heißt, ich in der Stadt, bißchen was verdienen. Hübsche kleine Arbeit. Günstig. Nämlich, nach Gottes Gebot also geht's doch besser. Ein Waisenkind, immerhin. Bloß ein Beispiel: Da haben sie im Sommer beim Verwalter Holz geholt, auf solche Art also. Sie dachten, sie könnten ihn beschummeln; den Verwalter haben sie auch beschummelt, aber Gott, also den haben sie nämlich nicht beschummelt, nein ...

Nikita und Anjutka treten auf.

NIKITA: Ich sollt herkommen? *Er setzt sich, holt Tabak hervor.*

PJOTR *leise, vorwurfsvoll*: Hör mal, kannst dich wohl nicht benehmen. Sollst deinem Vater Rede und Antwort stehen, und du flegelst dich, rauchst Tabak. Steh auf, tritt näher ran!

Nikita stellt sich an den Tisch, stützt sich lässig auf und lächelt.

AKIM: Da ist also, zum Beispiel, nämlich eine Klage über dich, Nikischka, gekommen, also eine Klage.

NIKITA: Von wem denn?

AKIM: Von wem? Von einem Mädchen, einer Waise, kam die Klage. Von ihr, jawohl, die Klage über dich, das heißt, von der Marina, von ihr.

NIKITA *grinsend*: Ist wahrhaftig nicht zu fassen. Was für eine Klage? Und wer hat dir's gesagt – sie selber?

AKIM: Ich bin's jetzt nämlich, der fragt, und also du hast nämlich Rede und Antwort zu stehn. Hast du was mit dem Mädchen gehabt, das heißt also, ob du was mit ihr gehabt hast?

NIKITA: Ich versteh überhaupt nicht, wonach ihr fragt.

AKIM: Das heißt also, ob's da Dummheiten gab, nämlich Dummheiten, so zwischen dir und ihr.

NIKITA: Kaum was. Na ja, mit der Köchin, aus Langeweile macht da einer mal 'nen Ulk, spielt auf der Harmonika, und sie tanzt. Was sind das schon für Dummheiten?

PJOTR: Keine Faxen, Nikita! Dein Vater fragt dich, und du gib Antwort, wie sich's gehört.

AKIM *feierlich*: Nikita, vor den Menschen kannst du's verschweigen, vor Gott niemals. Also bedenk's, Nikita, mach keine Lügen. Eine Waise ist sie nämlich, 's ist leicht, ihr ein Leid anzutun. Eine Waise. Red ernsthaft.

NIKITA: Ist aber nichts zu sagen. Überhaupt, ich sag ja alles. Aber wenn's nun mal nichts zu sagen gibt? *Er ereifert sich.* Was die zusammenquatscht. Die quatscht und denkt sich nichts dabei. Warum schwärzt sie nicht den Fedka Mikischkin an? Da kann einer wohl heutzutage nicht mal 'nen kleinen Ulk machen? Die aber, die darf quatschen.

AKIM: Ach Nikischka, sieh dich vor! Die Unwahrheit kommt ans Licht. War was oder war nichts?

NIKITA *beiseite*: Die lassen nicht locker! *Zu Akim*: Ich sag ja, ich weiß von nichts. Gar nichts hatt ich mit ihr. *Verbissen*: Bei Christus, mag ich gleich hier umfallen. *Er bekreuzigt sich.* Von nichts weiß ich, von nichts. *Pause. Dann fährt er noch unbeherrschter fort*: Ich soll sie heiraten, weil ihr es so wollt? Ist doch wirklich und wahrhaftig ein Skandal. So was gilt heutzutage nicht mehr: einen mit Gewalt verheiraten. Ganz einfach. Hab's ja auch geschworen – ich weiß von nichts.

MATRJONA *zu ihrem Mann*: Du mit deinem dummen, närrischen Schädel! – Was sie dem weismachen, das glaubt er. Um nichts und wieder nichts bringt er den Jungen durcheinander. Besser, er bleibt, wo er ist: bei seinem Herrn. Der gibt uns jetzt als Vorschuß 'nen Zehner, weil wir's brauchen. Und verheiratet wird später.

PJOTR: Na, wie hältst du's, Onkel Akim?

AKIM *vorwurfsvoll mit der Zunge schnalzend, zum Sohn*: Sieh dich vor, Nikita, nämlich: Kränkst du jemanden, daß er weint – seine Tränen tropfen nie vorbei, nämlich, sie kommen alle auf dein Haupt. Paß auf, daß dich's nicht trifft.

NIKITA: Was gibt's da aufzupassen – paß selber auf. *Er setzt sich.*

ANJUTKA: Ich lauf, sag's der Mama. *Sie läuft fort.*

MATRJONA *zu Pjotr*: So geht das immer, Pjotr Ignatjitsch. Rein übergeschnappt ist der Alte; setzt er sich was in den Schädel, schlägst du's ihm nicht raus. Schad um deine Mühe. 's ist doch sowieso klar: Der Junge mag bleiben. Behalt ihn – er ist dein Knecht.

PJOTR: Wie steht's nun, Akim?

AKIM: Na ja, zwingen tu ich ihn nicht, den Jungen, nämlich, mir ging's doch bloß drum. Das heißt, ich wollt nämlich ...

MATRJONA: Was redst du da für Zeug; weißt's selber nicht. Soll's mit dem Jungen bleiben, wie's war. Er will ja selber nicht fort. Und wir, wir kommen ohne ihn zurecht.

PJOTR: Eins sag ich, Onkel Akim: Wenn du ihn für den Sommer holst – im Winter brauch ich ihn dann nicht. Wenn schon, dann fürs ganze Jahr.

MATRJONA: Fürs ganze Jahr verdingt er sich. Wir zu Hause nehmen, wenn's not tut, 'nen Tagelöhner. Der Junge mag bleiben, und von dir wär jetzt ein Zehner fällig.

PJOTR: Also noch für ein Jahr?

AKIM *seufzt*: Na ja, nämlich, wenn's nun mal so steht, dann nämlich, ja.

MATRJONA: Noch mal für ein Jahr, vom Dmitri-Bet-Tag an gerechnet. Wirst mit dem Lohn nicht knausern, und einen Zehner gib gleich jetzt. Tust ein gutes Werk. *Sie steht auf und verbeugt sich.*

Anissja und Anjutka kommen herein, Anissja setzt sich abseits.

PJOTR: Warum nicht! Soll's gelten. Also begießen wir's – komm, Onkel Akim, in die Kneipe, 'nen Schnaps drauf trinken.

AKIM: Ich trink keinen, also, das heißt, keinen Schnaps.

PJOTR: Na, 'nen Tee trinkst du.

AKIM: 'nen Tee, ja. Da bin ich schwach.

PJOTR: Und die Frauen sagen zu 'nem Tee auch nicht nein. Du, Nikita, paß auf, treib die Schafe ein und gib ihnen frische Streu.

NIKITA: Wird gemacht.

Außer Nikita gehen alle ab.

Es dämmert.

Nikita steckt sich eine Papirossa an. Da wolln die durchaus wissen, was ich mit den Weibern hatte. Könnt ich lange erzähln. Los, heiraten, sagen sie. Wollt einer immer gleich heiraten, kriegt er an Eheweibern 'ne Menge zusammen. Als ob ich's nötig hätt! Leb doch so nicht schlechter als ein Verheirateter; andre sind neidisch. Und wie ich geschworn hab, war's doch, als haut mir einer ins Kreuz. Aber mit dem langen Hin und Her, da hab ich Schluß gemacht. Es heißt, falsch schwören, das wär schauerlich. Alles dummes Zeug. Bloß Worte. Ganz einfach.

Akulina, im Kaftan, tritt ein, legt den Strick beiseite, zieht den Kaftan aus und geht zur Kammer.

AKULINA: Hättst wenigstens Licht machen können.

NIKITA: Um dich anzuschauen? Ich seh genug von dir.

AKULINA: Ekel!

Anjutka läuft herein.

ANJUTKA *zu Nikita, halblaut*: Nikita, komm mal schnell, da hat jemand nach dir gefragt, Ehrenwort.

NIKITA: Wer denn?

ANJUTKA: Die Marinka von der Eisenbahn. Draußen steht sie.

NIKITA: Du schwindelst.

ANJUTKA: Ehrenwort.

NIKITA: Was will sie denn?

ANJUTKA: Sollst unbedingt mal rauskommen. Hab dem Nikita bloß ein Wort zu sagen, meint sie. Ich hab sie gefragt, aber sie wollt's nicht verraten. Wollt bloß wissen: Stimmt es, daß er von euch weggeht? Ich hab gesagt: Nein, sein Vater wollt ihn holen und verheiraten, aber er macht nicht mit, bleibt noch ein Jahr bei uns. Da meint sie wieder: Schick ihn raus zu mir, um Christi willen. Ich muß ihm, muß ihm ein Wort sagen. Sie wartet schon lange. Geh doch raus.

NIKITA: Werd ich grad tun. Gott mit ihr!

ANJUTKA: Sie sagt, wenn er nicht kommt, geh ich rein ins Haus zu ihm. Ehrenwort, sie sagt: Ich komm rein.

NIKITA: Wird schließlich ihrer Wege gehn.

ANJUTKA: Sie meint: Soll er vielleicht die Akulina heiraten?

AKULINA *tritt hinter dem Spinnrad hervor zu Nikita*: Die Akulina heiraten – wer?

ANJUTKA: Der Nikita.

AKULINA: Sieh mal an. Wer sagt das?

NIKITA: Klar, die Leute. *Er blickt sie an, lacht.* Akulina, wirst du mich denn nehmen?

AKULINA: Dich? Früher hätt ich wohl ja gesagt, jetzt nicht mehr.

NIKITA: Warum nicht mehr?

AKULINA: Darum – wirst mich nicht liebhaben.

NIKITA: Warum denn nicht?

AKULINA: Jemand erlaubt dir's nicht. *Sie lacht.*

NIKITA: Wer erlaubt's nicht?

AKULINA: Na, die Stiefmutter. Die hat bloß Augen für dich; die andern knurrt sie an.

NIKITA *lacht*: Du bist ja eine, du paßt gut auf.

AKULINA: So? Da braucht einer nicht gut aufzupassen. Bin ja nicht blind. Über den Vater ist sie heute hergefallen – und wie! Die Hexe mit dem großen Maul. *Sie verschwindet in der Kammer.*

ANJUTKA: Nikita! Schau mal! *Sie blickt zum Fenster hinaus.* Sie kommt. Ehrenwort, sie kommt. Ich hau ab. *Sie geht ab.*

Marina tritt ein.

MARINA: Was machst du da mit mir?

NIKITA: Was ich mache? Gar nichts.

MARINA: Willst mich loswerden?

NIKITA *steht erbost auf*: Was dir so einfällt – läufst hierher!

MARINA: Ach, Nikita!

NIKITA: Da kenn sich einer in euch aus! Was willst du?

MARINA: Nikita!

NIKITA: Nikita, Nikita – na und? Was weiter? Was brauchst du? Geh, sag ich.

MARINA: Ich seh schon, willst weg von mir, willst nichts mehr von mir wissen?

NIKITA: Als ob's von euch Weibern viel zu wissen gäb! Ihr begreift schwer. Hast draußen gestanden, die Anjutka hergeschickt. Ich bin nicht rausgekommen. Also brauch ich dich nicht – ganz einfach. Drum geh deiner Wege!

MARINA: Brauchst mich nicht! Jetzt nicht mehr. Daß du mich immer liebhaben wirst, das hab ich dir geglaubt. Hast mich unglücklich gemacht, und nun brauchst du mich nicht mehr.

NIKITA: Keinen Sinn hat's, was du da redest, keinen Zweck. Hast auch meinem Vater zugesetzt. Geh, tu mir den Gefallen!

MARINA: Du weißt es selber, keinen andern hab ich liebgehabt, nur dich. Nimmst du mich nicht zur Frau – das würd mich nicht kränken. Ich hab keine Schuld vor dir. Warum hast du mich nicht mehr lieb? Warum?

NIKITA: Hat doch keinen Sinn, wenn wir da leeres Stroh dreschen. Geh deiner Wege! So was von Unverstand!

MARINA: Mir tut's nicht so weh, daß du mich jetzt sitzenläßt, wo du doch versprochen hast, daß du mich heiratest – mir tut weh, daß du mich nicht mehr liebhast. Und auch das tut mir nicht so weh – weh tut mir, daß du eine andre hast, ich weiß schon, wen!

NIKITA *geht wütend auf sie zu*: Red einer mit euch Weibern – die Zunge redet er sich wund; ihr nehmt ja keine Vernunft an. Hau ab, sag ich dir, sonst versündige ich mich.

MARINA: Versündigen? Willst mich vielleicht schlagen? Schlag doch zu! Was drehst du 's Maul weg? Ach, Nikita!

NIKITA: Klar, ist doch blöd, gleich laufen die Leute zusammen. Sowieso hat das Gerede keinen Sinn.

MARINA: Du meinst: Schluß – es war einmal und ist nicht mehr! Vergessen soll ich. Aber merk dir, Nikita! Ich hab meine Mädchenehre gehütet wie meinen Augapfel. Und du hast mich ins Unglück gestürzt – einfach so, hast mich betrogen. Kanntest kein Erbarmen mit der Waise – *sie weint* –, hast mich sitzenlassen, mich ganz zugrunde gerichtet. Und doch hab ich keinen Groll auf dich. Gott mit dir. Findst du eine Beßre, wirst du mich vergessen, triffst du's schlechter, wirst du an mich denken. Wirst an mich denken, Nikita. Weil's denn sein soll – leb wohl. Und ich hab dich mal geliebt. Zum letztenmal – leb wohl. *Sie will ihn umarmen, faßt nach seinem Kopf.*

NIKITA *reißt sich los*: Schluß! Red einer mit euch Weibern. Willst du nicht fort, geh eben ich, und du bleibst hier.

MARINA *schreit auf*: Du bist ja kein Mensch! *In der Tür*: Mög Gott dir kein Glück schenken. *Sie geht weinend ab.*

Akulina tritt aus der Kammer.

AKULINA: Bist doch ein Hund, Nikita.

NIKITA: Was ist?

AKULINA: Wie sie geheult hat! *Sie weint.*

NIKITA: Was kümmert's dich?

AKULINA: Da fragst du? Weh getan hast du ihr, so weeeh! Grad so wirst du auch mir weh tun ... ein Hund bist du. *Sie geht ab in die Kammer.*

NIKITA *bleibt eine Weile stumm; dann*: Versteh einer so was. Ich hab sie lieb, die Weiber, wie Zucker; aber treibst du's mit ihnen, gibt's Unglück!

Vorhang

ZWEITER AKT

Die Bühne stellt die Dorfstraße mit Pjotrs Haus vor. Das Haus: groß, solid gebaut; Flur, in der Mitte die Außentreppe; rechts das Hoftor und ein Stück vom Hof. Dort ist Anissja beim Hanfschwingen. Seit dem Geschehen des ersten Aktes sind sechs Monate vergangen.

ANISSJA *hält inne, lauscht*: Er brummt wieder. Ist wohl vom Ofen runter.

Akulina tritt mit Eimern am Tragjoch auf.

Er ruft. Sieh mal nach! Da ... wie er brüllt.

AKULINA: Und du?

ANISSJA: Geh, sag ich.

Akulina geht ab ins Haus.

Der quält mich zu Tode. Verrät einfach nicht, wo er das Geld hat. Neulich hat er im Flur gekramt, hat's wohl dort versteckt. Aber wo's jetzt ist, das weiß ich nicht. Jedenfalls hat er Angst, will's nicht aus der Hand lassen. Es steckt im Haus. Bloß finden müßt ich's. In seinen Sachen hat er's gestern nicht gehabt. Wo's jetzt ist – ich weiß es nicht. Das bringt mich um, wahrhaftig.

Akulina kommt aus dem Haus; sie nimmt das Kopftuch um.

Wo willst du hin?

AKULINA: Wohin? Ich soll Tante Marfa holn. »Hol meine Schwester her«, sagt er. »Ich lieg im Sterben«, sagt er, »muß ihr noch was sagen.«

ANISSJA *für sich*: Nach der Schwester schickt er. Ich armes

Weib! Oooh! Bestimmt will er ihr's geben. Was tu ich bloß! Oh! *Zu Akulina*: Bleib da! Was rennst du fort?

AKULINA: Ich soll doch zur Tante.

ANISSJA: Bleib, sag ich, zur Tante lauf ich selber, und du trag die Wäsche zum Fluß, sonst schaffst du's bis zum Abend nicht.

AKULINA: Er hat mich's aber geheißen.

ANISSJA: Tu, was ich sage. Es bleibt dabei: Zu Marfa geh ich selber. Nimm die Hemden vom Zaun.

AKULINA: Die Hemden? Ich weiß schon, du gehst ja doch nicht. Er will's aber.

ANISSJA: Ich hab gesagt, ich geh. Wo steckt Anjutka?

AKULINA: Anjutka? Hütet die Kälber.

ANISSJA: Schick Anjutka – die Kälber reißen schon nicht aus.

Akulina nimmt die Wäsche ab und geht.

Geht keiner hin, wird er schimpfen; geht einer hin, gibt er der Schwester das Geld. Umsonst war dann all meine Mühe. Was tu ich bloß, ich weiß es nicht. Der Kopf will mir zerspringen. *Sie arbeitet weiter.*

Matrjona tritt auf, mit Stock und Bündel; sie hat offenbar einen langen Weg hinter sich.

MATRJONA: Grüß Gott, mein Schwälbchen.

ANISSJA *schaut sich um, wirft die Arbeit hin und klatscht freudig in die Hände*: So eine unverhoffte Freude, Tantchen. Gott schickt den rechten Gast zur rechten Zeit.

MATRJONA: Was ist denn?

ANISSJA: Bin schon halb verrückt. Schlimm steht's!

MATRJONA: Er lebt noch, wie?

ANISSJA: Hör mir auf! Leben tut er nicht, und sterben tut er nicht.

MATRJONA: Das Geld hat er keinem gegeben?

ANISSJA: Er schickt grad nach der Marfa, seiner Schwester. Sicher des Geldes wegen.

MATRJONA: Versteht sich. Sonst hat von ihm keiner was gekriegt?

ANISSJA: Keiner. Ich paß auf wie ein Habicht.

MATRJONA: Wo ist es denn nun?

ANISSJA: Er sagt's nicht. Und ich krieg's einfach nicht raus. Er stopft es wohl erst dahin, dann wieder dorthin. Und vor der Akulina muß ich so auf der Hut sein. Strohdumm ist sie, trotzdem luchst sie und lauert. Oh, ich armes Weib! Das bringt mich um.

MATRJONA: Ach, Schwälbchen, gibt er das Geld in andre Hände als deine – du wirst dein Leben lang drüber jammern. Sie schubsen dich vom Hof, und nichts, nichts hast du dann. Da hättst du, Ärmste, dich dein Leben lang mit dem Mann, dem ungeliebten, geplagt, und als Witwe gingst du fort mit dem Bettelsack.

ANISSJA: Red lieber nicht davon, Tantchen. Mir ist so weh ums Herz, und ich weiß nicht ein noch aus, und keiner ist da, den ich um Rat fragen könnt. Den Nikita hab ich gefragt. Aber der verliert den Mut, der will sich raushalten. Bloß gestern hat er mir gesagt, es steckt unterm Fußboden.

MATRJONA: Und – hast du nachgesehn?

ANISSJA: Ging nicht – er ist ja drin. Ich hab rausgekriegt: Bald trägt er's bei sich, bald stopft er's wo rein.

MATRJONA: Merk dir, Mädchen: Wenn du's jetzt verpaßt, holst du's ewig nicht nach. *Flüsternd*: Hast du ihm vom starken Tee gegeben?

ANISSJA: Oooh! *Sie will antworten, erblickt die Gevatterin und verstummt.*

Die Gevatterin geht am Haus vorbei und hält lauschend inne, weil sie einen Schrei aus dem Haus hört.

GEVATTERIN *zu Anissja*: He, Gevatterin! Anissja, Anissja! Ich glaub, dein Alter ruft.

ANISSJA: Er hustet so, daß man meinen könnt, er ruft. Arg schlecht geht's ihm.

GEVATTERIN *zu Matrjona tretend*: Guten Tag, Großmütterchen, wo weht's dich her?

MATRJONA: Von zu Haus komm ich, Beste. Ich besuch mal meinen Jungen. Hab ihm Hemden gebracht. Man sorgt sich doch um sein Kind.

GEVATTERIN: Na, gewiß. *Zu Anissja*: Weißt du, ich wollt Leinwand bleichen, aber 's ist wohl zu früh. Es hat noch niemand angefangen.

ANISSJA: Hat auch noch Zeit.

MATRJONA: Hat er das Abendmahl gekriegt?

ANISSJA: Freilich, gestern war der Pope da.

GEVATTERIN: Ich hab gestern auch mal reingeschaut. Du lieber Himmel, daß sich die Seele in so was noch hält! So ausgemergelt! Na, und kürzlich schon, lieber Himmel, da war er so gut wie tot, unter die Ikonen haben wir ihn gelegt. Beweint haben wir ihn, und waschen wollten wir ihn.

ANISSJA: Und er rappelt sich wieder auf! Tappt wieder rum!

MATRJONA: Soll er die Letzte Ölung kriegen?

ANISSJA: Die Leute meinen, man soll's tun. Wenn er morgen noch lebt, schicken wir nach dem Popen.

GEVATTERIN: Muß eine Qual für dich sein, Anissjuschka. Stimmt schon, wenn's heißt: Leidet der Kranke sehr – wer um ihn sorgt, leidet mehr.

ANISSJA: Eine Qual, o ja. Nähm sie doch bald ein Ende! So oder so.

GEVATTERIN: Kann man verstehn. Ist doch schlimm – ein ganzes Jahr liegt er im Sterben. Kannst dich nicht rührn.

MATRJONA: Witwenlos ist auch bitter. Ja, wenn eine noch jung ist – aber auf die alten Tage, wer hat da schon Mitleid. Alte Tage bringen Plage. Ich seh's an mir. Ich hatt nicht weit zu gehn und bin doch so müde, spür die Beine gar nicht. Wo steckt denn mein Junge?

ANISSJA: Er pflügt. Geh nur rein. Wir stelln den Samowar auf, der Tee wird dir guttun.

MATRJONA *setzt sich*: Ganz zerschlagen bin ich, ihr Guten. Und was die Ölung angeht – das müßt ihr unbedingt machen. Die Leute meinen, der Seele tät's nützen.

ANISSJA: Morgen schicken wir hin.

MATRJONA: 's ist gewiß besser. Und bei uns, Mädchen, gibt's eine Hochzeit.

GEVATTERIN: Was? Jetzt im Frühjahr?

MATRJONA: Na ja, das Sprichwort hat schon recht: Der arme Mann kann sich die Zeit nicht aussuchen. Semjon Matwejewitsch nimmt die Marinka.

ANISSJA: Macht sie doch noch ihr Glück!

GEVATTERIN: Er ist Witwer, wie, und braucht sie für die Kinder?

MATRJONA: Der hat vier. Ein ordentliches Mädchen würd er nicht kriegen. Na, die hat er genommen. Sie freut sich noch drüber. Schnaps haben sie getrunken, klar, aber es war nicht das Rechte – grad als hätten die Gläser 'nen Sprung.

GEVATTERIN: Sieh mal an! Da gab's wohl Gerede? Und hat er Geld und Gut, der Mann?

MATRJONA: Einstweilen leben sie nicht schlecht.

GEVATTERIN: Freilich, der Kinder wegen wird so manche geheiratet. Nehmen wir bei uns den Michailo. Ein Mann ist das, lieber Himmel! ...

EINE MÄNNERSTIMME: He, Mawra, wo hat dich der Teufel hingeschubst? Los, treib die Kuh ein!

Die Gevatterin geht ab.

MATRJONA *spricht, während die Gevatterin fortgeht, mit unveränderter Stimme weiter*: Siehst du, Mädchen, unter die Haube ist sie gebracht, weg von Sünd und Schand; wenigstens läßt mein alter Esel jetzt den Nikischka in Ruh. *Sie ändert plötzlich den Ton, flüstert*: Sie ist fort! *Leise*: Also, hast du ihm vom Tee gegeben?

ANISSJA: Erinnre mich nicht daran. Möcht lieber selber sterben. Er stirbt sowieso nicht, und ich lad mir bloß die Sünde auf die Seele. Oh, ich armes Weib. Warum hast du mir die Pulver gegeben?

MATRJONA: Was hast du bloß mit den Pulvern? Schlafpulver sind's, Mädchen – gar nichts ist dabei. Die schaden nichts.

ANISSJA: Ich mein nicht die Schlafpulver, ich mein die andern, die weißlichen.

MATRJONA: Ach die? Die, mein Schwälbchen, sind Arznei.

ANISSJA *seufzt*: Ich weiß, und doch schauert's mich. Das bringt mich um.

MATRJONA: Hast du viel verbraucht?

ANISSJA: Zweimal hab ich gegeben.

MATRJONA: Nicht wahr – am Geschmack merkt man nichts?

ANISSJA: Hab selber am Tee genippt – schmeckt 'n klein bißchen bitter. Er hat's mit dem Tee getrunken und gemeint:

Mir ist sogar der Tee zuwider. Und drauf hab ich gesagt: Dem Kranken schmeckt alles bitter. – Aber mich überlief's eiskalt, Tantchen.

MATRJONA: Denk nicht dran. Je mehr du denkst, desto schlimmer.

ANISSJA: Besser, du hättst mir's nicht gegeben, mir die Sünd erspart. Fällt mir's ein, so wühlt mir's in der Seele. Warum hast du mir das Pulver gebracht!

MATRJONA: Wie redst du, Schwälbchen! Christus steh dir bei. Willst alles auf mich schieben! Sieh dich vor, Mädchen – hat keinen Sinn, daß der Kranke noch den Gesunden ansteckt. Wenn's drauf ankommt, ich halt mich raus, ich weiß von nichts, ahn von nichts – das Kreuz küß ich drauf: hab keine Pulver gegeben, keine gesehn, keine gerochen, nie was davon gehört. Du, Mädchen, mußt selber sehn, wo du bleibst. Erst kürzlich haben wir von dir geredet. Die Ärmste, meinten wir, hat ihre Plage. Die Stieftochter ein dummes Kalb, der Mann siech, mit einem Fuß im Grab. Bei so einem Leben – was tut einer da nicht alles.

ANISSJA: Sag ich ja. So wie mir's jetzt geht, das hält man nicht aus – entweder ich häng mich auf, oder ich bring ihn um. Ist doch kein Leben.

MATRJONA: Na, gewiß. Zum Maulaufreißen ist keine Zeit. Jetzt heißt es das Geld suchen, dann schön Tee trinken.

ANISSJA: Oh, ich armes, armes Weib! Was tu ich bloß, ich weiß nicht; 's ist so grausig – würd lieber selber sterben. Möcht's nicht auf meine Seele laden.

MATRJONA *erbost*: Warum läßt er bloß vom Geld nichts sehn? Will er's denn mitnehmen, damit's keiner kriegt? Wär das etwa recht? Verhüt's Gott, daß so schönes Geld einfach draufgeht! Wär's nicht 'ne Sünde? Was denkt er sich bloß? Da soll man ihn noch hätscheln?

ANISSJA: Ich weiß ja nicht. Das bringt mich um.

MATRJONA: Was weißt du nicht? Ist doch ganz klar. Versäumst du jetzt was, bereust du's ewig. Der Schwester gibt er das Geld, und du hast das Nachsehn.

ANISSJA: Oje, wir solln sie doch holn – ich muß hin.

MATRJONA: Warte noch. Stell erst mal hübsch den Samowar auf. Wir geben ihm Tee zu trinken und suchen dabei zu zweit nach dem Geld – werden uns schon ranfühlen.

ANISSJA: Oje, wenn's nur nicht schiefgeht!

MATRJONA: Was solln wir denn sonst tun? Jetzt nicht länger fackeln! Willst du etwa das Geld bloß in den Augen haben, nicht in den Fingern? Also los!

ANISSJA: Da stell ich den Samowar auf.

MATRJONA: Geh, Schwälbchen, tu, was nötig ist, damit du später nicht jammerst. Jawohl.

Anissja will gehn, Matrjona ruft sie zurück.

Noch eins. Sag dem Nikitka kein Wort von allem. Er ist zu dumm. Verhüt's Gott, daß er was von den Pulvern erfährt! Weiß der Himmel, was er dann täte. Furchtbar wehleidig ist er. Kam schon vor, daß er kein Huhn schlachten mocht. Kein Wort zu ihm. Es geht nicht in seinen Kopf. *Sie hält erschrokken inne.*

Auf der Schwelle erscheint Pjotr; er tritt schwankend, sich gegen die Wand stützend, auf die Außentreppe.

PJOTR *mit schwacher Stimme*: Ich ruf, und keiner kommt. Oooh! Anissja, wer ist da? *Er taumelt auf die Bank.*

ANISSJA *hinter der Ecke hervortretend*: Was treibt dich raus? Bleib liegen, wo du liegst!

PJOTR: Holt das Mädchen nun die Marfa? – Weh tut's ... Och, käm doch bald der Tod!

ANISSJA: Sie hat keine Zeit, hab sie zum Fluß geschickt. Wart's ab, bin gleich fertig, dann geh ich selber.

PJOTR: Schick Anjutka. Wo ist sie? Och, tut das weh! Och, das ist mein Tod!

ANISSJA: Hab sowieso nach ihr geschickt.

PJOTR: Och! Wo steckt sie?

ANISSJA: Ja, wo steckt sie – treff sie der Schlag!

PJOTR: Ich kann nicht mehr. Das sengt und brennt in mir. Wie 'n Bohrer, der bohrt. Und ihr laßt mich liegen wie 'nen Hund ... laßt einen nicht mal sich satt trinken ... Och ... Die Anjutka schick her.

ANISSJA: Da ist sie. Anjutka, geh zum Vater.

Anjutka läuft herbei; Anissja verschwindet um die Ecke.

PJOTR: Lauf mal ... och ... zu Tante Marfa. Sag: Sollst zu meinem Vater kommen; er braucht dich.

ANJUTKA: Jaja.

PJOTR: Warte. Sag: Komm schnell. Sag, daß ich im Sterben lieg. Oooch!

ANJUTKA: Ich hol nur das Kopftuch, dann lauf ich. *Sie rennt los.*

MATRJONA *zwinkernd*: Also, Mädchen, mach deine Sache gut. Geh rein, wühl alles durch. Such, wie der Hund die Flöhe sucht. Laß nichts aus; ich werd ihn selber befühlen.

ANISSJA *zu Matrjona*: Sofort. Wenn du dabei bist, trau ich mich gleich. *Sie geht zur Außentreppe. Zu Pjotr*: Soll ich den Samowar für dich ansetzen? Tante Matrjona ist da, besucht den Sohn – kannst mit ihr Tee trinken.

PJOTR: 's ist recht, stell ihn auf.

Matrjona tritt an die Außentreppe.

Guten Tag.

MATRJONA: Guten Tag, mein Wohltäter, guten Tag, mein Bester. Hat's dich aber gepackt! Meinem Alten tut's so leid. »Geh«, sagt er, »schau mal nach.« Er läßt dich grüßen. *Sie verbeugt sich noch einmal.*

PJOTR: 's ist aus mit mir.

MATRJONA: Freilich, Ignatjitsch, wenn ich dich so anseh – es stimmt schon: Krankheit streunt nicht im Wald, sie geht unter die Menschen. So ausgezehrt, ganz ausgezehrt kommst du mir vor, du Ärmster. Gewiß, sie macht nicht schöner, die Krankheit.

PJOTR: Der Tod wartet auf mich.

MATRJONA: Na ja, Pjotr Ignatjitsch, wie's Gott eben fügt; hast das Abendmahl gekriegt, kriegst, so Gott will, auch die Letzte Ölung; dein Weib ist, Gott sei's gedankt, 'ne gescheite Frau; Begräbnis und Totengedenken, alles wird sein, wie sich's gehört. Und mein Junge, der wird schon fürs erste die Wirtschaft besorgen.

PJOTR: Keiner ist da, dem ich's vermachen möcht! Auf die Frau ist kein Verlaß, hat Dummheiten im Kopf, ich weiß ja alles ... alles. Das Mädchen ist 'n bißchen dumm, auch zu jung. Da hat man geschafft und geschafft, und nun wird keiner Haus und Hof hüten. 's ist bitter. *Er seufzt weinerlich.*

MATRJONA: Na ja, wenn's um Geld geht oder so was – das kann man verschreiben ...

PJOTR *zu Anissja im Flur*: Ist die Anjutka fort, wie?

MATRJONA *beiseite*: Fällt ihm das wieder ein.

ANISSJA *aus dem Flur*: Sie ist gleich losgelaufen. Komm doch ins Haus, ich helf dir.

PJOTR: Laß mich noch sitzen, zum Abschied. Drin ist die Luft so schwer. So schwer drückt's auf die Brust. Das Herz wie verbrannt ... Käm doch der Tod!

MATRJONA: Nimmt Gott die Seel nicht raus, von selber fliegt sie nicht aus. Leben und Sterben liegen bei Gott, Pjotr Ignatjitsch. Kannst die Todesstund nicht erraten. Kann sein, du raffst dich auf. Da war doch bei uns im Dorf mal ein Mann schon beinah tot ...

PJOTR: Nein. Ich ahn's, jetzt sterb ich, gewiß. *Er lehnt sich zurück und schließt die Augen.*

Anissja tritt auf.

ANISSJA: Kommst du nun rein oder nicht? Wie lang soll ich warten? Du, Pjotr, he!

MATRJONA *tritt von Pjotr zurück und winkt Anissja herbei*: Wie steht's?

ANISSJA *kommt die Treppe herunter zu Matrjona*: Nichts.

MATRJONA: Hast du auch alles abgesucht? Unterm Fußboden?

ANISSJA: Auch dort ist nichts. Höchstens in der Rumpelkammer. Dort hat er gestern gekramt.

MATRJONA: Such, so gut du nur kannst. Als wolltest du die Stube auslecken. Ich sag dir – gleich stirbt er: Die Nägel sind blau, auf dem Gesicht liegt schon Erde. Ist der Samowar so weit?

ANISSJA: Kocht gleich.

Nikita kommt von draußen durchs Tor, wenn möglich, zu Pferd; er sieht Pjotr nicht.

NIKITA *zur Mutter*: Grüß Gott, Mutter! Zu Haus alles wohlauf?

MATRJONA: Dem Herrgott sei Dank, wir kauen noch unser Brot – wir leben noch.

NIKITA: Und wie geht's dem Bauern?

MATRJONA: Sch-sch, dort sitzt er. *Sie zeigt auf die Außentreppe.*

NIKITA: Wennschon, mag er sitzen. Was kümmert's mich?

PJOTR *öffnet die Augen*: Eh, Nikita, Nikita, komm doch mal her.

Nikita geht zu ihm hin. Anissja tuschelt mit Matrjona.

So früh zurück?

NIKITA: Bin fertig mit Pflügen.

PJOTR: Auch mit dem Streifen hinter der Brücke?

NIKITA: Dorthin war's zu weit.

PJOTR: Zu weit? Vom Hof ist es weiter. Mußt nun deswegen noch mal raus. Hättst es besser auf einmal besorgt.

Anissja lauscht heimlich.

MATRJONA *zu den Männern tretend*: Aber Junge, gibst dir nicht genug Mühe für deinen Herrn? Er ist krank, verläßt sich auf dich, gehorch ihm wie dem leiblichen Vater, rühr dich und reck dich, und tu deine Pflicht. Hab dir's doch so beigebracht.

PJOTR: Und jetzt ... oooh ... hol Kartoffeln; die Weiber ... oooh ... lesen sie aus.

ANISSJA *für sich*: Fällt mir nicht ein. Wieder will er alle fortschicken; also hat er das Geld jetzt bei sich. Will's irgendwo vergraben.

PJOTR: 's ist ja ... oooh ... Zeit, die Kartoffeln zu legen, sie schrumpfen schon. *Er will aufstehn.* Oooch! Ich kann nicht mehr.

MATRJONA *läuft auf die Außentreppe und stützt Pjotr*: Soll ich dich ins Haus führn?

PJOTR: Ja. *Er hält inne.* Nikita!

NIKITA *ärgerlich*: Was noch?

PJOTR: Ich seh dich zum letztenmal ... Heut sterb ich ... Vergib mir um Christi willen, vergib mir, wenn ich gegen dich gesündigt hab ... vielleicht mal mit Wort oder Tat gesündigt ... Kann doch sein. Vergib mir.

NIKITA: Was gibt's zu verzeihn, wir sind alle Sünder.

MATRJONA: Ach, mein Junge – nimm dir's zu Herzen.

PJOTR: Vergib. Um Christi willen. *Er weint.*

NIKITA *schluchzt auf*: Gott wird vergeben, Onkel Pjotr. Ich hab doch keinen Grund, dir böse zu sein. Hab nie was Schlechtes von dir erfahrn. Vergib du mir. Vielleicht bin ich schuldiger vor dir. *Er weint.*

Pjotr geht wimmernd ab. Matrjona stützt ihn.

ANISSJA: Ich armes, armes Weib! Das hat er nicht bloß so gesagt. Hat sich wohl was dabei gedacht. *Sie tritt zu Nikita.* Was redest du: Das Geld wär unterm Fußboden – dort ist nichts.

NIKITA *achtet nicht auf die Frage, weint*: Nichts Schlechtes hab ich von ihm erfahren, nur Gutes. Und ich, was hab ich getan!

ANISSJA: Na, hör auf. Wo ist das Geld?

NIKITA *zornig*: Was weiß ich! Such selber.

ANISSJA: Bist du aber mitleidig!

NIKITA: Er tut mir leid. So leid tut er mir. Wie er geweint hat! Eeeh!

ANISSJA: Packt ihn auf einmal das Mitleid – grad den zu bedauern! Wie 'nen Hund hat er dich behandelt, wie 'nen Hund; vorhin noch hat er uns geheißen, wir solln dich vom Hof jagen. Ich, ich sollt dir leid tun!

NIKITA: Warum denn?

ANISSJA: Er stirbt und hält das Geld versteckt.

NIKITA: Wird's schon rausrücken.

ANISSJA: Ach, Nikituschka! Nach seiner Schwester hat er geschickt, ihr will er's geben. So ein Unglück für uns. Wie solln wir leben, wenn er das Geld weggibt? Vom Hof werden sie mich jagen! Kümmre du dich doch mal drum. Du hast gesagt, er hätt gestern abend in der Rumpelkammer herumgekramt?

NIKITA: Ich hab ihn dort rauskommen sehn; aber wo er's hingesteckt hat, wie soll ich das wissen.

ANISSJA: Ich armes Weib! Ich such mal dort.

Matrjona tritt aus dem Haus; sie steigt zu Anissja und Nikita herunter.

MATRJONA *flüstert*: Brauchst nirgendwohin, das Geld trägt er bei sich, ich hab ihn befühlt, auf der Brust hat er's, an der Schnur mit dem Taufkreuz.

ANISSJA: Ich armes, armes Weib!

MATRJONA: Fackelst du jetzt länger – such dann das Geld im Nirgendsland, rechts hinterm Baum. Kommt die Schwester, ist es futsch.

ANISSJA: Sie kommt sowieso, und er gibt's weg. Was tu ich bloß? Ich Ärmste!

MATRJONA: Was du tust? Paß mal auf. Der Samowar ist grad soweit, geh ins Haus, mach Tee, gieß ein – *sie flüstert* –, schütt alles aus dem Papier dazu, und gib's ihm zu trinken. Hat er den Tee runter, greifst du dir das Geld. Er wird's wohl nicht mehr verraten.

ANISSJA: Ich hab Angst!

MATRJONA: Red nicht, los, mach schon, und ich halt, wenn's drauf ankommt, seine Schwester zurück. Reiß dich zusammen. Pack das Geld, und bring's her; Nikita versteckt's dann.

ANISSJA: Ich armes Weib! Da soll ich zu ihm treten und ... und ...

MATRJONA: Ich sag dir, red nicht; tu, was ich dich heiße. Nikita!

NIKITA: Was ist?

MATRJONA: Bleib du hier, setz dich dorthin! *Sie zeigt auf die Simsbank am Haus.* Kann sein, du wirst gebraucht.

NIKITA *winkt ab*: Was die Weiber so aushecken! Machen einen ganz verdreht. Ihr könnt mich allesamt ...! Ab geht's, Kartoffeln holn.

MATRJONA *hält ihn am Arm zurück*: Hierbleiben sollst du.

Anjutka kommt angerannt.

ANISSJA: Was ist nun?

ANJUTKA: Sie war nicht zu Haus, hat der Tochter im Garten geholfen – kommt gleich.

ANISSJA: Kommt sie, was tun wir dann?

MATRJONA *zu Anissja*: Beeil dich, mach, was ich sag.

ANISSJA: Ich weiß doch nicht, weiß nichts, nichts – alles wirr im Kopf. Anjutka! Geh, Herzchen, sieh nach, daß die Kälber nicht weglaufen. – Nein, ich bring's nicht fertig.

MATRJONA: Geh, ich glaub, das Teewasser kocht über.

ANISSJA: Ich armes, armes Weib! *Sie geht ab.*

MATRJONA *tritt zum Sohn*: So, mein Junge. *Sie setzt sich neben ihn auf die Simsbank am Haus.* Deine Sache, über die müssen wir uns nun auch mal richtig Gedanken machen.

NIKITA: Was für eine Sache?

MATRJONA: Na, die Sache, wie's jetzt mit dir weitergeht.

NIKITA: Wie's weitergeht? Wie's halt geht.

MATRJONA: Der Alte wird ja nun sterben?

NIKITA: Ja. Gott hab ihn selig. Was hat das mit mir zu tun?

MATRJONA *schaut die ganze Zeit, während sie spricht, zur Haustür*: Ach Junge, wer lebt, denkt ans Leben. Da braucht einer halt viel Verstand, mein Täubchen. Was meinst du, wie ich mir deinetwegen die Füße wundgelaufen, die Gelenke ausgeleiert habe – hier rumgehorcht, da rumgeschaut, für dich. Vergiß mir's später nicht.

NIKITA: Wonach rumgehorcht, rumgeschaut?

MATRJONA: Danach, wie's um deine Sache steht, wie's mit dir weitergeht. Verpaßt du was, hast du das Nachsehn. Den Iwan Mossejitsch, kennst du den? Zu dem bin ich auch hinmarschiert. Vor ein paar Tagen. Ich hab früher mal was für ihn besorgt. Na, wir kamen so ins Plaudern. Iwan Mossejitsch, sag ich, da ist 'ne Sache, ich wüßt gern, wie's damit steht. Sagen wir mal, ein Bauer, ein Witwer, hat die zweite Frau genommen, und, sagen wir, Kinder hat er weiter keine als ein Mädchen von der ersten und eins von der zweiten Frau. Wenn der Bauer nun stirbt, frag ich, kann da, frag ich, irgendeiner die Frau nehmen, in den Hof einheiraten? Kann der Mann, frag ich, die Töchter verheiraten und selber auf dem Hof bleiben? »Das geht«, meint er, »aber«, sagt er, »da gibt's viel Schererei. Mit Geld«, sagt er, »läßt sich auch so was bewerkstelligen; aber ohne Geld«, sagt er, »braucht's einer gar nicht zu versuchen.«

NIKITA *lacht*: Versteht sich: immer zahlen, zahlen – Geld brauchen sie alle.

MATRJONA: Na ja, mein Täubchen, ich hab alles vor ihm offen ausgebreitet. »Zuallererst«, so sagt er, »muß dein Junge sich in dem Dorf dort einschreiben lassen. Das kostet was: die Alten besoffen machen. Damit die sich auch rühren. Immer«, sagt er, »gut überlegen.« Schau mal, hier – *sie holt ein Blatt*

Papier aus dem Tuch –, er hat das von 'nem Bogen abgeschrieben; lies mal, verstehst dich doch drauf.

Nikita liest, Matrjona horcht.

NIKITA: Tja, das Papier, das ist ein Urteil. Da braucht's nicht viel Verstand.

MATRJONA: Hör gut zu, was Iwan Mossejitsch mich geheißen hat. »Vor allem, Tante«, sagt er, »paß auf, laßt euch das Geld nicht durch die Lappen gehn. Kriegt sie das Geld nicht in die Hand, läßt man ihr keinen Mann auf den Hof«, sagt er. »Das Geld«, sagt er, »lenkt jedes Ding.« – Gleich kommt's drauf an, also paß auf, Junge!

NIKITA: Wieso ich? 's ist ihr Geld, soll sie aufpassen.

MATRJONA: Was du so redst, Junge! Ein Weib, kann das richtig überlegen? Wenn sie das Geld nimmt, und es ist ein schöner Batzen – als ob sie dann noch klare Gedanken hätt! Weiß man doch, wie Weiber sind, und du bist 'n Mann. Also du kannst es verstecken und überhaupt. Hast jedenfalls mehr Verstand, wenn's brenzlig wird.

NIKITA: Ihr Frauen, ihr laßt doch immer das Krumme grade sein.

MATRJONA: Krumm oder grade! Pack du das Geld! Dann hast du das Weib in der Hand. Fällt ihr's vielleicht ein, aufzumukken oder so was, kriegst du sie gleich wieder klein.

NIKITA: Ihr könnt mich allesamt ... Ich geh.

Anissja stürzt bleich aus dem Haus und um die Ecke. zu Matrjona.

ANISSJA: Hat's wirklich auf 'm Leib gehabt. Da ist's. *Sie zeigt unter die Schürze.*

MATRJONA: Gib's Nikita, er versteckt's. Nikita, nimm's, steck's wo hin.

NIKITA: Na, gib's her.

ANISSJA: Oooch, ich Arme, ich tu's wohl doch selber. *Sie geht zum Tor.*

MATRJONA *hält sie am Arm zurück*: Wohin rennst du? Das fällt auf, seine Schwester kommt gleich, gib's ihm, er weiß Bescheid. So was von Unverstand!

ANISSJA *bleibt unentschlossen stehen*: Ich armes Weib!

NIKITA: Gib's schon her, los, ich bring's weg.

ANISSJA: Wohin denn?

NIKITA: Dir wird wohl bang? *Er lacht.*

Akulina kommt mit Wäsche.

ANISSJA: Oooch, ich armes, armes Weib! *Sie gibt Nikita das Geld.* Nikita, paß gut auf.

NIKITA: Wovor hast du Angst? Ich pack's wo hin, wo ich's selber nicht wiederfind. *Er geht ab.*

ANISSJA *starr vor Entsetzen*: Oooh! ... Wenn er aber ...

MATRJONA: Ist er nun tot?

ANISSJA: Bestimmt. Ich hab's ihm abgenommen, er hat gar nichts gemerkt.

MATRJONA: Geh ins Haus, da kommt Akulina.

ANISSJA: Ich hab die Sünd auf mir, und er, mit dem Geld, was wird da ...

MATRJONA: Hör auf, geh ins Haus, auch die Marfa kommt dort.

ANISSJA: Ich hab ihm vertraut. Was mag draus werden. *Sie geht ab.*

Marfa kommt von der einen Seite, während Akulina von der anderen auftritt.

MARFA *zu Akulina*: Ich wär längst gekommen, aber ich war grad bei der Tochter. Wie geht's denn dem Alten? Will er sterben?

AKULINA *setzt die Wäsche ab*: Wer weiß. Ich war am Fluß.

MARFA *weist auf Matrjona*: Wer ist denn das?

MATRJONA: Ich komm aus Sujewo, bin die Mutter vom Nikita, aus Sujewo, meine Beste. Grüß Gott. Der liebe Bruder – zu Ende geht's mit ihm, dem Ärmsten, zu Ende. Vorhin kam er selber raus. »Holt mir«, sagt er, »die Schwester her, weil nämlich«, sagt er ... O weh, ist er etwa gestorben?

Anissja stürzt mit einem Schrei aus dem Haus, umklammert den Treppenpfosten und beginnt zu klagen.

ANISSJA: Oooh, alleingelassen hat er mich, oooh, allein auf der Welt – oooh, als Witwe, voll Jammer ... für immer, immer die lieben Augen zugetan ...

Die Gevatterin kommt. Sie und Matrjona fassen Anissja unter. Akulina und Marfa gehen ins Haus. Leute laufen herbei.

EINE STIMME AUS DER MENGE: Ruft die Weiber, daß sie ihn herrichten!

MATRJONA *krempelt die Ärmel auf*: Wasser ist wohl noch im Kessel, wie? Auch im Samowar, glaub ich. Haben's nicht ausgegossen. Ich helf mit.

Vorhang

DRITTER AKT

Pjotrs Haus. Winter. Seit der Handlung des zweiten Akts sind neun Monate vergangen. Anissja sitzt, nachlässig angezogen, am Webstuhl und webt. Anjutka hockt auf dem Ofen. Mitritsch, der alte Knecht, tritt langsam ein und zieht die Felljacke aus.

MITRITSCH: Eh, hilf, lieber Gott! Wie denn, der Bauer noch nicht zurück?

ANISSJA: Was ist?

MITRITSCH: Ob Nikita nicht aus der Stadt zurück ist?

ANISSJA: Nein.

MITRITSCH: Lottert wohl in der Kneipe rum. Eh, lieber Gott!

ANISSJA: Hast auf der Tenne aufgeräumt?

MITRITSCH: Was sonst? Alles ordentlich aufgeräumt und mit Stroh abgedeckt. Ich mach nicht gern was bloß halb. Eh, lieber Gott! Barmherziger Niklaus! *Er kratzt sich die Schwielen.* Er müßt längst dasein.

ANISSJA: Was soll er sich beeilen? Geld hat er, da lottert er halt mit der Kleinen, denk ich ...

MITRITSCH: Geld hat er, was soll er da nicht lottern. Und weswegen ist die Akulina mitgefahren?

ANISSJA: Frag sie doch, wozu der Teufel sie hintreibt.

MITRITSCH: In die Stadt – wozu schon! Da gibt's halt mancherlei – Hauptsache, 's ist Geld im Beutel. Eh, lieber Gott!

ANJUTKA: Ich hab's selber gehört, Mütterchen. »Ein Umschlagtuch kauf ich dir«, sagt er, »Ehrenwort, kauf ich dir«, sagt er, »suchst es dir selber aus«, sagt er. Und fein hat sie sich gemacht. Das schöne Plisseewestchen hat sie angezogen und das französische Tuch genommen.

ANISSJA: Es ist schon so: Mädchenscham reicht bis zur Schwelle; ist sie drüber, hat sie alles vergessen. Eine Schamlose ist sie!

MITRITSCH: Sieh an! Was solln sie sich schämen? Geld ist da, drum wird gelottert. Eh, lieber Gott! Zum Abendessen ist's zu zeitig, wie?

Anissja schweigt.

Na, noch 'n bißchen wärmen. *Er steigt auf den Ofen.* Eh, lieber Gott! Allerheiligste Muttergottes, barmherziger Niklaus, Knecht des Herrn!

Die Gevatterin tritt ein.

GEVATTERIN: Deiner ist wohl noch nicht wieder da?

ANISSJA: Nein.

GEVATTERIN: Zeit wär's ja. Also eingekehrt, Mütterchen? Meine Schwester, die Fjokla, sagt: »So viele Schlitten aus der Stadt stehn dort.«

ANISSJA: Anjutka! He, Anjutka!

ANJUTKA: Was ist?

ANISSJA: Lauf doch mal hin, Herzchen, zum Wirtshaus, und sieh nach, ob er vielleicht im Suff dort eingekehrt ist.

ANJUTKA *springt vom Ofen, zieht etwas über*: Ich geh schon.

GEVATTERIN: Die Akulina hat er mitgenommen?

ANISSJA: Sonst hätt er keinen Grund gehabt. Ihretwegen fährt er, und ein Vorwand findet sich immer. Er müßt zur Bank, sagt er, was abheben. Aber bloß sie steckt dahinter.

GEVATTERIN *schüttelt den Kopf*: Sachen sind das, Sachen!

Sie schweigen.

ANJUTKA: Und wenn er dort ist, was sag ich dann?

ANISSJA: Schau bloß nach, ob er dort ist.

ANJUTKA: Gut, ich lauf ganz schnell. *Sie geht ab.*

Langes Schweigen.

MITRITSCH *laut ächzend*: Eh, lieber Gott, barmherziger Niklaus!

GEVATTERIN *zuckt zusammen*: Och, bin ich erschrocken. Wer ist denn das?

ANISSJA: Na, der Mitritsch, unser Knecht.

GEVATTERIN: Einen Schreck hat er mir eingejagt! Ich hatt's ja ganz vergessen. Und wie steht's denn, Gevatterin, es heißt, es kämen Freier für die Akulina?

ANISSJA *tritt hinterm Webstuhl hervor, an den Tisch*: Die aus Dedlowo hatten's mal so halb und halb versprochen, aber gewiß gibt's das Gerede auch bei ihnen; sie hatten's halb versprochen, und dann blieb's still; ist eben nichts draus geworden. Wer hätt da auch Lust?

GEVATTERIN: Und aus Sujewo, die Lisunows?

ANISSJA: Die hatten schon hergeschickt. Aber es wurde nichts draus. Er will ja keine Freier sehn.

GEVATTERIN: Sie müßt aber schnell an den Mann.

ANISSJA: Na, und wie. Ich bin immer drauf aus, sie vom Hof zu kriegen, Gevatterin, aber es will mir nicht glücken. Ihm ist's nicht recht. Na, und ihr auch nicht. Er hat's halt mit seiner Schönen, seiner Liebsten noch nicht genug getrieben.

GEVATTERIN: Oje, solche Sünden! Was es doch alles gibt. Dabei ist er ihr Stiefvater.

ANISSJA: Ach, Gevatterin, eingewickelt haben sie mich, so schlau haben sie mich hinters Licht geführt, 's ist nicht zu sagen. Einfältig war ich, hab nichts gesehn, mir nichts gedacht; so hab ich ihn geheiratet. Nichts, gar nichts hab ich geahnt; dabei waren sich die beiden schon einig.

GEVATTERIN: Oooch, Sachen sind das!

ANISSJA: Mit der Zeit merkt ich, daß sie Heimlichkeiten vor mir hatten. Ach, Gevatterin, schwer wurd mir's da ums Herz und das Leben zur Qual. Besser wär's, ich hätt ihn nie liebgehabt.

GEVATTERIN: Was soll einer da sagen.

ANISSJA: Es tut weh, Gevatterin, daß er mich so bitter kränkt. So weh!

GEVATTERIN: Wie ist's – die Leute sagen, die Hand säß ihm jetzt auch locker?

ANISSJA: Kommt schon vor. Früher war er friedlich im Rausch. Getrunken hat er schon immer, aber früher ist er nie bös zu mir gewesen, heut dagegen bläst er sich auf, fällt über mich her, möcht mit den Füßen auf mir trampeln. Neulich hat er mich an den Zöpfen gepackt – ich konnt mich kaum losreißen. Das Mensch erst, das ist schlimmer als 'ne Schlange – wie die Erde bloß so giftige Geschöpfe tragen kann!

GEVATTERIN: Ach, Gevatterin! Wenn ich dich so anschau – hast ein schweres Los. So was zu erleben: Hast einen Bettler aufgenommen, und jetzt verhöhnt er dich. Warum hältst du ihn nicht kurz?

ANISSJA: Gevatterin, ach, meine Liebe. Was mach ich bloß mit meinem Herzen. Mein Seliger war gewiß streng, und trotzdem hab ich getan, was ich wollt. Aber jetzt kann ich's nicht, Gevatterin. Sobald ich ihn seh, schmilzt mir das Herz. Kein bißchen Mut hab ich vor ihm. Ich steh da wie ein nasses Hühnchen.

GEVATTERIN: Ooch, Gevatterin! Da sieht man's: Sie haben was mit dir gemacht. Es heißt, die Matrjona versteht sich drauf. Bestimmt war sie's.

ANISSJA: Ich glaub's auch, Gevatterin. Denn manchmal kommt mich's so bitter an – da möcht ich ihn in Stücke reißen. Und seh ich ihn vor mir – ist's vorbei. Das Herz kann nichts gegen ihn.

GEVATTERIN: Das kennt man doch – 's ist angehext. Mütterchen, wie schnell ist's um den Menschen geschehn. Ja, ja, ich schau dich so an – wie abgemagert du bist!

ANISSJA: Steckendürr sind meine Beine. Aber die dumme Gans, die Akulina, sieh dir die mal an. Erst so ein struppiges, schlampiges Ding, und jetzt – schau sie dir an! Woher ist das? Er, er hat sie rausgeputzt. Geht aufgedonnert, aufgeblasen daher. Eine Gans ist sie, aber sie hat sich's in den Schädel gesetzt: »Ich bin«, sagt sie, »der Herr im Haus. Das Haus ist mein. Mit mir wollt ihn Väterchen verheiraten.« Und giftig ist sie, bewahr uns Gott. Wenn sie's packt, könnt sie das Stroh vom Dach reißen.

GEVATTERIN: Oooch, Gevatterin, ich seh's, du hast es schwer. Dabei beneiden dich die Leute. Die sind reich, heißt es. Aber freilich, Mütterchen, auch über Gold fließen Tränen.

ANISSJA: Als ob's was zu beneiden gäb. Der Reichtum weht weg wie Staub. Schrecklich, wie der das Geld zum Fenster rauswirft.

GEVATTERIN: Aber Gevatterin, warum hast du's ihm denn gelassen? 's ist doch deins.

ANISSJA: Wenn du alles wüßtest. Ich hab halt einen Fehler gemacht.

GEVATTERIN: Ich, Gevatterin, ich würd an deiner Stelle schnurstracks zu 'nem hohen Beamten gehn. Das Geld gehört dir. Wie kann er's da rauswerfen? Er hat bestimmt kein Recht dazu.

ANISSJA: Danach fragt heut keiner.

GEVATTERIN: Ach, Gevatterin, ich schau dich so an. Bist arg mitgenommen.

ANISSJA: Freilich, meine Liebe, mitgenommen, arg mitgenommen. Er richtet mich zugrunde. Ich versteh nichts mehr. Oh, ich armes, armes Weib!

GEVATTERIN: Kommt da nicht wer? *Sie lauscht.*

Die Tür öffnet sich. Akim tritt ein; er bekreuzigt sich, klopft den Schnee von den Bastschuhen und legt den Schafpelz ab.

AKIM: Friede diesem Haus! Wie geht's euch? Guten Abend, Tantchen.

ANISSJA: Guten Abend, Väterchen. Besuchst uns mal? Na, mach dir's bequem.

AKIM: Ich dacht mir nämlich, ja, will ich doch mal das Söhnchen besuchen, nämlich das Söhnchen. Ich hab erst noch Mittag gegessen, ja, dann hab ich mich aufgemacht; und Schnee gibt's mächtig viel, und 's ist schwer zu gehn, und drum ist's nämlich spät geworden, also. Ist das Söhnchen zu Haus? Ist er da?

ANISSJA: Nein, in der Stadt.

AKIM *setzt sich auf die Bank*: Ich hätt nämlich, ja, das heißt, hätt was mit ihm zu besprechen. Ich hab's ihm schon, nämlich, hab's ihm dieser Tage gesagt, daß wir in Not sind. Unser Pferdchen ist draufgegangen, das Pferdchen also. Nun muß ich halt sehn, wie ich wieder zu 'nem Pferdchen komm, zu 'nem Pferdchen. Und deshalb hab ich mich eben aufgemacht, nämlich.

ANISSJA: Nikita hat was davon gesagt. Er kommt schon noch, dann sprecht ihr drüber. *Sie steht auf und tritt zum Ofen.* Iß erst mal mit zu Abend. Mitritsch, komm essen? Mitritsch, hörst du!

MITRITSCH *aufwachend, mit lautem Ächzen*: Was ist!

ANISSJA: Essen.

MITRITSCH: Eh, lieber Gott, barmherziger Niklaus!

ANISSJA: Komm essen!

GEVATTERIN: Ich geh. Auf Wiedersehn. *Sie geht ab.*

MITRITSCH *klettert vom Ofen*: Ich dacht nicht, daß ich einschlaf. Eh, lieber Gott, barmherziger Niklaus, Knecht Gottes! Grüß dich. Onkel Akim.

AKIM: Ah, der Mitritsch! Also, was machst du denn, nämlich, du hier?

MITRITSCH: Bin halt Knecht beim Nikita, bei deinem Jungen.

AKIM: Sieh einer an! Bist Knecht, also, bei meinem Jungen. Sieh einer an!

MITRITSCH: In der Stadt war ich bei 'nem Kaufmann, da fing ich an zu saufen. Drum kam ich aufs Dorf. Und weil ich kein Zuhause hab, wurd ich Knecht. *Er gähnt.* Eh, lieber Gott!

AKIM: Was denn, nämlich, der Nikischka, also was macht er denn? Hat er soviel Arbeit, nämlich, daß er einen Knecht halten muß?

ANISSJA: Ob er soviel Arbeit hat? Früher hat er's allein geschafft, aber jetzt mag er nicht mehr, drum hat er den Knecht genommen.

MITRITSCH: Geld hat er, warum soll er nicht ...

AKIM: Das ist nämlich, das ist nicht recht. Nein, gar nicht recht. Nämlich nicht recht. Ihm geht's also zu wohl.

ANISSJA: Freilich geht's ihm zu wohl; er weiß ja gar nicht mehr wohin vor Übermut.

AKIM: So ist's nämlich, der Mensch will's immer besser haben, und dabei gerät's ihm schlechter, ja. Im Reichtum wird er übermütig, ja, übermütig.

MITRITSCH: Vom Speck wird auch der Hund toll. So im Speck, wie soll einer da nicht übermütig werden. Wie ich im Speck saß, was hab ich da getrieben! Drei Wochen in einem fort gezecht. Die letzte Hose versoffen. Erst wie ich blank war, hört ich auf. Jetzt hab ich mir's abgeschworen. Schluß damit!

AKIM: Und deine Alte, ja, wo ist die denn?

MITRITSCH: Meine Alte, Bruder, die steckt drin und kommt nicht raus. In den Kneipen hockt sie, in der Stadt. Schön anzuschaun: ein Auge ausgeschlagen, eins blau unterlaufen, das Maul ganz schief. Und nüchtern, da kannst du Gift drauf nehmen, nüchtern wird sie nie.

AKIM: Oooh! Wie denn das?

MITRITSCH: Wie soll's bei 'ner Soldatenfrau anders sein? 's ist ihr halt so beschieden.

Schweigen.

AKIM *zu Anissja*: Nikita hat wohl was zum Verkaufen in die Stadt gefahrn? Nämlich was hingefahrn?

ANISSJA *deckt den Tisch und trägt das Essen auf*: Leer ist er gefahren. Geld will er holen, von der Bank abheben.

AKIM *beim Essen*: Wollt wohl damit, nämlich mit dem Geld, noch was anders machen, mit dem Geld?

ANISSJA: Nein, wir rühren's nicht an. Bloß zwanzig oder dreißig Rubel; 's ist ihm ausgegangen, drum muß er was holen.

AKIM: Was holen? Das heißt, ja, was wegnehmen von dem Geld, nämlich? Nimmst also heute was weg, nimmst morgen was – da hast du bald, ja, alles weggeholt, nämlich.

ANISSJA: Das kriegt man außerdem. Das, was man hingebracht hat, bleibt, wie's ist.

AKIM: Bleibt? Wie kann das denn bleiben? Sagen wir nämlich mal, du schüttst Mehl, also Mehl in den Kasten, nämlich, oder in die Kornkammer, und dann nimmst du immer was weg von dem Mehl, nämlich; und da soll's bleiben, wie's ist? Das kann doch nicht sein. Da steckt Betrug dahinter. Gib gut acht, sonst betrügen sie dich! Wie soll's denn bleiben? Nämlich, du nimmst ja weg, und das Geld soll bleiben!

ANISSJA: Das weiß ich nun auch nicht. Uns hat's damals Iwan Mossejitsch geraten. »Legt das Geld auf die Bank«, sagt er, »da bleibt's, wie's ist, und ihr kriegt Prozente.«

MITRITSCH *ist fertig mit dem Essen*: Das stimmt. Ich war bei 'nem Kaufmann. Die machen's grad so. Bring das Geld auf die Bank und leg dich auf die faule Haut und streich Geld ein.

AKIM: Sonderbar, was du da sagst. Wie denn, nämlich, sie streichen Geld ein, ja, streichen ein, und woher, nämlich, von wem kriegen sie's denn? Das Geld?

ANISSJA: Die Bank gibt das Geld.

MITRITSCH: Ach was! Eine Frau kann dir das nicht auseinandersetzen. Paß mal auf, ich werd dir's schon erklären. Überleg mal. Sagen wir, du hast Geld, und bei mir, sagen wir, steht's so: Der Frühling kommt, der Acker will bestellt sein, 's ist aber kein Korn da. Und dann die Steuern und all das. Da komm ich nun zu dir. Akim, sag ich, gib mir 'nen roten Schein, zu Mariä Fürbitt geb ich ihn zurück, und eine Deßjatine fahr ich dir noch ein für die Gefälligkeit. Du merkst, sagen wir mal, daß bei mir was zu holen ist, 'n Pferdchen oder 'ne Kuh, drum sagst du: Gib zwei, drei Rubel für die Gefälligkeit, und abgemacht. Ich steck in der Schlinge, mir bleibt nichts andres. Gut, sag ich und nehm den Zehner. Im Herbst, wenn ich verkauft hab, bring ich dir's, und drei Rubel schindst du obendrein raus.

AKIM: Na, das ist aber doch, nämlich, Betrug ist's und Unrecht von den Bauern, nämlich, das heißt Gott vergessen, wenn einer das tut. Nein, das ist nicht recht.

MITRITSCH: Wart doch. Jetzt will sie da auch drauf hinaus. Überleg mal. Erst hast du's, sagen wir, so gemacht, hast mich gerupft, und nun hat Anissja, sagen wir, Geld daliegen. Wo soll sie hin damit? Na, Weiber wissen ja auch nicht, wo sie's hinstecken solln. Sie läuft zu dir. Läßt sich nicht, sagt sie, auch mit meinem Geld was rausschlagen? Freilich, sagst du. Und nun wartest du. Ich komm, wenn's zum Sommer geht, wieder. Gib mir noch mal, sag ich, 'nen roten Schein, kriegst wieder für die Gefälligkeit ... Du läßt dir's durch den Kopf gehn. Wenn mir das Fell noch nicht über die Ohren gezogen, wenn bei mir noch was zu holen ist, gibst du mir auch Anissjas Geld. Ist aber, sagen wir mal, bei mir kein Häppchen mehr zu schlucken, machst du so deine Rechnung, siehst, daß nichts rausspringt, und gleich sagst du: Geh, Bruder, geh mit Gott. Und du suchst dir 'nen andern, dem gibst du dein Geld und gibst ihm Anissjas Geld, und den läßt du dann bluten. Siehst du, so was ist eine Bank. Ein schlaues Spiel, Bruder.

AKIM *sich ereifernd*: Wie denn so was? Das ist doch eine Gemeinheit. So was machen, ja, machen die Bauern nämlich, und sie wissen, daß es sündhaft, nämlich sündhaft ist. Gegen die Gebote, nämlich gegen die Gebote, heißt das. Eine Gemeinheit. Und wie können studierte Leute ...

MITRITSCH: Bruder, grad das ist ihnen das liebste. Paß auf. Wenn einer 'n bißchen dumm ist, oder 'ne Frau, die mit dem Geld nicht wirtschaften kann – solche Leute tragen's zur Bank, und die dort, du kannst Gift drauf nehmen, die raffen's und plündern damit 's Volk aus, mit dem Geld. Ein schlaues Spiel!

AKIM *seufzend*: Ach, ich seh's, ohne Geld, nämlich, da hat man's schwer, ja, und mit Geld noch schwerer. Wie denn? Gott hat geboten, der Mensch soll sich mühen. Und da bringt einer nun, nämlich, bringt sein Geld auf die Bank, legt sich aufs Ohr, und das Geld, nämlich, das ernährt ihn dann, und er schläft dabei. Eine Gemeinheit ist das, sag ich, und gegen die Gebote.

MITRITSCH: Gegen die Gebote? Danach, Bruder, fragt heut keiner. Bis zum Letzten rupfen sie die Leute. So ist das.

AKIM *seufzt*: Ja, das sind halt Zeiten, die da kommen! Die Abtritte nämlich, die hab ich mir auch in der Stadt angesehn. Wie weit sie's bloß treiben! Glatt und blank, sag ich, glatt und blank und ordentlich. Wie ein Wirtshaus hergerichtet. Aber 's ist eitel. Alles eitel. Denn Gott haben wir vergessen. Ja, vergessen. Vergessen, vergessen haben wir Gott, ja, Gott. Danke, meine Liebe, bin satt und zufrieden.

Sie stehen vom Tisch auf; Mitritsch steigt auf den Ofen.

ANISSJA *räumt ab und ißt dabei*: Wollt ihm wenigstens der Vater ins Gewissen reden, aber ich schäm mich, was zu sagen.

AKIM: Was ist?

ANISSJA: Ich red bloß vor mich hin.

Anjutka tritt ein.

AKIM: Ah, das kleine Hausmütterchen. Immer beschäftigt. Bist durchgefroren, glaub ich?

ANJUTKA: Na, und ob – ’s ist eisig. Guten Tag, Großvater.

ANISSJA: Und? Ist er dort?

ANJUTKA: Nein. Bloß der Andrijan aus der Stadt, der sagt, er hat die beiden in der Stadt gesehn, im Wirtshaus. Das Väterchen, sagt er, wär ganz und gar betrunken.

ANISSJA: Möchtest was essen, wie? Komm.

ANJUTKA *geht zum Ofen*: Kalt ist das. Die Hände sind ganz klamm.

Akim wickelt die Fußlappen ab. Anissja wäscht Löffel.

ANISSJA: Väterchen!

AKIM: Ja?

ANISSJA: Die Marischka – geht’s ihr gut?

AKIM: Geht so. Ganz gut. Nämlich, ist doch ein gescheites junges Weib, fügt sich, da geht’s eben, gibt sich halt auch Mühe. Ganz gut. Nämlich, ein junges Weib, so ordentlich und überhaupt, auch fleißig, folgsam. Also, es steht ganz gut um sie.

ANISSJA: Und wie ist das, es heißt, aus euerm Dorf möchte jemand, ein Verwandter von Marinkas Mann, unsere Akulina haben. Hört man nichts mehr davon?

AKIM: Also die Mironows? Die Weiber haben davon geredet. Ich hab nicht drauf geachtet. Was Genaues nämlich, das weiß ich nicht. Ja, bei den Weibern war so was zu hören. Aber ich merke eben schlecht, also ganz schlecht. Und die Mironows nämlich, ja, das sind schon ordentliche Leute.

ANISSJA: Wenn sie doch bald an den Mann käme!

AKIM: Warum?

ANJUTKA *lauschend*: Sie sind da.

Die Tür geht auf, Nikita tritt herein, betrunken, mit einem Sack, einem Bündel unterm Arm, dazu einzelne Päckchen mit Einkäufen: in Papier gewickelte Gegenstände. Er bleibt auf der Schwelle stehen.

ANISSJA: Solln sie doch! *Sie wäscht weiter Geschirr; auch als die Tür geöffnet wird, wendet sie nicht den Kopf.*

NIKITA: Anissja, Weib! Wer stellt sich ein?

Anissja blickt auf, wendet sich ab und schweigt.

Drohend: Wer stellt sich ein? Hast du’s vergessen?

ANISSJA: Laß die Faxen. Komm rein.

NIKITA *noch drohender*: Wer stellt sich ein?

ANISSJA *tritt auf ihn zu und faßt ihn am Arm*: Na, der Mann. Jetzt aber rein ins Haus!

NIKITA *sperrt sich*: Jawohl, der Mann. Und wie heißt der Mann? Sag's richtig.

ANISSJA: Soll dich doch ...! Nikita.

NIKITA: Hmm! Den Vatersnamen, dummes Stück.

ANISSJA: Akimytsch. Mach schon!

NIKITA *immer noch unter der Tür*: Hmm! Nein, nenn du den Familiennamen.

ANISSJA *lacht und zerrt ihn am Arm*: Tschilikin. Wie der sich aufplustert!

NIKITA: Hmm! *Er hält sich am Türpfosten fest.* Nein, sag du noch, welchen Fuß Tschilikin zuerst ins Haus setzt!

ANISSJA: Hör aber auf – du läßt soviel Kälte rein.

NIKITA: Rede! Welchen Fuß? Du mußt es unbedingt erst sagen.

ANISSJA *für sich*: 's ist bald genug. Also den linken. Komm endlich rein.

NIKITA: Hmm!

ANISSJA: Sieh mal, wer in der Stube ist.

NIKITA: Der Vater? Klar, den Vater, den veracht ich nicht. Dem Vater kann ich immer Ehre erweisen. Sei gegrüßt, Väterchen. *Er verneigt sich vor ihm und streckt ihm die Hand hin.* Unsere Hochachtung.

AKIM *nicht auf ihn eingehend*: Der Schnaps, o ja, der Schnaps, was der aus dem Menschen macht. Widerlich!

NIKITA: Der Schnaps? Meinst, ich hab getrunken? Überhaupt, das geb ich zu, hab mit 'nem Freund das Wiedersehn gefeiert.

ANISSJA: Leg dich hin, 's ist das beste.

NIKITA: Weib, wo steh ich, sag!

ANISSJA: Schon gut, jetzt leg dich hin.

NIKITA: Ich werd noch Tee mit meinem Vater trinken. Stell den Samowar auf. Akulina, komm schon her.

Akulina, geputzt, kommt mit den eingekauften Sachen.

AKULINA *zu Nikita*: Hast schon alles verschmissen. Das Garn, wo ist das?

NIKITA: Das Garn? Dort. He, Mitritsch, wo steckst du? Eingeschlafen? Spann das Pferd aus.

AKIM *sieht Akulina nicht, blickt auf den Sohn*: Was macht der da! Der alte Mann also, der ist nämlich müde, ja, das heißt, er hat gedroschen, und der da, der bläst sich auf: Spann das Pferd aus. Pfui! Widerlich.

MITRITSCH *steigt vom Ofen herunter, zieht die Filzstiefel an*: Eh, barmherziger Gott! Also das Pferd, auf dem Hof. Stimmt schon, bin müde, freilich. Allerhand, wie er sich hat vollaufen lassen. Bis obenhin. Lieber Gott, barmherziger Niklaus. *Er zieht die Felljacke über und geht auf den Hof.*

NIKITA *setzt sich*: Mußt mir halt verzeihn, Väterchen. Hab getrunken, gewiß, was soll man machen? Auch das Hühnchen trinkt. Oder nicht? Also verzeih mir. Und der Mitritsch, der nimmt das nicht übel, er spannt das Pferd aus.

ANISSJA: Soll ich wirklich den Samowar aufstellen?

NIKITA: Ja doch. Der Vater ist gekommen, ich will mit ihm sprechen, werd halt Tee trinken. *Zu Akulina*: Hast du die eingekauften Sachen alle reingebracht?

AKULINA: Die eingekauften? Meine hab ich genommen, die andern sind im Schlitten. Und das da ist auch nicht meins. *Sie wirft ein Päckchen auf den Tisch und steckt ihre Einkäufe in die Truhe.*

Anjutka schaut zu, wie Akulina die Sachen wegräumt; Akim sieht den Sohn nicht an, er legt die Fußlappen und die Bastschuhe auf den Ofen.

ANISSJA *geht mit dem Samowar hinaus*: Die Truhe ist schon voll – er kauft noch mehr.

NIKITA *bemüht sich, nüchtern zu erscheinen*: Darfst mir nicht böse sein, Väterchen. Du meinst, ich wär besoffen. Aber ich vertrag alles. Bei mir heißt's: Trink, aber verlier nicht den Verstand. Mit dir, Väterchen, kann ich jetzt vernünftig reden. Hab alles im Kopf. Es geht um Geld, das du brauchst; das Pferdchen ist dir krepiert – ich weiß ja. Läßt sich alles machen. Liegt ganz in unsrer Hand. Wenn's eine riesige Summe wäre, die du brauchst, na, da könnt man sich Zeit lassen. Aber so – keine Frage! Wir haben's!

AKIM *hantiert noch mit seinen Schuhbändern*: Ach Junge, nämlich, auf 'nem verschlammten Weg kannst du nicht fahren, so ist das.

NIKITA: Was soll das heißen? Mit 'nem Besoffenen kannst du nicht reden? Was ich sag, das gilt. Jetzt trinken wir Tee. Ich krieg alles fertig, wirklich und wahrhaftig alles fertig.

AKIM *schüttelt den Kopf*: Eh, jejeje!

NIKITA: Das Geld, hier ist es. *Er greift in die Tasche, holt die Brieftasche hervor, wühlt darin und holt einen Zehnrubelschein hervor.* Nimm das für das Pferd. Nimm's für das Pferd – den Vater laß ich nicht im Stich. Nein, kommt nicht in Frage. Ist ja der eigne Vater. Nimm's. Ganz einfach. Ich geb's gern. *Er tritt auf Akim zu, will ihm das Geld in die Hand drücken.*

Akim nimmt es nicht.

Nikita faßt ihn am Arm. Nimm's, sag ich. Wenn ich's gebe, geb ich's gern.

AKIM: Also, ich kann's nicht nehmen und kann nämlich nicht mit dir reden. Weil du nämlich jetzt nicht richtig bei dir bist.

NIKITA: Hat nichts zu sagen. Nimm's. *Er drückt Akim das Geld in die Hand.*

Anissja kommt herein und bleibt stehen.

ANISSJA: Nimm es nur, er läßt nicht locker.

AKIM *nimmt es, kopfschüttelnd*: Ja, der Schnaps. Da ist der Mensch kein Mensch mehr.

NIKITA: So geht's schon besser. Gibst du's zurück – schön; gibst du's nicht zurück – auch gut. So bin ich nun mal. *Er sieht Akulina.* Akulina, zeig mal die Geschenke.

AKULINA: Was?

NIKITA: Zeig die Geschenke!

AKULINA: Die Geschenke? Warum soll ich sie zeigen. Hab sie schon weggeräumt.

NIKITA: Hol sie raus, sag ich. Anjutka macht's Spaß, sie anzuschaun. Zeig sie Anjutka, hörst du? Pack das Umschlagtuch aus. Gib's her.

AKIM: Oooch, es wird einem schlecht vom Zusehn. *Er steigt auf den Ofen.*

AKULINA *holt die Sachen hervor, legt sie auf den Tisch*: Da! Was hat einer schon vom Anschaun!

ANJUTKA: Ist das schön! Das Tuch ist nicht schlechter als das von der Stepanida.

AKULINA: Von der Stepanida? Ihrs taugt doch gar nichts gegen das da. *Sie wird lebhafter, faltet das Tuch auseinander.* Schau mal, feine Arbeit ... französische.

ANJUTKA: Ach, und der Kattun – so hübsch! Die Maschutka hat solchen, bloß ein bißchen heller, das Muster auf himmelblauem Grund. Der ist da schrecklich schön.

NIKITA: Hmm!

Anissja geht ärgerlich in die Kammer, kommt mit dem Samowar-Rohr und einem Tischtuch zurück und tritt an den Tisch.

ANISSJA: He, habt alles ausgebreitet.

NIKITA: Schau mal her!

ANISSJA: Wozu? Als ob ich so was nie gesehn hätt! Weg damit.

Sie fegt mit einer Handbewegung das Tuch vom Tisch; es fällt auf den Fußboden.

AKULINA: Du schmeißt das einfach runter? Schmeiß mit deinen eigenen Sachen! *Sie hebt es auf.*

NIKITA: Anissja! Sieh her!

ANISSJA: Was gibt's zu sehn?

NIKITA: Du meinst wohl, ich hätt dich vergessen. Schau her. *Er zeigt auf ein Päckchen und setzt sich darauf.* Ein Geschenk für dich. Mußt's aber erst verdienen. Weib, worauf sitz ich?

ANISSJA: Hör doch auf mit der Wichtigtuerei. Ich hab keine Angst vor dir. Für wessen Geld sitzt du denn in den Kneipen und kaufst deinem dicken Trampel Geschenke? Für meins.

AKULINA: Hör sich einer das an – für deins! Hast es klauen wollen, es klappte bloß nicht. Hau ab. *Sie will vorbei, schubst.*

ANISSJA: He, was schubst du! Gleich schubs ich dich.

AKULINA: Du mich? Trau dich nur. *Sie dringt auf sie ein.*

NIKITA: He, Weiber, Weiber. Schluß jetzt! *Er stellt sich zwischen sie.*

AKULINA: Was die sich einbildet. Sollt lieber das Maul halten. Du meinst wohl, die Leute wissen's nicht?

ANISSJA: Was wissen sie denn? Los, los, raus mit der Sprache!
AKULINA: Ich weiß über dich Bescheid.
ANISSJA: Du Hure, lebst mit 'nem fremden Mann.
AKULINA: Und du hast deinen umgebracht.
ANISSJA *stürzt sich auf Akulina*: Alles erlogen.
NIKITA *hält sie zurück*: Anissja! Hast du's vergessen?
ANISSJA: Willst mir Angst machen? Vor dir hab ich keine.
NIKITA: Hinaus! *Er dreht Anissja um und stößt sie hinaus.*
ANISSJA: Hinaus soll ich? Ich geh nicht aus meinem Haus.
NIKITA: Hinaus, sag ich. Und komm ja nicht wieder rein.
ANISSJA: Ich geh nicht.

Nikita stößt sie.

Sie weint und schreit, klammert sich an der Tür fest. So eine Gemeinheit, aus dem eignen Haus wird man geworfen? Du Schweinehund, weißt du, was du tust? Denkst wohl, für dich gäb's keinen Richter? Wart nur!

NIKITA: Na, na!
ANISSJA: Zum Vorsteher geh ich, zum Gendarmen.
NIKITA: Hinaus, sag ich. *Er stößt sie hinaus.*
ANISSJA *draußen vor der Tür*: Ich häng mich auf!
NIKITA: Ach was!
ANJUTKA: Oh, oh, oh! Mama, liebe, gute Mama! *Sie weint.*
NIKITA: Als ob sie mir damit große Angst machen könnte. Was heulst du? Sie kommt schon wieder! Geh, schau nach dem Samowar.

Anjutka geht ab.

AKULINA *räumt die gekauften Sachen zusammen, legt sie weg*: Das gemeine Stück, wie sie mir die Sachen versaut hat! Na, wart nur, dafür zerschneid ich ihr das Kleid. Jawohl, das tu ich.

NIKITA: Ich hab sie hinausgeworfen, was willst du noch?

AKULINA: Den neuen Schal hat sie verdreckt. Die Sau, wenn sie nicht draußen wär, ich würd ihr die Augen auskratzen.

NIKITA: Hör auf, hast gar keinen Grund zur Wut! Ja, wenn ich sie liebhätte!

AKULINA: So eine liebhaben? Wär grad die Rechte – so eine verquollene Fresse. Hättst sie damals laufenlassen sollen, und alles wär in Ordnung. Zum Teufel hättst du sie schicken sollen. Das Haus gehört sowieso mir und das Geld auch. Die Bäuerin wär sie, sagt sie, die Herrin vom Hof, und was war sie für ihren Mann? Umgebracht hat sie ihn, jawohl – sein Tod war sie. Und auch deiner wird sie sein.

NIKITA: So ein Weibermaul ist doch mit nichts zu stopfen. Du weißt selber nicht, was du daherredest.

AKULINA: Oh, ich weiß schon. Ich bleib nicht mit ihr unter einem Dach. Ich jag sie vom Hof. Ich und sie – das geht nicht mehr zusammen. Die Herrin – pff! Keine Herrin ist sie, eine Zuchthäuslerin.

NIKITA: Jetzt ist's aber genug. Du hast doch mit ihr nichts zu schaffen. Schau nicht auf sie. Schau auf mich. Ich bin der Herr im Haus. Was ich will, das tu ich. Sie hab ich nicht mehr lieb, dich hab ich jetzt lieb. Wen ich will, den hab ich lieb. Nach meinem Willen geht's. Und sie hat sich zu fügen. So klein ist sie für mich. *Er zeigt auf den Boden.* Schade, daß die Harmonika nicht da ist!

Im Herd bäckt das Brot,
Im Herd quillt die Grütze.
So leben wir noch,
So feiern wir noch,
Und kommt der Tod,
So sterben wir doch.
Im Herd bäckt das Brot,
Im Herd quillt die Grütze ...

Mitritsch kommt herein; er zieht die Felljacke und die Stiefel aus und steigt auf den Ofen.

MITRITSCH: Sind sich wohl die Weiber wieder in die Haare geraten! Das kratzt und beißt sich. Eh, lieber Gott. Barmherziger Niklaus.

AKIM *hockt auf dem Ofenrand, holt sich die Fußlappen und die Bastschuhe und zieht sie dann an*: Kriech nur vorbei in deine Ecke.

MITRITSCH *kriecht vorbei*: Die kommen wohl nie ins reine. Lieber Gott!

NIKITA: Hol mal den süßen Schnaps. Wir trinken ihn zum Tee.

Anjutka tritt ein.

ANJUTKA *zu Akulina*: Schwester, im Samowar kocht das Wasser gleich über.

NIKITA: Wo ist denn die Mutter.

ANJUTKA: Sie steht im Flur und weint.

NIKITA: Hmm! Ruf sie, sag, sie soll den Samowar bringen. Und du, Akulina, räum das Geschirr her.

AKULINA: Das Geschirr? Na gut. *Sie bringt das Geschirr.*

NIKITA *holt Likör, Kringel, Heringe hervor*: Also, das da für mich, für die Alte das Garn, Petroleum draußen im Flur. Und das Geld da ist übrig. Wart mal. *Er nimmt das Rechenbrett.* Mal zusammenzählen. *Er hantiert mit den Kugeln.* Weizenmehl – achtzig Kopeken; das Fastenöl ... zehn Rubel für den Vater. He, Väterchen! Komm, Tee trinken.

Schweigen. Akim sitzt auf dem Ofen und fädelt die Bänder in die Bastschuhe ein. Anissja bringt den Samowar.

ANISSJA: Wo soll ich ihn hinstellen?

NIKITA: Auf den Tisch. Na, warst du beim Vorsteher? Hmm! Na, der Mensch muß auch aufhören können. Schluß mit dem Geknurre. Setz dich, trink. *Er gießt ihr ein Gläschen ein.* Und hier ist das Geschenk für dich. *Er gibt ihr das Päckchen, auf dem er gesessen hat.*

Anissja nimmt es stumm, kopfschüttelnd.

AKIM *steigt vom Ofen, zieht die Felljacke an; er tritt an den Tisch, legt den Geldschein darauf*: Hier ist dein Geld. Nimm's.

NIKITA *den Schein nicht bemerkend*: Du ziehst dich an? Wo willst du denn hin?

AKIM: Also fort gehe ich, geh fort, verzeiht mir um Christi willen. *Er nimmt Mütze und Gürtel.*

NIKITA: Was soll denn das! Wo willst du hin – mitten in der Nacht?

AKIM: Also, ich kann nämlich, in eurem Haus kann ich nämlich nicht bleiben, also nicht bleiben kann ich hier. Lebt wohl.

NIKITA: Willst fort, wo's grad ans Teetrinken geht?

AKIM *legt den Gürtel um*: Ich gehe also, weil es nämlich bei dir also nicht gut ist, Nikischka, in deinem Hause, nämlich gar nicht gut. Also schlecht lebst du, Nikischka, schlecht. Ich geh fort.

NIKITA: Hör auf mit dem Zeug. Setz dich und trink Tee.

ANISSJA: Das geht doch nicht, Väterchen. Wär doch eine Schande vor den Leuten. Womit haben wir dich gekränkt?

AKIM: Gekränkt nämlich habt ihr mich mit gar nichts, nein, also mit Kränkung hat's nichts zu tun, bloß, ich seh nämlich, also ich seh, daß sich mein Sohn ins Verderben stürzt, ja, ins Verderben.

NIKITA: Was für ein Verderben? Beweis das mal.

AKIM: Ja, ins Verderben, ins Verderben. Du steckst schon ganz drin. Was hab ich dir im Sommer gesagt?

NIKITA: Was hast du nicht alles gesagt.

AKIM: Gesagt hab ich dir nämlich das von der Waise, daß du eine Waise gekränkt hast, die Marina nämlich, ja, gekränkt.

NIKITA: Ach, das meinst du. Laß doch, alter Teig geht nicht mehr auf – ist doch längst vorbei.

AKIM *sich ereifernd*: Vorbei? Nein, Bruder, nicht vorbei. Also Sünde, die hängt sich an Sünde, eine zieht die andre nach sich, und du, Nikischka, steckst tief drin in der Sünde. Steckst drin in der Sünde, das seh ich. Steckst drin also, ganz tief.

NIKITA: Setz dich, trink Tee, und Schluß mit dem Gerede.

AKIM: Also, ich kann nämlich nicht Tee trinken. Weil mir schlecht wird, also schlecht wird, wenn ich dran denke, in was für einem Sumpf du steckst. Drum kann ich nämlich auch nicht mit dir Tee trinken.

NIKITA: Fällst mir auf die Nerven. Komm endlich ran.

AKIM: Du bist nämlich im Reichtum wie der Vogel im Netz. Also im Netz. Ach, Nikischka, denk an die Seele!

NIKITA: Was hast du eigentlich für 'ne Vollmacht, mir in meinem Haus Vorwürfe zu machen? Ja, du hackst auf mir rum – bin ich vielleicht ein kleiner Junge, dem du die Ohren lang ziehn kannst? Darüber sind wir doch hinaus.

AKIM: Das stimmt, hab's ja nun gehört, nämlich, daß heutzutag die Väter nämlich am Bart gezerrt werden, und das also, das macht, daß der Mensch ins Verderben stürzt.

NIKITA *wütend*: Wir leben halt, falln dir nicht zur Last; aber du bist hergekommen, weil dich die Not drückt.

AKIM: Du redst vom Geld? Dein Geld – dort liegt's. Also, da geh ich eben betteln, aber deins nämlich, das nehm ich nicht.

NIKITA: Hör doch auf. Was knurrst du – verdirbst uns die Laune. *Er will ihn am Arm zurückhalten.*

AKIM *schreit auf*: Laß los, ich bleib nicht. Lieber an irgendeinem Zaun übernachten als in all der Gemeinheit bei dir. Pfui, verzeih mir's Gott! *Er geht ab.*

NIKITA: Da haben wir's!

Akim öffnet noch einmal die Tür.

AKIM: Besinn dich, Nikita. Denk an die Seele. *Er geht ab.*

AKULINA *hantiert mit den Tassen*: Soll ich nun eingießen?

Alle schweigen.

MITRITSCH *laut ächzend*: Eh, lieber Gott, erbarm dich meiner Sünden!

Alle zucken zusammen.

NIKITA *legt sich auf die Bank*: Oooch, weh ist mir ums Herz, Akulka, weh ums Herz! Wo ist denn die Harmonika?

AKULINA: Die Harmonika? Wo der bloß seine Gedanken hat. Du hast sie doch weggeschafft – soll ausgebessert werden. Ich hab eingegossen, trink.

NIKITA: Ich mag nicht. Macht's Licht aus. Oooh, weh ist mir ums Herz, so weh! *Er weint.*

Vorhang

VIERTER AKT

Herbst. Es ist Abend. Der Mond scheint. Das Innere des Hofs. In der Mitte der Hauseingang mit dem Flur, rechts davon die »warme Stube«, weiter rechts das Tor, links vom Flur die »kalte Stube«; links auf dem Hof der Keller. Aus dem Haus dringt Stimmengewirr und der Lärm von Betrunkenen. Die Nachbarin kommt aus dem Flur und winkt Anissjas Gevatterin zu sich.

NACHBARIN: Warum läßt sich denn die Akulina nicht sehn?

GEVATTERIN: Warum? Sie möcht schon gern, aber es geht eben nicht, verstehst du? Sind nun die Brautwerber da, wolln die

Braut sehn, und sie, du lieber Himmel, liegt in der kalten Stube und kann sich einfach nicht zeigen, die Ärmste.

NACHBARIN: Warum denn nicht?

GEVATTERIN: Vom bösen Blick, heißt's, hätt sie's mit dem Bauch gekriegt.

NACHBARIN: Wahrhaftig?!

GEVATTERIN: Na ja. *Sie flüstert ihr etwas ins Ohr.*

NACHBARIN: Ach! So eine Sünde. Und die Brautwerber, die werden's doch merken.

GEVATTERIN: Woher denn. Sind alle besoffen. Denen geht's auch mehr ums Geld, das die Akulina mitkriegt. Ist ja auch keine Kleinigkeit, was das Mädchen kriegt: zwei Fellmäntel, bedenk doch mal, sechs Kleider, ein französisches Umschlagtuch, Leinwand, wer weiß wieviel, na, und dann das Geld – zweihundert solln's sein.

NACHBARIN: Geld allein macht auch nicht froh. Bei so einer Schande.

GEVATTERIN: Schsch. Ich glaub, der Brautwerber kommt.

Sie verstummen, treten in den Flur. Der Brautwerber tritt allein aus dem Haus; er hat den Schluckauf.

BRAUTWERBER: Eine Hitze da drin. Man schwitzt sich tot. Mal 'n bißchen auskühln. *Er steht da, stoßweise atmend.* Weiß der Himmel ... da stimmt was nicht ... hab keine rechte Freude. Na, und wie die Alte ...

Matrjona tritt aus dem Flur.

MATRJONA: Ich schau mich um, denk, wo ist er denn, wo ist denn der Brautwerber? Und hier, mein Lieber, hier find ich dich. Na, mein Bester, sag doch, es klappt ja aufs allerschönste, Gott sei's gedankt. Es heißt ja, Eigenlob stinkt; ich hab auch nie gelernt, mich selber zu loben. Aber verlaß dich drauf, es ist 'ne gute Sache für euch, und geb's Gott, euer Leben lang werdet ihr mir dankbar sein. Und die Braut, weißt du, so was findet man nicht alle Tage. Nach so einem Mädchen kannst du lange suchen.

BRAUTWERBER: Mag sein. Bloß beim Geld müssen wir aufpassen.

MATRJONA: Mit dem Geld ist doch alles in Ordnung. Was die

Eltern für sie bestimmt haben, das kriegt sie. Ist ja heutzutage keine Kleinigkeit: dreihundert und nochmal fünfzig.

BRAUTWERBER: Wir beklagen uns auch nicht. Aber es ist halt das eigne Kind – da möcht man das Beste rausholn.

MATRJONA: Ich sag dir, Brautwerber, offen und ehrlich: Ohne mich wär für euch nie und nimmer was zu kriegen gewesen. Die Kormilins hatten nämlich auch schon zu ihnen geschickt; aber ich stand gleich dazwischen. Und das Geld – auf Ehre und Gewissen sag ich dir: Wie der frühere Bauer, Gott hab ihn selig, im Sterben lag, da hat er bestimmt, daß die Witwe den Nikita ins Haus nimmt – ich weiß ja das alles über meinen Jungen – und daß die Akulina also das Geld kriegt. Ein andrer würd ja trotzdem für sich was abschöpfen, aber der Nikita, der rückt alles ordentlich raus. Keine Kleinigkeit, so 'n schönes Geld.

BRAUTWERBER: Die Leute reden, der alte Bauer hätt ihr noch mehr hinterlassen. Der Junge wird schon sehn, wo er bleibt.

MATRJONA: Ach, die lieben Unschuldslämmer. In fremder Hand wird ein Krümel zum Brotlaib; jedenfalls: Was da war, kriegt das Mädchen mit. Ich sag dir, laß das Feilschen, greif lieber fest zu. Und das Mädchen – hübsch wie ein Schmetterling.

BRAUTWERBER: Mag sein. Ich und meine Alte, wir wundern uns bloß, daß sich das Mädchen nicht mal sehn läßt. Ob sie wohl gar so eine Kränkliche ist?

MATRJONA: Oje, die und kränklich! So was Gesundes gibt's im ganzen Kreis nicht wieder. Stramm und stämmig – die schmeißt du nicht um. Kürzlich hast du sie ja gesehn. Und arbeiten tut sie für drei. Na ja, 'n bißchen schwerhörig ist sie. Für 'nen schönen Apfel ist ein kleiner Wurmstich auch kein Schandfleck. Und daß sie nicht mal sich hat sehn lassen, weißt du, das kommt vom bösen Blick. Ja, das haben sie ihr angetan. Ich weiß auch, wer seine Pfoten drin hatte. Die Leute haben rausgekriegt, weißt du, daß sie versprochen ist, und da haben sie das Mädchen behext. Aber ich weiß ein Sprüchlein dagegen. Morgen steht sie wieder auf. Also, was das Mädchen angeht, mach dir da keine Sorgen.

BRAUTWERBER: Schön, die Sache ist abgemacht.

MATRJONA: Klar, es gilt. Kein Zurück mehr. Und vergiß mich nicht. Ich hatt genug Lauferei. Also denk dran.

FRAUENSTIMME AUS DEM FLUR: Wie denn nun, Iwan, fahrn wir oder fahrn wir nicht?

BRAUTWERBER: Gleich. *Er geht ab.*

Gedränge im Flur. Die Gäste fahren ab. Anjutka läuft aus dem Flur und winkt Anissja heran.

ANJUTKA: Mama!

ANISSJA *von drin*: Was ist?

ANJUTKA: Mama, komm doch mal raus, sonst hörn's die andern. *Sie geht mit der Mutter auf den Schuppen zu.*

ANISSJA: Was ist denn? Wo ist Akulina?

ANJUTKA: Die ist in die Scheune gegangen. Was sie dort macht – schrecklich! Ehrenwort, sie sagt: »Ich halt's einfach nicht aus. Ich schrei ganz laut los«, sagt sie. Ehrenwort.

ANISSJA: Soll sie noch 'n bißchen warten. Bis wir die Gäste weghaben.

ANJUTKA: Ach Mama! So schwer hat sie's. Und solchen Zorn hat sie. »Da trinken sie nun schon meinetwegen«, sagt sie. »Aber es hilft ihnen nichts. Ich heirate nicht«, sagt sie, »nein«, sagt sie, »ich sterbe.« Mama, wenn sie bloß nicht stirbt! Ich hab ganz schreckliche Angst.

ANISSJA: Sie wird schon nicht sterben. Geh du nicht zu ihr. Komm. *Sie geht mit Anjutka ab.*

Mitritsch kommt vom Tor her; er hebt das verstreute Heu auf.

MITRITSCH: Eh, lieber Gott, barmherziger Niklaus! Was die alles durch die Kehle gejagt haben. Und dazu der Fuselgestank. Sogar auf dem Hof riecht man's. Nein, ich mach da nicht mit, kommt nicht in Frage! Wie sie bloß mit dem Heu geaast haben! Nichts davon gefressen, bloß zerwühlt. Ein ganzes Büschel. Schon der Geruch! Steigt einem so in die Nase. Kommt nicht in Frage! *Er gähnt.* 's ist Zeit zu schlafen. Aber ich mag gar nicht ins Haus. Wie einem das um die Nase streicht. Der Geruch, der verdammte Geruch.

Man hört Fuhrwerke abfahren.

Fort sind sie. Eh, lieber Gott, barmherziger Niklaus! Wie

einer dem andern was aufhängen und wie einer den andern begaunern will. Schwindel, alles Schwindel.

Nikita kommt auf den Hof.

NIKITA: Mitritsch! Geh schon, leg dich auf den Ofen, ich räum's weg.

MITRITSCH: Meinetwegen; füttre du die Schafe. Habt ihr die Gäste auf den Weg gebracht?

NIKITA: Ja. Aber es sieht alles böse aus. Ich weiß gar nicht, was werden soll.

MITRITSCH: Ein Dreck! Was ist das schon. Dafür gibt's das Findelhaus. Da mag jeder, der will, was hinbringen; sie nehmen alles. Gib, soviel du eben gibst, sie fragen weiter nicht. Kannst sogar noch Geld rausschlagen. Sie muß dann bloß als Amme gehen. Heutzutage ist das einfach.

NIKITA: Paß nur auf, Mitritsch, wenn's drauf ankommt – sag kein Wort zuviel.

MITRITSCH: Was geht's mich an. Verwisch die Spur, so gut du kannst. Wie du bloß nach Fusel riechst. Also rein ins Haus. *Er geht gähnend ab.* Eh, lieber Gott!

Nikita schweigt lange; er setzt sich auf einen Schlitten.

NIKITA: Sachen sind das!

Anissja kommt aus dem Haus.

ANISSJA: Wo steckst du denn?

NIKITA: Hier.

ANISSJA: Du sitzt rum? Als ob dazu jetzt Zeit wär! Los, das muß weg.

NIKITA: Was machen wir denn?

ANISSJA: Hab dir's deutlich genug gesagt. Also tu's.

NIKITA: Aber könntet ihr's denn nicht ins Findelhaus ...?

ANISSJA: Trag's doch hin, wenn dir's Spaß macht. Auf die Schweinerei warst du scharf. Aber ich sehe schon, jetzt willst du kneifen.

NIKITA: Was soll ich denn tun?

ANISSJA: Ich sag's ja, steig in den Keller runter, grab ein tiefes Loch.

NIKITA: Könnt ihr denn nicht was andres ...

ANISSJA *ihn nachäffend*: Was andres. Es geht halt nicht anders. Klar. Hättst es dir früher überlegen sollen. Nun geh endlich.

NIKITA: Sachen sind das, Sachen!

Anjutka tritt auf.

ANJUTKA: Mama! Mama! Die Großmutter ruft. Und bei der großen Schwester, da hat ganz bestimmt, Ehrenwort, ein kleines Kind geschrien.

ANISSJA: Was redst du für dummes Zeug, der Schlag soll dich treffen. Da sind kleine Katzen, die miauen. Geh ins Haus und schlaf. Sonst setzt es was.

ANJUTKA: Aber Mama, liebe, liebe Mama, wirklich, bei Gott ...

ANISSJA *holt gegen das Kind aus*: Ich hau dich. Mach bloß, daß du wegkommst!

Anjutka läuft fort.

Zu Nikita: Geh, und tu, was du zu tun hast. Sonst nimm dich in acht. *Sie geht ab.*

NIKITA *nach langem Schweigen*: Sachen sind das! Och, diese Weiber. Ein Unglück! Früher hätt ich mir's überlegen sollen, sagt sie. Was heißt da früher? Was heißt da überlegen? Wie war's denn: Voriges Jahr, da hat sich mir die Anissja an den Hals geworfen. Na und? Bin ich vielleicht ein Mönch? Der Bauer ist gestorben, na, ich hab die Sünde halt zugedeckt, wie sich's gehört. Kann mir doch keiner was vorwerfen. Als ob so was selten vorkäm. Und dann das mit den Pulvern. Hab ich sie vielleicht drauf gebracht? Hätt ich's gewußt, damals, ich hätt sie, die Hündin, gleich totgeschlagen. Jawohl, hätt sie totgeschlagen! Und sie hat's fertiggebracht, daß ich nun mit drinstecke in der Schweinerei, das Luder. Von dem Augenblick an war sie mir zuwider. Kaum daß mir's die Mutter damals gesagt hat, war mir das Weib zuwider, einfach zuwider, ich mocht sie gar nicht mehr anschaun. Und dann noch mit ihr leben? Na, und da fing eben die Geschichte an. Die Kleine, die lief mir nach. Was macht mir's schon aus. Tu ich es nicht, tut's ein andrer. Und nun haben wir den Mist. Aber eigentlich kann ich wieder nichts dafür, gar nichts. Sachen sind das! *Er sitzt nachdenklich.* Und die Weiber, was die so aushecken – eine Gemeinheit. Ich mach da nicht mit.

Matrjona tritt hastig mit Laterne und Spaten aus dem Haus.

MATRJONA: Was sitzt du hier rum wie das Huhn auf der Stange? Was hat deine Frau dich geheißen? Los, fang an!

NIKITA: Was wollt ihr eigentlich?

MATRJONA: Wir wissen schon, was wir wollen. Besorg du deinen Teil.

NIKITA: Hineinziehen wollt ihr mich.

MATRJONA: Was redst du? Meinst, du könntest dich drücken? Erst soweit kommen lassen und dann sich drücken!

NIKITA: Aber denkt doch dran! 's ist immerhin eine lebendige Seele.

MATRJONA: Was heißt lebendige Seele! Das bißchen Seele, das hängt an 'nem Haar. Wohin auch damit? Schaff's meinetwegen ins Findelhaus – es stirbt sowieso, aber dann das Gerede, die Leute zerreißen sich die Mäuler, und ihr habt das Mädchen ewig auf dem Hals.

NIKITA: Und wenn was rauskommt?

MATRJONA: Im eignen Haus, da läßt sich so was schon machen. Und wir passen auf, daß keiner Dunst davon kriegt. Bloß – du mußt tun, was ich dich heiße. Was unsre Weibersache ist, das schaffen wir schon; wiederum, ohne Mann geht's halt nicht. Da, nimm den Spaten, steig hinunter und richt's her. Ich halt die Laterne.

NIKITA: Was soll ich herrichten?

MATRJONA *flüsternd*: Das Loch, die Grube. Wir holen's dann und verscharren's flink. Da, sie schreit schon wieder. Also los! Ich lauf mal rein.

NIKITA: Wie denn, ist es tot?

MATRJONA: Bestimmt. Mach nur schnell, schnell. Die Leute schlafen noch nicht. Womöglich hörn sie was, sehn was – das Pack wartet ja drauf. Auch der Gendarm ist vorhin vorbeigegangen. Da, nimm! *Sie gibt ihm den Spaten.* Steig in den Keller, in der Ecke gräbst du ein Loch. Der Boden ist locker, hinterher ebnest du's ein. Mütterchen Erde verrät niemandem was. Als hätt's die Kuh weggeleckt. Nun geh, geh, mein Lieber.

NIKITA: Ihr zerrt mich da hinein. Hol euch der Henker. Ich geh meiner Wege. Seht zu, wie ihr zurechtkommt.

ANISSJA *ruft aus der Tür*: Hat er nun das Loch gegraben?

MATRJONA: Warum bist du fortgerannt? Wo hast du's hingesteckt?

ANISSJA: Einen Sack hab ich drübergelegt. Da hört man nichts. Hat er nun gegraben?

MATRJONA: Er will nicht.

ANISSJA *rennt wütend herbei*: Er will nicht! Aber im Zuchthaus Läuse mästen – will er das? Auf der Stelle lauf ich zum Gendarmen und erzähl ihm alles. Mag's mich selber den Hals kosten. Auf der Stelle lauf ich hin.

NIKITA *bestürzt*: Was willst du erzählen?

ANISSJA: Was? Alles! Wer hat das Geld genommen? Du!

Nikita schweigt.

Und wer hat das Gift gegeben! Ich. Aber du hast's gewußt, gewußt, gewußt! Du hast mitgemacht!

MATRJONA: Na, genug. Du, Nikischka, was sperrst du dich? Da hilft doch alles nichts. Gib dir Mühe. Geh, mein Schwälbchen.

ANISSJA: So ein Unschuldsengel! Er will nicht! Hast mich genug verhöhnt, jetzt ist Schluß. Bist auf mir rumgetrampelt, und jetzt dreh ich den Spieß um. Fang an, sag ich dir, sonst geh ich zum Gendarmen. Da ist der Spaten – los!

NIKITA: Hör schon auf! So ein Gezeter. *Er nimmt den Spaten, zögert aber.* Ich will aber nicht, und ich tu's nicht.

ANISSJA: Du tust es nicht? *Sie schreit*: He, Leute, Leute!

MATRJONA *hält ihr den Mund zu*: Was fällt dir ein! Bist wohl verrückt! Er macht's ja ... Geh, mein Junge, geh, mein Bester.

ANISSJA: Auf der Stelle schrei ich, so laut ich kann.

NIKITA: Hör auf! Ach, dieses Volk. Na, haut ab und holt's schnell. 's ist schon alles gleich. *Er geht zum Keller.*

MATRJONA: So ist das halt im Leben, mein Schwälbchen – hast die Freude gehabt, nun werd auch mit dem bittern Ende fertig.

ANISSJA *noch immer aufgeregt*: Verhöhnt hat er mich mit seiner

Schlampe! Aber jetzt ist Schluß! Ich will nicht allein so was tragen. Soll auch er ein Leben auf dem Gewissen haben. Erfahren soll er, wie das ist.

MATRJONA: Nicht so hitzig. Schimpf nicht, mein Schatz – immer sacht und behutsam, damit's auch gut geht. Lauf zu dem Mädchen. Er wird sich Mühe geben. *Sie folgt ihm mit der Laterne. Nikita steigt in den Keller hinunter.*

ANISSJA: Er muß es auch selber erwürgen, sein verdammtes Balg. *Immer noch aufgeregt*: Wie hab ich mich damals allein gequält, als ich den Pjotr aus dem Weg räumte. Soll auch er das kennenlernen. Mag's mich kosten, was es will – ich bleib bei dem, was ich gesagt hab.

NIKITA *aus dem Keller*: Leucht doch mal runter!

MATRJONA *leuchtet; zu Anissja*: Er gräbt. Hol's her!

ANISSJA: Bleib du hier stehn. Sonst rennt der Hund doch noch weg. Und ich hol's.

MATRJONA: Paß auf, denk dran, daß du es taufst. Sonst mach ich's. Habt ihr ein kleines Kreuz?

ANISSJA: Ich find eins, ich weiß auch, wie's gemacht wird. *Sie geht ab.*

MATRJONA: Das Weibsbild hat Haare auf den Zähnen. Freilich, es war bitter für sie. Na, haben wir, Gott sei Dank, diese Sache noch hinter uns, dann ist Ruhe. Das Mädchen kommt unter die Haube, ohn Sünd und Fehler. Und der Junge kriegt ein ruhiges Leben. Im Haus, Gott sei's gedankt, fehlt es an nichts. Da werden sie auch mich nicht vergessen. Was wären sie denn ohne Matrjona? Sie wüßten doch nicht ein noch aus. *In den Keller hinunter*: Bist du fertig, Junge?

NIKITA *steigt ein wenig herauf, so daß der Kopf sichtbar wird*: Was ist nun? Bringt's doch endlich! Was trödelt ihr rum? Wenn's schon sein muß, dann gleich.

Matrjona geht zum Flur, Anissja kommt ihr entgegen. Anissja tritt auf den Hof, sie trägt das in Lappen gewickelte Kind.

MATRJONA: Hast du's getauft?

ANISSJA: Freilich. Und ich hab's mit Gewalt nehmen müssen – sie wollt's nicht hergeben. *Sie tritt näher, steckt das Bündel Nikita entgegen.*

NIKITA *nimmt es nicht*: Trag's selber hinunter.

ANISSJA: Nimm's, sag ich dir. *Sie wirft ihm das Bündel zu.*

NIKITA *fängt es auf*: Es lebt! Mutter, liebe Mutter, es rührt sich! Es lebt! Was soll ich denn mit ihm ...

ANISSJA *reißt ihm das Kind aus den Händen und wirft es in den Keller hinunter*: Drück ihm schnell die Kehle zu, dann lebt's nicht mehr. *Sie schubst Nikita hinunter.* Du hast es in die Welt gesetzt, schaff's auch wieder raus.

MATRJONA *setzt sich auf die Haustreppe*: Er hat soviel Mitleid. Fällt ihm schwer, dem Ärmsten. Aber was ist zu machen! Es ist halt auch seine Sünde.

Anissja steht über der Kellerstiege.

Matrjona, auf der Haustreppe sitzend, schaut zu ihr hin und redet für sich: Er hat einen tüchtigen Schrecken gekriegt! Na ja, es fällt schwer, aber man kommt nicht drum herum. Wo soll's auch hin? Freilich, wenn man bedenkt, wie gern manche Leute ein Kind hätten! Alles umsonst, der liebe Gott versagt's ihnen – nichts wie Totgeburten. Nehmen wir bloß die Popenfrau. Und hier, da wird keins gebraucht, und da lebt's. *Sie schaut zur Kellerstiege.* Scheint fertig zu sein. *Zu Anissja*: Wie steht's?

ANISSJA *hinunterblickend*: Er hat ein Brett draufgelegt und sich aufs Brett gesetzt. Ist wohl fertig.

MATRJONA: Oooch! Er wär halt lieber ohne Sünde – aber es hilft nichts.

NIKITA *steigt heraus, zittert am ganzen Leibe*: Es lebt noch! Ich kann nicht! Es lebt!

ANISSJA: Es lebt, und du willst fort? *Sie will ihn aufhalten.*

NIKITA *stürzt sich auf sie*: Hau ab, ich schlag dich tot! *Er packt sie am Arm, sie reißt sich los, er läuft ihr mit dem Spaten nach. Matrjona wirft sich ihm entgegen, hält ihn zurück. Anissja flüchtet sich auf die Haustreppe. Matrjona will ihm den Spaten abnehmen.*

Nikita schreit die Mutter an: Ich schlag sie tot, auch dich schlag ich tot, hau ab!

Matrjona flieht zu Anissja, auf die Haustreppe.

Nikita bleibt stehen. Ich schlag euch tot, alle!

MATRJONA: Das ist bloß der Schrecken. Hat nichts zu sagen, es vergeht.

NIKITA: Was haben die angerichtet? Was haben die aus mir gemacht? Wie's wimmerte, wie's unter mir knackte. Was haben sie aus mir gemacht! Und es lebt, lebt noch, wahrhaftig! *Er schweigt und lauscht.* Es wimmert ... Da, es wimmert. Er läuft zum Kellereinstieg.

MATRJONA *zu Anissja*: Er geht hin, will's wohl verscharren. Nikita, du brauchst doch die Laterne.

NIKITA *antwortet nicht, horcht in den Keller hinunter*: Nichts zu hören. Hab mir's wohl nur eingebildet. *Er geht fort, bleibt stehen.* Wie die kleinen Knochen unter mir knackten. Kr... kr... Was haben sie aus mir gemacht? *Er lauscht wieder.* Es wimmert wieder, wahrhaftig, es wimmert. Wie denn das? Mutter, Mutter! *Er geht zu ihr.*

MATRJONA: Was ist, mein Junge?

NIKITA: Mutter, liebe, ich kann nicht mehr. Kann einfach nicht mehr. Mutter, liebe, hab du Mitleid mit mir!

MATRJONA: Och, der Schreck hat dich gepackt, mein Bester. Komm, komm, trink ein Schnäpschen, das macht Mut.

NIKITA: Mutter, liebe, mit mir ist's vorbei. Was habt ihr aus mir gemacht? Wie die kleinen Knochen knackten, wie es wimmerte! ... Mutter, liebe, was habt ihr aus mir gemacht! *Er geht zur Seite und setzt sich auf den Schlitten.*

MATRJONA: Komm, Bester, trink. Das ist doch immer so: Nachts sieht alles gruslig aus. Aber wart nur, wenn's Tag wird, oder sagen wir, wenn zwei, drei Tage vorbei sind, dann denkst du gar nicht mehr dran. Wart nur, das Mädchen kommt unter die Haube, und wir denken gar nicht mehr dran. Geh ins Haus, trink, trink! Das im Keller, das besorg ich schon.

NIKITA *rafft sich auf*: Ist Schnaps übrig? Möcht halt doch saufen. *Er geht ab.*

Anissja, die die ganze Zeit am Hauseingang gestanden hat, tritt stumm zur Seite.

MATRJONA: Geh, geh, mein Schwälbchen, ich besorg's schon; ich steig selber hinunter und verscharr's. Wo hat er bloß den

Spaten gelassen? *Sie findet den Spaten, beginnt ins Kellerloch hinabzusteigen, bleibt aber auf halbem Wege stehen.* Anissja, komm doch mal her, leuchte mir.

ANISSJA: Und er?

MATRJONA: Den hat der Schrecken mächtig gepackt. Du hast ihm ja auch arg zugesetzt. Ach was, er kommt schon wieder zu sich. Gott mit ihm, ich besorg's allein. Stell die Laterne hierhin. Da seh ich genug. *Sie verschwindet im Kellerloch.*

ANISSJA *zu der Tür, hinter der Nikita verschwunden ist*: Na, hast dich ausgelottert? Da hast du dich nun gespreizt, und jetzt, wart's ab, geht dir's anders. Ganz klein wirst du.

Nikita läuft aus dem Flur zum Kellereinstieg.

NIKITA: Mutter, Mutter!

MATRJONA *steckt den Kopf aus dem Kellerloch*: Was ist, mein Junge?

NIKITA *lauscht*: Grab's nicht ein, es lebt. Hörst du's nicht? Es lebt! Da ... es wimmert. Ganz deutlich ...

MATRJONA: Wie soll's wimmern? Hast es doch breitgedrückt wie eine Plinse. Das Köpfchen einfach zerquetscht.

NIKITA: Was hör ich denn? *Er stopft sich die Ohren zu.* Es wimmert! Immerzu! Mit mir ist es aus! Aus und vorbei! Was haben sie aus mir gemacht?! Wohin mit mir?! *Er setzt sich auf die Treppe.*

Vorhang

VARIANTE

Der Schlußabschnitt des vierten Aktes – beginnend mit Matrjonas Monolog (s. Seite 89) – kann durch folgende Variante ersetzt werden.

Bildwechsel. Die Stube – wie im ersten Akt. Anjutka liegt angezogen, mit dem Kaftan zugedeckt, auf der Schlafbank. Mitritsch sitzt auf dem Ofensims und raucht.

MITRITSCH: Puh, einen Dunst haben die dagelassen – potz Donnerwetter! Und verschüttet, geaast. Nicht mal der Tabak vertreibt den Geruch. Er steigt einem in die Nase. Eh, lieber Gott! Also, gehn wir schlafen. *Er tritt zur Lampe und will sie löschen.*

ANJUTKA *richtet sich erschrocken auf*: Großväterchen, Allerbester, lösch nicht aus!

MITRITSCH: Warum nicht?

ANJUTKA: Da draußen geben sie keine Ruhe. *Sie horcht.* Hörst du, wieder geht jemand in die Scheune.

MITRITSCH: Was hat's mit dir zu tun? Dich fragt ja keiner. Leg dich und schlaf. Ich lösch jedenfalls aus. *Er dreht den Docht zurück.*

ANJUTKA: Großvater, bester, goldner! Dreh nicht ganz herunter. Laß wenigstens soviel wie ein Mauseäuglein, sonst ist mir gruslig.

MITRITSCH *lacht*: Na gut, gut. *Er setzt sich neben sie.* Warum ist dir gruslig?

ANJUTKA: Wie denn auch nicht, Großväterchen! Die große Schwester, die hat sich so gequält. Immer mit dem Kopf gegen die Lade. *Sie flüstert*: Ich weiß doch ... sie kriegt ein Kindchen. Hat's wohl schon.

MITRITSCH: So ein Naseweis. Soll dich doch der Ganter zwakken! Alles mußt du wissen. Leg dich und schlaf.

Anjutka legt sich.

So ist's recht. *Er deckt sie zu.* Ja, so. Viel wissen macht früh alt.

ANJUTKA: Und du steigst auf den Ofen?

MITRITSCH: Was sonst? Bist doch dumm, das merk ich. Fragst nach allem möglichen. *Er deckt sie noch einmal zu und steht auf.* Bleib so liegen und schlaf. *Er geht zum Ofen.*

ANJUTKA: Ein einziges Mal hat's geschrien, jetzt hört man's nicht mehr.

MITRITSCH: Eh, lieber Gott, barmherziger Niklaus! ... Was hört man nicht mehr?

ANJUTKA: Das Kindchen.

MITRITSCH: Wenn keins da ist, hört man auch keins.

ANJUTKA: Ich hab's aber gehört, Ehrenwort, ich hab's gehört. Ein Stimmchen – so ganz fein.

MITRITSCH: Was du alles hörst. Ein kleines Mädchen, das soviel hört wie du, das steckt mal noch der Schwarze Mann in den Sack, und dann kriegt es sein Teil.

ANJUTKA: Was ist das für ein Schwarzer Mann?

MITRITSCH: Eben der Schwarze Mann. *Er steigt auf den Ofen.* Schön ist der Ofen jetzt, warm. Eine Wohltat! Eh, lieber Gott, barmherziger Niklaus!

ANJUTKA: Großvater, willst du schlafen?

MITRITSCH: Was sonst? Meinst wohl, ich sing dir Lieder vor?

Schweigen.

ANJUTKA: Großvater, Großvater! Sie graben ein Loch! Bei Gott, ja, ein Loch, im Keller, hör doch nur! Ehrenwort, sie graben!

MITRITSCH: Was nicht noch. Nachts Löcher graben – wer tut so was? Die Kuh, die reibt sich am Balken – weiter nichts. Schlaf, sag ich, sonst lösch ich gleich das Licht aus.

ANJUTKA: Großväterchen, Bester, nicht auslöschen! Ich bin ganz artig, bei Gott, ganz artig, Ehrenwort, ganz artig. Mir ist so gruslig.

MITRITSCH: Gruslig? Fürcht dich vor nichts, dann ist dir auch nicht gruslig. Aber so – fürchtet sich und wundert sich noch, daß ihr gruselt. Wie soll's nicht gruseln, wenn du dich fürchtest? Bist doch 'ne kleine Dumme.

Schweigen. Eine Grille zirpt.

ANJUTKA *halblaut*: Großvater! Großvater! Schläfst du?

MITRITSCH: Was denn noch?

ANJUTKA: Wie ist das mit dem Schwarzen Mann?

MITRITSCH: Na, so. Wenn's eine macht wie du, also nicht schläft, da kommt er mit dem Sack, schwupp, die Kleine in den Sack, er selber steckt auch den Kopf hinein, hebt ihr das Hemdchen hoch und versohlt ihr den Hintern.

ANJUTKA: Womit denn?

MITRITSCH: Mit der Rute.

ANJUTKA: Aber in dem Sack drin, da sieht er doch nichts.

MITRITSCH: Sieht grad genug.

ANJUTKA: Da beiß ich ihn.

MITRITSCH: O nein, Freundchen, den beißt du nicht.

ANJUTKA: Großvater, da kommt jemand! Wer ist das? Oh, lieber, lieber Gott, wer ist das?

MITRITSCH: Kommt wer, dann kommt er halt. Was hast du bloß? Wird wohl die Mutter sein.

Anissja tritt ein.

ANISSJA: Anjutka!

Anjutka stellt sich schlafend.

Mitritsch!

MITRITSCH: Was ist?

ANISSJA: Warum läßt du das Licht brennen? Wir werden drüben schlafen.

MITRITSCH: Bin grad erst fertig geworden. Ich lösch's dann aus.

ANISSJA *sucht, unzufrieden murmelnd, in der Truhe*: Wenn man's braucht, kann man's einfach nicht finden.

MITRITSCH: Was suchst du denn?

ANISSJA: Das Kreuz. Wir müssen doch taufen. Wenn's nun, gottbewahre, stirbt, und wir haben's nicht getauft?! Sündhaft wär's!

MITRITSCH: Versteht sich, muß alles seine Ordnung haben ... Na, gefunden?

ANISSJA: Ja. *Sie geht ab.*

MITRITSCH: Sonst hätt ich halt meins gegeben. Eh, lieber Gott!

ANJUTKA *fährt zitternd auf*: Oooh, Großvater! Schlaf nicht, um Himmels willen. Es ist so gruslig!

MITRITSCH: Warum denn wieder?

ANJUTKA: Da wird's nun doch sterben, das Kindchen? Bei Tante Arina hat die Großmutter geradeso getauft, und darauf ist's gestorben.

MITRITSCH: Stirbt's, so wird's begraben.

ANJUTKA: Vielleicht müßt es gar nicht sterben. Bloß, da ist eben Großmutter Matrjona hier. Ich hab doch gehört, was die Großmutter gesagt hat, Ehrenwort, ich hab's gehört.

MITRITSCH: Was hast du gehört? Schlaf, sag ich. Zieh den Kaftan über den Kopf, und Schluß!

ANJUTKA: Wenn's lebte, würde ich's warten.

MITRITSCH *laut ächzend*: Eh, lieber Gott!

ANJUTKA: Wo tun sie's denn hin?

MITRITSCH: Wo's eben hingehört. Was kümmert's dich! Schlaf, sag ich. Gleich kommt die Mutter, dann erlebst du was!

Schweigen.

ANJUTKA: Großvater! Das kleine Mädchen, von dem du erzählt hast – das haben sie doch nicht umgebracht?

MITRITSCH: Das? Ach wo, das hat Glück gehabt.

ANJUTKA: Ihr habt sie also gefunden, Großvater?

MITRITSCH: Freilich.

ANJUTKA: Aber wo? Erzähl mir's.

MITRITSCH: Na, in 'nem Haus von den Leuten dort. Wir kamen ins Dorf, die Soldaten gleich rein in die Häuser und stöbern. Schau, da liegt die Kleine auf dem Bauch. Sie wollen ihr den Garaus machen. Aber mir tut sie auf einmal leid, ich denk mir: Nehm ich sie mal auf den Arm. Na, die wehrt sich, macht sich zentnerschwer, krallt sich an allem möglichen fest, ich krieg sie einfach nicht los. Dann hab ich sie doch, ich streich ihr übers Köpfchen, eine ganze Weile. Borstig ist sie wie 'n Igel. Über all dem Streicheln wird sie still. Ich tauch 'n Zwieback ein, halt ihn vor ihrn Mund. Das begreift sie. Beißt hinein. Was machen wir nun mit ihr. Wir haben sie mitgenommen. Mitgenommen und gefüttert, gefüttert, sie hat sich an uns gewöhnt, ging auch mit uns, wenn wir ins Feld zogen. Ein hübsches kleines Mädchen.

ANJUTKA: Aber doch nicht getauft?

MITRITSCH: Weiß der Himmel. Nicht so richtig getauft, meinten die Leute. War ja 'n ganz andres Volk.

ANJUTKA: Wohl Deutsche?

MITRITSCH: Was du so redst – Deutsche. Keine Deutschen, nein, Asiaten. So was wie Juden und doch keine Juden. Gehörn zu den Polen, aber Asiaten. Krudeln heißen sie oder Krugeln – hab's vergessen. Das Mädchen nannten wir Saschka. Ja, Saschka – ein hübsches Ding. Alles hab ich vergessen, aber die Kleine – potz Donnerwetter – die seh ich noch, als stünd sie jetzt vor mir. Von meiner ganzen Dienstzeit hab ich nichts weiter im Gedächtnis behalten – bloß das Auspeitschen und eben das Mädelchen. Wie oft hat sie mir die Arme um den Hals geschlungen, und ich hab sie getragen.

So ein Kind – hätt man ein beßres gesucht, man hätt's nicht gefunden. Später haben wir sie weggegeben. Die Frau vom Hauptmann hat sie angenommen als eignes Kind. Hat Glück gehabt. Wie sie aber den Soldaten gefehlt hat!

ANJUTKA: Großvater, ich weiß auch noch, wie mein Papa gestorben ist. Du warst noch nicht bei uns. Er rief den Nikita ran und sagte: »Verzeih mir«, sagt er, »Nikita ...« Und dabei weint er. *Sie seufzt.* Es tat mir so weh.

MITRITSCH: Freilich, freilich ...

ANJUTKA: Großvater, Großvater! Die machen immer noch was im Keller. Ach, ihr Lieben, Lieben, ach, Gott im Himmel! Großvater, sie tun ihm was an. Sie bringen's um. Und es ist doch so winzig ... Oooh! *Sie zieht den Kaftan über den Kopf und weint.*

MITRITSCH *horcht*: Wahrhaftig, die machen 'ne Schweinerei – hol sie der Henker. Ein einziger Unflat, die Weiber! Die Männer taugen nichts, aber erst die Weiber ... Wie die Tiere im Wald. Nichts ist denen heilig.

ANJUTKA *richtet sich auf*: Großvater, Großvater!

MITRITSCH: Was ist denn schon wieder?

ANJUTKA: Kürzlich hat ein Fremder hier übernachtet, der hat gesagt, wenn ein kleines Kind stirbt, fährt seine Seele gleich zum Himmel hinauf. Ist das wahr?

MITRITSCH: Das mag schon sein. Warum?

ANJUTKA: Da möcht auch ich sterben.

Sie schluchzt ein bißchen.

MITRITSCH: Stirbst du, bist du fort.

ANJUTKA: Bis zum zehnten Jahr, da ist man ein kleines Kind, da kann die Seele noch gleich hinauf zu Gott. Später wird man verdorben.

MITRITSCH: Na, und wie verdorben! Wie solltet denn ihr Weibervolk auch ums Verdorbenwerden rumkommen? Wer bringt euch denn was bei? Was kriegt ihr zu sehen? Was zu hören? Nichts als Niedertracht. Ich hab ja auch nicht viel gelernt, aber manches weiß ich. Keine große Weisheit und doch mehr als ein Bauernweib. Was ist ein Bauernweib? Ein Dreck. Von euch Weibervolk gibt's in Rußland große Millionen – und alle blind wie Maulwürfe, nichts wißt ihr. Zaubersprüche, damit die Kuh nicht verreckt, Hexenkram, wie man kleine Kinder unter die Hühnerleiter legt – das wissen sie.

ANJUTKA: Meine Mama hat mich auch druntergelegt.

MITRITSCH: Na eben, ich sag's doch. Wieviel Millionen von euch Weibern und Mädchen – und alle wie die Tiere im Wald. Wie's aufwächst, so stirbt es auch. Zwischendrin, da haben sie nichts gesehen, nichts gehört. Der Mann, der Bauer, der schnappt wenigstens in der Schenke was auf, wenn's der Zufall will, auch hinter Gittern oder bei den Soldaten, wie ich. Und das Weib? Nicht bloß, daß sie von Gott nichts Rechtes weiß, sie hat auch keine Ahnung, was es mit dem Freitag für 'ne Bewandtnis hat. Freitag, Freitag, sagt sie, na und? Kriechen über die Erde wie blinde junge Hunde, stoßen mit der Nase in den Mist. Nichts weiter als ihre stumpfsinnigen Lieder kennen sie: lala, lala. Was das lala soll, das wissen sie selber nicht.

ANJUTKA: Aber ich, Großvater, kann schon das Vaterunser bis zur Hälfte.

MITRITSCH: Da kannst du viel! Was soll man auch von euch verlangen. Wer bringt euch was bei? Höchstens der Mann im Suff – mit den Zügeln. Das ist dann die ganze Lehre. Ich weiß nicht mal, wer für euch gradestehn muß. Für die Rekruten muß der Korporal oder der Feldwebel gradestehn. Aber für euch Weibervolk ist keiner da. Eine Herde ohne Hirten, dumm und dreist – das sind so die Weiber. Das Allerdümmste auf der Welt, das seid ihr. Und zu nichts, zu gar nichts nütze.

ANJUTKA: Was soll ich aber nun machen?

MITRITSCH: Na das: Deck dich zu bis übern Kopf und schlaf. Eh, lieber Gott!

Schweigen. Eine Grille zirpt.

ANJUTKA *fährt auf*: Großvater! Da schreit jemand, da passiert was mit jemand! Wirklich, glaub's es schreit! Großvater, Lieber, es kommt hierher.

MITRITSCH: Ich sag dir, deck dich zu bis übern Kopf.

Nikita und Matrjona treten ein.

NIKITA: Was haben sie aus mir gemacht? Was haben sie aus mir gemacht?!

MATRJONA: Trink, trink was mein Schwälbchen. *Sie holt Schnaps und stellt ihn auf den Tisch.* Na?

NIKITA: Gib her. Vielleicht doch runterspüln?

MATRJONA: Leise! Sie schlafen nicht. Trink schon.

NIKITA: Was ist das bloß? Warum habt ihr's so gewollt? Hättet's doch wegbringen können.

MATRJONA *halblaut*: Ruh dich aus, ruh dich aus, trink noch was und rauch eine. Das vertreibt die Gedanken.

NIKITA: Mutter, liebe, ich glaub, mit mir ist's aus. Wie es wimmert, wie die kleinen Knochen knacken: kr ... kr ... Ich bin kein Mensch mehr.

MATRJONA: Hör auf! Was redst du für dummes Zeug. Nachts sieht alles gruslig aus. Aber wart nur, wenn's Tag wird oder zwei, drei Tage vorbei sind, dann denkst du gar nicht mehr dran. *Sie tritt zu Nikita und legt ihm die Hand auf die Schulter.*

NIKITA: Weg von mir! Was habt ihr aus mir gemacht?

MATRJONA: Nun ist's aber wirklich genug, mein Junge. *Sie faßt ihn am Arm.*

NIKITA: Weg! Ich schlag dich tot! Mir ist jetzt alles gleich. Ich schlag dich tot!

MATRJONA: Na, dir sitzt ja der Schreck in den Gliedern! Am besten, du gehst schlafen.

NIKITA: Mir bleibt kein Weg mehr. Aus und vorbei!

MATRJONA *kopfschüttelnd*: Oh, oh. Ich geh aufräumen. Er wird noch ein bißchen sitzen, dann läßt es von ihm ab. *Sie geht.*

Nikita sitzt da, die Hände ans Gesicht gepreßt, während sich Mitritsch und Anjutka ganz still verhalten.

NIKITA: Es wimmert, ja, es wimmert, da, da ... ganz deutlich. Und sie, sie verscharrt's, wahrhaftig, sie verscharrt's! *Er läuft zur Tür.* Mutter, nicht verscharren, es lebt ...

Matrjona kehrt zurück.

MATRJONA *halblaut*: Was machst du bloß, Christus steh dir bei! Du bildst dir das ein – so was gibt's. Wie könnt's denn leben! Sogar die Knochen sind zerdrückt.

NIKITA: Schnaps her! *Er trinkt.*

MATRJONA: Geh, mein Junge, jetzt wirst du schlafen, und 's ist gut.

NIKITA *steht, horcht*: Es lebt immer noch ... da ... es wimmert. Hörst du nicht? Da!

MATRJONA *halblaut*: Nein doch!

NIKITA: Mutter, liebe! Mein Leben ist verloren. Was habt ihr aus mir gemacht! Wohin mit mir? *Er läuft hinaus, Matrjona ihm nach.*

ANJUTKA: Großvater, Lieber, Bester, sie haben's erwürgt!

MITRITSCH *zornig*: Schlaf, sag ich. Ach, du – soll dich doch der Ganter zwacken! Ich hau dich gleich mit der Rute. Schlaf, sag ich.

ANJUTKA: Großvater, Goldner! Mich packt einer an den Schultern, mich packt einer, greift mit den Tatzen nach mir. Großvater, Lieber, Ehrenwort, ich komm zu dir. Großvater, Goldner, laß mich zu dir auf den Ofen! Bitte, bitte, um Christi willen. Es greift nach mir, greift nach mir ... Aaah! *Sie läuft zum Ofen.*

MITRITSCH: Ganz närrisch haben sie das Kind gemacht. Sind wirklich Schweine, hol sie der Henker. Na, komm rauf.

ANJUTKA *klettert auf den Ofen*: Geh nur nicht fort.

MITRITSCH: Ach wo. Komm, komm! Eh, lieber Gott, barmherziger Niklaus, allerheiligste Muttergottes von Kasan ... Haben das Kind ganz närrisch gemacht. *Er deckt sie zu.* Ein Dummerchen, wirklich ein Dummerchen ... Närrisch haben sie's gemacht, die Ekel – potz Donnerwetter.

Vorhang

FÜNFTER AKT

ERSTES BILD

Offene Tenne. Im Vordergrund ein Getreideschober, links der eigentliche Dreschboden, rechts die Tennenscheune. Das Scheunentor steht offen; gleich am Tor liegt Stroh; im Hintergrund sieht man den Hof; von dorther tönt Gesang und ein Tamburin. Auf dem Weg, der an der Scheune vorbeiführt, kommen zwei Mädchen.

ERSTES MÄDCHEN: Siehst du, wir sind durch, haben uns nicht mal die Schuhe sehr schmutzig gemacht; aber im Dorf – ein einziger Dreck ...

Sie bleiben stehen, wischen sich die Schuhe am Stroh ab. Erstes Mädchen blickt ins Stroh und bemerkt etwas. Was ist das dort?

ZWEITES MÄDCHEN *sieht nach*: Das ist der Mitritsch, ihr Knecht. Hat der sich vollaufen lassen.

ERSTES MÄDCHEN: Der hat doch nie getrunken?

ZWEITES MÄDCHEN: Heut hat er eben.

ERSTES MÄDCHEN: Sieh mal, er wollt gewiß Stroh holn, denn er hat 'nen Strick in der Hand, und da ist er eingeschlafen.

ZWEITES MÄDCHEN *horcht*: Sie singen noch die Loblieder, also haben sie noch nicht den Segen gekriegt. Es heißt, die Akulina hätt gar nicht geheult, wie sich's gehört.

ERSTES MÄDCHEN: Meine Mutter sagt, 's wär gegen den Willen der Braut. Ihr Stiefvater hat gedroht, sonst hätt sie im Leben nicht mitgemacht. Wird doch so manches über sie geredet!

Marina tritt auf, eilt den Mädchen nach.

MARINA: Guten Tag, ihr Mädchen!

DIE MÄDCHEN: Guten Tag, Tantchen!

MARINA: Na, Kinder, geht's zur Hochzeit?

ERSTES MÄDCHEN: Die hat längst angefangen. Wolln bloß reinschaun.

MARINA: Dann ruft doch mal meinen Alten raus, den Semjon aus Sujewo. Ihr kennt ihn vielleicht?

ERSTES MÄDCHEN: Freilich. Ich glaub, er ist mit dem Bräutigam verwandt.

MARINA: Ja, der Bräutigam ist von meinem Mann der Neffe.

ZWEITES MÄDCHEN: Warum gehst du nicht selber hinein? Eine Hochzeit – da geht man doch hin.

MARINA: Ich mag nicht, Mädchen; wir haben auch keine Zeit. Müssen weiter. Eigentlich sind wir unterwegs zur Stadt – mit Hafer. Wir haben nur zum Füttern angehalten, und da haben sie meinen Alten hierher eingeladen.

ERSTES MÄDCHEN: Bei wem habt ihr denn ausgespannt? Beim Fjodorytsch?

MARINA: Ja. Na, ich wart hier, und du, meine Liebe, hol meinen Alten raus. Tu das, Herzchen. Sag: Dein Weib, die Marina, ist da, du sollst fahren; die andern spannen schon an.

ERSTES MÄDCHEN: Mach ich, wenn du schon selber nicht willst.

Die Mädchen gehen auf dem schmalen Weg zum Hof. Man hört Gesang und Tamburin.

MARINA *nachdenklich*: Ich könnt schon, aber ich mag nicht; hab ihn doch seit damals, wie er sich von mir abgewandt hat, nicht mehr gesehn. Zwei Jahre sind's. Möcht aber doch mal schaun, einen Blick drauf werfen, wie er mit seiner Anissja lebt. Die Leute sagen, es herrscht keine Eintracht. Das Weib ist brummig, dickschädlig. Er hat's damals selber ein paarmal gesagt. Das reiche Leben hat ihn gelockt. Mich hat er sitzenlassen. Na, Gott mit ihm, ich trag's ihm nicht nach. Damals hat's mir weh getan. Ja, bitter war's. Jetzt ist es durchgestanden und vergessen. Einen einzigen Blick hätt ich doch gern getan ... *Sie schaut zum Hof hinüber, erblickt Nikita.* Sieh mal an, warum kommt er, grad er? Haben's ihm die Mädchen gesagt? Er kann doch nicht von den Gästen weglaufen? Ich geh.

Nikita kommt näher; er läßt den Kopf hängen, fuchtelt mit den Armen und brummt vor sich hin.

Wie finster er blickt!

NIKITA *sieht Marina, erkennt sie*: Marina! Marinuschka, mein Herz! Was bringt dich hierher?

MARINA: Ich will meinen Alten holen.

NIKITA: Warum kommst du nicht auf die Hochzeit? Hättst zugeschaut und mich ausgelacht.

MARINA: Warum dich auslachen? Meinen Mann will ich holen.

NIKITA: Ach, Marinuschka! *Er will sie umarmen.*

MARINA *weicht verärgert zurück*: Hände weg, Nikita, ein für allemal! Das ist vorbei. Meinen Mann will ich holen. Er ist doch bei euch?

NIKITA: Also nicht an die alten Zeiten denken? Du willst nicht?

MARINA: Es gibt nichts, woran zu denken wäre. Vorbei ist vorbei.

NIKITA: Und kommt nicht wieder?

MARINA: Und kommt nicht wieder. Und du, warum läufst du raus? Bist Hausherr und gehst von den Gästen fort.

NIKITA *setzt sich ins Stroh*: Warum? Ach, wenn du wüßtest, wenn du ahntest! Weh ist mir ums Herz, Marina, so weh; braucht ich bloß von allem nichts mehr zu sehn. Ich bin aufgestanden, weggegangen, weg von den Leuten, damit ich keinen mehr seh.

MARINA *tritt näher zu ihm*: Was ist mit dir?

NIKITA: Speis und Trank sind mir vergällt, der Schlaf ist mir verleidet. Wie's mich quält und drückt! Und am meisten quält und drückt mich, Marinuschka, daß ich allein bin und keinem was sagen kann von meinem Kummer.

MARINA: Ohne Kummer, Nikita, geht's nicht im Leben. Ich hab meinen ausgeweint, und 's ist vorbei.

NIKITA: Du redst von dem, was früher war. Ja, den Kummer, Mädchen, den hast du ausgeweint, aber mich hat's jetzt getroffen.

MARINA: Wie denn?

NIKITA: So, daß mich das ganze Leben ekelt. Mich ekelt's vor mir selber. Ach, Marina, du hast nicht verstanden, mich festzuhalten, so hast du mich und auch dich ins Unglück gestürzt. Ist denn das ein Leben?

MARINA *steht an der Scheune; sie weint und bemüht sich, standhaft zu bleiben*: Über mein Leben, Nikita, da klag ich nicht. So ein Leben – geb's Gott einem jeden. Ich klag nicht. Damals hab ich meinem Alten alles gestanden. Er hat mir verziehn. Wirft mir nichts vor. Mein Leben, das ist mir recht. Mein Alter ist still und freundlich zu mir; ich versorg ihm die Kinder. Und er hält mich auch gut. Warum sollt ich klagen? Gott hat's eben so gewollt. Und mit deinem Leben, was ist da? Steckst im Reichtum …

NIKITA: Mein Leben! Ich möcht bloß nicht die Hochzeit stören, sonst nähm ich 'nen Strick, den da – *er nimmt den Strick aus dem Stroh in die Hand* –, tät ihn über den Balken werfen, 'ne ordentliche Schlinge machen, dann rauf auf den Balken steigen und den Kopf reinstecken. So steht's um mein Leben!

MARINA: Hör auf, Christus steh dir bei!

NIKITA: Du denkst, ich mein's nicht ernst? Denkst, ich wär besoffen? Ich bin nicht besoffen. Ich krieg nicht mal mehr 'nen Rausch. Der Gram, der zehrt mich auf mit Haut und Haaren. So sehr, daß mir nichts mehr lieb ist. Ach, Marinuschka, richtig gelebt hab ich bloß damals, bei der Eisenbahn – weißt du noch? – wie wir uns da die Nächte verkürzten.

MARINA: Reiß nicht frische Narben auf, Nikita. Ich bin verheiratet, du auch. Mir ist die Sünde verziehn, drum rühr nicht ans Vergangne.

NIKITA: Was tu ich bloß mit meinem Herzen? Wohin mit mir?

MARINA: Was du tun sollst? Hast doch eine Frau, schau nicht nach andern, hüt deine eigne. Du hast die Anissja liebgehabt, hab sie auch weiter lieb.

NIKITA: Ach, bittrer Wermut ist mir die Anissja, hat sich, wie das Unheilsgras, um meine Füße geschlungen.

MARINA: Trotzdem, sie ist deine Frau. Aber was reden wir! Geh lieber zu den Gästen, und schick meinen Mann raus.

NIKITA: Wenn du alles wüßtest … Aber es hat keinen Sinn!

Marinas Mann und Anjutka kommen über den Hof.

MARINAS MANN *rot im Gesicht, betrunken, vom Hof her*: Marina! Weib! Alte! Bist du hier?

NIKITA: Da kommt dein Mann, er ruft dich. Geh.

MARINA: Und du?

NIKITA: Ich? Leg mich hierher. *Er legt sich ins Stroh.*

MARINAS MANN: Wo steckt sie denn?

ANJUTKA: Dort, Onkelchen, neben der Scheune.

MARINAS MANN: Warum bleibst du draußen? Komm auf die Hochzeit! Die Wirtsleute sagen, du sollst unbedingt kommen, ihnen die Ehre erweisen. Gleich fahren sie zur Kirche, dann gehn wir.

MARINA *geht ihrem Mann entgegen*: Ich hatte keine Lust.

MARINAS MANN: Komm, sag ich. Trinkst ein Gläschen, gratulierst dem Petrunka, dem Schelm. Die Wirtsleute wärn sonst gekränkt, und wir versäumen nichts. *Er legt den Arm um sie und geht schwankend mit ihr ab.*

NIKITA *richtet sich im Stroh auf*: Da hab ich sie gesehen, und es bedrückt mich noch mehr. Bloß das war ein Leben: das mit ihr. Um nichts und wieder nichts hab ich mein Dasein verpfuscht, meinen Kopf verwirkt! *Er legt sich.* Wohin jetzt? Wollt mich doch gleich die Mutter Erde, die kühle, aufnehmen!

ANJUTKA *erblickt Nikita und läuft zu ihm*: Väterchen, Väterchen, he! Sie suchen dich. Alle haben schon den Segen gegeben, auch der Pate. Ehrenwort, sie sind fertig. Und sind schon böse auf dich.

NIKITA *für sich*: Wohin mit mir.

ANJUTKA: Was ist? Wovon redst du?

NIKITA: Von nichts red ich. Hau ab!

ANJUTKA: Väterchen, du kommst mit, ja?

Nikita schweigt.

Anjutka zieht ihn an der Hand. Väterchen, komm, mußt doch segnen! Wirklich, sie sind schon böse, sie schimpfen.

NIKITA *reißt sich los*: Laß mich in Ruh!

ANJUTKA: Komm doch!

NIKITA *droht ihr mit dem Strick*: Hau ab, sag ich. Gleich kriegst du was.

ANJUTKA: Da schick ich eben Mama. *Sie läuft fort.*

NIKITA *richtet sich auf*: Jetzt ins Haus, das Heiligenbild in die Hand nehmen? Wie soll ich ihr in die Augen schauen? *Er legt sich wieder hin.* Tät sich doch die Erde auf, so wär ich weg. Keiner würde mich mehr sehn, und ich braucht keinen mehr zu sehen. *Er richtet sich von neuem auf.* Nein, ich geh nicht ... Mag werden, was will. Ich geh nicht. *Er zieht die Stiefel aus und nimmt wieder den Strick, macht eine Schlinge und legt sie um den Hals.* So mach ich's. *Er sieht die Mutter hastig näherkommen, nimmt den Strick vom Hals und legt sich wieder ins Stroh.*

MATRJONA: Nikita! He, Nikita! Sieh an, gibt keinen Laut von sich. Nikita, was ist? Hast du 'nen Rausch? Komm, Nikituschka, komm, komm, mein Schwälbchen. Die Leute warten lang genug.

NIKITA: Was habt ihr aus mir gemacht? Ich bin kein Mensch mehr.

MATRJONA: Was soll denn das wieder? Geh, mein Lieber, gib den Segen, so wie sich's gehört, dann hast du's hinter dir. Die Leute warten doch.

NIKITA: Wie soll ich den Segen geben?

MATRJONA: Ist doch klar, wie. Weißt du's nicht?

NIKITA: O ja, ich weiß es. Aber wen werd ich segnen? Was hab ich aus ihr gemacht?

MATRJONA: Was du gemacht hast? Kommt ihm das wieder in den Sinn! Keiner weiß davon – nicht Katz, nicht Kater, nicht Nachbars Vater. Und das Mädchen geht ja gutwillig.

NIKITA: Gutwillig?

MATRJONA: Na ja, aus Angst. Aber sie geht. Was bleibt ihr andres? Hätt sich's früher überlegen sollen. Jetzt kann sie nicht mehr bockig werden. Und den Brautwerbern geschieht auch kein Unrecht. Sie haben das Mädchen zweimal gesehen, und sie kriegt das Geld mit. Alles klipp und klar.

NIKITA: Und was ist im Keller?

MATRJONA *lacht*: Was im Keller ist? Kohl, Pilze, Kartoffeln, mein ich. Was rührst du an alte Geschichten?

NIKITA: Ich möcht's ja gerne ruhn lassen. Aber ich kann's nicht. Kommt mir bloß der Gedanke, so hör ich's auch. Was habt ihr nur aus mir gemacht?

MATRJONA: Hör endlich auf damit!

NIKITA *legt sich auf den Bauch*: Mutter, Mutter, quäl mich nicht. Mir steht's bis obenan.

MATRJONA: Und doch muß es sein. Die Leute reden sowieso,

und da verschwindet noch der Brautvater, kommt nicht wieder, traut sich nicht, den Segen zu geben. Na, das gibt 'nen Klatsch. Wenn du feige wirst, geht's los. Gehst du mitten auf der Straße, hält dich keiner für 'nen Dieb. Aber reißt du vorm Wolf aus, läuft dir der Bär in die Quer. Hauptsache, laß dir nichts anmerken. Kopf hoch, Junge. Sonst kommt alles mögliche raus, und es wird noch schlimmer.

NIKITA: Hineingerissen habt ihr mich!

MATRJONA: Na Schluß, komm. Geh, gib den Segen, alles, wie's sein muß, in Anstand und Ehre; dann ist es geschafft.

NIKITA *mit dem Gesicht nach unten liegend*: Ich kann nicht.

MATRJONA *zu sich selbst*: Was ist bloß passiert? Die ganze Zeit war nichts Besondres, und auf einmal packt's ihn. Sicher behext. Nikita, steh auf! Schau, dort kommt auch Anissja, läßt die Gäste allein.

ANISSJA *geputzt, rot im Gesicht, angetrunken*: So schön ist das, Mütterchen. So schön, richtig, wie sich's gehört! Und die Leute sind zufrieden. Wo steckt er denn?

MATRJONA: Hier, mein Schwälbchen, hier. Hat sich ins Stroh gelegt, will sich nicht rühren. Will einfach nicht

NIKITA *blickt auf seine Frau*: Pff, auch die besoffen! Wenn ich sie bloß anschaue, überläuft's mich. Wie soll ich mit ihr leben? *Er legt sich wieder auf den Bauch.* Die schlag ich noch tot. Soweit kommt's.

ANISSJA: Ei, ei, ins Stroh hat er sich verkrochen. Bist wohl beschwipst? *Sie lacht.* Ich würd mich ja gern zu dir legen, aber ich hab keine Zeit. Komm, ich führ dich hinein. So schön ist es im Haus. Macht Spaß, das zu sehen. Sie spielen auf der Harmonika. Die Weiber singen – 's ist eine Pracht. Betrunken sind sie alle. So richtig schön, wie sich's gehört.

NIKITA: Was ist schön?

ANISSJA: Die Hochzeit, die fröhliche Hochzeit. Alle sagen, so eine Hochzeit hat's lange nicht gegeben. So richtig schön, wie sich's gehört. Na, komm. Gehn wir zusammen. Ich hab ja auch 'nen Schwips, aber ich führ dich. *Sie faßt nach seinem Arm.*

NIKITA *reißt sich angewidert los*: Geh allein. Ich komm nach.

ANISSJA: Was stellst du dich so an! Alle Übel sind wir los, der Störenfried kommt aus dem Haus; jetzt haben wir's gut, jetzt können wir uns freuen. Alles, wie sich's gehört, nach Recht und Gesetz. So froh bin ich, ich kann's gar nicht sagen. Als hätt ich zum zweitenmal Hochzeit mit dir. Ach, und wie zufrieden die Leute sind. Und sie bedanken sich. Alle ordentliche Gäste. Iwan Mossejitsch ist da – und der Herr Gendarm. Auch sie erweisen uns die Ehre.

NIKITA: Dann bleib doch drin bei ihnen – warum kommst du raus?

ANISSJA: Muß ja auch wieder hinein. Sonst heißt es noch: Die Hausherrn lassen die Gäste im Stich. Wo's doch so ordentliche Gäste sind.

NIKITA *steht auf, streicht die Strohhalme ab*: Geht, ich komm gleich nach.

MATRJONA: Der Nachtvogel lockt halt stärker als der Tagvogel. Auf mich hört er nicht, aber der Frau folgt er gleich. *Sie und Anissja wenden sich zum Gehen.* Kommst du nun?

NIKITA: Sofort. Geht nur inzwischen. Ich komme und gebe den Segen.

Die Frauen halten inne.

Geht ... ich komme gleich. Na, geht doch!

Die Frauen gehen ab.

Nikita schaut ihnen, in Gedanken versunken, nach, dann setzt er sich und wickelt die Fußlappen ab. Und ob ich nachkomme! Ich denk nicht dran! Sucht mich dann am Querbalken. Schlinge um den Hals, fallen lassen und aus! Zum Glück liegt hier der Strick, die Pferdeleine. *Er denkt nach.* Dann wär's ausgestanden. Mag der Kummer noch so groß sein, dann wär's vorbei! So tief sitzt er drin, im Herzen – ich krieg ihn nicht raus. *Er schaut zum Hof hinüber.* Ob die etwa wiederkommen? *Anissja nachäffend*: »Schön, so richtig schön! Möcht mich gleich zu dir legen!« So ein Aas, ein gemeines! Na, wenn sie mich runterholen vom Querbalken, kannst du mich kriegen. 's ist alles eins. *Er greift nach dem Strick, zerrt daran.*

MITRITSCH *richtet sich in seiner Trunkenheit auf, ohne den*

Strick loszulassen: Ich geb ihn nicht her. Keinem. Ich bring's selber hin. Hab's gesagt, also bring ich das Stroh! Nikita, du? *Er lacht.* Teufel auch! Willst du Stroh?

NIKITA: Gib den Strick!

MITRITSCH: Nein, warte. Mich haben die Männer geschickt. Also bring ich's. *Er stellt sich auf die Beine, rafft Stroh zusammen, aber er schwankt; er will sich aufrecht halten und fällt schließlich doch hin.* Ist halt stärker. Haut mich um.

NIKITA: Gib den Strick her.

MITRITSCH: Ich sag dir, du kriegst ihn nicht. Ach, Nikischka, dumm bist du wie ein Schweinenabel. *Er lacht.* Ich hab dich gern, aber dumm bist du. Siehst du, ich hab wieder gesoffen. Aber ich pfeif auf dich! Du meinst, ich brauch dich ... Sieh mich an. Ich bin Unteroffizier! Dummkopf, das kriegst du nicht mal raus: Unteroffizier des allerersten Grenadierregiments Seiner Majestät. Dem Zaren, dem Vaterland hab ich treu und ehrlich gedient. Und was bin ich? Du meinst, Soldat? Nein, bin kein Soldat, bin der allerletzte Mensch, ein Verlorener, Verirrter. Ich hab geschworen, das Saufen zu lassen. Nun hab ich wieder angefangen. Meinst du etwa, ich fürchte dich? Pff! Keinen fürcht ich. Ich sauf halt wieder, na und? Jetzt wird gepichelt, zwei Wochen lang, auf Teufel komm raus. Halbtot sauf ich mich, die Mütze wird versoffen, der Ausweis versetzt, und keinen fürcht ich. Im Regiment haben sie mich gepeitscht – ich sollt nicht saufen. Haben die gedroschen! »Wirst du weiter saufen?« haben sie gefragt. »Jawohl«, sag ich. Sollt ich die etwa fürchten, den Dreck? So bin ich nun mal – so hat mich halt Gott geschaffen. Geschworen hab ich, nicht mehr zu saufen. Hab nicht gesoffen. Jetzt sauf ich wieder – jawohl. Und keinen fürcht ich. Ich sag's, wie's ist. Wozu fürchten – den Dreck? Ich bin halt ich. Hat mir mal ein Pope gesagt: »Der Teufel«, sagt er, »steckt grad in dem, der was andres, was Besondres sein will. Wenn du damit anfängst«, sagt er, »wirst du gleich ängstlich, und sobald du Angst vor den Menschen hast, hat er dich auch schon in den Klauen, der Pferdefuß, und zerrt dich, wohin er dich haben will.« Sowie ich aber keine Furcht vor den Menschen habe, ist mir leicht. Da hust ich ihm eins, dem Schwarzen, bei seiner säuischen Großmutter! Nichts kann er mir anhaben. Soll er's doch versuchen!

NIKITA *bekreuzigt sich*: Freilich, was will ich eigentlich? *Er wirft den Strick weg.*

MITRITSCH: Was ist?

NIKITA *richtet sich auf*: Du sagst, man soll die Menschen nicht fürchten?

MITRITSCH: Warum fürchten – den Dreck? Schau sie dir im Dampfbad an. Sind alle aus dem gleichen Teig. Der eine hat mehr Bauch, der andre weniger – das ist der ganze Unterschied. Und so was sollt man fürchten? Pff – potz Donnerwetter!

Matrjona kommt über den Hof.

MATRJONA *ruft*: Kommst du endlich?

NIKITA: Oh! 's ist wohl auch besser so. Ich komme. *Er geht zum Hof.*

Vorhang

ZWEITES BILD

Das Haus wie im ersten Akt. Es ist voller Menschen, die an Tischen sitzen oder stehen. Vorn in einer Ecke steht Akulina mit dem Bräutigam. Auf dem Tisch Ikonen und Brot. Unter den Gästen befinden sich Marina, ihr Mann und der Gendarm, auch der Kutscher, die Heiratsvermittlerin, der Brautführer und Matrjona. Die Frauen singen. Anissja gießt Schnaps ein. Die Frauen hören auf zu singen.

KUTSCHER: Fahrn wir nun los? 's ist weit zur Kirche.

BRAUTFÜHRER: Wart ein bißchen, der Stiefvater gibt noch den Segen. Wo steckt er denn?

ANISSJA: Er kommt. Gleich kommt er, ihr Lieben. Trinkt noch ein Gläschen, tut mir den Gefallen.

HEIRATSVERMITTLERIN: Wo bleibt er denn? Wir warten schon so lange.

ANISSJA: Er kommt. Gleich kommt er. Dauert nicht mal so lang, wie ein geschorenes Mädchen zum Zopfflechten braucht. Trinkt, ihr Lieben. *Sie gießt ein.* Gleich kommt er. Und singt inzwischen noch ein Lied, ihr Hübschen.

KUTSCHER: Sie haben ja überm Warten alle Lieder ausgesungen.

Während die Frauen wieder singen, treten Nikita und Akim ein.

NIKITA *hält Akim am Arm und schiebt ihn vorwärts*: Geh, Väterchen, ohne dich schaff ich's nicht.

AKIM: Das heißt, ich möcht nämlich lieber nicht ...

NIKITA *zu den Frauen*: Schluß, hört auf! *Er schaut sich im Hause um.* Marina, bist du hier?

HEIRATSVERMITTLERIN: Geh, nimm das Heiligenbild und gib den Segen.

NIKITA: Warte noch. *Er schaut sich um.* Akulina, bist du hier?

HEIRATSVERMITTLERIN: Was ruft er alle beim Namen? Wo soll sie sonst sein? Er ist so komisch.

ANISSJA: Du lieber Himmel! Er hat keine Stiefel an!

NIKITA: Väterchen, bist du hier? Sieh mich an. Rechtgläubige, ihr seid alle hier – auch ich. Hier, hier bin ich! *Er fällt auf die Knie.*

ANISSJA: Nikituschka, was machst du? Oh, ich armes Weib!

HEIRATSVERMITTLERIN: Schöne Geschichte!

MATRJONA: Ganz bestimmt hat er zuviel von dem französischen getrunken – ich sag's ja. He, komm zu dir!

Sie wollen ihn hochziehen, er achtet auf keinen von ihnen, blickt vor sich hin.

NIKITA: Rechtgläubige! Ich bin schuldig und will Buße tun.

MATRJONA *zerrt ihn an der Schulter*: Was redest du, bist du verrückt geworden? Liebe Leute, den hat's im Kopf erwischt. Er muß hier raus.

NIKITA *schüttelt ihre Hand ab*: Laß los! Und du, Väterchen, hör zu. Das erste: Marinka, schau her. *Er verneigt sich vor ihr bis zum Boden und richtet sich dann wieder auf.* Schuldig bin ich vor dir, hab dir die Ehe versprochen, dich verführt. Hab dich betrogen, dich verlassen. Verzeih mir um Christi willen! *Er verneigt sich wieder bis zum Boden.*

ANISSJA: Was machst du da für 'nen Zirkus? Schäm dich. Keiner fragt danach. Steh auf, Schluß mit dem Unfug!

MATRJONA: Oh, behext hat ihn jemand. Was denn sonst? Hat ihm doch jemand was angetan. Steh auf. Red nicht so dummes Zeug! *Sie zerrt an ihm.*

NIKITA *zuckt abwehrend mit dem Kopf*: Rühr mich nicht an! Verzeih mir, Marina, meine Sünde, meine Schuld vor dir. Verzeih mir, um Christi willen.

Marina bedeckt das Gesicht mit den Händen und schweigt.

ANISSJA: Steh auf, sag ich, Schluß mit dem Unfug! So alte Geschichten vorzuholen. Blödes Zeug. Eine Schande! Oh, ich armes Weib. Ist der Kerl denn ganz verrückt?

NIKITA *stößt seine Frau zurück, wendet sich an Akulina*: Akulina, jetzt red ich zu dir. Hört, Rechtgläubige! Ein Verfluchter bin ich, Akulina! Schuldig bin ich vor dir. Dein Vater ist nicht an Krankheit gestorben, nein, an Gift!

ANISSJA *schreit auf*: Ich Ärmste! Was redet er?

MATRJONA: Den Verstand hat er verloren. Schafft ihn doch raus!

Die Leute treten heran und wollen ihn ergreifen.

AKIM *drängt sie mit den Armen zurück*: Laßt das, also, Kinder, nämlich, laßt das!

NIKITA: Akulina, ich habe ihn vergiftet. Verzeih mir, um Christi willen.

AKULINA *springt auf*: Er lügt! Ich weiß, wer's war.

HEIRATSVERMITTLERIN: Du? Bleib du schön sitzen!

AKIM: O Gott, solche Sünden, solche Sünden!

GENDARM: Packt ihn! Und holt den Dorfschulzen und Zeugen. Ein Protokoll muß aufgesetzt werden. He, du, steh auf, komm her.

AKIM *zum Gendarmen*: Also du nämlich, nichts weiter als blanke Knöpfe, bleib du still. Nämlich, laß ihn doch erst reden.

GENDARM *zu Akim*: Paß bloß auf, Alter, komm mir nicht in die Quere. Ich muß das Protokoll aufsetzen.

AKIM: Soso. Und ich nämlich, ich sag dir: Bleib still. Von dem

Prutukoll, nämlich, da red mal gar nicht. Hier nämlich geht's um Gottes Sache ... da tut ein Mensch Buße, ja, und du nämlich, redst von Prutukoll.

GENDARM: Den Dorfschulzen her!

AKIM: Laß erst Gottes Sache besorgt sein, und dann nämlich, dann also mach das Deine.

NIKITA: Und weiter, Akulina, groß ist meine Sünde, meine Schuld vor dir – ich hab dich verführt. Verzeih mir, um Christi willen! *Er verneigt sich vor ihr bis zum Boden.*

AKULINA *verläßt den Tisch*: Laßt mich, ich werd nicht heiraten. Er hat mich's geheißen, aber ich tu's nicht.

GENDARM: Wiederhole, was du gesagt hast.

NIKITA: Warten Sie, Herr Gendarm, bin noch nicht fertig.

AKIM *entrückt*: Sprich, mein Kind, sprich alles aus, dir wird leichter. Tu Buße vor Gott, fürchte nicht die Menschen. Gott, o ja, Gott! Er ist groß!

NIKITA: Den Vater hab ich vergiftet und hab noch, ich Hund, die Tochter ins Unglück gestürzt. Macht hatt ich über sie; so hab ich sie und das Kindchen zugrunde gerichtet.

AKULINA: Das ist die Wahrheit, die Wahrheit.

NIKITA: Im Kellerloch hab ich ihr Kindchen mit 'nem Brett erdrückt. Hab mich drauf gesetzt ... hab's erdrückt ... und die kleinen Knochen, die knackten. *Er weint.* Und verscharrt hab ich's. Ich hab's getan, ich allein!

AKULINA: Er lügt. Ich hab's ihn geheißen.

NIKITA: Nimm du mich nicht in Schutz. Ich fürcht jetzt niemanden. Verzeiht mir, Rechtgläubige! *Er verneigt sich bis zum Boden.*

Schweigen.

GENDARM: Bindet ihn! Aus eurer Hochzeit wird wohl nichts mehr.

Männer treten mit Riemen auf ihn zu.

NIKITA: Warte, es hat noch Zeit. *Er verneigt sich tief vor dem Vater.* Väterchen, liebes, verzeih auch du mir Verfluchtem! Ganz am Anfang, wie ich in den Sündendreck hineinstieg, da hast du mir gesagt: »Steckt die Kralle in der Falle, ist der Vogel schon verloren.« Ich Hund – hab nicht auf deine

Worte geachtet, und es kam so, wie du sagtest. Verzeih mir, um Christi willen.

AKIM *entrückt*: Gott wird verzeihen, mein liebes Kind. *Er umarmt ihn.* Hast dich selber nicht geschont, so wird er mild zu dir sein. Gott, o ja, Gott! Er ist groß!

Der Dorfschulze tritt ein.

DORFSCHULZE: Zeugen sind schon genug hier.

GENDARM: Fangen wir gleich an mit dem Befragen.

Nikita wird gefesselt.

AKULINA *tritt vor und stellt sich neben ihn*: Ich werde die Wahrheit sagen. Befragt auch mich.

NIKITA *gefesselt*: Da gibt's nichts zu befragen. Alles hab ich allein getan. Hab's ausgedacht und auch getan. Schafft mich fort. Mehr sag ich nicht.

Vorhang

FRÜCHTE DER BILDUNG

Komödie in fünf Akten

Personen

Leonid Fjodorowitsch Swesdinzew
Anna Pawlowna Swesdinzewa
Betsy
Wassili Leonidytsch
Alexej Wladimirowitsch Krugoswetlow
Der Doktor
Marja Konstantinowna
Petristschew
Die Baronin
Die Fürstin
Die Prinzessin
Die Gräfin
Großmann
Die dicke Dame
Baron Klingen
Eine Dame
Ein Herr
Sachatow
Fjodor Iwanytsch
Grigori
Jakow
Semjon
Der Kutscher
Der alte Koch
Die Köchin
Der Portier
Tanja
Erster Bauer
Zweiter Bauer
Dritter Bauer
Erster Wagenlakai
Zweiter Wagenlakai
Der Ladendiener

Leonid Fjodorowitsch Swesdinzew, Leutnant der Reitergarde a.D., Besitzer von 24000 Deßjatinen Land in verschiedenen Gouvernements. Ein rüstiger Mann von etwa 60 Jahren, ein sanftmütiger, liebenswürdiger Gentleman. Glaubt an den Spiritismus und setzt mit seinen Geschichten gern andere in Erstaunen.

Anna Pawlowna Swesdinzewa, seine Frau, eine üppige Dame. Möchte jung erscheinen, ist sehr auf feine Umgangsformen bedacht, verachtet ihren Mann und vertraut blind dem Arzt. Eine Dame, die sich leicht erregt.

Betsy, die Tochter des Hauses, ein mondänes Mädchen von 20 Jahren, ungezwungen in den Manieren. Äfft die Männer nach, trägt ein Pincenez. Kokett, kichert viel. Spricht sehr schnell und betont korrekt, wobei sie die Lippen kräuselt wie eine Ausländerin.

Wassili Leonidytsch, der Sohn des Hauses, 25 Jahre, Kandidat der Rechte, ohne bestimmte Beschäftigung, Mitglied des Vereins der Velozipedfahrer, des Vereins für Pferderennen und des Vereins zur Förderung der Windhundzucht. Ein junger Mann, der sich vorzüglicher Gesundheit und unerschütterlichen Selbstvertrauens erfreut. Er spricht laut und abgehackt, ist manchmal völlig ernst, beinahe düster, manchmal lärmend-heiter, mit Ausbrüchen schallenden Lachens.

Alexej Wladimirowitsch Krugoswetlow, Professor, ein Gelehrter, 50 Jahre, mit ruhigen, angenehm selbstsicheren Manieren und dazu passender gelassener, singender Redeweise. Er spricht gern. Gesprächspartnern, die anderer Meinung sind, begegnet er mit herablassender Geringschätzung. Raucht viel. Ein hagerer, wendiger Mensch.

Der Doktor, 40 Jahre, ein gesunder, dicker Mann mit rotem Gesicht. Lärmend und derb. Lächelt immerzu selbstgefällig.

Marja Konstantinowna, ein Mädchen von 20 Jahren, Absolventin des Konservatoriums, Musiklehrerin, hat Löckchen auf der Stirn, kleidet sich übertrieben modisch, macht sich lieb Kind und wird leicht verlegen.

Petristschew, Kandidat der Philologie, 28 Jahre, sucht eine Tätigkeit, ist Mitglied derselben Vereine wie Wassili Leonidytsch und außerdem Mitglied des Vereins zur Veranstaltung von Kattun-und-Kaliko-Bällen. Kahlköpfig, flink in Bewegung und Rede, sehr höflich.

Die Baronin, eine vornehme Dame, 50 Jahre, schwerfällig, spricht monoton.

Die Fürstin, eine mondäne Dame, zu Gast.

Die Prinzessin, ein mondänes Mädchen, das gern Grimassen schneidet, zu Gast.

Die Gräfin, eine altertümliche Dame, bewegt sich nur mit Mühe, hat falsche Locken und falsche Zähne.

Großmann, ein brünetter Mensch von jüdischem Typ, sehr lebhaft, nervös, spricht sehr laut.

Die dicke Dame, Marja Wassiljewna Tolbuchina, sehr vornehm, reich und gutmütig, bekannt mit allen Berühmtheiten von Vergangenheit und Gegenwart. Sehr dick, spricht hastig, gibt sich Mühe, die anderen niederzureden. Raucht.

Baron Klingen (Kokó), Kandidat der Petersburger Universität, Kammerjunker, steht im Dienst einer Botschaft. Vollkommen korrekt, deshalb seelisch ausgeglichen und von stiller Heiterkeit.

Eine Dame

Ein Herr, stumme Person.

Sachatow, Sergej Iwanowitsch, ehemaliger Mitarbeiter eines Ministers, 50 Jahre, ein eleganter Herr von umfassender europäischer Bildung, mit nichts beschäftigt und an allem interessiert. Seine Haltung drückt Würde, sogar etwas Strenge aus.

Fjodor Iwanytsch, Kammerdiener, an die 60 Jahre. Ein gebildeter und die Bildung liebender Mensch, macht übertriebenen Gebrauch vom Pincenez und vom Taschentuch, das er langsam entfaltet. Kümmert sich um die Politik. Ein kluger und gütiger Mensch.

Grigori, Lakai, 28 Jahre, hübsch, lasterhaft, mißgünstig und dreist.

Jakow, Büfettier, 40 Jahre, zerfahren, gutmütig, lebt nur für seine dörflichen Familieninteressen.

Semjon, Büfettbursche, 20 Jahre, ein gesunder, frischer Dorfbursche, blond, noch bartlos, ruhig, lächelt immerzu.

Der Kutscher, 35 Jahre, geckenhaft, trägt nur Schnurrbart, ist grob und selbstherrlich.

Der alte Koch, 45 Jahre, zottig, unrasiert, aufgedunsen, gelb im Gesicht, zittrig, trägt einen zerrissenen Baumwoll-Sommermantel, schmutzige Hosen und zerfetzte Schuhe, spricht heiser. Die Worte stolpern gleichsam aus ihm hervor.

Die Köchin, 30 Jahre, geschwätzig, unzufrieden.

Der Portier, ein ausgedienter Soldat.

Tanja, Stubenmädchen, 19 Jahre, ein energisches, kräftiges, heiteres Mädchen, dessen Stimmungen rasch wechseln. In Augenblicken starker freudiger Erregung jauchzt sie auf.

Erster Bauer, 60 Jahre, ist Dorfältester gewesen, glaubt, er verstehe sich auf den Umgang mit Herrschaften, hört sich gerne reden.

Zweiter Bauer, Semjons Vater, 45 Jahre, besitzt eigenes Land, ist derb, sagt die Wahrheit, redet nicht gern Überflüssiges.

Dritter Bauer, 70 Jahre, in Bastschuhen, nervös, aufgeregt, auf Eile bedacht, läßt sich einschüchtern und versucht, mit Worten seine Schüchternheit zu ersticken.

Erster Wagenlakai der Gräfin, ein Greis von altem Schlage; mit Lakaienstolz.

Zweiter Wagenlakai, riesig groß, gesund, grob.

Der Ladendiener, im blauen ärmellosen Wams, hat ein glattes gerötetes Gesicht. Spricht entschieden, eindringlich und klar.

Der Ort der Handlung: die Hauptstadt, das Haus der Swesdinzews.

ERSTER AKT

Das Vorzimmer eines reichen Hauses in Moskau. Drei Türen: Die eine führt nach draußen, die andere in das Kabinett Leonid Fjodorowitschs und die dritte in das Zimmer Wassili Leonidytschs. Eine Treppe, sie führt nach oben, zu den inneren Gemächern, dahinter liegt der Durchgang zum Büfett-Raum. Grigori, ein junger und stattlicher Lakai, beschaut sich im Spiegel und macht sich hübsch

GRIGORI: Schad um den Schnurrbart! Schnurrbärte, sagt sie, taugen nicht für Lakaien! Und warum? Damit alle gleich sehen, du bist Lakai. Sonst schnitt ich womöglich besser ab als ihr feiner Herr Sohn. Der! An mich, ist mein Schnurrbart auch ab, kommt der längst nicht ran! *Er spiegelt sich, lächelt.* Und wie sie mir nachlaufen! Bloß, keine gefällt mir so wie die Tanja! Ein einfaches Stubenmädchen! Tja! Aber besser als ein Adelsfräulein. *Er lächelt.* Und lieb! *Er horcht.* Da kommt sie ja! *Er lächelt.* Wie sie mit den Absätzchen klappert ... klapp, klapp!

Tanja tritt auf mit einer Pelzjacke und Stiefeletten.

Tatjana Markowna, habe die Ehre!

TANJA: Na, immer vorm Spiegel? Sie finden sich wohl sehr schön?

GRIGORI: Seh ich etwa unangenehm aus?

TANJA: Na, so – nicht angenehm, nicht unangenehm, halb und halb, zwischendrin. Was hängen bei Ihnen die Pelze herum?

GRIGORI: Gleich räum ich auf, gnädiges Fräulein. *Er nimmt einen Pelz, legt ihn Tanja um und umarmt sie.* Tanja, hör zu ...

TANJA: Was fällt Ihnen ein? So was Aufdringliches. *Sie reißt sich zornig los.* Hände weg, sag ich!

GRIGORI *schaut sich um*: Einen Kuß!

TANJA: Das ist doch die Höhe! Den Kuß, den kriegen Sie so. *Sie holt mit der Hand aus.*

WASSILI LEONIDYTSCH *hinter der Szene; läutet erst, dann ruft er*: Grigori!

TANJA: Da, gehen Sie. Wassili Leonidytsch ruft.

GRIGORI: Kann warten. Hat grad die Augen aufgemacht. Hör zu, warum hast du mich nicht lieb?

TANJA: Lieb? Was Sie sich so einbilden! Ich lieb keinen.

GRIGORI: Stimmt gar nicht – den Sjomka liebst du. Grad den rechten – den Büfettburschen, den plumpen Kerl.

TANJA: Mag er sein, wie er will – Sie sind bloß neidisch.

WASSILI LEONIDYTSCH *hinter der Szene*: Grigori!

GRIGORI: Wart's ab! ... Ausgerechnet neidisch! Bedenk mal, gerade fängst du an, Bildung zu kriegen, und mit wem läßt du dich ein? Ja, wenn du mich liebhaben wolltest ... Tanja ...

TANJA *zornig und streng*: Schlagen Sie sich das aus dem Kopf, sag ich!

WASSILI LEONIDYTSCH *hinter der Szene*: Grigori!!!

GRIGORI: So was von Strenge!

WASSILI LEONIDYTSCH *hinter der Szene; schreit mit aller Kraft, immer im gleichen Ton*: Grigori! Grigori! Grigori!

Tanja und Grigori lachen.

GRIGORI: Was für Mädchen haben mir Liebe geschenkt!

Es läutet.

TANJA: Dann laufen Sie zu ihnen, und mich lassen Sie in Ruhe!

GRIGORI: Dumm bist du; na klar. Jedenfalls bin ich kein Semjon.

TANJA: Semjon will mich heiraten – gar nichts von Dummheiten.

Ein Ladendiener tritt ein; er bringt einen großen Karton mit einem Kleid.

LADENDIENER: Schönen guten Morgen!

GRIGORI: Guten Morgen! Von wem?

LADENDIENER: Von Burdeh – bring ein Kleid und dazu 'n Briefchen für die Gnädige.

TANJA *nimmt den Brief*: Setzen Sie sich einstweilen, ich bring ihn hinein. *Sie geht ab.*

Wassili Leonidytsch, in Hemd und Pantoffeln, steckt den Kopf zur Tür herein.

WASSILI LEONIDYTSCH: Grigori!

GRIGORI: Sofort!

WASSILI LEONIDYTSCH: Grigori! Hörst du nicht?

GRIGORI: Bin eben erst gekommen.

WASSILI LEONIDYTSCH: Warmes Wasser und Tee.

GRIGORI: Semjon bringt's sofort.

WASSILI LEONIDYTSCH: Und was ist das? Von Bourdier?

LADENDIENER: Jawohl!

Wassili Leonidytsch und Grigori gehen ab. Es klingelt. Tanja eilt auf das Klingeln herbei und öffnet die Tür.

TANJA *zum Ladendiener*: Warten Sie.

LADENDIENER: Wart ich eben.

Sachatow tritt ein.

TANJA: Entschuldigen Sie, der Diener ist gerade fort. Bitte sehr. Erlauben Sie! *Sie nimmt ihm den Pelzmantel ab.*

SACHATOW *macht sich zurecht*: Ist Leonid Fjodorowitsch zu Hause? Schon wach?

Es klingelt.

TANJA: Gewiß, schon lange!

Der Doktor tritt ein.

DOKTOR *schaut sich nach dem Diener um, erblickt Sachatow und spricht ungezwungen*: Ah? Habe die Ehre!

SACHATOW *mustert ihn aufmerksam*: Der Doktor, wenn ich nicht irre?

DOKTOR: Ich dachte, Sie seien im Ausland. Zu Leonid Fjodorowitsch?

SACHATOW: Ja. Und Sie? Ist etwa jemand krank?

DOKTOR *mit einem spöttischen Lächeln*: Nicht eben krank, aber wissen Sie, mit den Damen vom Adel hat man's schwer! Nacht für Nacht sitzt man bis drei Uhr beim Kartenspiel. Man schnürt sich auf Wespentaille. Dabei geht die Gnädige mächtig in die Breite und zählt auch schon etliche Jährchen.

SACHATOW: Verkünden Sie Ihre Diagnose geradeso auch Anna Pawlowna? Ich meine, das wird ihr kaum gefallen.

DOKTOR *lacht*: Gewiß, aber 's ist wahr. Alle treiben es so, und prompt gibt es Magen- und Darmleiden. Druck auf die Leber, nervöse Beschwerden. Dann ist der Jammer groß, und der Arzt soll's wieder heil machen. Schwer hat man's mit ihnen! *Er lächelt ironisch.* Und Sie? Sie sind, glaube ich, auch Spiritist?

SACHATOW: Ich, nein, nicht auch Spiritist ... Nun, habe die Ehre!

Er will fort, doch der Doktor hält ihn zurück.

DOKTOR: Nein, ich tue das ja auch nicht in Bausch und Bogen ab, wenn ein Mann wie Krugoswetlow teilnimmt. Kann man gar nicht! Ein Professor von europäischem Ruf. Etwas muß wohl dran sein. Ich würde gern mal zuschaun, aber es fehlt immer die Zeit, immer ist anderes zu tun.

SACHATOW: Ja, ja! Habe die Ehre! *Er wendet sich mit einer leichten Verbeugung zum Gehen.*

DOKTOR *zu Tanja*: Ist sie aufgestanden?

TANJA: Im Schlafzimmer. Bitte sehr.

Sachatow und der Doktor gehen nach verschiedenen Seiten ab. Fjodor Iwanytsch tritt mit der Zeitung in der Hand ein.

FJODOR IWANYTSCH *zum Ladendiener*: Sie – was möchten Sie?

LADENDIENER: Komme von Burdeh, bring ein Kleid und ein Briefchen. Warten soll ich.

FJODOR IWANYTSCH: Ah, von Burdeh! *Zu Tanja*: Wer kam denn eben hier durch?

TANJA: Sergej Iwanowitsch Sachatow und auch der Doktor. Sie standen ein Weilchen da, unterhielten sich. So über die Spiriterei.

FJODOR IWANYTSCH *verbessernd*: Von dem Spiritismus.

TANJA: Sag ich ja, von der Spiriterei. Haben Sie gehört, Fjodor Iwanytsch, wie gut es das letzte Mal geklappt hat? *Sie lacht.* Gepocht hat's, und auch Sachen sind rumgeflogen.

FJODOR IWANYTSCH: Woher weißt du denn das?

TANJA: Lisaweta Leonidowna haben mir's erzählt.

Jakow, der Büfettier, läuft mit einem Glas Tee auf die Bühne.

JAKOW *zum Ladendiener*: Guten Tag!

LADENDIENER *traurig*: Guten Tag!

Jakow klopft an die Tür von Wassili Leonidytschs Zimmer.

GRIGORI *tritt auf*: Gib her.

JAKOW: Die Gläser von gestern, die haben Sie immer noch nicht gebracht, auch nicht das Tablett von Wassili Leonidytsch. Ich hab doch die Verantwortung.

GRIGORI: Das Tablett hat er für die Zigaretten genommen.

JAKOW: Dann legen Sie die woanders hin. Von mir wird's doch verlangt.

GRIGORI: Ich bring's, ich bring's!

JAKOW: Sie sagen, ich bring's. Aber es fehlt. Eben erst wurd es gebraucht – auf was soll ich servieren?

GRIGORI: Ich bring's, sag ich. So ein Theater!

JAKOW: Sie haben gut reden, aber ich muß schon das dritte Mal Tee servieren und Frühstück herrichten. Man hetzt sich ab, hetzt sich ab, Tag für Tag. Hat jemand im Haus mehr zu schuften? Und doch ist man der Sündenbock!

GRIGORI: Warum auch nicht? Der Häßliche – der Sündenbock! Schau dich an!

TANJA: Für Sie ist jeder häßlich ... außer Ihnen.

GRIGORI *zu Tanja*: Du bist nicht gefragt! *Er geht ab.*

JAKOW: Tatjana Markowna, ich nehm's nicht übel – wie ist das, hat die Gnädige über das von gestern nichts gesagt?

TANJA: Das mit der Lampe?

JAKOW: Wie's zuging, weiß der Himmel, die hat sich mir einfach aus der Hand gerissen. Ich wollt sie abwischen, greif um sie rum, da rutscht sie weg. In tausend Stücke! Immer so ein Pech! Er hat gut reden, der Grigori Michailytsch, der steht allein. Aber einer mit Familie? Der muß aufpassen, muß sie ernähren. Mühe und Arbeit, das macht mir nichts aus. Also, nichts hat sie gesagt? Na, Gott sei's gedankt! An Teelöffeln haben Sie, Fjodor Iwanytsch, einen oder zwei?

FJODOR IWANYTSCH: Einen, einen. *Er liest die Zeitung.*

Jakow geht ab. Man hört es klingeln. Grigori tritt auf, mit dem Tablett; zugleich erscheint der Portier.

PORTIER *zu Grigori*: Melden Sie dem gnädigen Herrn: Bauern vom Dorf.

GRIGORI *zeigt auf Fjodor Iwanytsch*: Meld's dem Hofmeister, ich hab keine Zeit. *Er geht ab.*

TANJA: Wo kommen die Bauern her?

PORTIER: Aus der Kursker Gegend, glaub ich.

TANJA *aufjauchzend*: Also doch ... Semjons Vater. Sie wollen doch Land kaufen. Ich lauf zu ihnen. *Sie läuft hinaus.*

PORTIER: Was ist nun, soll ich sie reinlassen oder nicht? Die sagen, wegen Land – der Herr wüßt schon.

FJODOR IWANYTSCH: Jaja, es geht um Landkauf. Tja. Er hat grade einen Gast. Also, sag, sie sollen ein bißchen warten.

PORTIER: Und wo?

FJODOR IWANYTSCH: Draußen auf dem Hof. Ich schick dann raus.

Der Portier geht ab. Tanja kommt herein, gefolgt von den Bauern. Grigori tritt auf.

TANJA: Nach rechts. Hierher, hierher!

FJODOR IWANYTSCH: Ich hatte doch geheißen, sie nicht hierher zu lassen.

GRIGORI: So eine Zicke.

TANJA: Macht nichts, Fjodor Iwanytsch, die bleiben da ganz in der Ecke.

FJODOR IWANYTSCH: Sie verdrecken den Fußboden.

TANJA: Haben sich doch die Füße abgestrichen, und ich wisch nachher auf. *Zu den Bauern*: Stellt euch dahin.

Die eintretenden Bauern tragen in Tücher eingehüllte Gastgeschenke: ein großes Weizenbrot, Eier, Handtücher; sie schauen sich nach etwas um, wovor sie sich bekreuzigen können. Schließlich tun sie es zur Treppe hin. Sie verbeugen sich vor Fjodor Iwanytsch, dann stehen sie still und steif.

GRIGORI *zu Fjodor Iwanytsch*: Fjodor Iwanytsch! Da heißt es nun, die Schuhe von Pironnet wären so schick; aber sind die von dem da nicht noch besser? *Er zeigt auf den dritten Bauern, der Schuhe aus geflochtenem Hanf trägt.*

FJODOR IWANYTSCH: Nichts haben Sie im Sinn, als andre zu verspotten.

Grigori geht ab.

FJODOR IWANYTSCH *steht auf und tritt zu den Bauern*: Ihr seid also die Kursker, die Land kaufen wollen?

ERSTER BAUER: Jawohl. Geht sozusagen um den Landkauf – daß der zustande kommt. Darum. Wie wär's nun mit dem Anmelden?

FJODOR IWANYTSCH: Gewiß, ich weiß, ich weiß. Wartet hier, ich melde euch. *Er geht ab.*

Die Bauern schauen sich um, sie wissen nicht, wohin mit den Gastgeschenken.

ERSTER BAUER: Müßt man die Sachen nicht auf so was drauf reichen? Damit's Anstand und Ordnung hat. Na, auf einem Teller, wie?

TANJA: Gleich, gleich. Gebt mal her; machen wir's einstweilen so. *Sie legt die Sachen auf das kleine Sofa.*

ERSTER BAUER: Was hat der denn für einen Rang, der Ehrenwerte, der mit uns geredet hat?

TANJA: Der ist Kammerdiener.

ERSTER BAUER: Klar, verstehe, Kamardien. Also auch zur Verfügung. *Zu Tanja*: Und Sie, sozusagen, gehören mit zum Parsonal?

TANJA: Ich bin Stubenmädchen. Ich stamm doch auch aus eurer Gegend. Und ich kenne Sie und auch Sie, bloß wer Sie sind, Onkelchen – *sie weist auf den dritten Bauern* –, das weiß ich nicht.

DRITTER BAUER: Die andern erkennst du, und mich erkennst du nicht?

TANJA: Sie sind Jefim Antonytsch?

ERSTER BAUER: Sehrwohl-ja.

TANJA: Und Sie sind der Vater vom Semjon, Sachar Trifonytsch?

ZWEITER BAUER: Stimmt.

DRITTER BAUER: Und ich, ich bin halt der Mitri Tschilikin. Erkennst du mich jetzt?

TANJA: Jetzt dämmert mir's. Ja, freilich.

ZWEITER BAUER: Und wem sein Kind bist du denn?

TANJA: Meine Mutter war die Aksinja, die Soldatenfrau, die gestorben ist. Ich bin Waise.

ERSTER UND DRITTER BAUER *erstaunt*: Ah?!

ZWEITER BAUER: Nicht umsonst heißt es: Ein dürres Kalb für 'n Groschen kauf, schütt ihm kräftig Futter auf, und gleich hast du 'ne schmucke Kuh.

ERSTER BAUER: Sehrwohl-ja. Geradeweg wie eine Mamsell.

DRITTER BAUER: So geht's zu. Lieber Gott!

WASSILI LEONIDYTSCH *läutet hinter der Szene, dann schreit er*: Grigori! Grigori!

ERSTER BAUER: Da regt sich sozusagen einer arg auf. Wer ist denn das?

TANJA: Der junge Herr.

DRITTER BAUER: Lieber Gott! Ich hab doch gesagt, wären wir lieber erst mal draußen geblieben.

Schweigen.

ZWEITER BAUER: Also dich will der Semjon heiraten?

TANJA: Hat er davon geschrieben? *Sie versteckt das Gesicht in der Schürze.*

ZWEITER BAUER: Freilich hat er! Aber 's ist Unverstand. Hat Flausen im Kopf, der Junge.

TANJA *lebhaft*: Nein, gar keine Flausen. Soll ich ihn herschicken?

ZWEITER BAUER: Warum herschicken. Wart's ab. Hat noch Zeit.

WASSILI LEONIDYTSCH *hinter der Szene, schreit verzweifelt*: Grigori! Zum Teufel, wo steckst du?

In der Tür erscheint Wassili Leonidytsch – im Hemd, das Pincenez aufsetzend.

Alles ausgestorben?

TANJA: Er ist nicht da, Wassili Leonidytsch ... Ich schick ihn gleich her. *Sie geht zur Tür.*

WASSILI LEONIDYTSCH: Ich höre doch, daß hier geredet wird. Was sind da für Vogelscheuchen aufgetaucht? Na, wie?

TANJA: Es sind Bauern von dem Kursker Dorf, Wassili Leonidytsch.

WASSILI LEONIDYTSCH *zu dem Ladendiener*: Und wer ist das? Ach ja, von Bourdier!

Die Bauern verbeugen sich. Wassili Leonidytsch beachtet sie gar nicht, Grigori begegnet Tanja in der Tür. Tanja bleibt.

Ich habe dir gesagt, die anderen Schuhe. Die da kann ich nicht tragen!

GRIGORI: Die andern stehn doch auch dort.

WASSILI LEONIDYTSCH: Wo – dort?

GRIGORI: Daneben.

WASSILI LEONIDYTSCH: Unsinn!

GRIGORI: Sie werden es gleich sehen.

Wassili Leonidytsch und Grigori gehen ab.

DRITTER BAUER: Ist wohl halt doch nicht die richtige Zeit jetzt; besser, wir gehn erst mal ins Loschies und warten 'ne Weile.

TANJA: Ach was, nein, bleibt nur. Ich bring euch gleich Teller für die Gastgeschenke. *Sie geht ab.*

Sachatow und Leonid Fjodorowitsch treten auf, gefolgt von Fjodor Iwanytsch. Die Bauern nehmen die Gastgeschenke in die Hand und stellen sich feierlich auf.

LEONID FJODOROWITSCH *zu den Bauern*: Sogleich, sogleich, wartet! *Zum Ladendiener*: Und wer ist das?

LADENDIENER: Von Burdeh.

LEONID FJODOROWITSCH: Ah so, von Bourdier!

SACHATOW *lächelnd*: Ich will es keineswegs bestreiten. Aber Sie werden zugeben, daß es unsereinem, dem Uneingeweihten, schwerfällt, das alles zu glauben, da man es doch nicht gesehen hat.

LEONID FJODOROWITSCH: Sie sagen, Sie können nicht glauben. Aber wir verlangen gar keinen Glauben. Wir verlangen Erforschung. Ich kann doch nicht umhin, diesem Ring zu glauben. Und diesen Ring habe ich von dort empfangen.

SACHATOW: Wie – von dort? Von wo?

LEONID FJODOROWITSCH: Aus jener Welt. Ja.

SACHATOW *lächelnd*: Sehr interessant! Sehr interessant!

LEONID FJODOROWITSCH: Doch nehmen wir an, Sie halten mich für einen Menschen, der sich hinreißen läßt, der Dinge, die es nicht gibt, in der Einbildung schafft. Aber da ist Alexej Wladimirowitsch Krugoswetlow – nicht irgendwer, wie ich meine, sondern ein Professor, und eben dieser erkennt diese Dinge an. Und nicht er allein. Denken Sie an Crookes. An Wallace.

SACHATOW: Ich bestreite es ja nicht. Ich sage nur, es wäre sehr interessant, Genaueres zu erfahren. Etwa, wie Krugoswetlow das erklärt.

LEONID FJODOROWITSCH: Er hat seine eigene Theorie! So kommen Sie doch heute abend; er wird bestimmt hier sein. Zuerst wird uns Großmann etwas bieten – Sie wissen, der berühmte Gedankenleser.

SACHATOW: Ja, ich habe von ihm gehört, ihn aber kein einziges Mal gesehen.

LEONID FJODOROWITSCH: Also kommen Sie. Erst Großmann, dann Kapčić und unsere Medium-Séance ... *Zu Fjodor Iwanytsch*: Ist der Bote von Kapčić noch nicht zurück?

FJODOR IWANYTSCH: Nein, noch nicht.

SACHATOW: Wie könnte ich es denn erfahren?

LEONID FJODOROWITSCH: Kommen Sie, kommen Sie auf jeden Fall. Selbst wenn Kapčić nicht dasein sollte – wir finden dann bei uns ein Medium. Marja Ignatjewna ist ein Medium – nicht so stark wie Kapčić, doch immerhin ...

Tanja kommt mit Tellern für die Gastgeschenke herein. Sie lauscht dem Gespräch.

SACHATOW *lächelnd*: Gewiß. Merkwürdig ist eins: Warum stammen die Medien immer aus den sogenannten gebildeten Kreisen? Sowohl Kapčić als auch Marja Ignatjewna. Wenn es eine besondere Kraft ist, müßte sie doch überall anzutreffen sein – im Volk, unter den Bauern.

LEONID FJODOROWITSCH: So ist es auch. Sehr oft sogar, gerade jetzt dient bei uns im Haus ein Bauernbursche, der sich als Medium erwiesen hat. Kürzlich riefen wir ihn während einer Séance herein – ein Sofa mußte umgestellt werden. Dann dachten wir nicht mehr an ihn. Wahrscheinlich schlief er sogar ein. Und stellen Sie sich vor: Unsere Séance ging zu Ende, Kapčić erwachte, und plötzlich bemerkten wir in der anderen Zimmerecke, in der Nähe des Bauernburschen, mediale Erscheinungen: Ein Tisch bewegte sich und rückte von der Stelle.

TANJA *beiseite*: Das war, als ich unterm Tisch vorkriechen wollte.

LEONID FJODOROWITSCH: Es liegt auf der Hand – auch er ist ein Medium. Um so mehr, als er äußerliche Ähnlichkeit mit Hume hat. Erinnern Sie sich an Hume? So ein Blonder, Naiver.

SACHATOW *zuckt mit den Schultern*: Nun ja. Das ist sehr interessant! Sie müßten ihn eben prüfen.

LEONID FJODOROWITSCH: Tun wir. Da ist aber nicht nur er. Medien gibt es unzählige. Wir kennen sie nur nicht. Kürzlich hat eine kranke alte Frau eine gemauerte Wand fortgerückt.

SACHATOW: Eine gemauerte Wand fortgerückt?

LEONID FJODOROWITSCH: Ja, ja, sie lag im Bett und wußte überhaupt nicht, daß sie ein Medium ist. Sie stützte sich mit der Hand gegen die Wand, und die Wand rückte fort.

SACHATOW: Und stürzte nicht ein?

LEONID FJODOROWITSCH: Und stürzte nicht ein.

SACHATOW: Seltsam! Nun, ich stelle mich heute abend ein.

LEONID FJODOROWITSCH: Kommen Sie, kommen Sie! Die Séance findet auf jeden Fall statt.

Sachatow zieht den Pelz an, Leonid Fjodorowitsch geleitet ihn zur Tür.

LADENDIENER *zu Tanja*: Melden Sie mich doch der Gnädigen! Soll ich etwa hier übernachten?

TANJA: Warten Sie. Die gnädige Frau wollen mit dem Fräulein ausfahren; drum werden sie gleich selber rauskommen. *Sie geht ab.*

Leonid Fjodorowitsch tritt zu den Bauern, die sich verbeugen und die Gastgeschenke darbieten.

LEONID FJODOROWITSCH: Das ist nicht nötig.

ERSTER BAUER *lächelnd*: Ist aber doch Ehrensache! Hat uns auch die Dorfgemeinde so geheißen.

ZWEITER BAUER: Nach Brauch und Sitte.

DRITTER BAUER: Schon recht so! Weil nämlich, wir sind doch ganz zufrieden. Wie unsre Eltern, sagen wir mal, Ihren Eltern, sagen wir mal, gedient haben, so wünschen wir eben auch, daß nicht etwa ... eben nicht ... *Er verbeugt sich.*

LEONID FJODOROWITSCH: Worum geht's? Was wollt ihr eigentlich?

ERSTER BAUER: Also, wir wenden uns an Euer Gnaden.

Petristschew stürzt, mit einer Art Uniformmantel bekleidet, herein.

PETRISTSCHEW: Ist Wassili Leonidytsch schon wach? *Da er Leonid Fjodorowitsch erblickt, deutet er zu ihm hin mit einer bloßen Kopfbewegung eine Verbeugung an.*

LEONID FJODOROWITSCH: Zu meinem Sohn?

PETRISTSCHEW: Ich? Ja, für einen Augenblick zu Wowo.

LEONID FJODOROWITSCH: Bitte sehr, bitte sehr!

Petristschew zieht den Mantel aus und geht schnell ab.

Zu den Bauern: Bitte sehr. Also, worum geht's?

ZWEITER BAUER: Nimm doch die Gastgeschenke.

ERSTER BAUER *lächelnd*: Also, was das Dorf eben zu bieten hat.

DRITTER BAUER: Schon recht so – keine Umstände! Gute Wünsche, wie dem leiblichen Vater. Schon recht so.

LEONID FJODOROWITSCH: Nun denn ... Fjodor, nimm entgegen.

FJODOR IWANYTSCH: Na, gebt her. *Er nimmt die Gastgeschenke.*

LEONID FJODOROWITSCH: Worum handelt es sich?

ERSTER BAUER: Wir wenden uns an Euer Gnaden.

LEONID FJODOROWITSCH: Das sehe ich ja. Aber was wünscht ihr?

ERSTER BAUER: Ja, zwecks Zustandekommen von dem Landverkauf – daß das abgemacht wird ...

LEONID FJODOROWITSCH: Also, ihr kauft das Land, wie?

ERSTER BAUER: Sehrwohl-ja, so ist das. Demnach, zwecks dem Kauf von eigenem Land. Drum hat die Dorfgemeinde uns sozusagen vervollmächtigt, damit das geregelt wird, wie sich's gehört, über die Staatsbank, richtig mit Brief und Siegel drauf.

LEONID FJODOROWITSCH: Das heißt, ihr möchtet den Kauf über die Staatsbank vornehmen, nicht wahr?

ERSTER BAUER: Jawohl, gerade so, wie Sie letzten Sommer den Vorschlag gemacht haben. Demnach also mit der Summe von allem zusammen 32864 Rubel für Erwerb von Land in Eigentum.

LEONID FJODOROWITSCH: Ganz recht. Aber wie steht es mit der Bezahlung?

ERSTER BAUER: Die Bezahlung – da schlägt die Gemeinde das so vor, wie's ja auch im Sommer geheißen hat, also daß das nach und nach gemacht wird und erst einmal, nach Gesetz und Reglemang, bar mit Übergabe von im ganzen viertausend Rubeln.

ZWEITER BAUER: Viertausend nimm also in barem Geld jetzt gleich, und der Rest, der kommt halt später.

DRITTER BAUER *während er das Geld auswickelt*: Kannst dich drauf verlassen, wir sind selber Pfand und Bürgschaft, nicht etwa, daß da so was, sagen wir mal, auf eine Art, sagen wir mal, nein – gar nicht, alles in Ordnung.

LEONID FJODOROWITSCH: Ich habe euch aber doch geschrieben, ich kann nur dann zustimmen, wenn ihr die ganze Summe aufbringt.

ERSTER BAUER: Das wäre, sehrwohl-ja angenehmer, bloß, das steht also nicht in der Möglichkeit.

LEONID FJODOROWITSCH: Also, was tun?

ERSTER BAUER: Die Gemeinde hat sozusagen drauf gebaut, auf das, wie Sie im Sommer den Vorschlag gemacht haben mit dem Nach-und-nach-Bezahlen.

LEONID FJODOROWITSCH: Das war im vorigen Jahr; damals stimmte ich zu, aber jetzt kann ich nicht ...

ZWEITER BAUER: Aber wie denn das? Hast uns versprochen, und wir haben ein Schriftstück aufgesetzt und das Geld zusammengekriegt.

DRITTER BAUER: Erbarm dich, Vater! So klein ist unser Stück Land, ich red schon gar nicht von 'ner Kuh, aber sogar 'n Huhn, sagen wir mal, wo hätt das Platz zum Scharrn? *Er verneigt sich.* Nimm keine Sünde auf dich, Vater! *Er verneigt sich.*

LEONID FJODOROWITSCH: Zugegeben, voriges Jahr habe ich einem Zahlungsaufschub zugestimmt, aber es liegen veränderte Umstände vor ... die es mir nunmehr nicht erlauben ...

ZWEITER BAUER: Ohne das Land können wir uns aufhängen.

ERSTER BAUER: Sehrwohl-ja, ohne Land, da muß unser Leben ganz in Elend und Verfall geraten.

DRITTER BAUER *verneigt sich*: Vater! So klein ist unser Stück

Land, ich red schon gar nicht von 'ner Kuh, aber sogar 'n Hühnchen, sagen wir mal, wo hätt das Platz zum Scharrn? Vater, erbarm dich! Nimm das Geld, Vater!

LEONID FJODOROWITSCH *überfliegt unterdessen das Schriftstück*: Ich habe ja Verständnis und selbst durchaus den Wunsch, euch Gutes zu tun. Wartet ein wenig. In einer halben Stunde gebe ich euch Bescheid. Fjodor, sag draußen, ich empfange keine Besuche.

FJODOR IWANYTSCH: Sehr wohl.

Leonid Fjodorowitsch geht ab. Die Bauern stehen verzagt.

ZWEITER BAUER: Da haben wir's! Zahlt gleich das ganze Geld, sagt er. Aber woher nehmen?

ERSTER BAUER: Hätt er's uns vorigen Sommer nicht versprochen. Aber so haben wir drauf gebaut, sehrwohl-ja, auf das, wie im Sommer der Vorschlag gewesen ist.

DRITTER BAUER: Lieber Gott! Das Geld, ich hatt's schon ausgewickelt. *Er wickelt das Geld ein.* Was machen wir jetzt?

FJODOR IWANYTSCH: Um was für eine Sache geht's denn?

ERSTER BAUER: Ja, Ehrenwerter, die Sache und Angelegenheit ist die, sozusagen: Er hat uns im Sommer Nach-und-nach-Bezahlen vorgeschlagen. Die Gemeinde hat Einigung damit gehabt und uns vervollmächtigt. Und jetzt, sozusagen, schlägt er vor: die ganze Summe auf einmal. Da wird die Sache gar nicht mehr möglich.

FJODOR IWANYTSCH: Ist es viel Geld?

ERSTER BAUER: Zur Verfügung zusammen also viertausend Rubel.

FJODOR IWANYTSCH: Da müßt ihr euch halt Mühe geben, daß ihr mehr zusammenkriegt.

ERSTER BAUER: Sowieso haben wir das bloß müh- und selig geschafft. Fehlen tut's und hapern, Herr, hinten und vorn.

ZWEITER BAUER: Wo kein Rubel ist, ziehst du auch mit den Zähnen keinen raus.

DRITTER BAUER: Wir täten's ja herzlich gern, aber das da, sagen wir mal, ist schon mit dem Besen zusammengekehrt.

In der Tür erscheinen Wassili Leonidytsch und Petristschew, beide mit Papirossen.

WASSILI LEONIDYTSCH: Ich sage dir ja, ich werde mich bemühen. So sehr wie nur irgend möglich. Na, wie?

PETRISTSCHEW: Du mußt verstehen, wenn du's nicht beschaffst, wird das eine ekelhafte Geschichte.

WASSILI LEONIDYTSCH: Ich habe dir gesagt, ich werde mich bemühen. Das gilt. Na, wie?

PETRISTSCHEW: Schon recht. Ich meine nur, beschaff es unbedingt. Ich warte. *Er geht ab und schließt hinter sich die Tür.*

WASSILI LEONIDYTSCH *winkt ab*: Blöde Geschichte.

Die Bauern verneigen sich.

Er blickt auf den Ladendiener; zu Fjodor Iwanytsch: Warum laßt ihr den von Bourdier nicht fort? Der wohnt ja beinahe schon hier. Schaut euch das an – er schläft. Na, wie?

FJODOR IWANYTSCH: Er hat einen Brief überbracht und soll warten. Bis Anna Pawlowna herauskommen.

WASSILI LEONIDYTSCH *schaut auf die Bauern; sein Blick bleibt an dem Geld hängen*: Was ist das? Geld? Für wen? Geld für uns? *Zu Fjodor Iwanytsch*: Was sind das für welche?

FJODOR IWANYTSCH: Bauern aus der Kursker Gegend. Sie wollen Land kaufen.

WASSILI LEONIDYTSCH: Und wird verkauft?

FJODOR IWANYTSCH: O nein, sind noch nicht handelseinig. Die Leute geizen.

WASSILI LEONIDYTSCH: So? Man muß auf sie einwirken. *Zu den Bauern*: Also, ihr wollt kaufen, wie?

ERSTER BAUER: Sehrwohl-ja, das wär eben unser Vorschlag, daß wir Land zu Besitz und Eigentum erwerben.

WASSILI LEONIDYTSCH: Ihr dürft da nicht geizen. Wißt ihr, ich sag euch, Land hat der Bauer sehr nötig. Na, wie? Sehr nötig.

ERSTER BAUER: Sehrwohl-ja, das Land ist für den Bauern das oberste und erste. Stimmt schon.

WASSILI LEONIDYTSCH: Eben, darum dürft ihr auch nicht geizen. Denn was bedeutet Land? Ich sage euch, da kann man Weizen drauf säen – Reihensaat. Dreihundert Pud kann man ernten, das Pud zu einem Rubel – macht dreihundert Rubel. Na, wie? ... Oder Pfefferminze, da könnt ihr, sag ich euch, von der Deßjatine tausend Rubel rausschlagen!

ERSTER BAUER: Sehrwohl-ja, das ist ganz und gar, alle möglichen Produchte kann einer ziehen, wenn er richtigen Begriff hat.

WASSILI LEONIDYTSCH: Also unbedingt Pfefferminze. Ich habe mich wissenschaftlich damit befaßt. Steht in den Büchern. Ich zeig's euch. Na, wie?

ERSTER BAUER: Sehrwohl-ja, betreffs so was steht Ihnen das in den Büchern. Ist eben Bildung.

WASSILI LEONIDYTSCH: Demnach: kaufen, nicht geizen, gebt das Geld! *Zu Fjodor Iwanytsch*: Wo ist Papa?

FJODOR IWANYTSCH: In seinem Zimmer. Haben gebeten, ihn jetzt nicht zu stören.

WASSILI LEONIDYTSCH: Wahrscheinlich erkundigt er sich beim Geist, ob er das Land verkaufen soll oder nicht? Na, wie?

FJODOR IWANYTSCH: Kann ich nicht sagen. Sind jedenfalls in Unschlüssigkeit hinausgegangen.

WASSILI LEONIDYTSCH: Was meinst du, Fjodor Iwanytsch, hat er Geld? Na, wie?

FJODOR IWANYTSCH: Weiß nicht. Wohl kaum. Wozu brauchen Sie es denn? Sie haben doch in der vorigen Woche eine nicht eben kleine Summe bekommen.

WASSILI LEONIDYTSCH: Die ist ja aufgegangen für die Hunde. Und jetzt, weißt du, unser neuer Verein, auch Petristschew ist gewählt, und ich habe von Petristschew Geld geliehen; jetzt muß ich den Anteil für mich und auch für ihn zahlen. Na, wie?

FJODOR IWANYTSCH: Was ist das für einer, Ihr neuer Verein? Velozipedfahrer?

WASSILI LEONIDYTSCH: Nein, ich erkläre dir's: ein neuer Verein. Ich sage dir, eine höchst seriöse Sache. Und weißt du, wer Vorsitzender ist? Na, wie?

FJODOR IWANYTSCH: Welcher Art ist denn der neue Verein?

WASSILI LEONIDYTSCH: Ein Verein zur Förderung der Zucht altrussischer Langhaar-Windhunde. Na, wie? Und ich sage dir, die erste Sitzung mit Frühstück steht unmittelbar bevor. Und nun fehlt das Geld! Ich geh zu ihm, ich versuch's. *Er verschwindet durch die Tür zum Kabinett.*

ERSTER BAUER *zu Fjodor Iwanytsch*: Und das da, Ehrenwerter, also wer war denn das?

FJODOR IWANYTSCH *lächelnd*: Der junge Herr.

DRITTER BAUER: Sagen wir mal, der Erbe. Lieber Gott, *Er versteckt das Geld.* Wohl besser erst mal einstecken.

ERSTER BAUER: Bei uns hieß es doch, er stünd im militärischen Verdienst, kavalleristisch sozusagen.

FJODOR IWANYTSCH: Nein, er ist, als einziger Sohn, vom Militärdienst befreit.

DRITTER BAUER: Soll, sagen wir mal, den Eltern als Ernährer bleiben. Das ist recht.

ZWEITER BAUER *kopfschüttelnd*: Und ob! Der wird's besorgen, das Ernähren.

DRITTER BAUER: Lieber Gott!

Wassili Leonidytsch tritt auf, hinter ihm in der Tür steht Leonid Fjodorowitsch.

WASSILI LEONIDYTSCH: So ist das immer. Wirklich seltsam. Sonst kriege ich zu hören: Warum tust du nichts? Und nun, da ich ein Wirkungsfeld gefunden habe, da eine Gesellschaft gegründet ist, seriös, mit edlen Zielen, ist es schade um lappige dreihundert Rubel!

LEONID FJODOROWITSCH: Ich habe dir gesagt, ich kann nicht, also kann ich nicht. Das Geld ist nicht da!

WASSILI LEONIDYTSCH: Sie haben doch Land verkauft.

LEONID FJODOROWITSCH: Erstens habe ich nicht verkauft, vor allem aber: Laß mich in Ruhe. Du hast doch gehört – ich habe keine Zeit. *Er verschwindet im Kabinett und schlägt die Tür zu.*

FJODOR IWANYTSCH: Ich sagte Ihnen ja, es ist nicht der rechte Augenblick.

WASSILI LEONIDYTSCH: Feine Sache, sag ich euch, wie? Ich gehe zu Mama – die einzige Rettung. Er, er wird ja noch verrückt mit seinem Spiritismus und vergißt alle. *Er geht die Treppe hinauf.*

Fjodor Iwanytsch will sich setzen und Zeitung lesen. Von oben kommen Betsy und Marja Konstantinowna, nach ihnen Grigori.

BETSY: Steht der Wagen bereit?

GRIGORI: Fährt eben vor.

BETSY *zu Marja Konstantinowna*: Kommen Sie, kommen Sie! Ich hab's gesehen – es ist er.

MARJA KONSTANTINOWNA: Wer – er?

BETSY: Das wissen Sie ganz genau: Petristschew.

MARJA KONSTANTINOWNA: Wo ist er denn?

BETSY: Bei Wowo sitzt er. Sie werden es sehen.

MARJA KONSTANTINOWNA: Wenn er's aber nicht ist?

Die Bauern und der Ladendiener verneigen sich.

BETSY *zum Ladendiener*: Ah, Sie sind von Bourdier, haben das Kleid gebracht?

LADENDIENER: Jawohl. Bitte mich gehen zu lassen.

BETSY: Ich weiß nicht. Das bestimmt Mama.

LADENDIENER: Für wen's bestimmt ist, kann ich nicht wissen. Unsereinem wird gesagt: Schaff's hin und bring das Geld.

BETSY: Also warten Sie.

MARJA KONSTANTINOWNA: Es geht immer noch um das Maskenballkostüm?

BETSY: Ja, ein zauberhaftes Kostüm. Doch Mama nimmt es nicht und will es nicht bezahlen.

MARJA KONSTANTINOWNA: Warum nicht?

BETSY: Fragen Sie Mama. Wenn Wowo fünfhundert Rubel für die Hunde braucht, ist es ihr nicht zu teuer; aber hundert für ein Kleid sind ihr zuviel. Dabei kann ich doch nicht als Vogelscheuche gehen! *Zu den Bauern gewandt*: Was sind denn das für welche?

GRIGORI: Bauern, die wollen ein Stück Land kaufen.

BETSY: Und ich dachte, es seien Jäger. Ihr seid keine Jäger?

ERSTER BAUER: Ganz und gar nicht, Gnädige. Wir sind hier zwecks und behufs Kaufvertrags, also den abzuschließen, über Land, mit Leonid Fjodorowitsch.

BETSY: Aber zu Wowo sollten doch Jäger kommen. Ihr seid wohl doch keine Jäger?

Die Bauern schweigen.

Dumme Leute. *Sie tritt zur Tür.* Wowo! *Sie kichert.*

MARJA KONSTANTINOWNA: Wir sind ihm doch eben begegnet.

BETSY: Als ob Sie mir das sagen müßten! ... Wowo, bist du hier?

Petristschew tritt auf.

PETRISTSCHEW: Wowo ist nicht da. Doch ich bin bereit, statt seiner alles zu tun, was gewünscht wird. Guten Tag! Guten Tag, Marja Konstantinowna! *Er schüttelt erst Betsy, dann Marja Konstantinowna lange und heftig die Hand.*

ZWEITER BAUER: Schaut nur, wie beim Wasserpumpen.

BETSY: Besser als nichts, obschon Sie ihn nicht ersetzen können. *Sie kichert.* Was für Angelegenheiten haben Sie denn mit Wowo zu erörtern?

PETRISTSCHEW: Es geht um Finanzen – Vieh-nanzen. Das heißt, sie, unsere Angelegenheiten, betreffen teils Vieh, teils Nanzen, teils Fi-nanzen.

BETSY: Was sind denn Nanzen?

PETRISTSCHEW: Welche Frage! Das ist eben der Witz, daß es so etwas gar nicht gibt.

BETSY: Na, der Witz hat nicht gezündet, gar nicht gezündet. *Sie kichert.*

PETRISTSCHEW: Er muß ja nicht gleich zünden. Es ist wie bei der Verlosung: ein Los und noch ein Los und noch ein Los – eins gewinnt dann doch.

Fjodor Iwanytsch geht in Leonid Fjodorowitschs Arbeitszimmer.

BETSY: Nein, er zündet nicht. Doch sagen Sie, waren Sie gestern bei den Mergassows?

PETRISTSCHEW: Weniger bei mère Gassow als bei père Gassow, ja nicht mal bei père Gassow, sondern bei fils Gassow.

BETSY: Geht's nicht ohne Jeu de mots? Das ist eine Krankheit. Waren auch Zigeuner da? *Sie lacht.*

PETRISTSCHEW *singt*: Blitzend, klirrend das Geschmeid, bunt bestickt das Mädchenkleid!

BETSY: Hatten Sie's gut! Und wir langweilten uns bei Fofo.

PETRISTSCHEW *singt weiter*: Sprach sie leis und schwur sie mir ... sie mir ... Wie geht es weiter, Marja Konstantinowna, wie weiter?

MARJA KONSTANTINOWNA: ... Heute nacht bin ich bei dir.

PETRISTSCHEW: Wie? Wirklich, Marja Konstantinowna? *Er meckert.*

BETSY: Cessez, vous devenez impossible!

PETRISTSCHEW: J'ai cessé, j'ai bébé, j'ai dédé ...

BETSY: Ich sehe, ein einziges Mittel kann uns vor Ihren Witzen bewahren: wir zwingen Sie zu singen. Gehen wir in Wowos Zimmer; dort ist auch die Gitarre. Kommen Sie, Marja Konstantinowna, kommen Sie!

Betsy, Marja Konstantinowna und Petristschew gehen in Wassili Leonidytschs Zimmer.

ERSTER BAUER: Zu wem gehören denn die?

GRIGORI: Die eine ist das gnädige Fräulein, die andere die Mamsell; sie gibt Unterricht in Musik.

ERSTER BAUER: Aha, sie geht mehr auf die Wissenschaft. Und so akkurat. Wie 'n gemaltes Parträt.

ZWEITER BAUER: Warum verheiraten sie die denn nicht? Die Jahre hat sie doch.

GRIGORI: Etwa wie bei euch – mit fünfzehn?

ERSTER BAUER: Und das Kerlchen, sozusagen, das ist wohl einer vom Musikantenvolk?

GRIGORI *nachäffend*: Vom Musikantenvolk! ... Keine Ahnung habt ihr!

ERSTER BAUER: Sehrwohl-ja, das macht eben unsere Dummheit, also, daß wir keine Bildung haben.

DRITTER BAUER: Lieber Gott!

Man hört, wie in Wassili Leonidytschs Zimmer Zigeunerlieder zur Gitarre gesungen werden. Semjon tritt ein, nach ihm Tanja. Tanja beobachtet die Begegnung zwischen Vater und Sohn.

GRIGORI *zu Semjon*: Was willst du?

SEMJON: Ich war zu Herrn Kapčić geschickt worden.

GRIGORI: Und?

SEMJON: Mündlich soll ich ausrichten, es geht heute beim besten Willen nicht.

GRIGORI: Gut, ich werd's melden. *Er geht ab.*

SEMJON *zum Vater*: Guten Tag, Vater! Auch euch, Onkel Jefim, Onkel Mitri, meine Ehrerbietung. Sind zu Hause alle gesund?

ZWEITER BAUER: Guten Tag, Semjon.

ERSTER BAUER: Guten Tag, Bruder.

DRITTER BAUER: Guten Tag, Kleiner. Lebst noch?

SEMJON *lächelnd*: Wie steht's, Vater, gehn wir 'n bißchen Tee trinken?

ZWEITER BAUER: Langsam, erst das eine – siehst doch, wir haben jetzt keine Zeit.

SEMJON: Na gut, ich wart draußen an der Auffahrt. *Er geht zur Tür.*

TANJA *läuft Semjon nach*: Warum hast du nichts davon gesagt?

SEMJON: Wie denn – wo die andern dabeistehn? Wart's ab, dann beim Teetrinken werd ich's sagen. *Er geht hinaus.*

Fjodor Iwanytsch kommt herein und setzt sich mit der Zeitung ans Fenster.

ERSTER BAUER: Was nun, Ehrenwerter, wie wär's demnach mit unsrer Sache?

FJODOR IWANYTSCH: Wartet, gleich kommt er und klärt sie.

TANJA *zu Fjodor Iwanytsch*: Woher wissen Sie denn, Fjodor Iwanytsch, daß er sie klärt?

FJODOR IWANYTSCH: Ich weiß ja, wenn er etwas klärt, wiederholt er laut Frage und Antwort.

TANJA: Ist es wirklich wahr, daß man über eine Untertasse mit den Geistern reden kann?

FJODOR IWANYTSCH: Sieht aus, als kann man's.

TANJA: Und wenn die sagen: unterschreiben!, dann unterschreibt er?

FJODOR IWANYTSCH: Was sonst?

TANJA: Aber sie reden doch nicht in Worten?

FJODOR IWANYTSCH: In Buchstaben. Bei welchem Buchstaben das Ding anhält, das merkt er sich.

TANJA: Aber wenn's nun auf einer Siangs ist?

LEONID FJODOROWITSCH *tritt auf*: Also, meine Freunde, ich kann nicht. Ich möchte sehr gern, aber ich kann einfach nicht. Zahlt ihr die ganze Summe, so ist es eine andere Sache.

ERSTER BAUER: Sehrwohl-ja, wär schon das beste. Bloß, den Leuten fehlen die Mittel – geht ganz und gar nicht.

LEONID FJODOROWITSCH: Ich kann nicht – unmöglich. Da ist euer Papier. Ich kann nicht unterschreiben.

DRITTER BAUER: Hab Mitleid, Vater, erbarm dich!

ZWEITER BAUER: Was soll man dazu sagen? 's ist doch Unrecht.

LEONID FJODOROWITSCH: Von Unrecht, Brüder, kann da keine Rede sein. Im Sommer hab ich euch gesagt: Wenn ihr wollt, bitte! Ihr habt nicht gewollt, und jetzt ist mir's unmöglich.

DRITTER BAUER: Vater, hab doch Barmherzigkeit. Wie solln wir denn nun leben? Klein ist unser Stück Land, ich red schon gar nicht von 'ner Kuh, aber sogar 'n Hühnchen, sagen wir mal, wo hätt das Platz zum Scharrn?

Leonid Fjodorowitsch wendet sich zum Gehen, hält in der Tür inne. Die gnädige Frau und der Doktor kommen die Treppe herunter. Ihnen folgt, in heiterer übermütiger Laune, Wassili Leonidytsch; er steckt Geldscheine in die Brieftasche

GNÄDIGE FRAU *geschnürt, einen Hut auf dem Kopf*: Also einnehmen?

DOKTOR: Wenn sich die Symptome wiederholen, unbedingt einnehmen. Vor allem aber: Leben Sie vernünftiger. Was meinen Sie, wie soll dicker Sirup durch ein feines Haarröhrchen fließen, wenn wir das noch abquetschen? Kann er gar nicht! So verhält sich's mit dem Gallenblasengang. Ist doch alles sehr einfach.

GNÄDIGE FRAU: Na gut, gut!

DOKTOR: Sie sagen: gut, und alles bleibt beim alten. Darf aber nicht bleiben, Gnädigste, darf nicht. Leben sie wohl!

GNÄDIGE FRAU: Nicht: leben Sie wohl, sondern: auf Wiedersehn. Jedenfalls erwarte ich Sie heute abend. Ohne Sie kann ich mich nicht entschließen.

DOKTOR: Nun denn! Finde ich Zeit, so schaue ich herein. *Er geht ab.*

GNÄDIGE FRAU *bemerkt jetzt erst richtig die Bauern*: Was ist das? Was soll das? Was sind das für Leute?

Die Bauern verneigen sich.

FJODOR IWANYTSCH: Bauern aus der Kursker Gegend; sie sind zu Leonid Fjodorowitsch gekommen – wegen Landkaufs.

GNÄDIGE FRAU: Bauern, das sehe ich, aber wer hat sie hereingelassen?

FJODOR IWANYTSCH: Leonid Fjodorowitsch haben es geheißen. Haben mit den Leuten gerade über den Landverkauf gesprochen.

GNÄDIGE FRAU: Wieso Verkauf? Verkaufen, das ist keineswegs nötig. Aber vor allem, wie kann man bloß Leute von der Straße ins Haus lassen! Leute von der Straße – ins Haus! Um keinen Preis Leute ins Haus lassen, die weiß Gott wo übernachtet haben. *Sie ereifert sich immer mehr.* Ich stelle mir vor, in ihren Kleidern steckt jede Falte voller Mikroben: Scharlachmikroben, Pockenmikroben, Diphtheritismikroben. Die sind doch aus dem Kursker, meine Güte, dem Kursker Gouvernement – einem Diphtheritisherd! Doktor! Doktor! Holt den Doktor zurück!

Leonid Fjodorowitsch geht ab, schließt hinter sich die Tür. Grigori eilt dem Doktor nach.

WASSILI LEONIDYTSCH *bläst Zigarettenrauch zu den Bauern hin*: Schon gut, Mama. Ich kann die einräuchern, daß es allen Mikroben den Garaus macht. Soll ich?

Die gnädige Frau bewahrt, auf die Rückkehr des Doktors wartend, strenges Schweigen.

WASSILI LEONIDYTSCH *zu den Bauern*: Mästet ihr auch Schweine? Das, das lohnt sich!

ERSTER BAUER: Sehrwohl-ja, halbwegs wirtschaften wir auch im Schweinefach.

WASSILI LEONIDYTSCH: Solche ... iu, iu! *Er quiekt wie ein Ferkel.*

GNÄDIGE FRAU: Wowo, Wowo! Hör auf!

WASSILI LEONIDYTSCH: Treff ich's gut, wie?

ERSTER BAUER: Sehrwohl-ja, hat was Ähnliches.

GNÄDIGE FRAU: Wowo, hör auf, sag ich dir!

ZWEITER BAUER: Was soll 'n das?

DRITTER BAUER: Ich sag's ja – lieber erst mal ins Loschies.

Der Doktor und Grigori kommen herein.

DOKTOR: Nun, was noch? Was gibt's?

GNÄDIGE FRAU: Da sagen Sie, ich soll mich nicht aufregen. Aber wie kann man da ruhig bleiben? Die eigene Schwester habe ich seit zwei Monaten nicht gesehen, ich hüte mich vor jedem verdächtigen Besucher. Und plötzlich finde ich da Leute aus Kursk, ausgerechnet aus Kursk, dem Diphtheritisherd – mitten in meinem Hause!

DOKTOR: Sie meinen diese wackeren Männer?

GNÄDIGE FRAU: O ja, geradewegs aus der Diphtheritisgegend!

DOKTOR: Wenn sie aus einer Diphtheritisgegend kommen, so ist das freilich unvorsichtig; dennoch besteht keine Veranlassung, sich gar zu sehr aufzuregen.

GNÄDIGE FRAU: Sie verordnen aber doch selber Vorsicht?

DOKTOR: Gut, gut, und trotzdem gibt es gar keinen Grund, sich aufzuregen.

GNÄDIGE FRAU: Aber wie denn? Jetzt muß doch eine Volldesinfektion vorgenommen werden.

DOKTOR: Aber nicht doch, das wäre zu teuer; es kostet dreihundert Rubel oder noch mehr. Ich verrate Ihnen, wie es billig und solid geht. Nehmen Sie auf eine große Flasche Wasser ...

GNÄDIGE FRAU: Abgekochtes?

DOKTOR: Ganz gleich. Besser abgekochtes. Also, auf eine große Flasche Wasser einen Eßlöffel Salicylsäure, und lassen Sie damit alles abwaschen, was die auch bloß berührt haben, und sie selber, die drei Wackeren, müssen natürlich hinaus. Das ist alles. Dann können Sie unbesorgt sein. Schicken Sie noch von derselben Lösung zwei, drei Gläschen voll durch den Zerstäuber, nebeln Sie damit, und Sie werden sehen, wie gut es sein wird. Nicht die geringste Gefahr mehr!

GNÄDIGE FRAU: Wo ist Tanja? Holt Tanja her!

Tanja kommt herein.

TANJA: Zu Diensten?

GNÄDIGE FRAU: Erinnerst du dich an die große Flasche im Toilettenzimmer?

TANJA: Aus der gestern die Waschfrau bespritzt worden ist?

GNÄDIGE FRAU: Gewiß, welche sonst! Also, nimm die Flasche,

wasch vorher die Stelle, wo die stehen, mit Seife ab und dann mit dieser ...

TANJA: Jawohl. Ich weiß schon.

GNÄDIGE FRAU: Dann nimmst du den Zerstäuber ... Ach was, wenn ich zurück bin, tu ich das selbst.

DOKTOR: Machen Sie's so, und seien Sie unbesorgt. Also auf Wiedersehn, bis heute abend. *Er geht ab.*

GNÄDIGE FRAU: Und die da, hinaus mit denen! Hopp, hopp! Hinaus, hinaus! Geht doch, was glotzt ihr?

ERSTER BAUER: Sehrwohl-ja, wir haben das aus Dummheit und Versehen, weil's doch geheißen hat ...

GRIGORI *drängt die Bauern hinaus*: Nun geht schon, geht.

ZWEITER BAUER: Mein Tuch gib her!

DRITTER BAUER: Lieber Gott! Ich sag's ja – lieber erst mal ins Loschies.

Grigori schiebt ihn hinaus.

LADENDIENER *nachdem er ein paarmal zu reden angesetzt hat*: Krieg ich eine Antwort zum Hinbringen?

GNÄDIGE FRAU: Ah, von Bourdier? *Sich ereifernd*: Keine Antwort, keine, bringen Sie das zurück. Ich habe ihr gesagt, so ein Kostüm habe ich nicht bestellt, und meiner Tochter erlaube ich das nicht zu tragen.

LADENDIENER: Weiß ich nicht, bin bloß hergeschickt.

GNÄDIGE FRAU: Gehen Sie, gehen Sie, bringen Sie's zurück. Ich fahre auch selbst mal hin.

WASSILI LEONIDYTSCH *feierlich*: Herr Gesandter von Bourdier, gehen Sie!

LADENDIENER: Hätt man mir längst sagen können. Braucht ich fünf Stunden zu warten?

WASSILI LEONIDYTSCH: Abgesandter von Bourdier, gehen Sie!

GNÄDIGE FRAU: Hör auf, bitte.

Der Ladendiener geht ab.

GNÄDIGE FRAU: Betsy! Wo bist du? Ewig muß man auf sie warten.

WASSILI LEONIDYTSCH *schreit aus vollem Halse*: Betsy! Petristschew! Hierher! Schnell! Schnell! Na, wie?

Petristschew, Betsy und Marja Konstantinowna kommen hinzu.

GNÄDIGE FRAU: Ewig wartet man auf dich.

BETSY: Im Gegenteil, ich warte auf Sie.

Petristschew deutet einzig mit dem Kopf eine Verbeugung an und küßt der gnädigen Frau die Hand.

GNÄDIGE FRAU: Guten Tag. *Zu Betsy*: Ewig hast du Widerrede bereit.

BETSY: Wenn Sie schlecht gelaunt sind, Mama, fahre ich lieber nicht mit.

GNÄDIGE FRAU: Fahren wir, oder fahren wir nicht?

BETSY: Fahren wir also, was sonst.

GNÄDIGE FRAU: Hast du das von Bourdier gesehen?

BETSY: Ich hab's gesehen und mich sehr gefreut. Ich habe das Kostüm bestellt und werde es anziehen, wenn es bezahlt ist.

GNÄDIGE FRAU: Ich bezahle es nicht und erlaube dir nicht, ein unanständiges Kostüm anzuziehen.

BETSY: Wieso auf einmal unanständig? Es ist anständig gewesen, solange nicht die Prüderie über Sie kam.

GNÄDIGE FRAU: Nichts von Prüderie, sondern die ganze Taille ist umzuarbeiten, dann geht es.

BETSY: Mama, wahrhaftig, das ist unmöglich.

GNÄDIGE FRAU: Also, Überschuhe anziehen.

Sie setzen sich. Grigori zieht ihnen die Überschuhe an.

WASSILI LEONIDYTSCH: Marja Konstantinowna! Bemerken Sie, welche Leere im Vorzimmer herrscht?

MARJA KONSTANTINOWNA: Wie denn? *Sie lacht im voraus.*

WASSILI LEONIDYTSCH: Der von Bourdier ist fort. Na, wie? Gut? *Er lacht schallend.*

GNÄDIGE FRAU: Also, fahren wir. *Sie geht zur Tür hinaus und kommt gleich zurück.* Tanja!

TANJA: Zu Diensten?

GNÄDIGE FRAU: Daß sich Fiffy nicht erkältet, während ich fort bin. Wenn sie hinausgelassen werden möchte, ihr unbedingt das gelbe Mäntelchen umlegen. Sie ist nicht ganz gesund.

TANJA: Jawohl.

Die gnädige Frau, Betsy und Grigori gehen ab.

PETRISTSCHEW: Nun, hast du's gekriegt?

WASSILI LEONIDYTSCH: Ich sage dir, es hat Mühe gekostet. Erst mal machte ich mich an den alten Herrn ran. Der brüllte und jagte mich fort. Ich zur alten Dame – und hab's geschafft. Da! *Er klopft sich auf die Tasche.* Wenn ich mir was vornehme, laß ich nicht locker. Mit eisernem Griff. Na, wie? Jetzt ist es auch so weit, daß meine Hunde, meine Wolfstöter, gebracht werden.

Petristschew und Wassili Leonidytsch ziehen die Mäntel an und gehen ab. Tanja geht nach ihnen hinaus. Fjodor Iwanytsch bleibt allein.

FJODOR IWANYTSCH: Ja, immer Mißhelligkeiten. Warum können sie bloß nicht in Eintracht leben? Um die Wahrheit zu sagen – die junge Generation ist nicht ganz das Rechte. Und dann – die Weiberherrschaft? Wie jetzt eben. Da wollte Leonid Fjodorowitsch schon für die Leute eintreten, doch als er sah, daß sie in Ekstase war, schlug er die Tür hinter sich zu. Ein guter Mensch, wie's selten einen gibt! Ja, gut wie selten einer ... Was ist denn das? Tanja bringt sie wieder her.

Tanja und die drei Bauern kommen herein.

TANJA: Kommt, kommt, Onkelchen, keine Angst.

FJODOR IWANYTSCH: Warum holst du sie wieder herein?

TANJA: Aber Fjodor Iwanytsch, Väterchen, man muß sich doch um sie kümmern. Ich wisch ja sowieso auf.

FJODOR IWANYTSCH: Aus der Sache wird doch nichts, das seh ich schon.

ERSTER BAUER: Also, Ehrenwerter, unsere Angelegenheit, wie wär die denn in Lauf und Gang zu bringen? Möchten nicht Sie, Euer Ehren, sich ein bißchen drum kümmern, und für Ihre Mühe, da würden wir von der Gemeinde aus Dankbarkeit schon sehr erweisen.

DRITTER BAUER: Hilf uns, mein Falke, ist doch kein Leben, was wir haben. Klein ist unser Stück Land, ich red schon gar nicht von 'ner Kuh, aber ein Hühnchen, sagen wir mal, wo hätt das Platz zum Scharrn?

Sie verbeugen sich.

FJODOR IWANYTSCH: Ihr tut mir ja leid, aber ich weiß auch nicht, Brüder. Gewiß, ich versteh euch gut. Doch er hat nun mal nein gesagt. Was nun? Noch dazu ist es der Gnädigen nicht recht. Wie denn auch! Na, gebt mal das Papier her – ich werd's versuchen, werd ihn bitten. *Er geht ab.*

Die drei Bauern seufzen.

TANJA: Sagt mir doch mal, Onkelchen, eure Angelegenheit – worauf kommt's denn da an?

ERSTER BAUER: Bloß auf die Unterschrift – eigenhändiges Ausfertigen.

TANJA: Der Herr soll nur das Papier unterschreiben, ja?

ERSTER BAUER: Nichts weiter. Eigenhändig ausfertigen und das Geld nehmen; dann hätt's sein End und Richtigkeit.

DRITTER BAUER: Bloß seinen Namen schreiben. Das soll dann heißen, sagen wir mal: Wie's die Bauern wollen, so will auch ich's. Sagen wir mal. Das ist die ganze Geschichte: Geld genommen, Namen geschrieben, fertig.

TANJA: Nur unterschreiben? Der Herr soll nur auf das Papier seinen Namen schreiben? *Sie denkt nach.*

ERSTER BAUER: Sehrwohl-ja, darauf besteht die ganze Sache. Unterschrieben, das heißt, 's ist nichts mehr dran zu ändern.

TANJA: Wartet erst mal ab, was Fjodor Iwanytsch sagt. Wenn er's nicht schafft, versuch ich's mit einer List.

ERSTER BAUER: Du willst ihn auf den Leim führen?

TANJA: Ich versuch's.

DRITTER BAUER: Na, so ein Mädchen. Will sich abmühn. Wenn du das schaffst, füttert dich, sagen wir mal, die Gemeinde dein Leben lang. Das macht sie, jawohl!

ERSTER BAUER: Wenn und falls du die bezügliche Sache zum guten Ende bringst, kann man dich sehrwohl-ja in Gold fassen.

ZWEITER BAUER: Klar!

TANJA: Versprechen kann ich nichts. Aber wie's so heißt: Versuchen kann nichts kosten, und ...

ERSTER BAUER: Und Fragen hat man umsonst. Sehrwohl-ja.

Fjodor Iwanytsch kommt wieder herein.

FJODOR IWANYTSCH: Nein, Brüder, nichts zu machen. Zu eurer Sache hat er nein gesagt, und er bleibt dabei. Da ist das Papier. Geht, geht.

ERSTER BAUER *nimmt das Schriftstück, zu Tanja*: Bleibt uns sozusagen bloß der Verlaß auf dich.

TANJA: Schon recht, gleich. Geht nur, wartet auf der Straße; es dauert gar nicht lang, dann komm ich raus und sag, wie's weitergeht.

Die Bauern gehen ab.

TANJA: Fjodor Iwanytsch, Bester, melden Sie dem Herrn, er möchte zu mir rauskommen. Hab ihm ganz schnell was zu sagen.

FJODOR IWANYTSCH: Was sind das für neue Sitten?

TANJA: Es muß sein, Fjodor Iwanytsch. Melden Sie's ihm bitte. Bei Gott, nichts Schlimmes ist dabei.

FJODOR IWANYTSCH: Und worum geht es?

TANJA: Ein kleines Geheimnis. Ich verrat's Ihnen später. Jetzt melden Sie nur.

FJODOR IWANYTSCH *lächelnd*: Keine Ahnung, was du im Schilde führst. Na gut, ich sage Bescheid. *Er geht ab.*

TANJA: Wahrhaftig, ich tu's. Er sagt doch selber, in Semjon ist die Kraft, und ich weiß ja, wie man das alles macht. Bis jetzt hat keiner Verdacht geschöpft. Und dem Semjon bring ich's bei. Geht's schief, ist es kein Unglück. Schließlich auch keine Sünde?

Leonid Fjodorowitsch tritt auf, nach ihm Fjodor Iwanytsch.

LEONID FJODOROWITSCH *lächelnd*: Na, so eine Bittstellerin! Was hast du auf dem Herzen?

TANJA: Ein kleines Geheimnis, Leonid Fjodorowitsch. Erlauben Sie, daß ich's Ihnen unter vier Augen sage.

LEONID FJODOROWITSCH: Nanu? Fjodor, geh mal ein Weilchen hinaus.

Fjodor geht ab.

TANJA: Weil ich doch schon lange in Ihrem Haus lebe und hier aufgewachsen bin, Leonid Fjodorowitsch, und weil ich Ihnen für alles dankbar bin, vertrau ich mich Ihnen an wie dem leiblichen Vater. Bei Ihnen dient der Semjon, und er will mich heiraten.

LEONID FJODOROWITSCH: Soso!

TANJA: Ich vertrau mich Ihnen an wie dem lieben Gott. Bin

doch eine Waise, hab niemanden, den ich um Rat fragen könnte.

LEONID FJODOROWITSCH: Nun, gewiß doch! Er scheint ein braver Bursche zu sein.

TANJA: Das stimmt, er ist ganz in Ordnung. Bloß eins macht mich stutzig. Deshalb wollt ich Sie fragen – er hat da so was, damit komm ich nicht zurecht ... womöglich was Schlimmes.

LEONID FJODOROWITSCH: Was denn, trinkt er?

TANJA: Gott bewahre, nein! Aber weil ich doch weiß, daß es die Spiriterei gibt ...

LEONID FJODOROWITSCH: Das weißt du?

TANJA: Freilich! Ich hab großes Verständnis dafür. Mag sein, andere haben keins, weil sie ungebildet sind.

LEONID FJODOROWITSCH: Also, worum geht es?

TANJA: Ich hab eben Angst um Semjon. Bei ihm kommt das vor.

LEONID FJODOROWITSCH: Was kommt vor?

TANJA: Na, eben so was Spiri ... tisches. Fragen Sie die andern. Er braucht bloß mal am Tisch ein bißchen einzuschlafen, gleich fängt der Tisch an zu wackeln, und er stuckert: tuck, tu-tuck! Haben alles die andern auch gehört.

LEONID FJODOROWITSCH: Genau das, was ich heute morgen Sergej Iwanowitsch erzählt habe. Und?

TANJA: Und dann ... wann war das gleich? Ja, am Mittwoch. Wir setzten uns zum Mittagessen. Kaum saß er am Tisch, da – schwupp! – sprang der Löffel von selbst in seine Hand.

LEONID FJODOROWITSCH: Oh, das ist interessant! Sprang in die Hand? War er denn eingeschlummert?

TANJA: Ich hab nichts davon bemerkt. Wahrscheinlich doch.

LEONID FJODOROWITSCH: Und?

TANJA: Na, das macht mir halt Sorgen. Darum wollt ich fragen, ob daraus nichts werden kann, was schadet. Sein ganzes Leben mit einem verbringen, der so was hat.

LEONID FJODOROWITSCH *lächelnd*: Nein, hab keine Angst, daran ist gar nichts Schlimmes. Das bedeutet nur, daß er ein Medium ist, einfach ein Medium. Ich habe es schon gewußt, daß er ein Medium ist.

TANJA: Ah so ... Und ich hatte Angst!

LEONID FJODOROWITSCH: Nein, hab keine Angst, das macht nichts. *Zu sich selber*: Wunderbar. Kapčić kommt nicht, da werden wir ihn mal prüfen ... Nein, meine Liebe, mach du dir keine Sorgen, er wird dir ein guter Ehemann sein, und überhaupt ... Das ist eine besondere Kraft, die steckt in allen. Nur, bei manchen ist sie schwächer, bei manchen stärker.

TANJA: Ergebensten Dank. Ich werde jetzt gar nicht mehr dran denken. Dabei hatte ich solche Angst. Das kommt eben von unserer Unwissenheit!

LEONID FJODOROWITSCH: Nein, nein, hab keine Angst. Fjodor!

Fjodor Iwanytsch kommt herein.

Ich gehe aus. Zum Abend bereite alles vor für eine Séance.

FJODOR IWANYTSCH: Aber Kapčić geruht doch nicht zu kommen.

LEONID FJODOROWITSCH: Macht nichts, ganz gleich. *Er zieht den Mantel an.* Wir halten eine Probeséance mit einem eigenen Medium. *Er geht ab.*

Fjodor Iwanytsch geleitet ihn hinaus.

TANJA: Er hat's geglaubt, er hat's geglaubt! *Sie jauchzt auf und springt.* Mein Gott, er hat's geglaubt! Das reinste Wunder! *Sie jauchzt auf.* Jetzt schaff ich's, wenn bloß Semjon nicht Angst kriegt.

Fjodor Iwanytsch kommt zurück.

FJODOR IWANYTSCH: Na, hast du ihm dein Geheimnis verraten?

TANJA: Ja. Auch Ihnen vertrau ich's an, bloß später ... Jetzt, Fjodor Iwanytsch, hab ich eine Bitte an Sie.

FJODOR IWANYTSCH: Eine Bitte an mich? Was denn für eine?

TANJA *verschämt*: Sie sind mir ein zweiter Vater gewesen. Ich vertrau mich Ihnen an wie dem lieben Gott.

FJODOR IWANYTSCH: Kein Drumherum, gleich zur Sache.

TANJA: Zur Sache, ja. Die Sache ist die, der Semjon will mich heiraten.

FJODOR IWANYTSCH: Soso. Ich hab schon was bemerkt.

TANJA: Warum sollt ich's verschweigen? Ich bin nun mal eine Waise, und Sie wissen ja selbst, wie's in der Stadt so zugeht: Jeder belästigt einen; der Grigori Michailytsch zum Beispiel, vor dem hab ich keine Ruhe. Und auch der ... Sie wissen schon. Die glauben, unsereiner hat keine Seele, und ich wär bloß zu ihrem Vergnügen da.

FJODOR IWANYTSCH: Kluges Kind, das lob ich mir! Na, und weiter?

TANJA: Der Semjon hat seinem Vater geschrieben, und jetzt, da hat sein Vater mich gesehn und gleich gesagt: Er hat Flausen im Kopf – damit meint er den Semjon. Fjodor Iwanytsch! *Sie verneigt sich.* Vertreten Sie an mir Vaterstelle, sprechen Sie mit dem Alten, mit Semjons Vater. Ich würde die Bauern in die Küche führen, Sie könnten mal reinschauen und mit dem Alten reden.

FJODOR IWANYTSCH *lächelnd*: Da wär ich also Hochzeitswerber? Na, läßt sich machen.

TANJA: Fjodor Iwanytsch, Bester, seien Sie mir ein Vater, mein Leben lang werd ich für Sie beten.

FJODOR IWANYTSCH: Gut, gut, ich komm schon. Ich versprech's, so werd ich's auch halten. *Er nimmt die Zeitung.*

TANJA: Ein zweiter Vater sind Sie mir.

FJODOR IWANYTSCH: Gut, gut.

TANJA: Also kann ich hoffen ... *Sie geht ab.*

FJODOR IWANYTSCH *wiegt den Kopf*: So ein liebes, freundliches Mädchen. Wenn man bedenkt – wie viele von ihrer Art geraten ins Verderben! Sie braucht nur ein einziges Mal zu straucheln – schon geht sie von Hand zu Hand. Aus dem Schmutz holt sie dann keiner mehr raus. So geschah's mit der armen Natalja. Auch die war ein liebes Kind, von einer Mutter geboren, gehegt und gepflegt und großgezogen ... *Er nimmt die Zeitung.* Na, wolln wir mal sehen, wie unser Ferdinand sich rauswindet.

Vorhang

ZWEITER AKT

Die Bühne zeigt die Leuteküche. Die Bauern, die die Oberkleider abgelegt haben, sitzen schwitzend am Tisch und trinken Tee. Fjodor Iwanytsch befindet sich mit einer Zigarre am anderen Ende der Bühne. Auf dem Ofen liegt der alte Koch, der während der ersten vier Szenen unsichtbar bleibt.

FJODOR IWANYTSCH: Mein Rat: Leg ihm nichts in den Weg. Wenn's nun mal sein Wunsch ist und auch ihrer, dann in Gottes Namen. Das Mädchen ist gut und ehrsam. Daß sie sich gern putzt, darauf acht nicht weiter. Das ist städtische Art, ohne das geht's nicht. Und klug ist das Mädchen.

ZWEITER BAUER: Na ja, wenn er nun mal will. Er muß mit ihr leben, nicht ich. Bloß, sie ist halt arg fein. Wie kriegt man die denn in 'ne Bauernstube. Von der Schwiegermutter wird sie sich nicht mal streicheln lassen.

FJODOR IWANYTSCH: Das, mein Lieber, hat nichts mit Feinheit zu tun, sondern mit Charakter. Hat sie einen guten Charakter, so wird sie gefügig und ehrerbietig sein.

ZWEITER BAUER: Soll mir halt recht sein, wenn der Junge sich in den Kopf gesetzt hat: grad die oder keine. Wär ja auch kein Leben, wenn er eine nähme, die er nicht mag! Ich bered's mit meiner Alten, und dann in Gottes Namen.

FJODOR IWANYTSCH: Also abgemacht.

ZWEITER BAUER: Soll halt so sein.

ERSTER BAUER: Wie dir's floriert, Sachar; kommst her in geschäftlicher Sache, und – sieh einer an! – holst dir 'ne Schwiegertochter, und was für 'ne Schönheit. Jetzt noch begießen, sozusagen, damit's seine Ordnung hat.

FJODOR IWANYTSCH: Das muß gar nicht sein.

Verlegenes Schweigen.

Ich habe großes Verständnis für euer bäuerliches Leben. Ich sag euch eins: Manchmal denk ich selbst daran, mir ein Stück Land zu kaufen. Ein Häuschen würd ich mir bauen und wirtschaften. Vielleicht in eurer Gegend.

ZWEITER BAUER: Feine Sache!

ERSTER BAUER: Sehrwohl-ja, ist einer bei Geld, kann er sich auf dem Lande jeden Wunsch erfüllen.

DRITTER BAUER: Na, und ob! Dorfleben, sagen wir mal, ist allemal frei, was andres als in der Stadt.

FJODOR IWANYTSCH: Wie steht's, nehmt ihr mich auf, wenn ich mich bei euch niederlassen will?

ZWEITER BAUER: Warum nicht? Spendier den Alten Schnaps, dann nehmen sie dich gleich auf.

ERSTER BAUER: Wenn Sie beispielshalber einen Ausschank oder eine Gastwirtschaft eröffnen – ein Leben wär das, da denkt man nicht ans Sterben. Schalten und walten als eigner Herr.

FJODOR IWANYTSCH: Na, mal sehen. Ich möchte ja bloß auf meine alten Tage ruhig leben. Ein gutes Leben hab ich auch hier – es täte mir leid, wegzugehen, denn Leonid Fjodorowitsch ist gutmütig wie selten einer.

ERSTER BAUER: Das sehrwohl-ja. Bloß, warum macht er's dann so mit unserer Sache? Soll's wirklich so bleiben, ohne weiteres?

FJODOR IWANYTSCH: Er würde ja gern.

ZWEITER BAUER: Klar, hat Angst vor der Frau.

FJODOR IWANYTSCH: Nicht grade Angst, aber es herrscht auch keine Eintracht.

DRITTER BAUER: Könntest du dich nicht, Vater, für uns verwenden? Wie solln wir sonst leben? Klein ist unser …

FJODOR IWANYTSCH: Wollen wir erst sehen, was Tatjana zuwege bringt. Sie hat's ja in die Hand genommen.

DRITTER BAUER *trinkt Tee:* Vater, erbarm dich! Klein ist unser Stück Land. Ich red schon gar nicht von 'ner Kuh; aber 'n Hühnchen, sagen wir mal, wo hätt das Platz zum Scharrn?

FJODOR IWANYTSCH: Wenn's von mir abhinge! *Zum zweiten Bauern:* Also, Bruder, da sind wir nun Hochzeitsvater und Hochzeitswerber. Die Sache mit Tanja ist abgemacht?

ZWEITER BAUER: Wenn ich ja gesagt habe, nehm ich's auch ohne Begießen nicht mehr zurück. Wär bloß unsre Sache erst unter Dach und Fach.

Die Köchin tritt ein, wirft einen Blick auf den Ofen, macht dorthin Zeichen und redet gleich lebhaft auf Fjodor Iwanytsch ein.

KÖCHIN: Aus der Herrschaftsküche haben sie eben den Semjon hinaufgeholt; der Herr und der andere, der mit ihm beschwört, der Glatzköpfige, haben ihn hingesetzt und ihn geheißen, das zu machen, was sonst der Kapčić macht.

FJODOR IWANYTSCH: Was schwindelst du!

KÖCHIN: Stimmt aber! Gerade hat's der Jakow der Tanja erzählt.

FJODOR IWANYTSCH: Merkwürdig!

Der Kutscher kommt herein.

Was willst du?

KUTSCHER *zu Fjodor Iwanytsch*: Sagen Sie das ruhig – wenn ich hier diene, dann nicht, damit ich mit Hunden zusammen hause. Das kann tun, wer will; aber mit Hunden zusammen, da mach ich nicht mit.

FJODOR IWANYTSCH: Mit was für Hunden?

KUTSCHER: Von Wassili Leonidytsch haben sie drei Köter zu uns in die Kutscherstube gesteckt. Die heulen, verdrecken alles, und will man an sie ran, beißen sie los. Ganz wilde Biester. Passen wir nicht auf, machen sie uns den Garaus. Am liebsten möcht ich denen mit dem Knüppel die Beine zerdreschen.

FJODOR IWANYTSCH: Wann war das?

KUTSCHER: Na vorhin, von einer Ausstellung haben sie die gebracht, so ganz teure – haarige, windige, weiß der Teufel, wie sie heißen! In der Kutscherstube, da wohnen entweder Hunde oder Kutscher. Sagen Sie das ruhig.

FJODOR IWANYTSCH: Das ist wirklich nicht in Ordnung. Ich werde mich erkundigen.

KUTSCHER: Die könnten ja vielleicht hierher, zur Lukerja.

KÖCHIN *aufgebracht*: Hier kriegen Menschen ihr Essen, und du willst da Köter einsperren. Das fehlte noch.

KUTSCHER: Und bei mir hängen Kaftane, Decken, Geschirrzeug. Und sauber soll alles sein. Na, dann eben zum Hausknecht.

FJODOR IWANYTSCH: Ich muß es Wassili Leonidytsch sagen.

KUTSCHER *wütend*: Soll der sich doch die Köter um den Hals hängen und mit ihnen rumlaufen; aber nein, er liebt das Kutschefahren. Den Krassawtschik hat er für nichts und wieder nichts zuschanden gehetzt. Und was für ein Pferd war das! ... Ist das ein Leben! *Er geht ab, schlägt die Tür hinter sich zu.*

FJODOR IWANYTSCH: Da ist manches nicht in Ordnung, nicht in Ordnung! *Zu den Bauern*: Na, denn also, einstweilen auf Wiedersehn, Kinder!

DIE BAUERN: Gott befohlen.

Fjodor Iwanytsch geht ab.
Sobald er den Raum verlassen hat, ist vom Ofen herunter Ächzen zu vernehmen.

ZWEITER BAUER: So 'n feiner Mann, der reinste Ganaral.

KÖCHIN: Kunststück! Hat ein eignes Zimmer, alle Wäsche, die er trägt, ist von den Herrschaften, auch Tee und Zucker hat er von den Herrschaften und das Essen von ihrem Tisch.

DER ALTE KOCH: Wie soll's dem Teufel nicht gut gehn – hat schön zusammengeklaut!

ZWEITER BAUER: Was 'n das für einer, der auf dem Ofen?

KÖCHIN: Na, eben einer.

Schweigen.

ERSTER BAUER: Auch bei euch, ich hab's ja vorhin gesehn, wird gut gegessen, so richtig aus vollem Kapital.

KÖCHIN: Wir können uns nicht beklagen. Was das angeht, da ist sie nicht geizig. Weiße Semmeln an Sonntagen, in der Fastenzeit Fisch zu den Feiertagen, und wer will, braucht sich gar nicht an die Fasten zu halten.

ZWEITER BAUER: Gibt's denn welche, die sich vollstopfen zur Fastenzeit?

KÖCHIN: So ziemlich alle. Fasten tun bloß der Kutscher – nicht der von vorhin, nein, der alte –, dann Semjon und ich und die Ikonomin. Die andern fressen Fleisch.

ZWEITER BAUER: Und er selber?

KÖCHIN: Da kommst du an den Rechten! Der hat längst vergessen, daß es so was wie Fasten gibt.

DRITTER BAUER: Lieber Gott!

ERSTER BAUER: Ist so die Art bei den Herrschaften; sie haben das aus den Büchern. Daher die Bildung!

DRITTER BAUER: Weißbrot essen die wohl jeden Tag?

KÖCHIN: Ach, Weißbrot! Als ob's denen auf dein Weißbrot ankäme! Du müßtest mal sehn, was die essen, was es da alles gibt!

ERSTER BAUER: Herrenspeise, das weiß man ja, ist luftige Speise.

KÖCHIN: Luftig, hm, na ja – jedenfalls schlingen die ganz schön.

ERSTER BAUER: Also bei gutem Appekit.

KÖCHIN: Die trinken ja auch dazu. Solche süßen Weine, Schnäpse, dann was so sprudelt – zu jeder Speise ein Getränk für sich. Die essen und trinken, essen und trinken.

ERSTER BAUER: Das ist nämlich so kalpuliert, da rutschen die Speisen besser nach.

KÖCHIN: Und was die reinschlingen – furchtbar! Bei denen gibt's das nicht: hinsetzen, essen, sich bekreuzigen und wieder aufstehn. Nein, die essen in einem fort.

ZWEITER BAUER: Wie die Säue – mit den Pfoten in den Trog.

Die Bauern lachen.

KÖCHIN: Kaum haben sie, mit Gottes Segen, die Augen aufgerissen, gleich her mit dem Samowar – Tee, Koffee, Schikolade. Sind zwei Samoware leergetrunken, muß halt der dritte angesetzt werden. Und dann das Frühstück und dann das Mittagessen und dann wieder Koffee. Kaum haben sie den runter, gleich wieder Tee. Und dann Zubiß jeder Art: Konfekt, Kuchen – kein Ende hat das. Wenn sie schon im Bett liegen, essen sie noch.

DRITTER BAUER: Also nein. *Er lacht auf.*

ERSTER UND ZWEITER BAUER: Was hast du?

DRITTER BAUER: Möcht wenigstens einen Tag mal so leben!

ZWEITER BAUER: Und wann machen die ihre Arbeit?

KÖCHIN: Was haben die für Arbeit? Kartenspiel und Klavierspiel – das ist die ganze Arbeit. Bei dem Fräulein, da geht's so: Macht sie früh die Augen auf, rennt sie gleich an den Klavier – und los! Und die, die mit da wohnt, die Lehrerin, steht und wartet, ob der Klavier bald frei wird. Hat die eine genug, hämmert die andre los. Manchmal stellen sie auch zwei Klaviere auf, an jeden setzen sich zwei, und dann hauen sie zu viert drauf. So mächtig haun die drauf – man hört's bis hierher.

DRITTER BAUER: Lieber Gott!

KÖCHIN: Das ist ihre Arbeit: auf dem Klavier spielen und dann die Karten. Kaum sind sie zusammen, gleich her mit den Karten, mit Schnaps, Zigarren und Zigaretten, und dann geht's die ganze Nacht. Sind sie aufgestanden, essen sie wieder!

Semjon tritt auf.

SEMJON: Wohl bekomm's euch!

ERSTER BAUER: Sei willkommen, setz dich.

SEMJON *tritt an den Tisch*: Danke ergebenst.

Der erste Bauer gießt ihm Tee ein.

ZWEITER BAUER: Wo warst du?

SEMJON: Oben.

ZWEITER BAUER: Und was war da?

SEMJON: Schwer zu begreifen. Weiß gar nicht, wie ich das sagen soll.

ZWEITER BAUER: Na, was denn?

SEMJON: Weiß eben nicht, wie ich das sagen soll. Eine Kraft, die in mir wär, haben die probiert. Ich versteh's halt nicht. Die Tatjana sagt: »Mach das nur; unsern Bauern«, sagt sie, »müssen wir das Land verschaffen, er wird's verkaufen.«

ZWEITER BAUER: Wie stellt sie denn das an?

SEMJON: Ich krieg ja nichts raus aus ihr. »Mach nur alles so«, sagt sie, »wie ich's dich heiße.«

ZWEITER BAUER: Was sollst du machen?

SEMJON: Jetzt gar nichts. Sie haben mich hingesetzt, die Lichter ausgelöscht und gesagt, ich soll schlafen. Die Tatjana hat sich in demselben Zimmer versteckt. Die beiden haben sie nicht gesehen, ich ja.

ZWEITER BAUER: Warum denn das?

SEMJON: Weiß der Himmel – nicht zu begreifen.

ERSTER BAUER: Versteht sich, zum Zeitvergnügen.

ZWEITER BAUER: Ich seh schon, wir kommen nicht dahinter. Aber nun sag mal, hast du viel Geld zusammen?

SEMJON: Ich hab mir noch gar keins geben lassen, hab alles noch gut, müssen so 28 Rubel sein.

ZWEITER BAUER: Schön. Wenn wir's, so Gott will, mit dem Landkauf schaffen, nehm ich dich, Sjomka, mit nach Hause.

SEMJON: Ist mir schon recht.

ZWEITER BAUER: Bist jetzt womöglich verwöhnt. Zum Pflügen hast du keine Lust mehr?

SEMJON: Pflügen? Meinetwegen sofort. Mähen, Pflügen – das hab ich noch in den Armen, das fällt nicht raus.

ERSTER BAUER: Nach dem Stadtleben sozusagen wird dich aber das Dorf nicht grade locken.

SEMJON: Ach was, auch auf dem Dorf kann man leben.

ERSTER BAUER: Der Onkel Mitri hier, der lauert schon auf deine Stelle, hat Verlangen auf das feine Leben.

SEMJON: Na, Onkel Mitri, wirst es bald satt haben. Sieht aus, als wär's leicht, aber es gibt viel Hasten und Rennen. Da schwirrt einem der Kopf.

KÖCHIN: Weißt du, Onkel Mitri, du müßtest mal die Bälle bei denen sehn. Da würdest du staunen!

DRITTER BAUER: Was denn? Essen sie da immerzu?

KÖCHIN: Wo denkst du hin! Das hättest du sehn müssen. Fjodor Iwanytsch hat mich mal mitgenommen. Ich sperr die Augen auf: Die Damen – na, das war ja was! Geputzt, geziert, das glaubst du gar nicht! Und bis hierher nackt, auch die Arme nackt.

DRITTER BAUER: Lieber Gott!

ZWEITER BAUER: Pfui Teufel!

ERSTER BAUER: Naja, die Tamparatur erlaubt's wohl.

KÖCHIN: Jedenfalls, Onkelchen, ich dacht, ich seh nicht recht: alle halb nackend. Ob du's glaubst oder nicht – auch die Alten bei den Damen – wie unsre Gnädige, die immerhin schon Enkel hat – auch die warn so ausgezogen.

DRITTER BAUER: Lieber Gott!

KÖCHIN: Na, und weiter. Wie die Musik losging, da liefen gleich die Herrn, jeder zu seiner, legten den Arm um sie und wirbelten durch den Saal.

ZWEITER BAUER: Auch die alten Weiber?

KÖCHIN: Auch die.

SEMJON: Nein, die bleiben sitzen.

KÖCHIN: Was redst du, ich hab's ja selber gesehn.

SEMJON: Nein doch.

DER ALTE KOCH *schiebt den Kopf hervor, spricht heiser*: Die Polka-Mazurka ist das. Eh, das dumme Weib weiß das nicht! Das wird so getanzt ...

KÖCHIN: Du Tanzkünstler, halt du schön die Klappe. Paß auf, da kommt jemand.

Grigori kommt herein. Der alte Koch versteckt sich schnell.

GRIGORI *zur Köchin*: Gib mal Sauerkraut!

KÖCHIN: Grad bin ich vom Keller rauf, nun soll ich wieder hinunter. Für wen denn?

GRIGORI: Für die Fräulein – 'ne kalte Suppe. Bißchen schnell! Schick den Semjon damit rauf, ich hab keine Zeit.

KÖCHIN: Da stopfen die sich mit süßen Sachen voll, daß nichts mehr runtergeht, und dann kriegen sie Lust auf Saures.

ERSTER BAUER: Also zum Reinigen ist das.

KÖCHIN: Klar, das schafft Platz – drauf geht's von neuem los! *Sie nimmt eine Tasse und geht ab.*

GRIGORI *zu den Bauern*: Sieh mal an, ihr habt euch hier eingenistet. Paßt bloß auf, daß die Gnädige nichts davon erfährt. Die tät euch nicht schlechter als heute früh den Marsch blasen. *Er lacht und geht ab.*

ERSTER BAUER: Sehrwohl-ja, eine Sturm-Attacke war das, wie die auf uns losging!

ZWEITER BAUER: War doch zu sehn, er hat uns helfen wollen, aber wie er gemerkt hat, daß die das Dach vom Haus reißt, hat er die Tür zugeknallt – so: Rutsch mir den Buckel runter.

DRITTER BAUER *winkt ab*: Überall dasselbe. Meine Alte, sagen wir mal, die kriegt auch dann und wann 'nen Rappel – schlimm! Da hau ich einfach ab. Soll sie doch! Könnt sonst sein, sagen wir mal, die geht mit dem Feuerhaken los. Lieber Gott!

Jakow kommt mit einem Rezept hereingerannt.

JAKOW: Sjoma, lauf in die Apotheke, schnell, hol Pulver für die Gnädige!

SEMJON: Er hat mir aber verboten, daß ich weggehe.

JAKOW: Bist ja gleich wieder da. Mit deiner Sache bist du bestimmt erst nach dem Tee dran. Wohl bekomm's euch!

ERSTER BAUER: Willkommen. Wir laden ein.

Semjon geht ab.

JAKOW: Hab eigentlich keine Zeit. Na ja, ein Täßchen zur Gesellschaft.

ERSTER BAUER: War grade die Rede davon, wie eure Gnädige heute arg in Hochmut und Eifer geraten ist.

JAKOW: Ja, aufblasen tut die sich schrecklich! In der Wut weiß sie gar nicht mehr, was sie tut. Manchmal heult sie vor Wut.

ERSTER BAUER: Und was ich sozusagen mal fragen wollte: Sie hatte da die Rede von Makroten. Makroten, Makroten, sagt sie, hätten wir reingeschleppt. Zu was sind die eigentlich, die Makroten?

JAKOW: Ach, ihr meint die Makrowen. Die sagen, das wärn so 'ne Art Käferchen; von denen solln alle Krankheiten kommen. Na, und ihr sollt welche haben. Wie ihr raus wart, da haben sie dort, wo ihr gestanden habt, gescheuert und gescheuert und gespritzt und gespritzt. Es gibt so eine Mixtur, davon gehn die ein, die Käferchen.

ZWEITER BAUER: Wo wärn die denn an uns, die Käferchen?

JAKOW *trinkt Tee*: Es heißt, die sind so winzig, daß man sie nicht mal durchs Vergrößerungsglas sieht.

ZWEITER BAUER: Woher weiß die dann, daß an mir welche sitzen? Vielleicht hat sie von dem Ungeziefer noch mehr als ich.

JAKOW: Geh hin und frag sie!

ZWEITER BAUER: Ich mein, 's ist dummes Zeug.

JAKOW: Klar, dummes Zeug. Aber die Dochtors müssen sich ja was ausdenken – für was solln sie sonst Geld verlangen? Zu uns kommt der Dochtor jeden Tag. Kommt her, redet 'n bißchen – zehn Rubel.

ZWEITER BAUER: Ach!?

JAKOW: Es gibt sogar einen, der kriegt hundert.

ERSTER BAUER: Was denn! Hundert?

JAKOW: Hundert? Du sagst: hundert – tausend nimmt er, wenn

er über Land muß. »Gib tausend Rubel«, sagt er, »und gibst du sie nicht, so krepier!«

DRITTER BAUER: Lieber Gott!

ZWEITER BAUER: Der kennt wohl so 'n Spruch?

JAKOW: Muß er wohl. Ich hab mal bei 'nem General gedient, bißchen außerhalb von Moskau, das war so ein Grimmiger, ein schrecklich Stolzer, der General! Dem ist sein Mädelchen krank geworden. Gleich haben sie nach dem Dochtor geschickt. Tausend Rubel, dann komm ich ... Na, sie wurden handelseinig, er kam. Aber irgendwas machten sie ihm nicht recht. Du lieber Himmel, wie der da auf den General losging! »Ah«, sagt er, »also so achtest du mich, so? Da werd ich halt nicht kurieren!« Der General, der vergaß allen Stolz und scharwenzelte bloß so um ihn rum. »Aber nicht doch, Väterchen«, sagt er, »bleib nur und kurier!«

ERSTER BAUER: Und er kriegte die tausend?

JAKOW: Was sonst?

ZWEITER BAUER: Leicht verdientes Geld. Was könnt ein Bauer damit alles anfangen!

DRITTER BAUER: Und ich sag mir, alles Unsinn. Wie ich damals das schlimme Bein hatte, da ließ ich mich kuriern, kuriern, sagen wir mal – fünf Rubel hab ich verkuriert. Dann ließ ich's bleiben, und das Bein wurde heil.

Der alte Koch auf dem Ofen hustet.

JAKOW: Bist wieder mal da, Bruder!

ERSTER BAUER: Dieser Mann, was wär denn das für einer?

JAKOW: Der war Koch bei unserm Herrn. Jetzt kommt er zur Lukerja.

ERSTER BAUER: Also Küchmeister. Er wohnt wohl hier?

JAKOW: Nein. Hier darf er nicht. Er wohnt bald da, bald dort. Hat er drei Kopeken, geht er ins Nachtasyl; hat er alles versoffen, kommt er hierher.

ZWEITER BAUER: Wie denn das?

JAKOW: Na ja, er ist halt runtergekommen. Und was für ein Mann war das, wie ein Herr! Trug eine goldene Uhr, kriegte vierzig Rubel im Monat. Und jetzt – ohne Lukerja wär er längst verhungert.

Die Köchin kommt mit dem Sauerkraut.

Jakow zu Lukerja: Ich seh grade, Pawel Petrowitsch ist wieder da?

KÖCHIN: Wo soll er sonst hin – draußen erfriern?

DRITTER BAUER: Was der Schnaps anrichtet! Der Schnaps, sagen wir mal ... *Er schnalzt mitleidig mit der Zunge.*

ZWEITER BAUER: Klar. Rafft sich der Mensch auf, ist er härter als Stein; läßt er sich fallen, ist er schlapper als Wasser.

DER ALTE KOCH *steigt vom Ofen herunter; Arme und Beine zittern ihm*: Lukerja! Hör zu, gib mir 'n Gläschen.

KÖCHIN: Von wegen! Dir werd ich was husten – ein Gläschen!

DER ALTE KOCH: Hast du keine Gottesfurcht? Ich sterbe. Brüder, einen Fünfer ...

KÖCHIN: Ich sag dir, zurück auf den Ofen.

DER ALTE KOCH: Köchin! Ein Gläschen, ein hal ... bes. Um Christi willen, hör doch, versteh doch, ich bitt dich um Christi willen!

KÖCHIN: Nichts da! Tee kannst du kriegen.

DER ALTE KOCH: Was ist Tee? Tee? Ein trauriges Gesöff, ein wäßriges. Schnaps möcht ich, bloß einen Schluck ... Lukerja!

DRITTER BAUER: Der Arme, wie er sich quält.

ZWEITER BAUER: Gib ihm doch was.

KÖCHIN *greift in den Schrank und gießt ein Gläschen ein*: Da! Mehr kriegst du nicht.

DER ALTE KOCH *packt das Glas, trinkt zitternd*: Lukerja! Köchin! Ich trink, aber du mußt verstehn ...

KÖCHIN: Laß das Gerede! Steig auf den Ofen, und laß keinen Mucks mehr hören.

Der alte Koch klettert gefügig auf den Ofen und brummt ohne Unterlaß etwas vor sich hin.

ZWEITER BAUER: Da sieht man's – wenn einer absackt!

ERSTER BAUER: Sehrwohl-ja, menschliche Schwäche.

DRITTER BAUER: Was soll einer da sagen.

Der alte Koch legt sich zurecht und brummt immerfort. Die andern schweigen eine Weile.

ZWEITER BAUER: Was ich noch fragen wollte: Bei euch im Haus, da ist eine aus unsrer Gegend – von der Aksinja das Mädchen. Also, wie ist das mit ihr? Hält die sich, hm, anständig?

JAKOW: Ein gutes Mädchen. Die kann man loben.

KÖCHIN: Ich will dir, Onkel, die Wahrheit sagen; ich kenn mich ja in dem Haus hier gut aus. Wenn du die Tatjana für deinen Jungen haben willst, dann nimm sie schnell, eh sie verdorben ist; denn das bleibt sonst nicht aus.

JAKOW: Ja, das stimmt. Wie im vorigen Jahr – da hat hier ein Mädchen gedient, die Natalja. Ein gutes Mädchen war das. Für nichts und wieder nichts ist die zugrunde gegangen, so wie der dort. *Er zeigt auf den Koch.*

KÖCHIN: Von unsereinem, von den Mädchen, da gehn hier soviel zugrunde, haufenweis. Jeden drängt's nach leichter Arbeit und gutem Futter. Und vom guten Futter geht's, eh du dich versiehst, schnell bergab. Ist eine unten, wird sie nicht mehr gebraucht. Raus mit ihr – eine neue, frische her. So war's auch mit der armen Natascha: Wie sie unten war, haben die sie rausgeworfen. Sie hat ein Kind gekriegt, ist krank geworden, und vergangenes Frühjahr ist sie im Spital gestorben. Was für ein Mädchen ist das gewesen!

DRITTER BAUER: Lieber Gott! Die armen Menschen. Die muß man bedauern.

DER ALTE KOCH: Bedauern, das tun die auch, die alten Teufel! *Er läßt die Beine vom Ofen herabbaumeln.* Dreißig Jahre stand ich am Herd, hab mich rösten lassen. Dann brauchten sie mich nicht mehr, und es hieß: Kannst verrecken, wie 'n Hund! So ist das mit dem Bedauern!

ERSTER BAUER: Sehrwohl-ja, kennt man, die Sachlage.

ZWEITER BAUER: Haben sie was von dir, bist du ihr Lockenkopf; haben sie dich ausgequetscht, heißt es: Hau ab, Grindkopf!

DRITTER BAUER: Lieber Gott!

DER ALTE KOCH: Du hast ja keine Ahnung. Was bedeutet Soteh a la bamong? Was bedeutet Bawassari? Was für feine Gerichte hab ich bereitet! Stell dir vor! Der Kaiser hat gegessen, was ich zustandegebracht habe! Und jetzt brauchen mich die Teufel nicht mehr. Aber ich laß mich nicht unterkriegen!

KÖCHIN: Na, na, genug geredet. Ich werd dich gleich ...! Verkriech dich in den Winkel, daß dich keiner sieht. Wenn Fjodor Iwanytsch reinschaut oder sonst jemand, schmeißen sie dich raus und mich dazu.

Schweigen.

JAKOW: Da kennt ihr meine Heimat, Wosnessenskoje?

ZWEITER BAUER: Na, und ob. Das sind von uns vielleicht siebzehn Werst, nicht mehr; der Weg über die Furt ist noch kürzer. Du hast dort Grund und Boden?

JAKOW: Der Bruder hat Grund und Boden, und ich schick ihm Geld. Ich leb nun hier, aber ich sehn mich nach Hause.

ERSTER BAUER: Sehrwohl-ja.

ZWEITER BAUER: Der Anissim ist also dein Bruder?

JAKOW: Freilich, freilich, mein Bruder. Am andern Ende vom Dorf.

ZWEITER BAUER: Klar, der dritte Hof.

Tanja kommt eilig herein.

TANJA: Jakow Iwanytsch! Sie machen sich's hier bequem. Dabei werden Sie gerufen.

JAKOW: Sofort. Was ist los?

TANJA: Die Fiffy bellt, hat Hunger, und die Gnädige schimpft auf Sie. Was für ein Unmensch, sagt sie. Er kennt kein Mitgefühl, sagt sie. Fiffy braucht längst ihr Mittagessen, und er bringt's nicht! *Sie lacht.*

JAKOW *will fort*: Sie ist böse? Wenn's bloß nichts Schlimmes gibt!

KÖCHIN *zu Jakow*: Das Sauerkraut – nehmen Sie's mit.

JAKOW: Gib her, gib her!

Er nimmt das Sauerkraut und geht ab.

ERSTER BAUER: Wer ist das, der jetzt sein Mittagessen braucht?

TANJA: Ach, der Hund. Ihr Hund ... *Sie läßt sich nieder, greift nach der Teekanne.* Ist noch Tee da? Ich hab auch welchen mitgebracht. *Sie schüttet Teeblätter in die Kanne.*

ZWEITER BAUER: Mittagessen für den Hund?

TANJA: Natürlich! Ein Koklettchen kriegt er, ein besonderes, das darf nicht fett sein. Und ich, ich wasch für ihn, für den Hund, die Wäsche.

DRITTER BAUER: Lieber Gott!

TANJA: 's ist wie bei dem Herrn, der seinen Hund begrub.

ZWEITER BAUER: Was war mit dem?

TANJA: Die Geschichte hat mir mal jemand erzählt. Dem ist der Hund gestorben, dem Herrn. Da fuhr er nun im Winter mit der Kutsche los, den Hund zu begraben. Er begrub ihn, machte sich auf den Rückweg, und während sie fuhren, weinte er, der Herr. Ein Frost herrschte, der hatte es in sich; dem Kutscher lief's aus der Nase, er wischte immer mal drüber ... Ich gieß euch ein. *Sie gießt Tee ein.* Also, dem lief's aus der Nase, und er wischte drüber. Das sah der Herr, und er sagte: »Was ist denn, worüber weinst du?« Und darauf der Kutscher: »Wie soll man da nicht weinen, gnädiger Herr – was für ein Hund das war!« *Sie lacht.*

ZWEITER BAUER: Und ich mein, er denkt sich dabei: Wärst du auch selber draufgegangen, ich tät nicht weinen. *Er lacht.*

DER ALTE KOCH *vom Ofen herunter*: Wahrhaftig, das stimmt!

TANJA: Na gut, der Herr kommt nach Hause, sagt gleich zur Gnädigen: »Unser Kutscher ist doch ein guter Kerl – den ganzen Weg hat er geweint, so leid tut's ihm um meinen Drushok. Soll er gleich herkommen.« – »Da«, sagt er dann zum Kutscher, »trink einen Schnaps, und zum Lohn kriegst du einen Rubel.« Unsre ist geradeso, und weil der Jakow mit ihrem Hund kein Mitleid hat, ist sie böse.

Die Bauern lachen.

ERSTER BAUER: Das Ding ist gut!

ZWEITER BAUER: Also!

DRITTER BAUER: Du erzählst aber spaßig, Mädchen!

TANJA *gießt von neuem Tee ein*: Trinkt nur, trinkt! Manchmal denkt man, 's ist doch ein schönes Leben. Ein andermal widert's einen an, daß man ihnen den ganzen Dreck wegräumen muß. Puh! Auf dem Dorf ist es besser.

Die Bauern drehen ihre Tassen um.

Sie gießt ihnen ein: Trinkt, und laßt euch's wohl bekommen, Jefim Antonytsch! Geben Sie die Tasse zum Eingießen, Mitri Wlassjewitsch!

DRITTER BAUER: Na, gieß ein, gieß ein.

ERSTER BAUER: Wie steht's denn, Schlaukopf, um unsre Sach und Angelegenheit?

TANJA: Das geht so ...

ERSTER BAUER: Semjon hat gesagt ...

TANJA *rasch*: Was denn?

ZWEITER BAUER: Da konnt keiner schlau draus werden!

TANJA: Ich kann jetzt nichts drüber sagen, bloß, daß ich mir bestimmt viel Mühe gebe. Euer Papier, das hab ich hier! *Sie zieht das Schriftstück ein wenig unter der Schürze hervor, daß man es sieht.* Wenn er nur gelänge, der eine Streich ... *Sie jauchzt auf.* Wär das wunderbar!

ZWEITER BAUER: Paß auf! Verlier's nicht, das Papier. 's ist auch mit Geld bezahlt.

TANJA: Keine Angst. Bloß unterschreiben soll er?

DRITTER BAUER: Was sonst? Unterschrieben, sagen wir mal, und fertig. *Er dreht die Tasse um.* Genug jetzt.

TANJA *zu sich selbst*: Er unterschreibt, ihr werdet's sehn, er unterschreibt. – Trinkt noch. *Sie gießt ein.*

ERSTER BAUER: Sieh nur zu, daß du's schaffst, das Zustandekommen von dem Landkauf. Von Gemeinde wegen könnten wir dann deine Hochzeit ausrichten. *Er gibt mit einer Gebärde zu verstehen, daß er keinen Tee weiter haben möchte.*

TANJA *gießt den anderen ein und reicht ihnen die Tassen*: Trinkt.

DRITTER BAUER: Mach das nur. Dann verheiraten wir dich, und ich komm zu deiner Hochzeit und werd sogar tanzen, sagen wir mal. Hab ich auch mein Leben lang nie getanzt – dann werd ich's tun!

TANJA *lacht*: Na, das will ich hoffen.

Schweigen.

ZWEITER BAUER *betrachtet Tanja prüfend*: Schön und gut; aber du taugst doch gar nicht für Bauernarbeit.

TANJA: Ich? Ihr denkt wohl, ich hätt keine Kraft? Ihr müßtet mal zuschaun, wenn ich die Gnädige ziehe. Mancher Mann brächt das nicht fertig.

ZWEITER BAUER: Wo ziehst du sie denn hin?

TANJA: Da ist so was wie 'ne Jacke, mit Fischbein drin, die

reicht bis hierher. Auch Schnüre sind dran, und an denen zieht man, grad wie beim Einspannen – in die Hände gespuckt und los!

ZWEITER BAUER: Also einschirrn?

TANJA: Jaja, einschirrn. Bloß daß man sich nicht mit dem Fuß gegen sie stemmen kann. *Sie lacht.*

ZWEITER BAUER: Warum machst du das, das Zusammenschnürn?

TANJA: Na, darum.

ZWEITER BAUER: Sie hat wohl ein Gelübde getan?

TANJA: Nein, wegen der Schönheit.

ERSTER BAUER: Das heißt, sie schnürt ihr den Bauch ein wegen Tallje und Form.

TANJA: Also da zieh ich, daß ihr die Augen aus dem Kopf quellen, und dabei sagt sie: »Fester!« Na, die Hände brennen einem, und ihr sagt, ich hätt keine Kraft.

Die Bauern lachen und schütteln die Köpfe.

Da hab ich mich aber verplaudert. *Sie läuft lachend hinaus.*

DRITTER BAUER: So ein Mädchen. Wie spaßig die erzählt!

ERSTER BAUER: Und so akkurat!

ZWEITER BAUER: Na ja.

Sachatow und Wassili Leonidytsch treten ein. Sachatow hält einen Teelöffel in der Hand.

WASSILI LEONIDYTSCH: Nicht eigentlich ein Mittagessen, sondern ein déjeuner dînatoire. Ganz köstlich, sage ich Ihnen, das Frühstück: Ferkelschinken – ein Genuß! Bei Roulier speist man wirklich ausgezeichnet. Bin eben erst zurückgekommen. *Er sieht die Bauern.* Die Bauern sind wieder hier?

SACHATOW: Jaja, alles sehr schön, aber wir sind hierhergegangen, um einen Gegenstand zu verstecken. Wohin mit ihm?

WASSILI LEONIDYTSCH: Entschuldigung, sofort. *Zur Köchin:* Wo sind denn die Hunde?

KÖCHIN: In der Kutscherstube. In der Leuteküche – das geht doch nicht.

WASSILI LEONIDYTSCH: Ah, in der Kutscherstube? Na, gut.

SACHATOW: Ich warte.

WASSILI LEONIDYTSCH: Entschuldigung, Entschuldigung. Na,

wie? Ah, verstecken? Also, Sergej Iwanowitsch, wissen Sie, was? Stecken wir's einem Bauern, einem von denen da, in die Tasche. Vielleicht dem. Hör mal. Na, wie? Wo ist bei dir die Tasche?

DRITTER BAUER: Zu was brauchst du die Tasche! Könnt jeder kommen. Tasche – in meiner Tasche steckt Geld.

SACHATOW: Dann eben der Beutel?

DRITTER BAUER: Zu was 'n den?

KÖCHIN: Was fällt dir ein! Das ist doch der junge Herr.

WASSILI LEONIDYTSCH *meckert*: Wissen Sie, warum er so erschrocken ist? Ich will es Ihnen sagen – er hat schrecklich viel Geld bei sich. Na, wie?

SACHATOW: Jaja, verstehe. Machen wir's doch so: Plaudern Sie mit ihnen, und ich stecke unterdessen den Löffel heimlich in den Brotsack – so, daß die gar nichts davon wissen, also auch nichts verraten können. Plaudern Sie.

WASSILI LEONIDYTSCH: Sofort, sofort. – Na, wie steht's, Kinder, kauft ihr das Land? Na, wie?

ERSTER BAUER: Wir möchten ja ehrlich gern. Aber die Sach und Angelegenheit kommt nicht in Gang und Fluß.

WASSILI LEONIDYTSCH: Ihr dürft nicht geizen. Land ist etwas Wichtiges. Ich hab euch gesagt: Pfefferminze. Es ginge auch Tabak.

ERSTER BAUER: Sehrwohl-ja. Alle möglichen Produchte kann einer ziehn.

DRITTER BAUER: Und du, Vater, bitt doch dein Väterchen. Wie solln wir denn leben? Klein ist unser Stück Land – auch bloß ein Huhn, sagen wir mal, wo hätt das Platz zum Scharrn?

SACHATOW *hat den Löffel dem dritten Bauern in den Brotsack geschoben*: C'est fait. Fertig. Gehn wir. *Er geht ab.*

WASSILI LEONIDYTSCH: Ihr dürft nicht geizen. Wie? Auf Wiedersehn. *Er geht ab.*

DRITTER BAUER: Ich hab ja immer gemeint: ins Loschies. Gut, ein Silbergroschen, sagen wir mal, wär für jeden draufgegangen. Aber wenigstens hätten wir unsre Ruhe. Hier dagegen – daß sich Gott erbarm. Sagt der doch: Rück das Geld raus. Was soll denn das?

ZWEITER BAUER: Sicher besoffen.

Die Bauern drehen die Tassen um, stehen auf und bekreuzigen sich.

ERSTER BAUER: Hast du aufgepaßt – er hat das so fallenlassen: vom Pfefferminzesäen. Das hat seinen Grund und Sinn.

ZWEITER BAUER: Pfefferminze säen – ausgerechnet. Versuch's doch, mach den Buckel krumm. Hast bald die Nase voll davon. Na, besten Dank! ... Wie steht's denn, gescheites Weib – wo können wir uns hinlegen?

KÖCHIN: Legt euch – der eine auf den Ofen, die andern auf die Bänke.

DRITTER BAUER: Christus sei uns gnädig. *Er betet.*

ERSTER BAUER: Geb's Gott, daß die Sache unter Dach und Fach kommt. *Er legt sich hin.* Morgen nachmittag könnten wir auf der Eisenbahn losfahrn, am Dienstag wärn wir zu Hause.

ZWEITER BAUER: Das Licht, löscht ihr das aus?

KÖCHIN: Woher denn! Kommt doch immer jemand gerannt, will bald dies, bald das. Legt ihr euch nur hin, ich schraub's kleiner.

ZWEITER BAUER: Auf 'nem kleinen Stück Land, wie kommt einer da zurecht? Ich muß nun schon von Weihnachten an Korn dazukaufen. Das Haferstroh ist auch aufgebraucht. Hätt ich nur vier Deßjatinen dazu, könnt ich den Semjon nach Hause holen.

ERSTER BAUER: Du hast Familie; da fehlt's nicht an Händen! Her mit dem Land, wir schaffen's schon. Wäre die Sache doch erst unter Dach und Fach.

DRITTER BAUER: Zur Himmelskönigin sollten wir beten. Mag sein, sie erbarmt sich.

Stille, seufzendes Atmen. Dann hört man Schritte, Stimmengewirr; die Tür wird weit aufgerissen, und rasch drängen ins Zimmer: Großmann mit verbundenen Augen, er hält Sachatow an der Hand; der Professor und der Doktor, die dicke Dame und Leonid Fjodorowitsch, Betsy und Petristschew, Wassili Leonidytsch und Marja Konstantinowna, die gnädige Frau und die Baronin, Fjodor Iwanytsch und Tanja. Ferner sind da die drei Bauern, die Köchin und (unsichtbar) der alte

Koch. Die Bauern springen auf. Großmann geht mit schnellen Schritten, dann bleibt er stehen.

DIE DICKE DAME: Keine Angst, ich passe auf. Ich habe das Aufpassen übernommen und erfülle meine Pflicht peinlich genau. Sergej Iwanytsch, führen Sie ihn auch nicht?

SACHATOW: Aber nein.

DIE DICKE DAME: Sie dürfen nicht führen, sich aber auch nicht widersetzen. *Zu Leonid Fjodorowitsch*: Ich kenne diese Experimente. Habe selbst welche vorgenommen. Durchaus spürte ich die Ausstrahlung, und sobald ich sie spürte ...

LEONID FJODOROWITSCH: Dürfte ich darum bitten, daß Ruhe bewahrt wird.

DIE DICKE DAME: Oh, das verstehe ich vollkommen! Ich habe das an mir selbst erfahren. Kaum daß die Aufmerksamkeit ein wenig nachließ, konnte ich nicht mehr ...

LEONID FJODOROWITSCH: Psch-sch ...

Sie gehen umher, suchen in der Nähe des ersten und des zweiten Bauern, nähern sich dem dritten. – Großmann stößt an eine Bank.

BARONIN: Mais dites-moi, on le paye?

GNÄDIGE FRAU: Je ne saurais vous dire.

BARONIN: Mais c'est un monsieur?

GNÄDIGE FRAU: Oh, oui.

BARONIN: Ça tient du miraculeux. N'est-ce pas? Comment est-ce qu'il trouve?

GNÄDIGE FRAU: Je ne saurais vous dire. Mon mari vous l'expliquera. *Sie bemerkt die Bauern, sieht sich um; ihr Blick fällt auf die Köchin.* Pardon ... Was soll das heißen?

Die Baronin tritt zu den anderen.

Zur Köchin: Wer hat die Bauern hereingelassen?

KÖCHIN: Der Jakow hat sie hergebracht.

GNÄDIGE FRAU: Und auf wessen Geheiß?

KÖCHIN: Weiß ich nicht. Fjodor Iwanytsch hat sie gesehn.

GNÄDIGE FRAU: Leonid!

Leonid Fjodorowitsch hört sie nicht. Er ist in Gedanken beim Suchen und macht: »sch-sch ...«

Fjodor Iwanytsch! Was hat das zu bedeuten? Sie wissen,

doch, ich habe das ganze Vorzimmer desinfiziert, und jetzt haben Sie die ganze Küche der Ansteckung ausgesetzt, Schwarzbrot, Kwaß ...

FJODOR IWANYTSCH: Ich nahm an, hier sei es nicht gefährlich, und die Leute haben doch hier zu tun. Sie haben einen weiten Weg hinter sich und vor sich, und sie kommen aus Ihrem eignen Dorf.

GNÄDIGE FRAU. Das ist es ja gerade, daß sie aus dem Dorf im Kurskischen kommen, wo die Menschen wie die Fliegen an der Diphtheritis sterben. Und vor allem – schließlich habe ich befohlen, daß sie nicht ins Haus dürfen! Hab ich's befohlen oder nicht? *Sie tritt zu der Gruppe, die sich um die Bauern gesammelt hat.* Seien Sie recht vorsichtig! Berühren Sie die Leute nicht! Sie sind alle von Diphtheritis angesteckt!

Keiner hört auf sie. Sie tritt würdevoll zur Seite und bleibt abwartend unbeweglich stehen.

PETRISTSCHEW *zieht hörbar die Luft durch die Nase*: Diphtheritis oder nicht – etwas liegt in der Luft. Merken Sie's?

BETSY: Hören Sie auf mit dem Unsinn! Wowo, in welchem Brotsack?

WASSILI LEONIDYTSCH: In dem, in dem! Er geht drauf zu, tatsächlich.

PETRISTSCHEW: Was ist das nun: Ausstrahlung oder Ausdünstung?

BETSY: Hier sind Ihre Papirossen mal am Platze. Rauchen Sie, rauchen Sie, näher zu mir.

Petristschew beugt sich vor und umhüllt sie mit Rauch.

WASSILI LEONIDYTSCH: Er tastet sich ran, sag ich euch. Na, wie?

GROSSMANN *sucht, unruhig tastend, in der Nähe des dritten Bauern*: Hier, hier. Ich fühle, hier muß es sein.

DIE DICKE DAME: Spüren Sie die Ausstrahlung?

Großmann bückt sich zum Brotsack und holt den Löffel hervor.

ALLE: Bravo!

Allgemeines Entzücken.

WASSILI LEONIDYTSCH: Aha! Da also hat unser Löffel gesteckt! *Zum dritten Bauern*: Solche Sachen machst du?

DRITTER BAUER: Was heißt: solche Sachen? Ich hab deinen Löffel nicht genommen. Was redet der da? Ich hab keinen genommen, nein, nein, nicht im Traum. Der denkt sich was aus! Hab's gleich gemerkt, wie der kam: Der hat nichts Gutes im Sinn. Kommt und sagt: her mit dem Beutel. Ich hab den Löffel nicht genommen, bei Christus, nein.

Die jungen Leute stehen um ihn herum und lachen.

LEONID FJODOROWITSCH *zornig zu seinem Sohn*: Ewig Dummheiten! *Zum dritten Bauern*: Beruhige dich, mein Lieber! Wir wissen ja, du hast den Löffel nicht genommen. Es war ein Experiment.

GROSSMANN *nimmt die Augenbinde ab und tut, als komme er erst richtig zu sich*: Erlauben Sie ... dürfte ich etwas Wasser haben.

Alle sind eifrig um ihn bemüht.

WASSILI LEONIDYTSCH: Gehn wir doch gleich mal in die Kutscherstube. Ich werd euch zeigen, was ich für einen Rüden dort habe. Épatant! Na, wie?

BETSY: Schon das Wort – wie häßlich. Kann man denn nicht sagen: Hund?

WASSILI LEONIDYTSCH: Geht nicht. Ich kann doch auch von dir nicht sagen: Was ist Betsy für ein épatanter Mensch. Da muß man Mädchen sagen. So ist's auch hier. Na, wie? Marja Konstantinowna, stimmt es? Gut? *Er meckert.*

MARJA KONSTANTINOWNA: Also gehn wir.

Marja Konstantinowna, Betsy, Petristschew und Wassili Leonidytsch gehen ab.

DIE DICKE DAME *zu Großmann*: Nun, wie steht's? Fühlen Sie sich besser?

Großmann gibt keine Antwort.

Zu Sachatow: Haben Sie, Sergej Iwanowitsch, die Ausstrahlung gespürt?

SACHATOW: Nichts habe ich gespürt. Ja, wunderbar, wunderbar. Völlig gelungen.

BARONIN: Admirable! Ça ne le fait pas souffrir?

LEONID FJODOROWITSCH: Pas le moins du monde.

PROFESSOR *zu Großmann*: Darf ich Sie bitten. *Er gibt ihm das Thermometer.* Bei Beginn des Experiments hatten Sie 37,2.

Zum Doktor: Stimmt doch? Seien Sie so gut, fühlen Sie den Puls. Verausgabung von Energie ist unvermeidbar.

DOKTOR *zu Großmann*: Nun, denn, mein Herr, erlauben Sie – Ihren Puls. Werden wir mal zählen. *Er zieht die Uhr hervor und nimmt Großmanns Hand.*

DIE DICKE DAME *zu Großmann*: Erlauben Sie. Den Zustand, in dem Sie sich eben befanden, kann man doch gewiß nicht Schlaf nennen?

GROSSMANN *müde*: Es ist eben Hypnose.

SACHATOW: Das hat man demnach so zu verstehen, daß Sie sich selbst hypnotisiert haben?

GROSSMANN: Warum nicht? Hypnose muß nicht immer nur durch Assoziationen, beispielsweise unter den Tönen des Tamtams, erzeugt werden, wie bei Charcot; sie ist auch möglich durch das bloße Eintreten in die hypnogene Zone.

SACHATOW: Zugegeben. Dennoch wäre es wünschenswert, daß man genauer bestimmte, was Hypnose ist.

PROFESSOR: Als Hypnose bezeichnet man die Erscheinung, daß eine Energie in eine andere verwandelt wird.

GROSSMANN: Charcot definiert es anders.

SACHATOW: Erlauben Sie, erlauben Sie. Es ist eben Ihre Definition; doch Liébeault hat mir selbst gesagt ...

DOKTOR *läßt, nachdem er den Puls gezählt hat, Großmanns Hand los*: Gut, gut, jetzt nur noch die Temperatur.

DIE DICKE DAME *mischt sich ein*: Nein, erlauben Sie! Ich stimme Alexej Wladimirowitsch zu. Ich sage Ihnen etwas, das ist besser als jeder andere Beweis. Als ich nach meiner Krankheit dalag, meiner Sinne nicht mächtig, da überkam mich der starke Drang zu sprechen. Ich bin sonst eine durchaus schweigsame Natur, doch nun drängte es mich zu sprechen, zu sprechen, und man sagte mir, ich hätte so gesprochen, daß alle sich wunderten. *Zu Sachatow*: Übrigens, ich glaube, ich habe Sie unterbrochen?

SACHATOW *würdevoll*: Ich bitte Sie, keineswegs.

DOKTOR: Puls 82. Die Temperatur ist um drei Zehntel gestiegen.

PROFESSOR: Nun, da haben Sie den Beweis! So mußte es auch

sein. *Er zieht sein Notizbuch hervor und schreibt auf.* Also 82? Und 37,5? Sobald die Hypnose hervorgerufen ist, verstärkt sich auf jeden Fall die Herztätigkeit.

DOKTOR: Als Arzt kann ich bezeugen, daß sich Ihre Vorhersage voll bestätigt hat.

PROFESSOR *zu Sachatow*: Also, Sie meinten ...

SACHATOW: Ich wollte sagen, Liébeault hat selber mir gegenüber davon gesprochen, daß Hypnose nichts als ein besonderer psychischer Zustand sei, der die Beeinflußbarkeit erhöht.

PROFESSOR: So ist es. Die Hauptsache bleibt freilich das Gesetz der Äquivalenz.

GROSSMANN: Außerdem ist Liébeault keineswegs eine Autorität; Charcot dagegen hat die Sache allseitig erforscht und bewiesen, daß Hypnose, die durch einen Schlag, ein Trauma hervorgerufen wird ...

Alle zugleich.

SACHATOW: Ich wende mich durchaus nicht gegen die Arbeiten von Charcot. Ich kenne ihn auch; ich gebe nur wieder, was mir Liébeault gesagt hat.

GROSSMANN *sich ereifernd*: In der Salpêtrière liegen dreitausend Kranke, und ich habe den ganzen Lehrgang absolviert.

PROFESSOR: Erlauben Sie, meine Herren, nicht darauf kommt es an.

DIE DICKE DAME *mischt sich ein*: Ich will es Ihnen in zwei Worten verdeutlichen. Als mein Mann krank war, wußte keiner der Ärzte mehr ...

LEONID FJODOROWITSCH: Gehen wir doch lieber hinauf. Frau Baronin, bitte!

Sie wenden sich zum Gehen, miteinander sprechend und sich gegenseitig unterbrechend.

GNÄDIGE FRAU *hält Leonid Fjodorowitsch am Ärmel zurück*: Wie oft habe ich Sie gebeten, im Hause nicht selbstherrlich zu verfügen! Sie wissen von nichts als Ihren Dummheiten, und die Sorge ums Haus liegt auf mir. Ihretwegen werden alle angesteckt.

LEONID FJODOROWITSCH: Wer denn? Was? Ich verstehe kein Wort.

GNÄDIGE FRAU: Wie? Diphtheritiskranke übernachten in der Küche, wo ständig Leute ein und aus gehen.

LEONID FJODOROWITSCH: Aber ich ...

GNÄDIGE FRAU: Was – ich?

LEONID FJODOROWITSCH: Ich weiß doch gar nichts.

GNÄDIGE FRAU: Sie müssen es wissen, schließlich sind Sie Familienvater. So geht das nicht.

LEONID FJODOROWITSCH: Ich dachte doch nicht ... Ich dachte ...

GNÄDIGE FRAU: Ihnen zuzuhören bereitet Pein!

Leonid Fjodorowitsch schweigt.

Zu Fjodor Iwanytsch: Hinaus mit denen da! Daß die sich in meiner Küche nicht mehr blicken lassen! Das ist ja furchtbar. Keiner gehorcht mir, alles aus Bosheit ... Ich jag sie vorn hinaus, hinten werden sie wieder hereingelassen. *Sie regt sich immer mehr auf und heult schließlich.* Alles aus Bosheit! Alles aus Bosheit! Bei meinem Leiden ... Doktor! Doktor! Pjotr Petrowitsch! ... Auch er ist fort! *Sie schluchzt auf und geht ab; nach ihr geht auch Leonid Fjodorowitsch.*

Die Bauern, Tanja, Fjodor Iwanytsch und die Köchin stehen lange schweigend, wie ein lebendes Bild.

DRITTER BAUER: Gott, ach Gott, so eine Geschichte! Da holt dich noch, eh du dich versiehst, die Polizei. Mein Lebtag hatt ich mit Gericht und Polizei nichts zu tun. Gehn wir ins Loschies, Brüder!

FJODOR IWANYTSCH *zu Tanja*: Was nun?

TANJA: Halb so schlimm, Fjodor Iwanytsch. Wir stecken sie in die Kutscherstube.

FJODOR IWANYTSCH: Wie denn, in die Kutscherstube? Der Kutscher hat sich doch grade beschwert, weil sie da die Hunde hineingesteckt haben.

TANJA: Na, dann zum Hausknecht.

FJODOR IWANYTSCH: Und wenn sie's erfahren?

TANJA: Nichts werden sie erfahren. Seien Sie ohne Sorge, Fjodor Iwanytsch. Wir können sie doch nicht mitten in der Nacht hinausjagen. Die finden sich jetzt gar nicht zurecht.

FJODOR IWANYTSCH: Na, tu, was du für richtig hältst. Hauptsache, sie bleiben nicht hier. *Er geht ab.*

Die Bauern greifen nach ihren Brotsäcken.

DER ALTE KOCH: Da sieht man's – die verdammten Teufel! Denen geht's zu wohl! Die Teufel!

KÖCHIN: Halt du die Klappe. Sei froh, daß sie dich nicht gesehn haben.

TANJA: Also gehn wir, Onkelchen, in die Hausknechtsstube.

ERSTER BAUER: Und was wird nun mit unserer Sache? Ich meine, beispielshalber, die Unterschrift, die mit der eignen Hand. Können wir da Hoffnung haben?

TANJA: In einer Stunde, da werden wir alles wissen.

ZWEITER BAUER: Wirst du's rausschinden?

TANJA *lacht*: So Gott will.

Vorhang

DRITTER AKT

Am Abend desselben Tages; in dem kleinen Salon, wo bei Leonid Fjodorowitsch immer die Experimente stattfinden.

LEONID FJODOROWITSCH: Wie meinen Sie, riskieren wir die Séance mit unserem neuen Medium?

PROFESSOR: Unbedingt. Es handelt sich ohne Zweifel um ein starkes Medium. Es kommt vor allem darauf an, daß wir die mediumistische Séance gleich stattfinden lassen, und zwar mit denselben Personen. Großmann muß jedenfalls auf den Einfluß der mediumistischen Energie reagieren, und so werden der Zusammenhang und die Einheit der Erscheinungen noch augenfälliger. Sie werden sehen: Wenn das Medium weiter so stark ist, wie es vorhin war, wird Großmann vibrieren.

LEONID FJODOROWITSCH: Dann werde ich also nach Semjon schicken und die Interessenten hierher bitten.

PROFESSOR: Ganz recht, ich mache mir nur noch ein paar Notizen. *Er zieht das Notizbuch hervor und schreibt etwas hinein.*

Sachatow tritt auf.

SACHATOW: Bei Anna Pawlowna hat man sich zum Kartenspiel niedergelassen, und da ich überzählig bin ... und mich außerdem für die Séance interessiere, komme ich nun zu Ihnen. Wie steht es, wird die Séance stattfinden?

LEONID FJODOROWITSCH: Sie findet statt, auf jeden Fall!

SACHATOW: Also auch ohne die mediumistische Kraft des Herrn Kapčić?

LEONID FJODOROWITSCH: Vous avez la main heureuse. Stellen Sie sich vor, jener Bauernbursche, von dem ich Ihnen gegenüber sprach, hat sich unbezweifelbar als Medium erwiesen.

SACHATOW: Oh! Das ist ja höchst interessant.

LEONID FJODOROWITSCH: Jaja. Wir haben heute nachmittag mit ihm ein kleines Vor-Experiment angestellt.

SACHATOW: Mit völlig überzeugendem Erfolg?

LEONID FJODOROWITSCH: Völlig überzeugend. Ein Medium von erstaunlicher Kraft.

SACHATOW *argwöhnisch*: Soso.

LEONID FJODOROWITSCH: Es erwies sich, daß man das in der Leuteküche schon längst bemerkt hatte. Er setzt sich zu Tisch, und der Löffel springt ihm von selbst in die Hand. *Zum Professor*: Haben Sie so etwas schon gehört?

PROFESSOR: Nein, das eigentlich noch nicht.

SACHATOW *zum Professor*: Immerhin lassen Sie die Möglichkeit solcher Erscheinungen gelten?

PROFESSOR: Welcher Erscheinungen?

SACHATOW: Nun, überhaupt spiritistischer, mediumistischer, eben übernatürlicher Erscheinungen.

PROFESSOR: Es kommt darauf an, was wir als übernatürlich bezeichnen. Wenn ein Stein, nicht ein lebendiger Mensch, einen Nagel zu sich heranholte – wie mußte das früher den Beobachtern erscheinen: als natürlich oder als übernatürlich?

SACHATOW: Gewiß. Doch Erscheinungen wie die Anziehungskraft eines Magneten wiederholen sich immerfort.

PROFESSOR: Genauso verhält es sich hier. Die Erscheinung wiederholt sich, und wir machen sie zum Gegenstand unserer Forschung. Mehr noch, die Erscheinungen, die wir erforschen, dienen uns zur Aufstellung und Bestätigung von Gesetzen, die dann auch für andere Erscheinungen gelten. Dergleichen Erscheinungen stellen sich doch nur deshalb als übernatürlich dar, weil man sie als vom Medium selbst verursacht betrachtet. Das aber trifft nicht zu. Die Erscheinungen werden nicht vom Medium hervorgebracht, sondern von einer geistigen Energie vermittels des Mediums. Das aber ist etwas ganz anderes. Es erklärt sich eben alles aus dem Gesetz der Äquivalenz.

SACHATOW: Gewiß, aber ...

Tanja kommt herein und stellt sich hinter eine Portiere.

LEONID FJODOROWITSCH: Ich muß darauf hinweisen, daß sich mit dem heutigen Medium ebensowenig wie mit Hume und mit Kapčić sichere Vorhersagen machen lassen. Vielleicht haben wir keinen Erfolg, vielleicht gelingt aber auch eine vollkommene Materialisation.

SACHATOW: Sogar eine Materialisation? Welcher Art könnte denn die Materialisation sein?

LEONID FJODOROWITSCH: Nun, es könnte ein Verstorbener erscheinen, etwa Ihr Vater, Ihr Großvater, könnte Sie bei der Hand nehmen, Ihnen etwas geben, oder jemand erhebt sich plötzlich in die Luft, wie es das letzte Mal mit Alexej Wladimirowitsch geschah.

PROFESSOR: Natürlich, natürlich. Die Hauptsache aber bleibt die Deutung der Erscheinungen im Sinne allgemeingültiger Gesetze.

Die dicke Dame tritt auf.

DIE DICKE DAME: Anna Pawlowna hat mir erlaubt, zu Ihnen zu gehen.

LEONID FJODOROWITSCH: Sehr angenehm.

DIE DICKE DAME: Ich sage Ihnen – wie müde Großmann ist! Er konnte nicht einmal die Tasse halten. Haben Sie bemerkt, wie bleich er wurde – *zum Professor*: – in dem Augenblick, da er sich dem Gegenstand näherte? Ich bemerkte es sofort und machte gleich Anna Pawlowna darauf aufmerksam.

PROFESSOR: Ohne Zweifel der Verlust an Lebensenergie.

DIE DICKE DAME: Ich sage ja immer, mit so etwas darf man keinen Mißbrauch treiben. Da wurde doch einer mir gut bekannten Dame, Werotschka Konschina – Sie kennen Sie ja – von einem Hypnotiseur suggeriert, sie solle das Rauchen lassen; darauf bekam sie Rückenschmerzen.

PROFESSOR *setzt an zu längeren Ausführungen*: Die Messung von Temperatur und Puls zeigt augenfällig ...

DIE DICKE DAME: Einen Augenblick noch, erlauben Sie. Ich sage ihr: Lieber rauchen als die Nerven so strapazieren. Versteht sich, Rauchen ist schädlich; auch ich würde mir's gern abgewöhnen – aber nichts zu machen, ich kann es nicht. Einmal habe ich zwei Wochen lang nicht geraucht, dann hielt ich's nicht mehr aus.

PROFESSOR *setzt wieder an zu sprechen*: Zeigt augenfällig ...

DIE DICKE DAME: Nein, erlauben Sie! Nur noch zwei Worte. Sie sprechen von einem Verlust an Kräften? Ich wollte eben auch sagen: Als ich einmal mit der Post reiste ... Die Eisenbahnen waren damals furchtbar; Sie erinnern sich nicht mehr daran, aber ich bleibe dabei, Sie mögen sagen, was Sie wollen: Unsere Nervosität kommt ganz und gar von den Eisenbahnen. Ich beispielsweise, ich kann unterwegs nicht schlafen – schlagen Sie mich tot, aber ich schlafe nicht.

PROFESSOR *setzt abermals an, doch die dicke Dame läßt ihn nicht zu Wort kommen*: Der Verlust an Kräften ...

SACHATOW *lächelnd*: Jaja.

Leonid Fjodorowitsch läutet.

DIE DICKE DAME: Auch wenn ich eine, wenn ich zwei, wenn ich drei Nächte kein Auge zutue – ich schlafe doch nicht ein.

Grigori tritt auf.

LEONID FJODOROWITSCH: Sagen Sie bitte Fjodor, er soll alles für die Séance vorbereiten, und schicken Sie Semjon her, den Büfettburschen. Den Semjon, hören Sie?

GRIGORI: Zu Befehl! *Er geht ab.*

PROFESSOR *zu Sachatow*: Die Messungen von Temperatur und Puls haben einen Verlust von Lebensenergie angezeigt. Ein solcher Verlust wird auch bei mediumistischen Erscheinungen eintreten. Das Gesetz von der Erhaltung der Energie ...

DIE DICKE DAME: Jaja, ich wollte nur noch sagen, ich bin sehr froh, daß sich ein einfacher Bauernbursche als Medium erwiesen hat. Das ist wunderbar. Ich habe immer gesagt, die Slawophilen ...

LEONID FJODOROWITSCH: Gehen wir doch inzwischen in den großen Salon.

DIE DICKE DAME: Erlauben Sie – nur noch zwei Worte ... Die Slawophilen haben recht; aber ich habe immer zu meinem Mann gesagt, man darf nichts übertreiben. Den goldnen Mittelweg, wissen Sie. Denn wie könnte man behaupten, beim einfachen Volk sei alles gut, wenn ich doch selbst gesehen habe ...

LEONID FJODOROWITSCH: Wenn ich bitten dürfte ... doch in den großen Salon.

DIE DICKE DAME: Ein kleiner Junge noch und trinkt schon. Ich zankte ihn gleich tüchtig aus. Er war mir später dankbar. Sie sind Kinder, und Kinder, das sag ich immer, brauchen Liebe und Strenge.

Alle gehen plaudernd ab. Tanja tritt hinter der Portiere hervor.

TANJA: Ach, wenn das nur gelänge! *Sie befestigt an manchen Stellen im Zimmer Fäden.*

Betsy kommt eilig herein.

BETSY: Ist Papa nicht hier? *Sie betrachtet erstaunt Tanja.* Was tust du da?

TANJA: Bloß so, Lisaweta Leonidowna, bin eben reingekommen und wollte ... so reingekommen ... *Sie wird sehr verlegen.*

BETSY: Hier findet doch gleich die Séance statt? *Sie bemerkt, daß Tanja die Fäden abnimmt, mustert sie aufmerksam und bricht plötzlich in fröhliches Lachen aus.* Tanja! Also du machst das alles? Streit es nicht ab. Auch voriges Mal warst du's? Also du, du?

TANJA: Lisaweta Leonidowna! Beste!

BETSY *begeistert*: Ist ja herrlich! Das hatte ich nicht erwartet! Warum hast du's denn getan?

TANJA: Liebstes, bestes Fräulein, verraten Sie mich nicht!

BETSY: Aber nein, um keinen Preis. Ich freue mich riesig! Wie stellst du das an?

TANJA: Na, so. Ich versteck mich, und dann, wenn sie die Lichter löschen, kriech ich hervor und mach's.

BETSY *zeigt auf die Fäden*: Und wozu das? Ach, schon gut, ich verstehe, du ziehst an ihnen ...

TANJA: Lisaweta Leonidowna, Beste, ich gesteh's nur Ihnen. Bis jetzt war's nichts als Spaß; aber heute will ich damit was erreichen.

BETSY: Was denn? Wie denn?

TANJA: Na, Sie haben doch gesehn, da sind Bauern gekommen, die wollen Land kaufen, und der Herr Papa verkaufen es nicht, haben das Papier nicht unterschrieben, sondern so zurückgegeben. Fjodor Iwanytsch sagt: Die Geister haben's ihm verwehrt. Da kam ich halt auf den Gedanken.

BETSY: Was bist du doch für ein schlaues Mädchen! Mach nur weiter, schon recht. Und wie willst du's anstellen?

TANJA: Ich hab mir's so gedacht: Wenn sie das Licht auslöschen, fang ich gleich an zu klopfen, zu werfen, mit dem Faden über ihre Köpfe zu streichen, und zum Schluß werf ich das Papier über den Landkauf – ich hab's bei mir – auf den Tisch.

BETSY: Und weiter?

TANJA: Weiter? Sie werden sich wundern. Erst hatten die Bauern das Papier, und plötzlich ist es hier. Und da befehl ich ...

BETSY: Heute ist doch Semjon das Medium!

TANJA: Da befehl ich ihm ... *Sie kann vor Lachen nicht weitersprechen.* Ich befehl, daß er jeden würgt, der ihm unter die Hände kommt. Nur nicht den Herrn Papa – das würd er nicht fertigkriegen –; aber alle andern soll er würgen, bis unterschrieben ist.

BETSY *lacht*: So macht man's aber nicht. Das Medium selbst tut gar nichts.

TANJA: Dann eben nicht. Wird auch so gelingen.

Fjodor Iwanytsch kommt herein. Betsy macht Tanja Zeichen und geht ab.

FJODOR IWANYTSCH *zu Tanja*: Was tust du hier?

TANJA: Ich wollt zu Ihnen, Fjodor Iwanytsch, Väterchen!

FJODOR IWANYTSCH: Weshalb denn?

TANJA: Na, wegen meiner Sache – ich hatte Sie doch drum gebeten.

FJODOR IWANYTSCH *lachend*: Den Hochzeitswerber hab ich gespielt – wir haben's abgemacht, mit Handschlag. Bloß nicht begossen.

TANJA *jauchzt auf*: Wahrhaftig?

FJODOR IWANYTSCH: Wenn ich dir's sage. Er meinte: Ich werd's mit der Alten bereden, und dann mit Gott.

TANJA: So hat er gesagt? *Sie jauchzt auf.* Ach, liebster, bester Fjodor Iwanytsch, mein Leben lang werd ich für Sie beten.

FJODOR IWANYTSCH: Na, schon gut, schon gut. Jetzt hab ich keine Zeit. Ich muß das Zimmer für die Séance vorbereiten.

TANJA: Ich helf Ihnen. Was ist zu tun?

FJODOR IWANYTSCH: Was? Na, der Tisch kommt in die Mitte, die Stühle drum herum, dann die Gitarre, die Harmonika. Die Lampe wird nicht gebraucht – nur Kerzen.

TANJA *richtet mit Fjodor Iwanytsch alles her*: So? Hierher die Gitarre, hierher das Tintenfaß ... *Legt die Dinge hin.* So?

FJODOR IWANYTSCH: Werden sie nun wirlich den Semjon hersetzen?

TANJA: Bestimmt. Haben's ja schon probiert.

FJODOR IWANYTSCH: Da muß ich mich wundern! *Er setzt das Pincenez auf.* Ist er denn sauber?

TANJA: Wie soll ich das wissen!

FJODOR IWANYTSCH: Hör mal zu.

TANJA: Was, Fjodor Iwanytsch?

FJODOR IWANYTSCH: Geh, nimm Nagelbürste und Seife – hol das meinetwegen bei mir ... Und schneid ihm die Krallen und wasch ihm die Hände ganz sauber.

TANJA: Das tut er auch selber.

FJODOR IWANYTSCH: Dann sag's wenigstens. Und er soll frische Wäsche anziehen.

TANJA: Gut, Fjodor Iwanytsch. *Sie geht ab.*

Fjodor Iwanytsch, allein geblieben, setzt sich in einen Sessel.

FJODOR IWANYTSCH: Gelehrt sind sie, wer weiß wie gelehrt, etwa der Alexej Wladimirowitsch; Professor ist er, und manchmal hat man doch seine Zweifel. Was es an grobem Aberglauben so beim Volk gibt, den Glauben an Hausgeister, Zauberer und Hexen, das treibt man aus. Wenn man sich's aber recht überlegt, ist dies da gerade solcher Aberglauben. Kann das denn sein, daß die Geister von Verstorbenen reden und Gitarre spielen? Entweder es hält sie einer zum Narren, oder sie narren sich selbst. Und das mit Semjon, das ist überhaupt nicht zu begreifen. *Er betrachtet ein großes illustriertes Buch.* Da ist nun ihr spiritistisches Buch mit Bildern. Ist das denn möglich, daß man von einem Geist eine Photographie macht? Hier etwa – da sieht man einen Türken neben Leonid Fjodorowitsch sitzen. Seltsam, was für Schwächen die Menschen haben!

Leonid Fjodorowitsch tritt ein.

LEONID FJODOROWITSCH: Nun, alles bereit?

FJODOR IWANYTSCH *steht ohne Hast auf*: Alles bereit. *Er lächelt.* Ich weiß nur nicht, ob Ihr neues Medium Sie nicht etwa kompromittiert, Leonid Fjodorowitsch.

LEONID FJODOROWITSCH: Nein, Alexej Wladimirowitsch und ich, wir haben ihn geprüft. Ein erstaunlich starkes Medium!

FJODOR IWANYTSCH: Darüber kann ich nicht urteilen. Bloß, ist er auch sauber? Sie haben nicht bedacht, daß ihm befohlen werden sollte, sich die Hände zu waschen. Es könnte doch peinlich werden.

LEONID FJODOROWITSCH: Die Hände? Ach ja. Du meinst, sie seien nicht sauber?

FJODOR IWANYTSCH: Nun ja, ein Bauernbursche. Und hier sind dann Damen – auch Marja Wassiljewna.

LEONID FJODOROWITSCH: Na, sehr schön.

FJODOR IWANYTSCH: Und noch etwas wollte ich Ihnen melden: Timofej, der Kutscher, hat sich beschwert, er kann bei sich keine Sauberkeit halten wegen der Hunde.

LEONID FJODOROWITSCH *verrückt die Gegenstände auf dem Tisch geistesabwesend*: Was für Hunde?

FJODOR IWANYTSCH: Für Wassili Leonidytsch sind doch heute drei Windhunde gebracht worden; man hat sie in die Kutscherstube gesteckt.

LEONID FJODOROWITSCH *ärgerlich*: Sag Anna Pawlowna Bescheid – sie soll das Nötige veranlassen. Ich habe keine Zeit.

FJODOR IWANYTSCH: Sie kennen aber doch ihre Vorliebe ...

LEONID FJODOROWITSCH: Was sie will, das tut sie eben. Und er – von ihm habe ich nichts als Unannehmlichkeiten ... Jetzt fehlt mir auch die Zeit.

Semjon tritt lächelnd ein, er trägt eine lange Weste.

SEMJON: Sie haben mich rufen lassen?

LEONID FJODOROWITSCH: Jaja. Zeig mal die Hände. Nun, sehr schön, sehr schön. Also, mein Freund, tu jetzt dasselbe wie vorhin – setz dich und überlaß dich deinem Gefühl. Zu denken brauchst du gar nichts.

SEMJON: Wozu auch. Je mehr man denkt, desto schlimmer.

LEONID FJODOROWITSCH: Ganz recht. Je weniger bewußt, desto stärker. Denk nicht, überlaß dich der Stimmung! Möchtest du schlafen, so schlaf; möchtest du auf und ab gehn, so tu's. Verstehst du?

SEMJON: Versteh ich. Warum nicht? Gehört ja nicht viel Schlauheit dazu.

LEONID FJODOROWITSCH: Die Hauptsache: Laß dich nicht verwirren. Sonst könntest du dich selber wundern. Du mußt dir sagen: So wie wir leben, so lebt auch die unsichtbare Welt der Geister.

FJODOR IWANYTSCH *verdeutlichend*: Unsichtbare Wesen, verstehst du?

SEMJON *lacht*: Natürlich, warum nicht? So wie Sie's gesagt haben – ist ja ganz einfach.

LEONID FJODOROWITSCH: Es kann sein, du erhebst dich in die Luft, oder es geschieht irgend etwas anderes mit dir. Aber hab keine Angst.

SEMJON: Warum Angst? Meinetwegen, mir macht's nichts aus.

LEONID FJODOROWITSCH: Dann gehe ich also und lade alle hierher ein. Ist alles bereit?

FJODOR IWANYTSCH: Ich glaube, ja.

LEONID FJODOROWITSCH: Und die Schiefertafeln?

FJODOR IWANYTSCH: Sind unten, ich hole sie gleich.

Er geht ab.

LEONID FJODOROWITSCH: Nun, also gut. Laß dich nur nicht verwirren, und gib dich ganz ungezwungen.

SEMJON: Ich würd ganz gern die Weste ausziehn – wär dann ungezwungener.

LEONID FJODOROWITSCH: Die Weste? Nein, nein, besser nicht.

Er geht ab.

SEMJON: Hat sie mich wieder geheißen, ich soll das machen, und sie wird wieder schmeißen. Daß sie keine Angst hat?

Tanja kommt ohne Schuhe herein, in einem Kleid von gleicher Farbe wie die Tapete.

Semjon lacht laut.

TANJA *beschwichtigt ihn*: Sch-sch ...! Das hörn die doch! Jetzt die Schwefelhölzer ankleben, so wie vorhin. *Sie hilft ihm dabei.* Hast du auch nichts vergessen?

SEMJON *zählt an den Fingern auf*: Zu allererst die Schwefelhölzer feucht machen. Rumfuchteln – das ist das eine. Mit den Zähnen knirschen – das ist das nächste. Und das dritte, das hab ich vergessen.

TANJA: Aufs dritte kommt's vor allem an. Merk dir: Sowie das Papier auf den Tisch fällt – ich läute noch dazu –, mußt du gleich mit den Armen so machen ... Weit auseinander und zupacken. Wer neben dir sitzt, den mußt du packen. Hast du ihn gepackt, dann drück. *Sie lacht auf.* Ob's ein Herr ist oder eine Dame – nur zu, drück, immer drück und laß nicht lokker. Tu, als machtest du's im Schlaf. Knirsch mit den Zähnen oder brüll wie ein Löwe, so ... *Sie brüllt nach Löwenart.* Und wenn ich auf der Gitarre spiele, mußt du tun, als wachtest du allmählich auf, mußt dich recken, weißt du, so, und die Augen aufmachen. Merkst du dir alles?

SEMJON: Ich merk mir alles. 's ist bloß arg zum Lachen.

TANJA: Daß du ja nicht lachst! Na ja, ein bißchen lachen, das wär auch kein Unglück. Sie denken dann, du tust's im Schlaf. Bloß – wirklich einschlafen darfst du nicht, wenn sie das Licht auslöschen.

SEMJON: Ach was, ich werd mich halt selber in die Ohren zwicken.

TANJA: Also, mach deine Sache gut, Sjomotschka, Liebster. Hab nur keine Angst. Er unterschreibt das Papier. Du wirst es sehn. Sie kommen. *Sie kriecht unters Sofa.*

Es treten ein: Großmann, der Professor, Leonid Fjodorowitsch, die dicke Dame, der Doktor, Sachatow, die gnädige Frau. Semjon steht an der Tür.

LEONID FJODOROWITSCH: Bitte sehr, ich bitte einzutreten – alle, die nicht glauben wollen! Ungeachtet dessen, daß wir ein neues, zufällig gefundenes Medium haben, erwarte ich heute höchst bemerkenswerte Bekundungen.

SACHATOW: Sehr, sehr interessant.

DIE DICKE DAME *auf Semjon weisend*: Mais il est très bien.

GNÄDIGE FRAU: Als Büfettbursche, ja. Doch im übrigen ...

SACHATOW: Gattinnen glauben nie an das, was ihre Männer tun. Sie lehnen es ganz und gar ab?

GNÄDIGE FRAU: Natürlich nicht. Kapčić mag wohl so etwas Besonderes haben, doch was an dem da ist, weiß der Himmel!

DIE DICKE DAME: Nein, erlauben Sie, Anna Pawlowna, so darf man nicht urteilen. Als ich noch unverheiratet war, hatte ich einmal einen sonderbaren Traum. Es gibt solche Träume, wissen Sie, man weiß nicht, wann sie anfangen, nicht, wann sie enden. Also gerade so einen Traum hatte ich ...

Wassili Leonidytsch und Petristschew treten ein.

Und manches wurde mir durch diesen Traum enthüllt. Die jungen Leute heutzutage – *sie zeigt auf Petristschew und Wassili Leonidytsch* – verneinen alles.

WASSILI LEONIDYTSCH: Nicht doch. Ich kann Ihnen sagen, ich habe noch niemals zu etwas nein gesagt. Na, wie?

Betsy und Marja Konstantinowna treten ein; sie beginnen mit Petristschew zu plaudern.

DIE DICKE DAME: Wie kann man das Übernatürliche verneinen? Es heißt, es widerspreche dem Verstand. Der Verstand kann aber dumm sein, und was dann? Da gab es doch auf der Sadowaja – Sie haben es gehört? – jeden Abend Erscheinungen. Der Bruder meines Mannes – wie heißt das doch ... gewiß, beau-frère, aber ich meine, auf russisch. Diese russischen Verwandtschaftsbezeichnungen kann ich mir einfach nicht merken. Also, drei Nächte nacheinander fuhr er hin und sah trotzdem nichts. Darum sage ich eben ...

LEONID FJODOROWITSCH: Wer also wird hierbleiben?

DIE DICKE DAME: Ich, ich!

SACHATOW: Ich!

GNÄDIGE FRAU *zum Doktor*: Bleiben Sie etwa auch?

DOKTOR: Ja. Man möchte doch wenigstens einmal sehen, was Alexej Wladimirowitsch daran findet. Ohne Beweise ablehnen, das kann man doch auch nicht.

GNÄDIGE FRAU: Also auf jeden Fall heute abend einnehmen?

DOKTOR: Wieso einnehmen? Ach ja, das Pulver. Ja, bitte, nehmen Sie's. Jaja, nehmen Sie's. Ich komme auch noch zu Ihnen.

GNÄDIGE FRAU: Ja, bitte. *Laut*: Wenn es zu Ende ist, Messieurs et Mesdames, bitte ich Sie zu mir – zum Ausruhen von den Aufregungen; außerdem müssen wir die Partie zu Ende spielen.

DIE DICKE DAME: Unbedingt.

SACHATOW: Jaja!

Die gnädige Frau geht ab.

BETSY *zu Petristschew*: Ich sage Ihnen, bleiben Sie. Ich verspreche Ihnen außerordentliche Dinge. Wetten?

MARJA KONSTANTINOWNA: Glauben Sie etwa daran?

BETSY: Heute ja.

MARJA KONSTANTINOWNA *zu Petristschew*: Und Sie, glauben Sie daran.

PETRISTSCHEW: O nein, ich mißtraue der tückischen Lockung. Allerdings, wenn Jelisaweta Leonidowna befiehlt ...

WASSILI LEONIDYTSCH: Bleiben wir, Marja Konstantinowna. Na, wie? Ich werde etwas loslassen – épatant.

MARJA KONSTANTINOWNA: Nein, ja keine Scherze. Ich kann mir dann das Lachen nicht verbeißen.

WASSILI LEONIDYTSCH *laut*: Ich bleibe!

LEONID FJODOROWITSCH *streng*: Ich bitte freilich die zum Bleiben Entschlossenen, keine unpassenden Scherze zu treiben. Es ist eine ernste Angelegenheit.

PETRISTSCHEW: Hörst du? Also bleiben wir. Wowo, setz dich hierher, sei aufmerksam und unverzagt.

BETSY: Jetzt lacht ihr, aber ihr werdet gleich sehen, was kommt.

WASSILI LEONIDYTSCH: Wie, was denn eigentlich? Ganz große Nummer? Na, wie?

PETRISTSCHEW *tut so, als schlotterte er*: Oh, ich hab Angst, hab Angst. Marja Konstantinowna, ich hab Angst! Mir bittern die Zeine ... äh, zittern die Beine.

BETSY *lacht*: Ruhe!

Alle setzen sich.

LEONID FJODOROWITSCH: Nehmen Sie Platz, nehmen Sie Platz. Setz dich, Semjon!

SEMJON: Zu Befehl. *Er setzt sich auf die Stuhlkante.*

LEONID FJODOROWITSCH: Setz dich ganz bequem.

PROFESSOR: Setzen Sie sich richtig, auf die Mitte des Stuhls, ganz ungezwungen. *Er setzt Semjon zurecht.*

Betsy, Marja Konstantinowna und Wassili Leonidytsch lachen laut.

LEONID FJODOROWITSCH *die Stimme erhebend*: Ich bitte die Hierbleibenden, keine Scherze zu treiben und sich seriös zu verhalten. Es könnten sonst üble Folgen eintreten. Wowo, hörst du? Wenn du nicht still sitzen kannst, so geh.

WASSILI LEONIDYTSCH: Still, jawohl. *Er versteckt sich hinter der dicken Dame.*

LEONID FJODOROWITSCH: Alexej Wladimirowitsch, schläfern Sie ihn ein.

PROFESSOR: Nein, wozu ich, wenn doch Anton Borissowitsch hier ist? Er hat in dieser Beziehung sowohl bedeutend mehr praktische Erfahrung als auch Kraft ... Anton Borissowitsch!

GROSSMANN: Meine Herrschaften! Ich bin, strenggenommen, kein Spiritist. Ich habe nur die Hypnose studiert. Studiert habe ich die Hypnose freilich in allen bekannten Erscheinungsformen. Indessen, was Spiritismus genannt wird, ist mir völlig ungeläufig. Vom Einschläfern eines Subjekts kann ich die mir vertrauten Erscheinungen der Hypnose erwarten: Lethargie, Abulie, Anästhesie, Analgesie, Katalepsie und mancherlei andere Beeinflussungen. Hier aber sollen nicht diese, sondern andere Erscheinungen erforscht werden; darum würde ich recht gern erfahren, welcherart die zu erwartenden Erscheinungen sind und welche wissenschaftliche Bedeutung sie haben.

SACHATOW: Ich schließe mich Herrn Großmanns Meinung voll und ganz an. Eine solche Erläuterung wäre höchst interessant.

LEONID FJODOROWITSCH *zum Professor*: Ich nehme an, Alexej Wladimirowitsch, Sie werden die Freundlichkeit haben, uns die Dinge in Kürze zu erläutern.

PROFESSOR: Gewiß, das kann ich tun, wenn es gewünscht wird. *Zum Doktor*: Und Sie messen bitte Temperatur und Puls. Meine Erläuterungen werden notwendigerweise oberflächlich und kurz sein.

LEONID FJODOROWITSCH: Ja, kurz, ganz kurz.

DOKTOR: Sofort. *Er holt das Thermometer hervor und gibt es Semjon.* Also, mein Wackerer! *Er zeigt ihm, wie das Thermometer zu handhaben ist.*

SEMJON: Zu Befehl.

PROFESSOR *steht auf, wendet sich der dicken Dame zu und setzt sich dann wieder*: Meine Herrschaften! Die Erscheinung, die wir erforschen, stellt sich gewöhnlich zum ersten als etwas Neues, zum zweiten als etwas dar, was in mehrfacher Hinsicht über die natürlichen Bedingungen hinausgeht. Beide Annahmen sind nicht gerechtfertigt. Die Erscheinung ist nicht neu, sondern alt wie die Welt, und sie ist nicht übernatürlich, sondern unterliegt denselben ewigen Gesetzen, denen alles Bestehende unterliegt. Die Erscheinung wurde gewöhnlich definiert als Verkehr mit der Geisterwelt. Diese Definition ist ungenau. Nach ihr bestünde ein Gegensatz zwischen der Geisterwelt und der materiellen Welt. Das aber ist unrichtig. Es gibt keinen Gegensatz. Beide Welten berühren sich so eng, daß eine Demarkationslinie, welche die eine Welt von der anderen trennte, einfach nicht gezogen werden kann. Wir sagen gewöhnlich, die Materie setze sich aus Molekülen zusammen …

PETRISTSCHEW: Eine langweilige Materie!

Geflüster, Gelächter.

PROFESSOR *hält einen Augenblick inne und fährt dann fort:* Die Moleküle bestehen aus Atomen; die Atome wiederum sind, da sie keine Ausdehnung haben, im Grunde nichts anderes als Punkte, wo sich Kräfte manifestieren. Das heißt, strenggenommen, nicht Kräfte, sondern Energie, eben die Energie, die genauso ein Ganzes und Unzerstörbares ist wie die Materie. Es gibt also nur eine Materie, freilich in verschiedenen Erscheinungsformen, und genauso verhält es sich mit der Energie. Bis in die jüngste Zeit waren uns nur vier Erscheinungsformen der Energie bekannt – Formen, die sich ineinander verwandeln. Uns sind bekannt: die dynamische, die thermische, die elektrische und die chemische Energie. Aber die vier Formen der Energie erschöpfen bei weitem nicht die Vielfalt ihrer Offenbarungen. Die Formen der Energie-Offenbarung sind mannigfaltig, und eine der neuen, noch wenig bekannten Energieformen wird eben von uns untersucht. Ich spreche von der Energie des Mediumismus.

Wieder Geflüster und Gelächter in der Ecke, wo die jungen Leute sitzen.

Der Professor hält inne, schaut sich streng um und fährt fort: Die mediumistische Energie ist der Menschheit längst bekannt; Prophezeiungen, Ahnungen, Gesichte und ähnliches – in all dem haben wir nichts anderes zu sehen als Offenbarungen mediumistischer Energie. Die Erscheinungen, die von ihr hervorgebracht werden, sind längst bekannt. Die Energie selbst jedoch wurde als solche bis in die jüngste Vergangenheit nicht anerkannt, solange nicht, wie das Mittel noch nicht anerkannt war, dessen Schwingungen eben die mediumistischen Erscheinungen hervorbringen. Und ebenso, wie die Erscheinungen des Lichtes unerklärt blieben, solange man noch nicht das Vorhandensein eines unwägbaren Stoffes, des Äthers, gelten ließ, sah man in den mediumistischen Erscheinungen solange etwas Geheimnisvolles, wie die heute unbezweifelbare Wahrheit noch nicht anerkannt war, daß in den Räumen zwischen den Teilchen des Äthers sich ein weiterer Stoff befindet, der noch feiner ist als der Äther, ebenso unwägbar, und der nicht dem Gesetz von den drei Dimensionen unterliegt ...

Wieder Geflüster, Gelächter und Gekicher.

Er schaut sich abermals streng um. Ebenso wie mathematische Berechnungen unwiderleglich die Existenz des unwägbaren Äthers, der die Erscheinungen des Lichts und der Elektrizität hervorruft, bestätigt haben, hat eine ganze Reihe exakter Versuche, wie sie von dem genialen Hermann Schmidt und von Josef Schmatzofen angestellt worden sind, glänzend und unbezweifelbar die Existenz jenes Stoffes bestätigt, der das Weltall erfüllt und als geistiger Äther bezeichnet werden kann.

DIE DICKE DAME: Ja, jetzt verstehe ich. Wie dankbar ich Ihnen bin!

LEONID FJODOROWITSCH: Ja, aber, Alexej Wladimirowitsch, wäre es vielleicht möglich, ein wenig ... zu kürzen.

PROFESSOR *geht nicht darauf ein*: So haben uns denn eine Reihe streng wissenschaftlicher Experimente und Forschungen, wie ich Ihnen darzulegen die Ehre hatte, die Gesetze enthüllt, denen die mediumistischen Erscheinungen unterliegen. Diese Experimente haben uns deutlich gezeigt, daß, wenn bestimmte Personen in Hypnose versinken, einen Zustand also, der sich vom gewöhnlichen Schlaf nur dadurch unterscheidet, daß beim Übergang in diese Art Schlaf die physiologische Aktivität sich nicht nur nicht verringert, sondern immer erhöht, wie wir es ja eben gesehen haben – also, es hat sich gezeigt, daß, wenn ein beliebiges Subjekt in diesen Zustand versinkt, dies unausweichlich gewisse Perturbationen im geistigen Äther nach sich zieht – Perturbationen, die ganz jenen gleichen, die entstehen, wenn ein fester Körper in eine Flüssigkeit eintaucht. Diese Perturbationen sind es, was wir mediumistische Erscheinungen nennen.

Gelächter, Geflüster.

SACHATOW: Das ist vollkommen richtig und verständlich, doch erlauben Sie die Frage: Wenn, wie Sie eben darzulegen die Freundlichkeit hatten, das Versinken des Mediums in Schlaf Perturbationen des geistigen Äthers hervorruft, warum äußern sich dann diese Perturbationen immer – in spiritistischen Séancen geht man ja gewöhnlich eben davon aus – auf die Weise, daß sich die Seelen verstorbener Personen kundtun?

PROFESSOR: Deshalb, weil die Teilchen dieses geistigen Äthers nichts anderes sind als die Seelen der Lebenden, der Verstorbenen und der noch nicht Geborenen, so daß jede Erschütterung dieses geistigen Äthers unvermeidbar eine gewisse Bewegung seiner Teilchen hervorruft. Diese Teilchen sind nichts anderes als die Seelen der Menschen, die durch solche Bewegung miteinander in Verkehr treten.

DIE DICKE DAME *zu Sachatow*: Wieso soll man das nicht begreifen? Es ist doch ganz einfach ... Ich bin Ihnen sehr, sehr dankbar!

LEONID FJODOROWITSCH: Ich glaube, jetzt ist alles klar, und wir können anfangen.

DOKTOR: Der Junge zeigt ganz normale Werte: Temperatur 37,2; Puls 74.

PROFESSOR *zieht sein Notizbuch hervor und notiert*: Zur Bestätigung dessen, was ich Ihnen darzulegen die Ehre hatte, mag der Umstand dienen, daß das Eintauchen des Mediums in den Zustand des Schlafs unausweichlich, wie wir gleich sehen werden, die Erhöhung der Temperatur und die Beschleunigung des Pulses mit sich bringt, genauso wie bei der Hypnose.

LEONID FJODOROWITSCH: Jaja, Entschuldigung, ich möchte nur noch etwas zu Sergej Iwanytschs Frage bemerken. Woher wissen wir, daß die Seelen Verstorbener mit uns in Verkehr treten? Nun, wir erkennen es daran, daß der Geist, der erscheint, unmittelbar zu uns spricht – einfach so, wie ich spreche. Er sagt uns, wer er ist, warum er erscheint, wo er ist und ob es ihm gut geht. In der letzten Séance war es der Spanier Don Castillo; auch er hat uns alles erzählt. Er hat uns erzählt, wer er ist, wann er gestorben ist und daß es ihm schlimm ergeht, weil er an der Inquisition teilgenommen hat. Darüber hinaus machte er uns Mitteilung von dem, was mit ihm just zu der Zeit geschah, da er mit uns sprach, nämlich:

Just zu der Zeit, da er mit uns sprach, sollte er neu geboren werden, auf die Erde zurückkehren, und darum konnte er das mit uns begonnene Gespräch nicht zu Ende führen. Nun, Sie werden selbst sehen ...

DIE DICKE DAME *unterbricht ihn*: Ach, wie interessant! Vielleicht ist der Spanier bei uns im Haus geboren worden und jetzt ein kleines Kind.

LEONID FJODOROWITSCH: Durchaus möglich.

PROFESSOR: Ich meine, es ist Zeit anzufangen.

LEONID FJODOROWITSCH: Ich wollte nur sagen ...

PROFESSOR: Schon zu spät.

LEONID FJODOROWITSCH: Nun gut. So können wir denn beginnen. Bitte, Anton Borissowitsch, schläfern Sie das Medium ein.

GROSSMANN: Wie wünschen Sie, daß ich das Subjekt einschläfere? Es sind viele Methoden gebräuchlich. Da ist das Braidsche Verfahren, da ist das ägyptische Symbol, da ist das Charcotsche Verfahren.

LEONID FJODOROWITSCH *zum Professor*: Es dürfte ganz gleichgültig sein.

PROFESSOR: Ganz gleich.

GROSSMANN: So wende ich mein eigenes Verfahren an, das ich in Odessa demonstriert habe.

LEONID FJODOROWITSCH: Bitte!

Großmann schwenkt über Semjon die Arme. Semjon schließt die Augen und streckt sich.

GROSSMANN *blickt genau hin*: Er schlummert ein, ist eingeschlafen. Ein erstaunlich rascher Eintritt der Hypnose. Offensichtlich befindet sich das Subjekt bereits im anästhetischen Zustand. Ein bemerkenswert, ein ungewöhnlich aufnahmebereites Subjekt; mit ihm könnte man interessante Experimente anstellen! *Er setzt sich, steht auf, setzt sich von neuem.* Jetzt könnte man ihm die Hände durchbohren. Wenn Sie wünschen ...

PROFESSOR *zu Leonid Fjodorowitsch*: Bemerken Sie, wie der Schlaf des Mediums auf Großmann wirkt? Er beginnt zu vibrieren.

LEONID FJODOROWITSCH: Jaja. Können wir jetzt das Licht löschen?

SACHATOW: Aber warum muß Dunkelheit herrschen?

PROFESSOR: Dunkelheit? Weil die Dunkelheit eine der Bedingungen ist, unter denen sich mediumistische Energie offenbart, so wie eine bestimmte Temperatur die Bedingung für gewisse Offenbarungen der chemischen oder der dynamischen Energie darstellt.

LEONID FJODOROWITSCH: Nicht einmal immer. Viele, ebenso ich, hatten Erscheinungen auch bei Kerzenlicht, sogar bei Sonnenlicht.

PROFESSOR *unterbricht ihn*: Können wir auslöschen?

LEONID FJODOROWITSCH: Jaja. *Er löscht die Kerzen.* Meine Herrschaften! Jetzt bitte ich um Aufmerksamkeit.

Tanja kriecht unterm Sofa hervor und nimmt einen Faden auf, der an einem Wandleuchter befestigt ist.

PETRISTSCHEW: Nein, mir hat der Spanier gefallen. Wie er so mitten im Gespräch, kopfüber ... so was nennt man: piquer une tête.

BETSY: Nein, wartet doch. Paßt auf, was jetzt kommt!

PETRISTSCHEW: Ich habe nur Angst, Wowo könnte losquieken wie ein Ferkel.

WASSILI LEONIDYTSCH: Soll ich? Ich tu's.

LEONID FJODOROWITSCH: Meine Herrschaften! Ich bitte, nicht zu sprechen. Bitte ...

Stille. Semjon beleckt einen Finger, bestreicht mit ihm die Fingerspitzen der anderen Hand und fuchtelt mit dem Arm.

Da ist Licht! Sehen Sie das?

SACHATOW: Licht! Jaja, ich sehe; aber erlauben Sie ...

DIE DICKE DAME: Wo, wo? Ich seh's noch nicht; Ah, jetzt. Da! Ah!

PROFESSOR *zu Leonid Fjodorowitsch, flüsternd, auf Großmann zeigend, der sich bewegt*: Beachten Sie, wie er vibriert. Verdoppelte Kraft.

Wieder zeigt sich das Licht.

LEONID FJODOROWITSCH *zum Professor*: Das ist ja er.

SACHATOW: Wer – er?

LEONID FJODOROWITSCH: Der Grieche Nikolai. Sein Licht. Nicht wahr, Alexej Wladimirowitsch?

SACHATOW: Was ist das, der Grieche Nikolai?

PROFESSOR: Ein Grieche, der zur Zeit Konstantins in Konstantinopel Mönch war; er hat uns in der letzten Zeit öfter besucht.

DIE DICKE DAME: Wo ist er? Wo ist er? Ich sehe ihn nicht.

LEONID FJODOROWITSCH: Man kann ihn noch nicht sehen. Alexej Wladimirowitsch, er war immer besonders Ihnen zugetan. Fragen Sie ihn.

PROFESSOR *mit besonderer Stimme*: Nikolai! Bist du das?

Tanja klopft zweimal an die Wand.

LEONID FJODOROWITSCH *freudig*: Er ist es!

DIE DICKE DAME: Oh, oh! Ich gehe.

SACHATOW: Woraus schließen Sie, daß er es ist?

LEONID FJODOROWITSCH: Es wurde zweimal geklopft. Das ist das bejahende Zeichen. Sonst wäre es still geblieben.

Schweigen. Unterdrücktes Gelächter in der Ecke der jungen Leute. Tanja wirft einen Lampenschirm, einen Bleistift und einen Tintenwischer auf den Tisch.

Leonid Fjodorowitsch im Flüsterton: Beachten Sie, meine Herrschaften, hier kommt ein Lampenschirm. Noch etwas. Ein Bleistift! Alexej Wladimirowitsch, ein Bleistift.

PROFESSOR: Gut, gut. Ich beobachte ihn und auch Großmann. Haben Sie bemerkt?

Großmann steht auf und besieht die Gegenstände, die auf den Tisch gefallen sind.

SACHATOW: Erlauben Sie, erlauben Sie. Ich würde gerne nachsehen, ob nicht das Medium selbst dies alles tut.

LEONID FJODOROWITSCH: Wenn Sie meinen. Setzen Sie sich neben ihn, halten Sie seine Hände fest. Doch seien Sie überzeugt, er schläft.

SACHATOW *will zu Semjon treten, berührt mit dem Kopf einen Faden, den Tanja tiefer hält, und zieht erschrocken den Kopf ein*: Ja ... ah ...! Seltsam, seltsam. *Er tritt zu Semjon, greift nach dessen Ellbogen.*

Semjon stößt eine Art Löwengebrüll aus.

PROFESSOR *zu Leonid Fjodorowitsch*: Hören Sie, wie Großmanns Gegenwart wirkt? Eine neue Erscheinung, das muß ich mir notieren. *Er läuft hinaus, um Notizen zu machen, und kehrt danach zurück.*

LEONID FJODOROWITSCH: Ja ... Aber wir dürfen doch Nikolai nicht ohne Antwort lassen, wir müssen anfangen ...

GROSSMANN *steht auf, tritt zu Semjon, hebt dessen Arm und läßt ihn wieder sinken*: Jetzt wäre es interessant, eine Kontraktur vorzunehmen. Das Subjekt befindet sich in tiefer Hypnose.

PROFESSOR *zu Leonid Fjodorowitsch*: Sehen Sie, sehen Sie?

GROSSMANN: Wenn Sie wünschen ...

DOKTOR: Aber erlauben Sie, Verehrtester, lassen Sie doch Alexej Wladimirowitsch bestimmen, was geschieht; schließlich tun sich ernste Dinge.

PROFESSOR: Lassen Sie ihn. Er spricht schon im Schlaf.

DIE DICKE DAME: Jetzt bin ich aber froh, daß ich mich doch zum Hierbleiben entschlossen habe. Es ist gruselig, und trotzdem bin ich froh; ich habe ja auch meinem Mann immer gesagt ...

LEONID FJODOROWITSCH: Ich bitte, eine Weile Schweigen zu wahren.

Tanja führt einen Faden über den Kopf der dicken Dame.

DIE DICKE DAME: Oooh!

LEONID FJODOROWITSCH: Was ist? Was ist?

DIE DICKE DAME: Er hat mich an den Haaren gefaßt.

LEONID FJODOROWITSCH *im Flüsterton*: Haben Sie keine Angst, es macht nichts. Geben Sie ihm die Hand. Die Hand ist gewöhnlich kalt, aber ich habe das gern.

DIE DICKE DAME *versteckt die Hand*: Um keinen Preis.

SACHATOW: Ja, seltsam, seltsam!

LEONID FJODOROWITSCH: Er ist hier und sucht Gesellschaft. Wer möchte ihn etwas fragen?

SACHATOW: Wenn Sie erlauben – ich werde fragen.

PROFESSOR: Seien Sie so freundlich.

SACHATOW: Glaube ich daran oder nicht?

Tanja klopft zweimal.

PROFESSOR: Bejahende Antwort.

SACHATOW: Erlauben Sie – noch eine Frage. Habe ich in der Tasche einen Zehnrubelschein?

Tanja klopft viele Male und führt den Faden über Sachatows Kopf.

Ah! *Er greift nach dem Faden und reißt ihn ab.*

PROFESSOR: Ich bitte die Anwesenden, keine unbestimmten oder scherzhaften Fragen zu stellen. Er mag das nicht.

SACHATOW: Nein, erlauben Sie, ich habe einen Faden in der Hand.

LEONID FJODOROWITSCH: Einen Faden? Halten Sie ihn fest. Das kommt oft vor – nicht nur ein Faden, sondern Seidenschnüre, aus sehr alter Zeit.

SACHATOW: Ja, aber woher kommt denn der Faden?

Tanja wirft ein Kissen nach ihm.

Erlauben Sie, erlauben Sie! Etwas Weiches hat mich an den Kopf getroffen. Erlauben Sie, es sollte Licht angezündet werden; da ist etwas ...

PROFESSOR: Wir bitten Sie, die Manifestationen nicht zu stören.

DIE DICKE DAME: Um Gottes willen, stören Sie nicht! Auch ich möchte etwas fragen. Darf ich?

LEONID FJODOROWITSCH: Gewiß, Sie dürfen. Fragen Sie.

DIE DICKE DAME: Ich möchte etwas hinsichtlich meines Magens fragen. Darf ich? Ich möchte fragen, was ich einnehmen soll: Aconitum oder Belladonna?

Schweigen, Geflüster in der Ecke, wo die jungen Leute sitzen. Plötzlich quäkt Wassili Leonidytsch wie ein Säugling: »Uah! Uah!« Gelächter. Die Mädchen und Petristschew halten sich Nase und Mund zu, prusten und laufen davon.

Ach, nun ist es geschehen – auch der Mönch ist neu geboren worden!

LEONID FJODOROWITSCH *wütend, in zornigem Flüsterton*: Von dir kommen doch nur Dummheiten! Wenn du dich nicht anständig aufführen kannst, so geh hinaus.

Wassili Leonidytsch geht ab.

DIE DICKE DAME: Ach, wie schade! Jetzt kann ich ihn nicht mehr fragen. Er ist geboren.

LEONID FJODOROWITSCH: Keineswegs. Das sind Wowos Dummheiten. Er ist noch hier. Fragen Sie nur.

PROFESSOR: Das kommt oft vor: solche Witzeleien, solcher Spott – es ist eine ganz gewöhnliche Erscheinung. Ich nehme an, er ist noch hier. Übrigens können wir ihn fragen. Leonid Fjodorowitsch, Sie?

LEONID FJODOROWITSCH: Nein, bitte Sie. Ich bin ganz außer mir. Wie unangenehm! So eine Taktlosigkeit!

PROFESSOR: Gut, gut! ... Nikolai, bist du noch hier?

Tanja klopft zweimal und läutet dazu. Semjon fängt an zu brüllen und mit den Armen zu fuchteln. Er packt Sachatow und den Professor und würgt sie.

Welch unerwartete Manifestation! Wirkung auf das Medium selbst. Das hat es noch nicht gegeben. Leonid Fjodorowitsch beobachten Sie. Mir fällt es schwer. Er würgt mich. Und schauen Sie nach, was Großmann tut. Jetzt ist volle Aufmerksamkeit vonnöten.

Tanja wirft das Schriftstück der Bauern auf den Tisch

LEONID FJODOROWITSCH: Etwas ist auf den Tisch gefallen.

PROFESSOR: Schauen Sie nach, was es ist.

LEONID FJODOROWITSCH: Papier! Ein gefalteter Bogen.

Tanja wirft ein Reisetintenfaß daneben.

Ein Tintenfaß!

Tanja wirft eine Feder.

Eine Feder!

Semjon brüllt und würgt.

PROFESSOR *kriegt kaum noch Luft*: Erlauben Sie, erlauben Sie, eine völlig neue Erscheinung: Nicht die freigesetzte mediumistische Energie agiert, sondern das Medium selbst. Aber so öffnen Sie doch das Tintenfaß, legen Sie die Feder aufs Papier – er wird schreiben, wird schreiben.

Tanja schleicht sich von hinten an Leonid Fjodorowitsch heran und schlägt ihm mit der Gitarre auf den Kopf.

LEONID FJODOROWITSCH: Er hat mich auf den Kopf geschlagen! *Er blickt auf den Tisch.* Die Feder schreibt noch nicht, das Papier ist zusammengefaltet.

PROFESSOR: Sehen Sie nach, was es für ein Papier ist, tun Sie's schnell. Offensichtlich ruft verdoppelte Kraft – die des Mediums und die Großmanns – Perturbationen hervor.

LEONID FJODOROWITSCH *läuft mit dem Papier hinaus und kehrt gleich zurück*: Sonderbar! Dieses Papier ist ein Vertrag mit Bauern – ich habe mich heute morgen geweigert, das Schriftstück zu unterschreiben und es den Bauern zurückgegeben. Wahrscheinlich will er, daß ich es unterschreibe.

PROFESSOR: Ganz gewiß! Ganz gewiß! Fragen Sie doch.

LEONID FJODOROWITSCH: Nikolai! Willst du ...

Tanja klopft zweimal.

PROFESSOR: Hören Sie? Es liegt auf der Hand, liegt auf der Hand!

Leonid Fjodorowitsch nimmt die Feder und geht hinaus. Tanja klopft, spielt auf der Gitarre, auf der Harmonika und kriecht wieder unters Sofa. Leonid Fjodorowitsch kehrt zurück. Semjon reckt sich und räuspert sich.

LEONID FJODOROWITSCH: Er wacht auf. Wir können die Kerzen anzünden.

PROFESSOR *in Eile*: Doktor, Doktor, bitte, die Temperatur und den Puls. Sie werden sehen, es liegt eine Erhöhung vor.

LEONID FJODOROWITSCH *zündet die Kerzen an*: Was sagen Sie nun, meine ungläubigen Herrschaften?

DOKTOR *tritt zu Semjon und gibt ihm das Thermometer*: Na, mein Wackerer! Ein bißchen geschlafen? Na, steck das mal rein und gib die Hand. *Er blickt auf die Uhr.*

SACHATOW *zuckt mit den Schultern*: Ich kann versichern, daß das Medium nicht all das hat vollbringen können, was geschehen ist. Aber der Faden? Ich hätte gern eine Erklärung für den Faden.

LEONID FJODOROWITSCH: Der Faden, der Faden! Es gab hier ernsthaftere Erscheinungen.

SACHATOW: Ich weiß nicht. Auf jeden Fall – je réserve mon opinion.

DIE DICKE DAME *zu Sachatow*: Nein, wie können Sie nur sagen: Je réserve mon opinion. Und das kleine Kind mit den Flügelchen? Haben Sie das nicht gesehen? Ich glaubte erst, es sei

Täuschung; aber dann sah ich's deutlich, ganz deutlich, wie lebendig.

SACHATOW: Ich kann nur von dem sprechen, was ich gesehen habe. Und das habe ich nicht gesehen, nein.

DIE DICKE DAME: Ich bitte Sie! Ganz deutlich war es zu sehen. Und links von ihm stand ein Mönch in schwarzer Kutte, und er beugte sich zu ihm herab.

SACHATOW *geht von ihr weg*: Welche Übertreibung!

DIE DICKE DAME *wendet sich an den Doktor*: Sie müssen es gesehen haben. Da, wo Sie saßen, schwebte es empor.

Der Doktor hört nicht auf sie; er zählt weiter den Puls.

Zu Großmann: Und Licht, Licht ging von ihm aus, besonders um das Gesichtchen herum. Und der Ausdruck – so etwas Sanftes, Liebliches, etwas wahrhaft Himmlisches! *Sie lächelt selber lieblich.*

GROSSMANN: Ich habe Phosphoreszenz bemerkt, Gegenstände haben ihren Platz gewechselt, doch weiter habe ich nichts gesehen.

DIE DICKE DAME: Nun hören Sie aber auf! Was Sie nur reden. Das kommt davon, daß Sie, die Gelehrten aus der Schule Charcots, nicht an das Leben nach dem Tode glauben. Mir aber wird jetzt niemand mehr, niemand auf der ganzen Welt, den Glauben an ein künftiges Leben nehmen.

Großmann geht von ihr weg.

Nein, nein, was Sie auch sagen mögen, dies ist einer der glücklichsten Augenblicke meines Lebens. Als Sarasate spielte, und dies ... Ja.

Keiner hört auf sie.

Sie tritt zu Semjon. Nun, sag du mir, du, mein Freund, was hast du gefühlt? Hat es dich arg mitgenommen?

SEMJON *lacht*: Jawohl.

DIE DICKE DAME: War es trotzdem zum Aushalten?

SEMJON: Jawohl. *Zu Leonid Fjodorowitsch*: Darf ich gehn?

LEONID FJODOROWITSCH: Gut, geh.

DOKTOR *zum Professor*: Der Puls ist wie vorher, aber die Temperatur ist gesunken.

PROFESSOR: Gesunken? *Er denkt nach; plötzlich hat er es ge-*

funden. So muß es ja auch sein – die Temperatur mußte sinken! Die doppelte Energie mußte, indem sie sich kreuzte, etwas wie Interferenz hervorbringen. Jaja.

Alle durcheinander, im Weggehen.

LEONID FJODOROWITSCH: Eines tut mir freilich leid: daß es keine volle Materialisation gab. Aber trotzdem ... meine Herrschaften, ich bitte ... in den großen Salon.

DIE DICKE DAME: Ganz besonders hat mich beeindruckt, wie es die Flügelchen bewegte; man konnte sehen, wie es emporschwebt.

GROSSMANN *zu Sachatow*: Hielte man sich einzig an die Hypnose, so könnte man volle Epilepsie hervorrufen. Es könnte einen durchschlagenden Erfolg geben.

SACHATOW: Interessant, aber nicht durchaus überzeugend! Das ist alles, was ich sagen kann.

Leonid Fjodorowitsch sitzt mit dem Schriftstück da. Fjodor Iwanytsch tritt ein.

LEONID FJODOROWITSCH: Nun, Fjodor, eine Séance war das – ganz erstaunlich! Es hat sich herausgestellt, daß ich nun doch den Bauern das Land zu ihren Bedingungen ablassen muß.

FJODOR IWANYTSCH: Aha!

LEONID FJODOROWITSCH: So ist das. *Er zeigt auf das Schriftstück.* Stell dir vor, das Schriftstück, das ich ihnen zurückgab, lag plötzlich auf dem Tisch. Ich habe unterschrieben.

FJODOR IWANYTSCH: Wie ist es denn hierhergeraten?

LEONID FJODOROWITSCH: Es war eben da. *Er geht ab, gefolgt von Fjodor Iwanytsch.*

Tanja kriecht unter dem Sofa hervor und lacht.

TANJA: Liebe, liebe Leute! Hab ich einen Schreck gekriegt, wie der den Faden schnappte. *Sie jauchzt auf.* Aber gelungen ist es trotzdem – er hat unterschrieben!

Grigori kommt herein.

GRIGORI: Also du, du hast sie zum Narren gehalten?

TANJA: Was geht Sie das an?

GRIGORI: Du meinst wohl, die Gnädige wird dich dafür streicheln? Da irrst du dich aber gewaltig. Jetzt sitzt du in der

Falle. Von deinen Streichen werd ich erzählen, wenn du nicht tust, was ich will.

TANJA: Ich tu nicht, was Sie wollen, und nichts können Sie mir anhaben.

Vorhang

VIERTER AKT

Die Bühne zeigt die Dekoration des ersten Aktes. Die beiden Wagenlakaien, livriert, Fjodor Iwanytsch und Grigori befinden sich auf der Bühne.

ERSTER WAGENLAKAI *mit grauem Backenbart*: Ihr seid heute schon die dritten, wo wir hinfahren. Ein Glück noch – die heut Empfangstag haben, wohnen alle im selben Viertel. Bei euch war's doch früher der Donnerstag.

FJODOR IWANYTSCH: Ist dann auf den Sonnabend verlegt worden, damit es wie bei den anderen ist: bei den Golowkins, bei den Grade von Grabbe ...

ZWEITER WAGENLAKAI: Bei den Stscherbakows, da ist's schön – wenn die Ball haben, wird auch den Lakaien aufgetischt.

Von oben kommen die Fürstin und die Prinzessin. Betsy geleitet sie. Die Fürstin schaut in ihr Büchlein, dann auf die Uhr und setzt sich auf die Sitztruhe. Grigori zieht ihr die Überschuhe an.

PRINZESSIN: Nein, bitte, du mußt kommen. Sagst du ab und sagt Dodo ab, so wird überhaupt nichts draus.

BETSY: Ich weiß nicht. Zu den Schubins muß ich auf jeden Fall. Dann habe ich Probe.

PRINZESSIN: Du schaffst es schon. Nein, bitte komm. Ne nous fais pas faux bond. Fedja wird dasein und auch Koko.

BETSY: J'en ai par-dessus la tête de votre Coco.

PRINZESSIN: Ich dachte, ich fände ihn hier. Ordinairement il est d'une exactitude ...

BETSY: Er kommt bestimmt noch.

PRINZESSIN: Wenn ich ihn mit dir zusammen sehe, denke ich immer, er hat dir eben seinen Antrag gemacht oder wird ihn gleich machen.

BETSY: Ja, das werde ich wohl über mich ergehen lassen müssen. So eine unangenehme Sache!

PRINZESSIN: Der arme Koko! Er ist so verliebt.

BETSY: Cessez, les gens.

Die Prinzessin setzt sich auf ein kleines Sofa. Das Geplauder wird im Flüsterton fortgesetzt. Grigori zieht ihr die Überschuhe an.

PRINZESSIN: Also, bis heute abend.

BETSY: Ich will mir Mühe geben.

FÜRSTIN: Sagen Sie dem Herrn Papa, ich glaube an gar nichts, aber ich werde kommen und mir sein neues Medium ansehen. Er soll mir Nachricht geben. Leben Sie wohl, ma toute belle.

Sie küßt Betsy und geht mit der Prinzessin ab. Betsy geht die Treppe hinauf.

GRIGORI: Alten Frauen die Schuhe anziehn, das mach ich nicht gern – die sitzen so steif, können nicht über den Bauch gukken, treffen mit dem Fuß immer daneben. Bei 'ner Jungen ist es 'ne ganz andere Sache – macht doch Freude, so ein Füßchen in die Hand zu nehmen.

ZWEITER WAGENLAKAI: Der ist auch noch wählerisch.

ERSTER WAGENLAKAI: Wählerisch sein, das kommt unsereinem nicht zu.

GRIGORI: Warum denn nicht? Sind wir nicht auch Menschen? Die denken immer, wir verstehen nichts. Wie eben jetzt – sie unterhalten sich, werfen einen Blick auf mich, und gleich: lä schang.

ZWEITER WAGENLAKAI: Was heißt 'n das?

GRIGORI: Das heißt auf russisch: Red nicht weiter, die verstehen's. Beim Mittagessen dasselbe. Und ich versteh's. Ihr sagt, es wär ein Unterschied. Nein, ist gar keiner.

ERSTER WAGENLAKAI: Ein gewaltiger Unterschied, wenn man's versteht.

GRIGORI: Überhaupt kein Unterschied. Heut bin ich Lakai, und morgen leb ich vielleicht nicht schlechter als die. Manche heiratet auch einen Lakaien – hat's schließlich schon gegeben. Jetzt geh ich rauchen. *Er geht ab.*

ZWEITER WAGENLAKAI: Einen dreisten Kerl habt ihr da.

FJODOR IWANYTSCH: Ein eitler Bursche, unfähig zum Dienst. Er ist mal Kontorist gewesen und bildet sich was ein. Ich hatte auch abgeraten, ihn anzustellen; aber der Gnädigen hat er gefallen – bei der Ausfahrt macht er gute Figur.

ERSTER WAGENLAKAI: Dem wünscht ich, er geriet zu unserm Grafen; der würde ihm schon den Marsch blasen. Oho, solche Windbeutel kann er gar nicht leiden. Bist du Lakai, so denk auch dran und mach deiner Stellung Ehre; solche Hochnäsigkeit kommt ihm nicht zu.

Von oben kommt Petristschew; er zieht eine Papirossa aus dem Etui. Zugleich tritt Koko Klingen ein; er trägt ein Pincenez.

PETRISTSCHEW *nachdenklich*: Jaja. Eins: Ro; zwei: sen. Rosen. Und weiter: Ko ... Ah, Koko. Ro-Koko. Woher des Wegs?

KOKO KLINGEN: Von den Stscherbakows. Du immer mit deinen Narreteien.

PETRISTSCHEW: Nein, hör doch zu. Ein Rätsel. Eins, zwei – sie duften; drei, zwei – ein liebliches Tun; eins, drei, drei – damals lebte die Pompadour.

KOKO KLINGEN: Ich weiß nicht, weiß nicht. Hab auch keine Zeit.

PETRISTSCHEW: Wohin mußt du denn noch?

KOKO KLINGEN: Wieso wohin? Zu den Iwins – Singprobe, ich muß dabeisein. Dann zu den Schubins, dann zur Probe der Scharade-Szenen. Da mußt du doch auch hin?

PETRISTSCHEW: Gewiß, unbedingt. Zur Probe der Scharade-Sze(h)nen, ja auch der Scharade-S-hunderten. Ich stelle doch den Wilden dar, und jetzt bin ich der Wilde und der General.

KOKO KLINGEN: Wie verlief denn gestern die Séance?

PETRISTSCHEW: Zum Totlachen! Sie hatten einen Bauern; aber die Hauptsache: Alles ging im Dunkeln vor sich. Wowo quäkte wie ein Säugling. Der Professor er-klärte, und Marja Wassiljewna ver-klärte. Ein Riesenspaß! Schade, daß du nicht dabei warst.

KOKO KLINGEN: Hab keinen rechten Mut, mon cher. Du windest dich mit Späßen immer heraus, du verstehst das. Aber ich habe das Gefühl, ich brauche nur ein Wörtchen zu sagen, und gleich drehen sie es so, als hätte ich einen Heiratsantrag gemacht. Et ça ne m'arrange pas du tout, du tout. Mais du tout, du tout!

PETRISTSCHEW: Mach doch einen An-trag mit Ver-trag, dann wird schon nichts draus. Also schau dann zu Wowo herein, damit wir zusammen zur Probe der Scharade-Sze(h)ntausenden fahren.

KOKO KLINGEN: Ich begreife nicht, wie du dich mit so einem Dummkopf abgeben kannst. Er ist ja so beschränkt, die reinste Trantüte!

PETRISTSCHEW: Ich liebe ihn eben. Ich liebe Wowo, doch »mit jener wunderlichen Liebe« – »des Volkes Pfad zu ihm wächst niemals zu«. *Er geht ab in das Zimmer Wassili Leonidytschs.*

Betsy gibt einer Dame das Geleit. Koko verbeugt sich bedeutsam.

BETSY *schüttelt ihm die Hand; zu der Dame, ihr nur halb zugewandt*: Sie kennen sich nicht?

DIE DAME: Nein.

BETSY: Baron Klingen. – Warum waren Sie gestern abend nicht hier?

KOKO KLINGEN: Ich konnte es einfach nicht schaffen.

BETSY: Schade, es war sehr interessant. *Sie lacht.* Sie hätten sehen müssen, was für manifestations es gab. Wie steht es denn, kommen Sie mit unseren Scharade-Szenen voran?

KOKO KLINGEN: O ja! Die Verse, aus denen mon second hervorgeht, sind fertig. Von Nick stammen die Worte, von mir die Musik.

BETSY: Wie klingt es? Lassen Sie hören.

KOKO KLINGEN: Wenn Sie erlauben – bitte. Ja. Der Ritter singt, zu Nanna gewandt. *Er singt*:

O Nanna, schöner Name,
Nanna, najadengleiche,
So nahe der Natur ...

DIE DAME: Mon second ist also »na«. Und was ist mon premier?

KOKO KLINGEN: Mon premier – das ist »Are« – der Name einer Wilden.

BETSY: Sehen Sie, Are ist eine Wilde, die den Gegenstand ihrer Liebe aufessen möchte. *Sie lacht auf.* Sie geht voller Sehnsucht umher und singt:

Ach, Appetit ...

KOKO KLINGEN *fällt ein*:

Quält mein Gemüt.

BETSY *nimmt das Lied auf*:

Wen könnte ich verschmausen?
Ich schau umher ...

KOKO KLINGEN: Doch keiner mehr ...

BETSY: Tut auf der Insel hausen.

KOKO KLINGEN: Halt, was kommt da?!

BETSY: Ein Floß, schon nah.
Auf ihm zwei Generäle.

KOKO KLINGEN: Wir zwei vom Militär,
Uns prüft das Schicksal schwer –
Verschlägt uns übers Meer.

Und wieder der Refrain:

Uns prüft das Schicksal schwer –
verschlägt uns übers Meer.

DIE DAME: Charmant!

BETSY: Beachten Sie doch – wie albern!

KOKO KLINGEN: Darin liegt gerade der Reiz.

DIE DAME: Wer spielt die Are?

BETSY: Ich. Ich habe mir ein Kostüm dafür machen lassen, und nun sagt Mama, es sei unanständig. Aber es ist kein bißchen unanständiger als ein Ballkleid. *Zu Fjodor Iwanytsch*: Ist der Bote von Bourdier hier?

FJODOR IWANYTSCH: Jawohl, er sitzt in der Küche.

DIE DAME: Und wie soll »Arena« erraten werden?

BETSY: Das werden Sie ja sehen. Ich möchte Ihnen nicht den Spaß verderben. Au revoir.

DIE DAME: Auf Wiedersehn! *Verbeugungen. Die Dame geht ab.*

BETSY *zu Koko Klingen*: Gehen wir zu maman.

Betsy und Koko Klingen gehen die Treppe hinauf. Jakow kommt vom Büfett mit einem Tablett – darauf Tee und Gebäck. Keuchend hastet er durch das Vorzimmer.

JAKOW *zu den Wagenlakaien*: Habe die Ehre, habe die Ehre!

Die Lakaien verbeugen sich.

Zu Fjodor Iwanytsch: Könnten Sie nicht dem Grigori Michailytsch sagen, er soll mir helfen? Ich weiß nicht mehr, wo mir der Kopf steht. *Er geht ab.*

ERSTER WAGENLAKAI: Einen pflichteifrigen Diener haben Sie da.

FJODOR IWANYTSCH: Ein guter Kerl, bloß – er gefällt nicht recht der Gnädigen. Er ist ihr nicht ansehnlich genug. Und gestern haben sie ihn noch angeschwärzt, er hätte Bauern in die Küche gelassen. Wenn sie ihm nur nicht den Laufpaß geben! Und so ein guter Kerl.

ZWEITER WAGENLAKAI: Was für Bauern?

FJODOR IWANYTSCH: Die sind von unserm Kursker Dorf gekommen, um Land zu kaufen. Es ging dann auf den Abend zu, und schließlich sind sie Landsleute – einer der Bauern ist der Vater unseres Büfettburschen. Da hat man sie eben in die Küche geführt. Und ausgerechnet da beschäftigten sich die Herrschaften mit Gedankenlesen. Sie versteckten etwas in der Küche, darauf kamen alle herbei, und wie die Gnädige die Bauern erblickte, war das Unglück fertig. Womöglich sind die Leute angesteckt, rief sie, wie kann man sie da in die Küche lassen! – Vor der Ansteckung, da hat sie große Angst.

Grigori kommt herein.

Zu Grigori: Gehen Sie, Grigori, helfen Sie Jakow Iwanytsch. Das hier besorg ich schon. Er kommt allein nicht zurecht.

GRIGORI: Er ist ungeschickt, drum kommt er nicht zurecht. *Er geht ab.*

ERSTER WAGENLAKAI: Eine neue Mode heutzutage, die Ansteckungen. Also eure fürchtet sich auch davor?

FJODOR IWANYTSCH: Wie vor der Feuersbrunst. Bei uns geht's immer bloß ums Ausräuchern, Auswaschen, Aussprühen.

ERSTER WAGENLAKAI: Deshalb riecht's hier auch so stark. *Lebhaft*: Einfach nicht zu glauben, was heutzutage mit den Ansteckungen für sündhaftes Wesen getrieben wird. Widerlich! Den lieben Gott vergessen sie drüber. Da ist bei der Schwester von unserm Herrn, bei der Fürstin Mossolowa, die Tochter todkrank gewesen. Stellt euch vor: Vater und Mutter sind nicht zu ihr ins Zimmer gegangen, haben nicht mal Abschied von ihr genommen. Und die Tochter hat geweint, nach ihnen gerufen, zum Abschiednehmen – die blieben draußen! Der Doktor hatte eine Ansteckung gefunden. Dabei war sie gepflegt worden von ihrem Stubenmädchen und einer Wärterin, und denen ist nichts passiert, beide sind am Leben geblieben.

Wassili Leonidytsch und Petristschew kommen, Papirossen rauchend, zur Tür herein.

PETRISTSCHEW: Also gehn wir, ich hol bloß noch den Koko, den Ro-Koko.

WASSILI LEONIDYTSCH: Ein Esel ist dein Koko! Ich sag dir, ich kann den nicht ausstehn. Ein richtiger Hohlkopf, ein Taugenichts. Er tut ja auch nichts, treibt sich nur herum. Na, wie?

PETRISTSCHEW: Dann warte, ich will ihm wenigstens auf Wiedersehn sagen.

WASSILI LEONIDYTSCH: Gut, ich gehe unterdessen in die Kutscherstube, nach den Hunden schauen. Der eine Rüde, sagt der Kutscher, ist also bissig – er hätt ihn beinahe aufgefressen, Na, wie?

PETRISTSCHEW: Wer wen? Wohl gar der Kutscher den Rüden?

WASSILI LEONIDYTSCH: Ach, du hast ewig ... *Er zieht den Mantel an und geht ab.*

PETRISTSCHEW *nachdenklich*: Ro-sen, ko-sen, Ro-ko-ko ... Ja, so geht es. *Er geht die Treppe hinauf.*

Jakow läuft über die Bühne.

FJODOR IWANYTSCH *zu Jakow*: Was gibt's schon wieder?

JAKOW: Butterbrötchen fehlen! Ich sag's ja ... *Er geht ab.*

ZWEITER WAGENLAKAI: Und bei uns ist der junge Herr krank geworden. Gleich haben sie ihn mitsamt der Kinderfrau ins Hotel gebracht, und dort ist er gestorben – die Mutter war nicht bei ihm.

ERSTER WAGENLAKAI: Daß die keine Angst vor der Sünde haben! Ich meine halt, was Gott bestimmt hat, davor kannst du nicht ausreißen.

FJODOR IWANYTSCH: Das denke ich auch.

Jakow läuft mit Butterbrötchen die Treppe hinauf.

ERSTER WAGENLAKAI: Man muß doch auch bedenken, wenn man sich heutzutage vor allen Leuten fürchtet, kann man sich auch gleich in seinen vier Wänden einsperren und drin sitzen, grad wie im Gefängnis.

Tanja kommt herein.

TANJA *nickt zu den Lakaien hin*: Guten Tag!

Die Lakaien verneigen sich.

Fjodor Iwanytsch, ich hätte was mit Ihnen zu besprechen.

FJODOR IWANYTSCH: Was gibt's denn?

TANJA: Also die Bauern, Fjodor Iwanytsch, die sind wieder da.

FJODOR IWANYTSCH: Warum denn? Das Papier habe ich doch Semjon gegeben.

TANJA: Das hab ich ihnen dann hingebracht. Und so dankbar sind sie, das kann man gar nicht ausdrücken. Jetzt bitten sie bloß noch drum, daß sie das Geld abliefern können.

FJODOR IWANYTSCH: Wo sind sie denn?

TANJA: Draußen, vor der Tür.

FJODOR IWANYTSCH: Gut, ich sage Bescheid.

TANJA: Und noch eine Bitte hab ich an Sie, Väterchen Fjodor Iwanytsch.

FJODOR IWANYTSCH: Was noch?

TANJA: Nämlich, Fjodor Iwanytsch, ich kann nicht länger hierbleiben. Bitten Sie drum, daß man mich entläßt.

Jakow läuft auf die Bühne.

FJODOR IWANYTSCH *zu Jakow*: Was willst du?

JAKOW: Noch einen Samowar und Apfelsinen.

FJODOR IWANYTSCH: Frag bei der Wirtschafterin.

Jakow eilt fort.

Wieso denn?

TANJA: Geht doch nicht anders. Wo sich jetzt meine Sache so gewendet hat.

JAKOW *läuft herbei*: Sind nur noch ein paar Apfelsinen da.

FJODOR IWANYTSCH: Bring hin, soviel eben da sind.

Jakow eilt fort.

Du hast eine schlechte Zeit gewählt. Siehst doch, so ein Hin und Her.

TANJA: Sie wissen selbst, Fjodor Iwanytsch, das Hin und Her nimmt sowieso kein Ende; da kann man warten, solange man will – Sie wissen's selber –, und meine Sache, das ist doch fürs ganze Leben. Sie, Väterchen Fjodor Iwanytsch, haben mir schon soviel Gutes getan, seien Sie zu mir wie ein leiblicher Vater, passen Sie den rechten Augenblick ab und sagen Sie's. Sonst wird sie böse und gibt mir nicht den Schein.

FJODOR IWANYTSCH: Warum brennt dir's denn so?

TANJA: Na ja, Fjodor Iwanytsch, die Sache ist doch jetzt in Ordnung. Und da möcht ich zu meiner Taufpatin, der lieben, guten fahren, und alles vorbereiten. Und zum Frühlingsfest soll die Hochzeit sein. Sagen Sie's, Väterchen Fjodor Iwanytsch!

FJODOR IWANYTSCH: Geh jetzt, 's ist nicht der rechte Ort.

Von oben kommt ein Herr (schon älter) und geht stumm mit dem zweiten Wagenlakaien ab. Tanja geht ebenfalls ab. Jakow tritt auf.

JAKOW: Fjodor Iwanytsch, da tut man mir doch bitter unrecht! Jetzt will sie mich entlassen. »Du schmeißt alles kaputt«, sagt sie, »hast die Fiffy vergessen und gegen meine Anweisung die Bauern in die Küche gelassen.« Dabei wissen Sie doch selbst, ich weiß überhaupt von nichts! Mir hat bloß die Tatjana gesagt: Führ sie in die Küche. Wer's geheißen hat, das weiß ich nicht.

FJODOR IWANYTSCH: Das von der Entlassung, hat sie das gesagt?

JAKOW: Grade jetzt. Treten Sie doch für mich ein, Fjodor Iwanytsch! Mit der Familie ging's grad allmählich ein bißchen aufwärts, und da verliert man die Stelle – wer weiß, wo man wieder was findet. Fjodor Iwanytsch, bitte!

Die gnädige Frau kommt herein, sie gibt der alten Gräfin, die falsche Haare und falsche Zähne hat, das Geleit. Der erste Wagenlakai hilft der Gräfin in den Mantel.

GNÄDIGE FRAU: Ganz bestimmt, nicht wahr? Ich bin unendlich gerührt.

GRÄFIN: Wäre nicht die Unpäßlichkeit, so besuchte ich Sie öfter.

GNÄDIGE FRAU: Wirklich, ich rate Ihnen zu Pjotr Tetrowitsch. Er ist grob, aber keiner versteht es, so gut zu beruhigen. So einfach und klar ist alles bei ihm.

GRÄFIN: Nein, ich bin nun mal an meinen Arzt gewöhnt.

GNÄDIGE FRAU: Seien Sie nur recht vorsichtig.

GRÄFIN: Merci, mille fois merci.

Grigori stürzt zerzaust und aufgeregt aus dem Büfettzimmer. Hinter ihm taucht Semjon auf.

SEMJON: Laß du sie in Ruhe.

GRIGORI: Du Schuft, das wirst du bereuen – Schlägerei anzufangen! Ach, du gemeiner Hund!

GNÄDIGE FRAU: Was ist los? Seid ihr vielleicht in einer Schenke?

GRIGORI: Der Grobian sucht immer Streit mit mir.

GNÄDIGE FRAU *ärgerlich*: Ihr seid ja toll. Seht ihr denn nicht ...?

Zur Gräfin: Merci, mille fois merci. A mardi.

Die Gräfin und der erste Wagenlakai gehen ab.

Zu Grigori: Was ist los?

GRIGORI: Wenn ich auch Lakai bin, so hab ich doch meinen Stolz und laß mich nicht von jedem Bauernlümmel schubsen.

GNÄDIGE FRAU: Was ist denn geschehen?

GRIGORI: Na, Ihr Semjon, der wird übermütig, weil er drin mit den Herrschaften gesessen hat. Nun will er raufen.

GNÄDIGE FRAU: Wieso? Weswegen?

GRIGORI: Weiß der Himmel.

GNÄDIGE FRAU *zu Semjon*: Was hat das zu bedeuten?

SEMJON: Warum läßt er sie nicht in Ruhe?

GNÄDIGE FRAU: Was gab es zwischen euch?

SEMJON *lächelnd*: Na ja, er faßt immer die Tanja an, das Stubenmädchen, und sie will das nicht. Da hab ich ihn mit der Hand weggeschoben ... so ein bißchen.

GRIGORI: Von wegen, so ein bißchen – die Rippen hätt er mir fast gebrochen. Und den Frack hat er mir zerfetzt. Und gesagt hat er so: »Die Kraft kommt über mich, so wie gestern.« Dann würgte er mich auch noch.

GNÄDIGE FRAU *zu Semjon*: Wie kannst du es wagen, in meinem Hause Raufereien anzufangen?

FJODOR IWANYTSCH: Erlauben Sie mir, etwas zu bemerken, Anna Pawlowna. Ich muß Ihnen sagen, daß Semjon Empfindungen für Tanja hegt und daß sie jetzt miteinander verlobt sind; der Grigori wiederum – die Wahrheit zu sagen – benimmt sich gar nicht gut, nicht anständig. Ich denke mir eben, Semjon wird sich gekränkt gefühlt haben.

GRIGORI: Überhaupt nicht. Das tut er aus Bosheit, weil ich dahintergekommen bin, was die für Gaunerstreiche spielen.

GNÄDIGE FRAU: Gaunerstreiche?

GRIGORI: Na, bei der Séance. Die Kunststücke gestern, die hat nicht der Semjon gemacht, sondern die Tatjana. Ich habe selber gesehn, wie sie unterm Sofa hervorgekrochen ist.

GNÄDIGE FRAU: Unterm Sofa hervorgekrochen?

GRIGORI: Mein Ehrenwort kann ich drauf geben. Sie hat auch das Schriftstück hingebracht und auf den Tisch geworfen. Ohne sie wäre das Papier nicht unterschrieben und den Bauern das Land nicht verkauft worden.

GNÄDIGE FRAU: Haben Sie das selber gesehen?

GRIGORI: Mit eignen Augen. Befehlen Sie, daß ich sie herhole. Sie wird's nicht abstreiten können.

GNÄDIGE FRAU: Sie soll herkommen.

Grigori tritt ab. Hinter der Szene erhebt sich Lärm; man hört den Portier rufen: »Zurück, zurück!« Der Portier taucht auf. Die drei Bauern drängen sich an ihm vorbei. Voran geht der zweite Bauer, der dritte Bauer stolpert, fällt hin und faßt sich an die Nase.

PORTIER: Zurück, das dürft ihr nicht!

ZWEITER BAUER: Blas dich nicht auf. Wollen wir denn was Schlimmes? Doch bloß Geld abgeben.

ERSTER BAUER: Sehrwohl-ja, nachdem daß nun auf der Sache Unterschrift und Brief und Siegel sind, in eigenhändiger Ausfertigung und Abschluß, möchten wir nur noch die Summe überreichen mit unserer Dankbarkeit.

GNÄDIGE FRAU: Wartet noch mit der Dankbarkeit, es war ja alles Betrug. Die Sache ist noch nicht abgeschlossen. Noch nichts ist verkauft. Leonid! Rufen Sie Leonid Fjodorowitsch.

Der Portier geht ab. Leonid Fjodorowitsch tritt auf, will aber, da er die gnädige Frau und die Bauern erblickt, gleich wieder umkehren.

Nein, nein, haben Sie die Güte zu bleiben! Ich habe Ihnen gesagt, man soll kein Land auf Kredit verkaufen, und alle haben es Ihnen gesagt. Nun betrügt man Sie wie den letzten Dummkopf.

LEONID FJODOROWITSCH: Inwiefern? Ich verstehe nicht, von welchem Betrug hier die Rede ist.

GNÄDIGE FRAU: Schämen sollten Sie sich! Sie haben graues Haar, aber man betrügt Sie wie einen dummen Jungen und lacht Sie aus. Wenn es um die gesellschaftliche Stellung Ihres Sohnes geht, tun Ihnen lumpige dreihundert Rubel leid, und zugleich bringt man Sie wie einen Narren um Tausende.

LEONID FJODOROWITSCH: So beruhige dich doch, Annette.

ERSTER BAUER: Also, wir sind jetzt zwecks Ablieferns der Summe ...

DRITTER BAUER *holt das Geld hervor*: Mach die Abrechnung mit uns, um Christi willen!

GNÄDIGE FRAU: Wartet, wartet.

Grigori und Tanja treten auf.

Zu Tanja streng: Warst du gestern abend während der Séance im kleinen Salon?

Tanja schaut sich seufzend zu Fjodor Iwanytsch, Leonid Fjodorowitsch und Semjon um.

GRIGORI: Brauchst gar keine Ausreden zu suchen. Wo ich's doch selber gesehn habe.

GNÄDIGE FRAU: Rede, warst du drin? Ich weiß alles, gib's zu. Ich tu dir nichts. Ich möchte bloß ihm da – *sie zeigt auf Leonid Fjodorowitsch* –, dem gnädigen Herrn, etwas beweisen. Hast du das Schriftstück auf den Tisch geworfen?

TANJA: Ich weiß nicht, was ich antworten soll. Bloß – könnten Sie mich nicht nach Hause entlassen?

GNÄDIGE FRAU *zu Leonid Fjodorowitsch*: Sehen Sie, man führt Sie an der Nase herum.

Betsy tritt auf; sie bleibt am Rande stehen, so daß sie anfangs nicht bemerkt wird.

TANJA: Entlassen Sie mich, Anna Pawlowna!

GNÄDIGE FRAU: Nein, Teuerste! Du hast vielleicht einen Schaden von etlichen tausend angerichtet. Es wurde Land verkauft, das man nicht hätte verkaufen sollen.

TANJA: Entlassen Sie mich, Anna Pawlowna.

GNÄDIGE FRAU: Nein, du wirst dafür geradestehen. Üble Streiche werden nicht geduldet. Ich bringe dich vor den Friedensrichter.

BETSY *tritt vor*: Sie sollten sie entlassen, Mama. Und wenn Sie das Mädchen verklagen wollen, müssen Sie mich mit verklagen – das von gestern abend habe ich alles zusammen mit ihr gemacht.

GNÄDIGE FRAU: Wenn du dabei warst, konnte auch nur das Garstigste herauskommen.

Der Professor tritt auf.

PROFESSOR: Guten Tag, Anna Pawlowna! Guten Tag, mein Fräulein! Leonid Fjodorowitsch, ich bringe Ihnen den Bericht über den 13. Spiritistenkongreß in Chicago. Eine hervorragende Rede von Schmidt.

LEONID FJODOROWITSCH: Ah, sehr interessant!

GNÄDIGE FRAU: Ich werde Ihnen etwas viel Interessanteres erzählen. Es stellt sich heraus, daß dieses dreiste Ding sowohl Sie als auch meinen Mann genarrt hat. Betsy behauptet, sie habe mitgemacht; aber das sagt sie, um mich zu ärgern. Genarrt hat Sie ein ungebildetes Bauernmädchen, und Sie glauben! Gestern hat es überhaupt keine mediumistischen Erscheinungen gegeben, sondern die da – *sie zeigt auf Tanja* – hat alles getan.

PROFESSOR *während er den Mantel auszieht*: Wie ist das zu verstehen?

GNÄDIGE FRAU: Das ist so zu verstehen: Sie hat im Dunkeln auf der Gitarre gespielt, und sie hat meinem Mann auf den Kopf geschlagen, und sie hat überhaupt all Ihre Dummheiten besorgt. Soeben hat sie's gestanden.

PROFESSOR *lächelnd*: Und was soll das beweisen?

GNÄDIGE FRAU: Das beweist, daß Ihr Mediumismus Unsinn ist! Das beweist es.

PROFESSOR: Daß dieses Mädchen eine Täuschung beabsichtigte – daraus soll folgen, daß der Mediumismus Unsinn sei, wie Sie sich auszudrücken belieben? *Er lächelt.* Ein sonderbarer Schluß! Es kann durchaus sein, daß dieses Mädchen uns wirklich täuschen wollte. Das kommt oft vor. Vielleicht hat sie auch dieses oder jenes getan; aber was sie getan hat, hat eben sie getan, und das, was Manifestation mediumistischer Energie war, war eben Manifestation mediumistischer Energie. Es ist sogar höchst wahrscheinlich, daß das, was dieses Mädchen getan hat, die Manifestation mediumistischer Energie hervorrief, sie sozusagen sollizitierte, ihr eine bestimmte Form gab.

GNÄDIGE FRAU: Wieder eine Lektion!

PROFESSOR *streng*: Sie, Anna Pawlowna, sagen, dieses Mädchen und vielleicht auch diese liebenswürdige junge Dame hätten etwas getan; doch das Licht, das wir alle sahen, sowie im ersten Falle das Sinken und im zweiten Falle das Steigen der Temperatur, dazu die Aufregung und das Vibrieren Großmanns – hat das etwa auch dieses Mädchen vollbracht? Und das sind Fakten, Fakten, Anna Pawlowna! Nein, Anna Pawlowna, es gibt Dinge, die muß man erforschen, man muß sie ganz zu begreifen trachten, um über sie sprechen zu können. Es sind zu ernste, zu ernste Dinge.

LEONID FJODOROWITSCH: Und das Kind, das Marja Wassiljewna ganz deutlich gesehen hat! Und ich habe es auch gesehen. Das konnte doch nicht das Werk dieses Mädchens sein.

GNÄDIGE FRAU: Sie halten sich für gescheit; dabei sind Sie ein Dummkopf!

LEONID FJODOROWITSCH: Also, ich gehe, Alexej Wladimirowitsch, begeben wir uns in mein Zimmer. *Er geht in sein Kabinett.*

PROFESSOR *folgt ihm achselzuckend*: Ja, weit sind wir noch hinter Europa zurück!

Jakow tritt auf.

GNÄDIGE FRAU *hinter Leonid Fjodorowitsch her*: Betrogen haben sie ihn wie einen Narren, und er sieht nichts. *Zu Jakow:* Was willst du?

JAKOW: Ob Sie für viele Personen zu decken befehlen?

GNÄDIGE FRAU: Ob für viele ...? Fjodor Iwanytsch! Er hat Ihnen das Silberzeug zu übergeben! Sofort hinaus mit ihm! Seinetwegen haben wir das alles. Dieser Mensch bringt mich noch ins Grab. Gestern hätte er beinahe das Hündchen verhungern lassen, das ihm doch gar nichts getan hat. Doch nicht genug damit – er hat gestern die angesteckten Bauern in die Küche geführt, und jetzt sind sie wieder da. Seinetwegen haben wir das alles. Hinaus, sofort hinaus! Entlassen, entlassen! *Zu Semjon*: Und wenn du dir noch einmal erlaubst, in meinem Hause zu krakeelen, so will ich's dich lehren, du widerlicher Bauernkerl!

ZWEITER BAUER: Wenn er ein widerlicher Bauernkerl ist, da brauchen Sie ihn ja nicht festzuhalten. Rechnen Sie mit ihm ab – und fertig.

GNÄDIGE FRAU *starrt, während sie auf ihn hört, den dritten Bauern an*: Seht nur, seht, er hat einen Ausschlag auf der Nase, einen Ausschlag! Er ist krank, er ist ein Ansteckungsreservoir!! Und ich habe doch gestern gesagt, man soll sie nicht hereinlassen. Nun sind sie wieder hier. Werft sie hinaus!

FJODOR IWANYTSCH: Soll also das Geld nicht entgegengenommen werden?

GNÄDIGE FRAU: Das Geld? Das Geld nimm entgegen; aber die Leute, besonders dieser Kranke, müssen hinaus, auf der Stelle hinaus! Er ist ja ganz zersetzt.

DRITTER BAUER: Regst dich umsonst auf, Mütterchen. Frag doch, sagen wir mal, meine Alte. Wie wär ich denn zersetzt? Klar wie Glas bin ich, sagen wir mal.

GNÄDIGE FRAU: Er hält noch Reden? Hinaus, hinaus! Alles hat sich gegen mich verschworen! Nein, ich kann nicht mehr, kann nicht mehr! Holt Pjotr Petrowitsch her. *Sie läuft schluchzend hinaus.*

Jakow und Grigori gehen ab.

TANJA *zu Betsy*: Mein allerbestes Fräulein, was soll nun aus mir werden?

BETSY: Schon gut, schon gut. Fahr mit ihnen. Ich regle das. *Sie geht ab.*

ERSTER BAUER: Wie wär's nun, Ehrenwerter, mit der Entgegennahme der Summe?

ZWEITER BAUER: Mach die Abrechnung.

DRITTER BAUER *hantiert mit dem Geld*: Hätt ich's vorher gewußt, nie im Leben wär ich mitgegangen. Schlimmer als Schüttelfrost macht einen das kaputt.

FJODOR IWANYTSCH *zum Portier*: Führ sie in mein Zimmer, dort ist auch das Rechenbrett. Da nehm ich das Geld in Empfang. Geht, geht.

PORTIER: Kommt mit, kommt.

FJODOR IWANYTSCH: Und dankt Tanja. Ohne sie hättet ihr jetzt kein Land.

ERSTER BAUER: Sehrwohl-ja. So wie sie Vorschlag und Absicht hatte, so bracht sie's in die Tat und Wirklichkeit.

DRITTER BAUER: Zu Menschen hat sie uns gemacht. Was wär denn sonst geworden? Klein ist unser Stück Land; ich red schon gar nicht von 'ner Kuh, aber 'n Hühnchen, sagen wir mal – wo hätt das Platz zum Scharrn? Leb wohl, Schlaukopf! Ziehst du wieder aufs Dorf, dann komm zu Besuch – kriegst Honig zu essen.

ZWEITER BAUER: Sobald ich zu Hause bin, wird zur Hochzeit gerüstet und Bier gebraut. Komm nur bald.

TANJA: Ich komme, ich komme! *Sie jauchzt auf.* Semjon! So eine Freude, eine Freude!

Die Bauern gehen ab.

FJODOR IWANYTSCH: Gott befohlen! Hör zu, Tanja – wenn du am eigenen Herd wirtschaftest, besuch ich dich. Wirst du mich aufnehmen?

TANJA: Du mein Allerbester, wie den leiblichen Vater nehmen wir dich auf. *Sie umarmt und küßt ihn.*

Vorhang

UND DAS LICHT SCHEINT IN DER FINSTERNIS

Drama in fünf Akten

Personen

Nikolai Iwanowitsch Sarynzew
Marja Iwanowna Sarynzewa, *seine Frau*
Stjopa
Wanja *beider Söhne*
Ljuba
Missy *beider Töchter*
Katja
Mitrofan Jermilowitsch, *Wanjas Lehrer*
Die Erzieherin bei den Sarynzews
Die Kinderfrau der Sarynzews
Alexandra Iwanowna Kochowzewa, *die Schwester Marja Iwanownas*
Pjotr Semjonowitsch Kochowzew, *ihr Mann*
Lisanka, *beider Tochter*
Fürstin Tscheremschanowa
Boris, *ihr Sohn*
Tonja, *ihre Tochter*
Kleines Mädchen, *ihre Tochter*
Wassili Nikanorowitsch, *ein junger Geistlicher*
Alexander Michailowitsch Starkowski, *Ljubas Bräutigam*
Vater Gerassim, *Geistlicher*
Der Notar
Iwan Sjabrew, *Bauer*
Malaschka, *seine Tochter – mit einem kleinen Kind*
Bäuerin, *seine Frau*
Jermil, *Bauer*
Ein anderer Bauer
Sewastjan, *Bauer*
Pjotr, *Bauer*
Pjotrs Frau
Der Amtmann

Bauern mit Sensen
Bäuerinnen mit Rechen
Ein Tischler
Ein General
Der Adjutant des Generals
Ein Oberst
Der Schreiber der Regimentskanzlei
Ein Posten
Zwei Bewacher
Ein Gendarmerieoffizier
Der Schreiber des Gendarmerieoffiziers
Der Regimentsgeistliche
Oberarzt der Abteilung für Gemütskranke
im Militärhospital
Unterarzt derselben Abteilung
Wärter derselben Abteilung
Ein kranker Offizier
Ein Klavierspieler
Die Gräfin
Alexander Petrowitsch
Lakaien bei den Sarynzews
Studenten, Damen
Tanzende Paare

ERSTER AKT

Die Bühne stellt die Veranda eines reichen Hauses auf dem Lande dar. Vor der Veranda befinden sich Blumenbeete, ein Lawn-Tennis-Platz und ein Crocket-Ground. Auf dem Crocket-Ground spielen die Kinder und die Erzieherin. Auf der Veranda sitzen: Marja Iwanowna Sarynzewa, etwa vierzig Jahre alt, eine schöne, elegante Frau; ihre Schwester, Alexandra Iwanowna Kochowzewa, etwa fünfundvierzig, dick, resolut, dumm, und deren Mann, Pjotr Semjonowitsch Kochowzew, ein beleibter, aufgedunsener Mensch, sommerlich gekleidet, mit einem Pincenez. Sie sitzen am gedeckten Tisch – auf ihm der Samowar und Kaffeegeschirr. Sie trinken Kaffee, und Pjotr Semjonowitsch raucht.

ALEXANDRA IWANOWNA: Wärst du nicht meine Schwester, sondern eine Fremde, und wäre Nikolai Iwanowitsch nicht dein Mann, sondern nur ein Bekannter, so fände ich dies alles ganz reizend und würde ihm womöglich noch Beifall spenden. J'aurais trouvé tout ça très gentil. Doch da ich sehe, daß dein Mann Unfug treibt, kann ich nicht anders – ich muß dir sagen, was ich denke. Auch ihm sag ich's, deinem Mann. Je lui dirai son fait, au cher Nikolai Iwanowitsch. Ich fürchte keinen.

MARJA IWANOWNA: Ich nehme es auch gar nicht übel. Sehe ich's etwa nicht selbst? Ich glaube nur nicht, daß es so wichtig wäre.

ALEXANDRA IWANOWNA: Du glaubst es nicht, aber ich sage dir, wenn du den Dingen ihren Lauf läßt, könnt ihr zu Bettlern werden, du train que cela va.

PJOTR SEMJONOWITSCH: Na, gerade Bettler – bei ihrem Vermögen.

ALEXANDRA IWANOWNA: Jawohl, Bettler. Du, mein Lieber, unterbrich mich bitte nicht. Für dich gilt: Was Männer tun, ist immer gut.

PJOTR SEMJONOWITSCH: Ich weiß ja nicht, ich sage ...

ALEXANDRA IWANOWNA: Niemals weißt du, was du sagst, denn wenn von euch Männern einer anfängt, Unfug zu treiben, il n'y a pas de raison que ça finisse. Ich meine nur, ich an deiner Stelle würde das nicht erlauben. J'aurais mis bon ordre à toutes ses lubies. Was soll das? Ein Ehemann, Familienhaupt – und hat keine rechte Beschäftigung, läßt alles im Stich, verteilt alles et fait le généreux à droite et à gauche. Ich weiß, wohin das führt. Nous en savons quelque chose.

PJOTR SEMJONOWITSCH *zu Marja Iwanowna*: Verdeutlichen Sie mir doch, Marie, was es mit der neuen Richtung auf sich hat. Gut, die Liberalen: Semstwo, Verfassung, Schulen, öffentliche Leseräume und tout ce qui s'en suit – das ist mir klar. Gut, die Sozialisten: les grèves, Achtstundentag – auch das ist mir klar. Gut – aber das da? Verdeutlichen Sie mir's.

MARJA IWANOWNA: Er hat doch gestern mit Ihnen darüber gesprochen.

PJOTR SEMJONOWITSCH: Ich muß bekennen, ich hab es nicht begriffen. Das Evangelium, die Bergpredigt und daß die Kirche überflüssig sei ... Doch wie steht es dann mit dem Beten und allem ...

MARJA IWANOWNA: Das ist es ja eben, er zerstört alles und setzt nichts an seine Stelle.

PJOTR SEMJONOWITSCH: Und wie hat das angefangen?

MARJA IWANOWNA: Angefangen hat es voriges Jahr, mit dem Tod seiner Schwester. Er liebte sie sehr, und dieser Tod nahm ihn arg mit. Sein Sinn verdüsterte sich, er sprach immerfort vom Tod und wurde selbst krank, wie ihr wißt. Und dann eben, nach dem Typhus, wandelte er sich ganz und gar.

ALEXANDRA IWANOWNA: Und trotzdem, noch im Frühjahr, als er uns in Moskau besuchte, da war er nett und spielte mit uns Karten. Il était très gentil et comme tout le monde.

MARJA IWANOWNA: Ja, aber er war schon ein ganz anderer.

PJOTR SEMJONOWITSCH: Worin äußerte sich das eigentlich?

MARJA IWANOWNA: In völliger Gleichgültigkeit gegenüber der Familie und darin, daß ihn geradezu eine idée fixe beherrschte: das Evangelium. Er las tagelang, schlief nachts nicht, stand auf, las, machte Notizen, Auszüge, dann fuhr er zu Bischöfen und Einsiedlern und suchte bei ihnen religiösen Rat.

ALEXANDRA IWANOWNA: Bereitet er sich aufs Abendmahl vor?

MARJA IWANOWNA: Vorher, solange wir verheiratet sind, also fünfundzwanzig Jahre lang, hat er sich nicht auf das Abendmahl vorbereitet. Nun aber tat er es einmal, im Kloster, und gleich danach entschied er, so etwas sei nicht nötig, es sei auch nicht nötig, in die Kirche zu gehen.

ALEXANDRA IWANOWNA: Ich sag's ja: keine Spur von Konsequenz.

MARJA IWANOWNA: Ja, noch vor einem Monat hat er keinen Gottesdienst ausgelassen, sich streng an die Fastengebote gehalten, und plötzlich braucht das alles nicht mehr zu sein. Nun denn, so sprich mit ihm.

ALEXANDRA IWANOWNA: Ich habe mit ihm gesprochen und werde es weiter tun.

PJOTR SEMJONOWITSCH: Ja, aber das alles bedeutet noch nichts ...

ALEXANDRA IWANOWNA: Gewiß, für dich bedeutet all das nichts, weil ihr Männer keine Religion habt.

PJOTR SEMJONOWITSCH: So laß mich doch ausreden. Ich sage, trotzdem ist das nicht der Kern der Sache. Wenn er die Kirche ablehnt, warum spricht er da vom Evangelium?

MARJA IWANOWNA: Darum: Man soll nach dem Evangelium leben, nach der Bergpredigt alles weggeben.

ALEXANDRA IWANOWNA: Immer diese Extreme.

PJOTR SEMJONOWITSCH: Und wie soll man leben, wenn man alles weggibt?

ALEXANDRA IWANOWNA: Na, und wo hat er denn in der Bergpredigt gefunden, daß man mit Lakaien shake hands machen soll? Dort heißt es: Selig sind die Sanftmütigen. Von shake hands ist nicht die Rede.

MARJA IWANOWNA: Gewiß, er begeistert sich, wie er sich stets begeistert hat, wie er sich eine Zeitlang für die Musik, die Jagd, die Schulen begeistert hat. Doch mir wird davon nicht leichter.

PJOTR SEMJONOWITSCH: Warum ist er denn in die Stadt gefahren?

MARJA IWANOWNA: Er hat's mir nicht gesagt, aber ich weiß, es geht um den Holzdiebstahl. Da hatten doch Bauern in unserem Wald Bäume für sich geschlagen.

PJOTR SEMJONOWITSCH: Im Fichtenforst?

MARJA IWANOWNA: Ja, und sie wurden verurteilt; sie müssen bezahlen und ins Gefängnis; jetzt wird die Sache, wie er mir sagte, vom Friedensrichterplenum behandelt, und ich bin überzeugt, deswegen ist er hingefahren.

ALEXANDRA IWANOWNA: Er wird ihnen verzeihen, und morgen kommen sie und holzen den Park ab.

MARJA IWANOWNA: So fängt es schon an. Von allen Apfelbäumen haben sie Äste abgebrochen, die grünen Felder werden von ihnen zertrampelt; er verzeiht ihnen alles.

PJOTR SEMJONOWITSCH: Erstaunlich.

ALEXANDRA IWANOWNA: Gerade deswegen sage ich ja: Das darf man nicht so hinnehmen. Denn wenn es immer so weitergeht, tout y passera. Ich meine, du als Mutter bist verpflichtet à prendre tes mesures.

MARJA IWANOWNA: Was kann ich denn tun?

ALEXANDRA IWANOWNA: Wieso: was? Einhalt gebieten, ihm erklären, daß es so nicht geht. Du hast Kinder. Was für ein Beispiel bietet er ihnen?

MARJA IWANOWNA: Es fällt mir freilich schwer, aber ich ertrage alles und hoffe, es geht vorüber, so wie frühere Begeisterungen vorübergegangen sind.

ALEXANDRA IWANOWNA: Ja, aber aide-toi, et Dieu t'aidera. Man muß ihn spüren lassen, daß er nicht allein auf der Welt ist und daß man so nicht leben kann.

MARJA IWANOWNA: Das Schlimmste ist, daß er sich nicht mehr um die Kinder kümmert. So muß ich alles allein entscheiden. Dabei habe ich einerseits einen Säugling, andererseits Herangewachsene, Mädchen und Jungen, die Aufsicht und Lenkung brauchen. Und in allem stehe ich allein. Früher war er so ein liebevoller, fürsorglicher Vater. Jetzt dagegen ist ihm alles gleich. Gestern sagte ich ihm, daß Wanja nicht lernt und wieder durchfallen wird; darauf erwidert er, weit besser wäre es, er schiede ganz aus dem Gymnasium aus.

PJOTR SEMJONOWITSCH: Und wohin soll er dann?

ALEXANDRA IWANOWNA: Nirgendwohin. Das macht es ja so schrecklich, daß er alles mißbilligt, aber nicht sagt, was zu tun wäre.

PJOTR SEMJONOWITSCH: Merkwürdig.

ALEXANDRA IWANOWNA: Was ist daran merkwürdig? Das ist ja eure übliche Art: Alles verurteilen und selber nichts tun.

MARJA IWANOWNA: Jetzt hat Stjopa die Hochschule absolviert und muß eine Laufbahn wählen, doch der Vater äußert sich nicht dazu. Stjopa wollte in ein Ministerium – Nikolai Iwanowitsch sagte, das sei nicht angebracht; Stjopa wollte zur Chevaliergarde – Nikolai Iwanowitsch billigte es ganz und gar nicht. Stjopa fragte: Was soll ich denn tun? Doch nicht pflügen? Worauf Nikolai Iwanowitsch erwiderte: Warum nicht pflügen; das ist weit besser als der Dienst im Ministerium. Also, was soll er tun? Er kommt zu mir und fragt mich, und ich muß für alles die Lösung suchen. Die Entscheidungsgewalt aber bleibt bei ihm.

ALEXANDRA IWANOWNA: Eben, und man muß ihm das alles offen sagen.

MARJA IWANOWNA: Ja, es muß sein, ich werd's tun.

ALEXANDRA IWANOWNA: Und sag offen, daß du es nicht mehr hinnehmen kannst, sag, daß du deine Pflicht erfüllst und er die seine erfüllen muß, und tut er's nicht, so soll er alles dir übergeben.

MARJA IWANOWNA: Ach, das ist so unangenehm.

ALEXANDRA IWANOWNA: Ich sag's ihm, wenn du willst. Je lui dirai son fait.

Der junge Geistliche tritt ein, verwirrt und aufgeregt, mit einem Büchlein; er begrüßt die Anwesenden, indem er allen die Hand gibt.

GEISTLICHER: Ich wollte zu Nikolai Iwanowitsch, ihm sozusagen ein Buch bringen.

MARJA IWANOWNA: Er ist in die Stadt gefahren. Er wird bald zurück sein.

ALEXANDRA IWANOWNA: Was für ein Buch bringen Sie ihm denn?

GEISTLICHER: Es ist, sozusagen, von Herrn Renan, das Werk »Das Leben Jesu«.

PJOTR SEMJONOWITSCH: Sieh einer an! Was für Bücher Sie lesen.

GEISTLICHER *zündet sich in seiner Aufregung eine Papirossa an*: Es ist von Nikolai Iwanowitsch, er hat mir's zu lesen gegeben.

ALEXANDRA IWANOWNA *geringschätzig*: Nikolai Iwanowitsch hat es Ihnen zu lesen gegeben. Sind Sie denn derselben Meinung wie Nikolai Iwanowitsch und Herr Renan?

GEISTLICHER: Natürlich nicht. Wäre ich, sozusagen, derselben Meinung, so wäre ich nicht das, was man Diener der Kirche nennt.

ALEXANDRA IWANOWNA: Wenn Sie das sind, was man einen treuen Diener der Kirche nennt, warum überzeugen Sie dann nicht Nikolai Iwanowitsch?

GEISTLICHER: Jeder hat, kann man sagen, seine eigenen Ansichten über diese Dinge, und Nikolai Iwanowitsch urteilt, kann man sagen, in vielem ganz richtig, doch er irrt in der Hauptsache, nämlich kann man sagen, hinsichtlich der Kirche.

ALEXANDRA IWANOWNA *geringschätzig*: Was ist denn das viele, worüber Nikolai Iwanowitsch ganz richtig urteilt? Ist es etwa richtig, daß man, zufolge der Bergpredigt, sein Hab und Gut an fremde Leute verteilen und die eigene Familie an den Bettelstab bringen soll?

GEISTLICHER: Die Kirche also, sie heiligt sozusagen die Familie, und die Kirchenväter also, sie haben die Familie gesegnet, aber zu höherer Vollkommenheit, sozusagen, gelangt, wer Verzicht leistet auf die irdischen Güter.

ALEXANDRA IWANOWNA: Ja, die Glaubenshelden haben es so gehalten, doch die einfachen Sterblichen, meine ich, müssen es einfach so halten, wie es jedem guten Christen ansteht.

GEISTLICHER: Keiner kann wissen, wozu er berufen ist.

ALEXANDRA IWANOWNA: Hm, und Sie, versteht sich, sind verheiratet?

GEISTLICHER: Gewiß.

ALEXANDRA IWANOWNA: Und haben Kinder.

GEISTLICHER: Zwei.

ALEXANDRA IWANOWNA: Also, warum leisten Sie nicht Verzicht auf die irdischen Güter, sondern rauchen Papirossen?

GEISTLICHER: Weil ich schwach, man kann sagen, weil ich unwürdig bin.

ALEXANDRA IWANOWNA: Ja, ich sehe, daß Sie, statt Nikolai Iwanowitsch zur Vernunft zu bringen, ihn noch in seinen Ansichten bestärken. Das ist nicht gut. Ich sag's Ihnen offen.

Die Kinderfrau tritt ein.

KINDERFRAU: Hören Sie denn gar nicht? Der Nikoluschka schreit. Möchten Sie bitte stillen.

MARJA IWANOWNA: Ich geh, ich gehe.

Sie steht auf und geht mit der Kinderfrau ab.

ALEXANDRA IWANOWNA: Mir tut meine Schwester schrecklich leid. Ich sehe, wie sie sich quält. Das Haus zu führen ist keine Kleinigkeit. Der Kinder sind's sieben, eins noch Säugling – und dann diese Schrullen. Ich habe geradezu das Gefühl, daß es hier nicht stimmt. *Sie zeigt auf die Stirn.* Ich frage Sie: Was haben Sie da für eine neue Religion gefunden?

GEISTLICHER: Ich begreife nicht, sozusagen …

ALEXANDRA IWANOWNA: Hören Sie doch bitte auf, mir etwas vorzuspielen. Sie begreifen sehr gut, wonach ich frage.

GEISTLICHER: So erlauben Sie …

ALEXANDRA IWANOWNA: Ich frage danach, von welcher Art so ein Glaube ist, der einem gebietet, daß man jedweden Bauern mit Händeschütteln begrüßt, daß man den Bauern erlaubt, einfach Bäume zu fällen, daß man Geld für Schnaps unter sie verteilt, während man die Familie im Stich läßt.

GEISTLICHER: Mir ist das unbe …

ALEXANDRA IWANOWNA: Er sagt, das sei Christentum; Sie sind orthodoxer Geistlicher, folglich müssen Sie wissen und müssen Sie sagen, ob das Christentum gebietet, Diebstahl zu fördern.

GEISTLICHER: Aber mich …

ALEXANDRA IWANOWNA: Wozu sind Sie denn dann Geistlicher und tragen langes Haar und den Priesterrock?

GEISTLICHER: Aber wir, Alexandra Iwanowna, werden gar nicht gefragt ...

ALEXANDRA IWANOWNA: Wieso nicht gefragt? Ich frage ja. Gestern hat er mir erzählt, im Evangelium werde gesagt: Gib dem, der dich bittet. – Also, in welchem Sinne soll man das verstehen?

GEISTLICHER: Ich meine, im einfachen Sinne.

ALEXANDRA IWANOWNA: Und ich meine, eben nicht im einfachen Sinne, sondern so, wie man es uns gelehrt hat: daß jedem von Gott das Seine beschieden ist.

GEISTLICHER: Gewiß. Jedoch ...

ALEXANDRA IWANOWNA: Es stimmt also, daß auch Sie auf seiner Seite stehen, so wie man mir's berichtet hat. Und das ist schlimm, ich sage es Ihnen offen. Ja, wenn ihm eine Lehrerin oder irgendein dummer Junge nach dem Munde redete ... aber Sie in Ihrem Rang und Amt müßten begreifen, welche Verantwortung Sie tragen.

GEISTLICHER: Ich bemühe mich ...

ALEXANDRA IWANOWNA: Was ist das für eine Religion, wenn er nicht zur Kirche geht und nicht die Sakramente gelten läßt. Und Sie, statt daß Sie ihn zur Vernunft brächten, lesen Sie mit ihm den Renan und deuteln am Evangelium herum.

GEISTLICHER *erregt*: Ich kann nicht antworten. Ich bin sozusagen bestürzt und werde schweigen.

ALEXANDRA IWANOWNA: Oh, wenn ich der Bischof wäre, ich würde Sie lehren, Renan zu lesen und Papirossen zu rauchen.

PJOTR SEMJONOWITSCH: Mais cessez au nom du ciel. De quel droit?

ALEXANDRA IWANOWNA: Bitte, laß die Belehrung. Ich bin sicher, der ehrwürdige Vater nimmt mir's nicht übel. Außerdem habe ich alles gesagt. Schlimmer wäre es, wenn ich den Groll für mich behielte. Nicht wahr?

GEISTLICHER: Entschuldigen Sie, wenn ich mich falsch ausgedrückt habe, entschuldigen Sie.

Peinliches Schweigen. Der Geistliche tritt beiseite, schlägt das

Buch auf und liest. Ljuba und Lisanka treten ein. Ljuba, ein schönes, energisches Mädchen von zwanzig Jahren, ist die Tochter Marja Iwanownas; Lisanka, etwas älter, ist die Tochter Alexandra Iwanownas. Beide wollen in die Pilze gehen und haben Körbe bei sich, die mit Tüchern zugebunden sind. Ljuba grüßt die Tante und den Onkel, Lisanka den Vater und die Mutter, beide den Geistlichen.

LJUBA: Wo ist denn Mama?

ALEXANDRA IWANOWNA: Eben weggegangen, zum Stillen.

PJOTR SEMJONOWITSCH: Seht nur zu, daß ihr recht viel bringt. Heute hat ein kleines Mädchen prächtige Steinpilze gebracht. Ich würde ja mitgehen, aber es ist zu heiß.

LISANKA: Gehn wir zusammen, Papa.

ALEXANDRA IWANOWNA: Geh, geh, sonst wirst du zu dick.

PJOTR SEMJONOWITSCH: Na, meinetwegen, ich hole mir nur noch Papirossen. *Er geht ab.*

ALEXANDRA IWANOWNA: Wo steckt denn die ganze Jugend?

LJUBA: Stjopa wollte mit dem Fahrrad zum Bahnhof. Mitrofan Jermilytsch ist mit Papa in die Stadt gefahren, das kleine Volk spielt Krocket, und Wanja macht sich auf der Freitreppe mit den Hunden zu schaffen.

ALEXANDRA IWANOWNA: Hat sich nun Stjopa für etwas entschieden?

LJUBA: Ja, er hat selbst den Aufnahmeantrag fürs Freiwilligenkorps eingereicht. Gestern ist er zu Papa ganz entsetzlich grob gewesen.

ALEXANDRA IWANOWNA: Er hat's aber doch auch schwer. Il n'y a pas de patience qui tienne. Für den Jungen soll das Leben beginnen, und da sagt man ihm: Geh pflügen.

LJUBA: Papa hat es nicht so zu ihm gesagt. Er hat gesagt ...

ALEXANDRA IWANOWNA: Nun, ganz gleich. Jedenfalls muß Stjopa mit seinem Leben etwas anfangen, und was er sich auch ausdenkt, alles ist nicht das Rechte. Da kommt er ja selbst.

Stjopa kommt auf dem Fahrrad herangefahren.

Quand on parle du soleil, on en voit les rayons. Eben haben

wir von dir gesprochen. Ljuba sagt, du hast ungehörig mit deinem Vater gesprochen.

STJOPA: Überhaupt nicht. Es gab nichts Besonderes. Er sagte mir seine Meinung, und ich sagte meine. Es ist nicht meine Schuld, daß unsere Überzeugungen auseinandergehen. Ljuba begreift eben gar nichts und urteilt über alles.

ALEXANDRA IWANOWNA: Und was habt ihr beschlossen?

STJOPA: Was Papa beschlossen hat, weiß ich nicht; ich fürchte, so recht weiß er es selber nicht. Ich für meinen Teil habe beschlossen, als Freiwilliger in die Chevaliergarde einzutreten. Bei uns macht man aus jeder Kleinigkeit gleich eine unerhört schwierige Sache. Dabei ist es sehr einfach. Ich habe die Schule absolviert, muß den Militärdienst leisten. Zusammen mit betrunkenen, groben Offizieren in der Armee zu dienen ist unangenehm, und deshalb werde ich in die Garde eintreten, wo ich Freunde habe.

ALEXANDRA IWANOWNA: Ja, doch warum ist dein Papa nicht einverstanden?

STJOPA: Papa? Was soll ich da sagen. Jetzt, unter dem Einfluß seiner idée fixe, sieht er nichts außer dem, was er zu sehen wünscht. Er sagt, Militärdienst sei der gemeinste Dienst, und darum dürfe man ihn nicht leisten; deshalb will er mir kein Geld geben.

LISANKA: Nein, Stjopa, er hat es anders gesagt – ich war doch dabei. Er hat gesagt, wenn es unmöglich sei, den Militärdienst zu verweigern, so solle man sich eben einberufen lassen; aber als Freiwilliger gehen, das hieße ja, daß man selbst diesen Dienst wolle.

STJOPA: Schließlich bin ich's, der dienen wird, nicht er. Übrigens hat er auch gedient.

LISANKA: Ja, aber er sagt, es handle sich nicht darum, daß er kein Geld geben wolle, sondern darum, daß er nicht an einer Sache teilhaben könne, die seinen Überzeugungen widerspricht.

STJOPA: Was heißt da Überzeugungen – man muß eben zum Militär, fertig!

LISANKA: Ich habe nur wiedergegeben, was ich gehört habe.

STJOPA: Ich weiß, du bist ja in allem mit Papa einverstanden. Tante, wissen Sie, Lisa steht in allem ganz und gar auf Papas Seite.

LISANKA: Was gerecht ...

ALEXANDRA IWANOWNA: Das weiß ich doch, daß Lisa immer auf der Seite jeder Dummheit steht. Sie wittert die Dummheit. Elle flaire cela de loin.

Wanja läuft herbei, umgeben von Hunden; er trägt ein rotes Hemd, hält ein Telegramm in der Hand.

WANJA *zu Ljuba*: Rate, wer zu Besuch kommt!

LJUBA: Warum soll ich raten. Gib das Telegramm her. *Sie streckt die Hand aus.*

Wanja gibt das Telegramm nicht her.

WANJA: Ich geb's nicht und sag's nicht. Der, dessentwegen du rot wirst.

LJUBA: Unsinn! Von wem ist das Telegramm?

WANJA: Bist ja doch rot geworden, ganz rot. Tante Alina, nicht wahr, sie ist rot geworden?

LJUBA: So ein Unsinn! Von wem? Tante Alina, von wem?

ALEXANDRA IWANOWNA: Von den Tscheremschanows.

LJUBA: Aaah!

WANJA: Siehst du! Ah! Warum wirst du denn rot?

LJUBA: Tante, zeigen Sie das Telegramm. *Sie liest*: »Kommen zu dritt mit Personenzug. Tscheremschanows.« Also die Fürstin, Boris und Tonja. Natürlich freue ich mich sehr.

WANJA: Eben, du freust dich sehr! Stjopa, schau nur, wie rot sie geworden ist.

STJOPA: Hör doch auf mit deinen Albernheiten – immer ein und dasselbe.

WANJA: Das sagst du, weil du wieder um die Tonja scharwenzelst. Da müßt ihr schon losen, denn das geht ja nicht: Bruder und Schwester mit Schwester und Bruder.

STJOPA: Hör auf mit dem Unfug. Sei lieber still. Wie oft hat man dir das schon gesagt.

LISANKA: Wenn sie mit dem Personenzug gekommen sind, müssen sie gleich eintreffen.

LJUBA: O ja, das stimmt. Also bleiben wir hier.

Pjotr Semjonowitsch kommt mit seinen Papirossen zurück. Onkel Petja, wir gehn nicht in die Pilze.

PJOTR SEMJONOWITSCH: Warum nicht?

LJUBA: Gleich kommen die Tscheremschanows. Spielen wir lieber inzwischen einen Satz Tennis. Stjopa, machst du mit?

STJOPA: Meinetwegen.

LJUBA: Ich mit Wanja gegen Lisanka und dich. Einverstanden? Dann hole ich Bälle und bring auch die Kinder her. *Sie geht ab.*

PJOTR SEMJONOWITSCH: Da bleibe ich also doch hier.

GEISTLICHER *will gehen*: Habe die Ehre!

ALEXANDRA IWANOWNA: Nein, warten Sie, ehrwürdiger Vater, ich möchte noch mit Ihnen sprechen. Und Nikolai Iwanowitsch wird auch gleich zurückkommen.

GEISTLICHER *setzt sich und zündet sich wieder eine Papirossa an*: Vielleicht dauert es noch lange?

ALEXANDRA IWANOWNA: Eben ist jemand vorgefahren. Er wird es wohl sein.

PJOTR SEMJONOWITSCH: Was ist denn das für eine Tscheremschanowa? Etwa die geborene Golizyna?

ALEXANDRA IWANOWNA: Jaja. Die Tscheremschanowa, die mit ihrer Tante in Rom gelebt hat.

PJOTR SEMJONOWITSCH: Das freut mich aber, sie wiederzusehen. Seit damals, seit Rom, als sie mit mir Duette sang, sind wir einander nicht mehr begegnet. Wunderhübsch sang sie. Sie hat doch zwei Kinder, glaube ich?

ALEXANDRA IWANOWNA: Mit ihnen kommt sie ja eben.

PJOTR SEMJONOWITSCH: Ich wußte nicht, daß sie mit den Sarynzews so eng verkehren.

ALEXANDRA IWANOWNA: Was heißt eng verkehren – sie haben voriges Jahr zusammen im Ausland gelebt. Und mir scheint, daß la princesse a des vues sur Louba pour son fils. C'est une fine mouche, elle flaire une jolie dot.

PJOTR SEMJONOWITSCH: Aber die Tscheremschanows waren doch selber reich.

ALEXANDRA IWANOWNA: Sie waren. Der Fürst lebt noch, doch er hat alles durchgebracht und sich ganz dem Trunk ergeben.

Sie hat allerhöchsten Ortes ein Bittgesuch eingereicht, ein paar Krümel gerettet und ihn verlassen. Dafür hat sie aber die Kinder vorzüglich erzogen. Il faut lui rendre cette justice. Die Tochter ist eine wunderbare Musikerin, und der Sohn hat die Universität absolviert und ist ein sehr lieber Mensch. Nur Mascha wird sich wohl nicht sehr freuen. Ungelegen kommen ihr jetzt die Gäste. Das ist ja Nicolas.

Nikolai Iwanowitsch tritt auf.

NIKOLAI IWANOWITSCH: Guten Tag, Alina, Pjotr Semjonowitsch. *Zum Geistlichen gewandt*: Ah, Wassili Nikanorowitsch! *Er begrüßt alle.*

ALEXANDRA IWANOWNA: Kaffee ist noch da. Soll ich eingießen? Er ist ein bißchen kalt, aber man kann ihn aufwärmen. *Sie läutet.*

NIKOLAI IWANOWITSCH: Nein, vielen Dank. Ich habe schon gegessen. Wo ist denn Mascha?

ALEXANDRA IWANOWNA: Sie stillt.

NIKOLAI IWANOWITSCH: Ist sie wohlauf?

ALEXANDRA IWANOWNA: Einigermaßen. Hast du nun deine Angelegenheiten erledigt?

NIKOLAI IWANOWITSCH: Ja, die sind erledigt. Übrigens, wenn noch Tee oder Kaffee da ist, gieß mir bitte welchen ein. *Zum Geistlichen:* Ah, Sie bringen das Buch. Haben Sie's gelesen? Unterwegs habe ich die ganze Zeit an Sie gedacht.

Ein Lakai tritt ein, verneigt sich. Nikolai Iwanowitsch gibt ihm die Hand. Alexandra Iwanowna zuckt mit den Schultern und wechselt mit ihrem Mann einen Blick.

ALEXANDRA IWANOWNA: Heizen Sie bitte noch mal den Samowar an.

NIKOLAI IWANOWITSCH: Nicht nötig, Alina. Ich mag nicht, und wenn ich Appetit habe, trinke ich ihn auch so.

Missy kommt, als sie den Vater erblickt, vom Krocketplatz gelaufen und umhalst ihn.

MISSY: Papa, kommt mit mir.

NIKOLAI IWANOWITSCH *streichelt sie*: Gleich, gleich, laß mich erst etwas essen. Geh spielen, ich komme dann.

Missy geht ab.

ALEXANDRA IWANOWNA: Nun, hat man vor dem Friedensrichterplenum die Bauern schuldig gesprochen?

Nikolai Iwanowitsch setzt sich an den Tisch, beginnt hastig Tee zu trinken und zu essen.

Also, hat man sie schuldig gesprochen?

NIKOLAI IWANOWITSCH: Ja, sie haben auch selber gestanden. *Zum Geistlichen*: Ich sagte mir, Renan werde für Sie kaum überzeugend sein.

ALEXANDRA IWANOWNA: Aber du hast ihrer Entscheidung nicht zugestimmt?

NIKOLAI IWANOWITSCH *ärgerlich*: Natürlich nicht. *Zum Geistlichen:* Euch geht es ja nicht um die Göttlichkeit Christi und auch nicht um die Geschichte des Christentums, sondern um die Kirche.

ALEXANDRA IWANOWNA: Also wie denn: Sie haben gestanden, et vous leur avez donné un démenti. Sie haben nicht gestohlen, sondern genommen.

NIKOLAI IWANOWITSCH *will mit dem Geistlichen sprechen, wendet sich aber energisch zu Alexandra Iwanowna um*: Alina, meine Teuerste, verfolg mich nicht mit Anspielungen und Sticheleien.

ALEXANDRA IWANOWNA: Aber ich denke gar nicht ...

NIKOLAI IWANOWITSCH: Und wenn du ernsthaft wissen willst, warum ich nicht über Bauern richten kann wegen einiger Bäume, die sie gefällt haben und brauchen ...

ALEXANDRA IWANOWNA: Ich denke mir, diesen Samowar brauchen sie auch.

NIKOLAI IWANOWITSCH: Also, wenn du willst, daß ich dir sage, warum ich nicht zulassen kann, daß diese Menschen ins Gefängnis geworfen und zugrunde gerichtet werden, weil sie zehn Bäume in einem Wald gefällt haben, von dem man meint, er gehöre mir ...

ALEXANDRA IWANOWNA: Alle meinen das.

PJOTR SEMJONOWITSCH: Schon wieder Streit. Ich gehe lieber mit den Hunden in den Garten. *Er verläßt die Veranda.*

NIKOLAI IWANOWITSCH: Selbst wenn ich meinte – was ich einfach nicht kann –, daß dieser Wald mir gehöre, so ergibt sich dies: Wir haben neunhundert Deßjatinen Wald, auf jeder Deßjatine stehen ungefähr fünfhundert Bäume, macht zusammen, wenn ich nicht irre, vierhundertfünfzigtausend Bäume. Sie haben zehn gefällt, also ein Fünfundvierzigtausendstel. Kann man, darf man deswegen einen Menschen von seiner Familie losreißen und ins Gefängnis werfen?

STJOPA: Aber wenn man sie nicht für dieses eine Fünfundvierzigtausendstel büßen läßt, werden bald die restlichen 44999/45000 gleichfalls abgeholzt sein.

NIKOLAI IWANOWITSCH: Ich habe das doch nur für deine Tante gesagt; in Wahrheit habe ich überhaupt kein Recht auf diesen Wald – die Erde gehört allen, das heißt, sie kann niemandem gehören. Und Mühe haben wir auf dieses Stück Erde überhaupt nicht verwendet.

STJOPA: Stimmt nicht, du hast einiges für ihn aufgewendet, hast ihn gehütet.

NIKOLAI IWANOWITSCH: Und wie kam ich zu den Mitteln, die ich für den Wald aufwendete? Und gehütet habe ich ihn nicht selbst ... Freilich, davon kann man einen anderen nicht überzeugen, wenn der keine Scham darüber spürt, daß er einen anderen schindet.

STJOPA: Schinden, das tut doch keiner.

NIKOLAI IWANOWITSCH: Genausowenig kann man einem, der keine Scham darüber empfindet, daß er sich nicht selber müht, sondern die Mühen anderer nutzt, ebendies begreiflich machen; und die ganze politische Ökonomie, die du an der Universität studiert hast, dient ja nichts anderem als der Rechtfertigung der Lage, in der wir uns befinden.

STJOPA: Im Gegenteil, die Wissenschaft zerstört Vorurteile jeder Art.

NIKOLAI IWANOWITSCH: Nun, für mich ist das ja auch unwichtig. Für mich ist das wichtig, was ich weiß, nämlich: Wenn ich an Jefims Stelle wäre, würde ich dasselbe tun wie er, und hätte ich's getan, so wäre ich verzweifelt, wenn man mich ins Gefängnis steckte; und deshalb – weil ich mit anderen so umgehen will, wie ich wünsche, daß sie mit mir umgehen –

kann ich keine Anklage gegen ihn erheben, und darum tue ich, was ich nur kann, ihn davor zu bewahren.

PJOTR SEMJONOWITSCH: Wenn es so ist, darf man gar nichts besitzen.

ALEXANDRA IWANOWNA: Dann ist es ja viel vorteilhafter, zu stehlen als zu arbeiten.

STJOPA: Du gehst nie auf Argumente ein. Ich sage, daß der, der durch Aufwendungen etwas erreicht hat, auch berechtigt ist, das zu nutzen.

Alle zugleich.

NIKOLAI IWANOWITSCH *lächelnd*: Ich weiß gar nicht mehr, wem ich antworten soll. *Zu Pjotr Semjonowitsch*: Besitzen darf man auch nichts.

ALEXANDRA IWANOWNA: Aber wenn man nichts besitzen darf, darf man auch keine Kleider, kein Stück Brot haben, und muß man alles weggeben, so kann man nicht leben.

NIKOLAI IWANOWITSCH: Man kann in der Tat nicht so leben, wie wir leben.

STJOPA: Das heißt, man muß sterben. Demzufolge taugt diese Lehre nicht fürs Leben.

NIKOLAI IWANOWITSCH: O doch, einzig fürs Leben ist sie da. Ja, man muß alles hingeben. Doch es ist nicht damit getan, daß wir den Wald hingeben, den wir nicht nutzen und den wir niemals recht gesehen haben; vielmehr muß man alles hingeben, ja, auch seine Kleider und sein Stück Brot.

ALEXANDRA IWANOWNA: Auch das der Kinder?

NIKOLAI IWANOWITSCH: Ja, auch das der Kinder, und nicht nur das Brot, sich selber muß man hingeben. Darin liegt die ganze Lehre Christi. Alle Kräfte muß man aufbieten, um sich selber hinzugeben.

STJOPA: Also zu sterben ...

NIKOLAI IWANOWITSCH: Ja, wenn du für deine Nächsten stirbst, so ist das wunderbar, sowohl für dich als auch für die anderen. Aber das ist es ja eben: Der Mensch ist nicht allein Geist, sondern Geist im Fleisch. Und das Fleisch drängt ihn, für sich selbst zu leben, während der Geist der Erleuchtung ihn drängt, für Gott zu leben, für die anderen, und das Leben verläuft bei allen nicht einfach leiblich, es verläuft auf der

Resultante, und je näher dem Leben für Gott, desto besser, das leibliche Leben sorgt schon für sich selbst.

STJOPA: Was soll dann der Mittelweg, die Resultante? Wenn es gut ist, so zu leben, dann muß man eben alles hingeben und sterben.

NIKOLAI IWANOWITSCH: Und es wird wunderbar sein. Bemüh dich, es zu tun, und es wird gut sein für dich wie für die anderen.

ALEXANDRA IWANOWNA: Nein, das ist unklar, nicht einleuchtend. C'est tiré par les cheveux.

NIKOLAI IWANOWITSCH: Da ist nichts zu machen. Das läßt sich eben nicht in Worten auseinandersetzen. Lassen wir's doch genug sein.

STJOPA: Wirklich, genug, auch ich begreif's nicht. *Er geht ab.*

NIKOLAI IWANOWITSCH *wendet sich an den Geistlichen*: Also, welchen Eindruck hat das Buch bei Ihnen hinterlassen?

GEISTLICHER *erregt*: Wie soll ich sagen, nun, die historische Seite ist genügend herausgearbeitet, aber es fehlt die rechte Überzeugungskraft, die rechte Glaubwürdigkeit; das Material reicht wohl doch nicht aus. Weder die Göttlichkeit noch die Ungöttlichkeit Christi läßt sich historisch beweisen; es gibt einen einzigen unanfechtbaren Beweis ...

Während des Gesprächs verschwinden zuerst die Damen, später auch Pjotr Semjonowitsch; es bleiben nur der Geistliche und Nikolai Iwanowitsch zurück.

NIKOLAI IWANOWITSCH: Das ist eben die Kirche.

GEISTLICHER: Gewiß, versteht sich, die Kirche, das Zeugnis, nun wohl, glaubwürdiger Personen, das Zeugnis, nun wohl, der Heiligen.

NIKOLAI IWANOWITSCH: Begreiflich, das wäre wunderbar, wenn so eine Bruderschaft existierte, eine unfehlbare, der wir glauben könnten; es wäre zu wünschen, daß es sie gäbe. Aber daraus, daß dies wünschenswert wäre, folgt nicht, daß es sie gibt.

GEISTLICHER: Ich meine, eben das folgt daraus. Der Herr konnte doch nicht, nun wohl, sein Gesetz der Möglichkeit von Entstellungen, von Umdeutungen preisgeben, sondern mußte, nun wohl, eine Hüterin einsetzen, ja, eine Hüterin seiner Wahrheiten, durch deren Gegenwart diese Wahrheiten nicht mehr der Entstellung ausgesetzt sind.

NIKOLAI IWANOWITSCH: Ja, gut. Aber das eine Mal geht es darum, die Wahrheit selbst zu beweisen, während Sie nun die Wahrhaftigkeit der Hüterin der Wahrheit zu beweisen haben.

GEISTLICHER: Hier muß man eben, nun wohl, glauben.

NIKOLAI IWANOWITSCH: Glauben – man muß glauben, ohne Glauben geht es nicht; aber nicht an das glauben, was mir andere sagen, sondern an das, woran zu glauben Sie vom Gang Ihrer eigenen Gedanken, von Ihrem eigenen Verstand veranlaßt werden ... Glauben an Gott, an das wahrhaftige ewige Leben.

GEISTLICHER: Der Verstand kann trügen, jeder hat seinen eigenen Verstand.

NIKOLAI IWANOWITSCH *hitzig:* Das, ja, das ist doch eine schreckliche Lästerung. Von Gott ist uns ein geheiligtes Mittel zum Erkennen der Wahrheit gegeben worden, eines, das uns alle zu einem Ganzen einen kann. Und gerade ihm vertrauen wir nicht.

GEISTLICHER: Wie soll man ihm denn vertrauen, wenn es doch, nun wohl, Uneinigkeit gibt.

NIKOLAI IWANOWITSCH: Wo herrscht Uneinigkeit? Daß zwei mal zwei vier ist, daß ich dem anderen nicht antun darf, was ich mir selber nicht antun lassen möchte, ferner, daß alles seine Ursache hat, und ähnlicher Wahrheiten mehr – das lassen wir alle gelten, weil das mit unserem Verstand übereinstimmt. Nur – daß Gott sich auf dem Berge Sinai dem Moses gezeigt habe oder daß Buddha auf einem Sonnenstrahl davongeflogen oder Mohammed zum Himmel geflogen sei und Christus ebenfalls – über diese und ähnliche Dinge sind wir alle verschiedener Meinung.

GEISTLICHER: Nein, wir sind nicht verschiedener Meinung, wir alle, die wir in der Wahrheit sind; wir sind vereint in dem einen Glauben an Gott, an Christus.

NIKOLAI IWANOWITSCH: Nicht einmal hier sind wir vereint,

sondern alle auseinander. Und dann, warum soll ich euch mehr glauben als einem buddhistischen Lama? Bloß, weil ich in euerm Glauben geboren bin?

Man hört, wie sich die Tennisspieler streiten.

EINE STIMME: Out.

EINE ANDERE STIMME: Nein, nicht out.

WANJA: Ich hab's gesehen.

Während des Gesprächs räumen Lakaien den Tisch ab und bringen dann wieder Tee und Kaffee.

NIKOLAI IWANOWITSCH: Sie sagen: Die Kirche schafft die Einheit. Im Gegenteil, die schrecklichste Uneinigkeit kam immer von der Kirche. »Wie oft habe ich deine Kinder versammeln wollen, wie eine Henne versammelt ihre Küchlein ...«

GEISTLICHER: Das galt für die Zeit vor Christus; Christus hat sie dann doch versammelt.

NIKOLAI IWANOWITSCH: Christus, ja, er versammelte, doch wir trennten, weil wir ihn falsch verstanden. Er hat jegliche Kirche zunichte gemacht.

GEISTLICHER: Und was bedeutet dann das »Sage es der Kirche«?

NIKOLAI IWANOWITSCH: Nicht auf die Worte kommt es an – und diese Worte sagen ja auch gar nichts über die Kirche –, sondern auf den Geist der Lehre. Die Lehre Christi ist allumfassend und schließt jeglichen Glauben ein, und sie läßt nichts gelten, was ausschließt: weder die Auferstehung noch die Göttlichkeit Christi, noch die Sakramente – nichts, was trennt.

GEISTLICHER: Das ist dann eben Ihre, nun wohl, Deutung der Lehre Christi; doch die Lehre Christi gründet sich ganz auf seine Göttlichkeit und die Auferstehung.

NIKOLAI IWANOWITSCH: Deswegen sind die Kirchen ja auch entsetzlich. Sie trennen mit dem, was sie behaupten: nämlich, daß sie im Besitz der vollen, unbezweifelbaren, makellosen Wahrheit seien. »Beschlossen haben der Heilige Geist und wir ...« Das begann schon mit der ersten Apostelversammlung. Seit jener Zeit behaupten sie, sie seien im Besitz der vollen und ausschließlichen Wahrheit. Wenn ich sage: Es gibt Gott, es gibt einen Anfang aller Dinge – so werden mir doch alle zustimmen, und dieses Bekenntnis zu Gott eint uns; wenn ich aber sage: Es gibt den Gott Brahma oder den jüdischen Gott oder die Dreifaltigkeit, so entzweit solche Gottheit. Die Menschen möchten sich vereinen, sie denken sich auch Mittel dafür aus, doch sie verschmähen das eine unbezweifelbare Mittel der Vereinigung: das Streben zur Wahrheit. Es ist beinahe so, als gäben sich Menschen in einem riesigen Gebäude, wo das Licht von oben in der Mitte einfällt, alle Mühe, sich in den Winkeln zu Häufchen zusammenzufinden, statt daß alle zum Licht gingen. Dann würden sie, ohne an Vereinigung zu denken, sich alle vereinen.

GEISTLICHER: Wie soll man aber das Volk lenken und leiten, wenn man eben keine, nun wohl, bestimmte Wahrheit hat?

NIKOLAI IWANOWITSCH: Darin liegt ja das Entsetzliche. Jeder von uns muß danach trachten, seine Seele zu retten, jeder muß an sich selbst das Gotteswerk tun. Doch wir richten unsere Sorge darauf, die anderen Menschen zu retten und zu belehren. Und was lehren wir sie? Schrecklich, daran zu denken. Jetzt, am Ende des 19. Jahrhunderts, lehren wir sie, daß Gott die Welt in sechs Tagen geschaffen, dann die Sintflut und die Arche gemacht und alle Tiere darin untergebracht habe, wir lehren sie all die Dummheiten und Widerwärtigkeiten des Alten Testaments, dann lehren wir sie, Christus habe geboten, daß sie sich taufen ließen oder daß sie an die Ungereimtheit und Scheußlichkeit der Sündenvergebung glaubten, ohne die sie keine Rettung fänden, und er, Christus, sei dann gen Himmel gefahren und sitze dort, im Himmel, den es nicht gibt, zur Rechten des Vaters. Wir haben uns daran gewöhnt, aber es ist doch entsetzlich. Ein kleines Kind, unverbildet, aufgeschlossen für das Gute und die Wahrheit, fragt, was die Welt und welches ihr Gesetz sei, und wir, statt ihm die uns überkommene, einfache Lehre von Liebe und Wahrheit zu erschließen, hämmern ihm mit allem Eifer alle möglichen schauderhaften Ungereimtheiten und Scheußlichkeiten ein und schreiben das noch Gott zu. Das ist doch furchtbar. Ein Verbrechen ist das, wie es kein schlimmeres auf der Welt gibt. Und wir ... und ihr mit eurer Kirche vollendet es. Verzeihen Sie mir.

GEISTLICHER: Ja, wenn man so, nun wohl, rationalistisch die Lehre Christi betrachtet, dann ist es so.

NIKOLAI IWANOWITSCH: Wie immer man es betrachtet, es läuft auf dasselbe hinaus.

Schweigen. Alexandra Iwanowna tritt auf. Der Geistliche schickt sich an zu gehen und verbeugt sich.

ALEXANDRA IWANOWNA: Verzeihen Sie, ehrwürdiger Vater, er bringt Sie ganz durcheinander, hören Sie nicht auf ihn.

GEISTLICHER: Nein, forschen Sie nach in der Heiligen Schrift. Die Sache ist zu wichtig, als daß man sie, nun wohl, einfach abtun könnte. *Er geht ab.*

ALEXANDRA IWANOWNA: Wirklich, Nicolas, du gehst erbarmungslos mit ihm um. Er ist zwar ein Geistlicher, zugleich aber noch ein Junge, er kann noch keine festen Auffassungen haben, er hat sich noch nicht gefestigt ...

NIKOLAI IWANOWITSCH: Soll man ihm Zeit lassen, sich zu festigen, zu verhärten im Betrug? Nein, warum. Er ist doch ein guter, aufrichtiger Mensch.

ALEXANDRA IWANOWNA: Aber was geschähe mit ihm, wenn er dir glaubte?

NIKOLAI IWANOWITSCH: Er braucht mir nicht zu glauben. Doch wenn er die Wahrheit einsähe, so wäre das gut und schön, sowohl für ihn als auch für alle anderen.

ALEXANDRA IWANOWNA: Wenn es gut und schön wäre, so würden dir doch alle glauben; aber das Gegenteil ist der Fall, keiner glaubt dir, am wenigsten deine Frau. Und sie kann dir auch nicht glauben.

NIKOLAI IWANOWITSCH: Wer hat dir denn das gesagt?

ALEXANDRA IWANOWNA: Mach du ihr das mal begreiflich. Sie wird's nicht verstehn, auch ich versteh es nicht, und niemand auf der Welt wird es verstehen, daß man sich um fremde Menschen sorgen, seine eigenen Kinder aber im Stich lassen soll. Also, mach das Mascha begreiflich.

NIKOLAI IWANOWITSCH: Auch Mascha wird es ganz bestimmt verstehen. Und – verzeih mir, Alina, aber wenn da keine

Einflüsse von außen wären, denen nachzugeben sie sehr geneigt ist, so würde sie mich verstehen und mir auf meinem Weg folgen.

ALEXANDRA IWANOWNA: Der dahin führt, daß eure Kinder leer ausgingen und alles dem betrunkenen Jefim et compagnie zufiele? Niemals. Und daß du böse auf mich bist, das, verzeih mir, kann ich nicht umhin zu bemerken.

NIKOLAI IWANOWITSCH: Ich bin nicht böse. Im Gegenteil, ich bin sogar sehr froh, daß du deine Meinung gesagt hast und mir die Gelegenheit gibst, ja mich aufforderst, ihr meine ganze Auffassung unmittelbar darzulegen. Heute habe ich unterwegs darüber nachgedacht, und ich werde ihr's gleich sagen; du wirst sehen, sie wird mir, weil sie klug und gut ist, zustimmen.

ALEXANDRA IWANOWNA: Nun, daran erlaube mir zu zweifeln.

NIKOLAI IWANOWITSCH: Nein, ich zweifle nicht. Denn das ist nicht bloß so ein Einfall von mir, sondern nur das, was wir alle wußten und was Christus uns enthüllt hat.

ALEXANDRA IWANOWNA: Ja, nach deiner Auffassung hat Christus das enthüllt, nach meiner etwas anderes.

NIKOLAI IWANOWITSCH: Es kann nichts anderes sein.

Lärm bei den Tennisspielern.

LJUBA: Out.

WANJA: Nein, wir haben nichts gesehen.

LISANKA: Ich hab's gesehen, dort ist er aufgeschlagen.

LJUBA: Out, out, out.

WANJA: Gar nicht wahr.

LJUBA: Erstens gehört es sich nicht, zu sagen: gar nicht wahr.

WANJA: Und ich meine, es gehört sich nicht, zu sagen, was gar nicht wahr ist.

NIKOLAI IWANOWITSCH: Warte doch, streite nicht, sondern hör mir zu.

ALEXANDRA IWANOWNA: Gut, ich höre zu.

NIKOLAI IWANOWITSCH: Es ist doch wahr, daß wir alle jeden Augenblick sterben können und daß wir dann ins Nichts gelangen oder zu Gott, der von uns ein Leben nach seinem Willen verlangt?

ALEXANDRA IWANOWNA: Und?

NIKOLAI IWANOWITSCH: Was kann ich also in diesem Leben anderes tun als einzig das, was der höchste Richter in meiner Seele, das Gewissen, Gott von mir verlangt. Und das Gewissen, Gott verlangt, daß ich alle für gleich erachte, alle liebe, allen diene.

ALEXANDRA IWANOWNA: Auch den eigenen Kindern.

NIKOLAI IWANOWITSCH: Gewiß, auch den eigenen, doch jedenfalls, daß ich alles tue, was das Gewissen von mir fordert. Die Hauptsache ist, ich begreife, daß mein Leben nicht mir und deines nicht dir gehört, sondern Gott, der uns geschickt hat und der von uns verlangt, daß wir seinen Willen erfüllen. Und sein Wille ...

ALEXANDRA IWANOWNA: Und davon wirst du Mascha überzeugen?

NIKOLAI IWANOWITSCH: Ganz bestimmt.

ALEXANDRA IWANOWNA: Und sie wird aufhören, ihre Kinder zu erziehen, wie es nötig ist, wird sie im Stich lassen ... Niemals!

NIKOLAI IWANOWITSCH: Nicht nur sie wird's begreifen, auch du wirst begreifen, daß man gar nichts anderes tun kann.

ALEXANDRA IWANOWNA: Niemals!

Marja Iwanowna tritt auf.

NIKOLAI IWANOWITSCH: Nun, Mascha, habe ich dich heute früh auch nicht aus dem Schlaf gerissen?

MARJA IWANOWNA: Nein, ich war ohnehin wach. Hattest du eine gute Fahrt?

NIKOLAI IWANOWITSCH: Ja, eine sehr gute.

MARJA IWANOWNA: Warum trinkst du das? Ist doch ganz kalt. Übrigens müssen wir ansetzen lassen für die Gäste. Weißt du, die Tscheremschanowa kommt, mit Sohn und Tochter.

NIKOLAI IWANOWITSCH: Nun, wenn sie dir willkommen sind, freue ich mich sehr.

MARJA IWANOWNA: Ich habe die Tscheremschanowa gern, auch die jungen Leute. Bloß, ein bißchen ungelegen kommen sie.

ALEXANDRA IWANOWNA *steht auf*: Also, sprich mit ihm, ich gehe dem Tennisspiel zuschauen. *Sie geht ab.*

Schweigen, dann beginnen Nikolai Iwanowitsch und Marja Iwanowna gleichzeitig zu sprechen.

MARJA IWANOWNA: Sie kommen ungelegen, weil wir miteinander zu sprechen haben.

NIKOLAI IWANOWITSCH: Ich sagte eben zu Alina ...

MARJA IWANOWNA: Was?

NIKOLAI IWANOWITSCH: Nein, sprich du.

MARJA IWANOWNA: Ich wollte über Stjopa sprechen. Es muß doch eine Entscheidung getroffen werden. Er quält sich, der Ärmste, weiß nicht, was aus ihm werden soll. Er kommt zu mir, doch schließlich kann ich nicht entscheiden.

NIKOLAI IWANOWITSCH: Was denn auch. Er kann seine Fragen selber lösen.

MARJA IWANOWNA: Du weißt doch, er will als Freiwilliger zur Garde, und dazu muß er von dir die Bestätigung haben; außerdem braucht er dann Mittel zu seinem Unterhalt, und du gibst ihm keine. *Sie erregt sich.*

NIKOLAI IWANOWITSCH: Mascha, um Gottes willen, reg dich nicht auf, sondern hör mir zu. Es ist nicht einfach so, daß ich nichts gebe. Aus eigenem Antrieb in den Militärdienst treten, das halte ich entweder für einen dummen, törichten, zu einem stumpfsinnigen Menschen passenden Schritt, sofern der Betreffende nicht die ganze Widerwärtigkeit dieses Handwerks begreift, oder für einen gemeinen Schritt, sofern er aus Berechnung getan wird.

MARJA IWANOWNA: Jetzt ist für dich eben alles stumpfsinnig und töricht. Zum Militär muß er ja doch. Auch du hast gedient.

NIKOLAI IWANOWITSCH *sich ereifernd*: Ich habe gedient – zu einer Zeit, da ich nichts begriff, da keiner mir's sagte; doch es geht nicht um mich. Es geht um ihn.

MARJA IWANOWNA: Wieso nicht um dich – du gibst ihm kein Geld.

NIKOLAI IWANOWITSCH: Ich kann ihm nicht geben, was mir nicht gehört.

MARJA IWANOWNA: Wieso nicht gehört?

NIKOLAI IWANOWITSCH: Mir gehören nicht die Früchte der Mühen anderer Menschen. Das Geld, das ich ihm geben würde, müßte ich aus anderen herauspressen. Dazu habe ich kein Recht, ich kann es nicht. Solange ich über das Gut verfüge, kann ich nicht anders verfügen, als es mir mein Gewissen befiehlt. Ich kann nicht die Früchte der Mühen bis zur Erschöpfung schuftender Bauern hingeben für die Trinkgelage von Leibhusaren. Nehmt mir das Gut, dann bin ich nicht verantwortlich.

MARJA IWANOWNA: Du weißt doch, daß ich das nicht will und auch nicht kann. Ich muß erziehen und muß nähren und muß gebären. Das ist so unendlich schwer ...

NIKOLAI IWANOWITSCH: Mascha, Liebste! Aber es geht doch gar nicht um das alles. Als du zu sprechen begannst, setzte ich auch gerade an, ich wollte mich mit dir so recht von Herzen unterhalten. Denn so geht es doch nicht weiter. Wir leben zusammen und verstehen einander nicht. Manchmal scheint es, als wollten wir einander gar nicht verstehen.

MARJA IWANOWNA: Ich will es erfassen, aber ich verstehe dich nicht, verstehe dich nicht. Ich weiß nicht, was mit mir geschehen ist.

NIKOLAI IWANOWITSCH: So versteh doch jetzt. Wenn es auch nicht der rechte Augenblick ist. Aber weiß Gott, wann dieser Augenblick einmal kommt. Versteh du gar nicht so sehr mich als dich selbst; dein eigenes Leben sollst du verstehen. Man kann doch so nicht leben – nicht wissend, wozu.

MARJA IWANOWNA: So haben wir aber gelebt, und sehr schön gelebt. *Sie bemerkt einen Ausdruck des Verdrusses.* Schon gut, gut, ich höre zu.

NIKOLAI IWANOWITSCH: Das ist es ja, daß ich so lebte, so, das heißt, nicht bedenkend, wozu ich lebe; doch es kam der Augenblick, da ich mich entsetzte. Nun ja doch, von fremden Mühen leben wir, wir leben, indem wir andere zwingen, für uns zu arbeiten, indem wir Kinder in die Welt setzen und sie für dasselbe Leben erziehen. Ja, dann kommt das Alter, der Tod, und ich werde mich fragen: Wozu habe ich gelebt? Um Parasiten zu zeugen, wie ich einer bin? Und vor allem: Keine

Freude bringt dieses Leben. Es ist freilich noch erträglich, solange man, wie jetzt Wanja, von Lebensenergie sprüht.

MARJA IWANOWNA: Alle leben doch so.

NIKOLAI IWANOWITSCH: Und alle sind unglücklich.

MARJA IWANOWNA: Überhaupt nicht.

NIKOLAI IWANOWITSCH: Ich wenigstens sah ein, daß ich unglücklich war und dein und der Kinder Unglück bewirkte, und so fragte ich mich: Hat uns denn Gott wirklich dafür geschaffen? Und kaum daß ich darüber nachdachte, fühlte ich: nein, nicht dafür. Ich fragte mich: Aber wofür hat uns Gott denn geschaffen?

Ein Lakai tritt auf.

MARJA IWANOWNA *hört nicht auf ihren Mann, wendet sich dem Lakaien zu*: Bringen Sie aufgekochte Sahne.

NIKOLAI IWANOWITSCH: Und im Evangelium fand ich die Antwort, daß wir keineswegs für uns selbst leben. Das enthüllte sich mir deutlich, als ich einmal über die Geschichte von den Weingärtnern nachdachte. Kennst du sie?

MARJA IWANOWNA: Ich weiß, ja, von den Arbeitern im Weinberg.

NIKOLAI IWANOWITSCH: Diese Geschichte hat mir, ich weiß nicht, warum, deutlicher als alles andere gezeigt, worin mein Fehler bestand. Wie die Weingärtner, die meinten, der Weinberg sei ihr Eigentum, so hatte auch ich geglaubt, mein Leben gehöre eben mir, und alles war entsetzlich; da begriff ich, daß mein Leben nicht mir gehört, daß ich vielmehr in die Welt geschickt bin, um Gotteswerk zu tun.

MARJA IWANOWNA: Ja doch, das wußten wir alle.

NIKOLAI IWANOWITSCH: Wenn wir es wußten, können wir doch nicht weiter so leben wie jetzt, da unser ganzes Leben nicht nur seinen Willen nicht erfüllt, sondern im Gegenteil ihn ständig mißachtet.

MARJA IWANOWNA: Wieso denn mißachtet, wenn wir leben, ohne jemandem ein Leid anzutun?

NIKOLAI IWANOWITSCH: Wie kannst du sagen: ohne jemandem ein Leid anzutun? Eben das ist jene Auffassung vom Leben, wie sie die Weingärtner hatten. Wir sind doch ...

MARJA IWANOWNA: Ich kenne die Geschichte. Er hat ja allen zu gleichen Teilen gegeben.

NIKOLAI IWANOWITSCH *nach einer Weile des Schweigens*: Nein, das ist eine andere Geschichte. Aber eines, Mascha, denk darüber nach: Nur ein Leben haben wir, und wir können es heilig leben oder verderben.

MARJA IWANOWNA: Ich kann nicht denken, nicht überlegen. Nachts liege ich wach, ich nähre, ich führe das ganze Haus, und du, statt mir zu helfen, sprichst zu mir von Dingen, die ich nicht verstehe.

NIKOLAI IWANOWITSCH: Mascha!

MARJA IWANOWNA: Und jetzt auch noch die Gäste.

NIKOLAI IWANOWITSCH: Nein, wir sprechen weiter darüber, du wirst es verstehen. *Er küßt sie.* Ja?

MARJA IWANOWNA: Ja, nur sei wieder so wie früher.

NIKOLAI IWANOWITSCH: Das kann ich nicht, doch du hör mir zu.

Man hört Glöckchen klingen und eine Equipage vorfahren.

MARJA IWANOWNA: Jetzt ist keine Zeit mehr, sie sind da. Ich gehe zu ihnen. *Sie verschwindet um die Hausecke.*

Stjopa und Ljuba gehen in dieselbe Richtung.

WANJA *springt über eine Bank*: Ich gebe nicht auf. Wir spielen zu Ende. Ljuba! Na, wie?

LJUBA *ernst*: Bitte keine Faxen.

Alexandra Iwanowna, ihr Mann und Lisanka treten auf die Veranda. Nikolai Iwanowitsch wandert nachdenklich auf und ab.

ALEXANDRA IWANOWNA: Nun, hast du sie überzeugt?

NIKOLAI IWANOWITSCH: Alina! Was zwischen uns vorgeht, ist etwas Großes, Ernstes. Späße sind da fehl am Platze. Nicht ich will überzeugen, sondern das Leben, die Wahrheit, Gott; ja, er will überzeugen, und darum kann sie gar nicht anders, sie wird es einsehen, wenn nicht heute, so morgen, wenn nicht morgen ... Schrecklich, daß alle immer keine Zeit haben. Wer ist denn gekommen?

PJOTR SEMJONOWITSCH: Die Tscheremschanows, Catiche Tscheremschanowa, die ich achtzehn Jahre lang nicht gesehen habe. Das letzte Mal, als wir uns sahen, sangen wir zusammen: La ci darem la mano. *Er singt.*

ALEXANDRA IWANOWNA *zu ihrem Mann*: Bitte, rede nicht dazwischen und bild dir nicht ein, ich würde mich mit Nicolas zerstreiten. Ich spreche die Wahrheit. *Zu Nikolai Iwanowitsch:* Mir ist keineswegs nach Späßen zumute, es wundert mich nur, daß du gerade in dem Augenblick Mascha überzeugen wolltest, als sie sich entschlossen hatte, mit dir zu sprechen.

NIKOLAI IWANOWITSCH: Na, gut, gut. Da kommen sie. Sag bitte Mascha, ich bin in meinem Zimmer.

Vorhang

ZWEITER AKT

Auf dem Lande, am selben Ort, eine Woche später. Die Bühne stellt einen großen Salon dar. Der Tisch ist gedeckt – ein Samowar, Tee, Kaffee. An der Wand steht ein Flügel; ferner sieht man ein Schränkchen mit Noten. Am Tisch sitzen: Marja Iwanowna, die Fürstin und Pjotr Semjonowitsch.

PJOTR SEMJONOWITSCH: Ja, Fürstin, es ist eine Weile her, scheint es, daß Sie die Rosine sangen und ich ... Jetzt tauge ich nicht mal mehr zum Don Basilio.

FÜRSTIN: Jetzt können die Kinder singen. Nur – wir haben andere Zeiten.

PJOTR SEMJONOWITSCH: Ja, positive Zeiten ... Ihre Prinzessin spielt aber sehr ernsthaft, sehr gut. Was ist überhaupt mit den jungen Leuten, schlafen sie noch?

MARJA IWANOWNA: Sie haben gestern einen Mondscheinritt gemacht und sind sehr spät zurückgekehrt. Ich stillte gerade und hörte sie kommen.

PJOTR SEMJONOWITSCH: Und wann wird meine teuerste Gemahlin sich wieder einfinden? Haben Sie den Wagen nach ihr geschickt?

MARJA IWANOWNA: Es war noch sehr früh, als sie aufbrachen. Sie muß bald wieder dasein.

FÜRSTIN: Ist Alexandra Iwanowna nur gefahren, um Vater Gerassim zu holen?

MARJA IWANOWNA: Ja, gestern kam ihr der Gedanke, und sogleich eilte sie davon.

FÜRSTIN: Quelle énergie! Je l'admire.

PJOTR SEMJONOWITSCH: Oh, pour ceci ce n'est pas ce qui nous manque. *Er holt eine Zigarre hervor.* Also, ich gehe jetzt rauchen und mit den Hunden im Park spazieren, bis die jungen Leute aufstehen. *Er geht ab.*

FÜRSTIN: Ich weiß nicht, liebe Marja Iwanowna, aber mir scheint, Sie nehmen sich das alles übermäßig zu Herzen. Ich verstehe ihn. Das ist so eine Hochstimmung. Und wennschon, wenn er auch den Armen reichlich gibt? Wir denken ohnehin zuviel an uns selbst.

MARJA IWANOWNA: Wenn es sich wenigstens darauf beschränkte! Aber Sie kennen ihn nicht, Sie wissen nicht alles. Das ist keine Hilfe für die Armen, es ist ein völliger Umschwung – alles wird zunichte gemacht.

FÜRSTIN: Ich möchte nicht in Ihre Familienangelegenheiten eindringen, aber falls Sie erlauben ...

MARJA IWANOWNA: Nein, ich betrachte Sie durchaus als zur Familie gehörig, besonders jetzt.

FÜRSTIN: Ich würde Ihnen raten, unmittelbar und offen Ihre Forderungen zu äußern und eine Übereinkunft mit ihm darüber zu treffen, bis zu welchen Grenzen ...

MARJA IWANOWNA *sehr erregt*: Da gibt es eben keine Grenzen, alles will er weggeben. Er will, daß ich jetzt, in meinen Jahren, Köchin, Waschfrau werde.

FÜRSTIN: Das kann doch nicht sein! Nicht zu fassen!

MARJA IWANOWNA *holt einen Brief hervor*: Wir sind allein, und ich bin froh, Ihnen alles sagen zu können. Gestern hat er mir diesen Brief geschrieben. Ich lese ihn vor.

FÜRSTIN: Wie, er lebt mit Ihnen in einem Hause und schreibt Briefe? Höchst merkwürdig!

MARJA IWANOWNA: Nein, das verstehe ich. Er regt sich so auf, wenn er spricht. In letzter Zeit fürchte ich für seine Gesundheit.

FÜRSTIN: Was schreibt er denn?

MARJA IWANOWNA: Also. Sie liest. »Du wirfst mir vor, daß ich das Leben, wie wir es führten, zerstöre und nichts Neues gebe, daß ich nicht sage, wie ich das Familienleben einrichten will. Wenn wir anfangen, miteinander zu sprechen, regen wir uns auf; deshalb schreibe ich. Warum ich nicht weiter so leben kann, wie ich lebte, habe ich schon viele Male gesagt, und davon überzeugen, daß man so nicht leben darf, sondern christlich leben muß – das kann ich nicht in einem Brief. Du kannst eines von beiden tun: entweder der Wahrheit glauben und mir freien Mutes folgen oder mir glauben, dich mir ganz anvertrauen und mir auf Treu und Glauben folgen.« *Sie unterbricht das Vorlesen.* Ich kann weder das eine noch das andere. Ich meine nicht, daß es nötig ist, so zu leben, wie er es will, mir tun die Kinder leid, und mich ihm ganz anvertrauen – das kann ich auch nicht. *Sie liest weiter:* »Hier nun mein Plan: Unseren Boden geben wir den Bauern, für uns behalten wir fünfzig Deßjatinen und den ganzen Obstgarten, den Gemüsegarten und die Wiese am Fluß. Wir werden uns bemühen, selbst zu arbeiten, doch weder uns noch den Kindern Zwang antun. Was wir behalten, kann uns immerhin rund fünfhundert Rubel einbringen.«

FÜRSTIN: Mit einer siebenköpfigen Kinderschar von fünfhundert Rubeln leben! Unmöglich.

MARJA IWANOWNA: Zu dem ganzen Plan gehört, daß das Haus abzugeben sei und als Schule diene und wir im Gärtnerhäuschen leben würden, in zwei Zimmern.

FÜRSTIN: Ja, jetzt glaube ich auch beinahe, daß es etwas Krankhaftes ist. Was haben Sie geantwortet?

MARJA IWANOWNA: Ich habe gesagt, daß ich nicht kann, daß ich allein ihm auf allen Wegen folgen würde, aber mit den Kindern … Bedenken Sie doch, daß ich den Nikolenka stille. Ich sage also: Man kann nicht alles auf Biegen und Brechen verändern. Ich bin einfach nicht dafür geschaffen. Und bin schon schwach und alt. Schließlich: neun Kinder zu gebären und zu stillen …

FÜRSTIN: Ja. Ich hatte nicht im mindesten gedacht, daß es so weit gehe.

MARJA IWANOWNA: Dabei blieb es, und nun weiß ich nicht, was geschehen wird. Gestern hat er den Bauern aus Dmitrowka die Pacht erlassen, er will ihnen den Boden ganz geben.

FÜRSTIN: Ich meine, das dürfen Sie nicht zulassen. Sie sind verpflichtet, die Belange der Kinder zu verteidigen. Wenn er seinen Besitz nicht nutzen und verwalten kann, soll er ihn Ihnen übertragen.

MARJA IWANOWNA: Das eben möchte ich nicht.

FÜRSTIN: Sie müssen es tun um der Kinder willen. Soll er den Besitz auf Ihren Namen überschreiben lassen.

MARJA IWANOWNA: Sascha, meine Schwester, hat ihm das schon gesagt. Er hat erwidert, er habe kein Recht dazu; der Boden gehöre denen, die ihn bearbeiten, und er sei verpflichtet, ihn den Bauern zu geben.

FÜRSTIN: Ja, jetzt verstehe ich; es ist viel ernster, als ich geglaubt hatte.

MARJA IWANOWNA: Der Geistliche, der Geistliche steht auf seiner Seite.

FÜRSTIN: Ja, ich habe es gestern bemerkt.

MARJA IWANOWNA: Da ist meine Schwester nun nach Moskau gefahren, um mit dem Notar zu sprechen, und vor allem, um Vater Gerassim zu holen, damit er ihn überzeuge.

FÜRSTIN: Ja, ich meine, das Christentum besteht nicht darin, daß man seine eigene Familie ins Verderben stürzt.

MARJA IWANOWNA: Er wird aber auch Vater Gerassim nicht glauben. Er bleibt so fest, und wenn er redet, wissen Sie, kann ich ihm nicht widersprechen. Das ist ja das Schreckliche, daß ich glaube, er hat recht.

FÜRSTIN: Das kommt daher, daß Sie ihn lieben.

MARJA IWANOWNA: Ich weiß nicht, woher, es ist nur schrecklich, schrecklich. So bleibt denn alles ungelöst. Und da haben wir das Christentum.

Die Kinderfrau tritt ein.

KINDERFRAU: Möchten Sie bitte ... Nikolenka schreit, er ist aufgewacht.

MARJA IWANOWNA: Sofort. Ich bin so voller Unruhe, und der kleine Kerl hat Leibschmerzen. Ich komme, ich komme.

Aus der anderen Tür tritt Nikolai Iwanowitsch, einen Bogen Papier in der Hand.

NIKOLAI IWANOWITSCH: Nein, das ist unmöglich.

MARJA IWANOWNA: Was ist geschehen?

NIKOLAI IWANOWITSCH: Das: Für eine von unseren Fichten wird der Pjotr ins Gefängnis gesteckt.

MARJA IWANOWNA: Wieso?

NIKOLAI IWANOWITSCH: So. Er hat sie abgesägt, die Sache kam vor den Friedensrichter, der verurteilte ihn zu drei Monaten Gefängnis. Seine Frau war eben hier.

MARJA IWANOWNA: Und läßt sich da nichts machen?

NIKOLAI IWANOWITSCH: Jetzt nicht mehr. Eins ist möglich: keinen Wald besitzen. Und ich werde keinen mehr besitzen. Aber was soll ich tun? Ich gehe zu ihm und sehe, ob ich nicht das, was wir angerichtet haben, etwas mildern kann.

Er will auf die Veranda; von dort kommen ihm Boris und Ljuba entgegen.

LJUBA: Guten Tag, Papa. *Sie küßt ihn.* Wohin willst du?

NIKOLAI IWANOWITSCH: Ich war im Dorf und will wieder hin. Dort schleppen sie jetzt einen hungernden Menschen ins Zuchthaus dafür, daß er ...

LJUBA: Gewiß den Pjotr.

NIKOLAI IWANOWITSCH: Ja, den Pjotr. *Er geht ab.*

LJUBA *setzt sich an den Samowar*: Möchten Sie Kaffee oder Tee?

BORIS: Ganz gleich.

LJUBA: Immer dasselbe. Und ich sehe kein Ende.

BORIS: Ich verstehe ihn nicht. Ich weiß, das Volk ist arm, lebt in Unbildung, man muß ihm helfen, aber doch nicht auf diese Weise, daß man Spitzbuben ermutigt.

LJUBA: Auf welche Weise denn?

BORIS: Durch unser ganzes Tun. All unser Wissen und Können sollen wir daran setzen, ihm zu dienen, doch das eigene Leben sollen wir nicht hingeben.

LJUBA: Und Papa sagt, gerade das sei nötig.

BORIS: Verstehe ich nicht. Man kann dem Volk dienen, ohne das eigene Leben zu verderben. So will ich mein eigenes Leben einrichten. Wenn nur du ...

LJUBA: Ich will das, was du willst, und fürchte mich vor nichts.

BORIS: Und diese Ohrringe, dieses Kleid?

LJUBA: Die Ohrringe kann man verkaufen, und auch in einem anderen Kleid braucht man nicht wie eine Vogelscheuche auszusehen.

BORIS: Ich möchte noch mit ihm sprechen. Was meinst du, falle ich ihm zur Last, wenn ich ihm nachlaufe, ins Dorf?

LJUBA: Bestimmt nicht. Ich sehe, er hat dich liebgewonnen und gestern abend immer mehr zu dir gesprochen.

BORIS *trinkt den Kaffe aus*: Also gehe ich.

LJUBA: Geh nur, ich will unterdessen Lisanka und Tonja wecken.

Sie gehen nach verschiedenen Seiten ab.

Vorhang

Der Schauplatz wechselt. Eine Dorfstraße. Vor einem der Bauernhäuser liegt Iwan Sjabrew, mit einer Felljacke zugedeckt.

IWAN: Malaschka!

Hinter dem Haus tritt ein kleines, kläglich anzusehendes Mädchen hervor, sie trägt ein ganz kleines Kind auf dem Arm. Das Kind auf dem Arm schreit.

Wasser. Hab Durst.

Malaschka geht ins Haus, von dort hört man den Kleinen laut schreien; sie bringt eine Schöpfkelle mit Wasser.

Warum haust du den Kleinen immer, daß er brüllt. Wart nur, ich sag's der Mutter.

MALASCHKA: Sag's der Mutter. Vor Hunger brüllt er.

IWAN *trinkt*: Müßtest bei den Djomkins um Milch bitten.

MALASCHKA: Ich war dort, umsonst. Ist gar niemand zu Hause.

IWAN: Ach, wenn doch bald der Tod käme. War schon das Mittagsläuten?

MALASCHKA: Ist schon wer weiß wie lang her. Das Läuten. Da kommt der Herr.

Nikolai Iwanowitsch tritt auf.

NIKOLAI IWANOWITSCH: Warum liegst du vorm Haus?

IWAN: Drin, da sind Fliegen, ist auch so heiß.

NIKOLAI IWANOWITSCH: Frierst also nicht mehr?

IWAN: Wie Feuer brennt's jetzt überall.

NIKOLAI IWANOWITSCH: Und wo ist Pjotr? Zu Hause?

IWAN: Doch nicht zu Hause, zu so einer Zeit. Auf dem Feld ist er, Garben holen.

NIKOLAI IWANOWITSCH: Man hat mir doch gesagt, sie schaffen ihn ins Gefängnis?

IWAN: Na, ja, der Amtmann ist halt aufs Feld, ihn holen.

Ein schwangeres Bauernweib tritt auf – mit einer Hafergarbe und einem Rechen. Sie versetzt gleich der Malaschka einen Hieb ins Genick.

BÄUERIN: Warum läßt du den Kleinen drin liegen. Hörst doch, wie er brüllt. Immer bloß auf die Straße rennen.

MALASCHKA *heult*: Bin doch grad erst raus. Vater wollt was zu trinken.

BÄUERIN: Paß nur auf, du! *Sie sieht den Herrn.* Guten Tag, Väterchen Nikolai Iwanowitsch. Eine Sünd ist das mit denen. Ich kann nicht mehr, alles muß ich allein schaffen. Den letzten, der arbeiten kann, holen sie ins Gefängnis. Und der faule Hund wälzt sich hier rum.

NIKOLAI IWANOWITSCH: Was redest du, er ist doch krank.

BÄUERIN: Also der ist krank und ich nicht? Wenn's ums Arbeiten geht, ist er krank. Aber saufen und mir die Haare ausraufen – wenn's darum geht, ist er nicht krank. Soll er verrecken wie ein Köter. Was macht mir's aus!

NIKOLAI IWANOWITSCH: Wie kannst du so sündhaft reden!

BÄUERIN: Ich weiß, 's ist sündhaft; aber mein Groll, der muß halt raus. Da bin ich nun schwanger, aber arbeiten tu ich für zwei. Die anderen haben schon abgeerntet, und bei uns sind zwei Morgen noch nicht mal gemäht. Ich hätt weiter binden müssen, aber das geht ja nicht, muß nach Hause, nach den Kindern schaun.

NIKOLAI IWANOWITSCH: Der Hafer wird gemäht, ich dinge Tagelöhner, auch zum Binden.

BÄUERIN: Das Binden, das besorg ich schon allein, wenn's nur recht schnell geschafft wär. Was meinen Sie, Nikolai Iwanowitsch, er wird doch sterben. Es geht ihm arg schlecht.

NIKOLAI IWANOWITSCH: Ich weiß nicht. O ja, es geht ihm wohl wirklich schlecht. Ich habe vor, ihn ins Krankenhaus zu bringen.

BÄUERIN: Du lieber Gott! *Sie bricht in Wehklagen aus.* Schaff ihn nicht fort, soll er doch hier sterben. *Zu ihrem Mann:* Und was willst du?

IWAN: Ins Krankenhaus. Hier geht's einem dreckiger als wie einem Hund.

BÄUERIN: Ich weiß halt nicht. Hab keinen Verstand mehr im Kopf. Malaschka, das Mittagessen.

NIKOLAI IWANOWITSCH: Was gibt's denn bei euch zu Mittag?

BÄUERIN: Was schon, Kartoffeln und Brot. Es fehlt ja auch am Essen.

Sie geht ins Haus.

Man hört Schweine quieken und Kinder schreien.

IWAN *stöhnt*: Och, lieber Gott, käm doch der Tod.

Boris tritt auf.

BORIS: Kann ich Ihnen nicht nützlich sein?

NIKOLAI IWANOWITSCH: Nützlich kann man hier keinem andern sein. Das Übel sitzt zu tief. Nützlich sein kann man nur sich selbst, indem man sieht, worauf wir unser Glück bauen. Da ist eine Familie: fünf Kinder, die Frau schwanger und der Mann krank; zu essen haben sie nichts als Kartoffeln, und jetzt eben soll sich entscheiden, ob sie im kommenden Jahr satt sein werden oder nicht. Und helfen kann man nicht. Womit? Ich werde ihr einen Tagelöhner dingen. Aber wer wird der Tagelöhner sein? Auch so einer, der aus Trunksucht und Not die eigene Wirtschaft verkommen läßt.

BORIS: Was also, verzeihen Sie, tun Sie dann hier?

NIKOLAI IWANOWITSCH: Ich erkenne die eigene Lage, erkenne, wer uns den Garten sauber hält, die Häuser baut, wer unsere Kleider macht, uns ernährt und anzieht.

Es kommen Männer mit Sensen und Frauen mit Rechen; sie verbeugen sich.

Nikolai Iwanowitsch hält einen der Bauern an. Jermil, willst du, ich nehm dich als Tagelöhner, damit du bei ihnen da mähst?

JERMIL *schüttelt den Kopf*: Ich tät's ja von Herzen gern, aber es geht einfach nicht – das eigne ist noch nicht eingefahren, wir hetzen uns grade ab, daß wir's reinkriegen. Wie steht's denn, wird der Iwan sterben?

EIN ANDERER BAUER: Vielleicht verdingt sich Onkel Sewastjan. Onkel Sewastjan, sie suchen einen Tagelöhner, zum Mähen.

SEWASTJAN: Verding dich selber. Heut ernährt ein Tag das ganze Jahr.

Sie gehen weiter.

NIKOLAI IWANOWITSCH: Sie alle sind halb verhungert, leben von trockenem Brot und Wasser, sind krank, viele von ihnen alt. Nehmen Sie dort den Greis, er hat schlimmes Gliederreißen, doch er arbeitet von morgens vier bis abends zehn; er lebt kaum noch. Und wir? Kann man denn, wenn man das begriffen hat, ruhig leben und sich für einen Christen halten? Wennschon nicht für einen Christen, so wenigstens nicht für ein wildes Tier.

BORIS: Was aber soll man tun?

NIKOLAI IWANOWITSCH: Nicht teilhaben an diesem Übel, kein Land besitzen, nicht den Erwerb anderer verzehren. Wie man das erreichen kann, weiß ich nicht. Es geht doch darum ... wenigstens war es so bei mir. Ich lebte und begriff gar nicht, wie ich lebte, begriff nicht, daß ich ein Sohn Gottes bin, daß wir alle Söhne Gottes und Brüder sind. Doch als ich das begriffen hatte, als ich begriffen hatte, daß alle die gleichen Rechte aufs Leben haben, kehrte sich mein Leben von Grund auf um. Ich kann Ihnen das übrigens jetzt nicht erklären. Nur soviel: Früher war ich blind, wie die Meinen zu Hause blind sind, aber jetzt haben sich mir die Augen geöffnet. Und ich muß sehen, ich kann nicht anders. Da ich aber sehe, kann ich nicht so weiterleben. Doch sprechen wir nachher darüber. Jetzt gilt es zu tun, was getan werden kann.

Es kommen der Amtmann, Pjotr, Pjotrs Frau und ein Junge.

PJOTR *wirft sich Nikolai Iwanowitsch zu Füßen*: Verzeih mir, um Christi willen, jetzt ist es aus mit mir. Die Frau, wie soll die zurechtkommen. Ging's denn nicht mit einer Bürgschaft?

NIKOLAI IWANOWITSCH: Ich fahre hin, werde schreiben. *Zum Amtmann*: Läßt sich's nicht machen, daß er jetzt hierbleibt?

AMTMANN: Wir haben Befehl, müssen ihn abliefern.

NIKOLAI IWANOWITSCH: So geh denn, ich beschaff einen Tagelöhner, ich tue, was ich kann. Ich nehm es selber in die Hand. Wie kann man so leben? *Er geht ab.*

Vorhang

Der Schauplatz wechselt. Am selben Ort, auf dem Lande. Der Salon. Tonja hat eine Sonate von Schumann gespielt und sitzt am Flügel. Neben dem Flügel steht Stjopa. Im Salon sitzen Ljuba, Boris, Lisanka, Mitrofan Jermilowitsch und der Geistliche. Nach dem Spiel befinden sich alle, außer Boris, noch im Banne der Musik.

LJUBA: Das Andante, wie herrlich.

STJOPA: Nein, das Scherzo. Ach, das Ganze ist herrlich.

LISANKA: Sehr schön.

STJOPA: Ich hatte überhaupt nicht gedacht, daß Sie so eine Künstlerin sind. Sie haben ideal, meisterhaft gespielt. Man spürt: Schwierigkeiten bestehen nicht mehr, Sie denken nur an den Ausdruck, und der, den Sie finden, ist bewundernswert fein.

LJUBA: Und edel.

TONJA: Ich dagegen habe das Gefühl, es sei nicht das, was ich möchte. Es fehlt noch manches.

LISANKA: Nun hör aber auf! Es war bewundernswert!

LJUBA: Schumann ist gut, trotzdem, Chopin geht mehr zu Herzen.

STJOPA: Es liegt mehr Lyrik darin.

TONJA: Kann man gar nicht vergleichen.

LJUBA: Erinnerst du dich an das eine Prélude von ihm?

TONJA: Das sogenannte George-Sand-Prélude? *Sie spielt den Anfang.*

LJUBA: Nein, nicht das. Das ist wunderschön, aber etwas abgeleiert. Doch spiel es zu Ende, bitte.

Tonja spielt es, wenn sie kann, sonst bricht sie ab.

Nein, ich meine das in d-Moll.

TONJA: Oh, das, das ist etwas Herrliches. So elementar, wie vor der Erschaffung der Welt.

STJOPA *lacht*: Ja, ja. Spielen Sie's doch, bitte. Ach nein, lieber nicht, Sie sind müde. Auch so haben wir Ihnen einen prächtigen Morgen zu verdanken.

TONJA *steht auf und blickt zum Fenster hinaus*: Wieder Bauern.

LJUBA: Eben darum ist die Musik so kostbar. Ich kann Saul verstehen. Mich quält kein böser Geist, aber ich kann ihn verstehen. Keine Kunst läßt uns alles so vergessen, wie es die Musik tut. *Sie tritt zum Fenster.* Zu wem wollt ihr?

BAUERN: Wir solln zu Nikolai Iwanowitsch.

LJUBA: Er ist nicht da. Wartet.

TONJA: Und dabei wirst du einen Menschen heiraten, der nichts von Musik versteht.

LJUBA: So wird das wohl nicht sein.

BORIS *zerstreut*: Die Musik ... Nein, ich liebe sie. Oder genauer gesagt, ich lehne sie nicht ab. Doch ich ziehe etwas Schlichteres vor – Lieder habe ich gern.

TONJA: Nein, war denn diese Sonate nicht herrlich?

BORIS: Vor allem ist es unwichtig; und eines anderen Lebens wegen tut es mir ein bißchen weh, daß dieses da so wichtig genommen wird.

Auf dem Tisch liegen Pralinen. Alle essen davon.

LISANKA: Schön ist jedenfalls, daß er Bräutigam ist und wir Pralinen haben.

BORIS: An den Pralinen bin ich nicht schuld. Das war Mama.

TONJA: Und es ist reizend von ihr.

LJUBA: Die Musik ist deshalb so wertvoll, weil sie uns gefangennimmt, uns umfaßt und davonträgt aus der Wirklichkeit. Da war erst alles so düster, dann fingst du an zu spielen, und es wurde Licht. Wirklich, es wurde Licht.

LISANKA: Die Walzer von Chopin sind zwar abgedroschen, und trotzdem ...

TONJA: Dieser ... *Sie spielt.*

Nikolai Iwanowitsch tritt ein; er wechselt einen Gruß mit Tonja, mit Stjopa, Lisanka, Ljuba, Mitrofan Jermilowitsch und dem Geistlichen.

NIKOLAI IWANOWITSCH: Wo ist Mama?

LJUBA: Ich glaube im Kinderzimmer.

Stjopa ruft einen Lakaien.

Papa, wie wundervoll Tonja spielt! Wo warst du denn?

NIKOLAI IWANOWITSCH: Im Dorf.

Der Lakai tritt ein.

STJOPA: Bring einen frischen Samowar.

NIKOLAI IWANOWITSCH *begrüßt den Lakaien, indem er ihm die Hand reicht*: Guten Tag!

Der Lakai wird verlegen und geht ab. Nikolai Iwanowitsch geht ebenfalls ab.

STJOPA: Der unglückliche Afanassi! Schrecklich verwirrt ist er. Begreif ich nicht. Als ob wir an etwas schuld wären.

Nikolai Iwanowitsch kehrt in den Salon zurück.

NIKOLAI IWANOWITSCH: Ich wollte weitergehen, in mein Zimmer, ohne Ihnen gesagt zu haben, was ich fühle. Doch das wäre nicht gut, glaube ich. *Zu Tonja*: Wenn das, was ich sagen werde, Sie, die Sie bei uns zu Gast sind, kränken sollte, so verzeihen Sie, aber ich muß es sagen, ich kann nicht anders. Du, Ljuba, meintest eben, die Prinzessin spiele gut. Ihr alle hier, sieben, acht gesunde junge Menschen, habt bis zehn Uhr geschlafen, habt getrunken, gegessen, eßt noch und spielt und tauscht eure Gedanken über die Musik aus, während man dort, von wo ich eben mit Boris Alexandrowitsch zurückgekommen bin, um drei Uhr morgens aufgestanden ist – manche haben auch in der Nacht die Pferde gehütet und überhaupt nicht geschlafen –, und Alte, Kranke, Schwache, Kinder und Frauen, die Säuglinge haben oder schwanger sind, sich bis zur Erschöpfung plagen, damit die Früchte ihrer Arbeit hier von uns durchgebracht werden. Nicht genug damit. Jetzt eben zerrt man einen von ihnen, den letzten, einzigen kräftigen Mann in der Familie, ins Gefängnis, und zwar deswegen, weil er in dem Wald, den sie den meinen nennen, im Frühling eine von den hunderttausend Fichten gefällt hat, die dort wachsen. Und wir sitzen hier, gewaschen, schön angezogen, haben all unsern Schmutz in den Schlafzimmern herumliegen lassen, damit Sklaven das Nötige besorgen; wir essen hier und trinken, führen kluge Reden über Schumann und Chopin, der uns stärker berührt, der uns die Langeweile vertreibt. Das dachte ich, als ich an euch vorüberging, und darum habe ich es gesagt. Nun, denkt drüber nach, kann man denn so leben? *Er steht da, im Innern aufgewühlt.*

LISANKA: Es ist wahr, es ist wahr.

LJUBA: Wenn man es auf solche Art bedenkt, kann man nicht so leben.

STJOPA: Warum nicht? Warum soll man nicht über Schumann reden dürfen, wenn das Volk arm ist? Das sehe ich nicht ein. Das eine schließt doch das andere nicht aus. Wenn die Menschen ...

NIKOLAI IWANOWITSCH *zornig*: Wenn einer kein Herz hat, wenn einer ist wie aus Holz ...

STJOPA: Also werde ich schweigen.

TONJA: Es ist ein schreckliches Problem, das Problem unserer Zeit, und man darf nicht vor ihm zurückschrecken, man muß der Wirklichkeit gerade in die Augen sehen, um das Problem zu lösen.

NIKOLAI IWANOWITSCH: Auf eine Lösung des Problems durch allgemeine Maßnahmen zu warten bleibt keine Zeit. Jeder von uns wird sterben, heute oder morgen. Wie soll ich mein Leben verbringen, ohne unter dem inneren Zwiespalt zu leiden?

BORIS: Natürlich, nur ein Mittel gibt es: nicht mitmachen.

NIKOLAI IWANOWITSCH: Also, verzeihen Sie, falls ich Sie gekränkt habe. Ich kann nicht verschweigen, was ich fühle. *Er geht ab.*

STJOPA: Wie denn: nicht mitmachen? In unserem Leben ist alles miteinander verflochten.

BORIS: Deswegen sagt er ja auch, man darf vor allem kein Eigentum haben, man muß sein ganzes Leben ändern – nicht so sollen wir leben, daß andere uns dienen müssen, sondern so, daß wir den anderen dienen.

TONJA: Ich sehe schon, du bist ganz auf Nikolai Iwanowitschs Seite übergegangen.

BORIS: Ja, ich habe zum erstenmal begriffen – und dann das, was ich im Dorf sah ... Man muß nur diese Art Brille abnehmen, durch die wir das Leben des Volkes betrachten, und den Zusammenhang zwischen ihren Leiden und unseren Freuden begreifen, dann ist es geschehen.

MITROFAN JERMILOWITSCH: Ja, nur kann das Mittel dazu nicht darin bestehen, daß man sein eigenes Leben vernichtet.

STJOPA: Erstaunlich. Da stehen nun Mitrofan Jermilowitsch und ich auf zwei verschiedenen Polen, und dennoch haben wir etwas Gemeinsames – geradeso sage auch ich: nicht sein eigenes Leben vernichten.

BORIS: Das ist begreiflich: Sie möchten beide angenehm leben und wünschen sich deshalb eine Lebensordnung, die Ihnen eben dieses Angenehme zu sichern imstande wäre. *Zu Stjopa:* Sie möchten die jetzige Ordnung bewahren, und Mitrofan Jermilowitsch möchte eine neue.

Ljuba flüstert mit Tonja. Tonja geht zum Flügel und spielt ein Nocturne von Chopin. Alle verstummen.

STJOPA: Wunderbar. Das löst alles.

BORIS: Das verdunkelt alles und schiebt es beiseite.

Während Tonja spielt, treten leise Marja Iwanowna und die Fürstin ein, sie setzen sich und lauschen. Gegen Ende des Nocturnes hört man Pferdeglöckchen.

LJUBA: Das ist die Tante. *Sie geht hinaus, ihr entgegen.*

Auch Marja Iwanowna geht hinaus. Tonja spielt weiter. Es treten ein: Alexandra Iwanowna, Vater Gerassim – ein Geistlicher mit Brustkreuz – und der Notar. Alle stehen auf.

GERASSIM: Ich bitte, sich nicht stören zu lassen. Bin erfreut.

Die Fürstin tritt heran, um seinen Segen zu empfangen, desgleichen der junge Geistliche.

ALEXANDRA IWANOWNA: Was ich mir vorgenommen habe, das habe ich auch ausgeführt. Ich traf Vater Gerassim an und bewog ihn, hier hereinzuschauen. Er ist unterwegs nach Kursk, und ich habe das Meine getan. Auch der Notar ist hier. Er hat das Schriftstück vorbereitet. Es braucht nur unterschrieben zu werden.

MARJA IWANOWNA: Möchten Sie nicht frühstücken?

Der Notar legt seine Papiere auf den Tisch und geht ab.

Ich bin Vater Gerassim sehr dankbar.

GERASSIM: Was soll man da tun, es liegt zwar nicht an meinem Weg, doch ich hielt es für Christenpflicht, mich einzufinden.

Alexandra Iwanowna flüstert mit den jungen Leuten. Die jungen Leute verabreden etwas untereinander und gehen, außer Boris, hinaus auf die Veranda. Der Geistliche will ebenfalls hinaus.

Aber nicht doch, so warten Sie; als Seelenhirt und geistlicher Vater können Sie Nützliches sowohl empfangen als auch beitragen. Bleiben Sie, sofern Marja Iwanowna nichts dagegen hat.

MARJA IWANOWNA: Aber nein, Vater Wassili ist mir lieb, als gehörte er zu meiner Familie. Ich habe mich mit ihm beraten, doch er ist noch zu jung, um genug Autorität zu haben.

GERASSIM: Ganz recht, ganz recht.

MARJA IWANOWNA *tritt zu ihm*: Also sehen Sie, Vater Gerassim, einzig Sie können helfen und ihn zur Vernunft bringen. Er ist ein kluger, sehr gebildeter Mann, aber Sie wissen ja, Gelehrsamkeit kann nur schaden. Eine Verwirrung ist über ihn gekommen. Er behauptet, nach dem Gesetz des Christentums dürfe der Mensch kein Eigentum haben. Kann denn das sein?

GERASSIM: Blendwerk, Geisteshochmut, Willkür. Die Kirchenväter haben die Frage hinreichend erhellt. Aber wie ist das alles geschehen?

MARJA IWANOWNA: Wenn ich Ihnen alles erzählen soll – es war so: Als wir heirateten, stand er der Religion völlig gleichgültig gegenüber, und so verbrachten wir – verbrachten wunderbar – die besten Jahre, die ersten zwanzig Jahre. Dann begann er nachzudenken. Vielleicht hatte seine Schwester Einfluß auf ihn, vielleicht war es die Lektüre, jedenfalls begann er nachzudenken, das Evangelium zu lesen, und plötzlich wurde er sehr, sehr religiös, er besuchte die Kirchen, fuhr zu verschiedenen Mönchen. Dann auf einmal gab er all das auf und änderte sein Leben in allem; er begann selbst zu arbeiten, er läßt sich nicht mehr von der Dienerschaft bedienen, und – die Hauptsache – jetzt ist er dabei, seinen Besitz zu verteilen. Gestern hat er ein Stück Wald weggegeben. Ich ängstige mich, ich habe Kinder, sechs an der Zahl. Sprechen Sie mit ihm. Ich gehe ihn fragen, ob er Sie sehen will. *Sie geht ab.*

GERASSIM: Heutzutage weichen viele vom rechten Wege ab. Also das Gut, gehört das ihm oder der Gattin?

FÜRSTIN: Ihm. Das ist ja das Unglück.

GERASSIM: Und der Rang – welchen Rang hat er?

FÜRSTIN: Einen niedrigen. Ich glaube, Rittmeister. Er hat gedient.

GERASSIM: Gar manche werden abtrünnig. So ließ sich in Odessa eine Dame vom Spiritismus einnehmen und begann viel Schaden zu stiften. Nun, trotz allem, Gott half, sie zur Kirche zurückzuführen.

FÜRSTIN: Die Hauptsache, bedenken Sie nur: Mein Sohn wird jetzt die Tochter des Hauses heiraten. Ich habe meine Zustimmung gegeben, doch das junge Mädchen ist an Luxus gewöhnt und muß aus eigenem ihr Auskommen haben, damit nicht die ganze Last auf meinem Sohne liegt. Er ist freilich ein fleißiger junger Mann mit überaus guten Eigenschaften.

Marja Iwanowna und Nikolai Iwanowitsch treten auf.

NIKOLAI IWANOWITSCH: Guten Tag, Fürstin, guten Tag ... Entschuldigen Sie, wie ist Ihr Vor- und Vatersname?

GERASSIM: Den Segen wünschen Sie nicht?

NIKOLAI IWANOWITSCH: Nein, den wünsche ich nicht.

GERASSIM: Gerassim Fjodorow. Sehr angenehm.

Ein Lakai bringt Frühstück und Wein.

Ein angenehmes Wetter. Auch günstig für die Getreideernte.

NIKOLAI IWANOWITSCH: Ich vermute, Sie sind auf Einladung Alexandra Iwanownas hergekommen und haben die Absicht, mich von meinen Irrwegen abzubringen und auf den Weg der Wahrheit zurückzuführen. Wenn es so ist, so sollten wir nicht darum herumreden, sondern gleich zur Sache kommen. Ich leugne es nicht, daß ich mit der Lehre der Kirche nicht einverstanden bin – ich war es, bin es aber nicht mehr. Doch von ganzem Herzen strebe ich nach der Wahrheit, und darum werde ich sie ohne Zögern annehmen, wenn Sie mir die Wahrheit zeigen.

GERASSIM: Wie können Sie nur sagen, Sie glauben nicht an das, was die Kirche lehrt. Woran wäre denn zu glauben, wenn nicht an die Kirche?

NIKOLAI IWANOWITSCH: An Gott und sein Gesetz, wie es uns im Evangelium gegeben ist.

GERASSIM: Die Kirche lehrt ja dieses Gesetz.

NIKOLAI IWANOWITSCH: Wenn sie es lehrte, würde ich an sie glauben; sie lehrt jedoch das Gegenteil.

GERASSIM: Die Kirche kann nicht das Gegenteil lehren, da sie doch bestätigt ist vom Herrn selbst. Es ist gesagt: »Auf diesen Felsen will ich bauen meine Kirche, und die Pforten der Hölle sollen sie nicht überwältigen.«

NIKOLAI IWANOWITSCH: Das bezieht sich auf etwas ganz anderes. Doch selbst wenn ich gelten ließe, daß Christus die Kirche begründet hat; woher soll ich wissen, daß diese Kirche die eure ist?

GERASSIM: Weil gesagt ist: »Denn wo zwei oder drei versammelt sind in meinem Namen ...«

NIKOLAI IWANOWITSCH: Auch das bezieht sich auf etwas anderes und beweist nichts.

GERASSIM: Wie kann man die Kirche leugnen? Einzig sie hat den Segen.

NIKOLAI IWANOWITSCH: Ich leugnete sie ja nicht – solange, bis ich mich überzeugte, daß sie alles stützt, was dem Christentum zuwiderläuft.

GERASSIM: Sie kann sich gar nicht irren, weil in ihr allein die Wahrheit ist. Es irren die, die von ihr abweichen; die Kirche aber ist heilig.

NIKOLAI IWANOWITSCH: Ich sagte Ihnen schon, daß ich das nicht anerkenne. Ich erkenne es deshalb nicht an, weil man, wie es im Evangelium heißt, sie an ihren Taten, an den Früchten erkennt. Ich weiß ja, daß die Kirche dem Schwur, dem Mord, der Todesstrafe ihren Segen gibt.

GERASSIM: Die Kirche erkennt die von Gott gesetzte Obrigkeit an und heiligt sie.

Während des Gesprächs treten nach und nach ein: Stjopa, Ljuba, Lisanka, Tonja, Boris und Alexandra Iwanowna; sie setzen sich, übers Zimmer verteilt, und hören zu.

NIKOLAI IWANOWITSCH: Ich weiß, daß im Evangelium gesagt ist: Du sollst nicht nur nicht töten, sondern dich auch nicht erzürnen; die Kirche aber segnet die Kriegsheere. Im Evangelium ist gesagt: Schwöre nicht! Die Kirche aber hält die Menschen an zum Schwur. Im Evangelium ist gesagt ...

GERASSIM: Erlauben Sie, als Pilatus sagte: »Ich beschwöre dich bei dem lebendigen Gott«, da ließ Christus dieses Schwören gelten, indem er erwiderte: »Du sagst es.«

NIKOLAI IWANOWITSCH: Aber was reden Sie da. Das ist doch lächerlich.

GERASSIM: Darum gibt die Kirche auch nicht jedem Menschen ihren Segen dazu, daß er das Evangelium deute; er könnte sonst dem Irrtum verfallen. Vielmehr sorgt sie für ihn wie eine Mutter für ihr Kindchen und gibt ihm nur die Deutung, die seinen Kräften entspricht. Nein, lassen Sie mich zu Ende führen. Die Kirche erlegt ihren Kindern keine Lasten auf, die sie nicht zu tragen vermöchten, sie verlangt nur die Erfüllung der Gebote: Du sollst lieben, sollst nicht töten, nicht stehlen, nicht ehebrechen.

NIKOLAI IWANOWITSCH: Ja, du sollst nicht mich töten, sollst mir nicht das stehlen, was ich gestohlen habe. Wir alle haben das Volk bestohlen, haben ihm den Boden gestohlen und dann das Gesetz aufgestellt: Du sollst nicht stehlen. Und die Kirche gibt zu allem ihren Segen.

GERASSIM: Blendwerk, Geisteshochmut spricht aus Ihnen. Unterwerfen sollen Sie ihren hochmütigen Geist.

NIKOLAI IWANOWITSCH: Nein doch, ich frage Sie: Wie soll ich nach dem Gesetz des Christentums handeln, wenn ich meine Sünde erkannt habe, die Sünde der Beraubung des Volkes und seiner Versklavung mittels des Bodens? Wie soll ich handeln: Weiter Grund und Boden besitzen und die Müh und Plage der Hungernden für das da nutzen? *Er zeigt auf den*

Lakaien, der Frühstück und Wein gebracht hat. Oder den Boden denen geben, denen meine Vorfahren ihn geraubt haben?

GERASSIM: Handeln müssen Sie so, wie es einem Sohn der Kirche ansteht. Sie haben Familie, Kinder; Sie müssen für sie sorgen und sie ihrem Rang entsprechend erziehen.

NIKOLAI IWANOWITSCH: Warum?

GERASSIM: Weil Gott Sie an diesen Platz gestellt hat. Und wenn Sie Wohltätigkeit üben wollen, so tun Sie's, indem Sie einen Teil Ihres Eigentums hingeben, und suchen Sie die Armen auf.

NIKOLAI IWANOWITSCH: Wie ist das aber – dem reichen Jüngling ist doch gesagt worden, ein Reicher könne nicht ins Himmelreich kommen?

GERASSIM: Es ist gesagt: wenn du vollkommen sein willst.

NIKOLAI IWANOWITSCH: Ich will aber vollkommen sein. Im Evangelium ist gesagt: »Darum sollt ihr vollkommen sein, gleichwie euer Vater im Himmel vollkommen ist.«

GERASSIM: Man muß berücksichtigen, zu wem das gesagt worden ist.

NIKOLAI IWANOWITSCH: Ich bemühe mich ja, zu berücksichtigen, zu begreifen, und alles, was in der Bergpredigt gesagt ist, das ist auch einfach und begreiflich.

GERASSIM: Hochmut des Geistes.

NIKOLAI IWANOWITSCH: Wieso denn Hochmut, wenn es heißt, daß das, was den Weisen verborgen bleibt, den Kindern offenbart ist.

GERASSIM: Den Demütigen offenbart ist, nicht den Hochmütigen.

NIKOLAI IWANOWITSCH: Wer ist denn hochmütig: Ich, der ich meine, daß ich ein Mensch bin wie jeder andere, und der darum leben muß wie alle – von eigener Arbeit, in derselben Not wie seine Brüder –, oder jene, die sich für besondere Menschen halten, für geweihte, die die ganze Wahrheit wissen und nicht irren können und auf ihre Weise die Worte Christi deuten?

GERASSIM *gekränkt*: Verzeihen Sie, Nikolai Iwanowitsch, ich bin nicht hergekommen, um mit Ihnen zu erörtern, wer recht hat, auch nicht, um Belehrungen anzuhören, sondern, um mich, auf Alexandra Iwanownas Bitte, mit Ihnen zu unterhalten. Sie wissen alles besser als ich, und deshalb beende ich lieber das Gespräch. Nur, zum letztenmal bitte ich Sie im Namen Gottes: Kehren Sie um, Sie gehen grausam in die Irre und stürzen sich ins Verderben. *Er steht auf.*

MARJA IWANOWNA: Möchten Sie nicht doch ... einen kleinen Imbiß?

GERASSIM: Ich danke Ihnen. *Er geht mit Alexandra Iwanowna ab.*

MARJA IWANOWNA *zum Geistlichen*: Was nun?

GEISTLICHER: Nun ja, nach meiner Auffsssung hat Nikolai Iwanowitsch ganz richtig gesprochen, und Vater Gerassim hat keinerlei Beweise angeführt.

FÜRSTIN: Man hat ihn nicht zu Wort kommen lassen, und vor allem hat ihm mißfallen, daß man eine Art Turnier daraus machte. Alle hörten zu. Die ihm eigene Bescheidenheit hat ihn veranlaßt, sich zu entfernen.

BORIS: Keineswegs die Bescheidenheit; vielmehr war alles, was er sagte, so falsch. Es liegt doch auf der Hand, daß er nichts zu sagen wußte.

FÜRSTIN: Ich sehe schon, unbeständig, wie du immer bist, fängst du schon jetzt an, in allem Nikolai Iwanowitsch zuzustimmen. Wenn du so denkst, brauchst du gar nicht zu heiraten.

BORIS: Ich sage nur: Was wahr ist, ist wahr, und da kann ich nicht schweigen.

FÜRSTIN: So etwas zu sagen kommt dir überhaupt nicht zu.

BORIS: Warum nicht?

FÜRSTIN: Weil du arm bist und nichts wegzugeben hast. Übrigens ist das alles nicht unsere Sache. *Sie geht ab.*

Nach ihr gehen auch alle anderen, außer Nikolai Iwanowitsch und Marja Iwanowna.

NIKOLAI IWANOWITSCH *sitzt nachdenklich da, dann lächelt er über seine Gedanken*: Mascha! Wozu das? Wozu hast du diesen kläglichen, verirrten Menschen kommen lassen? Wozu nehmen diese lärmende Frau und dieser Geistliche an unserem intimsten Leben teil? Können wir denn mit unseren Angelegenheiten nicht allein fertig werden?

MARJA IWANOWNA: Was soll ich aber tun, da du doch die Kinder bettelarm machen willst. Das kann ich nicht ruhig hinnehmen. Du weißt ja, ich bin nicht eigennützig und brauche für mich nichts.

NIKOLAI IWANOWITSCH: Ich weiß es, weiß es und glaube dir. Das Schlimme ist nur, daß du weder die Wahrheit glaubst – ich weiß ja, du siehst sie, doch du kannst dich nicht entscheiden, an sie zu glauben –, weder der Wahrheit noch mir. Sonst aber glaubst du jedermann – der Fürstin und den andern.

MARJA IWANOWNA: Dir glaube ich, habe ich immer geglaubt, doch wenn du die Kinder an den Bettelstab bringen willst...

NIKOLAI IWANOWITSCH: Das eben bedeutet, daß du mir nicht glaubst. Du meinst, ich hätte nicht gekämpft, nicht gebangt? Doch dann fand ich die Gewißheit, daß es nicht nur möglich, sondern daß es nötig ist, daß allein dies nötig und gut ist für die Kinder. Du sagst immer, wenn nicht die Kinder wären, gingest du mit mir; doch ich sage: Wenn nicht die Kinder wären, könnten wir auch weiterleben wie bisher, wir würden nur uns selbst ins Verderben stürzen, so aber richten wir auch sie zugrunde.

MARJA IWANOWNA: Was soll ich aber tun, wenn ich's doch nicht begreife?

NIKOLAI IWANOWITSCH: Und was soll ich tun? Ich weiß ja, weshalb dieser klägliche, mit Priestergewand und Brustkreuz aufgeputzte Mensch herbestellt worden ist und warum Alina den Notar mitgebracht hat. Ihr wollt, daß ich das Gut auf dich überschreiben lasse. Das kann ich nicht. Du weißt, daß ich dich liebe und dir Gutes wünsche, und deshalb kann ich es dir nicht verschreiben. Wennschon verschreiben, dann jenen, denen es weggenommen worden ist, den Bauern. Aber so kann ich es nicht. Ich muß es ihnen geben. Und ich bin froh, daß der Notar hier ist, und muß es tun.

MARJA IWANOWNA: Nein, das ist entsetzlich! Wozu solche

Grausamkeit? Du, du hältst es für Sünde. Also überlaß es mir. *Sie weint.*

NIKOLAI IWANOWITSCH: Du weißt nicht, was du redest. Wenn ich es dir überlasse, so kann ich nicht weiter mit dir leben, so muß ich fort. Ich kann nicht weiterleben unter diesen Bedingungen. Ich kann nicht zusehen, wie man mit dem Besitz, der nicht mehr meiner, sondern deiner wäre, die Bauern bis zum letzten auspreßt, sie ins Gefängnis wirft. Wähle.

MARJA IWANOWNA: Wie grausam du bist! Was ist das für ein Christentum? Das ist Bosheit. Ich kann doch nicht so leben, wie du es willst, ich kann es nicht den eigenen Kindern entreißen und irgend jemandem geben. Und deshalb willst du mich verlassen. Nun, so verlaß mich. Ich sehe, du liebst mich nicht mehr. Ich weiß sogar, warum.

NIKOLAI IWANOWITSCH: Gut. Ich unterschreibe. Aber Mascha, du verlangst Unmögliches von mir. *Er tritt an den Tisch, unterschreibt.* Du hast es so gewollt. Ich kann nicht so leben. *Er geht ab.*

Vorhang

DRITTER AKT

Ort der Handlung ist Moskau. Ein großes Zimmer, in ihm eine Werkbank, ein Tisch mit Papieren, ein Schrank mit Büchern, ein Spiegel und ein Bild, das mit Brettern verstellt ist. Nikolai Iwanowitsch, der eine Schürze umgebunden hat, arbeitet an der Werkbank, er hobelt; der Tischler.

NIKOLAI IWANOWITSCH *nimmt das Brett heraus*: Ist es so gut?

TISCHLER *legt den Schlichthobel an*: Nicht gerade gut. Mehr mit Schwung – so.

NIKOLAI IWANOWITSCH: Schön wär's – mit mehr Schwung. Aber es gelingt einfach nicht.

TISCHLER: Wozu brauchen auch Euer Gnaden das Tischlerhandwerk? Von uns Tischlern gibt's heutzutage schon so viele – da kriegt man keine Luft.

NIKOLAI IWANOWITSCH *arbeitet wieder*: Ich meine, schändlich ist es, müßig zu leben; nicht ...

TISCHLER: Es kommt Ihnen eben zu. Gott hat Ihnen Hab und Gut gegeben.

NIKOLAI IWANOWITSCH: Das ist es gerade: Ich meine nämlich, Gott hat gar nichts gegeben, vielmehr haben die Menschen sich's selbst genommen, ihren Brüdern weggenommen.

TISCHLER *verwundert*: Stimmt schon. Trotzdem haben Sie's nicht nötig.

NIKOLAI IWANOWITSCH: Ich verstehe ja, es wundert Sie zu sehen, daß ich in diesem Hause, wo es soviel Unnötiges gibt, etwas erarbeiten will.

TISCHLER *lacht*: Das kennt man doch von den Herrschaften. Sie möchten aus allem einen Vorteil ziehen. Jetzt so mit dem Schrupphobel drüber.

NIKOLAI IWANOWITSCH: Sie werden es nicht glauben, werden lachen, trotzdem sage ich's: Ich lebte früher so dahin, ohne Scham, doch jetzt glaube ich an das Gesetz Christi, daß wir alle Brüder sind, und ich schäme mich, so zu leben.

TISCHLER: Wenn's so ist, dann verteilen Sie Ihr Hab und Gut.

NIKOLAI IWANOWITSCH: Das wollte ich, doch es gelang mir nicht – ich habe es meiner Frau übergeben.

TISCHLER: Sie können's auch gar nicht. Sind dran gewöhnt.

LJUBA *vor der Tür*: Papa, darf ich hinein?

NIKOLAI IWANOWITSCH: Du darfst, du darfst immer.

Ljuba tritt ein.

LJUBA: Guten Tag, Jakow.

TISCHLER: Wünsche einen guten Tag, mein Fräulein.

LJUBA: Boris ist zum Regiment gefahren. Ich fürchte, er wird dort etwas anrichten, etwas sagen. Was meinst du?

NIKOLAI IWANOWITSCH: Was kann ich meinen? Er wird tun, was in ihm ist.

LJUBA: Das ist doch schrecklich. Er hat nur noch so wenig abzuleisten und stürzt sich womöglich ins Verderben.

NIKOLAI IWANOWITSCH: Er hat gut daran gedacht, daß er nicht vorher zu mir gekommen ist; er weiß, ich kann ihm nichts anderes sagen als das, was er selbst weiß. Er sprach selbst davon, daß er eben deshalb nicht beim Militär dienen wolle, weil es keine Tätigkeit gebe, die ungesetzlicher, grausamer und tierischer wäre als diese, die doch ganz und ausschließlich auf den Mord gerichtet ist; keine sei auch erniedrigender und gemeiner, weil man sich da widerspruchslos dem ersten besten fügen muß, wenn der nur den höheren Rang hat. Er weiß das alles.

LJUBA: Gerade deswegen habe ich Angst – er weiß es und wird etwas anrichten wollen.

NIKOLAI IWANOWITSCH: Sein Gewissen wird entscheiden, jener Gott, der in ihm ist. Wäre er zu mir gekommen, ich hätte ihm das eine geraten: nichts deshalb zu tun, weil er es sich vorgenommen hat, sondern nur dann zu handeln, wenn sein ganzes Wesen es verlangt. Sonst wird es ganz schlimm. Ich zum Beispiel wollte so handeln, wie es Christus gebietet: Vater, Weib und Kinder verlassen und ihm folgen, und ich war schon unterwegs. Doch womit endete es? Es endete damit, daß ich umkehrte und nun mit euch in der Stadt im Luxus lebe. Ich hatte etwas tun wollen, was meine Kräfte überstieg. Und so ergab sich meine erniedrigende, sinnlose Lage. Ich will auf einfache Weise leben, will arbeiten, aber in diesem Milieu, mit Lakaien und Türstehern, kommt etwas ganz Schiefes heraus. Ich sehe es doch hier an Jakow Nikanorowitsch – er lacht über mich.

TISCHLER: Warum sollt ich lachen? Sie zahlen mir Geld, bewirten mich mit Tee. Ich bin dankbar.

LJUBA: Ich überlege mir, ob ich nicht zu ihm fahren sollte.

NIKOLAI IWANOWITSCH: Kind, du mein Liebstes, ich weiß, dir ist schwer ums Herz, du hast Angst, obwohl du keine Angst haben solltest. Ich bin ein Mensch, der das Leben durchschaut hat. Nichts Schlimmeres kann geschehen. Alles, was schlimm scheint, wird noch das Herz erfreuen. Aber das eine mußt du begreifen: Der Mensch, der diesen Weg gegangen ist, steht einmal vor der Wahl. Und es gibt Situationen, da halten das Göttliche und das Teuflische die Waage im Gleichgewicht, so daß der Zeiger zittert. Hier nun vollzieht sich das höchste Gotteswerk, und jede Einmischung von außen ist schrecklich gefährlich und bringt Qualen. Wie soll ich's sagen – der Mensch reckt sich mit äußerster Anstrengung, daß die eine Waagschale sich senke; da kann ihm die bloße Berührung mit dem Finger den Rücken brechen.

LJUBA: Wozu aber leiden?

NIKOLAI IWANOWITSCH: Geradeso könnte eine Mutter sagen: Wozu leiden? Keine Geburt gibt es ohne Leiden. So ist das auch im geistlichen Leben. Eines sage ich dir: Boris ist ein wahrhafter Christ und darum frei. Und wenn du noch nicht sein kannst wie er, nicht so an Gott glauben kannst, so tu's durch ihn – glaub an ihn und glaub an Gott.

MARJA IWANOWNA *draußen vor der Tür*: Darf man hinein?

NIKOLAI IWANOWITSCH: Das darf man immer. Es scheint, ich gebe heute großen Empfang.

Marja Iwanowna tritt ein.

MARJA IWANOWNA: Unser Geistlicher ist gekommen, unser Wassili Nikanorowitsch. Er ist unterwegs zum Bischof – will nicht mehr Pfarrer sein.

NIKOLAI IWANOWITSCH: Unmöglich!

MARJA IWANOWNA: Er ist hier. Ljuba, bring ihn her. Er möchte zu dir.

Ljuba geht ab.

Außerdem komme ich Wanjas wegen zu dir. Er beträgt sich furchtbar schlecht, und mit dem Lernen steht es so, daß er bestimmt nicht versetzt wird. Ich wollte ihn ermahnen – er antwortet ungezogen.

NIKOLAI IWANOWITSCH: Mascha, du weißt, ich habe keine Sympathie für eure ganze Lebensweise, auch keine für die dazugehörende Erziehung. Für mich ist das eine schreckliche Frage: Habe ich das Recht zuzusehen, wie man sich vor meinen Augen ins Verderben …

MARJA IWANOWNA: Dann brauchen wir etwas anderes, Bestimmtes, und was gibst du?

NIKOLAI IWANOWITSCH: Ich kann nicht sagen, was. Ich sage das eine, das erste: Man muß sich befreien von diesem lasterhaften Luxus.

MARJA IWANOWNA: Damit sie Bauern werden – nein, das kann ich nicht gutheißen.

NIKOLAI IWANOWITSCH: So frag mich nicht. Was dich bekümmert, muß so sein.

Der Geistliche tritt mit Ljuba ein. Er und Nikolai Iwanowitsch küssen sich.

Haben Sie wirklich Schluß gemacht?

GEISTLICHER: Ich konnte nicht mehr.

NIKOLAI IWANOWITSCH: Ich hatte es nicht so bald erwartet.

GEISTLICHER: Es ist unmöglich. In unserer Lage kann man nicht gleichgültig sein. Man muß die Beichte abnehmen, das heilige Abendmahl reichen, und als ich erkannt hatte, daß das nicht aufrichtig ist ...

NIKOLAI IWANOWITSCH: Und was nun?

GEISTLICHER: Jetzt fahre ich zum Bischof; man wird mich befragen, meinen Fall untersuchen und mich dann, so fürchte ich, ins Solowezki-Kloster verbannen. Eine Zeitlang dachte ich daran, ins Ausland zu fliehen, Sie um Hilfe zu bitten; dann aber sagte ich mir, das sei kleinmütig. Da ist nur eines – meine Frau.

NIKOLAI IWANOWITSCH: Wo ist sie?

GEISTLICHER: Zu ihrem Vater gefahren. Die Schwiegermutter war bei uns und hat auch das Söhnchen mitgenommen. Das tut weh. Ich möchte so gern ... *Er hält inne, kämpft mit den Tränen.*

NIKOLAI IWANOWITSCH: So helfe Ihnen Gott. Wie ist es, bleiben Sie bei uns über Nacht?

Die Fürstin stürzt ins Zimmer.

FÜRSTIN: Nun ist es geschehen! Er hat sich geweigert und ist in Haft genommen worden. Ich war eben dort, man ließ mich nicht zu ihm. Nikolai Iwanowitsch, fahren jetzt Sie hin!

LJUBA: Geweigert? Wie denn? Woher wissen Sie das?

FÜRSTIN: Ich war selbst dort. Mir hat das alles Wassili Andrejewitsch erzählt, der zur Kommission gehört. Boris trat also einfach vor sie hin und erklärte, er werde nicht dienen und den Schwur nicht leisten. Eben all das, was Nikolai Iwanowitsch ihn gelehrt hat.

NIKOLAI IWANOWITSCH: Fürstin! Kann man denn so etwas lehren?

FÜRSTIN: Ich weiß nicht, doch Christentum ist das gewiß nicht. Besteht vielleicht darin das Christentum? Sagen wenigstens Sie es, ehrwürdiger Vater.

GEISTLICHER: Ich bin kein ehrwürdiger Vater mehr.

FÜRSTIN: Ganz gleich. Aber auch Sie sind so einer. Sie haben es dabei gut. Nein, ich kann das nicht so hinnehmen. Und was ist das für ein verfluchtes Christentum, dessentwegen Menschen leiden müssen und zugrunde gehen! Ich hasse dieses Ihr Christentum. Sie haben es dabei gut, Sie wissen, daß man Sie nicht anrühren wird. Ich aber habe einen einzigen Sohn, und ihr habt ihn hineingerissen.

NIKOLAI IWANOWITSCH: Beruhigen Sie sich, Fürstin.

FÜRSTIN: Sie, Sie haben ihn hineingerissen. Sie haben ihn hineingerissen, so retten Sie ihn jetzt. Fahren Sie hin, überreden Sie ihn, daß er die Dummheiten läßt. Das können sich Reiche leisten, nicht wir.

LJUBA *weint*: Papa, was sollen wir tun?

NIKOLAI IWANOWITSCH: Ich fahre hin. Vielleicht kann ich helfen. *Er nimmt die Schürze ab.*

FÜRSTIN *hilft ihm, sich zum Ausgehen fertig zu machen*: Mich hat man nicht vorgelassen, aber fahren wir gemeinsam, so werde ich's erreichen. *Sie geht ab.*

Vorhang

Der Schauplatz wechselt. Eine Kanzlei. Am Tisch sitzt ein Schreiber, an der gegenüberliegenden Tür geht ein Posten auf und ab. Der General und der Adjutant treten ein, der Schreiber springt auf, der Soldat grüßt militärisch.

GENERAL: Wo ist der Oberst?

SCHREIBER: Zu dem Rekruten gegangen, Eure Exzellenz.

GENERAL: Ah, gut. Bitten Sie ihn zu mir.

SCHREIBER: Zu Befehl, Eure Exzellenz.

GENERAL: Was schreiben Sie da ab – die Erklärung des Rekruten?

SCHREIBER: Jawohl.

GENERAL: Geben Sie mal her.

Der Schreiber reicht ihm das Schriftstück und geht ab. Der General gibt das Schriftstück dem Adjutanten. Lesen Sie bitte.

ADJUTANT *liest*: »Auf die mir gestellten Fragen: 1. warum ich den Schwur nicht leiste und 2. warum ich mich weigere, die Forderung der Regierung zu erfüllen, und was mich bewog, Worte zu äußern, die kränkend sind nicht nur für den militärischen Stand, sondern auch für die höchste Macht, antworte ich zur ersten Frage: Ich leiste den Schwur nicht, weil ich mich zur Lehre Christi bekenne. Nach der Lehre Christi ist aber der Schwur ausdrücklich verboten, sowohl nach dem Matthäus-Evangelium 5, 33 bis 37, als auch nach dem Brief des Jakobus 5, 12.«

GENERAL: Das räsoniert, will deuten, wie's ihm paßt.

ADJUTANT *liest weiter*: »Im Evangelium heißt es: ›Ich aber sage euch, daß ihr überhaupt nicht schwören sollt ... Eure Rede aber sei: Ja, ja; nein, nein. Was darüber ist, das ist vom Übel.‹ Und im Brief des Jakobus: ›Vor allen Dingen aber, meine Brüder, schwört nicht, weder bei dem Himmel noch bei der Erde noch mit einem andern Eid. Es sei aber euer Ja ein Ja und das Nein ein Nein, auf daß ihr nicht unter das Gericht fallet.‹ Doch nicht genug damit, daß im Evangelium so genau das Gebot steht, der Mensch solle nicht schwören. Auch wenn es nicht so geschrieben stünde, könnte ich mich nicht durch den Schwur verpflichten, den Willen von Menschen zu erfüllen, weil ich nach dem Gesetz des Christentums immer den Willen Gottes erfüllen soll, der anders sein kann als der der Menschen.«

GENERAL: Das räsoniert. Ginge es nach mir, so würde dergleichen nicht geduldet.

ADJUTANT *liest*: »Ich lehne es ab, die Forderungen von Menschen zu erfüllen, die sich Regierung nennen, weil ...«

GENERAL: Unverschämtheit!

ADJUTANT: »Weil diese Forderungen frevelhaft und böse sind. Von mir wird verlangt, ich solle in ein Kriegsheer eintreten und mich üben und vorbereiten zum Mord; das aber wird mir verboten sowohl vom Alten als auch vom Neuen Testament wie auch, vor allem; von meinem Gewissen. Auf die dritte Frage ...«

Der Oberst und der Schreiber treten ein. Der General gibt dem Oberst die Hand.

OBERST: Sie lesen die Erklärung?

GENERAL: Ja. Unverzeihlich dreiste Worte. Also, fahren Sie fort.

ADJUTANT: »Auf die dritte Frage: Was mich bewogen habe, vor der Kommission kränkende Worte zu sprechen, antworte ich: Bewogen hat mich das Verlangen, Gott zu dienen und den Betrug zu enthüllen, der in seinem Namen begangen wird. Dieses Verlangen, so hoffe ich, wird mich bis zu meinem Tode nicht verlassen. Und deshalb ...«

GENERAL: Genug, das Geschwätz kann man ja doch nicht bis zu Ende anhören. Hier hilft nur: austilgen, dafür sorgen, daß die Leute nicht demoralisiert werden. *Zum Oberst*: Haben Sie mit ihm gesprochen?

OBERST: Ich habe die ganze Zeit mit ihm gesprochen. Habe ihm ins Gewissen geredet, versucht, ihn zu überzeugen, daß nur er den kürzeren zieht, daß er überhaupt nichts ausrichtet. Auch über seine Familie habe ich gesprochen. Er ist sehr erregt, bleibt aber bei dem, was er gesagt hat.

GENERAL: Überflüssig, das viele Reden. Wir sind schließlich Soldaten, unsere Sache ist es, nicht zu räsonieren, sondern auszuführen. Rufen Sie ihn her.

Der Adjutant und der Schreiber gehen ab.

Der General setzt sich. Nein, Oberst. So geht das nicht. Mit solchen Brüdern muß man anders umgehn. Da bedarf es entschiedener Maßnahmen, um das kranke Glied abzuhauen. Ein einziges räudiges Schaf verdirbt die ganze Herde. Gefühlsduselei ist hier ganz fehl am Platze; daß er Fürst ist und Mutter und Braut hat, berührt uns überhaupt nicht. Vor uns haben wir den Soldaten. Und wir haben den allerhöchsten Willen zu vollziehen.

OBERST: Ich meine nur, daß man ihn eher schwankend macht, wenn man ihn zu überzeugen sucht.

GENERAL: Keineswegs. Entschiedenheit, nichts als Entschiedenheit! Ich hatte schon mit solchen zu tun. Er muß fühlen, daß er ein Nichts ist, ein Sandkörnchen unter dem Wagen, den er nicht anhalten kann.

OBERST: Ja, man kann es erproben.

GENERAL *wird allmählich wütend*: Da ist nichts zu erproben. Erproben gibt's bei mir nicht. Vierundzwanzig Jahre diene ich meinem Herrscher, mein Leben hab ich diesem Dienst gewidmet, und ich widme es ihm weiter, und da will mich plötzlich so ein Grünschnabel belehren, will mir Bibeltexte vorhalten. Mag er derlei mit den Popen treiben. Für mich gilt nur: Er ist Soldat oder Arrestant. Nichts anderes.

Boris tritt ein mit zwei Bewachern, nach ihm der Adjutant und der Schreiber.

Der General zeigt mit dem Finger. Stellt ihn dorthin.

BORIS: Ich bin nicht etwas, was man hinstellt. Ich stehe oder sitze, wie ich will, denn ich lasse von Ihrer Seite keinerlei Macht über mich ...

GENERAL: Maul halten! Du erkennst die Macht nicht an. Ich werde dich zwingen, sie anzuerkennen.

BORIS *setzt sich auf einen Stuhl*: Wie übel von Ihnen, so zu schreien.

GENERAL: Den Kerl hochziehn und dort hinstellen!

Die Soldaten ziehen Boris hoch.

BORIS: Das können Sie. Sie können mich auch töten, aber nicht zwingen, mich Ihnen zu unterwerfen.

GENERAL: Maul halten, sage ich! Hör zu, was ich dir sagen werde.

BORIS: Ich will keineswegs hören, was du, du mir sagen wirst.

GENERAL: Der ist ja verrückt. Er gehört ins Hospital zur Untersuchung. Nichts anderes mehr.

OBERST: Es wurde angeordnet, daß er von der Gendarmerie verhört wird.

GENERAL: In Ordnung, schickt ihn dorthin. Aber erst einkleiden.

OBERST: Er läßt sich nicht einkleiden.

GENERAL: Fesseln. *Zu Boris:* Hören Sie, was ich Ihnen sage. Es ist mir ganz gleich, was aus Ihnen wird. Um Ihrer selbst willen rate ich Ihnen: Kommen Sie zur Besinnung. Sie verfaulen in der Festung. Und richten überhaupt nichts aus, bei niemandem. Geben Sie auf. Nun, Sie sind heftig geworden, und ich bin heftig geworden. *Er schlägt ihm auf die Schulter.* Gehen Sie, leisten Sie den Schwur, und geben Sie das alles auf. *Zum Adjutanten*: Ist der ehrwürdige Vater hier? *Zu Boris*: Also, wie?

Boris schweigt.

Warum antworten Sie nicht? Gewiß, auch besser so. Mit der Peitsche haut man keinen Beilrücken weich. Ihre Gedanken, die nimmt Ihnen keiner weg, Sie dienen Ihre Zeit ab. Wir werden Ihnen nicht zusetzen. Also, wie?

BORIS: Ich habe dem, was ich gesagt habe, nichts hinzuzufügen.

GENERAL: Sie schreiben da, im Evangelium gebe es den und den Vers. Da kennen sich die Popen aus. Sie werden mit dem ehrwürdigen Vater sprechen und dann darüber nachdenken. So wird's besser sein. Leben Sie wohl, ich hoffe: auf Wiedersehen, wenn ich Sie zum Dienst für den Zaren beglückwünsche. Schickt nach dem ehrwürdigen Vater. *Er geht ab, gefolgt vom Oberst und vom Adjutanten.*

BORIS *zum Schreiber und zu den Soldaten*: Da seht ihr, wie sie reden. Sie wissen selbst, daß sie euch betrügen. Ordnet euch denen nicht unter. Werft die Waffen weg. Geht fort. Mögen sie euch im Strafbataillon peitschen; das ist immer noch leichter, als Diener dieser Betrüger zu sein.

SCHREIBER: Kann denn das sein – ohne das Militär? Geht doch gar nicht.

BORIS: Nicht darüber sollen wir nachdenken, sondern darüber, was Gott von uns will. Und Gott will, daß wir ...

EINER DER SOLDATEN: Wird denn nicht gesagt: das christliche Kriegsheer ...

BORIS: Nirgendwo ist das gesagt. Das haben sich die Betrüger ausgedacht.

SOLDAT: Wie denn, die Popen und Bischöfe, die müssen's doch wissen.

Ein Gendarmerieoffizier tritt mit einem Schreiber ein.

GENDARMERIEOFFIZIER *zum Militärschreiber*: Befindet sich hier im Gewahrsam der Fürst Tscheremschanow?

SCHREIBER: Jawohl, hier.

GENDARMERIEOFFIZIER: Wollen Sie bitte hierher ... Sie sind Fürst Boris Alexandrowitsch Tscheremschanow, der sich weigert, den Schwur zu leisten?

BORIS: Der bin ich.

GENDARMERIEOFFIZIER *setzt sich, weist auf den Platz ihm gegenüber*: Bitte, nehmen Sie Platz.

BORIS: Ich glaube, unser Gespräch wird völlig unnütz sein.

GENDARMERIEOFFIZIER: Das glaube ich nicht. Wenigstens für Sie wird es nicht unnütz sein. Wir werden ja sehen. Mir ist mitgeteilt worden, daß Sie sich weigern, den Militärdienst und den Schwur zu leisten; darum besteht der Verdacht, daß Sie zu einer revolutionären Partei gehören. Das eben muß ich erforschen. Erweist sich der Verdacht als gerechtfertigt, müssen wir Sie aus dem Militärdienst entfernen und entweder gefangensetzen oder ausweisen, je nach dem Grad Ihrer Tätigkeit für eine Revolution. Erweist er sich als nicht gerechtfertigt, überlassen wir Sie den militärischen Vorgesetzten. Seien Sie so freundlich, zu bemerken, daß ich mich Ihnen gegenüber offen äußere; ich hoffe, daß Sie mir ebensolches Vertrauen entgegenbringen.

BORIS: Vertrauen kann ich nicht haben, erstens, weil Sie zu denen gehören, die das da tragen, zweitens, weil schon der Dienst, den Sie tun, von solcher Art ist, daß ich ihn nicht nur nicht achte, sondern ihm gegenüber den größten Widerwillen empfinde. Doch auf Ihre Fragen zu antworten, weigere ich mich nicht. Was wollen Sie wissen?

GENDARMERIEOFFIZIER: Erstens, erlauben Sie: Ihren Namen, Stand, Glaubensbekenntnis?

BORIS: Das wissen Sie alles, und ich werde Ihnen nicht antworten. Nur eine Frage ist für mich sehr wichtig: Ich bin nicht ein sogenannter Rechtgläubiger.

GENDARMERIEOFFIZIER: Welchen Glauben haben Sie?

BORIS: Ich benenne ihn mit keinem Namen.

GENDARMERIEOFFIZIER: Aber trotzdem?

BORIS: Nun, christlich nach der Lehre der Bergpredigt.

GENDARMERIEOFFIZIER: Schreiben Sie.

Der Gendarmerieschreiber schreibt.

Zu Boris: Immerhin erkennen Sie an, daß Sie zu einem bestimmten Staat und einem bestimmten Stand gehören?

BORIS: Nein, das tue ich nicht. Ich erkenne an, daß ich Mensch und Knecht Gottes bin.

GENDARMERIEOFFIZIER: Warum erkennen Sie denn nicht an, daß Sie Angehöriger des russischen Staates sind?

BORIS: Weil ich überhaupt keine Staaten anerkenne.

GENDARMERIEOFFIZIER: Was heißt: Sie erkennen den Staat nicht an? Wünschen Sie seine Zerstörung?

BORIS: Zweifellos. Die wünsche ich, und dafür arbeite ich.

GENDARMERIEOFFIZIER *zum Gendarmerieschreiber*: Schreiben Sie. Mit welchen Mitteln arbeiten Sie?

BORIS: Mit Entlarvung des Betrugs, der Lüge, mit Verbreitung der Wahrheit. Eben, als Sie eintraten, erklärte ich diesen Soldaten, sie sollten dem Betrug, in den man sie hineingezogen hat, keinen Glauben schenken.

GENDARMERIEOFFIZIER: Aber lassen Sie außer diesen Mitteln der Entlarvung und der Überzeugung noch irgendwelche anderen gelten?

BORIS: Nein. Ich lasse sie nicht nur nicht gelten, sondern halte jede Gewalt für die allergrößte Sünde. Nicht nur Gewalt, sondern alles, was im Verborgenen und mit List unternommen wird.

GENDARMERIEOFFIZIER: Schreiben Sie. Nun gut. Jetzt erlauben Sie, daß ich Sie nach Ihren Bekanntschaften frage. Sind Sie mit Iwaschenko bekannt?

BORIS: Nein.

GENDARMERIEOFFIZIER: Mit Klein?

BORIS: Ich habe von ihm gehört, ihn aber nie gesehen.

Der Militärgeistliche tritt ein.

GENDARMERIEOFFIZIER: Nun, ich denke, damit kann ich schließen. Ich erkläre Sie für nicht gefährlich – kein Fall für unsere Behörde. Ich wünsche Ihnen baldige Freilassung. Habe die Ehre. *Er drückt ihm die Hand.*

BORIS: Eines möchte ich Ihnen sagen. Verzeihen Sie mir, aber ich kann es nicht verschweigen: Warum haben Sie dieses üble, schlimme Amt für sich gewählt? Ich würde Ihnen raten, es aufzugeben.

GENDARMERIEOFFIZIER *lächelnd*: Ich danke Ihnen für den Rat. Es gibt dafür Gründe. Habe die Ehre. Ehrwürdiger Vater, ich räume Ihnen das Feld.

Er geht mit seinem Schreiber ab.

MILITÄRGEISTLICHER: Wie können Sie nur Ihren Vorgesetzten solchen Kummer bereiten – Sie wollen nicht die Christenpflicht erfüllen, dem Zaren und dem Vaterland zu dienen?

BORIS *lächelnd*: Gerade die Christenpflicht will ich erfüllen, darum will ich eben nicht Soldat sein.

MILITÄRGEISTLICHER: Aber wieso wollen Sie denn nicht? Es ist gesagt: »daß er sein Leben läßt für seine Freunde«, das sei des wahren Christen ...

BORIS: Ja, daß er sein Leben läßt, es aber nicht anderen nimmt. Das eben will ich ja: mein Leben lassen.

MILITÄRGEISTLICHER: Sie urteilen falsch, junger Mann. Johannes der Täufer sprach doch zu den Kriegsleuten ...

BORIS *lächelnd*: Das beweist nur, daß auch damals die Soldaten räuberten, und er hat es ihnen verboten.

MILITÄRGEISTLICHER: Und warum wollen Sie denn nicht den Schwur leisten?

BORIS: Sie wissen, das Evangelium verbietet es.

MILITÄRGEISTLICHER: Keineswegs. Bedenken Sie doch, als Pilatus fragte: »Ich beschwöre dich bei dem lebendigen Gott, daß du uns sagest, ob du seist der Christus«, da antwortete Jesus Christus, der Herr: »Du sagst es.« Das bedeutet doch, daß der Schwur nicht verboten ist.

BORIS: Schämen Sie sich denn nicht? Sie sind ein alter Mann ...

MILITÄRGEISTLICHER: Seien Sie nicht so störrisch, rate ich Ihnen. Wir können die Welt ohnehin nicht umschaffen. Also, leisten Sie doch den Schwur, um des Friedens willen. Und was Sünde ist und was nicht, das zu entscheiden überlassen Sie der Kirche.

BORIS: Ihnen? Und es packt Sie wirklich nicht die Angst, soviel Sünde auf sich zu nehmen?

MILITÄRGEISTLICHER: Wieso denn Sünde? Da ich in festem Glauben erzogen bin und da ich dreißig Jahre meines Lebens die Priesterwürde trage, kann auf mir keine Sünde lasten.

BORIS: Auf wem lastet dann die Sünde, daß ihr so viele Menschen betrügt? Was steckt denn bei denen hier in den Köpfen? *Er zeigt auf den Wachtsoldaten.*

MILITÄRGEISTLICHER: Darüber, junger Mann, werden wir beide zu keinem Schluß kommen. Uns steht an, denen zu gehorchen, die über uns gesetzt sind.

BORIS: Lassen Sie mich. Sie tun mir leid, und ich gestehe, es ist mir widerlich, Ihnen zuzuhören. Wenn Sie noch so etwas wären wie der General; aber Sie – mit dem Kreuz, mit dem Evangelium, im Namen Christi kommen Sie, mich zu überreden, daß ich mich von Christus lossage. Gehen Sie. *Stark erregt*: Gehen Sie, lassen sie mich. Gehen Sie. Führt mich fort, damit ich keinen zu sehen brauche. Ich bin müde. Schrecklich müde.

MILITÄRGEISTLICHER: Wenn es so ist, leben Sie wohl.

Der Adjutant tritt ein. Boris sitzt im Hintergrund der Bühne.

ADJUTANT: Wie steht es?

MILITÄRGEISTLICHER: Starrsinn, großer Starrsinn. Aufsässigkeit:

ADJUTANT: Hat sich also nicht bereit erklärt, zu schwören und zu dienen?

MILITÄRGEISTLICHER: Auf keine Weise.

ADJUTANT: Also müssen wir ihn ins Hospital bringen.

MILITÄRGEISTLICHER: Also zum Kranken machen? Das freilich ist günstiger. Sonst gibt er ein gar zu verlockendes Beispiel.

ADJUTANT: Zur Untersuchung in die Station für Geisteskranke. So lautet der Befehl.

MILITÄRGEISTLICHER: Natürlich. Habe die Ehre. *Er geht ab.*

ADJUTANT *tritt zu Boris*: Bitte. Ich habe den Befehl, Sie fortzubringen.

BORIS: Wohin?

ADJUTANT: Zeitweilig ins Hospital, wo Sie es ruhiger haben und Zeit zum Bedenken finden werden.

BORIS: Ich habe es lange vorher bedacht. Also, gehen wir.

Sie gehen ab.

Vorhang

Der Schauplatz wechselt. Untersuchungszimmer im Hospital. Zwei Ärzte, ein Oberarzt und ein Unterarzt; ein kranker Offizier im Schlafrock; Wärter in Arbeitsblusen.

DER KRANKE OFFIZIER: Ich sage Ihnen, Sie ruinieren mich erst recht. Schon einige Male habe ich mich völlig gesund gefühlt.

OBERARZT: Regen Sie sich doch nicht auf. Es sollte mir ja recht sein, Sie zu entlassen. Aber Sie wissen selbst, die Freiheit ist für Sie gefährlich. Wenn ich wüßte, daß Sie Aufsicht und Pflege hätten.

DER KRANKE: Sie glauben, ich fange wieder an zu trinken? Nein, ich habe die Lehre begriffen. Doch jeder Tag, den ich überflüssigerweise hier verbringe, ruiniert mich mehr. Sie tun das Gegenteil von dem, was – *aufbrausend*: Ihre Pflicht wäre. Sie sind grausam. Ihnen geht es ja gut.

OBERARZT: Beruhigen Sie sich. *Er gibt den Wärtern ein Zeichen.*

Die Wärter schieben sich von hinten heran.

DER KRANKE: Sie sind in der Freiheit, Sie haben gut reden, aber wie geht es unsereinem inmitten der Irren! *Zu den Wärtern*: Was schleicht ihr euch ran? Fort!

OBERARZT: Ich bitte Sie, sich zu beruhigen.

DER KRANKE: Und ich bitte Sie, ich verlange, mich freizulassen.

Er heult auf, stürzt auf den Arzt zu.

Die Wärter packen ihn. Handgemenge. Sie führen ihn fort.

UNTERARZT: Hat es wieder angefangen. Beinahe hätte er Sie getroffen.

OBERARZT: Ein Alkoholiker – nichts zu machen. Obwohl immerhin Besserung eingetreten ist.

Der Adjutant tritt ein.

ADJUTANT: Guten Tag.

OBERARZT: Guten Morgen.

ADJUTANT: Ich bringe Ihnen da ein interessantes Subjekt. Einen Fürsten Tscheremschanow. Er sollte seiner Dienstpflicht nachkommen, weigerte sich aber und begründete das mit dem Evangelium. Er wurde von der Gendarmerie verhört, die befand, er sei kein Fall für sie – nichts Verdächtiges. Der ehrwürdige Vater nahm ihn sich vor; auch das fruchtete nichts.

OBERARZT *lachend*: Und wie immer – zu uns als der letzten Instanz. Also her mit ihm.

Der Unterarzt geht hinaus.

ADJUTANT: Er soll ein sehr gebildeter junger Mann sein. Und eine reiche Braut haben. Höchst merkwürdig. Ich sage Ihnen offen: Bei Ihnen ist er am rechten Platze.

OBERARZT: Ja, eine mania ...

Man führt Boris herein.

OBERARZT: Willkommen. Setzen Sie sich bitte. Wir werden ein wenig plaudern. Und Sie – lassen Sie uns allein.

Der Adjutant geht ab.

BORIS: Ich möchte Sie bitten – vielleicht ist es möglich –, wenn Sie mich irgendwo einzusperren gedenken, sperren Sie mich recht bald ein, und lassen Sie mich ausruhen.

OBERARZT: Verzeihen Sie. Wir müssen auf jeden Fall die Regeln beachten. Nur ein paar Fragen. Was fühlen Sie? Woran leiden Sie?

BORIS: An nichts. Ich bin völlig gesund.

OBERARZT: Ja, doch Sie verhalten sich nicht so wie alle.

BORIS: Ich verhalte mich so, wie das Gewissen es mir befiehlt.

OBERARZT: Da weigern Sie sich, Ihrer Dienstpflicht nachzukommen. Wie motivieren Sie das?

BORIS: Ich bin Christ, und darum kann ich nicht töten.

OBERARZT: Es ist aber doch nötig, das Vaterland gegen die Feinde zu verteidigen, und die Ordnungsstörer müssen daran gehindert werden, Unheil zu stiften.

BORIS: Das Vaterland wird von keinem angegriffen; Ordnungsstörer finden sich in weit größerer Zahl unter den Regierenden als unter denen, die von den Regierenden drangsaliert werden.

OBERARZT: Wie meinen Sie das?

BORIS: Das meine ich so: Die Hauptursache des Übels – der Schnaps – wird von der Regierung verkauft; der falsche, trügerische Glaube wird von der Regierung verbreitet, und eben auch der Soldatendienst, zu dem man mich zwingen will und der das Hauptmittel der Sittenverderbnis ist – auch ihn fordert die Regierung.

OBERARZT: Ihrer Meinung nach sind also Regierungen und Staaten unnötig?

BORIS: Das weiß ich nicht, aber ich weiß gewiß, daß ich nicht am Bösen teilhaben darf.

OBERARZT: Was aber wird aus der Welt? Uns ist doch der Verstand gegeben, damit wir Vorsorge treffen.

BORIS: Der Verstand ist uns auch gegeben, damit wir sehen, daß gesellschaftliche Wohlordnung nicht mit Gewalt bewahrt wird, sondern dadurch, daß man Gutes tut, ferner, damit wir sehen, daß der einzelne, der sich weigert, am Bösen teilzuhaben, keinerlei Gefahr bedeutet.

OBERARZT: Jetzt werde ich Sie – erlauben Sie – ein bißchen untersuchen. Wollen Sie sich bitte legen. *Er beginnt Boris abzutasten.* Hier fühlen Sie keine Schmerzen?

BORIS: Nein.

OBERARZT: Und hier?

BORIS: Nein.

OBERARZT: Einatmen. Atem anhalten. Ich danke Ihnen. Jetzt, erlauben Sie ... *Er zieht einen Zollstock hervor und mißt die Stirn, die Nase.* Jetzt seien Sie so freundlich und gehen Sie mit geschlossenen Augen durchs Zimmer.

BORIS: Und Sie schämen sich nicht, all das zu tun?

OBERARZT: Wie meinen Sie?

BORIS: All diese Dummheiten. Sie wissen doch, daß ich gesund bin, daß man mich hierhergeschickt hat, weil ich mich weigere, an dem Bösen teilzuhaben, das sie tun, weil sie der Wahrheit nichts entgegenzusetzen haben; deshalb tun sie jetzt so, als hielten sie mich für unnormal, und Sie, Sie helfen denen dabei. Das ist doch widerlich und schändlich. Hören Sie damit auf.

OBERARZT: Also ist es Ihnen nicht genehm, durchs Zimmer zu gehen?

BORIS: Nein, nicht genehm. Sie können mich quälen, wie Sie wollen; es ist Ihre Sache, ich werde Ihnen nicht helfen. *Erregt*: Hören Sie auf.

Der Arzt drückt auf einen Klingelknopf. Zwei Wärter treten ein.

OBERARZT: Beruhigen Sie sich. Ich begreife ja, Ihre Nerven sind gereizt. Wollen Sie nicht in Ihre Abteilung gehen?

Der Unterarzt tritt ein.

UNTERARZT: Für Tscheremschanow ist Besuch gekommen.

BORIS: Wer denn?

UNTERARZT: Sarynzew mit Tochter.

BORIS: Ich möchte sie gern sehen.

OBERARZT: Nun, bitte sehr. *Zu Boris*: Sie können sie hier empfangen. *Er geht ab, gefolgt vom Unterarzt und von den Wärtern.*

Nikolai Iwanowitsch und Ljuba treten ein. Die Fürstin schaut kurz zur Tür herein.

FÜRSTIN: Gehen Sie, ich komme später. *Sie bleibt draußen.*

LJUBA *tritt rasch auf ihn zu, umfaßt seinen Kopf und küßt ihn:* Armer Boris!

BORIS: Nein, bedaure mich nicht. Mir ist so wohl. So froh. So leicht. Guten Tag! *Er küßt sich mit Nikolai Iwanowitsch.*

NIKOLAI IWANOWITSCH: Ich bin gekommen, dir das eine, das Wichtigste zu sagen. Als erstes: In solchen Dingen ist es schlimmer, etwas zu übertreiben, als etwas nicht zu Ende zu führen. Und als zweites: In solcher Sache soll man handeln, wie es im Evangelium heißt: nicht zuvor bedenken, was man tun oder sagen werde. »Wenn sie euch nun hinführen und überantworten werden, so sorget nicht zuvor, was ihr reden sollt ... Denn ihr seid's nicht, die da reden, sondern der heilige Geist.« Das heißt, nicht dann handeln, wenn man sich überlegt hat, daß es sein müsse, sondern dann, wenn man mit seinem ganzen Wesen fühlt, daß man nicht anders kann.

BORIS: So tat ich's auch. Ich nahm mir nicht vor, mich zu weigern. Doch als ich diese ganze Lüge sah, diese Amtsstuben, Akten, diese Polizei, die rauchenden Kommissionsmitglieder – da konnte ich nicht anders, ich mußte eben sagen, was ich dann sagte. Und ich war voller Angst gewesen. Doch die Angst verschwand, als ich begonnen hatte, und dann ging es so einfach und erfüllte mich mit Freude.

Ljuba sitzt da und weint.

NIKOLAI IWANOWITSCH: Die Hauptsache aber: Tu nichts um Menschenruhmes willen, tu nichts zu dem Zwecke, daß dich die loben, deren Meinung du achtest. Was mich betrifft, so sage ich dir offen: Wenn du jetzt den Schwur leistest und Soldat wirst, so werde ich dich darum nicht weniger oder mehr lieben und schätzen als vorher; denn nicht das ist von Wert, was in der Welt geschieht, sondern das, was in der Seele geschehen ist.

BORIS: Gewiß, denn wenn es in der Seele geschehen ist, wird es auch in der Welt Veränderungen geben.

NIKOLAI IWANOWITSCH: Nun, ich habe dir's gesagt. Deine Mutter ist hier. Sie ist schrecklich niedergeschlagen. Wenn du ihre Bitte erfüllen kannst, tu's. Das habe ich dir sagen wollen.

Vom Korridor her hört man irres Wehgeschrei. Ein Kranker stürzt herein, zwei Wärter folgen ihm und drängen ihn wieder hinaus.

LJUBA: Das ist entsetzlich! Und du wirst hier sein! *Sie weint.*

BORIS: Das macht mir keine Angst. Nichts mehr macht mir Angst. Mir ist so wohl! Nur eines macht mir Angst: Wie du dich dazu verhältst. Hilf auch du mir. Ich bin sicher, du wirst mir helfen.

LJUBA: Kann ich mich etwa freuen?

NIKOLAI IWANOWITSCH: Dich freuen, nein, das kannst du nicht, auch ich freue mich nicht, ich leide mit ihm, und mit welcher Freude würde ich an seine Stelle treten, doch ich leide und weiß, daß dies gut ist.

LJUBA: Gut. Aber wann werden sie ihn herauslassen?

BORIS: Das weiß keiner. Ich denke nicht an die Zukunft. Die Gegenwart ist so gut. Und du kannst sie besser machen.

Die Fürstin tritt ein.

FÜRSTIN: Nein, ich kann nicht länger warten. *Zu Nikolai Iwa-*

nowitsch: Sagen Sie, haben Sie ihn überredet? Ja? Borja, mein Junge. Begreif doch, wie schwer das für mich ist. Dreißig Jahre habe ich nur für dich gelebt. Hab dich aufgezogen, mich an dir gefreut. Und nun, da es vollbracht ist, soll alles umsonst sein! Gefängnis und Schande. Nein, nein. Borja!

BORIS: Mama, so hör doch.

FÜRSTIN: Warum sagen Sie nichts? Sie haben ihn hineingestürzt, jetzt müssen Sie ihn auch überreden. Sie haben es gut. Ljuba, sprich doch zu ihm.

LJUBA: Was kann ich ausrichten?

BORIS: Mama! Versteh doch, es gibt Dinge, die kann man einfach nicht tun, genauso, wie man eben nicht fliegen kann. So kann ich keinen Kriegsdienst leisten.

FÜRSTIN: Du redest dir ein, daß du es nicht kannst. Unsinn. Alle haben gedient und dienen. Da habt ihr, Nikolai Iwanowitsch und du, euch so ein Christentum ausgedacht. Aber kein Christentum ist es, sondern eine Teufelslehre, wenn sie alle zum Leiden zwingt.

BORIS: Doch es ist so im Evangelium gesagt.

FÜRSTIN: Nichts ist gesagt, und wenn es gesagt ist, ist es dumm gesagt. Mein Junge, Borja, hab Mitleid mit mir. *Sie umhalst ihn und weint.* Das Leben brachte mir nichts als Kummer. Einen einzigen Freudenschimmer, und du machst aus ihm Qualen. Borja! Hab Mitleid mit mir.

BORIS: Mama, mir ist entsetzlich schwer zumute. Aber ich kann es euch nicht versprechen.

FÜRSTIN: So weigere dich doch nicht mehr, sag, du wirst dir's überlegen.

NIKOLAI IWANOWITSCH: Sag, du wirst dir's überlegen, und überleg dir's.

BORIS: Gut. Aber auch du, Mama, hab Mitleid mit mir. Auch ich hab's schwer.

Man hört wieder Wehgeschrei auf dem Korridor.

Ich bin doch in einem Irrenhaus, da kann man wirklich den Verstand verlieren.

Der Oberarzt tritt ein.

OBERARZT: Gnädige Frau, das kann sehr üble Folgen haben. Ihr

Sohn befindet sich im Zustand der Erregung. Ich denke, das Gespräch muß beendet werden. An den Besuchstagen – Donnerstag und Sonntag –, bitte schön, bis zwölf Uhr.

FÜRSTIN: Gut, gut, ich gehe. Borja, leb wohl. Denk nach, hab Mitleid mit mir, und laß mich am Donnerstag gute Nachricht hören. *Sie küßt ihn.*

NIKOLAI IWANOWITSCH *gibt ihm die Hand*: Denk nach mit Gott, so als würdest du morgen wahrscheinlich sterben. Nur dann findest du den rechten Entschluß. Leb wohl.

BORIS *tritt zu Ljuba*: Und du – was sagst du mir?

LJUBA: Ich kann nicht lügen. Ich begreife nicht, warum du dich selbst und alle quälst. Ich begreife es nicht und kann nichts sagen. *Sie weint und geht ab.*

Boris allein.

BORIS: Wie schwer ist das! Ach, wie schwer! Mein Gott, hilf mir! *Er betet.*

Wärter treten ein; sie bringen einen Anstaltskittel.

WÄRTER: Bitte umziehn.

Boris zieht sich um.

Vorhang

VIERTER AKT

In Moskau. Seit der Handlung des dritten Aktes ist ein Jahr vergangen. Der Saal im Sarynzewschen Hause ist für einen Tanzabend hergerichtet. Lakaien bauen vor dem Flügel Blumendekorationen auf. Marja Iwanowna und Alexandra Iwanowna treten ein; Marja Iwanowna trägt ein elegantes Seidenkleid.

MARJA IWANOWNA: Was heißt: Ball? Es ist kein Ball, sondern einfach ein geselliger Abend, une sauterie, wie man früher sagte, für die adolescents. Ich kann doch die meinen nicht einfach zum Tanzen fortschicken. Bei den Makows wurde Theater gespielt, und Tanz gab es bei allen. Ich muß mich revanchieren.

ALEXANDRA IWANOWNA: Ich fürchte, Nicolas wird es gar nicht recht sein.

MARJA IWANOWNA: Was soll ich tun! *Zu einem Lakaien*: Stellt das hierher. – Gott ist mein Zeuge, wie sehr wünscht ich, nichts zu tun, was ihm unangenehm wäre. Aber ich glaube, er ist jetzt nicht mehr so anspruchsvoll.

ALEXANDRA IWANOWNA: O doch! Er zeigt es nur nicht. Nach dem Mittagessen ist er sehr verstimmt in sein Zimmer gegangen.

MARJA IWANOWNA: Was soll ich denn tun? Was tun? Alle müssen ja leben. Es sind doch acht. Und wenn man ihnen zu Hause kein Vergnügen bietet, so stellen sie Gott weiß was an. Wenigstens Ljubas wegen bin ich jetzt so glücklich.

ALEXANDRA IWANOWNA: Hat er den Antrag gemacht?

MARJA IWANOWNA: So gut wie gemacht. Er hat mit ihr gesprochen, und sie hat ja gesagt.

ALEXANDRA IWANOWNA: Das wird wieder ein furchtbarer Schlag für ihn sein.

MARJA IWANOWNA: Er weiß es ja. Es kann nicht sein, daß er es nicht weiß.

ALEXANDRA IWANOWNA: Er mag ihn gar nicht.

MARJA IWANOWNA *zu den Lakaien*: Das Obst aufs Buffet! – Wen? Alexander Michailowitsch? Gewiß, er mag ihn gar nicht, denn in ihm muß er die Verneinung aller seiner Theorien sehen: einen feinen, lieben, angenehmen und guten Menschen. Ach, dieser schreckliche Alptraum Boris Tscheremschanow! Wie geht es ihm?

ALEXANDRA IWANOWNA: Lisanka hat ihn ein paarmal besucht. Er ist noch immer dort. Furchtbar abgemagert soll er sein, und die Ärzte sollen um sein Leben oder seinen Verstand fürchten.

MARJA IWANOWNA: Ja, da haben wir ein schreckliches Opfer seiner Ideen. Warum geht da ein Mensch zugrunde? Ich habe das nie gewollt.

Der Klavierspieler tritt ein.

Zum Klavierspieler: Sie sind der Musiker?

KLAVIERSPIELER: Ja, der Klavierspieler.

MARJA IWANOWNA: Bitte, setzen Sie sich und warten Sie ein wenig. Möchten Sie nicht Tee?

KLAVIERSPIELER: Nein, ich danke. *Er geht zum Flügel.*

MARJA IWANOWNA: Nie habe ich das gewollt. Ich hatte ihn gern, den Borja, trotzdem war er keine Partie für Ljuba. Besonders nachdem er sich von Nikolai Iwanowitschs Ideen hatte einnehmen lassen.

ALEXANDRA IWANOWNA: Dennoch – was für eine erstaunliche Kraft der Überzeugung. Wie muß er doch leiden. Man sagt ihm, wenn er sich nicht bereit erklärt, wird man ihn entweder dort lassen oder auf die Festung bringen. Und er bleibt bei seiner Antwort. Lisanka sagt, er zeige Freude, sogar Heiterkeit.

MARJA IWANOWNA: Fanatiker. – Da kommt ja Alexander Michailowitsch.

Im Frack, Glanz ausstrahlend, tritt Alexander Michailowitsch Starkowski ein.

STARKOWSKI: Ich komme früh. *Er küßt den beiden Damen die Hand.*

MARJA IWANOWNA: Um so besser.

STARKOWSKI: Und Ljubow Nikolajewna? Sie hat sich vorgenommen, so viel zu tanzen. Um alles Versäumte nachzuholen. Ich habe es übernommen, ihr dabei zu helfen.

MARJA IWANOWNA: Sie bereitet die Geschenke für den Kotillon vor.

STARKOWSKI: Ich gehe ihr helfen – darf ich?

MARJA IWANOWNA: Wunderbar.

Starkowski will abgehen. Ljuba im Abendkleid, nicht dekolletiert, kommt ihm entgegen, bringt ein Kissen, imitierte Ordenssterne und -bänder.

LJUBA: Da sind Sie ja. Ausgezeichnet. Helfen Sie mir. Drüben im Salon liegen noch zwei Kissen, holen Sie alles hierher. Guten Tag, guten Tag.

STARKOWSKI: Ich fliege. *Er geht ab.*

MARJA IWANOWNA *zu Ljuba*: Hör zu, Ljuba. Heute werden sich Bekannte einfinden, es wird Anspielungen und Fragen geben. Darf man's bekanntmachen?

LJUBA: Nein, Mama, nein, wozu? Mögen die Gäste fragen. Für Papa wäre es unangenehm.

MARJA IWANOWNA: Er weiß es ja oder ahnt es wenigstens, früher oder später wird man's ihm sagen müssen. Ich meine, besser machte man es heute bekannt. Schließlich, c'est le secret de la comédie.

LJUBA: Nein, nein, Mama, bitte nicht. Das hieße den ganzen Abend vergiften. Nein, bitte nicht.

MARJA IWANOWNA: Nun, wie du willst.

LJUBA: Also dann: wenn der Tanz zu Ende ist, vor dem Abendessen.

Starkowski tritt ein.

Na, bringen Sie alles?

MARJA IWANOWNA: Also, ich gehe und schaue nach Natascha. *Sie geht mit Alexandra Iwanowna ab.*

STARKOWSKI *balanciert, das Kinn zu Hilfe nehmend, drei Kissen herbei, läßt sie dann aber doch fallen*: Lassen Sie liegen, Ljubow Nikolajewna, ich hebe sie gleich auf. So eine Menge haben Sie gemacht. Man muß nur verstehen, sie unterzubringen. Wanja, komm.

WANJA *bringt noch mehr*: Das da ist der Rest. Ljuba, ich habe mit Alexander Michailowitsch darum gewettet, wer sich die meisten Orden verdienen wird.

STARKOWSKI: Du hast es leicht, du kennst alle, du hast etliches schon sicher, während ich erst die jungen Mädchen bezaubern muß, um schließlich Belohnung zu ernten. Ich gebe dir also vierzig Punkte Vorsprung.

WANJA: Dafür bist du Bräutigam, und ich bin bloß ein Junge.

STARKOWSKI: Na, Bräutigam bin ich auch nicht und bin schlechter dran als ein Junge.

LJUBA: Wanja! Geh doch bitte mal zu mir ins Zimmer und hole den Leim und das Nadelkissen – die Sachen sind auf der Etagere.

Wanja geht ab.

Nur zerschlag um Gottes willen nichts.

WANJA: Alles zerschlag ich! *Er rennt fort.*

STARKOWSKI *faßt ihre Hand*: Ljuba, darf ich? Ich bin so glücklich. *Er küßt ihr die Hand.* Die Masurka gehört mir, aber mir ist das zuwenig. Bei der Masurka reicht die Zeit nicht, alles zu sagen. Und ich muß es sagen. Kann ich meinen Eltern telegrafieren, daß ich erhört bin und glücklich?

LJUBA: Ja, heute abend.

STARKOWSKI: Noch ein Wort: Wie wird Nikolai Iwanowitsch es aufnehmen? Haben Sie ihm gegenüber davon gesprochen? Haben Sie gesprochen? Ja?

LJUBA: Ich habe nicht darüber gesprochen. Aber ich werde es ihm sagen. Er wird es aufnehmen, wie er jetzt alle Familiendinge aufnimmt. Er wird sagen: Tu, was du für richtig hältst. Doch im Herzen wird es ihn bitter treffen.

STARKOWSKI: Weil ich nicht Tscheremschanow bin? Weil ich Kammerjunker und Adelsmarschall bin?

LJUBA: Ja. Aber ich habe schon mit mir gekämpft, habe versucht, mir um seinetwillen etwas vorzumachen. Es geht nicht darum, daß ich ihn weniger liebe, auch nicht darum, daß ich nicht tue, was er will; vielmehr: Ich kann einfach nicht lügen. Er sagt es selbst. Zu groß ist mein Drang zu leben.

STARKOWSKI: Und das ist die einzige Wahrheit: das Leben. Nun, und er, Tscheremschanow?

LJUBA *erregt*: Sprechen Sie mir nicht von ihm. Ich möchte ihn verurteilen, gerade jetzt verurteilen, da er leidet. Und ich weiß, das kommt, weil ich schuldig vor ihm bin. Eines weiß ich: Es gibt eine Liebe, ich meine, eine echte Liebe, die ich niemals für ihn empfunden habe.

STARKOWSKI: Ljuba, ist das wahr?

LJUBA: Sie wollen jetzt von mir hören, daß ich diese echte Liebe für Sie fühle. Aber das sage ich nicht. O ja, ich liebe Sie ...

STARKOWSKI: Sie?

LJUBA: Liebe dich mit einer anderen Liebe, doch auch sie ist nicht die rechte. Nicht jene und nicht diese; könnte man sie doch beide verbinden!

STARKOWSKI: Nein, ich bin mit der zufrieden, die mir zuteil wird. *Er küßt ihr die Hand.* Ljuba!

LJUBA *schiebt seine Hand zurück*: Nein, wollen wir die Dinge zum Empfang herrichten. Die Gäste kommen schon.

Die Fürstin tritt ein – mit Tonja und einem kleinen Mädchen.

LJUBA: Mama kommt gleich.

FÜRSTIN: Sind wir die ersten?

STARKOWSKI: Einer muß der erste sein; ich habe schon vorgeschlagen, man solle eine Dame aus Guttapercha zum ersten Gast erklären.

Stjopa tritt auf. Wanja bringt die gewünschten Dinge.

STJOPA: Ich hoffte Sie gestern bei den Italienern zu sehen.

TONJA: Wir waren bei meiner Tante, schneiderten für die Armen.

Es treten auf: Studenten, Damen, Marja Iwanowna, die Gräfin.

GRÄFIN: Nikolai Iwanowitsch werden wir nicht zu sehen bekommen?

MARJA IWANOWNA: Nein, er zeigt sich nie.

STARKOWSKI: Die Quadrille, bitte. *Er klatscht in die Hände.*

Man stellt sich auf. Der Tanz beginnt.

ALEXANDRA IWANOWNA *tritt zu Marja Iwanowna*: Er ist furchtbar erregt. Er war bei Boris Alexandrowitsch, kam zurück und sah den Ball; nun will er fort. Ich trat an seine Tür und hörte ihn mit Alexander Petrowitsch sprechen.

MARJA IWANOWNA: Und?

STARKOWSKI: Rond des dames! Les cavaliers en avant!

ALEXANDRA IWANOWNA: Er hat erklärt, so könne er nicht leben; er werde wegfahren.

MARJA IWANOWNA: Wie er mich quält, dieser Mann. *Sie geht ab.*

Die Szene wechselt. Nikolai Iwanowitschs Zimmer. Von ferne hört man Musik. Er ist im Mantel, legt einen Brief auf den Tisch. Bei ihm befindet sich der zerlumpte Alexander Petrowitsch.

ALEXANDER PETROWITSCH: Keine Sorge, wir kommen ohne einen Groschen bis zum Kaukasus. Und dort müssen Sie halt weitersehen.

NIKOLAI IWANOWITSCH: Bis Tula fahren wir, von dort wandern wir zu Fuß. Gut, alles fertig. *Er schiebt den Brief in die Mitte des Tisches und will gehen.*

Marja Iwanowna kommt herein.

Warum kommst du?

MARJA IWANOWNA: Warum? Weil ich dich daran hindern will, eine Grausamkeit zu begehen. Wozu das? Was soll das?

NIKOLAI IWANOWITSCH: Was es soll? Ich kann nicht so weiterleben. Ich kann dieses entsetzliche, sittlich verdorbene Leben nicht ertragen.

MARJA IWANOWNA: Das ist ja furchtbar! Mein Leben, das ich ganz dir und den Kindern gewidmet habe, ist auf einmal sittlich verdorben. *Sie erblickt Alexander Petrowitsch.* Renvoyez au moins cet homme. Je ne veux pas qu'il soit témoin de cette conversation.

ALEXANDER PETROWITSCH: Komprenneh. Tuschur mua parteh.

NIKOLAI IWANOWITSCH: Warten Sie draußen auf mich, Alexander Petrowitsch, ich komme sofort.

Alexander Petrowitsch geht ab.

MARJA IWANOWNA: Was kannst du eigentlich mit so einem Menschen gemein haben? Und warum steht er dir näher als deine Frau? Einfach nicht zu fassen. Wohin willst du?

NIKOLAI IWANOWITSCH: Ich habe einen Brief für dich hergelegt. Ich wollte es nicht aussprechen. Zu schwer fällt es mir. Aber wenn du willst, gebe ich mir Mühe, es dir jetzt ganz ruhig zu sagen.

MARJA IWANOWNA: Nein, ich kann es nicht fassen. Warum hassest und strafst du eine Frau, die alles für dich hingegeben hat? Sag, habe ich etwa einen Ball nach dem andern aufgesucht, mich geputzt und kokettiert? Mein ganzes Leben war der Familie gewidmet. Alle Kinder habe ich selbst genährt, aufgezogen, im letzten Jahr lag die ganze Last der Erziehung und der Geschäfte auf mir …

NIKOLAI IWANOWITSCH *unterbricht sie*: Diese Last liegt deshalb auf dir, weil du nicht so leben wolltest, wie ich dir's vorschlug.

MARJA IWANOWNA: Es ist doch unmöglich. Frag alle Welt. Unmöglich, die Kinder ungebildet zu lassen, wie du's wolltest, unmöglich, daß ich selbst die Wäsche wasche und die Mahlzeiten bereite.

NIKOLAI IWANOWITSCH: Das habe ich nie verlangt.

MARJA IWANOWNA: Ganz gleich, jedenfalls so ähnlich. Nein, du bist ein Christ, du willst Gutes tun, du sagst, daß du die Menschen liebst – warum bestrafst du dann die Frau, die dir ihr ganzes Leben hingegeben hat?

NIKOLAI IWANOWITSCH: Womit bestrafe ich dich denn? Ich liebe dich doch, aber …

MARJA IWANOWNA: Wär's denn keine Strafe, wenn du mich verläßt, fortgehst? Was werden alle sagen? Eines von beiden: Entweder bin ich eine schlechte Frau, oder du bist verrückt.

NIKOLAI IWANOWITSCH: Dann laß mich verrückt sein; aber ich kann nicht so leben.

MARJA IWANOWNA: Was kann Schreckliches daran sein, daß ich den ganzen Winter ein einziges Mal – nur einmal, gerade weil ich fürchtete, es sei dir unangenehm – eine Abendgeselligkeit gebe? Und was für eine – frag Manja oder Warwara Wassiljewna, alle bestätigen mir, daß es ohne so etwas nicht geht, einfach nicht geht. Und das soll ein Verbrechen sein, und dafür soll mir Schande zuteil werden? Und nicht nur Schande. Die Hauptsache ist ja, daß du mich nun nicht mehr liebst. Du liebst alle Welt und den betrunkenen Alexander Petrowitsch; trotzdem liebe ich dich, ich kann ohne dich nicht leben. Warum? Warum? *Sie weint.*

NIKOLAI IWANOWITSCH: Du willst von meinem Leben, meinem geistigen Leben einfach nichts begreifen.

MARJA IWANOWNA: Ich will es begreifen, aber ich kann es nicht. Ich sehe, dein Christentum hat bewirkt, daß du deine Familie, daß du mich hassest. Weswegen, das begreife ich nicht.

NIKOLAI IWANOWITSCH: Andere begreifen es.

MARJA IWANOWNA: Wer? Alexander Petrowitsch, der dich um Geld anbettelt?

NIKOLAI IWANOWITSCH: Er und andere, auch Tonja, auch Wassili Nikanorowitsch. Aber es ist mir gleich. Auch wenn niemand mich verstände, würde das nichts ändern.

MARJA IWANOWNA: Wassili Nikanorowitsch hat bereut und ist in seine Gemeinde zurückgekehrt. Und Tonja tanzt gerade und kokettiert mit Stjopa.

NIKOLAI IWANOWITSCH: Das ist bedauerlich, doch es kann nicht bewirken, daß Schwarzes weiß wird, es kann auch mein Leben nicht ändern. Mascha! Du brauchst mich nicht. Laß mich fort. Ich habe versucht, an eurem Leben teilzuhaben, in euer Leben das hineinzubringen, was für mich das ganze Leben ausmacht. Doch es ist unmöglich. Es hat nur zur Folge, daß ich euch quäle und mich selbst. Nicht nur mich quäle, sondern das zunichte mache, was ich tue. Jeder, auch dieser Alexander Petrowitsch, hat das Recht zu sagen – und sagt es auch –, daß ich ein Betrüger sei, daß ich rede, aber nicht handle, daß ich die vom Evangelium geforderte Armut predige, aber selbst im Reichtum lebe unter dem Vorwand, ich hätte alles meiner Frau übertragen.

MARJA IWANOWNA: Vor den Leuten schämst du dich? Kannst du dich wirklich nicht darüber erheben?

NIKOLAI IWANOWITSCH: Ich schäme mich nicht vor den Leuten, oder gut, ich schäme mich, aber vor allem mache ich das Gotteswerk zunichte.

MARJA IWANOWNA: Du hast doch selbst oft gesagt, daß es geschieht, ungeachtet unseres Dawiderhandelns. Aber nicht darum geht es. Sag, was willst du von mir?

NIKOLAI IWANOWITSCH: Ich habe es ja oft gesagt.

MARJA IWANOWNA: Aber Nicolas, du weißt doch, das ist unmöglich. Bedenk nur, jetzt wird Ljuba heiraten, Wanja hat die Universität bezogen, Mischa und Katja besuchen die Schule. Sollen wir etwa alle herausreißen?

NIKOLAI IWANOWITSCH: Und wie soll ich mich nun verhalten?

MARJA IWANOWNA: Das tun, was du predigst: dulden, lieben. Was fällt dir so schwer? Sollst nur uns ertragen, uns deiner nicht berauben. Also, was quält dich da?

Wanja läuft herein.

WANJA: Mama, man ruft nach dir.

MARJA IWANOWNA: Sag, ich kann nicht. Geh, geh.

WANJA: So komm doch, *Er geht ab.*

NIKOLAI IWANOWITSCH: Du willst nicht sehen und mich nicht verstehen.

MARJA IWANOWNA: Nicht, daß ich's nicht will – ich kann's nicht.

NIKOLAI IWANOWITSCH: Ja, du willst nicht verstehen, und wir

entfernen uns immer mehr voneinander. Versuch dich nur für einen Augenblick in mich hineinzufühlen, und sofort verstehst du's. Also erstens: Das Leben hier ist sittlich ganz verdorben. Du ärgerst dich über das Wort, aber ich kann kein anderes finden für ein Leben, das sich allein auf Raub gründet; denn das Geld, von dem ihr lebt, das ist Geld von dem Boden, den ihr dem Volk raubt. Außerdem sehe ich, daß dieses Leben die Kinder sittlich verdirbt: »Wehe dem, der Ärgernis gibt einem dieser Kleinen«, und unter meinen Augen versinken sie in Verderbnis. Ich kann nicht mit ansehen, wie erwachsene Menschen mit Fräcken herausgeputzt werden und wie Sklaven uns dienen. Jedes Mittagessen ist für mich eine Qual.

MARJA IWANOWNA: Das war doch schon immer so. Bei allen ist es so, auch im Ausland, überall.

NIKOLAI IWANOWITSCH: Ich kann nicht; seit ich begriffen habe, daß wir alle Brüder sind, kann ich nicht darüber hinwegsehen, muß ich darunter leiden.

MARJA IWANOWNA: Was du dir aber auch ausdenkst. Man kann sich so manches einbilden.

NIKOLAI IWANOWITSCH *hitzig*: Gerade dieses dein Unverständnis ist entsetzlich. Zum Beispiel heute. Den Morgen habe ich im Obdachlosenasyl verbracht, unter Landstreichern, ich habe ein Kind einfach an Hunger sterben sehen, ich habe einen alkoholsüchtigen Jungen gesehen, habe gesehen, wie eine schwindsüchtige Waschfrau Wäsche spülen ging; dann komme ich nach Haus, und ein Lakai mit weißer Halsbinde öffnet mir die Tür, und ich sehe, wie mein Sohn, der Schnösel, von diesem Lakaien verlangt, er solle ihm ein Glas Wasser bringen, ich sehe ein Heer von Bediensteten, die für uns arbeiten. Dann gehe ich zu Boris, einem Menschen, der mit seinem Leben für die Wahrheit einsteht, und ich sehe, wie man ihn, einen reinen, starken, festen Menschen, vorsätzlich zum Wahnsinn und ins Verderben treibt, damit man ihn loswerde. Ich weiß, die dort wissen, daß er einen Herzfehler hat, und sie legen es darauf an, ihn zu reizen, und stecken ihn in die Abteilung für Geisteskranke. Nein, das ist entsetzlich,

entsetzlich. Und wieder komme ich nach Hause und erfahre, daß meine Tochter, die einzige in der Familie, die etwas verstanden hat – nicht mich, sondern die Wahrheit –, sich eben zugleich von dem Bräutigam, dem sie Liebe versprochen hat, wie von der Wahrheit lossagt und einen Lakaien, einen Lügner heiraten will ...

MARJA IWANOWNA: Wie unchristlich ist das!

NIKOLAI IWANOWITSCH: Ja, es ist widerlich, ich bekenne mich schuldig, aber ich will nur, daß du dich in mich hineinfühlst. Ich erkläre nur, daß sie sich von der Wahrheit losgesagt hat.

MARJA IWANOWNA: Du erklärst: von der Wahrheit; und andere, und zwar die meisten, meinen: von der Verirrung. Nimm Wassili Nikanorowitsch; er ist zu der Auffassung gelangt, daß er auf Irrwegen wandelte, und ist in die Kirche zurückgekehrt.

NIKOLAI IWANOWITSCH: Das kann nicht sein!

MARJA IWANOWNA: Er hat an Lisanka geschrieben, sie wird dir den Brief zeigen. All das ist gar nicht dauerhaft. Auch nicht bei Tonja. Ich spreche schon gar nicht von Alexander Petrowitsch, der das nur einträglich findet.

NIKOLAI IWANOWITSCH *gerät in Zorn*: Mag es sein, wie es will. Ich bitte dich nur, mich zu verstehen. Trotz allem halte ich die Wahrheit für Wahrheit. Wie weh mir das hier tut. Ich trete also ins Haus und sehe, man gibt einen Ball, hat weihnachtlich dekoriert, vergeudet Hunderte, während Menschen verhungern. Ich kann nicht so leben. Erbarm dich meiner, ich bin am Ende meiner Kraft. Laß mich fort. Leb wohl.

MARJA IWANOWNA: Wenn du gehst, gehe ich mit dir. Und wenn nicht mit dir, so werfe ich mich unter den Zug, mit dem du fortfährst. Mag dann aus ihnen allen, aus Mischa, aus Katja, werden, was will. Mein Gott! Mein Gott! Welche Qual, welche Qual! Warum? Warum? *Sie weint.*

NIKOLAI IWANOWITSCH *zur Tür hinaus*: Alexander Petrowitsch, gehen Sie nach Hause. Ich fahre nicht. Ich bleibe, gut. *Er zieht den Mantel aus.*

MARJA IWANOWNA *umarmt ihn*: Wir haben doch nicht mehr lange zu leben. Verderben wir uns nicht nach achtundzwanzigjähriger Ehe das Leben. Ich will ja auch keine Abendgesellschaften mehr geben, doch straf du mich nicht so.

Wanja und Katja stürmen herein.

WANJA UND KATJA: Mama, komm schnell.

MARJA IWANOWNA: Ich komme, ich komme. Also verzeihen wir einander. *Sie geht ab.*

NIKOLAI IWANOWITSCH: Ein Kind, ganz und gar ein Kind – oder ein listiges Weib. Ja, ein listiges Kind. Ja, ja. Ich sehe, du willst nicht, daß ich dir zu diesem deinem Werke diene; du willst, daß ich erniedrigt werde, daß alle auf mich mit den Fingern zeigen können: Er redet, doch er handelt nicht. Nun, so geschehe es. Du weißt besser, was nötig ist. Demut, Einfalt. Ja, wenn man sich nur aufschwingen könnte zu Demut und Einfalt.

Lisanka tritt ein.

LISANKA: Verzeihen Sie. Ich bringe Ihnen den Brief von Wassili Nikanorowitsch. Er schreibt an mich, bittet aber, Ihnen den Inhalt des Briefes mitzuteilen.

NIKOLAI IWANOWITSCH: So ist es also wahr?

LISANKA: Ja. Soll ich vorlesen?

NIKOLAI IWANOWITSCH: Lies, bitte.

LISANKA *liest*: »Ich schreibe Ihnen und bitte Sie, es Nikolai Iwanowitsch zu übermitteln. Ich bedaure sehr die Verirrung, in der ich offen von der heiligen rechtgläubigen Kirche abfiel, und freue mich, daß ich zu ihr zurückgekehrt bin. Ich wünsche Ihnen und Nikolai Iwanowitsch dasselbe. Bitte, verzeihen Sie mir.«

NIKOLAI IWANOWITSCH: Sie haben ihn gequält, den Armen. Und dennoch ist es furchtbar.

LISANKA: Ich möchte Ihnen noch sagen, daß die Fürstin sich hier eingefunden hat; sie kam in schrecklich erregtem Zustand zu mir herauf und möchte Sie unbedingt sprechen. Sie hat eben ihren Sohn besucht. Ich denke, es wäre besser, Sie sprechen nicht mit ihr. Was könnte die Begegnung schon bringen?

NIKOLAI IWANOWITSCH: Nein, bittet sie nur her. Heute ist offenbar so ein entsetzlicher Tag der Prüfungen.

LISANKA *im Weggehen*: Ich bitte sie also her.

NIKOLAI IWANOWITSCH: Ja, ja, dächte ich doch stets daran; daß das Leben nur darin besteht, dir zu dienen. Dächte ich daran, daß, wenn du eine Prüfung schickst, du mich auch für fähig hältst, sie zu ertragen – daß du mich für stark genug hältst. Sonst wäre es keine Prüfung ... Vater, hilf mir, hilf mir, nicht meinen, sondern deinen Willen zu erfüllen.

Die Fürstin tritt ein.

FÜRSTIN: Sie empfangen mich also, würdigen mich dessen. Meine Anerkennung. Ich gebe Ihnen nicht die Hand, denn ich hasse Sie, ich verachte Sie.

NIKOLAI IWANOWITSCH: Was ist denn geschehen?

FÜRSTIN: Geschehen ist, daß sie ihn ins Strafbataillon versetzen. Und das ist Ihr Werk.

NIKOLAI IWANOWITSCH: Fürstin, wenn Sie etwas brauchen, so sagen Sie es, aber wenn Sie nur kommen, mich zu schelten, so schaden Sie nur sich selbst. Mich können Sie nicht kränken, denn ich fühle von ganzem Herzen mit Ihnen und teile Ihren Kummer.

FÜRSTIN: Welche Barmherzigkeit, welch christlicher Edelmut! Nein, Herr Sarynzew, mich betrügen Sie nicht. Ich kenne Sie jetzt. Meinen Sohn haben Sie ins Unglück gestürzt, Ihnen ist es gleich, Sie, Sie geben Bälle, und die Braut meines Sohnes, Ihre Tochter, heiratet einen andern, macht eine Partie, die Ihnen günstig scheint. Und Sie spielen sich auf, tun so, als führten Sie das Leben eines einfachen Mannes, eines Tischlers. Wie Sie mich mit Ihrem neuen Pharisäertum anwidern.

NIKOLAI IWANOWITSCH: Fürstin, beruhigen Sie sich. Nennen Sie Ihr Anliegen. Es besteht doch nicht nur darin, mich zu beschimpfen.

FÜRSTIN: Auch darin. Was mir im Innern brennt, das muß aus mir heraus. Doch mein Anliegen ist auch dies: Man versetzt ihn ins Strafbataillon, und das ertrage ich nicht. Und Sie haben ihn dahin gebracht. Und Sie haben das getan. Sie, Sie, Sie!

NIKOLAI IWANOWITSCH: Nicht ich, Gott hat es getan. Und Gott sieht, daß ich Mitleid mit Ihnen empfinde. Widersetzen Sie sich nicht dem Willen Gottes. Er will Sie prüfen. Tragen Sie's in Demut.

FÜRSTIN: Ich kann es nicht in Demut tragen. Mein ganzes Leben, das war mein Sohn, und Sie haben ihn mir weggenommen und ins Verderben gestürzt. Ich kann nicht ruhig sein. Ich bin zu Ihnen gekommen, es ist mein letzter Versuch, Ihnen zu sagen, daß Sie ihn hineingerissen haben und daß Sie ihn darum retten müssen. Fahren Sie hin, erwirken Sie, daß man ihn freiläßt. Fahren Sie zu den Vorgesetzten, zum Zaren, zu wem Sie wollen. Sie sind einfach verpflichtet, es zu tun. Wenn Sie das nicht tun, so weiß ich, was ich tun werde. Sie werden mir dafür Rede und Antwort stehen.

NIKOLAI IWANOWITSCH: Belehren Sie mich über das, was ich tun soll. Ich bin zu allem bereit.

FÜRSTIN: Ich erkläre Ihnen noch einmal: Sie müssen ihn retten. Wenn Sie ihn nicht retten ... Denken Sie an meine Worte! Adieu. *Sie geht ab.*

Nikolai Iwanowitsch legt sich aufs Sofa. Schweigen. Die Tür geht auf. Die Musik wird deutlicher hörbar: Der Großvatertanz. Stjopa tritt ein.

STJOPA: Papa ist nicht da, kommt.

Die Paare treten ein, jeweils Kleine mit Großen.

LJUBA *bemerkt den Vater*: Ach, du bist hier, entschuldige.

NIKOLAI IWANOWITSCH *steht auf*: Schon gut.

Die Paare ziehen vorbei.

Wassili Nikanorowitsch ist umgekehrt, Boris habe ich ins Unglück gestürzt, Ljuba heiratet. Irre ich denn wirklich, irre ich, indem ich an dich glaube? Nein, Vater, hilf mir!

Vorhang

DER LEBENDE LEICHNAM

Drama in sechs Akten

Personen

Fjodor Wassiljewitsch Protassow (Fedja)
Jelisaweta Andrejewna Protassowa (Lisa), *seine Frau*
Mischa, *ihr kleiner Sohn*
Anna Pawlowna, *Lisas Mutter*
Sascha, *Lisas Schwester*
Wiktor Michailowitsch Karenin
Anna Dmitrijewna Karenina, *seine Mutter*
Marja Wassiljewna Krjukowa, *Lisas Freundin*
Sergej Dmitrijewitsch Abreskow, *Fürst*
Mascha, *eine Zigeunerin*
Iwan Makarowitsch, *ein alter Zigeuner, Maschas Vater*
Nastassja Iwanowna, *eine alte Zigeunerin, Maschas Mutter*
Michail Andrejewitsch Afremow, Stachowitsch, Butkewitsch, Korotkow – *Fedjas Freunde*
Iwan Petrowitsch Alexandrow
Petuschkow, *ein Maler*
Artemjew
Wosnessenski, *Karenins Sekretär*
Der Untersuchungsrichter
Der Protokollführer
Melnikow
Petruschin, *ein Advokat*
Ein junger Advokat
Ein Arzt
Ein Offizier
Ein Musiker

Katja Gascha	*Zigeunerinnen*

Eine Zigeunerin
Erster Zigeuner
Zweiter Zigeuner

Ein Herr Eine Dame Ein Offizier	*im Gerichtsgebäude*

Ein Gerichtsdiener
Kinderfrau bei Protassows
Dunjascha, *Protassows Dienstmädchen*
Lakai bei Protassows
Lakai bei Karenins
Lakai bei Afremow
Eine Frau in der Schenke
Der Schankwirt
Ein Kellner
Ein Polizist
Ein Kurier
Richter, Zuschauer, Zeugen
Zigeuner und Zigeunerinnen, der Chor

ERSTER AKT

ERSTES BILD

Anna Pawlowna, eine korpulente grauhaarige Dame, sitzt im Korsett allein am Teetisch. Die Kinderfrau tritt mit einer Teekanne ein.

KINDERFRAU: Kann ich mir bei Ihnen ein bißchen heißes Wasser nehmen?

ANNA PAWLOWNA: Bitte. Was macht der Kleine?

KINDERFRAU: Unruhig ist er. Nichts schlimmer, als wenn die gnädige Frau selbst stillt. Sie hat Kummer, und das Würmchen muß drunter leiden. Was soll das für Milch geben, wenn sie nachts nicht schläft und immer weint.

ANNA PAWLOWNA: Jetzt hat sie sich aber wohl beruhigt.

KINDERFRAU: Schön beruhigt. Nicht mit anzusehen ist das. Immerfort hat sie was geschrieben und geweint.

SASCHA *tritt ein, zur Kinderfrau*: Lisa sucht Sie im Kinderzimmer.

KINDERFRAU: Ich komm, ich komm. *Sie geht ab.*

ANNA PAWLOWNA: Die Kinderfrau sagt, daß Lisa immerfort weint. Warum kann sie sich nicht beruhigen?

SASCHA: Nein, wirklich, Mama, Sie sind merkwürdig. Sie verläßt ihren Mann, den Vater ihres Kindes, und Sie verlangen, daß sie ruhig ist.

ANNA PAWLOWNA: Na ja, nicht gerade ruhig – geschehen ist geschehen. Wenn ich als Mutter es nicht nur zulasse, sondern sogar begrüße, daß meine Tochter ihren Mann verläßt, dann ist er danach. Sie sollte sich freuen und nicht jammern, daß sie diesen schlechten Menschen, diesen Mustergatten los wird.

SASCHA: Wie können Sie nur so reden, Mama! Sie wissen doch genau, das stimmt nicht. Er ist nicht schlecht, im Gegenteil, er ist trotz seiner Schwächen ein ganz wunderbarer Mensch.

ANNA PAWLOWNA: Allerdings, ein ganz wunderbarer Mensch.

Kaum hat er Geld in den Fingern, egal, ob eigenes oder fremdes ...

SASCHA: Mama, fremdes Geld hat er niemals genommen.

ANNA PAWLOWNA: Einerlei, es war das Geld seiner Frau.

SASCHA: Aber er selbst hatte doch sein ganzes Vermögen ihr gegeben.

ANNA PAWLOWNA: Kunststück, wo er doch genau wußte, daß er sonst alles durchgebracht hätte.

SASCHA: Ob er alles durchgebracht hätte, weiß ich nicht, aber das eine weiß ich, eine Frau soll sich von ihrem Mann nicht trennen, besonders nicht von so einem wie Fedja.

ANNA PAWLOWNA: Du meinst also, man soll warten, bis er alles vertan hat und einem seine Zigeunerliebchen ins Haus schleppt?

SASCHA: Er hat keine Liebchen.

ANNA PAWLOWNA: Das ist ja das Unglück, er hat euch alle irgendwie behext. Bloß mich nicht, nein, bei mir käme er schlecht an; ich durchschaue ihn, und das weiß er. Ich an Lisas Stelle hätte ihm nicht erst jetzt, sondern schon vor einem Jahr den Laufpaß gegeben.

SASCHA: Das sagen Sie so leicht.

ANNA PAWLOWNA: Nein, gar nicht leicht. Für mich als Mutter ist es keineswegs leicht, meine Tochter als geschiedene Frau zu sehen. Glaub mir, das ist alles andere als leicht. Aber es ist immer noch besser, als ein junges Leben zugrunde zu richten. Nein, ich danke Gott, daß sie sich jetzt entschlossen hat und daß alles vorbei ist.

SASCHA: Vielleicht ist noch gar nicht alles vorbei.

ANNA PAWLOWNA: Er muß nur noch in die Scheidung einwilligen.

SASCHA: Und dann?

ANNA PAWLOWNA: Was dann! Sie ist jung, sie kann noch glücklich werden.

SASCHA: Ach, Mama, was Sie da sagen, ist schrecklich! Lisa wird keinen andern lieben können.

ANNA PAWLOWNA: Warum nicht, wenn sie erst frei ist. Es werden sich Männer finden, die tausendmal besser sind als euer

Fedja und die sich glücklich schätzen, Lisa heiraten zu können.

SASCHA: Mama, das ist unrecht. Ich weiß, Sie denken an Wiktor Karenin.

ANNA PAWLOWNA: Und warum nicht? Er liebt sie seit zehn Jahren, und sie liebt ihn auch.

SASCHA: Ja, aber nicht so, wie man seinen Mann liebt. Das ist eine Kinderfreundschaft.

ANNA PAWLOWNA: Solche Kinderfreundschaften kennen wir. Laß nur erst die Hindernisse weg sein.

Das Dienstmädchen kommt herein.

Was gibt's?

DIENSTMÄDCHEN: Die gnädige Frau hat den Hausdiener mit einem Brief zu Wiktor Michailowitsch geschickt.

ANNA PAWLOWNA: Welche gnädige Frau?

DIENSTMÄDCHEN: Na, die gnädige Frau, Lisaweta Andrejewna.

ANNA PAWLOWNA: Und was weiter?

DIENSTMÄDCHEN: Wiktor Michailowitsch läßt sagen, er werde gleich kommen.

ANNA PAWLOWNA *verwundert*: Gerade haben wir von ihm gesprochen. Ich begreife nur nicht, weshalb? *Zu Sascha*: Weißt du es?

SASCHA: Vielleicht weiß ich es, vielleicht auch nicht.

ANNA PAWLOWNA: Immer diese Geheimnisse.

SASCHA: Wenn Lisa kommt, wird sie es Ihnen selber sagen.

ANNA PAWLOWNA *schüttelt den Kopf, zum Dienstmädchen*: Der Samowar muß nachgeheizt werden. Nimm ihn mit, Dunjascha.

Das Dienstmädchen nimmt den Samowar und geht hinaus.

Zu Sascha, die aufgestanden ist und gehen will: Es ist so gekommen, wie ich gesagt habe. Sie hat gleich nach ihm geschickt.

SASCHA: Vielleicht hat sie aus einem ganz andern Grund nach ihm geschickt.

ANNA PAWLOWNA: Aus welchem denn?

SASCHA: Jetzt, in diesem Augenblick, bedeutet ihr Karenin nicht mehr als das Dienstmädchen.

ANNA PAWLOWNA: Du wirst sehen! Ich kenne sie. Sie ruft ihn, sie sucht Trost.

SASCHA: Ach, Mama, wie schlecht Sie sie kennen, wenn Sie so etwas denken können.

ANNA PAWLOWNA: Du wirst ja sehen. Und ich bin sehr, sehr froh.

SASCHA: Warten wir ab.

Sie geht, vor sich hinsingend, hinaus.

ANNA PAWLOWNA *murmelt kopfschüttelnd*: Ausgezeichnet. Soll sie nur. Ausgezeichnet. Soll sie ... Ja ...

DIENSTMÄDCHEN *tritt ein*: Wiktor Michailowitsch ist da.

ANNA PAWLOWNA: Soso, dann bitte ihn herein und sag der gnädigen Frau Bescheid.

Das Dienstmädchen geht ab.

KARENIN *tritt ein und begrüßt Anna Pawlowna*: Lisaweta Andrejewna schickte mir ein Briefchen, ich möchte kommen. Ich hatte ohnehin vor, heute abend bei Ihnen vorzusprechen, und so freue ich mich sehr ... Geht es Lisaweta Andrejewna gut?

ANNA PAWLOWNA: Ihr ja, nur das Kind ist ein wenig unruhig. Sie wird gleich da sein. *Wehmütig*: Ja, ja, eine schwere Zeit ... Sie wissen doch alles ...

KARENIN: Ja. Ich war vorgestern hier, als sein Brief ankam. Aber ist es nun unwiderruflich so beschlossen?

ANNA PAWLOWNA: Das will ich meinen, selbstverständlich. Alles, was war, noch einmal durchzumachen, das wäre entsetzlich.

KARENIN: Ja, man soll lieber zehnmal abmessen, bevor man schneidet. So ins lebendige Fleisch zu schneiden ist sehr schwer.

ANNA PAWLOWNA: Natürlich ist das schwer. Aber ihre Ehe hatte ja schon lange einen Riß. Da war es weniger schwierig, als es scheinen mag. Er sieht selbst ein, daß er nach allem, was geschehen ist, unmöglich zurückkommen kann.

KARENIN: Wieso das?

ANNA PAWLOWNA: Aber ich bitte Sie – nach all seinen widerwärtigen Streichen, nachdem er geschworen hatte, damit Schluß zu machen, und wenn nicht, daß er dann selbst auf alle Rechte als Ehegatte verzichten und ihr volle Freiheit geben will!

KARENIN: Richtig, aber wie kann eine Frau frei sein, die durch die Ehe gebunden ist?

ANNA PAWLOWNA: Scheidung. Er hat ihr die Scheidung versprochen, und wir bestehen darauf.

KARENIN: Ja, aber Lisaweta Andrejewna hat ihn doch so geliebt ...

ANNA PAWLOWNA: Ach, ihre Liebe wurde solchen Prüfungen unterworfen, daß wohl kaum noch etwas von ihr übrig ist. Trunksucht, Betrügereien, Untreue. Kann man so einen Mann lieben?

KARENIN: Die Liebe vermag alles.

ANNA PAWLOWNA: Sie sagen – die Liebe, aber wie soll man so einen Menschen lieben, so einen Waschlappen, auf den man sich überhaupt nicht verlassen kann? Erst jetzt wieder ... *Sie sieht sich nach der Tür um und erzählt hastig*: Sämtliche Geschäfte sind in Unordnung, alles verpfändet, kein Pfennig Geld im Haus. Endlich schickt der Onkel zweitausend Rubel, damit die Zinsen bezahlt werden können. Er fährt mit dem Geld los und ... verschwindet spurlos. Seine Frau sitzt mit dem kranken Kind da und wartet, und schließlich kommt ein Zettel – man möchte ihm seine Sachen und Wäsche schicken.

KARENIN: Ja, ja, ich weiß.

Sascha und Lisa treten auf.

ANNA PAWLOWNA: Siehst du, Wiktor Michailowitsch ist deinem Ruf gefolgt.

KARENIN: Ja, ich wurde ein wenig aufgehalten. *Er begrüßt die Schwestern.*

LISA: Ich danke Ihnen. Ich habe eine große Bitte an Sie. Und außer Ihnen weiß ich niemanden, an den ich mich wenden könnte.

KARENIN: Ich will mein möglichstes tun.

LISA: Sie wissen doch von allem.

KARENIN: Ja.

ANNA PAWLOWNA: Ich lasse euch allein. *Zu Sascha*: Komm, laß sie allein. *Sie geht mit Sascha ab.*

LISA: Ja, er hat mir geschrieben, in seinen Augen sei alles zu Ende. Ich – *sie hält die Tränen zurück* – war so gekränkt, so ... also, mit einem Wort, ich willigte in die Trennung ein. Und antwortete ihm, ich sei mit seinem Vorschlag einverstanden.

KARENIN: Aber dann?

LISA: Dann? Dann fühlte ich, daß es schlecht von mir war und ich es nicht fertigbringe. Alles andere, nur keine Trennung. Also, mit einem Wort, geben Sie ihm den Brief. Bitte, Wiktor ... geben Sie ihm den Brief, sagen Sie ihm ... und bringen Sie ihn her.

KARENIN: Gut. *Verwundert*: Ja, aber wie?

LISA: Sagen Sie ihm, daß ich ihn bitte, er möchte alles vergessen, alles vergessen und zurückkommen. Ich hätte einfach einen Brief schicken können. Aber ich kenne ihn: Die erste Regung wird, wie immer, gut sein, aber dann beeinflußt ihn irgend jemand, er überlegt es sich anders und handelt nicht so, wie er wollte.

KARENIN: Ich will mein möglichstes tun.

LISA: Sie sind erstaunt, daß ich gerade Sie bitte?

KARENIN: Keineswegs ... Übrigens, um die Wahrheit zu sagen, ja, ich bin erstaunt.

LISA: Aber Sie sind mir nicht böse?

KARENIN: Kann ich Ihnen böse sein?

LISA: Ich habe Sie gebeten, weil ich weiß, Sie lieben ihn.

KARENIN: Ihn und Sie. Das wissen Sie. Und es geht mir dabei nicht um mich, sondern um Sie. Ich danke Ihnen, daß Sie mir vertrauen. Ich will mein möglichstes tun.

LISA: Ich wußte es. Ich will Ihnen alles sagen: Ich war heute bei Afremow, um mich zu erkundigen, wo er sich aufhält. Mir wurde gesagt, sie seien zu den Zigeunern gefahren. Und das ist es, wovor ich Angst habe. Ich habe Angst, er läßt sich da ganz hineinziehen. Ich weiß, wenn man ihn nicht rechtzeitig zurückhält, kann er sich nicht mehr losreißen. Darum muß es sein. Sie fahren also?

KARENIN: Gewiß, sofort.

LISA: Fahren Sie, suchen Sie ihn, sagen Sie ihm, daß alles vergessen ist, daß ich ihn erwarte.

KARENIN *steht auf*: Aber wo soll ich ihn suchen?

LISA: Er ist bei den Zigeunern. Ich war selbst dort. Ich stand an der Vortreppe und wollte den Brief hineinschicken, aber dann überlegte ich es mir anders und beschloß, Sie zu bitten ... hier ist die Adresse. Also, sagen Sie ihm, er soll zurückkommen, es sei nichts gewesen, alles vergessen. Tun Sie es aus Liebe zu ihm und aus Freundschaft für uns.

KARENIN: Ich will mein möglichstes tun. *Er zögert, dann verneigt er sich und geht ab.*

LISA: Ich kann nicht, nein, ich kann nicht. Alles andere, nur nicht ... ich kann nicht.

SASCHA *tritt ein*: Nun? Hast du ihn hingeschickt?

Lisa nickt.

Und er war einverstanden?

LISA: Natürlich.

SASCHA: Warum gerade ihn – das begreife ich nicht ...

LISA: Wen sonst?

SASCHA: Aber du weißt doch, daß er in dich verliebt ist.

LISA: Das alles war einmal und ist längst vorbei. Wen hätte ich denn deiner Ansicht nach schicken sollen? Was meinst du, wird er zurückkommen?

SASCHA: Ich bin sicher, denn ...

Anna Pawlowna tritt ein, Sascha verstummt.

ANNA PAWLOWNA: Wo ist denn Wiktor Michailowitsch geblieben?

LISA: Er ist fort.

ANNA PAWLOWNA: Wieso fort?

LISA: Ich habe ihn um eine Gefälligkeit gebeten.

ANNA PAWLOWNA: Was für eine Gefälligkeit? Schon wieder Geheimnisse?

LISA: Gar keine Geheimnisse, ich habe ihn nur gebeten, Fedja einen Brief persönlich zu überbringen.

ANNA PAWLOWNA: Fedja? Fjodor Wassiljewitsch?

LISA: Ja, Fedja ...

ANNA PAWLOWNA: Ich dachte, die Beziehungen zwischen euch seien abgebrochen.

LISA: Ich kann mich nicht von ihm trennen.

ANNA PAWLOWNA: Wie, so soll wieder alles von vorne anfangen?

LISA: Ich wollte ja, ich habe mich bemüht, aber ich kann nicht. Alles, was Sie wollen, nur keine Trennung von ihm.

ANNA PAWLOWNA: Soll das heißen, du willst ihn zurückholen?

LISA: Ja.

ANNA PAWLOWNA: Dieses Scheusal wieder zu dir ins Haus lassen?

LISA: Mama, ich bitte Sie, sprechen Sie nicht so von meinem Mann.

ANNA PAWLOWNA: Er war dein Mann.

LISA: Nein, er ist es.

ANNA PAWLOWNA: Ein Verschwender, ein Trunkenbold, ein Wüstling, und du kannst dich nicht von ihm trennen?

LISA: Warum quälen Sie mich? Ich habe es ohnehin schwer genug, und Sie wollen offenbar noch absichtlich ...

ANNA PAWLOWNA: Ich quäle dich also, dann reise ich lieber ab. Ich kann das nicht ertragen.

Lisa schweigt.

Ich sehe, ihr wünscht das, ich störe euch. So kann ich nicht leben. Ich begreife euch nicht mehr. Das sind alles neue Moden. Erst willst du dich scheiden lassen, bist fest entschlossen, dann läßt du plötzlich einen Mann kommen, der in dich verliebt ist.

LISA: Das ist nicht wahr.

ANNA PAWLOWNA: Karenin hat dir einen Antrag gemacht ... und du läßt ihn deinen Mann zurückholen. Was soll das? Willst du ihn eifersüchtig machen?

LISA: Mama! Das ist entsetzlich, was Sie da sagen. Gehen Sie.

ANNA PAWLOWNA: Ja, treib nur deine Mutter aus dem Haus und hol dir deinen lasterhaften Mann zurück. Keine Minute zögere ich. Laßt es euch gut gehen, meinen Segen habt ihr, macht, was ihr wollt. *Sie geht ab und schlägt die Tür hinter sich zu.*

LISA *sinkt auf einen Stuhl*: Das fehlte noch.

SASCHA: Mach dir nichts draus. Es wird alles gut. Mama beruhigen wir wieder.

ANNA PAWLOWNA *geht vorüber*: Dunjascha, meinen Koffer!

SASCHA: Mama! So hören Sie doch! *Sie blinzelt der Schwester zu und folgt Anna Pawlowna.*

Vorhang

ZWEITES BILD

Ein Zimmer bei den Zigeunern. Der Chor singt das »Konawälla«-Lied. Fedja liegt ohne Rock mit dem Gesicht nach unten auf einem Sofa. Afremow sitzt dem Vorsänger gegenüber rittlings auf einem Stuhl. An einem Tisch, auf dem Champagnerflaschen und Gläser stehen, sitzen ein Offizier und ein Musiker, der sich Notizen macht.

AFREMOW: Fedja! Schläfst du?

FEDJA *richtet sich auf*: Still da. Das ist Steppe, zehntes Jahrhundert, das ist nicht irgendeine Freiheit, sondern urtümliche Ungebundenheit ... Jetzt das »Abendrot«.

ZIGEUNER: Das geht nicht, Fjodor Wassiljewitsch. Erst soll Mascha allein singen.

FEDJA: Na schön. Aber dann das »Abendrot«. *Er legt sich wieder hin.*

OFFIZIER: »Die Schicksalsstunde«. Sind Sie einverstanden?

AFREMOW: Meinetwegen.

OFFIZIER *zu dem Musiker*: Na, haben Sie's aufgeschrieben?

MUSIKER: Unmöglich. Sie singen es jedesmal anders. Und auch die Tonart ist mir unbekannt. Sehen Sie hier. *Er ruft den Offizier heran. Zu einer Zigeunerin, die zusieht*: Ist das richtig? *Er singt.*

ZIGEUNERIN: Ja, ganz richtig. Sehr schön.

FEDJA *richtet sich auf*: Er schafft es nicht. Und wenn er's doch schafft und es irgendwo in eine Oper stopft, verhunzt er alles. Na, Mascha, leg schon los, die »Schicksalsstunde«! Nimm die

Gitarre. *Er steht auf, setzt sich vor sie hin und sieht ihr in die Augen.*

Mascha singt.

Auch schön. Bravo, Mascha. So, und jetzt das »Abendrot«.

AFREMOW: Nein, warte. Erst mein Lied, mein Begräbnislied.

OFFIZIER: Wieso Begräbnislied?

AFREMOW: Na deshalb, wenn ich gestorben bin ... verstehst du, ich bin tot, liege im Sarg, und dann kommen die Zigeuner ... verstehst du? Das schreibe ich in mein Testament, und meine Frau muß es ausführen. Und wenn sie dann singen: »Schäl mä wèrsta«, da spring ich aus dem Sarg, verstehst du? *Zu dem Musiker*: Das mußt du aufschreiben. Los, fangt an.

Die Zigeuner singen.

Das ist ein Lied. Los, jetzt »Ihr flinken Burschen«.

Sie singen. Afremow macht ein paar Tanzschritte. Die Zigeuner lächeln und applaudieren, während sie weitersingen. Afremow setzt sich. Das Lied ist zu Ende.

ZIGEUNER: Bravo, Michail Andrejewitsch, Sie sind ein richtiger Zigeuner.

FEDJA: So, und jetzt das »Abendrot«.

Ein Zigeuner tritt ein.

ZIGEUNER *zu Fedja*: Ein Herr fragt nach Ihnen.

FEDJA: Was für ein Herr?

ZIGEUNER: Weiß ich nicht. Ist fein gekleidet, hat 'nen Zobelpelz an.

FEDJA: Bararai? Na gut, hol ihn rein.

Der Zigeuner geht ab.

AFREMOW: Wer kommt denn hierher zu dir?

FEDJA: Weiß der Teufel. Wer kann von mir was wollen? *Er steht schwankend auf.*

Mascha geht ab und spricht dabei mit den Zigeunern in ihrer Sprache. Karenin tritt ein, sieht sich um.

Ah, Wiktor. Dich hab ich nicht erwartet. Leg ab. Welcher Wind hat dich hergeweht? Komm setz dich, Wiktor, hör dir das »Abendrot« an.

Die Zigeuner singen.

Das ist es. Das ist ein Lied. Wunderbar, und wo geschieht nur das alles, was darin ausgesprochen wird? Ach, ist das schön. Und warum nur kann man in eine solche Begeisterung geraten, und nachher ist wieder alles vorbei?

MUSIKER *schreibt*: Ja, sehr originell.

FEDJA: Nicht originell, echt ist es!

AFREMOW: So, Tschawèlli, jetzt ruht ihr euch mal aus. *Er nimmt die Gitarre und setzt sich neben Katja.*

MUSIKER: Im Grunde ist es ganz einfach, nur der Rhythmus.

KARENIN: Je voudrais vous parler sans témoins.

FEDJA: Was gibt's denn?

KARENIN: Je viens de chez vous. Votre femme m'a chargé de cette lettre, et puis ...

FEDJA *nimmt den Brief, liest, runzelt die Stirn, dann lächelt er freundlich*: Hör mal, Karenin, du weißt doch, was in dem Brief steht?

KARENIN: Ja. Und ich möchte dir sagen ...

FEDJA: Halt, warte. Denk bitte nicht, daß ich betrunken bin und meine Worte unzurechnungsfähig, ich meine, daß ich unzurechnungsfähig bin. Ich bin zwar betrunken, aber in dieser Angelegenheit sehe ich klar. Also, was sollst du mir sagen?

KARENIN: Ich soll dich aufsuchen und dir sagen, daß sie ... dich erwartet. Sie bittet dich, alles zu vergessen und zurückzukommen.

FEDJA *hört schweigend zu und sieht ihm dabei ins Gesicht*: Ich verstehe trotzdem nicht, warum gerade du kommst!

KARENIN: Lisaweta Andrejewna schickte nach mir und bat mich ...

FEDJA: So ...

KARENIN: Aber ich bitte dich nicht so sehr im Namen deiner Frau als vielmehr in meinem eigenen. Komm mit mir nach Hause.

FEDJA: Du bist besser als ich. Was für ein Unsinn! Das ist nicht schwer, besser zu sein als ich. Ich bin ein Taugenichts, und du bist ein guter, anständiger Mensch. Und gerade darum ändere ich meinen Entschluß nicht. Und auch gar nicht mal deswegen. Ich kann und will ganz einfach nicht. Sag selbst, wie sollte ich das machen?

KARENIN: Wir fahren jetzt zu mir. Ich sage ihr, du kommst, und morgen ...

FEDJA: Was ist morgen? Ich bleibe doch immer ich, und sie bleibt sie. *Er tritt an den Tisch und trinkt.* Einen Zahn zieht man besser mit einemmal heraus. Ich habe doch gesagt, wenn ich mein Wort wieder nicht halte, soll sie mich aufgeben. Ich hab's nicht gehalten, und damit ist Schluß.

KARENIN: Für dich, aber nicht für sie.

FEDJA: Merkwürdig, daß ausgerechnet du dich um unsere Ehe bemühst.

Karenin will etwas sagen. Mascha tritt ein. Später kommen die Zigeuner hinzu.

FEDJA *fällt ihm ins Wort*: Jetzt mußt du zuhören, hör mal. Mascha, sing!

Die Zigeuner sammeln sich.

MASCHA *flüstert*: Wir möchten ihm ein Begrüßungslied singen.

FEDJA *lacht*: Begrüßt ihn so: gnädiger Herr Wiktor Michailowitsch ...

Die Zigeuner singen.

KARENIN *hört verwirrt zu, dann fragt er*: Wieviel soll ich geben?

FEDJA: Na, gib fünfundzwanzig.

Karenin gibt das Geld. Er geht ab.

Wundervoll! Jetzt den »Flachs«. *Er sieht sich um.* Karenin hat sich verdrückt. Na, zum Teufel mit ihm.

Die Zigeuner gehen auseinander.

Fedja winkt resignierend ab, geht auf Mascha zu und setzt sich neben sie auf das Sofa

Ach, Mascha, Mascha, wie drehst du mir das Herz im Leib um und um.

MASCHA: So, und worum hatte ich Sie gebeten?

FEDJA: Worum? Um Geld? *Er greift in die Hosentasche.* Da, nimm. *Mascha lacht, nimmt das Geld und steckt es ins Mieder. Zu den Zigeunern*: Da finde sich einer zurecht. Erst öffnet sie einem den Himmel, dann bettelt sie um Geld. Du verstehst ja nicht die Spur von dem, was du da machst.

MASCHA: Wieso? Ich verstehe, wenn ich jemanden liebe, geb ich mir auch für ihn Mühe und singe besser.

FEDJA: Und mich liebst du?

MASCHA: Klar lieb ich dich.

FEDJA: Seltsam. *Er küßt sie.*

Die Zigeuner und Zigeunerinnen gehen hinaus. Folgende Paare bleiben zurück: Fedja und Mascha, Afremow und Katja, der Offizier und Gascha. Der Musiker schreibt, ein Zigeuner klimpert auf der Gitarre einen Walzer.

Aber ich bin verheiratet, und du bist an den Chor gebunden. Fühlst du dich wohl?

MASCHA: Natürlich fühl ich mich wohl, wenn nette Gäste da sind. Dann ist's auch für uns lustig.

FEDJA: Weißt du, wer das war?

MASCHA: Ich hab seinen Namen gehört.

FEDJA: Ein vortrefflicher Mensch. Er wollte mich nach Hause holen zu meiner Frau. Sie liebt mich Narren, und ich hocke hier bei dir.

MASCHA: Das ist nicht recht. Du mußt hinfahren und gut zu ihr sein.

FEDJA: Meinst du? Ich glaube nicht.

MASCHA: Natürlich, wenn du sie nicht liebst, dann nicht. Hauptsache ist die Liebe.

FEDJA: Woher weißt du das?

MASCHA: Muß es wohl wissen.

FEDJA: Komm, küß mich. Tschawèlli, jetzt noch den »Flachs« und dann Schluß.

Sie beginnen zu singen.

Ach, ist das schön! So einschlafen. So sterben ...

Vorhang

ZWEITER AKT

ERSTES BILD

Seit dem ersten Akt sind zwei Wochen vergangen. Bei Lisa. Karenin und Anna Pawlowna sitzen im Speisezimmer. Sascha tritt ein.

KARENIN: Nun?

SASCHA: Der Doktor sagt, die Gefahr sei jetzt vorüber. Nur erkälten darf er sich nicht.

ANNA PAWLOWNA: Na, Gott sei Dank. Lisa ist schon völlig herunter.

SASCHA: Er sagt, es war entweder Keuchhusten oder ein leichter Fall von … Was ist denn das? *Sie zeigt auf ein Körbchen.*

ANNA PAWLOWNA: Wiktor hat Weintrauben mitgebracht.

KARENIN: Möchten Sie?

SASCHA: Ja, Lisa mag sie. Sie ist sehr nervös geworden.

KARENIN: Zwei Nächte nicht geschlafen und nichts gegessen.

SASCHA *lächelnd*: Sie doch auch.

KARENIN: Das ist etwas anderes.

Der Arzt und Lisa treten ein.

ARZT *eindringlich*: Also. Wenn er nicht schläft, jede halbe Stunde wechseln. Wenn er schläft, nicht stören. Einzupinseln brauchen Sie den Hals nicht. Auf gleichmäßige Zimmertemperatur achten …

LISA: Und wenn er wieder Erstickungsanfälle bekommt?

ARZT: Das ist kaum anzunehmen. Sonst inhalieren. Und außerdem das Pulver, morgens eins und abends eins. Ich schreib es sofort auf.

ANNA PAWLOWNA: Möchten Sie etwas Tee, Doktor?

ARZT: Nein, vielen Dank, meine Kranken warten. *Er setzt sich an den Tisch.*

Sascha bringt Papier und Tinte.

LISA: Es ist also bestimmt kein Keuchhusten?

ARZT *lächelnd*: Ganz ausgeschlossen. *Er schreibt.*

Anna Pawlowna sieht dem Arzt zu.

KARENIN *zu Lisa*: So, nun trinken Sie Ihren Tee oder noch

besser, Sie legen sich ein wenig schlafen, wirklich, Sie sehen sehr schlecht aus.

LISA: Jetzt lebe ich wieder auf. Vielen Dank. Sie sind ein wahrer Freund. *Sie drückt ihm die Hand.*

Sascha wendet sich ärgerlich ab und geht zu dem Arzt.

Haben Sie Dank, mein Lieber. Sie waren unser Retter in der Not.

KARENIN: Was habe ich schon getan? Es besteht wirklich kein Anlaß, mir zu danken.

LISA: Und wer hat nächtelang nicht geschlafen, wer hat diese Kapazität geholt? Alles Sie ...

KARENIN: Ich bin allein dadurch genug belohnt, daß Mischa außer Gefahr ist, und vor allem durch Ihre Güte. *Er drückt ihr wieder die Hand und zeigt lachend auf das Geldstück, das sie in der Hand hält.*

LISA *lächelnd*: Das ist für den Doktor. Ich weiß nur nie, wie ich es geben soll.

KARENIN: Ich kann es auch nicht.

ANNA PAWLOWNA *tritt herzu*: Was können Sie nicht?

LISA: Dem Arzt Geld geben. Er hat mir mehr als das Leben gerettet, und ich gebe ihm Geld. Das hat so etwas Peinliches.

ANNA PAWLOWNA: Komm, ich gebe es ihm. Ich weiß, wie man das macht. Ganz einfach ...

ARZT *steht auf und übergibt das Rezept*: Also diese Pulver müssen in einem Eßlöffel abgekochtem Wasser gut aufgelöst werden und ... *Er fährt mit seinen Anordnungen fort.*

Karenin trinkt am Tisch Tee. Anna Pawlowna und Sascha treten nach vorn.

SASCHA: Ich kann es nicht mit ansehen, wenn sie zusammen sind. Als wäre sie in ihn verliebt.

ANNA PAWLOWNA: Was ist daran verwunderlich?

SASCHA: Widerlich ...

Der Arzt verabschiedet sich von allen und geht. Anna Pawlowna begleitet ihn.

LISA *zu Karenin*: Er ist so lieb jetzt. Kaum ging es ihm besser, fing er an zu lächeln und zu erzählen. Ich geh jetzt zu ihm. Aber ich möchte auch Sie nicht allein lassen.

KARENIN: Trinken Sie Ihren Tee, essen Sie etwas.

LISA: Ich brauche nichts. Ich bin so erleichtert nach all diesen Ängsten. *Sie schluchzt auf.*

KARENIN: Sehen Sie, wie erschöpft Sie sind.

LISA: Ich bin glücklich. Wollen Sie ihn sehen?

KARENIN: Selbstverständlich.

LISA: Kommen Sie.

Sie gehen ab. Sascha und Anna Pawlowna treten auf.

ANNA PAWLOWNA: Hab's ihm ganz einfach gegeben, und er hat's genommen. Warum machst du so ein böses Gesicht?

SASCHA: Widerwärtig. Sie hat ihn mit ins Kinderzimmer genommen. Als wäre er ihr Bräutigam oder ihr Mann.

ANNA PAWLOWNA: Was kümmert's dich? Was ereiferst du dich so? Oder hast du etwa ein Auge auf ihn geworfen?

SASCHA: Ich? Auf diese dürre Latte? Eher würde ich wer weiß wen nehmen. Ich finde es nur widerwärtig, daß Lisa nach Fedja mit einem fremden Mann so vertraut werden kann.

ANNA PAWLOWNA: Wieso mit einem fremden. Sie sind doch von Kind an befreundet.

SASCHA: Aber ich sehe doch an ihrem Lächeln, an ihren Augen, daß sie verliebt sind.

ANNA PAWLOWNA: Was ist daran verwunderlich? Er hat ihr beigestanden während der Krankheit des Kindes, Mitgefühl gezeigt, geholfen, und sie ist dankbar. Und außerdem – warum sollte sie Wiktor nicht liebgewinnen und ihn heiraten?

SASCHA: Das wäre entsetzlich. Abscheulich, ganz abscheulich.

Karenin und Lisa treten ein. Karenin verabschiedet sich schweigend. Sascha entfernt sich unwillig.

LISA *zur Mutter*: Was hat sie?

ANNA PAWLOWNA: Ach, ich weiß nicht.

Lisa seufzt wortlos.

Vorhang

ZWEITES BILD

Herrenzimmer bei Afremow. Gefüllte Weingläser. Gäste. Anwesend sind Afremow, Fedja, der zottige Stachowitsch, der glattrasierte Butkewitsch und der zudringliche Korotkow.

KOROTKOW: Und ich sage euch, er schafft es nicht. La belle bois ist das beste Pferd in Europa. Wetten?

STACHOWITSCH: Nimm den Mund nicht so voll. Du weißt ganz genau, daß keiner dir glaubt. Und daß keiner mit dir wettet.

KOROTKOW: Ich sag es dir. Dein Cartouche kommt da nicht mit.

AFREMOW: Hört doch auf zu streiten. Kommt, seid friedlich. Fragt Fedja. Der kennt sich aus.

FEDJA: Beide Pferde sind gut. Es kommt auf den Reiter an.

STACHOWITSCH: Gussjew ist ein Halunke. Auf den muß man aufpassen.

KOROTKOW *schreit*: Nein!

FEDJA: So wartet doch, ich werde euch versöhnen. Wer hat das Derby gewonnen?

KOROTKOW: Er hat's gewonnen, aber das will gar nichts besagen. Das war Zufall. Wäre Kronprinz nicht krank geworden, hätte er das Nachsehen gehabt.

Ein Lakai tritt ein.

AFREMOW: Was gibt's?

LAKAI: Eine Dame ist da, sie fragt nach Fjodor Wassiljewitsch.

AFREMOW: Was für eine Dame?

LAKAI: Das weiß ich nicht. Aber es ist eine richtige Dame.

AFREMOW: Fedja! Eine Dame will zu dir.

FEDJA *erschrocken*: Wer ist es?

AFREMOW: Das weiß er nicht. *Zu dem Lakaien*: Führ sie in den Salon.

FEDJA: Warte, ich seh mal nach. *Er geht ab, der Lakai ebenfalls.*

KOROTKOW: Wer kommt da zu ihm? Sicher Maschka.

STACHOWITSCH: Was für eine Maschka?

KOROTKOW: Die Zigeunerin. Die ist verschossen in ihn, verliebt wie 'ne Katze.

STACHOWITSCH: Ein feines Mädchen. Und wie die singt.

AFREMOW: Fabelhaft. Tanjuscha und sie. Gestern haben sie mit Pjotr gesungen.

STACHOWITSCH: Ist der ein Glückspilz, dieser ...

AFREMOW: Weil ihn die Weiber mögen? Von mir aus.

KOROTKOW: Ich kann die Zigeunerinnen nicht ausstehen. Die haben keinen Schick.

BUTKEWITSCH: Du, sag das nicht.

KOROTKOW: Die geb ich alle für eine einzige Französin her.

AFREMOW: Na, dich Ästheten kennen wir. Ich seh mal nach, wer es ist. *Er geht ab.*

STACHOWITSCH: Wenn's Mascha ist, bring sie her, sie soll uns was vorsingen. Nein, mit den Zigeunern ist nichts mehr los. Tanjuscha hat auch ihre beste Zeit gehabt. Ach, hol's der Teufel.

BUTKEWITSCH: Ich finde, sie sind noch genau wie früher.

STACHOWITSCH: Genau wie früher, wenn sie jetzt platte Romanzen singen statt Lieder?

BUTKEWITSCH: Es gibt auch schöne Romanzen.

KOROTKOW: Wollen wir wetten? Ich laß sie singen, und du erkennst nicht, ob es ein Lied oder eine Romanze ist.

STACHOWITSCH: Korotkow muß ewig wetten.

AFREMOW *tritt ein*: Meine Herrschaften, das ist nicht Mascha. Und er muß sie hier empfangen. Kommt, gehen wir ins Billardzimmer.

KOROTKOW: Los, wetten wir. Na, hast du Angst?

STACHOWITSCH: Schon gut, schon gut.

KOROTKOW: Du wirst sehen, ich knöpfe dir eine Flasche ab.

STACHOWITSCH: Na, laß schon. Nimm den Wein mit.

Sie gehen unter diesem Gespräch ab. Fedja und Sascha treten ein.

FEDJA: Komm hier herein. Ach, was machst du nur. Ja, ja ...

SASCHA *verlegen*: Fedja, verzeih mir, wenn es dir unangenehm ist, aber hör mich um Gottes willen an. *Ihre Stimme zittert. Fedja geht im Zimmer auf und ab. Sascha hat sich gesetzt und sieht ihm nach.*

FEDJA: Also, gut.

SASCHA: Fedja, komm nach Hause.

FEDJA: Ich verstehe dich sehr gut, meine liebe Sascha, und ich an deiner Stelle würde genauso handeln, würde mich bemühen, alles wieder ins alte Geleise zu bringen, aber wärest du, mein liebes, feinfühliges Mädchen, so seltsam das auch klingen mag, wärest du an meiner Stelle, du würdest sicher genau dasselbe tun wie ich, nämlich deiner Wege gehen und einem fremden Leben nicht länger hinderlich sein ...

SASCHA: Wieso hinderlich? Meinst du etwa, Lisa könnte ohne dich leben?

FEDJA: Ach, liebe, gute Sascha, sie kann, sie kann, und sie wird noch glücklich sein, viel glücklicher als mit mir.

SASCHA: Niemals.

FEDJA: Das kommt dir nur so vor. *Er hält ein Schriftstück in der Hand und faltet es hin und her.* Ja, und es geht auch gar nicht darum, das heißt, es geht auch darum, aber vor allem, ich kann einfach nicht. Weißt du, ein festes Papier kannst du so falten und so. Hundertmal kannst du es im gleichen Knick falten. Es hält, aber beim hundertundersten Mal, da reißt's. So steht es mit mir und Lisa. Es tut mir weh, ihr in die Augen zu sehen. Und glaube mir, ihr geht es genauso.

SASCHA: Nein, nein.

FEDJA: Du sagst nein, und weißt doch, daß es so ist.

SASCHA: Ich kann nur nach mir urteilen. Wäre ich an ihrer Stelle und du würdest mir so antworten wie jetzt, dann wäre das entsetzlich für mich.

FEDJA: Ja, für dich.

Schweigen. Beide sind verwirrt.

SASCHA *steht auf*: Soll es wirklich dabei bleiben?

FEDJA: Ich denke, ja.

SASCHA: Fedja, komm zurück.

FEDJA: Ich danke dir, Sascha. Die Erinnerung an dich wird mir immer teuer sein ... leb wohl, meine Liebe. Komm, laß dich küssen. *Er küßt sie auf die Stirn.*

SASCHA *erregt*: Nein, ich will nicht Abschied nehmen, und ich glaube nicht, ich will nicht glauben ... Fedja ...

FEDJA: Dann hör zu. Nur gib mir dein Wort, daß du von dem,

was ich dir sage, niemandem erzählst. Versprichst du mir das?

SASCHA: Selbstverständlich.

FEDJA: Also hör zu, Sascha. Es stimmt, ich bin ihr Mann, der Vater ihres Kindes, und doch bin ich überflüssig. Halt, halt, widersprich mir nicht. Glaubst du, ich wäre eifersüchtig? Ganz und gar nicht. Erstens habe ich kein Recht dazu und zweitens keinen Anlaß. Wiktor Karenin ist ein alter Freund von ihr und auch von mir. Und er liebt sie, und sie liebt ihn.

SASCHA: Nein.

FEDJA: Sie liebt ihn, wie eine anständige, sittlich empfindende Frau lieben kann, die sich nicht gestattet, außer ihrem Mann jemanden zu lieben, aber sie liebt ihn, und sie wird ihn lieben, wenn dieses Hindernis – *er zeigt auf sich* – beseitigt ist. Und ich werde es beseitigen, und sie werden glücklich sein. *Seine Stimme zittert.*

SASCHA: Fedja, so darfst du nicht sprechen.

FEDJA: Du weißt doch, das ist so, und ich werde mich über ihr Glück freuen, etwas Besseres kann ich nicht tun, und ich kehre nicht zurück, ich gebe ihnen die Freiheit, und das sollst du ihnen sagen. Und sprich jetzt nicht, sprich nicht, leb wohl. *Er küßt sie aufs Haar und öffnet die Tür.*

SASCHA: Fedja, ich bewundere dich.

FEDJA: Leb wohl, leb wohl.

Sascha geht ab.

Ja, ja, wunderbar, ausgezeichnet. *Er läutet.*

Der Lakai tritt ein.

Rufen Sie den Herrn.

Der Lakai geht ab.

Es stimmt, ja, es stimmt.

AFREMOW *tritt ein*: Wie bist du fertiggeworden?

FEDJA: Wunderbar. »Und sie schwor mir und versprach ...« Wunderbar. Wo sind die andern?

AFREMOW: Da drin, sie spielen.

FEDJA: Ausgezeichnet, Gehn wir ... »auf ein Stündlein wollt sie kommen ...«

Vorhang

DRITTER AKT

ERSTES BILD

Anna Dmitrijewna Karenina, Wiktors Mutter, eine grande dame von fünfzig Jahren, die bemüht ist, jünger zu erscheinen, und beim Reden französische Brocken einstreut, sitzt in ihrem Kabinett, einem diskret luxuriös eingerichteten Raum, in dem viele Andenken stehen, und schreibt einen Brief.

LAKAI *tritt ein*: Fürst Sergej Dmitrijewitsch.

ANNA DMITRIJEWNA: Ja, selbstverständlich. *Sie wendet sich um und überprüft ihr Äußeres vor dem Spiegel.*

Fürst Abreskow, ein eleganter Junggeselle von sechzig Jahren, glattrasiert, mit Schnurrbart, alter Militär, sehr würdevoll, mit einem Anflug von Melancholie tritt ein.

FÜRST ABRESKOW: J'espère que je ne force pas la consigne. *Er küßt ihr die Hand.*

ANNA DMITRIJEWNA: Sie wissen doch, vous êtes toujours le bienvenu. Und jetzt, heute, ganz besonders. Haben Sie mein Briefchen erhalten?

FÜRST ABRESKOW: Jawohl, und hier ist meine Antwort.

ANNA DMITRIJEWNA: Ach, mein Freund, ich verzweifle fast. Il est ensorcelé, positivement ensorcelé. Noch nie bin ich bei ihm auf einen solchen Starrsinn, solchen Trotz, solche Herzlosigkeit und Gleichgültigkeit mir gegenüber gestoßen. Er ist wie verwandelt, seit sich diese Frau von ihrem Mann getrennt hat.

FÜRST ABRESKOW: Aber worum handelt es sich, wie stehen die Dinge?

ANNA DMITRIJEWNA: Er will um jeden Preis heiraten.

FÜRST ABRESKOW: Und der Mann?

ANNA DMITRIJEWNA: Willigt in die Scheidung ein.

FÜRST ABRESKOW: So. Aha.

ANNA DMITRIJEWNA: Und er, ich meine Wiktor, nimmt das in Kauf, all diesen Schmutz, die Advokaten, Schuldbeweise. Tout ça est dégoûtant. Und es stößt ihn nicht ab. Ich begreife ihn nicht. Er mit seinem Zartgefühl, seiner Zurückhaltung ...

FÜRST ABRESKOW: Er liebt. Ach, wenn ein Mensch wirklich liebt, dann ...

ANNA DMITRIJEWNA: Ja, aber warum konnte zu unserer Zeit die Liebe rein bleiben und zu einer Freundschaft fürs ganze Leben werden? Eine solche Liebe verstehe und schätze ich.

FÜRST ABRESKOW: Die neue Generation begnügt sich nicht mehr mit idealen Beziehungen. La possession de l'âme ne leur suffit plus. Was hilft es. Aber was soll nun mit ihm werden?

ANNA DMITRIJEWNA: Nein, sprechen Sie nicht von ihm. Das grenzt schon fast an Zauberei. Er ist wie ausgewechselt. Sie wissen doch, ich war bei ihr. Er bat mich so sehr. Ich fuhr hin, traf sie nicht an und hinterließ meine Karte. Elle m'a fait demander quand je pourrai la recevoir. Und heute – *sie sieht auf die Uhr* – um zwei Uhr, also jetzt, soll sie kommen. Ich habe Wiktor versprochen, sie zu empfangen, aber Sie begreifen meine Lage. Ich bin ganz außer mir. Und aus alter Gewohnheit habe ich Sie hergebeten. Ich brauche Ihre Hilfe.

FÜRST ABRESKOW: Ich danke Ihnen.

ANNA DMITRIJEWNA: Sie müssen verstehen, dieser Besuch entscheidet die ganze Sache – Wiktors Schicksal. Ich muß entweder meine Zustimmung versagen ... Aber wie kann ich ...

FÜRST ABRESKOW: Sie kennen sie überhaupt nicht?

ANNA DMITRIJEWNA: Ich habe sie nie gesehen. Aber ich fürchte mich vor ihr. Eine anständige Frau kann ihren Mann nicht verlassen. Einen ordentlichen Menschen. Er ist doch gut mit Wiktor bekannt und kam häufig zu uns ins Haus. Ein sehr lieber Mensch. Und wie dem auch sei. Quels que soient les torts qu'il a eus vis-à-vis d'elle, von seinem Mann darf man sich nicht trennen. Man muß sein Kreuz tragen. Ich begreife nicht, wie sich Wiktor mit seinen Überzeugungen entschließen kann, eine geschiedene Frau zu heiraten. Wie oft – erst kürzlich! – hat er in meinem Beisein Spizyn auf das heftigste widersprochen und ihm bewiesen, daß sich die Ehescheidung nicht mit wahrem Christentum verträgt, und jetzt läßt er sich selber darauf ein. Si elle a pu le charmer à un tel point, dann fürchte ich sie. Doch ich habe Sie ja gerufen, um Sie zu hören, und rede nur immer selbst. Wie denken Sie über die Sache?

Sprechen Sie. Was meinen Sie? Was soll man tun? Haben Sie mit Wiktor gesprochen?

FÜRST ABRESKOW: Ich habe mit ihm gesprochen. Und ich glaube, er liebt sie, er hat sich an diese Liebe gewöhnt, und sie hat Macht über ihn gewonnen – er ist kein Mensch von raschem Temperament, aber dafür beständig. Was einmal in seinem Herzen Eingang gefunden hat, bleibt auch darin. Er wird außer ihr keine Frau lieben und kann mit keiner andern glücklich sein.

ANNA DMITRIJEWNA: Und wie gern würde Warja Kasanzewa ihn heiraten. Ein so prächtiges Mädchen, und liebt ihn so ...

FÜRST ABRESKOW *lächelt*: C'est compter sans son hôte. Dieser Wunsch wird sich nicht erfüllen lassen. Ich denke, das beste wäre, sich zu fügen und ihn heiraten zu lassen.

ANNA DMITRIJEWNA: Eine geschiedene Frau, so daß er auf Schritt und Tritt dem Mann seiner Frau begegnet? Ich verstehe nicht, wie Sie so ruhig darüber sprechen können. Ist das die Frau, die eine Mutter sich für ihren einzigen Sohn wünschen kann? Für einen solchen Sohn?

FÜRST ABRESKOW: Ja, was soll man tun, liebe Freundin. Selbstverständlich wäre es besser, er heiratete ein Mädchen, das Sie kennen und lieben. Aber wenn das nicht der Fall ist ... Ja, wollte er eine Zigeunerin oder Gott weiß wen heiraten. Aber Lisa Rachmanowa ist ein sehr feiner, lieber Mensch; ich kenne sie durch meine Nichte Nelly. Eine sanfte, gütige, warmherzige und sittlich hochstehende Frau.

ANNA DMITRIJEWNA: Eine sittlich hochstehende Frau, die es fertigbringt, sich von ihrem Mann zu trennen.

FÜRST ABRESKOW: Ich erkenne Sie nicht wieder. Sie sind hart, Sie sind grausam. Protassow gehört zu den Menschen, die, wie man sagt, sich selbst im Licht stehen. Aber er steht noch weit mehr seiner Frau im Licht. Er ist ein schwacher, tief gesunkener Mensch, ein Trinker. Er hat sein eigenes Vermögen, das gesamte Vermögen seiner Frau durchgebracht – sie hat ein Kind. Wie können Sie eine Frau verurteilen, die einen solchen Menschen verlassen hat? Und außerdem hat nicht sie ihn, sondern er sie verlassen.

ANNA DMITRIJEWNA: Ach, welch ein Sumpf, welch ein Sumpf. Und ich soll mich damit besudeln.

FÜRST ABRESKOW: Und Ihre Religion?

ANNA DMITRIJEWNA: Ja, ja, Vergebung. »Wie auch wir vergeben unsern Schuldigern.« Mais c'est plus fort que moi.

FÜRST ABRESKOW: Aber wie soll sie denn mit solch einem Menschen leben? Auch wenn sie keinen andern liebte, müßte sie so handeln. Allein um ihres Kindes willen. Er selbst, ihr Mann, ein kluger und guter Mensch, rät ihr dazu, wenn er bei Sinnen ist.

Karenin tritt ein, küßt seiner Mutter die Hand und begrüßt den Fürsten.

KARENIN: Mama! Ich möchte Ihnen nur sagen: Lisaweta Andrejewna wird sogleich hier sein, und ich bitte Sie, ich flehe Sie an: Wenn Sie weiterhin gegen meine Heirat sind ...

ANNA DMITRIJEWNA *unterbricht ihn*: Selbstverständlich bin ich weiterhin gegen deine Heirat.

KARENIN *fährt mit gerunzelter Stirn fort*: Dann bitte ich Sie, flehe ich Sie an: Sprechen Sie nicht davon, treffen Sie keine negative Entscheidung.

ANNA DMITRIJEWNA: Ich denke, wir werden über diese Dinge nicht sprechen. Ich jedenfalls werde bestimmt nicht den Anfang machen.

KARENIN: Lisa um so weniger. Ich wollte nur gern, daß Sie sie kennenlernen.

ANNA DMITRIJEWNA: Ich verstehe eins nicht: Wie verträgt sich dein Wunsch, Frau Protassowa zu heiraten, deren Mann noch lebt, mit deinen religiösen Überzeugungen, daß eine Ehescheidung etwas Unchristliches ist?

KARENIN: Mama! Das ist grausam! Sind wir wirklich alle so unfehlbar, daß wir nicht von unsern Überzeugungen abweichen können, wenn das Leben so kompliziert ist? Mama, warum sind Sie so grausam zu mir?

ANNA DMITRIJEWNA: Ich liebe dich, ich will dein Glück.

KARENIN *zu Fürst Abreskow*: Sergej Dmitrijewitsch!

FÜRST ABRESKOW: Gewiß, Sie wollen sein Glück, aber uns fällt es bereits schwer, die Jugend zu verstehen. Und besonders schwer fällt es einer Mutter, die ihre eigene Vorstellung vom Glück ihres Sohnes hat. Alle Frauen sind so.

ANNA DMITRIJEWNA: Richtig, natürlich. Alle sind gegen mich. Selbstverständlich kannst du es tun, vous êtes majeur, aber du wirst mich töten.

KARENIN: Ich erkenne Sie nicht wieder. Das ist schlimmer als Grausamkeit.

FÜRST ABRESKOW *zu Wiktor*: Hör auf, Wiktor. Mamas Worte sind stets schlimmer als ihre Handlungen.

ANNA DMITRIJEWNA: Ich werde sagen, was ich denke und fühle, und werde sie dabei nicht beleidigen.

FÜRST ABRESKOW: Das ist gewiß.

Ein Lakai tritt ein.

Da ist sie schon.

KARENIN: Ich gehe.

LAKAI: Lisaweta Andrejewna Protassowa.

KARENIN: Ich gehe, Mama. Bitte ... *Er geht ab.*

Fürst Abreskow erhebt sich ebenfalls.

ANNA DMITRIJEWNA: Ich lasse bitten. *Zu Fürst Abreskow*: Nein, bleiben Sie.

FÜRST ABRESKOW: Ich dachte, es sei Ihnen leichter en tête-à-tête.

ANNA DMITRIJEWNA: Nein, ich fürchte mich. *Sie macht ein paar fahrige Bewegungen.* Wenn ich mit ihr tête-à-tête bleiben möchte, nicke ich Ihnen zu. Ça dépendra ... Wenn ich nämlich mit ihr allein bin, fühle ich mich unfrei. Ich gebe Ihnen also dies Zeichen.

FÜRST ABRESKOW: Ich werde darauf achten. Ich bin überzeugt, sie wird Ihnen gefallen. Nur seien Sie gerecht.

ANNA DMITRIJEWNA: Wie doch alle gegen mich sind!

Lisa tritt ein in Hut und Besuchskleid.

ANNA DMITRIJEWNA *erhebt sich*: Es tat mir leid, daß ich Sie nicht antraf, aber nun sind Sie liebenswürdigerweise selber gekommen.

LISA: Ich hätte es nie erwartet. Ich bin Ihnen so dankbar, daß Sie mich zu sehen wünschten.

ANNA DMITRIJEWNA: Kennen Sie sich? *Sie zeigt auf Fürst Abreskow.*

FÜRST ABRESKOW: Aber gewiß, ich hatte die Ehre, vorgestellt zu werden. *Er drückt ihr die Hand.*

Sie setzen sich.

Meine Nichte Nelly erzählt mir oft von Ihnen.

LISA: Ja, wir waren sehr eng befreundet. *Sie sieht schüchtern zu Anna Dmitrijewna hin.* Und sind es auch noch. *Zu Anna Dmitrijewna*: Ich hatte gar nicht erwartet, daß Sie den Wunsch haben würden, mich zu sehen.

ANNA DMITRIJEWNA: Ich habe Ihren Mann gut gekannt. Er war mit Wiktor befreundet und verkehrte bei uns; bis er nach Tambow ging. Dort hat er Sie wohl geheiratet?

LISA: Ja, wir heirateten dort.

ANNA DMITRIJEWNA: Aber als er dann wieder nach Moskau kam, hat er mich nicht mehr besucht.

LISA: Nein, er verkehrte fast nirgends mehr.

ANNA DMITRIJEWNA: Und er hat mich nicht mit Ihnen bekannt gemacht.

Peinliches Schweigen.

FÜRST ABRESKOW: Das letzte Mal sah ich Sie bei Denissows in der Theateraufführung. Erinnern Sie sich? Es war sehr hübsch. Sie spielten auch mit.

LISA: Nein ... ja ... doch, doch ... ich erinnere mich. Ich spielte mit.

Wieder Schweigen.

Anna Dmitrijewna, verzeihen Sie mir, wenn es Ihnen unangenehm ist, was ich sage, aber ich kann nicht, ich kann mich nicht verstellen. Ich bin gekommen, weil Wiktor Michailowitsch sagte ... weil er, ich meine, weil Sie mich sehen wollten ... aber besser, ich sage alles ... *Sie schluchzt.* Es fällt mir sehr schwer ... und Sie sind so gut.

FÜRST ABRESKOW: Ja, ich will lieber gehen.

ANNA DMITRIJEWNA: Gut, gehen Sie.

FÜRST ABRESKOW: Auf Wiedersehen. *Er verabschiedet sich von beiden und geht ab.*

ANNA DMITRIJEWNA: Hören Sie, Lisa, ich weiß nicht und will

auch nicht wissen, wie Sie mit Vatersnamen heißen.

LISA: Andrejewna.

ANNA DMITRIJEWNA: Nun, einerlei – Lisa. Sie tun mir leid, Sie sind mir sympathisch. Aber ich liebe Wiktor. Ich liebe nur dies eine Wesen auf der Welt. Ich kenne ihn wie mich selbst. Er ist stolz. Schon als Siebenjähriger war er stolz. Nicht auf seinen Namen oder sein Vermögen, nein, er war stolz auf seine Reinheit, auf seine hohe Sittlichkeit, und er bewahrte sie sich. Er ist rein wie ein Mädchen.

LISA: Ich weiß.

ANNA DMITRIJEWNA: Er hat noch nie eine Frau geliebt. Sie sind die erste. Ich sage nicht, daß ich nicht eifersüchtig auf Sie wäre. Ich bin eifersüchtig. Aber wir Mütter – Ihr Sohn ist klein, Sie haben noch Zeit – wir bereiten uns darauf vor. Ich war bereit, ihn ohne Eifersucht herzugeben. Aber seine Frau sollte so rein sein wie er.

LISA: Ich ... bin ich denn ...

ANNA DMITRIJEWNA: Verzeihen Sie, ich weiß, Sie sind nicht schuldig, aber Sie sind unglücklich. Und ich kenne ihn. Jetzt wird er bereitwillig alles auf sich nehmen, er wird es tragen und niemals darüber sprechen, aber er wird leiden. Sein gekränkter Stolz wird leiden, und er wird nicht glücklich sein.

LISA: Ich habe darüber nachgedacht.

ANNA DMITRIJEWNA: Lisa, liebe Lisa, Sie sind ein kluger, guter Mensch. Wenn Sie ihn lieben, liegt Ihnen sein Glück mehr am Herzen als Ihr eigenes. Und wenn das so ist, werden Sie ihn nicht binden wollen, so daß er später bereuen muß – selbst wenn er es niemals sagt.

LISA: Ich weiß, er würde nichts sagen. Ich habe darüber nachgedacht, mir dieselbe Frage gestellt. Ich habe darüber nachgedacht und mit ihm gesprochen. Aber was kann ich tun, wenn er erklärt, er will ohne mich nicht leben? Ich habe gesagt: Lassen Sie uns Freunde sein, aber bauen Sie sich Ihr eigenes Leben auf, binden Sie nicht Ihr reines Leben an mein unglückliches. Er will nicht.

ANNA DMITRIJEWNA: Ja, jetzt will er nicht.

LISA: Reden Sie ihm zu, daß er von mir läßt. Mir ist es recht. Ich liebe ihn um seines, nicht um meines Glückes willen. Nur helfen Sie mir, hassen Sie mich nicht. Lassen Sie uns gemeinsam und in Liebe alles für sein Wohl tun.

ANNA DMITRIJEWNA: Ja, ja, ich habe Sie liebgewonnen. *Sie küßt sie.*

Lisa weint.

Und doch, und doch, es ist furchtbar. Hätte er Sie damals, bevor Sie heirateten, geliebt.

LISA: Er sagt, er habe mich geliebt, aber er wollte dem Glück seines Freundes nicht im Wege stehen.

ANNA DMITRIJEWNA: Ach, wie schwer das alles ist. Aber wir wollen einander liebhaben, und Gott wird uns helfen, das zu finden, wonach wir suchen.

KARENIN *tritt ein*: Mama, liebe Mama. Ich habe alles gehört. Ich wußte es. Sie haben sie liebgewonnen. Nun wird alles gut.

LISA: Wie leid es mir tut, daß Sie alles gehört haben – ich hätte nichts gesagt ...

ANNA DMITRIJEWNA: Immerhin, noch ist nichts entschieden. Das eine kann ich sagen, wären nicht all diese bedrückenden Umstände, ich würde mich freuen. *Sie küßt Lisa.*

KARENIN: Bitte, bleiben Sie dabei.

Vorhang

ZWEITES BILD

Ein bescheidenes Zimmer, Bett, Schreibtisch, Sofa. Fedja ist allein. Es klopft an die Tür.

MASCHA *von draußen*: Was schließt du dich ein, Fjodor Wassiljewitsch? Mach auf, Fedja.

Fedja steht auf und öffnet die Tür. Mascha tritt ein.

FEDJA: Schön, daß du da bist. Diese Langeweile. Ach, diese entsetzliche Langeweile.

MASCHA: Warum kommst du nicht zu uns? Trinkst du wieder? Ach du, hast es doch versprochen.

FEDJA: Du weißt, ich habe kein Geld.

MASCHA: Lieb ich dich deswegen?

FEDJA: Mascha!

MASCHA: Was heißt Mascha, Mascha. Hättest du mich lieb, wärst du längst geschieden. Sie bitten dich ja drum. Und du sagst, du liebst sie nicht. Aber klammerst dich an sie. Willst eben nicht.

FEDJA: Du weißt doch, warum ich nicht will.

MASCHA: Alles Unsinn. Die Leute haben recht, du bist zu nichts nütze.

FEDJA: Was soll ich dir sagen? Daß deine Worte mir weh tun, das weißt du selbst.

MASCHA: Nichts tut dir weh ...

FEDJA: Und du weißt auch, daß die einzige Freude in meinem Leben deine Liebe ist.

MASCHA: Meine Liebe, meine Liebe! Aber wo ist deine?

FEDJA: Ach, Beteuerungen mag ich nicht. Wozu auch, du weißt es doch.

MASCHA: Fedja, warum quälst du mich?

FEDJA: Es fragt sich, wer wen quält.

MASCHA *weint*: Du bist häßlich.

FEDJA *geht auf sie zu und umarmt sie*: Mascha! Was soll das! Hör auf. Leben muß man und nicht jammern. Zu dir paßt das schon gar nicht. Du meine Schöne!

MASCHA: Liebst du mich?

FEDJA: Wen denn sonst?

MASCHA: Mich ganz allein? Na, lies vor, was du geschrieben hast.

FEDJA: Es wird dich langweilen.

MASCHA: Wenn du's geschrieben hast, bestimmt nicht.

FEDJA: Also, hör zu. *Er liest*: »Ich hatte mich im Spätherbst mit einem Kameraden am Muryginholm verabredet. So hieß eine etwas höher gelegene, trockene Stelle, an der es viel Wild gab. Es war ein trüber, warmer, stiller Tag. Der Nebel ...«

Der alte Zigeuner Iwan Makarowitsch und die alte Zigeunerin Nastassja Iwanowna, Maschas Eltern, treten ein.

NASTASSJA IWANOWNA *geht zu ihrer Tochter*: Hier steckt sie, das verfluchte Aas, einfach davongelaufen. Habe die Ehre, mein Herr. *Zur Tochter*: Was bildest du dir eigentlich ein, he?

IWAN MAKAROWITSCH *zu Fedja*: Das ist nicht recht, Herr. Verdirbst das Mädel. Och, das ist nicht recht, du versündigst dich.

NASTASSJA IWANOWNA: Bind dein Tuch um, und dann ab mit dir, marsch. Einfach weglaufen! Was soll ich dem Chor sagen? Läßt dich mit einem Habenichts ein. Was ist bei dem zu holen?

MASCHA: Ich laß mich nicht ein. Ich liebe den Herrn, und basta. Und im Chor bleib ich, ich sing weiter, aber ...

IWAN MAKAROWITSCH: Ein Wort noch und ich reiß dir den Zopf aus. Balg, du. Wer hat dir das beigebracht? Weder Vater noch Mutter, noch Tante. Pfui, Herr. Wir haben dich gern gehabt, wie oft haben wir umsonst für dich gesungen, aus Mitleid. Und du machst so was.

NASTASSJA IWANOWNA: Richtest für nichts und wieder nichts unser Töchterchen zugrunde, unser liebes, einziges, herziges, unser brillantenes, kostbares Töchterchen trittst du in den Dreck, das machst du. Du Gottloser.

FEDJA: Nastassja Iwanowna, du denkst ganz unbegründet so schlecht von mir. Deine Tochter ist mir wie eine Schwester. Ich hüte ihre Ehre. Mach dir keine Gedanken. Ich liebe sie. Ich kann's nicht ändern.

IWAN MAKAROWITSCH: Als Sie noch Geld hatten, da haben Sie sie nicht geliebt. Damals hättst du dem Chor Zehntausend bezahlt und sie in allen Ehren bekommen. Aber jetzt hast du alles durchgebracht und holst sie heimlich weg. Schämen Sie sich, Herr, schämen Sie sich.

MASCHA: Er hat mich nicht weggeholt. Bin selber zu ihm gegangen. Und wenn ihr mich jetzt mitnehmt, geh ich wieder zu ihm. Ich liebe ihn, und damit basta. Meine Liebe ist stärker als all eure Schlösser ... Ich will nicht.

NASTASSJA IWANOWNA: Komm, Maschenka, komm, mein Herzchen, murr nicht. Hast Unrecht getan, geh jetzt mit.

IWAN MAKAROWITSCH: So, Schluß mit den Redereien. Marsch, ab! *Er nimmt sie beim Arm.* Nichts für ungut, Herr.

Alle drei gehen ab. Fürst Abreskow tritt ein.

FÜRST ABRESKOW: Verzeihen Sie. Ich wurde unfreiwillig Zeuge dieser peinlichen Szene.

FEDJA: Mit wem habe ich die Ehre? *Er erkennt den Fürsten.* Ach, Fürst Sergej Dmitrijewitsch. *Er begrüßt ihn.*

FÜRST ABRESKOW: Ich wurde unfreiwillig Zeuge dieser peinlichen Szene. Ich wünschte, ich hätte sie nicht gehört. Da es nun einmal geschehen ist, fühle ich mich verpflichtet, es Ihnen zu sagen. Man wies mich hierher, und ich mußte an der Tür warten, bis diese Herrschaften gegangen waren. Um so mehr, als mein Klopfen von den sehr lauten Stimmen übertönt wurde.

FEDJA: Ja, ja. Bitte ergebenst. Ich danke Ihnen, daß Sie es mir gesagt haben. Das gibt mir das Recht, Ihnen diese Szene zu erklären. Was Sie von mir denken, ist mir gleich. Aber ich möchte Ihnen sagen, daß die Vorwürfe, die Sie hörten, diesem jungen Mädchen, einer Zigeunersängerin, zu unrecht gemacht wurden. Das Mädchen ist rein wie eine Taube. Meine Beziehungen zu ihr sind freundschaftlicher Art. Wenn über ihnen vielleicht ein Hauch von Poesie liegt, so tut das der Reinheit und der Ehre dieses Mädchens keinen Abbruch. Das war es, was ich Ihnen mitteilen wollte. Was wünschen Sie also von mir? Womit kann ich Ihnen dienen?

FÜRST ABRESKOW: Erstens …

FEDJA: Verzeihen Sie, Fürst. Meine jetzige gesellschaftliche Stellung ist derart, daß unsere oberflächliche und weit zurückliegende Bekanntschaft mir kein Recht auf Ihren Besuch gibt, es sei denn, Sie hätten ein Anliegen an mich – worin besteht es?

FÜRST ABRESKOW: Ich will nicht leugnen, Sie haben es erraten. Ich habe ein Anliegen. Dennoch, glauben Sie mir bitte, daß Ihre veränderte Stellung mein Verhältnis zu Ihnen in keiner Weise beeinflußt.

FEDJA: Ich bin völlig überzeugt.

FÜRST ABRESKOW: Es handelt sich darum, daß der Sohn meiner langjährigen Freundin Anna Dmitrijewna Karenina und sie selbst mich baten, unmittelbar von Ihnen in Erfahrung zu bringen, in welchen Beziehungen … Gestatten Sie mir, von Ihren Beziehungen zu Ihrer Gattin Lisaweta Andrejewna Protassowa zu sprechen?

FEDJA: Ich habe die Beziehungen zu meiner Frau – ich kann sagen, zu meiner früheren Frau – völlig abgebrochen.

FÜRST ABRESKOW: Das war auch mein Eindruck. Und nur deshalb habe ich diese schwierige Mission übernommen.

FEDJA: Es geschah, wie ich sogleich erklären möchte, nicht durch ihre, sondern durch meine Schuld, oder eher wegen meiner zahllosen Verfehlungen. Sie selbst ist die untadelige Frau geblieben, die sie war.

FÜRST ABRESKOW: Nun baten mich Wiktor Karenin und insbesondere seine Mutter, Ihre Absichten in Erfahrung zu bringen.

FEDJA *aufbrausend*: Welche Absichten? Ich habe keine. Ich gebe ihr die volle Freiheit. Mehr noch, ich werde niemals ihren Frieden stören. Ich weiß, sie liebt Wiktor Karenin. Bitte sehr. Ich halte ihn für einen sehr langweiligen, aber sehr guten, anständigen Menschen, und ich glaube, sie wird mit ihm – wie man so schön sagt – glücklich. Und ... que le bon Dieu les bénisse. Das ist alles.

FÜRST ABRESKOW: Ja, aber wir ...

FEDJA *unterbricht ihn*: Und glauben Sie nicht, daß ich auch nur die geringste Spur von Eifersucht empfinde. Wenn ich von Wiktor sagte, er sei langweilig, so nehme ich das zurück. Er ist ein vortrefflicher, anständiger, sittlicher Mensch, fast das genaue Gegenteil von mir. Und er liebt sie von Kindheit auf. Vielleicht hat auch sie ihn geliebt, als sie mich heiratete. So etwas kommt vor. Die beste Liebe ist oft die, von der man nichts weiß. Ich glaube, sie hat ihn immer geliebt. Aber als anständige Frau hat sie es nicht einmal sich selbst eingestanden, und doch ... über unserer Ehe lag ein Schatten ... übrigens, wozu mache ich Ihnen Geständnisse?

FÜRST ABRESKOW: Ich bitte Sie darum. Glauben Sie mir, wichtiger als meine Mission ist mir mein menschliches Verhältnis zu Ihnen, mein Wunsch, diese Dinge ganz zu begreifen. Ich verstehe Sie. Ich kann mir vorstellen, daß dieser Schatten, wie Sie es so treffend ausdrückten, vorhanden sein mochte ...

FEDJA: Ja, er war da, und vielleicht konnte mich deshalb das häusliche Leben, das sie mir bot, nicht befriedigen, und ich suchte etwas und geriet auf Abwege. Ja, aber es sieht so aus, als wollte ich mich rechtfertigen. Das will ich nicht, und ich kann mich auch gar nicht rechtfertigen. Ich war, ich sage das unumwunden, ich war ein schlechter Ehemann, war, denn jetzt fühle ich mich schon lange nicht mehr als Ehemann und betrachte sie als völlig frei. Das also wäre die Antwort auf Ihre Mission.

FÜRST ABRESKOW: Ja, aber Sie kennen Wiktors Familie und ihn selbst. Seine Beziehungen zu Lisaweta Andrejewna sind nach wie vor von außerordentlicher Ehrbarkeit. Er half ihr, als sie es schwer hatte.

FEDJA: Ja, durch meine Verderbtheit habe ich ihre Annäherung gefördert. Was hilft's, es sollte wohl so sein.

FÜRST ABRESKOW: Sie kennen seine und seiner Familie streng rechtgläubigen Überzeugungen. Ich teile sie nicht. Ich beurteile die Dinge großzügiger. Aber ich achte und verstehe diese Einstellung. Ich verstehe, daß für ihn und insbesondere für seine Mutter die Verbindung mit einer Frau ohne den Segen der Kirche undenkbar ist.

FEDJA: Ja, ich kenne seine Stur ... seine Geradlinigkeit, seinen Konservatismus in dieser Hinsicht. Aber was wollen sie? Scheidung? Ich habe ihnen längst erklärt, daß ich dazu bereit bin, nur die Umstände, die Bedingung, daß ich alle Schuld auf mich nehmen soll, und all die Lügen, die damit verbunden sind, bedrücken mich sehr.

FÜRST ABRESKOW: Ich verstehe Sie völlig und stimme mit Ihnen überein. Aber was tun? Ich denke, man kann es so arrangieren ... Im übrigen, Sie haben recht. Es ist schrecklich, und ich verstehe Sie.

FEDJA *drückt ihm die Hand*: Ich danke Ihnen, lieber Fürst. Ich habe Sie immer als einen ehrenwerten, guten Menschen gekannt. Sagen Sie mir doch, wie soll ich mich verhalten? Was soll ich tun? Versetzen Sie sich ganz in meine Lage. Ich will mich nicht besser machen. Ich bin ein nichtswürdiger Mensch. Aber es gibt Dinge, die kann ich nicht ruhig tun. Ich kann nicht ruhig lügen.

FÜRST ABRESKOW: Ich verstehe Sie wiederum auch nicht. Sie, ein fähiger, kluger Mensch, mit einem so feinen Gefühl für das Gute, wie können Sie derart den Halt verlieren, wie können Sie vergessen, was Sie doch selber von sich fordern? Wie konnte es so weit kommen, daß Sie Ihr eigenes Leben zugrunde richteten?

FEDJA *unterdrückt Tränen der Erregung*: Es sind nun schon zehn Jahre, daß ich dieses ausschweifende Leben führe. Und zum erstenmal zeigt ein Mensch wie Sie mir Teilnahme. Freunde, Zechbrüder, Frauen haben mich bedauert, aber ein vernünftiger, ordentlicher Mensch wie Sie ... Haben Sie Dank. Wie ich mich zugrunde gerichtet habe? Erstens, das Trinken. Nicht, daß es mir besonders schmeckte. Aber, was ich auch beginne, immer habe ich das Gefühl, es ist nicht das Rechte, und dann schäme ich mich. Jetzt spreche ich mit Ihnen, und ich schäme mich. Aber erst Adelsmarschall sein, in einer Bank sitzen – welche entsetzliche Scham überkommt einen da ... Und diese Scham vergeht nur beim Trinken. Und Musik – keine Opern, nicht Beethoven, sondern die Zigeuner. Da strömt ein solches Leben, solche Energie auf einen über. Dazu diese lieben schwarzen Augen und das Lächeln. Und je hinreißender das ist, desto mehr schämt man sich hinterher.

FÜRST ABRESKOW: Und die Arbeit?

FEDJA: Ich hab es versucht. Alles widerlich. Alles unbefriedigend. Ach, wozu noch von mir reden. Ich danke Ihnen.

FÜRST ABRESKOW: Und was darf ich nun ausrichten?

FEDJA: Sagen Sie, ich werde ihren Wunsch erfüllen. Sie wollen doch heiraten – und möchten, daß ihrer Heirat nichts im Wege steht?

FÜRST ABRESKOW: Ganz recht.

FEDJA: Ich tu es. Sagen Sie, ich tu es bestimmt.

FÜRST ABRESKOW: Und wann?

FEDJA: Sagen wir, so in zwei Wochen. Genügt das?

FÜRST ABRESKOW *erhebt sich*: Darf ich das so ausrichten?

FEDJA: Ja. Leben Sie wohl, Fürst, haben Sie noch einmal Dank.

Fürst Abreskow geht.

Fedja sitzt lange und lächelt schweigend vor sich hin. Gut. Sehr gut. So ist es richtig. So und nicht anders. Richtig. Ausgezeichnet.

Vorhang

VIERTER AKT

ERSTES BILD

Extrazimmer in einem Restaurant. Ein Kellner führt Fedja und Iwan Petrowitsch Alexandrow herein.

KELLNER: Hier herein bitte. Hier wird Sie niemand stören, und das Papier bring ich sofort.

IWAN PETROWITSCH: Protassow! Ich setz mich zu dir.

FEDJA *ernst*: Bitte sehr, ich bin zwar beschäftigt und ... Aber wenn du willst, bitte.

IWAN PETROWITSCH: Du antwortest auf ihre Forderungen? Ich sage dir, was du antwortest. Ich würde das ganz anders machen. Ich rede grade heraus und handle entschlossen.

FEDJA *zum Kellner*: Eine Flasche Sekt.

Der Kellner geht ab.

Fedja zieht einen Revolver heraus und legt ihn hin. Warte einen Augenblick.

IWAN PETROWITSCH: Was denn? Du willst dich erschießen? Das geht auch. Ich verstehe dich. Sie wollen dich demütigen. Und du zeigst ihnen, wer du bist. Dich selbst tötest du mit dem Revolver und sie mit deiner Großmut. Ich verstehe dich. Ich verstehe alles, denn ich bin ein Genie.

FEDJA: Schon gut, schon gut, Nur ...

Der Kellner tritt ein und bringt Papier und Tinte sowie eine Flasche Sekt.

Fedja bedeckt den Revolver mit der Serviette. Mach auf. Komm, trinken wir.

Sie trinken.

Fedja schreibt. Warte noch einen Augenblick.

IWAN PETROWITSCH: Auf deine ... große Reise. Ich bin darüber erhaben. Ich halte dich nicht zurück. Für das Genie gibt's keinen Unterschied zwischen Leben und Tod. Ich sterbe im Leben und lebe im Tod. Du tötest dich, damit zwei Menschen dich bedauern. Und ich – ich töte mich, damit die ganze Welt begreift, was sie verloren hat. Und ich werde nicht schwanken, nicht überlegen. Ich nehme ihn – *er packt den Revolver* – eins, und fertig. Aber noch ist es zu früh. *Er legt den Revolver hin.* Und zu schreiben habe ich auch nichts, sie müssen selber begreifen ... Ach, ihr ...

FEDJA *schreibt*: Einen Augenblick noch.

IWAN PETROWITSCH: Elende Kreaturen. Wimmeln herum, machen ein Gewese. Und kapieren nicht – kapieren rein gar nichts ... Du warst nicht gemeint. Ich rede nur so für mich, äußere meine Gedanken. Was tut der Menschheit not? Sehr wenig: Sie muß den Wert ihrer Genies erkennen, aber die wurden ewig hingerichtet, vertrieben, gemartert. Nein. Ich bin nicht euer Spielzeug. Ich sag euch die Wahrheit ins Gesicht. Neiiin. Ihr Heuchlerpack!

FEDJA *ist fertig mit Schreiben, trinkt und liest das Geschriebene durch*: Geh bitte.

IWAN PETROWITSCH: Gehen? Also, dann leb wohl. Ich halte dich nicht zurück. Ich werde das gleiche tun. Aber noch ist es zu früh. Ich will dir nur sagen ...

FEDJA: Schön. Du sollst es mir sagen, aber nachher, und jetzt paß auf, mein Bester; gib das bitte dem Wirt – *er gibt ihm Geld* – und frag, ob auf meinen Namen ein Brief und ein Paket da sind. Bitte.

IWAN PETROWITSCH: Gut. Du wartest also auf mich? Ich muß dir noch was Wichtiges sagen. Was du weder in dieser noch in jener Welt zu hören bekommst, jedenfalls nicht, bevor ich dort angelangt bin. Soll ich ihm alles geben?

FEDJA: Soviel er zu bekommen hat.

Iwan Petrowitsch geht ab.

Er seufzt erleichtert auf, verschließt hinter Iwan Petrowitsch die Tür, nimmt den Revolver, entsichert ihn, hält ihn an die Schläfe, schaudert und läßt ihn vorsichtig sinken, murmelt vor sich hin: Nein, ich kann nicht, ich kann nicht, ich kann nicht.

Es klopft.

Wer da?

MASCHA *hinter der Tür*: Ich.

FEDJA: Wer ist ich? Ach, Mascha ... *Er öffnet die Tür.*

MASCHA *tritt ein*: Ich war bei dir, bei Popow, bei Afremow, und schließlich dachte ich mir, daß du hier bist. *Sie erblickt den Revolver.* Das ist ja gut. Du bist mir ein Dummkopf. Ein richtiger Dummkopf. Wolltest du wirklich?

FEDJA: Nein, ich konnte nicht.

MASCHA: Und ich bin wohl gar nicht mehr da? Du Gottloser. Mit mir hast du kein Erbarmen. Ach, Fjodor Wassiljewitsch, so eine Sünde, so eine Sünde. Für meine Liebe ...

FEDJA: Ich wollte sie von mir befreien, ich hatte es versprochen. Und lügen kann ich nicht.

MASCHA: Und ich?

FEDJA: Du? Du wärst auch nicht mehr gebunden. Als ob's für dich schön wäre, dich mit mir zu quälen.

MASCHA: Es muß wohl. Ohne dich kann ich nicht leben.

FEDJA: Was ist das für ein Leben mit mir? Du hättest ein bißchen geweint und dann weitergelebt.

MASCHA: Gar nicht geweint hätt ich, zum Teufel mit dir. Hast auch gar kein Mitleid mit mir. *Sie weint.*

FEDJA: Mascha! Liebste! Ich wollte doch nur das Beste für dich.

MASCHA: Für dich das Beste!

FEDJA *lächelt*: Wieso für mich, wo ich mich erschossen hätte?

MASCHA: Natürlich das Beste. Was willst du eigentlich? Sag's mir doch.

FEDJA: Wie meinst du das? Ich will viel.

MASCHA: Aber was denn, was?

FEDJA: Erstens will ich mein Versprechen halten. Das ist das Wichtigste, und das reicht schon. Lügen und all diese abscheulichen Formalitäten, die zu einer Scheidung gehören, sind mir zuwider.

MASCHA: Richtig, das ist abscheulich. Ich ...

FEDJA: Und dann muß ich sie wirklich befreien, meine Frau und ihn. Sie sind doch gute, anständige Menschen. Wozu sollen sie sich quälen? Das ist das zweite.

MASCHA: Na, Gutes kann wohl nicht viel an ihr sein, wenn sie dich verlassen hat.

FEDJA: Nicht sie hat mich verlassen, sondern ich sie.

MASCHA: Na schön, schön. Immer du. Sie ist ein Engel. Was noch?

FEDJA: Daß du ein feines, liebes Mädchen bist – ich liebe dich, und wenn ich am Leben bleibe, stürz ich dich ins Verderben.

MASCHA: Das geht dich gar nichts an. Ich weiß schon selbst, wie ich mich ins Verderben stürze ...

FEDJA *seufzt*: Und das schlimmste, das allerschlimmste ... Was ist schon mein Leben? Ich seh doch, ich bin verloren, ich tauge zu nichts. Allen und sich selbst eine Last, wie dein Vater sagt. Ein Taugenichts ...

MASCHA: Ach Unsinn. Ich laß nicht ab von dir. Laß dich nicht los, und damit basta. Und daß du ein liederliches Leben führst, trinkst und dich rumtreibst ... Du bist doch ein Mensch – hör einfach auf. Und basta.

FEDJA: Leicht gesagt.

MASCHA: Tu's.

FEDJA: Wenn ich dich ansehe, mein ich, ich könnte alles.

MASCHA: Kannst du auch, du kannst alles. *Sie sieht den Brief.* Was ist denn das? Du hast ihnen geschrieben. Was hast du geschrieben?

FEDJA: Was ich geschrieben habe? *Er nimmt den Brief und will ihn zerreißen.* Das ist nun erledigt.

MASCHA *entreißt ihm den Brief*: Daß du dich umgebracht hast, ja? Und von dem Revolver hast du nichts geschrieben? Nur, daß du dich umgebracht hast?

FEDJA: Ja, daß ich nicht mehr am Leben sein werde.

MASCHA: Gib her, gib her, gib her. Hast du »Was tun?« gelesen?

FEDJA: Ich glaube, ja.

MASCHA: Ein stinklangweiliger Roman, aber etwas ist gut, sehr gut. Dieser, wie heißt er gleich, dieser Rachmanow, der hat einfach so getan, als wär er ins Wasser gegangen. Und du kannst doch auch nicht schwimmen?

FEDJA: Nein.
MASCHA: Siehst du. Gib deine Sachen her. Alles, die Brieftasche auch.
FEDJA: Ja, wozu denn?
MASCHA: Wart nur, wart. Wir fahren nach Hause. Da ziehst du dich um.
FEDJA: Aber das ist doch Betrug.
MASCHA: Um so besser. Bist baden gegangen. Die Sachen sind am Ufer liegengeblieben. Im Jackett die Brieftasche und dieser Brief.
FEDJA: Und was dann?
MASCHA: Und dann, dann fahren wir weg und werden herrlich und in Freuden leben.
IWAN PETROWITSCH *tritt ein*: Na, so was. Und der Revolver? Den nehme ich mit.
MASCHA: Nimm ihn, nimm ihn. Wir fahren.

Vorhang

ZWEITES BILD

Salon bei den Protassows. Karenin und Lisa.

KARENIN: Er hat es so fest versprochen, ich bin überzeugt, er wird sein Versprechen halten.
LISA: Ein wenig schlägt mir das Gewissen, doch ich muß sagen, was ich über diese Zigeunerin gehört habe, hat mich befreit. Glaub nicht, es wäre Eifersucht. Nein, Eifersucht ist es nicht, sondern ein Gefühl der Befreiung. Wie soll ich Ihnen das erklären ...
KARENIN: Schon wieder Ihnen.
LISA *lächelnd*: Dir. Aber lassen Sie, laß mich ungestört aussprechen, was ich empfinde. Was mich vor allem quälte, war das Gefühl, daß ich zwei Männer liebe. Und das bedeutete, daß ich eine unmoralische Frau bin.
KARENIN: Du eine unmoralische Frau?
LISA: Aber seit ich weiß, er hat eine andere, er braucht mich

nicht mehr, bin ich frei und fühle, daß ich, ohne zu lügen, sagen kann, ich liebe Sie, dich. In meinem Herzen ist jetzt Klarheit, nur meine Lage bedrückt mich noch. Diese Scheidung. Das alles ist so qualvoll. Dieses Warten.

KARENIN: Sofort, jetzt gleich wird sich alles lösen. Ich habe, obwohl er sein Versprechen gegeben hat, meinen Sekretär gebeten, mit dem Gesuch zu ihm zu fahren und nicht wegzugehen, bevor er unterschrieben hat. Würde ich ihn nicht so gut kennen, müßte ich glauben, er macht es absichtlich.

LISA: Er? Nein, er ist nur schwach und ehrlich zugleich. Er will nicht lügen. Du hättest ihm kein Geld schicken sollen.

KARENIN: Doch, es mußte sein. Die Sache hätte sich sonst noch mehr verzögern können.

LISA: Nein, mit dem Geld, das ist peinlich.

KARENIN: Nun, er dürfte da wahrhaftig etwas weniger pointilleux sein.

LISA: Was für Egoisten wir sind.

KARENIN: Ja, ich gebe es zu. Aber du selbst bist schuld. Nach all dem Warten, all der Hoffnungslosigkeit, bin ich jetzt so glücklich. Und Glück macht egoistisch. Du bist schuld.

LISA: Du meinst, nur du allein. Mir geht es ebenso. Ich bin so erfüllt, ich schwimme im Glück. Alles ist wunderbar. Mischa ist wieder gesund, deine Mutter hat mich liebgewonnen, und du, und vor allem ich selbst, ich liebe.

KARENIN: Wirklich? Ohne Reue? Unwiderruflich?

LISA: Seit jenem Tag hat sich alles in mir geändert.

KARENIN: Und es kann sich nicht wieder ändern?

LISA: Niemals. Ich habe nur den einen Wunsch, daß auch bei dir alles so endgültig ist wie bei mir.

Die Kinderfrau tritt mit dem Kleinen ein. Der Kleine geht auf seine Mutter zu. Sie nimmt ihn auf den Schoß.

KARENIN: Was für unglückliche Menschen sind wir!

LISA: Wieso? *Sie küßt das Kind.*

KARENIN: Als du geheiratet hattest und ich es bei meiner Rückkehr aus dem Ausland erfuhr, fühlte ich, ich hatte dich verloren, und ich war unglücklich, aber es freute mich zu hören, daß du dich meiner erinnertest. Das genügte mir. Später, als sich zwischen uns freundschaftliche Beziehungen anbahnten und ich spürte, daß du liebevoll zu mir warst, daß unsere Freundschaft ein winziges Fünkchen von etwas enthielt, das mehr bedeutete als Freundschaft, da war ich schon fast glücklich. Mich quälte nur der Gedanke, es könnte Fedja gegenüber unehrenhaft sein. Im übrigen stand es bei mir jedoch von vornherein unumstößlich fest, daß zwischen der Frau meines Freundes und mir keinerlei andere Beziehungen möglich seien als die der reinsten Freundschaft – und ich kannte auch dich –, so daß es mich wiederum nicht bedrückte, und ich war zufrieden. Als Fedja dich dann zu quälen begann und ich spürte, daß ich dir eine Stütze war, du aber meine Freundschaft fürchtetest, da war ich schon ganz glücklich, und eine unbestimmte Hoffnung regte sich in mir. Dann ... als er unerträglich wurde, du den Entschluß faßtest, dich von ihm zu trennen, als ich dir zum erstenmal alles bekannte und du nicht nein sagtest, sondern in Tränen von mir gingst, da war ich grenzenlos glücklich, und hätte man mich damals gefragt, was ich noch wünschte, ich hätte gesagt: nichts. Aber dann tauchte die Möglichkeit auf, mein Leben mit dem deinen zu vereinen, Mama gewann dich lieb, die Möglichkeit begann sich zu verwirklichen, du sagtest mir, daß du mich geliebt hast und mich liebst, und später sagtest du auch wie vorhin, daß er für dich nicht existiere, daß du nur mich allein liebst – was, sollte man meinen, blieb mir zu wünschen übrig? Aber nein, jetzt, ausgerechnet jetzt quält mich die Vergangenheit, ich wollte, es gäbe diese Vergangenheit nicht und nichts, was an sie erinnert.

LISA *vorwurfsvoll*: Wiktor!

KARENIN: Lisa, verzeih mir. Ich habe das alles gesagt, weil ich nicht will, daß in mir Gedanken sind, die dich betreffen und die du nicht kennst. Ich habe all das absichtlich gesagt, um zu zeigen, wie schlecht ich bin und daß ich sehr wohl weiß, daß es so nicht weitergeht, ich muß mit mir kämpfen und mich überwinden. Und ich habe mich überwunden. Ich liebe ihn.

LISA: So muß es sein. Ich habe alles getan, was ich konnte. Nein, nicht ich, sondern mein Herz, alles ist daraus entschwunden, es gehört nur dir.

KARENIN: Alles?

LISA: Alles, alles. Ich würde es sonst nicht sagen.

LAKAI *tritt ein*: Herr Wosnessenski.

KARENIN: Er kommt mit der Antwort von Fedja.

LISA *zu Karenin*: Rufen Sie ihn herein.

KARENIN *steht auf und geht zur Tür*: Da ist also die Antwort.

LISA *gibt das Kind der Kinderfrau*: Wird sich nun wirklich alles entscheiden, Wiktor? *Sie küßt ihn.*

Wosnessenski tritt ein.

KARENIN: Nun?

WOSNESSENSKI: Er war nicht da.

KARENIN: Was heißt das? Er hat das Gesuch also nicht unterschrieben?

WOSNESSENSKI: Das Gesuch ist nicht unterschrieben, aber es war ein Brief an Sie und Lisaweta Andrejewna hinterlassen worden. *Er nimmt den Brief aus der Tasche und überreicht ihn.* Ich war in der Wohnung. Man sagte mir, er sei im Restaurant. Ich ging hin. Dort sagte mir Fjodor Wassiljewitsch, ich solle in einer Stunde wiederkommen, dann würde ich die Antwort vorfinden. Ich ging hin und ...

KARENIN: Etwa wieder Aufschub und Ausflüchte? Nein, das ist geradezu unrecht. Wie tief ist er gesunken!

LISA: Aber so lies doch!

Karenin öffnet den Brief.

WOSNESSENSKI: Benötigen Sie mich noch?

KARENIN: Nein, leben Sie wohl, besten Dank ... *Er hält inne und liest betroffen.*

Wosnessenski geht ab.

LISA: Was ist, was ist los?

KARENIN: Das ist furchtbar.

LISA *greift auch nach dem Brief*: Lies vor!

KARENIN *liest*: »Lisa und Wiktor, ich wende mich an Euch beide. Ich will nicht lügen und Euch mit ›lieb‹ oder ›teuer‹ anreden. Ich kann ein Gefühl der Bitterkeit und des Vorwurfs nicht unterdrücken – des Selbstvorwurfs, der mich dennoch quält, wenn ich an Euch, an Eure Liebe, Euer Glück denke. Ich weiß alles. Ich weiß, ich bin zwar der Ehegatte, und doch war ich es, der durch eine Reihe von Zufälligkeiten Euch im Wege stand. C'est moi qui suis l'intrus. Und trotzdem kann ich mich eines Gefühls der Bitterkeit und Kälte Euch gegenüber nicht erwehren. Theoretisch liebe ich Euch beide, besonders Lisa, Lisanka, doch in Wirklichkeit bin ich mehr als kalt. Ich weiß, ich bin im Unrecht, und ich kann mich nicht ändern.«

LISA: Was will er ...

KARENIN *liest weiter:* »Doch zur Sache. Eben dieses Gefühl, von dem ich hin und her gerissen werde, veranlaßt mich, Euern Wunsch anders zu erfüllen, als Ihr erwartet. Lügen, eine gemeine Komödie spielen mit Bestechungen im Konsistorium, all diese abscheulichen Begleitumstände, das ist mir widerwärtig, das ertrage ich nicht. So nichtswürdig ich auch selber bin, aber ich bin es auf andere Weise, und etwas so Widerwärtiges kann ich nicht mitmachen, ich kann es einfach nicht. Der andere Ausweg, der sich mir bietet, ist der allereinfachste: Ihr müßt heiraten, um glücklich zu sein. Ich stehe Euch dabei im Wege, folglich muß ich mich beseitigen ...«

LISA *faßt Karenin am Arm*: Wiktor!

KARENIN *liest*: »... mich beseitigen. Und das tue ich. Wenn Ihr diesen Brief erhaltet, werde ich nicht mehr sein.

P.S. Schade, daß Ihr mir Geld für die Durchführung des Scheidungsprozesses geschickt habt. Das ist peinlich und paßt nicht zu Euch. Nun, was hilft es. Ich habe so oft gefehlt. Auch Ihr könnt es einmal. Das Geld erhaltet Ihr zurück. Mein Ausweg ist kürzer, billiger und sicherer. Ich habe nur eine Bitte: Seid mir nicht böse und behaltet mich in guter Erinnerung. Und noch eins, es lebt hier ein Uhrmacher namens Jewgenjew, könntet Ihr ihm nicht zu einem sicheren Auskommen verhelfen? Er ist ein schwacher, aber anständiger Mensch. Lebt wohl, Fedja.«

LISA: Er hat sich umgebracht, ja?

KARENIN *läutet, läuft ins Vorzimmer*: Holen Sie Herrn Wosnessenski zurück.

LISA: Ich wußte es, ich wußte es. Fedja, lieber Fedja.

KARENIN: Lisa!

LISA: Es ist nicht wahr, es ist nicht wahr, daß ich ihn nicht liebte und nicht liebe. Ihn allein liebe ich, ihn. Und ich habe ihn ins Verderben getrieben. Laß mich.

Wosnessenski tritt ein.

KARENIN: Wo ist Fjodor Wassiljewitsch? Was hat man Ihnen gesagt?

WOSNESSENSKI: Man sagte mir, er sei morgens weggegangen, habe den Brief hinterlassen und sei nicht mehr zurückgekommen.

KARENIN: Das muß festgestellt werden. Lisa, ich gehe jetzt.

LISA: Verzeih mir, aber ich kann auch nicht lügen. Laß mich jetzt allein. Geh, bring alles in Erfahrung …

Vorhang

FÜNFTER AKT

ERSTES BILD

Ein schmutziger Schankraum. Am Tisch wird Tee und Wodka getrunken. Im Vordergrund ein kleinerer Tisch, an dem, völlig heruntergekommen und abgerissen, Fedja sitzt und bei ihm Petuschkow, ein aufmerksamer, zarter Mensch mit langem Haar, der, wie ein Geistlicher aussieht. Beide sind leicht berauscht.

PETUSCHKOW: Ich verstehe, ja, ich verstehe. Das nenn ich wahre Liebe. Und weiter?

FEDJA: Ja, wissen Sie, hätte ein Mädchen aus unseren Kreisen diese Gefühle gezeigt, alles für den Mann geopfert, den sie liebt … aber sie ist eine Zigeunerin, nur dazu erzogen, ihren eigenen Vorteil und Gewinn zu suchen, und dann diese reine, selbstlose Liebe – gibt alles hin und verlangt nichts für sich. Besonders dieser Kontrast.

PETUSCHKOW: Ja, wir Maler nennen das valeurs. Man kann nur dann etwas ganz leuchtend rot malen, wenn drum herum … aber darum geht es hier ja nicht. Ich verstehe, ja, ich verstehe …

FEDJA: Ja, und das ist wohl überhaupt meine einzige gute Tat, daß ich ihre Liebe nicht mißbraucht habe. Und wissen Sie auch, warum?

PETUSCHKOW: Aus Mitleid ...

FEDJA: Ach nein, Mitleid empfand ich für sie nicht. Ich war in ihrer Gegenwart immer so begeistert, und wenn sie sang – ach, wie sie sang und wohl jetzt noch singt –, und immer hab ich zu ihr aufgeblickt. Ich hab sie einfach deshalb nicht mißbraucht, weil ich sie liebte, aufrichtig liebte. Und jetzt ist das eine so schöne, schöne Erinnerung. *Er trinkt.*

PETUSCHKOW: Ja, das kann ich wohl verstehen. Das ist ideal!

FEDJA: Ich will Ihnen etwas erzählen: Ich hatte auch so meine Leidenschaften. Und einmal war ich verliebt, eine reizende Dame war das, ich war in sie verliebt, auf schmutzige Weise, wie ein Hund, und sie bestellte mich zu einem Rendezvous. Und ich ging nicht hin, weil ich fand, daß es dem Ehemann gegenüber gemein war. Und noch heute, merkwürdig, wenn ich daran zurückdenke, möchte ich mich freuen und mich loben, weil ich ehrenhaft gehandelt habe, und dabei ... bereu ich's wie eine Sünde. Aber hier, mit Mascha, ganz das Gegenteil. Ich bin immer froh, so froh, daß ich dieses Gefühl durch nichts besudelt habe ... Ich kann noch tiefer sinken, kann ganz untergehen, vielleicht muß ich alles verkaufen, was ich auf dem Leib habe, vielleicht werde ich ganz grindig und verlaust sein, aber dieser Brillant, nein, nicht Brillant, dieser Sonnenstrahl, ja – den behalt ich, der ist in mir.

PETUSCHKOW: Ich verstehe, ja, ich verstehe. Und wo ist sie jetzt?

FEDJA: Ich weiß nicht. Und ich will es auch gar nicht wissen. Das gehört alles zu einem andern Leben. Und das möchte ich nicht mit diesem vermengen.

Am hinteren Tisch schreit eine Frau auf. Der Wirt und ein Polizist kommen, sie wird abgeführt. Fedja und Petuschkow sehen hin, horchen und schweigen.

PETUSCHKOW *nachdem es hinten wieder still ist*: Ja, eine seltsame Lebensgeschichte.

FEDJA: Nein, eine ganz alltägliche. In unsern Kreisen, ich

meine, in denen ich geboren bin, stehen einem doch nur drei Wege offen, ganze drei: in den Staatsdienst treten, Geld zusammenraffen und diesen Unflat, in dem man lebt, vermehren. Das war mir zuwider, vielleicht fehlten mir auch die Fähigkeiten, aber vor allem, es war mir zuwider. Zweitens – den Unflat vernichten, dazu muß man ein Held sein, und ein Held bin ich nie gewesen. Oder drittens – sich betäuben ... trinken, in den Tag hineinleben, singen. Und das hab ich getan. Und soweit bin ich dabei gekommen. *Er trinkt.*

PETUSCHKOW: Ja, aber das Familienleben? Ich wäre glücklich, wenn ich eine Frau hätte. Mich hat meine Frau zugrunde gerichtet.

FEDJA: Das Familienleben? Ja. Ich hatte eine ideale Frau. Sie lebt auch noch. Aber was soll ich dir sagen? Es fehlte etwas – weißt du, der Kwaß ist fad ohne Rosinen –, es fehlte die Würze, das Sprudelnde in unserm Zusammenleben. Und ich mußte mich doch betäuben. Aber ohne das kann man sich nicht betäuben. Und dann fing ich mit diesen Gemeinheiten an. Und du weißt doch, wir lieben die Menschen des Guten wegen, das wir ihnen getan haben, aber wenn wir ihnen Böses antun, können wir sie nicht lieben. Ich hab ihr Böses angetan. Sie hat mich wohl geliebt.

PETUSCHKOW: Warum sagen Sie: wohl?

FEDJA: Na ja, weil sie nie so war, daß ich sie hätte ins Herz schließen können wie Mascha. Aber das ist es nicht. Sie war schwanger, später stillte sie, und ich verschwinde und komme betrunken nach Hause. Ja gewiß, gerade deshalb liebte ich sie immer weniger. Ja, ja – *er gerät in Begeisterung* –, eben ist mir's eingefallen: Darum liebe ich Mascha, ihr habe ich Gutes getan und nichts Böses. Darum liebe ich sie. Und die andere hab ich gequält, weil ... nicht, daß ich sie nicht liebe ... Oder doch, ich liebe sie einfach nicht. Eifersüchtig bin ich gewesen – ja, aber das ist auch vorbei.

Artemjew, mit einer Kokarde an der Mütze, gefärbtem Schnurrbart, in alter, ausgebesserter Kleidung, tritt herzu.

ARTEMJEW: Wünsche guten Appetit. *Er verbeugt sich vor Fedja.*

Haben Sie sich mit dem Herrn Kunstartisten bekanntgemacht?

FEDJA *kalt*: Ja, habe ich.

ARTEMJEW *zu Petuschkow*: Na, ist das Porträt fertig?

PETUSCHKOW: Nein, es hat sich wieder zerschlagen.

ARTEMJEW *setzt sich*: Ich störe doch nicht?

Fedja und Petuschkow schweigen.

PETUSCHKOW: Fjodor Wassiljewitsch hat von seinem Leben erzählt.

ARTEMJEW: Geheimnisse? Da will ich nicht stören, macht nur weiter. Ihr könnt mir gestohlen bleiben. Dreckskerle. *Er geht an den Nachbartisch und bestellt sich Bier. Im Sitzen neigt er sich zu Fedja und Petuschkow herüber und belauscht die ganze Zeit ihr Gespräch.*

FEDJA: Ich mag diesen Herrn nicht.

PETUSCHKOW: Er ist beleidigt.

FEDJA: Na, soll er. Ich kann nicht. Wenn so einer dabei ist, bring ich kein Wort über die Lippen. Mit Ihnen, ja, da fühle ich mich wohl. Was sagte ich noch?

PETUSCHKOW: Sie sagten, Sie wären eifersüchtig gewesen. Aber wie sind Sie denn mir Ihrer Frau auseinandergekommen?

FEDJA: Ach. *Er wird nachdenklich.* Das ist eine wunderliche Geschichte. Meine Frau ist verheiratet.

PETUSCHKOW: Wieso? Scheidung?

FEDJA: Nein. *Er lächelt.* Ich habe sie als Witwe zurückgelassen.

PETUSCHKOW: Wie denn das?

FEDJA: Sie ist eben verwitwet. Ich existiere doch nicht mehr.

PETUSCHKOW: Wieso?

FEDJA: Ich bin nicht mehr da. Bin ein Leichnam. Ja.

Artemjew beugt sich herüber und lauscht.

Sehen Sie ... Ihnen kann ich es ja erzählen. Es ist schon lange her, und meinen richtigen Namen kennen Sie nicht. Die Sache war so. Als ich meine Frau an den Rand der Verzweiflung gebracht und alles Geld verjubelt hatte und es mit mir nicht mehr auszuhalten war, da tauchte ein Beschützer für sie auf. Denken Sie ja nicht an etwas Schmutziges, Häßliches – nein, es war mein Freund, ein sehr, sehr anständiger Mensch, nur in allem das genaue Gegenteil von mir. Und weil an mir mehr Schlechtes ist als Gutes, so war und ist das ein guter, ein sehr guter Mensch: ehrenhaft, zuverlässig, enthaltsam, einfach tugendhaft. Er kannte meine Frau von Kindheit an, er liebte sie, und als sie mich geheiratet hatte, fügte er sich in sein Geschick. Aber später, als ich mich so widerwärtig aufführte und sie quälte, kam er immer häufiger zu uns. Ich selbst wünschte das. Und sie gewannen sich lieb, während ich völlig aus dem Geleise geriet und meine Frau verließ. Dann kam noch Mascha dazu. Ich selbst schlug ihnen vor zu heiraten. Sie wollten nicht. Aber ich wurde immer unmöglicher, immer unmöglicher, und es endete damit, daß ...

PETUSCHKOW: Wie gewöhnlich ...

FEDJA: Nein. Ich bin sicher, und ich weiß, daß sie rein blieben. Er als religiöser Mensch hält eine Ehe ohne kirchlichen Segen für eine Sünde. Ja, sie forderten die Scheidung, ich sollte einwilligen. Ich hätte die Schuld auf mich nehmen müssen. Ich hätte die ganze Lüge ... Und das konnte ich nicht. Glauben Sie, es wäre mir leichter gefallen, mir das Leben zu nehmen als zu lügen. Und ich wollte mir schon das Leben nehmen. Aber da sagte ein gutes Wesen: Wozu? Und es wurde alles arrangiert. Ich schickte den Abschiedsbrief ab, und am Tag darauf wurden am Ufer meine Sachen und meine Brieftasche mit den Papieren gefunden. Und schwimmen kann ich nicht.

PETUSCHKOW: Ja, aber den Leichnam, den haben sie doch nicht gefunden?

FEDJA: Doch. Stellen Sie sich vor. Eine Woche später wird eine Leiche gefunden. Man ruft meine Frau. Die Leiche war schon in Verwesung übergegangen. Sie schaut hin. – »Ist er's?« – »Ja.« Und dabei blieb es. Ich wurde beerdigt, sie heirateten und leben hier glücklich und zufrieden. Und ich – ich bin dieser Er. Und ich lebe und trinke. Gestern ging ich an ihrem Haus vorbei. Erleuchtete Fenster, und ein Schatten gleitet über den Vorhang. Manchmal ist es scheußlich, manchmal geht's wieder. Am scheußlichsten ist es, wenn ich kein Geld habe ... *Er trinkt.*

ARTEMJEW *tritt herzu*: Verzeihen Sie schon, ich habe Ihre Geschichte gehört. Eine feine Geschichte, da springt was raus. Sie sagen, es ist scheußlich, kein Geld zu haben. Wirklich, nichts scheußlicher als das. Aber Sie, in Ihrer Lage, müßten immer Geld haben. Sie sind doch ein Leichnam. Ausgezeichnet.

FEDJA: Gestatten Sie. Ich habe das nicht Ihnen erzählt, ich wünsche Ihre Ratschläge nicht.

ARTEMJEW: Aber ich wünsche Ihnen welche zu geben. Sie sind ein Leichnam, und wenn Sie nun wieder lebendig werden, dann sind die beiden – Ihre Frau Gemahlin und der Herr, denen es hier so gut geht –, dann sind die beiden Bigamisten und wandern bestenfalls in eine nicht allzuferne Verbannung. Warum sollen Sie also ohne Geld dasitzen?

FEDJA: Lassen Sie mich gefälligst in Ruhe.

ARTEMJEW: Schreiben Sie einfach einen Brief. Wenn Sie wollen, schreib ich ihn, geben Sie mir nur die Adresse, Sie werden mir noch dankbar sein.

FEDJA: Verschwinden Sie, sag ich Ihnen. Ich habe Ihnen überhaupt nichts erzählt.

ARTEMJEW: Doch, das haben Sie. Der da ist Zeuge. Der Kellner hat's auch gehört, das von dem Leichnam.

KELLNER: Ich weiß von nichts.

FEDJA: Du Lump!

ARTEMJEW: Ich ein Lump? He, Polizei! Protokoll aufsetzen!

Fedja steht auf und will gehen. Artemjew hält ihn fest. Ein Polizist kommt.

Vorhang

ZWEITES BILD

Auf der efeubewachsenen Veranda eines Landhauses. Anna Dmitrijewna Karenina, Lisa, die schwanger ist, die Kinderfrau mit dem Kind.

LISA: Jetzt ist er schon von der Bahnstation abgefahren.

KIND: Wer ist schon abgefahren?

LISA: Papa.

KIND: Papa ist von der Bahnstation abgefahren?

LISA: C'est étonnant comme il l'aime, tout à fait comme son père.

ANNA DMITRIJEWNA: Tant mieux. Se souvient-il de son père véritable?

LISA *seufzt*: Ich spreche mit ihm nicht davon. Ich sage mir, wozu ihn verwirren? Und dann meine ich wieder, ich müßte es ihm sagen. Was denken Sie, Mama?

ANNA DMITRIJEWNA: Ich denke, Lisa, das ist Sache des Gefühls, und wenn du deinem Gefühl vertraust, wird dein Herz dir eingeben, was du sagen mußt und wann. Wie wunderbar versöhnend der Tod wirkt. Ich muß gestehen, es gab eine Zeit, da war Fedja – ich kannte ihn doch schon als Kind – mir unangenehm, aber jetzt lebt er in meiner Erinnerung nur noch als der liebe Junge, als Wiktors Freund und der leidenschaftliche Mensch, der zwar nicht im Sinne der Gesetze und der Religion, wohl aber für die, die er liebte, sein Leben opferte. On aura beau dire, l'action est belle ... Hoffentlich vergißt Wiktor nicht, Wolle mitzubringen, sie ist gleich alle. *Sie strickt.*

LISA: Da kommt er.

Man hört Räder und ein Glöckchen.

Lisa steht auf und tritt an die Brüstung der Veranda. Es ist noch jemand bei ihm, eine Dame. Mascha! Ich habe sie ewig nicht gesehen. *Sie geht zur Tür.*

Karenin und Marja Wassiljewna treten ein.

MARJA WASSILJEWNA *küßt sich mit Lisa und Anna Dmitrijewna*: Wiktor traf mich unterwegs und nahm mich mit.

ANNA DMITRIJEWNA: Das hat er sehr gut gemacht.

MARJA WASSILJEWNA: Ja, natürlich. Ich dachte, so bald klappt das nicht wieder, und dann wird's bloß verschoben, und da bin ich einfach mitgekommen, wenn Sie mich nicht davonjagen, bleib ich bis zum Abendzug.

KARENIN *küßt seine Frau, seine Mutter und den Kleinen*: Und ich bin so glücklich, ihr könnt mir gratulieren. Zwei Tage zu Hause. Morgen wird alles ohne mich erledigt.

LISA: Herrlich. Zwei Tage. Das ist lange nicht vorgekommen. Da fahren wir zum Waldkloster. Ja?

MARJA WASSILJEWNA: Diese Ähnlichkeit! Was für ein prächtiger kleiner Kerl! Hauptsache, er hat nicht alles geerbt: den Charakter des Vaters.

ANNA DMITRIJEWNA: Die Schwächen jedenfalls nicht.

LISA: Schluß damit. Wiktor ist genau wie ich der Meinung, daß, wenn er von vornherein richtig erzogen wird ...

MARJA WASSILJEWNA: Nun, davon verstehe ich nichts. Mir kommen jedesmal die Tränen, wenn ich an ihn denke.

LISA: Uns geht es ebenso. Er steht jetzt so hoch in unserm Andenken.

MARJA WASSILJEWNA: Ja, das glaube ich.

LISA: Wie unlösbar erschien damals alles. Und wie hat es sich plötzlich gelöst.

ANNA DMITRIJEWNA: Wiktor, hast du die Wolle mitgebracht?

KARENIN: Hab ich, hab ich. *Er nimmt die Tasche und packt aus.* Hier ist die Wolle, hier das Kölnisch Wasser, und hier sind die Briefe, und da ist ein amtliches Schreiben an dich. *Er gibt es Lisa.* So, Marja Wassiljewna, wenn Sie ein wenig Toilette machen wollen, begleite ich Sie. Ich muß mich selber ein bißchen frisch machen, und gleich essen wir zu Mittag. Lisa, für Marja Wassiljewna ist doch das untere Eckzimmer frei?

Lisa hält bleich und mit zitternden Händen das Schreiben und liest.

Was hast du? Lisa! Was gibt es?

LISA: Er lebt. Mein Gott! Wann wird er mich freigeben! Wiktor! Was bedeutet das? *Sie weint laut.*

KARENIN *nimmt das Schreiben und liest*: Das ist ja entsetzlich.

ANNA DMITRIJEWNA: Was ist denn, sag doch.

KARENIN: Das ist ja entsetzlich. Er ist nicht tot. Sie lebt in Bigamie, und ich bin ein Verbrecher. Ein Schreiben vom Untersuchungsrichter, er lädt Lisa vor.

ANNA DMITRIJEWNA: Was für ein furchtbarer Mensch ... Warum hat er das getan?

KARENIN: Alles Lüge, alles Lüge.

LISA: Oh, wie ich ihn hasse. Ich weiß nicht, was ich sage. *Sie geht in Tränen ab, Karenin folgt ihr.*

MARJA WASSILJEWNA: Wieso, ist er denn am Leben geblieben?

ANNA DMITRIJEWNA: Ich wußte es: Sobald Wiktor mit dieser Welt des Schmutzes in Berührung kommt, wird er hineingezogen. Jetzt steckt er drin. Alles Betrug, alles Lüge.

Vorhang

SECHSTER AKT

ERSTES BILD

Dienstzimmer des Untersuchungsrichters. Der Untersuchungsrichter, Melnikow und der Protokollführer. Der Untersuchungsrichter sitzt am Schreibtisch und unterhält sich mit Melnikow. Neben ihm sitzt der Protokollführer, der in den Akten blättert.

UNTERSUCHUNGSRICHTER: Aber das habe ich niemals zu ihr gesagt. Das hat sie sich ausgedacht, und jetzt macht sie mir Vorwürfe.

MELNIKOW: Nein, Vorwürfe macht sie nicht, aber sie ist tief verletzt.

UNTERSUCHUNGSRICHTER: Na schön, ich komm zum Mittagessen. Aber jetzt hab ich einen interessanten Fall. *Zum Protokollführer*: Rufen Sie sie herein.

PROTOKOLLFÜHRER: Beide?

UNTERSUCHUNGSRICHTER *hört auf zu rauchen und steckt die Zigarette weg*: Nein, Frau Karenina, oder richtiger, nach dem ersten Mann, Protassowa.

MELNIKOW *im Weggehen*: Ah, die Karenina.

UNTERSUCHUNGSRICHTER: Ja, eine schmutzige Angelegenheit. Die Untersuchung beginnt zwar erst, aber die Sache behagt mir nicht. Also, bis dann.

Melnikow geht ab. Lisa tritt verschleiert und schwarz gekleidet ein.

Wollen Sie bitte Platz nehmen. *Er zeigt auf einen Stuhl.* Seien Sie versichert, daß ich bedaure, Ihnen gewisse Fragen stellen zu müssen, aber die Umstände zwingen uns ... Bitte, beruhigen Sie sich. Ich mache Sie darauf aufmerksam, daß Sie nicht gezwungen sind, meine Fragen zu beantworten. Allerdings bin ich der Meinung, es ist für Sie, wie übrigens für alle, das beste, die Wahrheit zu sagen. Das Beste und auch das Praktischste.

LISA: Ich habe nichts zu verbergen.

UNTERSUCHUNGSRICHTER: So. *Er sieht in die Akten.* Ihren Namen, Stand, Glaubensbekenntnis – das hatte ich alles aufgenommen, nicht wahr?

LISA: Ja.

UNTERSUCHUNGSRICHTER: Sie werden beschuldigt, einen andern geheiratet zu haben, obwohl Sie wußten, daß Ihr Mann lebt.

LISA: Ich wußte es nicht.

UNTERSUCHUNGSRICHTER: Ferner werden Sie beschuldigt, Ihren Mann mit Geld zum Betrug angestiftet zu haben – er sollte einen Selbstmord fingieren, damit Sie frei wurden.

LISA: Das alles ist nicht wahr.

UNTERSUCHUNGSRICHTER: Gestatten Sie nun einige Fragen. Haben Sie ihm im Juli vergangenen Jahres zwölfhundert Rubel übersandt?

LISA: Das war sein Geld. Der Erlös vom Verkauf seiner Sachen. Und als ich mich von ihm trennte und auf seine Einwilligung zur Scheidung wartete, schickte ich es ihm.

UNTERSUCHUNGSRICHTER: Aha. Sehr schön. Das Geld wurde ihm am 17. Juli geschickt, also zwei Tage vor seinem Verschwinden.

LISA: Es muß wohl am 17. Juli gewesen sein. Genau weiß ich es nicht mehr.

UNTERSUCHUNGSRICHTER: Und warum wurden gleichzeitig die Bemühungen beim Konsistorium eingestellt und der Auftrag für den Rechtsanwalt zurückgezogen?

LISA: Das weiß ich nicht.

UNTERSUCHUNGSRICHTER: Nun gut, und als die Polizei Sie aufforderte, den Leichnam zu identifizieren, wieso erkannten Sie da in ihm Ihren Gatten?

LISA: Ich war damals so aufgeregt, ich habe die Leiche gar nicht angesehen. Und ich war so fest überzeugt, daß er es war, daß ich, als ich gefragt wurde, antwortete, ich glaube, er ist es.

UNTERSUCHUNGSRICHTER: Ja, Sie sahen nicht genau hin, weil Sie sich in einer durchaus verständlichen Erregung befanden. Schön. Nun gestatten Sie die Frage, warum schickten Sie jeden Monat einen bestimmten Geldbetrag nach Saratow, ausgerechnet in die Stadt, in der Ihr erster Mann lebte?

LISA: Das Geld schickte mein Mann. Und ich kann nicht sagen, zu welchem Zweck, weil ich nicht eingeweiht bin. Nur, es wurde nicht an Fjodor Wassiljewitsch geschickt. Wir waren fest überzeugt, daß er nicht mehr lebte. Das kann ich Ihnen versichern.

UNTERSUCHUNGSRICHTER: Sehr schön. Gestatten Sie mir die Bemerkung, gnädige Frau, wir sind zwar Diener des Gesetzes, aber das hindert uns nicht, Menschen zu sein. Glauben Sie mir, ich verstehe Ihre Lage völlig und darf Sie meiner Teilnahme versichern. Sie waren an einen Menschen gebunden, der sein Vermögen durchbrachte, der Ihnen die Treue brach, nun, mit einem Wort, er machte Sie unglücklich.

LISA: Ich liebte ihn.

UNTERSUCHUNGSRICHTER: Ja, aber trotzdem ist es natürlich, daß Sie den Wunsch hatten, sich von ihm zu befreien, und Sie wählten diesen einfacheren Weg, ohne zu bedenken, daß er Sie zu dem hinführen würde, was man als das Verbrechen der Bigamie bezeichnet – das ist mir begreiflich. Und auch die Geschworenen werden das berücksichtigen. Und deshalb würde ich Ihnen raten, alles zu gestehen.

LISA: Ich habe nichts zu gestehen. Ich habe niemals die Unwahrheit gesagt. *Sie weint.* Werde ich noch gebraucht?

UNTERSUCHUNGSRICHTER: Ich möchte Sie bitten, noch zu bleiben. Mit Fragen werde ich Sie nicht länger behelligen. Wollen Sie nur freundlichst das Protokoll hier durchlesen und unterschreiben. Sind Ihre Antworten richtig wiedergegeben? Bitte, bemühen Sie sich hierher. *Er zeigt auf einen Sessel am Fenster. Zum Protokollführer*: Bitten Sie Herrn Karenin herein.

Karenin tritt mit strenger und feierlicher Miene ein.

Bitte, nehmen Sie Platz.

KARENIN: Danke. *Er bleibt stehen.* Was steht zu Diensten?

UNTERSUCHUNGSRICHTER: Ich bin verpflichtet, Sie zu verhören.

KARENIN: In welcher Eigenschaft?

UNTERSUCHUNGSRICHTER *lächelnd*: In meiner Eigenschaft als Untersuchungsrichter. Und Sie habe ich zu verhören in Ihrer Eigenschaft als Angeklagter.

KARENIN: Aha? Wessen bin ich angeklagt?

UNTERSUCHUNGSRICHTER: Eine verheiratete Frau geehelicht zu haben. Im übrigen gestatten Sie, die Fragen der Reihe nach zu stellen. Nehmen Sie Platz.

KARENIN: Danke.

UNTERSUCHUNGSRICHTER: Ihr Name?

KARENIN: Wiktor Karenin.

UNTERSUCHUNGSRICHTER: Beruf?

KARENIN: Kammerherr. Wirklicher Staatsrat.

UNTERSUCHUNGSRICHTER: Alter?

KARENIN: Achtunddreißig Jahre.

UNTERSUCHUNGSRICHTER: Glaubensbekenntnis?

KARENIN: Rechtgläubig, noch nicht gerichtlich belangt. Also?

UNTERSUCHUNGSRICHTER: War es Ihnen bekannt, daß Fjodor Wassiljewitsch Protassow lebt, als Sie mit seiner Frau die Ehe eingingen?

KARENIN: Nein. Wir waren beide überzeugt, er sei ertrunken.

UNTERSUCHUNGSRICHTER: An wen schickten Sie monatlich Geld nach Saratow, nachdem Sie die falsche Nachricht vom Tode Protassows erhalten hatten?

KARENIN: Ich verweigere die Antwort auf diese Frage.

UNTERSUCHUNGSRICHTER: Sehr schön. Zu welchem Zweck schickten Sie Herrn Protassow unmittelbar vor seinem fingierten Selbstmord am 17. Juli zwölfhundert Rubel?

KARENIN: Das Geld war mir von meiner Frau ausgehändigt worden.

UNTERSUCHUNGSRICHTER: Von Frau Protassowa?

KARENIN: Von meiner Frau, um es an Ihren Mann abzuschikken. Sie betrachtete das Geld als sein Eigentum, und als sie die Verbindung zu ihm abgebrochen hatte, hielt sie sich nicht für berechtigt, das Geld zu behalten.

UNTERSUCHUNGSRICHTER: Jetzt noch eine Frage: Warum betrieben Sie die Scheidungsangelegenheit nicht weiter?

KARENIN: Weil Fjodor Wassiljewitsch die Sache übernommen und mir das brieflich mitgeteilt hatte.

UNTERSUCHUNGSRICHTER: Haben Sie den Brief noch?

KARENIN: Der Brief ist nicht mehr auffindbar.

UNTERSUCHUNGSRICHTER: Wie sonderbar, all das fehlt und ist nicht auffindbar, was das Gericht von der Wahrheit Ihrer Aussagen überzeugen könnte.

KARENIN: Wünschen Sie noch etwas?

UNTERSUCHUNGSRICHTER: Ich wünsche nichts, als meine Pflicht zu erfüllen, während Sie sich zu rechtfertigen haben; ich gab soeben Frau Protassowa den Rat und möchte Ihnen dasselbe raten: Versuchen Sie nicht zu leugnen, was klar auf der Hand liegt, sondern sagen Sie alles, wie es war. Um so mehr, als Herr Protassow bereits alles wahrheitsgemäß ausgesagt hat und höchstwahrscheinlich vor Gericht diese Aussage wiederholen wird. Ich würde Ihnen raten ...

KARENIN: Ich möchte Sie bitten, im Rahmen Ihrer Amtsbefugnisse zu bleiben. Und Ihre Ratschläge für sich zu behalten. Können wir gehen? *Er tritt zu Lisa, die aufsteht und seinen Arm nimmt.*

UNTERSUCHUNGSRICHTER: Ich bedaure, Sie noch zurückhalten zu müssen ...

Karenin wendet sich erstaunt um.

O nein, nicht um Sie zu verhaften. Obwohl es für die Aufdeckung des wahren Sachverhaltes von Vorteil wäre, greife ich nicht zu dieser Maßnahme. Ich würde nur gern in Ihrer Gegenwart Protassow verhören und Sie einander gegenüberstellen, dabei wird es für Sie ein leichtes sein, ihn der Unwahrheit zu überführen. Ich bitte Platz zu nehmen. Rufen Sie Herrn Protassow.

Fedja tritt ein, schmutzig und völlig heruntergekommen.

FEDJA *wendet sich an Lisa und Karenin*: Lisa, Lisaweta Andrejewna, Wiktor. Ich bin nicht schuld. Ich wollte das Beste.

Und wenn ich schuldig bin ... Verzeiht mir, verzeiht ... *Er verneigt sich tief vor ihnen.*

UNTERSUCHUNGSRICHTER: Ich bitte Sie, meine Fragen zu beantworten.

FEDJA: Bitte.

UNTERSUCHUNGSRICHTER: Ihr Name?

FEDJA: Den wissen Sie doch.

UNTERSUCHUNGSRICHTER: Bitte antworten Sie.

FEDJA: Na schön, Fjodor Protassow.

UNTERSUCHUNGSRICHTER: Ihr Beruf, Alter, Glaubensbekenntnis?

FEDJA *nach kurzem Schweigen*: Ist es Ihnen denn gar nicht peinlich, diese dummen Fragen zu stellen? Fragen Sie, was nötig ist, und keinen Unsinn.

UNTERSUCHUNGSRICHTER: Ich bitte Sie, sich in Ihren Ausdrükken zu mäßigen und meine Fragen zu beantworten.

FEDJA: Also gut, wenn es Ihnen nicht peinlich ist, bitte. Beruf Kandidat, vierzig Jahre alt, rechtgläubig. So, und weiter?

UNTERSUCHUNGSRICHTER: Wußten Herr Karenin und Ihre Frau, daß Sie noch lebten, nachdem Sie Ihre Sachen am Flußufer liegengelassen hatten und selbst verschwunden waren?

FEDJA: Ganz bestimmt nicht. Ich wollte mich wirklich töten, aber dann ... Aber das brauche ich nicht zu erzählen. Tatsache ist, daß sie nichts wußten.

UNTERSUCHUNGSRICHTER: Warum haben Sie dem Polizeibeamten gegenüber anders ausgesagt?

FEDJA: Welchem Polizeibeamten? Ach, Sie meinen, als er zu mir ins Nachtasyl kam? Da war ich betrunken und redete dummes Zeug, was, weiß ich nicht mehr. Alles Blödsinn. Jetzt bin ich nicht betrunken und sage die volle Wahrheit. Sie haben nichts gewußt. Sie glaubten, ich sei nicht mehr am Leben. Und ich war froh darüber. Dabei wäre es auch geblieben, wenn nicht der Artemjew, dieser Lump, gekommen wäre. Und wenn jemand schuldig ist, dann ich allein.

UNTERSUCHUNGSRICHTER: Ich verstehe ja, daß Sie großherzig sein wollen, aber das Gesetz verlangt die Wahrheit. Weshalb schickte man Ihnen Geld?

Fedja schweigt.

Sie erhielten doch durch Simonow das Ihnen nach Saratow gesandte Geld?

Fedja schweigt.

Warum antworten Sie nicht? Im Protokoll wird vermerkt werden, der Angeklagte habe diese Fragen nicht beantwortet, und das kann Ihnen und den andern sehr schaden. Also?

FEDJA *nach einigem Schweigen*: Ach, Herr Untersuchungsrichter, schämen Sie sich denn gar nicht. Wozu müssen Sie im Leben eines anderen wühlen? Sie freuen sich, daß Sie die Macht haben, und um sie zu zeigen, foltern Sie Menschen, die tausendmal besser sind als Sie, zwar nicht physisch, aber moralisch.

UNTERSUCHUNGSRICHTER: Ich bitte Sie ...

FEDJA: Sie brauchen gar nicht zu bitten. Ich werde alles sagen, was ich denke. *Zum Protokollführer*: Und Sie sollen es aufschreiben. Dann stehen wenigstens zum erstenmal vernünftige menschliche Worte in einem Protokoll. *Mit erhobener Stimme*: Da leben drei Menschen: ich, er und sie. Zwischen ihnen bestehen komplizierte Beziehungen, ein Kampf des Guten mit dem Bösen, ein geistiger Kampf, wie Sie ihn sich überhaupt nicht vorstellen können. Der Kampf endet mit der bekannten Situation, die alles löst. Alle finden Ruhe. Sie sind glücklich – mein Andenken ist ihnen teuer. Ich selbst bin zwar tief gesunken, aber glücklich, daß ich tat, was meine Pflicht war, daß ich untauglicher Mensch aus dem Leben ging, um nicht denen im Wege zu stehen, die lebensvoll und gut sind. Und wir alle leben. Plötzlich taucht ein Lump auf, ein Erpresser, der verlangt von mir, daß ich mich an einer Erpressung beteilige. Ich jage ihn davon. Er geht zu Ihnen, einem Vorkämpfer der Gerechtigkeit, einem Hüter der Sittlichkeit. Und Sie, der Sie am 20. eines jeden Monats pro Niedertracht ein Zwanzigkopekenstück einstecken, Sie steigen in Ihre Uniform und werfen sich leichten Herzens zum Richter auf über Menschen, deren kleinen Finger Sie nicht wert sind, bei denen Sie nicht einmal im Vorzimmer Zutritt haben. Aber Sie drängen sich hinein und freuen sich ...

UNTERSUCHUNGSRICHTER: Ich lasse Sie abführen.

FEDJA: Ich habe vor niemandem Angst, denn ich bin ein Leichnam, und mit mir können Sie nichts machen; es gibt keine Lage, die schlimmer sein könnte als meine. Nur zu, führen Sie mich ab.

KARENIN: Können wir gehen?

UNTERSUCHUNGSRICHTER: Sofort. Bitte das Protokoll unterschreiben.

FEDJA: Und wie lächerlich wären Sie, wenn Sie nicht so widerlich wären.

UNTERSUCHUNGSRICHTER: Führen Sie ihn ab. Ich verhafte Sie.

FEDJA *zu Karenin und Lisa*: Verzeiht mir.

KARENIN *geht zu ihm und gibt ihm die Hand*: Es mußte wohl so kommen.

Lisa geht vorbei, Fedja verneigt sich tief.

Vorhang

ZWEITES BILD

Korridor im Gebäude des Bezirksgerichtes. Im Hintergrund eine Glastür, an der ein Gerichtsdiener steht. Rechts davon eine andere Tür, durch die die Angeklagten geführt werden. Auf die erste Tür geht Iwan Petrowitsch zu, der völlig abgerissen ist, und will eintreten.

GERICHTSDIENER: Wohin? Hier darf keiner rein. So ein Pack.

IWAN PETROWITSCH: Warum nicht? Das Gesetz besagt: Die Sitzungen sind öffentlich.

Man hört Applaus.

GERICHTSDIENER: ’s geht eben nicht, und damit basta. Verboten.

IWAN PETROWITSCH: Flegel. Du weißt nicht, mit wem du redest.

Ein junger Anwalt im Frack kommt heraus.

JUNGER ANWALT: Haben Sie mit dem Fall zu tun?

IWAN PETROWITSCH: Nein, ich bin Publikum. Aber der da, dieser Flegel, dieser Zerberus. Läßt keinen durch.

JUNGER ANWALT: Aber hier ist kein Eingang für Publikum!

IWAN PETROWITSCH: Weiß ich. Kein Einlaß. Mich kann man aber reinlassen.

JUNGER ANWALT: Warten Sie, gleich ist Pause. *Im Weggehen trifft er Fürst Abreskow.*

FÜRST ABRESKOW: Darf ich fragen, wie weit die Sache gediehen ist?

JUNGER ANWALT: Plädoyers der Verteidiger. Petruschin hat das Wort.

Wieder hört man Applaus.

FÜRST ABRESKOW: Nun, und wie finden sich die Angeklagten in ihre Lage?

JUNGER ANWALT: Mit großer Würde, besonders Karenin und Lisaweta Andrejewna. Man spürt, nicht sie sind angeklagt, sondern sie klagen die Gesellschaft an. Darüber spricht auch Petruschin.

FÜRST ABRESKOW: Und Protassow?

JUNGER ANWALT: Ist schrecklich erregt. Zittert am ganzen Leib. Allerdings, bei seinem Lebenswandel ist das verständlich. Aber er ist ganz besonders gereizt: Mehrmals hat er sowohl den Staatsanwalt als auch den Verteidiger unterbrochen. Er ist außergewöhnlich erregt.

FÜRST ABRESKOW: Welches Resultat vermuten Sie?

JUNGER ANWALT: Schwer zu sagen. Die Zusammensetzung der Geschworenen ist gemischt. Auf jeden Fall werden sie nicht auf Vorsätzlichkeit erkennen, aber immerhin ...

Ein Herr kommt heraus. Fürst Abreskow geht auf die Tür zu.

Sie wollen hinein?

FÜRST ABRESKOW: Ja, sehr gern.

JUNGER ANWALT: Sie sind Fürst Abreskow?

FÜRST ABRESKOW: Ja.

JUNGER ANWALT *zum Gerichtsdiener*: Lassen Sie den Fürsten eintreten. Gleich links ist ein freier Platz.

Fürst Abreskow wird eingelassen. Die Tür wird geöffnet, und man sieht einen Rechtsanwalt sprechen.

IWAN PETROWITSCH: Aristokraten! Ich bin Aristokrat des Geistes. Und die stehen höher.

JUNGER ANWALT: Entschuldigen Sie mich. *Er geht ab.*

Petuschkow kommt eilig herein.

PETUSCHKOW: Ah, guten Tag, Iwan Petrowitsch! Wie steht es?

IWAN PETROWITSCH: Die Verteidiger sprechen noch. Und eingelassen wird man nicht.

GERICHTSDIENER: Machen Sie nicht solchen Lärm. Hier ist keine Kneipe.

Wieder Applaus, die Türen werden geöffnet. Anwälte sowie männliche und weibliche Zuschauer kommen heraus. Eine Dame und ein Offizier unterhalten sich.

DAME: Wundervoll. Mir kamen die Tränen.

OFFIZIER: Besser als jeder beliebige Roman. Bloß unbegreiflich, wie sie ihn so lieben konnte. Eine jämmerliche Gestalt.

Die andere Tür öffnet sich, und die Angeklagten kommen heraus: zuerst Lisa und Karenin, die den Korridor entlanggehen, ihnen folgt Fedja, er ist allein.

DAME: Still, da kommt er. Sehen Sie, wie erregt er ist.

Die Dame und der Offizier gehen ab.

FEDJA *tritt auf Iwan Petrowitsch zu*: Hast du ihn?

IWAN PETROWITSCH: Hier. *Er gibt ihm etwas.*

FEDJA *steckt es in die Tasche und will gehen; da sieht er Petuschkow*: Dumm, abgeschmackt. Und trostlos langweilig. Völlig sinnlos. *Er will gehen.*

Der Rechtsanwalt Petruschin, ein beleibter Mann mit kräftig gerötetem Gesicht, tritt lebhaft hinzu.

PETRUSCHIN: Na, mein Bester, unsere Sache steht gut, daß Sie mir nur in Ihrem letzten Wort nicht das Konzept verderben.

FEDJA: Ich werde nicht sprechen. Was soll ich sagen? Nein, ich spreche nicht.

PETRUSCHIN: Doch, Sie müssen schon etwas sagen. Nur keine Aufregung. Das Spiel ist gewonnen. Sie brauchen nur das zu wiederholen, was Sie mir gesagt haben, daß man Sie nur deshalb verurteilt, weil Sie keinen Selbstmord begangen haben, weil Sie also das nicht taten, was sowohl nach dem bürgerlichen als auch nach dem Kirchenrecht als Verbrechen gilt.

FEDJA: Gar nichts werde ich sagen.

PETRUSCHIN: Warum?

FEDJA: Ich will nicht, und ich tu es auch nicht. Sagen Sie mir nur: Wie wird es schlimmstenfalls ausgehen?

PETRUSCHIN: Ich sagte Ihnen schon: Im schlimmsten Fall Verbannung nach Sibirien.

FEDJA: Das heißt, wer wird verbannt?

PETRUSCHIN: Sie und Ihre Frau.

FEDJA: Und im günstigsten Fall?

PETRUSCHIN: Kirchenbuße und selbstverständlich Annullierung der zweiten Ehe.

FEDJA: Das heißt, man wird mich wieder an sie fesseln, vielmehr, sie an mich?

PETRUSCHIN: Ja, das läßt sich wohl nicht vermeiden. Aber regen Sie sich nicht auf. Und bitte, sprechen Sie so, wie ich Ihnen gesagt habe. Nichts weiter. Hauptsache, nichts Überflüssiges. Und im übrigen ... *Er bemerkt, daß sich Publikum um sie gesammelt hat und zuhört.* Ich bin müde, ich setze mich ein Weilchen, ruhen Sie sich auch etwas aus, während die Geschworenen beraten. Hauptsache, Kopf hoch.

FEDJA: Und eine andere Entscheidung kann es nicht geben?

PETRUSCHIN *im Weggehen*: Nein, eine andere nicht.

GERICHTSDIENER: Weitergehen, weitergehen, nicht im Korridor stehenbleiben.

FEDJA: Gleich. *Er zieht einen Revolver heraus und schießt sich ins Herz. Er bricht zusammen.*

Alle stürzen zu ihm.

Laßt nur, es ist gut so. Lisa ...

Aus allen Türen kommen Zuschauer, Richter, Angeklagte, Zeugen gelaufen, allen voran Lisa, hinter ihr Mascha, Karenin, Iwan Petrowitsch und Fürst Abreskow.

LISA: Was hast du getan, Fedja? Warum?

FEDJA: Verzeih mir, daß ich dich ... nicht anders befreien konnte ... Nicht für dich ... für mich ist es besser so. Ich bin schon lange ... bereit.

LISA: Du wirst leben.

Ein Arzt beugt sich über ihn und horcht.

FEDJA: Ich weiß auch ohne Arzt ... Wiktor, leb wohl. Und Mascha ist zu spät gekommen ... *Er weint.* Wie wohl ist mir ... Wie wohl ist mir ... *Er stirbt.*

Vorhang

ALLES KOMMT VON IHM

Personen

Die alte Akulina, *noch rüstig, gesetzt, von guter alter Art, 70 Jahre*

Michaila, *ihr Sohn, unbeherrscht, voller Eigenliebe, eitel, kräftig, 35 Jahre*

Marfa, *ihre Schwiegertochter, hat an allem etwas auszusetzen, spricht viel und schnell, 32 Jahre*

Paraschka, *Marfas und Michailas Tochter, 10 Jahre*

Taras, *Hilfspolizist in der Gemeinde, gesetzt, spricht gemessen und tut wichtig, 50 Jahre*

Ein Fremder, *zappelig, mager, redet gescheit daher, im Rausch besonders aufgeräumt, 40 Jahre*

Ignat, *Possenreißer, fröhlich, dumm, 40 Jahre*

Nachbar, *verbreitet Unruhe, 40 Jahre*

ERSTER AKT

Herbst; Bauernstube mit Vorratskammer. Die alte Akulina spinnt; Marfa, die Bäuerin, knetet Brotteig; die kleine Paraschka schaukelt die Wiege.

MARFA: Oh, ich ahne Schlimmes. Warum bleibt er so lange weg? Wird so sein wie neulich, wo er Brennholz in die Stadt fuhr. Fast die Hälfte vom Geld hat er da versoffen. Und immer soll ich dran schuld sein.

AKULINA: Man darf nicht gleich was Schlimmes denken. Ist ja noch früh. Und er hat 'nen weiten Weg. Wart erst mal.

MARFA: Was heißt früh. Der Akimytsch ist schon wieder da. Und der war nach unserm losgefahren. Aber unsrer kommt und kommt nicht. Da rackert man sich ab, und das ist die Freude, die man hat.

AKULINA: Der Akimytsch hat bloß abgeliefert, und unsrer muß auf den Markt.

MARFA: Ich würd ja nichts sagen, wenn er allein wär. Aber er ist mit dem Ignat losgefahren. Und wenn er mit dem zusammen ist, dem alten Bullenbeißer – verzeih mir's Gott –, passiert nichts Gutes. Das Besaufen bleibt da nicht aus. Tag für Tag schindet man sich ab. Die ganze Wirtschaft hat man auf dem Hals. Gut wär's, wenn man mal Luft holen, sich auf was freuen könnt. Aber da ist keine andere Freude, als daß man sich abhetzt von früh bis spät.

Die Tür wird geöffnet. Der Hilfspolizist der Gemeinde, Taras, tritt ein, mit ihm ein schäbig gekleideter Fremder.

TARAS: Wünsch einen guten Abend. Ich bring euch da einen Logiergast.

FREMDER *verbeugt sich*: Meinen ehrerbietigen Gruß den Wirtsleuten.

MARFA: Mächtig oft bringst du die Logiergäste zu uns. Erst am Mittwoch war einer da. Immer zu uns, zu uns. Schaff sie doch zur Stepanida. Die hat keine Kinder. Ich bring meine kaum unter. Und dann schickst du uns immer noch Leute ins Haus.

TARAS: Das geht reihum.

MARFA: Du sagst, reihum. Aber ich hab Kinder. Und der Hausherr ist nicht da.

TARAS: Er übernachtet bloß. Bleibt ja nicht ewig.

AKULINA *zum Fremden*: Komm rein, setz dich, bist unser Gast.

FREMDER: Ich bekunde meine Dankbarkeit. Wenn möglich, würde ich gern ein bißchen Speise zu mir nehmen.

MARFA: Der will gleich essen, mir nichts, dir nichts. Hast du denn nicht das Dorf abgeklappert?

FREMDER *seufzt*: Meines Standes wegen tauge ich nicht dazu. Und da ich über eigene Vorräte nicht verfüge ...

Akulina steht auf, holt das Brot, schneidet ein Stück ab und gibt es dem Fremden.

Der Fremde nimmt das Brot. Merci. *Er sitzt auf der Bank und ißt gierig.*

TARAS: Wo ist denn der Michaila?

MARFA: In der Stadt. Hat Heu hingefahren. Er müßt längst zurück sein und kommt ewig nicht. Ich mach mir schon Gedanken, es könnt was passiert sein.

TARAS: Was soll denn passieren?

MARFA: Na ja, Gutes erlebt man nicht; auf Schlimmes muß man immer gefaßt sein. Und er, ist er erst mal aus dem Haus, macht er sich keine Sorgen. Jetzt wart ich grade drauf, daß er besoffen zurückkommt.

AKULINA *setzt sich ans Spinnrad; wendet sich an Taras und zeigt auf Marfa*: Bei ihr steht doch nie das Mundwerk still. Ich sag's ja immer. Wir Weiber müssen's halt ausstehen.

MARFA: Wär er allein, würd ich mir keine Sorgen machen. Aber er ist mit dem Ignat gefahren.

TARAS *grinsend*: Stimmt schon, der Ignat Iwanytsch, der ist mächtig scharf auf Schnaps.

AKULINA: Kennt er ihn etwa nicht, den Ignat? Der Ignat macht seins für sich, und er macht seins für sich.

MARFA: Du, Mutter, hast gut reden. Aber mir, mir steht seine

Sauferei bis hierher. *Sie zeigt auf den Hals.* Solange er nüchtern ist, mach ich's ihm ja recht. Im Suff aber – weißt ja selber, wie er da ist. Egal, was ich sage, alles kommt bei ihm schief an.

TARAS: Mit euch Weibern hat man's halt auch schwer. Da hat der Mann sich mal vollaufen lassen. Na, laß ihn doch rumkrakeelen; hat er sich dann ausgeschlafen, ist alles wieder beim alten. Aber ihr, ihr hört dann einfach nicht auf zu nörgeln.

MARFA: Ich kann's machen, wie ich will. Ist er besoffen, paßt ihm gar nichts.

TARAS: Muß man doch verstehn. Unsereiner kann manchmal nicht anders, da trinkt man halt. Ihr Weiber, ihr habt eure Arbeit im Haus. Aber unsereiner, der ist mal unterwegs, mal in Gesellschaft. Da wird halt getrunken, ist doch kein Unglück.

MARFA: Du hast gut reden, aber wie schwer hat's unsereiner. So schwer. Ihr Männer, euch müßt man mal bloß eine Woche in unser Geschirr spannen. Ganz anders würdet ihr dann reden. Da heißt es Teig kneten, Brot backen, kochen, spinnen, weben, das Vieh versorgen und was noch so dranhängt, auch die kleinen Wänster waschen, anziehn, füttern – alles haben wir am Hals. Aber paßt ihm was nicht, geht er gleich hoch. Besonders im Suff. Oh, unser Weiberleben!

FREMDER *kauend*: Das stimmt. Alles kommt von ihm, will sagen, alle Katastrophen des Lebens kommen von den alkoholischen Getränken.

TARAS: Dich hat er, scheint's, auch auf die falsche Bahn gebracht.

FREMDER: Lassen wir das beiseite, jedenfalls hatte ich auch seinetwegen zu leiden – die Quarriere meines Lebens hätte ganz anders verlaufen können, wenn er nicht gewesen wäre.

TARAS: Und ich meine, wenn einer mit Verstand trinkt, hat er davon überhaupt keinen Schaden.

FREMDER: Und ich wiederum sage, daß in ihm so eine Kraft und Macht steckt, daß er einem Menschen das Leben total ruwinieren kann.

MARFA: Sag ich ja auch: Gib dir Mühe, wie du willst, zum Lohn schimpft er dich aus und prügelt dich wie 'nen Hund.

FREMDER: Nicht genug damit. Es gibt da Leute, will sagen, Subjekte, die verlieren seinetwegen ganz und gar die Beherrschung und begehen dann komplett unverantwortliche Handlungen. Solang er nicht trinkt, kannst du ihn ranlassen, an was du willst – was Fremdes rührt er nicht an. Kaum hat er getrunken, kassiert er alles ein, was ihm unter die Finger gerät. Was für Prügel gab's dafür, auch Gefängnisstrafe. Solang ich nicht trinke, bin ich ehrlich und anständig, und kaum hab ich getrunken, will sagen, hat er, hat das Subjekt getrunken, heißt er alles mögliche mitgehn.

AKULINA: Ich denk mir aber, das steckt in einem drin.

FREMDER: Mag ja sein, daß es drinsteckt, wenn's ein Gesunder macht; aber so ist das wie mit einer Krankheit.

TARAS: Was heißt da Krankheit! Den muß man sich bloß ordentlich vorknöpfen, dann ist die Krankheit fix vorbei. Na, lebt erst mal wohl. *Er geht ab.*

Marfa wischt sich die Hände ab und will fortgehen.

AKULINA *blickt auf den Fremden, sieht, daß er das Brot aufgegessen hat*: Marfa, he, Marfa, schneid ihm noch was ab.

MARFA: Ach was. Ich muß nach dem Samowar schaun. *Sie geht ab.*

Akulina steht auf, tritt an den Tisch, nimmt das Brot heraus, schneidet ein Stück ab und gibt es dem Fremden.

FREMDER: Merci. Ich hab einen kräftigen Appetit bekommen.

AKULINA: Du bist wohl ein Handwerker?

FREMDER: Also ich? Maschinist bin ich gewesen.

AKULINA: Da hast du wohl gut verdient?

FREMDER: Fünfzig oder auch siebzig hat man mir gezahlt.

AKULINA: Das ist 'ne feine Sache. Und warum bist du jetzt so weit runter?

FREMDER: Runter? Das geht nicht nur mir so. Herunter bin ich, weil wir solche Zeiten haben, daß ein ehrlicher Mensch eben nicht durchkommt.

MARFA *bringt den Samowar*: Du lieber Gott. Immer noch nicht da. Nun kommt er ganz bestimmt im Suff. Ich ahn's.

AKULINA: Ob am Ende wirklich eine Zecherei dahintersteckt?

MARFA: Was denn sonst. Allein rackert man sich ab, rackert sich ab, macht Teig, bäckt Brot, kocht, spinnt, webt, versorgt das Vieh – alles hängt an mir.

Das Kind in der Wiege schreit.

Paraschka, schaukle den Kleinen. Ach, unser Weiberleben. Und kommt er im Suff, machst du ihm nichts recht. Sagst du ein Wort, das ihm nicht paßt ...

AKULINA *bereitet den Tee*: Der Tee geht zu Ende. Hast du gesagt, er soll welchen mitbringen?

MARFA: Natürlich. Das will er auch. Aber ob er welchen bringt? Denkt er denn an zu Hause? *Sie stellt den Samowar auf den Tisch.*

Der Fremde geht vom Tisch weg.

AKULINA: Warum gehst du weg vom Tisch? Gleich wird Tee getrunken.

FREMDER: Ich bekunde meine Dankbarkeit für gastfreundliche Gewogenheit. *Er wirft einen Zigarettenstummel weg und kommt an den Tisch.*

MARFA: Was bist du eigentlich? Bist du Bauer oder was andres?

FREMDER: Ich, Verehrteste, stamme weder von Bauern noch vom Adel ab. Bin sozusagen von zweischneidigem Stand.

MARFA: Wie wär denn das zu verstehn? *Sie reicht ihm eine Tasse.*

FREMDER: Merci. Das ist so zu verstehn: Zum Vater hatte ich einen polnischen Grafen, aber außer ihm noch etliche andere, und Mütter hatte ich auch zwei. Im ganzen ist meine Biographie kompliziert.

MARFA: Trinkt noch. Und weiter, warst du in der Lehre?

FREMDER: Meine Lehre war nicht grade umständlich. Zu einem Schmied gab sie mich – nicht die Mutter, sondern die Pflegemutter. Der Schmied war demnach mein erster Perdagoge. Und seine Perdagogie bestand darin, daß mich derselbige Schmied verdrosch; man kann sagen, er haute nicht soviel auf den Amboß wie auf meinen unglückseligen Schädel. Hinwiederum, soviel er mich auch schlug, er konnte doch nicht die Talente aus mir herausschlagen. Später geriet ich zu einem

Schlosser. Und hier fand ich Wertschätzung und nahm Aufschwung, wurde ein prima Handwerker. Ich machte Bekanntschaft mit gebildeten Leuten, befand mich auch in der Fraktion. Geistiges Wissen erwarb ich mir. Und ein höheres Leben führte ich, weil ich nämlich über ganz gewaltige Talente verfügte.

AKULINA: Versteht sich.

FREMDER: Und dann brach das eben so herein, die despotische Unterdrückung des Volkslebens, und ich geriet ins Gefängnis, will sagen, in Freiheitsentzug.

MARFA: Wofür denn?

FREMDER: Für die Rechte.

MARFA: Für was denn für Rechte?

FREMDER: Für was für Rechte? Na, für solche, daß der Burschui nicht ewig faulenzt, sondern daß der schaffende Proletarier das Entgelt für seine Arbeit erhält.

AKULINA: Und also auch wegen dem Boden?

FREMDER: Versteht sich. Auch in der Agramar-Frage.

AKULINA: Gäb's doch Gott, gäb's die Himmelskönigin. Daß es an Boden fehlt, das macht uns arg zu schaffen. Na, und jetzt?

FREMDER: Jetzt? Jetzt will ich nach Moskau. Ich geh zu einem Explotateur. Nichts zu machen, muß mich halt fügen, ich werde sagen: Ganz egal, was für eine Arbeit du mir gibst, aber nimm mich.

AKULINA: Na, trinkt doch.

FREMDER: Danke, will sagen: Merci.

Vom Hausflur dringen Stimmen und Lärm herein.

AKULINA: Da kommt ja der Michaila, grad zum Tee.

MARFA *steht auf*: Oje, das wird schlimm. Er kommt mit dem Ignat. Besoffen, klar.

Michaila und Ignat taumeln herein, beide betrunken.

IGNAT: Geht's euch gut? *Er bekreuzigt sich zum Heiligenbild hin.* Da kommen wir ja, potz Wummerklotz, grad zurecht zum Tee. Zu spät in die Messen, zu spät zum Essen; doch in der Kneip, ihr Leut, sind wir zur rechten Zeit! Hahaha. Ihr gebt uns Tee, wir geben euch 'n Schnäpschen. Abgemacht? *Er meckert.*

MICHAILA: Der Laffe da, wo kommt der her? *Er holt eine Flasche unter der Jacke hervor, stellt sie auf den Tisch.* Die Tassen her!

AKULINA: Ist denn alles gut gegangen?

IGNAT: Na, potz Wummerklotz, besser konnt's gar nicht gehn, gezecht haben wir, lustig waren wir, und wir haben was mitgebracht.

MICHAILA *füllt die Tassen, schiebt eine der Mutter hin, dann auch eine dem Fremden*: Trink auch du.

FREMDER *nimmt die Tasse*: Ich bekunde meine tiefgefühlte Dankbarkeit. Auf euer Wohl. *Er trinkt.*

IGNAT: Den schüttelt's ja, den Kerl, potz Wummerklotz, grad wie 'nen Gelehrten. Der ist wohl ausgehungert, drum fährt's ihm gleich in die Glieder. *Er gießt wieder ein.*

FREMDER *trinkt, zu Michaila und Ignat*: Wünsche Erfolg in allen Unternehmungen.

AKULINA *zu Michaila*: Na, hast du's teuer verkauft?

IGNAT: Teuer oder nicht. 's ist alles versoffen, potz Wummerklotz. Stimmt's, Michaila?

MICHAILA: Klar. Kommt uns doch nicht drauf an. Schließlich können wir uns das mal leisten.

MARFA: Da redst du groß daher. Aber stimmen tut's nicht. Zu Hause fehlt's am Essen, und du verjubelst dort ...

MICHAILA *drohend*: Marfa!

MARFA: Marfa, na und? Weiß ja, daß ich so heiß. Ach, müßten dich doch meine Augen nicht sehn, du Gewissenloser!

MICHAILA: Marfa, sieh dich vor!

MARFA: Da ist nichts vorzusehn, will auch gar nicht.

MICHAILA: Gieß den Gästen Schnaps ein.

MARFA: Pfui, du Glotzaugenhund, ich will gar nicht mit dir reden.

MICHAILA: Du willst nicht? Ach, du Dreckstück, was hast du gesagt?

MARFA *schaukelt die Wiege; die Kinder drängen sich erschrokken um sie*: Was ich gesagt habe? Ich hab gesagt, ich will gar nicht mit dir reden, jawohl.

MICHAILA: Schon wieder vergessen? *Er springt auf und versetzt ihr einen Schlag auf den Kopf, reißt ihr dabei das Tuch herunter.* Da!

MARFA: Oooh! *Sie rennt heulend zur Tür.*

MICHAILA: So kommst du mir nicht davon, du Aas. *Er stürzt ihr nach.*

FREMDER *springt auf und packt Michaila am Arm*: Du hast überhaupt kein Recht, keine Vollmacht.

MICHAILA *hält inne, blickt verwundert auf den Fremden*: Du hast wohl lange keine Prügel gekriegt?

FREMDER: Du hast kein Recht, keine Vollmacht, das weibliche Geschlecht Kränkungen zu unterwerfen.

MICHAILA: Ach, du dreckiger Köter. Guck dir das an! *Er zeigt ihm die Faust.*

FREMDER: Ich lasse hinsichtlich des weiblichen Geschlechts keine Explytation zu.

MICHAILA: Ich werd dir gleich eine Engsplation verpassen, daß du durch die Luft wirbelst.

FREMDER: Schlag doch zu. Warum schlägst du nicht? Schlag. *Er hält ihm das Gesicht hin.*

MICHAILA *zuckt mit den Schultern und hebt unschlüssig die Arme*: Und wenn ich's wirklich tu?

FREMDER: Sag ich doch – schlag zu.

MICHAILA: Schau ich dich so an – bist doch ein gar zu komischer Kauz. *Er läßt die Arme sinken und schüttelt den Kopf.*

IGNAT *zum Fremden*: Ist gleich zu sehen, daß du's mächtig mit den Weibern hältst, potz Wummerklotz.

FREMDER: Ich stehe für die Rechte ein.

MICHAILA *während er schwer atmend zum Tisch zurückkehrt, zu Marfa*: Also, Marfa, für den kannst du 'ne ordentliche Kerze anzünden. Wär er nicht gewesen, ich hätt dich kurz und klein geschlagen.

MARFA: Was hätt ich auch sonst von dir zu erwarten: Schind dich ab dein Leben lang, knet Teig und back und koch, und sobald du ...

MICHAILA: Na, hör auf, hör auf. *Er gießt dem Fremden Schnaps ein.* Trink! *Zu seiner Frau*: Und du hör auf zu flennen. Nicht mal mehr 'nen Spaß kann man machen. Da, hast du Geld, nimm. Erst die Rubel: zwei Dreier; nun die Kopeken: zwei Zwanziger.

AKULINA: Und Tee und Zucker solltest du mitbringen.

Michaila holt ein Päckchen aus der Tasche und gibt es der Frau; Marfa nimmt das Geld und geht zur Vorratskammer, wobei sie stumm das Tuch wieder richtig umbindet.

MICHAILA: Blöd ist das Weibervolk. *Er schenkt dem Fremden wieder ein.* Trink doch.

FREMDER *trinkt nicht*: Trink selber.

MICHAILA: Laß die Ziererei.

FREMDER *trinkt*: Auf euer Wohlergehn.

IGNAT *zum Fremden*: Ich denk mir, du bist weit rumgekommen. Und einen feinen Bongschurfrack hast du an. Einen richtiggehenden Bongschurfrack, wo du den bloß herhast. *Er zeigt auf die zerrissene Jacke des Fremden.* Den brauchst du nicht zu flicken, er ist auch so gut. Ein bißchen bejahrt, na ja, daran kannst du nichts ändern. Hätt ich grad so einen, würden auch mich die Weiber lieben. *Zu Marfa*: Stimmt's?

AKULINA: Das ist nicht recht von dir, Agejitsch, so mir nichts, dir nichts einen Menschen zum Gespött zu machen.

FREMDER: Beweist nämlich Unbildung.

IGNAT: Ich mein's doch gut. Trink. *Er gießt ihm ein.*

Der Fremde trinkt.

AKULINA: Hast selber gesagt, daß alles von ihm kommt und daß du seinetwegen im Gefängnis gesessen hast.

MICHAILA: Wegen was denn im Gefängnis?

FREMDER *sehr berauscht*: Um der Expropriation willen mußte ich leiden.

MICHAILA: Wie wär denn das zu verstehn?

FREMDER: Na, so: Da gingen wir hin zu ihm, zu dem Dickwanst. »Her mit dem Geld«, sagen wir. »Sonst – hier, siehst doch den Levolver.« Der schlottert. Rückt zweitausenddreihundert Rubel raus.

AKULINA: Du lieber Gott.

FREMDER: Wir wollten bloß, wie sich's gehört, über die Summe verfügen; Sembrikow hatte die Leitung. Da kamen sie angestürzt – wie die Geier. Sie nahmen uns gleich fest und warfen uns ins Gefängnis.

IGNAT: Und das schöne Geld haben sie weggenommen?

FREMDER: Gewiß. Freilich waren ihre Beschuldigungen gänzlich ohne Grund. Der Staatsanwalt beim Gericht warf mir vor: »Sie«, sagt er, »haben Geld gestohlen.« Aber ich hielt ihm auf der Stelle entgegen: Stehlen tun Diebe, sag ich. Wir aber haben für die Partei eine Expropriation durchgeführt. Darauf fand er gar keine Erwiderung. Er drehte und wand sich, aber er konnte nichts vorbringen. »Führt ihn«, sagte er, »ins Gefängnis«, will sagen, zum Entzug des freien Lebens.

IGNAT *zu Michaila*: Der hat's hinter den Ohren, der Hundesohn. Ein toller Kerl. *Er gießt dem Fremden ein.* Trink, potz Wummerklotz.

AKULINA: Pfui, wie du redest, das gehört sich nicht.

IGNAT: Das ist kein Fluchen, Großmutter, das ist bloß so eine Redensart von mir: Potz Wummerklotz, potz Wummerklotz. Auf dein Wohl. Großmutter.

Marfa kommt; sie gießt, am Tisch stehend, Tee ein.

MICHAILA: So ist's recht. Hast ja auch nichts vom Beleidigttun. Ich sag's dir doch. Das verdankst du ihm. Ich halte dich, Marfa, hoch in Ehren. *Zum Fremden*: Was meinst du? *Er umarmt Marfa.* Meine Alte, die halte ich hoch in Ehren, oh, mächtig in Ehren. Meine Alte, die ist von allererster Sorte, wirklich. Die geb ich für niemand sonst her.

IGNAT: Schön ist das. Goßmutter Akulina, trink. Ich bewirte dich.

FREMDER: Das heiß ich Kraft und Macht. Erst befanden sich alle im Zustand der Melancholie, und jetzt herrscht eitel Wonne. Stimmung, Freundschaft. Großmutter, ich hege große Liebe zu dir und zu allen Menschen. Ihr Brüder, meine Lieben. *Er singt ein Revolutionslied.*

MICHAILA: Den hat's ja mächtig gepackt – das ist, weil er ausgehungert war.

Vorhang

ZWEITER AKT

Dasselbe Bauernhaus. Am Morgen. Marfa und Akulina. Der Hausherr schläft.

MARFA *nimmt das Beil*: Ich geh Holz hacken.

AKULINA *mit einem Eimer*: Er hätt dich gestern zusammengeschlagen, wenn der nicht gewesen wär. Ist er etwa fort? Gar nicht zu sehen. Wahrscheinlich fort.

Sie gehen nacheinander ab.

MICHAILA *steigt vom Ofen herunter*: Sieh mal an, die liebe Sonne steht schon hoch. *Er richtet sich auf, dann zieht er die Stiefel an.* Sind wohl Wasser holen gegangen, sie und die Alte. Mein Kopf, der brummt, der brummt. Ich tu's nicht wieder. Zum Teufel mit dem Zeug. *Er betet, wäscht sich.* Ich geh anspannen.

Marfa kommt mit Brennholz.

MARFA: Und der arme Hund von gestern? Ist der etwa fort?

MICHAILA: Sicher fort – nicht zu sehn.

MARFA: Na, Gott mit ihm. Ist ein schlauer Bursche, man hat's gemerkt.

MICHAILA: Hat dich beschützt.

MARFA: Ach was.

Michaila zieht den Rock über.

Den Tee und Zucker von gestern, den hast du wohl weggeräumt?

MICHAILA: Ich dacht, den hast du genommen.

Akulina kommt mit dem Eimer.

MARFA *zu der alten Frau*: Mutter, hast du die Einkäufe von gestern weggenommen?

AKULINA: Weiß nichts davon.

MICHAILA: Gestern hab ich's auf den Fensterstock gelegt.

AKULINA: Hab ich auch gesehn.

MARFA: Wo mag's denn sein? *Sie suchen.*

AKULINA: Na, so ein Unglück!

Ein Nachbar tritt auf.

NACHBAR: Wie steht's, Tichonytsch, fahren wir ins Holz?

MICHAILA: Klar. Ich spann gleich an. Bloß, weißt du, bei uns ist was weggekommen.

NACHBAR: Wie kann denn das passieren?

MARFA: Gestern abend hat der Mann Einkäufe aus der Stadt mitgebracht: Tee und Zucker; das hat er hier aufs Fenster gelegt. Ich hab's nicht weggeräumt – einfach nicht dran gedacht. Jetzt schau ich hin – fort.

MICHAILA: Wir haben den Fremden in Verdacht, der hier logiert hat.

NACHBAR: Was für einen Fremden?

MARFA: Das war so ein Magerer, ohne Bart.

MICHAILA: Mit 'ner zerrissenen Jacke.

NACHBAR: So ein Lockenkopf mit 'ner höckrigen Nase?

MICHAILA: Ja, ja.

NACHBAR: Den hab ich grad getroffen. Hab mich noch gewundert, daß der's gar so eilig hat.

MICHAILA: Das ist er ganz bestimmt. Hast du ihn weit von hier getroffen?

NACHBAR: Ich glaub nicht, daß er schon über die Brücke ist.

MICHAILA *greift nach der Mütze und geht schnell mit dem Nachbarn ab*: Den müssen wir einholen. Der Halunke. Der war's.

MARFA: Ach, so ein Unglück. Wird wohl nicht anders sein – der war's.

AKULINA: Und wenn er's nun nicht war? Grad so haben vor vielleicht zwanzig Jahren die Leute von einem Mann, einem Burschen, gemeint, er hätt ein Pferd gestohlen. Das ganze Dorf lief zusammen. Der eine sagte, er hätte selber gesehen, wie der das Pferd gehalftert hat, ein anderer sagte, er hätt gesehen, wie der es fortgeführt hat. Ein scheckiges Pferd war's, ein stattliches; das mußte auffallen. Also, die Leute liefen zusammen, suchten. Im Wald fiel ihnen nun eben der Bursche in die Hände. Du warst es, sagen sie. Er drauf: Ich hab keine Ahnung, weiß von gar nichts. Beschwör's, sagen die Leute. Er schwört bei Gott und den Heiligen, daß er's nicht war. Was wollen wir den noch lange anstarren, sagen die Männer. Die Weiber haben schon recht: Der war's. Der Bursche sagt was Grobes. Da war der Jegor Lapuschkin, ein hitziger Mensch war das – jetzt ist er tot –, also, der holt aus und stößt dem Burschen einfach so die Faust ins Gesicht. Du warst es, sagt er, und schlägt noch mal zu, dann stürzen sich alle auf den Burschen, schlagen ihn mit den Fäusten, treten ihn mit den Füßen, bis er tot ist. Und was meinst du? In der Woche darauf finden sie den wirklichen Dieb; der Bursche aber ist gar kein Dieb gewesen, er hat sich bloß im Wald 'nen Baum aussuchen wollen.

MARFA: Jaja, wenn sie da bloß keinen Fehler machen. Ist er auch ein armer Hund, er ist doch, scheint's, ein guter Mensch.

AKULINA: Ja, er ist arg weit runter. Wie soll man so einen denn strafen.

MARFA: Draußen ist Geschrei. Sie bringen ihn wohl.

Michaila und der Nachbar treten in die Stube, ferner ein alter Mann und ein junger Bursche. Sie stoßen den Fremden vor sich her.

MICHAILA *hält das Päckchen mit dem Tee und dem Zucker in der Hand; zu seiner Frau*: In seiner Hosentasche haben wir's gefunden. Ein Spitzbube, der Hundesohn.

AKULINA *zu Marfa*: Ist er's also doch – wie der Ärmste den Kopf hängen läßt.

MARFA: Da hat er das gestern abend von sich selber gesagt: daß mancher, wenn er trinkt, alles mitgehen heißt, was ihm unter die Finger gerät.

FREMDER *aufgeregt*: Ich bin kein Dieb, ich bin ein Expropriateur. Ich habe eine Aufgabe zu erfüllen und muß leben. Das könnt ihr nicht verstehen. Macht mit mir, was ihr wollt.

NACHBAR: Zum Dorfältesten oder gleich zum Wachtmeister?

FREMDER: Ich sag ja, macht, was ihr wollt. Ich fürchte nichts und werde für meine Überzeugung leiden. Wenn ihr gebildete Menschen wärt, würdet ihr das verstehen.

MARFA *zu ihrem Mann*: Gott mit ihm. Das Päckchen habt ihr zurückgebracht. Es wär gut, ihr ließt ihn ohne Kränkung ziehn ... Soll er gehn.

MICHAILA *wiederholt die Worte seiner Frau*: Ohne Kränkung ... Soll er gehn. *Er wird nachdenklich, spricht in strengem Ton zu ihr*: »Soll er gehn.« Danke für die Belehrung. Ohne dich wüßt ich mir keinen Rat.

MARFA: Er tut einem leid, der Ärmste.

MICHAILA: Tut einem leid! Belehr du mich nur, ohne dich wissen wir uns ja keinen Rat. Dumme Gans. »Soll er gehn.« Klar, gehn, aber 'n paar Worte muß ich ihm wohl sagen, damit er's merkt. *Zum Fremden*: Also hör zu, Musjeh, was ich dir sage. Wenn du auch ein armer Schlucker bist, gehandelt hast du jedenfalls arg schlecht, arg schlecht. Ein andrer würde dich dafür windelweich prügeln und dich dann noch zum Wachtmeister schleppen. Ich aber sag dir: Schlecht hast du gehandelt, schlimmer geht's kaum. Aber weil dir's so arg dreckig geht, will ich dir weiter nichts zuleide tun. *Er hält inne.*

Alle schweigen.

Feierlich: Geh mit Gott, und tu so was nicht wieder. *Er blickt sich zu seiner Frau um.* Und du willst mich belehren.

NACHBAR: Nicht, nicht, Michaila. Du machst es denen gar zu leicht.

MICHAILA *hält immer noch das Päckchen in der Hand*: Kann sein, ich mach's zu leicht. 's ist meine Sache. *Zu seiner Frau*: Und du willst mich belehren. *Er hält inne, blickt auf das Päckchen und drückt es mit einer entschlossenen Bewegung dem Fremden in die Hand, wobei er sich zu seiner Frau umschaut.* Nimm auch das, damit du unterwegs Tee trinken kannst. *Zu seiner Frau*: Und du willst mich belehren. Geh, hast du gehört, geh. Da braucht's kein Geschwätz weiter.

FREMDER *nimmt das Päckchen, nach einer Weile des Schweigens*: Du glaubst, ich versteh's nicht ... *Seine Stimme zittert.* Ich versteh's gänzlich und vollkommen. Hättst du mich verprügelt wie einen Hund, wär mir leichter. Denkst du denn, ich begreif nicht, was ich bin? Ein Schuft, will sagen, ein Degenerierter. Verzeih um Christi willen. *Er wirft das Päckchen auf den Tisch und geht, aufschluchzend, rasch ab.*

NACHBAR: Da heult er, der Ärmste.

MICHAILA *zu seiner Frau*: Und du willst mich belehren.

AKULINA: Ist ja auch ein Mensch.

MARFA: Ein Glück, daß er den Tee nicht mitgenommen hat; wir hätten nicht mal mehr für 'nen einzigen Aufguß.

Vorhang

DIE VERSEUCHTE FAMILIE

Komödie in fünf Akten

Fragment

Personen

Iwan Michailowitsch Pribyschew, *Gutsbesitzer, 50 Jahre*
Marja Wassiljewna, *seine Frau, 48 Jahre*
Ljubow Iwanowna, *beider Tochter, ein Fräulein, 18 Jahre*
Katerina Matwejewna Dudkina, *beider Nichte, ledig, 26 Jahre*
Pjotr Iwanowitsch, *beider Sohn, Gymnasiast, 15 Jahre*
Marja Issajewna, *ehemalige Kinderfrau, jetzt Haushälterin, mit der Familie befreundet, vom Hofgesinde, 45 Jahre*
Alexej Pawlowitsch Twerdynski, *junger Mann, bei Pribyschew als Privatlehrer angestellt, geistlichen Standes, 22 Jahre*
Anatoli Dmitrijewitsch Wenerowski, *Steuerbeamter, 35 Jahre*
Sergej Petrowitsch Bekleschow, *Freund und Universitätskommilitone Wenerowskis, Beamter am Schiedsgericht*
Nikolajew, *Verwandter Pribyschews, Adelsmarschall*
Frau Nikolajewa
Vorarbeiter
Postmeister
Stallmeister
Brautführer
Erste Brautjungfer
Zweite Brautjungfer
Dritte Brautjungfer
Dunjascha, *Zofe*
Verwandter Wenerowskis
Gymnasiast
Friedensrichter
Erster Gast
Zweiter Gast
Gäste beiderlei Geschlechts, Bauern, Lakaien, Musiker

ERSTER AKT

Auf dem Gut der Familie Pribyschew. Morgen. Der Salon eines ländlichen Herrenhauses. Vor dem Diwan ein runder Tisch. Auf dem Tisch der morgendliche Tee und Kaffee. Die Kinderfrau strickt einen Strumpf, den Tee gießt sie stehend ein; Marja Wassiljewna sitzt am Tisch und trinkt Tee.

KINDERFRAU: Geben Sie die Tasse, ich gieß ein. Na ist doch so, Sie trinken ja gar nicht, Bummelei. *Sie nimmt die Tasse.*

MARJA WASSILJEWNA *gekränkt*: Warte doch, ich habe noch nicht ausgetrunken. Und was schimpfst du wie mit einem Kind, nein wirklich. So, jetzt gieß ein. *Sie reicht ihr die Tasse.*

KINDERFRAU: Da steht man nun und steht und steht. 's geht bestimmt schon auf elf, und ich hab noch nicht mal die Hälfte der Herrschaft versorgt. Sie frühstücken – und der alte Herr und der Stubent mit dem Petruscha kommen auch noch.

MARJA WASSILJEWNA: Was für ein Stubent? Das heißt Student.

KINDERFRAU: Ich kann ihn nicht leiden, ein Liederjan, deshalb ist er bei mir Stubent. Ein Hohlkopf.

MARJA WASSILJEWNA: Mir tut er leid, Kinderfrau.

KINDERFRAU: Der und leid tun. Hat er schon zu jemand mal ein gutes Wort gesagt, den zweiten Monat ist er jetzt im Haus – und bleckt nur die Zähne. *Sie äfft ihn nach.* Der hat sich schon über alle lustig gemacht [zusammen mit Ihrer Nichte; und die Mägde wissen nicht, wohin vor ihm]*. Sich nicht kämmen, aber anbändeln. Dunjascha hab ich schon aufgeklärt: Sobald er dir nachstellt, schlägst du ihm ins Gesicht, damit er mit 'nem Veilchen zum Essen kommt. Soll man ihn ruhig fragen – woher? Außerdem – was ist denn das? Haben wir uns vorgenommen, ihn auszustatten, wie? Unsere ganze Bettwäsche.

* In eckigen Klammern steht der von Tolstoi gestrichene Text.

MARJA WASSILJEWNA: Ach, Kinderfrau – du bist mir eine! Überleg mal – er steht doch ganz allein da, ein junger Mann, arm. Ich wundre mich allerdings, warum er so mager ist.

KINDERFRAU: Dick und rund futtert der sich! Gleich wird er mit Petruscha kommen, und sie trinken Tee; dann erscheint Katerina Matwejewna, unser Goldstück, mit einem Buch ... Man versorgt sie, weiß Gott. Kaum hast du abgeräumt, heißt es wieder: Kaffee! Frühstücken! Das Stelzbein kommt!

MARJA WASSILJEWNA: Was du dauernd für Spitznamen verteilst, Kinderfrau! Wer ist denn dieses Stelzbein?

KINDERFRAU: Anatoli Dmitritsch, Ljubotschkas Bräutigam ...

MARJA WASSILJEWNA: Dummes Zeug. Wieso – Bräutigam? Der junge Mann kommt einfach so zu Besuch.

KINDERFRAU: Sie denken wohl, jemand Dümmeres als die Marja, die Kinderfrau, gibt es nicht. Wenn man dreißig Jahre bei Herrschaften lebt und wohnt, da weiß man schließlich Bescheid. Dem geht's doch nicht ums Kaffeetrinken – wenn er jeden Gottestag siebzehn Werst aus der Stadt angefahren kommt. Nein, Mütterchen, der wird Ljubotschkas Mitgift schon zusammengerechnet haben, deshalb kommt er.

MARJA WASSILJEWNA: Wie kannst du so urteilen. Erstens ist er nicht der Bräutigam, und zweitens – der Mann ist nicht aufs Geld aus. Anatoli Dmitrijewitsch nicht.

KINDERFRAU: Ohne Geld, Mütterchen, nimmt in diesem Jahrhundert keiner ein Mädchen, da kann sie noch so schön sein. Nur ist mit diesem Bräutigam kein großer Staat zu machen. Ist doch nicht viel mit ihm, arbeitet bei der Alkoholsteuer, nicht mal Gott weiß – was. Die Leute hab ich auch gefragt, gelobt wird er nicht. Erstens ist er geizig, zweitens – ein Großkotz.

MARJA WASSILJEWNA: Was ist das nun wieder für ein Wort? Wie sagst du?

KINDERFRAU: Ein Großkotz, Mütterchen. Das heißt bei unsereinem: Ich bin was Beßres als die andren, klüger als die andren, und alle außer mir sind Dummköpfe.

MARJA WASSILJEWNA: Und das ist nicht wahr. Er hat studiert, ist ein Schriftsteller. Aber was verstehst denn du!

KINDERFRAU: Mir tut nur Ljubotschka leid, ihr hat man ganz den Kopf verdreht.

MARJA WASSILJEWNA: Vielleicht macht er gar nicht Ljubotschka, sondern Katjenka den Hof. Was du da redest!

KINDERFRAU: Natürlich, da habt ihr eine Dumme gefunden, und das soll ich glauben. Mit Katerina Matwewna rumscharwenzeln – das ja. Als sie noch als Gouvernante in Petersburg lebte, ist sie ihm nachgelaufen, aber heiraten – der wird schon wissen, wer Geld mitkriegt und wer nicht.

MARJA WASSILJEWNA: Katjenka hat ihn in Petersburg gekannt. Du siehst in allem Schlechtes.

KINDERFRAU: Ist doch so, Mütterchen, wenn eine Gouvernante wird, die sieht, wo sie bleibt. Das ist erwiesen. Und Katerina Matwewna macht es genauso.

MARJA WASSILJEWNA *lacht und winkt mit beiden Händen ab*: Hör auf, dummes Zeug.

KINDERFRAU: Und weiter fällt auf, daß im ganzen Haus keine Ordnung herrscht. [Der Herr ist anders geworden, so sanft ist er, hat einen Student als Hauslehrer genommen anstelle des Deutschen, läßt Katerina Matwewna Freiheiten und verwöhnt alle Kinder. Alles hat sich geändert, alles wird anders gemacht!]

MARJA WASSILJEWNA: Was denn, habe ich mich auch verändert? Bist du dumm.

KINDERFRAU: Sie nicht, Sie sind so geblieben, weil Sie gut sind. Aber über den Herrn, über den wundre ich mich oft ... *Sie schweigt, schüttelt den Kopf und zuckt die Schultern.* Was ist geschehen? Ein ganz andrer Mensch. Wenn man da an früher denkt: Gab es einen Tag, wo Saschka, der Kammerdiener, beim Ankleiden nicht geschlagen wurde? Gab es einen Dorfschulzen, der nicht zur Polizei geschleppt wurde ...

MARJA WASSILJEWNA: Ach, was erzählst du da ... War das vielleicht angenehm? Das war alles andre als angenehm ...

KINDERFRAU: Ich lobe ihn nicht und tadle ihn nicht. Er war die Herrschaft, ohne das geht's nun mal nicht. Und es ist zum Wundern – wie kann man mit fünfzig Jahren seinen Karachter ändern ... Wie dieses Papier vom Zaren ... das da, das vor einer Woche herauskam ...

MARJA WASSILJEWNA: Ja doch, das Manifest – komisch bist du!

KINDERFRAU *erbost*: Eben, genau das, damit das Hofgesinde als Dank für seinen Dienst vom Hof zu den Landstreichern gejagt wird, als ob Sie das nicht wüßten! Ach was, Gott mit ihnen! Wovon sprach ich gleich. Von da an ging's los mit der Veränderung. Am schlimmsten bei Anatoli Dmitrijewitsch – vor ein paar Tagen hab ich es mitangehört –, einfach abscheulich. Sie entschuldigen schon, Mütterchen, ich sag's wie's ist. Mit fünfzig Jahren darf man den Karachter nicht ändern. Der Herr hat nur seine Würde eingebüßt. Er will sich doch bloß großmachen, der Karachter ist noch der alte. Dieser Tage bittet Anatoli Dmitrijewitsch keinen andern als Kirjuschka Dejew, einen Bauernlümmel, inständig: »Sie«, sagt er zu ihm – zu Kirjuschka –, »wenn Sie arbeiten möchten, dann kommen Sie doch.« Ich das hören: Was ist los? Wie zu einem Prinzen. Ausgespuckt hab ich sogar.

Katerina Matwejewna tritt ein.

Sieh einer an, wie hat sie sich herausgeputzt, die Schönheit!

Katerina Matwejewna, das Haar kurzgeschnitten, mit Brille, in einem kurzen Kleid, mit einer Zeitschrift unterm Arm, setzt sich, ohne zu grüßen, zu Tisch, stützt einen Ellenbogen auf, nimmt eine Papirossa und beginnt zu lesen.

KATERINA MATWEJEWNA *besonders ehrerbietig zur Kinderfrau*: Darf ich Sie um eine Tasse Tee bitten, Marja Issajewna.

KINDERFRAU *reicht ihr den Tee in einem Glas*: Sofort, Gnädigste, sofort. *Beiseite*: Da kann man wirklich nur noch staunen. Sagt der Tante nicht »bonjour«. Kommt alles bloß von zuviel Verstand.

MARJA WASSILJEWNA: Ich sprach gerade mit der Kinderfrau über Anatoli Dmitrijewitsch. Sie sagt, er mache Ljubotschka den Hof, und ich sage – er macht ihn dir, Katjenka. Comment croyez-vous? Was meinst du? Sie nennt ihn schon Bräutigam.

KATERINA MATWEJEWNA *blickt von der Lektüre auf; streng und die Worte durch Gesten ergänzend*: Wenerowski steht seiner

Reife und seiner Lebensauffassung nach derart in Widerspruch zur Banalität unseres Lebens, daß wir ihn schwerlich beurteilen können.

MARJA WASSILJEWNA: Du meinst, er wird nicht heiraten?

KATERINA MATWEJEWNA: Erlauben Sie! Dieser Herr heiratet nur, wenn er eine Frau findet, die ihre Bestimmung vollauf erkannt hat und die im Leben und Denken frei ist.

MARJA WASSILJEWNA: Non, mais dites. So sag doch, in wem sucht er, in dir oder in Ljubotschka? Ich habe gerade mit der Kinderfrau gesprochen, die ist so dumm, zum Totlachen ...

KATERINA MATWEJEWNA: Die gute Marja Issajewna ist älter als Sie und sagt Sie zu Ihnen, Sie dagegen nennen sie du und obendrein noch dumm ... Ich sehe darin eine Beleidigung der Würde und der Freiheit eines Menschen und halte es auf Grund dieser Überzeugung für angebracht, Ihnen meine Meinung zu sagen. Ich weiß, Sie haben das Recht, Ihre eigenen Ansichten zu vertreten, aber so etwas bringt mich auf und empört mich.

KINDERFRAU *spöttisch*: Schönen Dank auch für das Inschutznehmen. *Zu Marja Wassiljewna*: Wo Sie doch den Menschen so gern bei lebendigem Leib das Blut aussaugen. Sie Bestie.

MARJA WASSILJEWNA: Aber nicht doch, Katjenka, je plaisante, ich habe sie gern. Nein, sag mir, was meinst du – in wem sucht er? In dir oder in Ljubotschka? Je voudrais savoir votre opinion.

KATERINA MATWEJEWNA: Wie soll ich Ihnen meine Meinung sagen? *Sie wirft ihr Haar zurück und zündet sich eine Papirossa an.* In mir – wie Sie sich sozusagen bildhaft ausdrücken – kann er nicht suchen. Ich habe mich als Frau derart auf freien Fuß gestellt, daß ich mich ihm wie auch jedem anderen Geschöpf gegenüber ohne Ansehen des Geschlechts und Titels unkompliziert geben kann. Ich finde, er ist ein kluger und modern denkender Mann, und natürlich legt er in seine Beziehung zu mir das Maß an Achtung und Mitempfinden, das, sozusagen ... kurzum, unsere Beziehungen sind unkompliziert und gut, getragen von gegenseitiger Achtung, und er findet Erholung bei mir nach all der Hohlheit der Damensippschaft in der Gouvernementsaristokratie, mit der er verkehren muß. Aber wieso Sie annehmen, daß er – wie Sie sich bildhaft ausdrücken – in Ljubow Iwanowna sucht, dafür finde ich keine Erklärung. Ljubow ist eine Frau mit noch zuwenig Niveau, mehr noch, sie ist einfach ein völlig niveauloses kleines Mädchen, mit der eine Persönlichkeit wie Wenerowski nichts gemein haben kann. Ich bin ihm ebenbürtig, aber Ljuba ist ein Kind.

MARJA WASSILJEWNA: Da siehst du's, Kinderfrau, wie Katjenka darüber denkt.

KINDERFRAU: Also dann, Mütterchen Katerina Matwejewna, wir sind halt dumm, erklären Sie es uns: Wird er weiter immer so angefahren kommen?

KATERINA MATWEJEWNA: Warum sollte er nicht mehr angefahren kommen?

KINDERFRAU: Na darum, weil man solchen Brüdern heimleuchten muß. Früher war das so. Besuchst du fortwährend ein Haus, wo's zwei heiratsfähige Fräuleins gibt, dann zeig schon, welcher du den Hof machst – tust du's nicht, kannst du auch in die Klubs fahren. Fahr hin, sooft du willst.

KATERINA MATWEJEWNA: Sie verstehen mich nicht, Marja Issajewna. Ich habe gerade gesagt, er kommt zu mir: Wir wollen uns prüfen, und wenn wir finden ...

KINDERFRAU: Wenn mich dummes Weib nicht alles täuscht, Mütterchen Katerina Matwewna, wird er gar nicht lange prüfen. Ljubow Iwanowna ist ein junges hübsches Fräulein, und sie kriegt fünfhundert Seelen Mitgift. Sie dagegen sind ja nun älter, und auf dreißig Seelen wird er nicht scharf sein ... Der Stubent – das ist was andres.

KATERINA MATWEJEWNA *heftig*: Erlauben Sie, erlauben Sie. Der Student ist zu jung und zu niveaulos für mich. Erlauben Sie, eine andere Frau an meiner Stelle könnte beleidigt sein, aber ich stehe über den Dingen. Ljubow Iwanowna mit ihren kindlichen Ansprüchen ans Leben reicht nicht an ihn heran; er hat das erkannt und mir gegenüber wiederholt geäußert. Das ist das eine. Das zweite ist, Sie betrachten die Sache von einem falschen Standpunkt aus. Sie werden mich nicht verstehen, aber ich will Ihnen dennoch meine Meinung sagen und bemüht sein, mich einfach auszudrücken. Für Menschen, wie wir es sind, kommen nur solche Mittel zum Leben in Frage, die durch eigene und ehrliche Arbeit erworben sind; und glauben Sie mir, Menschen wie wir sehen in all diesen Besitztümern nur falsche Verbundenheit mit veralteten Lebensformen. Wenerowski ist das gleichgültig, ob ich eine Million haben werde oder gar nichts, wenn nur unsere Auffassung vom Leben übereinstimmt. Wenn sie übereinstimmt, dann können wir getrost in den Kampf ziehen.

KINDERFRAU: Und trotzdem wird er nicht um Sie, sondern um Ljubow Iwanowna anhalten. Fünfhundert Seelen – das ist für ihn sehr übereinstimmend, aber dreißig Seelen, das ist für ihn ganz und gar nicht übereinstimmend.

KATERINA MATWEJEWNA *erbost*: Erlauben Sie, erlauben Sie, sehr gut. Sie sagen, ich besitze dreißig Seelen. Erlauben Sie, Ihnen zu sagen, daß dank der Aufklärung jetzt niemand mehr Seelen besitzt, und ich habe nie welche besessen. Ich habe zur Stunde, als ich volljährig wurde, auf meine Rechte verzichtet, ich trage nicht das Schandmal der Leibeigenschaft.

KINDERFRAU: Trotzdem nimmt er Sie nicht, sondern wird um Ljubotschka anhalten, weil ...

MARJA WASSILJEWNA *erschrocken*: Genug, Kinderfrau, was bist du bloß für eine. Du bringst doch jedermann aus der Fassung.

KATERINA MATWEJEWNA: Erlauben Sie, erlauben Sie, sehr gut. Ihnen kommt das alles kompliziert und verworren vor, in Ihren Vorstellungen gibt es nur Braut und Bräutigam und die Macht Gottes und dergleichen mehr, aber das Leben von Menschen, die über dem gesellschaftlichen Spinnennetz der Vorurteile stehen, ist sehr unkompliziert. Ich lege ihm meine Ansichten dar und verlange die Aufrichtigkeit, die allem Trachten einer ehrlichen Persönlichkeit zugrunde liegt.

KINDERFRAU: Ach, Katerina Matwewna, Mütterchen. Ljubow Iwanowna hat fünfhundert Seelen, und er wird sich noch in sie verlieben.

KATERINA MATWEJEWNA *ganz fassungslos*: Warum soll er sich in ein ungebildetes, unbedarftes junges Ding verlieben, warum verliebt er sich nicht in mich?

KINDERFRAU: Warum? Darum, Mütterchen – weil er ein Bock ist.

KATERINA MATWEJEWNA *besinnt sich und wirft ihr Haar zurück*: Nein, hab ich das nötig! Die Liebe, wie Sie sie auffassen, ist fleischliche Begierde, und Sie sind viel zu ungebildet und tierhaft, um mich zu verstehen. Bitte, ich bitte Sie, lassen Sie mich in Ruhe. *Sie stützt sich auf und liest.*

MARJA WASSILJEWNA: Geh, geh, Kinderfrau, ich selbst schenke den Tee ein, falls jemand kommt.

KINDERFRAU *im Weggehen*: Alle hat sie beschimpft. Alles Tiere. Dreißig Jahre diene ich, ein Tier hat mich noch niemand genannt ...

KATERINA MATWEJEWNA *hebt den Kopf vom Buch auf*: Erlauben Sie, Liebe ist nur dann ein ehrlicher Trieb, wenn beide Seiten gleichberechtigt sind, aber das verstehen Sie nicht. *Schweigen. Sie hebt den Kopf.* Marja Wassiljewna, ich mag diese Frau nicht. *Sie liest wieder.*

Iwan Michailowitsch tritt auf.

IWAN MICHAILOWITSCH: Was war los, wen magst du nicht?

MARJA WASSILJEWNA: Die Kinderfrau redet dauernd dummes Zeug.

IWAN MICHAILOWITSCH: Oh! Das reinste Gift! Aber sie ist ein gutes Weib. *Er setzt sich an den Tisch.* Nun, Marja Wassiljewna, gieß mir Tee ein. Seit fünf Uhr bin ich auf den Feldern, habe zwei Pferde abgehetzt. Aber dafür herrscht jetzt Ordnung. Soll man doch reden, daß mit freien Feldarbeitern kein Auskommen ist. Es geht alles, wenn du selbst zugegen bist und keine Anstrengungen scheust. Gestern war das halbe Feld noch ungepflügt, die Wiesen waren nicht gemäht und nicht ein Arbeiter greifbar. Ich habe die Sache selbst in die Hand genommen – die eignen Leute überredet, freie gedungen und ihnen allen einen Eimer Wodka versprochen. Schau jetzt mal – wie das läuft ... Wassili ist als Vorarbeiter dermaßen gut, dermaßen umsichtig, ein feiner, ein prächtiger Kerl.

KATERINA MATWEJEWNA: Freie Arbeit kann nicht verlustbringend sein, das widerspräche allen Grundgesetzen der politischen Ökonomie.

IWAN MICHAILOWITSCH: All das ist richtig und auch wieder nicht. Ich möchte Sie und Anatoli Dmitrijewitsch mal in diese Arbeit einspannen. Da würden Sie anders reden.

MARJA WASSILJEWNA: Dites-moi, mon cher Jean, wieso sagst du andauernd, es sei durch die freien Arbeiter besser geworden? Wie kann es besser geworden sein, wo sie alle gegangen sind?

IWAN MICHAILOWITSCH: Ach! Doch nur das Hofgesinde.

MARJA WASSILJEWNA: Das Hofgesinde, ich weiß, das versteht sich von selbst, aber auch die Bauern arbeiten seit dem Freibrief nicht mehr. Was soll daran gut sein, das begreif ich nicht.

IWAN MICHAILOWITSCH: Wenn nicht hundert-, dann eben fünfzigmal habe ich dir erklärt, daß sie nach dem Zarenerlaß nur noch die festgesetzten Tage arbeiten und nicht mehr alle. Und darin besteht die Stärke.

MARJA WASSILJEWNA: Warum sagt man dann, sie hätten ganz aufgehört zu arbeiten? Neulich haben alle gesagt, man habe sie losgeschickt, aber sie seien nicht gegangen. Ich begreife das nicht, Jean.

IWAN MICHAILOWITSCH: Würden sie überhaupt nicht mehr arbeiten, hätten wir längst nichts mehr zu essen. Sie arbeiten weniger. Aber dafür im Rahmen der Gesetzlichkeit und nicht der Willkür. Aber das verstehst du nicht.

MARJA WASSILJEWNA: Was ist Gutes daran, wenn sie weniger arbeiten? Dann ist das also schlecht eingerichtet. Aber ärgere dich nicht, ne vous fâchez pas, ich begreife es eben nicht.

IWAN MICHAILOWITSCH: Was soll ich mich ärgern, das Schicksal will es wohl so, daß du nichts verstehst. *Er nimmt seinen Tee und versinkt in Nachdenken.* Wo ist den Ljuba?

MARJA WASSILJEWNA: Sie ist frühzeitig mit den Mädchen in die Pilze gegangen.

IWAN MICHAILOWITSCH: Und Anatoli Dmitrijewitsch ist noch nicht eingetroffen, hat auch nicht geschickt?

MARJA WASSILJEWNA: Noch nicht. Was ich dir sagen wollte, Jean. Ich habe gehört, daß Anatoli Dmitrijewitsch veut faire la proposition à Ljuba, daß er Ljubotschka freien will ... wie man das so nennt.

IWAN MICHAILOWITSCH: Von wem hast du das gehört?

MARJA WASSILJEWNA: On dit. Man sagt es.

IWAN MICHAILOWITSCH: Wer sagt das? Du sitzt in deinen vier Wänden, wer kann es schon sagen. Na und, soll man es sagen.

MARJA WASSILJEWNA: Ich weiß, du machst dir nicht viel aus meiner Meinung. Aber ich habe gehört, daß er kein guter Mensch ist. Was ist das schon für ein Dienst bei der Alkoholsteuer! Ja, und die Hauptsache – er ist ein Großmaul; ich bitte dich, Jean, überlege dir das.

IWAN MICHAILOWITSCH: Was für Dummheiten haben Platz in deinem Kopf! Wo hast du das gehört? Nein, meine Liebe, laß diese Dummheiten. Wieso Großmaul, und wo hast du dieses blöde Wort bloß aufgeschnappt?

MARJA WASSILJEWNA: Alle sagen so.

IWAN MICHAILOWITSCH: Was alles reinpaßt in diesen Schädel! Wer hat dir das vorgelogen? Meine Liebe, uns beiden steht kein Urteil zu über diesen Mann. Ich kenne keinen Vater, der sich die Verwandtschaft mit diesem Mann nicht zur Ehre anrechnen würde. Außerdem kann ich dieses Herumrätseln und Freien nicht verknusen. Alles steht bei Gott, Deuteln kommt uns nicht zu. Ein bemerkenswerter Mann, Schriftsteller. Und ganz bestimmt heiratet er nicht des Geldes wegen. Bestimmt nicht.

MARJA WASSILJEWNA: Das hat niemand gesagt. J'ai mon opinion, ich habe meine Meinung.

IWAN MICHAILOWITSCH: Also hör zu: Erstens ist Anatoli Dmitrijewitsch ein moderner, fortschrittlicher Mensch von großem Verstand, von Bildung, ein Schriftsteller, ein Mann, den ganz Rußland kennt, vielleicht. Das ist heutzutage mehr als ein Generalsrang. Weiter, er hat einen sehr guten, ehrlichen Posten. In der neuen Akzisenverwaltung, zweitausend Gehalt. Und wenn er nur will – so einem Mann steht alles offen. Wiederum hat er auch seine Eigenheiten, er ist eben kein Weltmann, aber, weißt du, zumindest ist er ein sehr uneigennütziger Mann. Wenn dieser Mann heiratet, dann nicht des

Geldes wegen. An seiner Seite wird jedes Mädchen glücklich, auch wenn sie gar nichts hat.

MARJA WASSILJEWNA: Man sagt aber, er sei geizig.

IWAN MICHAILOWITSCH: Was redest du da! Ich sage dir, er ist ein sehr uneigennütziger Mann. Und das ist bewiesen.

MARJA WASSILJEWNA: Man sagt, er habe sich schon die Mitgift ausgerechnet.

IWAN MICHAILOWITSCH: Katjenka, erkläre wenigstens du ihr, daß Anatoli Dmitritsch kein solcher Mann ist.

KATERINA MATWEJEWNA: Marja Wassiljewna und Marja Issajewna haben ihre eigenen Standpunkte. Ich finde nur seltsam, mit welcher Begründung man einen Menschen, der keinerlei Anlaß dazu gegeben hat, der allerniedrigsten Absichten bezichtigen kann. Dieser Herr beweist durch sein ganzes Leben, daß sein Ziel nur das Gemeinwesen ist. Wenn dieser Mann die Absicht hätte, sich mit einer Frau zu verbinden, dann würde er als erste Bedingung Unabhängigkeit stellen, sowohl persönliche als auch vom Vermögen.

IWAN MICHAILOWITSCH *überlegt*: Ja, einem alten Mann wie mir fällt es zwar schwer, die alten Gewohnheiten abzulegen, und in der Jugend steckt viel Draufgängertum und Leichtsinn, aber Gerechtigkeit muß man der neuen Generation angedeihen lassen. Ja.

KATERINA MATWEJEWNA *reißt sich von ihrem Buch los*: Von allem, was Sie gesagt haben, teile ich Ihre Auffassung in diesem einen Punkt. Unaufhaltsam trägt der Fortschritt das Licht in die zurückgebliebensten Lebensverhältnisse.

IWAN MICHAILOWITSCH *nach kurzem Schweigen*: Ja, die freie Arbeit breitet sich aus, breitet sich aus. Mit den Arbeitern ist es schwer. Aber macht nichts, das regelt sich ... Wenn ich jetzt mit dem Loskauf fertig sein werde, mache ich mit den Bauern reinen Tisch, dann bin ich für sie nur noch der Landeigentümer. Und wirklich, das ist gut so.

MARJA WASSILJEWNA: Wieso ist denn Loskauf besser, Jean? Als ob das besser sein soll.

IWAN MICHAILOWITSCH: Ob besser oder nicht, es muß sein. Da, Katjenka und Anatoli Dmitritsch halten mich für konservativ und rückschrittlich, aber ich habe nichts weiter als Mitgefühl. Wenn das Alte durchbricht – habe ich, es dürfte nicht sein, Mitgefühl. Da wächst unsere junge Generation heran. Und ob Ljubotschka nun diesen heiratet oder einen anderen, jedenfalls wird es keiner von uns sein, sondern ein neuer moderner Mensch, und auch Petruscha wächst schon unter anderen Vorstellungen heran. Was denn, ich werde doch nicht der Feind meiner eigenen Kinder sein! Wo steckt denn Petja? Der Lehrer ist bei ihm, ja?

MARJA WASSILJEWNA: Sie sind zum See gegangen, wollen irgendwelche Pflanzen fischen. Ich habe es nicht verstanden. Ich mache mir schon Sorgen, hoffentlich ertrinken sie nicht. Vraiment, je crains.

IWAN MICHAILOWITSCH: Was für Pflanzen fischen?

KATERINA MATWEJEWNA: Alexej Pawlytsch hat gesagt, daß sie Untersuchungen am Fasergewebe der Wasserpflanzen durchführen wollen.

IWAN MICHAILOWITSCH: Da haben wir's, ist das ein Jahrhundert! Hatte ich als Junge vielleicht eine Vorstellung von so was, heute dagegen, der Lausebengel – Naturwissenschaften ... jawohl. Nein, dieser Student ist wirklich eine Perle. Anatoli Dmitritsch sei Dank, er hatte ihn empfohlen. Eine Perle, so ruhig ... so freundlich ... eine Perle, eine Perle. He, Saschka! Meine Pfeife! *Zu Katerina Matwejewna*: Eine Angewohnheit! Nun, Alexander Wassilitsch.

Saschka tritt ein mit einer Pfeife.

MARJA WASSILJEWNA *wird plötzlich böse*: Ja, dir sind alle recht, nur deine Frau nicht! Wieso hat er denn keine Wäsche? Die Kinderfrau hat die ganze Gästewäsche rausgeben müssen, und wenn uns jemand besucht, können wir nicht beziehen. Kommt daher in einem Gehrock – und das ist alles. Ich gebe meine Bettlaken nicht her. Wenn du so urteilst!

IWAN MICHAILOWITSCH: Was redest du da. Hör bitte auf, sag der Kinderfrau Bescheid, sie macht das schon, ich freue mich über diesen Menschen, er ist so tüchtig und anstellig.

MARJA WASSILJEWNA: Ach was, tüchtig, bin ich vielleicht schuld? Kommt ohne was und verlangt einfach. Jetzt ist er auf Milch gekommen – Dunjascha hat sich schon beschwert. Das mußt du doch sehen. Was ist er für ein Lehrer, wenn er keine Wäsche hat.

IWAN MICHAILOWITSCH: Reg dich nicht auf ... Solltest Gott danken, daß er uns so einen Menschen geschickt hat, und wenn er keine Wäsche hat und arm ist, muß man ihm was geben.

MARJA WASSILJEWNA: Nie verstehst du mich, immer nur das Gegenteil. Ich meine, daß du hier auf Ordnung achtest, und mir tut er mehr leid als dir: Als er das erstemal bei Tisch aß, wie hat er mir da leid getan! Ich habe ihm Nachthemden bringen und Socken stricken lassen. Ich mag zwar dumm sein, aber eins verstehe ich, wenn er der Lehrer unseres Sohnes ist, gilt er im Haus als der erste Angestellte. Für ihn ist mir nichts zu schade. Ich meine nur, du mußt mehr auf Ordnung achten. Wie oft schon habe ich den Tischler gebeten, das Tischbein zu befestigen ...

IWAN MICHAILOWITSCH: Genug jetzt, meine Liebe, hör auf, um Christi willen!

STUDENT *tritt ein, verneigt sich kurz*: Wenn ich um Tee bitten dürfte. *Er setzt sich neben Katerina Matwejewna.*

MARJA WASSILJEWNA: Was möchten Sie, Alexej Pawlowitsch? Tee oder Kaffee, mit Weißbrot und Butter, was Sie wollen.

Sie rückt alles zu ihm hin.

STUDENT: Mir egal. Na, dann geben Sie mir Tee.

IWAN MICHAILOWITSCH: Wo ist Petruscha?

STUDENT: Kommt gleich. Er wechselt die Hosen, er war naß.

IWAN MICHAILOWITSCH: Was haben Sie denn gemacht?

STUDENT: Wir wollten uns mit Botanik beschäftigen, aber das hat nicht geklappt. So haben wir uns aufs Fischefangen verlegt.

IWAN MICHAILOWITSCH: Katjenka sagte, Sie wollten etwas Naturwissenschaftliches untersuchen ...

STUDENT: Wollten wir, aber das hat nicht geklappt, wir haben kein Mikroskop.

MARJA WASSILJEWNA: Wenn Sie Weißbrot möchten, essen Sie.

STUDENT *zu Katerina Matwejewna*: Mit was für seelenversüßender Lektüre beschäftigen Sie sich denn? *Er nimmt ihr Buch.* Ah, Philosophie – ein guter Aufsatz, nur zu lakonisch. Studieren Sie mal den Lewes. Und dann noch die Umwandlung der Zellen – ich habe vergessen, von wem, passables Artikelchen.

MARJA WASSILJEWNA: Was ist das – Zellen, so heißt das? Gießen Sie sich doch mehr Sahne zu, Sascha bringt noch welche. Katjenka, kennst du diese Zellen auch?

KATERINA MATWEJEWNA: Alles Organische existiert nur dank der Entwicklung der Zellen.

STUDENT *zu Katerina Matwejewna*: Ihre Erklärungen sind vergeblich, dazu braucht man doch zumindest ein paar elementare Kenntnisse.

IWAN MICHAILOWITSCH: Ich habe von den Zellen gelesen. Aber sagen Sie, Alexej Pawlytsch, kann man sie hier im Brot sehen?

STUDENT: Könnte man sie nicht sehen, würde man nicht über sie sprechen und sie nicht studieren. Unterm Mikroskop kann man sie sehen.

IWAN MICHAILOWITSCH: Ist so ein Mikroskop teuer?

STUDENT: Ein einfaches ist nicht sehr teuer. Anatoli Dmitritsch hat eins, es kostet dreihundertsechig Franken, das in der Universität kostet fünfzehntausend.

IWAN MICHAILOWITSCH: Ja, wir müssen eins kaufen. *Er setzt sich mit seiner Frau an die eine Seite, der Student und Katerina Matwejewna an die andere. Iwan Michailowitsch raucht schweigend.*

KATERINA MATWEJEWNA: Sie sind etwas zu spät gekommen, hier gab es wieder eine empörende Szene, wie auf einer Plantage.

STUDENT: Na ja, die müssen sich über ihresgleichen lustig machen. Mehr verstehen sie doch nicht ... Ich sage Ihnen, mir reicht es hier, ich möchte fort, mein Kandidatenexamen ablegen.

KATERINA MATWEJEWNA: Da bin ich anderer Ansicht – ich finde, je ungehobelter der Gesellschaftskreis ist, in dem man arbeiten muß, desto mehr Energie braucht man. Wodurch können sich denn diese mißlichen Verhältnisse ändern, wenn nicht durch die Ideen und Grundsätze, die wir in sie hineintragen. Ich bin mir meines Einflusses auf diese Leute bewußt und gebrauche ihn nach Kräften. Und Sie sind berufen, die noch unverdorbene Persönlichkeit Pjotrs zu veredeln. Er seinerseits trägt ebenfalls Ideen in diese absterbende Gesellschaft hinein. Anatoli Dmitritsch urteilt genauso.

STUDENT: Nun, behüt sie Gott! Im Schmutz macht man sich selber dreckig. Sollen sich diese Fausthelden auf ihre Weise vergnügen, wir tun's auf unsere. Man kann doch nicht auf Schritt und Tritt protestieren, man bekommt noch das Gefühl, als ließe die Entrüstung nach. Die Bauern draußen pflügen seit vier Uhr, und hier wird bis zwölf Tee getrunken. Wie kann man sich damit abfinden?

KATERINA MATWEJEWNA: Natürlich, trotzdem muß man Zugeständnisse machen. Nehmen Sie Wenerowski. Obwohl er sich seinem Dienst gemäß unter den rückständigsten Leuten bewegt, gibt er in nichts nach und setzt alle seine Ideen durch.

STUDENT: Ach was, Wenerowski! Ich kann Beamte nicht achten. Diese liberalen Würstchen von der Steuer!

KATERINA MATWEJEWNA: Erlauben Sie, erlauben Sie! In diesem Punkt werden wir uns nie einigen. Wenerowski ist eine bemerkenswerte Persönlichkeit. Sehen Sie doch, er lebt nur für Schulen und öffentliche Vorträge.

STUDENT: Meinetwegen, ich kann mich auch in Schweigen hüllen.

KATERINA MATWEJEWNA: Lächerlich, wenn ich daran denke, wie ich vorhin mit den beiden Alten über ihn gesprochen habe. Was haben die für eine Vorstellung von Leuten unseres Schlages! Stellen Sie sich vor, die beiden sind der Auffassung, daß er nur hierherkommt, um Ljubow Iwanowna zu heiraten, oder ihre Mitgift, wie sie das deuten.

STUDENT: Na und, dieser ehrenwerte Signor ist zu jeder Gemeinheit fähig.

KATERINA MATWEJEWNA: Twerdynski, sprechen Sie nicht so, sonst scheiden sich unsere Wege ... Wenerowski und heiraten! Noch dazu wen!

STUDENT: Na schön, ich sage Ihnen eins. Ljubow Iwanowna ist kein übles Mädchen. Voraussetzungen hat sie. Sie braucht nur einen gesunden, sauberen und energischen Mann, dann wird aus diesem unbedarften Ding eine beachtliche Person. Nur braucht sie einen ehrlichen jungen Mann, der sie anleitet.

KATERINA MATWEJEWNA: Aber wie niveaulos sie ist!

STUDENT: Na und, sie kriegt schon Niveau.

KATERINA MATWEJEWNA *nach einigem Überlegen*: Ja, der Meinung bin ich auch. Und Sie sind der Herr, der erfolgreich auf ihre Persönlichkeit einwirken könnte.

STUDENT: Würde sie nicht in dieser niederträchtigen Gesellschaft leben, könnte man ein passables Mädchen aus ihr machen.

Petruscha tritt ein, in der Uniform eines Gymnasiasten.

MARJA WASSILJEWNA: Na, da kommt ja auch Petjenka. Was möchtest du, Tee, Kaffee?

PETRUSCHA: Guten Tag, Mutter. Nichts möchte ich. Ich habe schon Milch getrunken. Mutter, laß das Frühstück auftragen. – Guten Tag, Vater.

IWAN MICHAILOWITSCH: Was sind das für neue Manieren, mach doch bitte nicht solche Umstände ...

PETRUSCHA: Wieso neue Manieren? Ich habe guten Tag, Vater, gesagt.

IWAN MICHAILOWITSCH: Was denn, bist du verrückt? Was hast du dir da Neues ausgedacht! Grüß ruhig, wie du früher gegrüßt hast. Meinst du etwa, darin zeigt sich die Bildung? Geh und küß deiner Mutter die Hand.

PETRUSCHA: Wozu?

IWAN MICHAILOWITSCH *streng*: Ich sage es dir.

PETRUSCHA: Was soll das? Was hat das für einen Sinn, wenn ich meine Lippen auf Mutters Handrücken presse?

IWAN MICHAILOWITSCH: Ich sage dir, küß die Hand.

PETRUSCHA: Das widerspricht meinen Überzeugungen.

IWAN MICHAILOWITSCH: Was?!

PETRUSCHA: Ich habe mit Alexej Pawlowitsch darüber gesprochen, und mir ist klargeworden, daß das nur ein dummes Vorurteil ist.

IWAN MICHAILOWITSCH: Sieh einer an!

PETRUSCHA: Aber das macht ja nichts, Vater, ich ändere doch dadurch nicht mein Verhältnis zu dir und Mutter. Ob ich eure Hände küsse oder nicht, ich bringe euch beiden so viel Achtung entgegen, wie ihr verdient.

IWAN MICHAILOWITSCH: Hör mal. Alles das ist gut, neue Überzeugungen und so, aber man muß Anstand wahren, und die erste Pflicht seit eh und je ist, die Älteren zu achten. Geh und küß die Hand. *Er erhebt sich ein wenig.* Nun!

STUDENT: Mir scheint, daraus entwickelt sich ein beachtlicher Skandal.

PETRUSCHA *eingeschüchtert*: Selbstverständlich könnt ihr mich zwingen. Aber die freien Beziehungen des Menschen ...

IWAN MICHAILOWITSCH: Nun! Nun!

PETRUSCHA *küßt die Hand, leise*: Die Würde des Menschen ...

MARJA WASSILJEWNA: Du mußt gehorsam sein, Petja. Möchtest du Setzei oder Leberwurst? Ich gebe sofort Anweisung. Kinderfrau, Petja möchte frühstücken.

IWAN MICHAILOWITSCH: Alexej Pawlowitsch, hm ... hm ... wenn auch ... Sie entschuldigen mich, aber ... darf ich Ihnen sagen, daß ich Sie gebeten habe, meinen Sohn in den Wissenschaften zu unterweisen, nicht aber im Benehmen seinen Eltern gegenüber. Wir haben unsere eigenen und vielleicht seltsamen und nicht zeitgemäßen Gepflogenheiten. Ich würde Sie jedoch bitten, sich da nicht einzumischen.

STUDENT: Hm ... he ... he ... na ja.

IWAN MICHAILOWITSCH: Ja, das ist alles. Was die Zellen anbelangt – so unterrichten Sie ihn, aber in seinen Umgang mit uns bitte keine Einmischung und keine Beeinflussung.

STUDENT: Es befremdet mich einigermaßen, einen Verweis zu hören. Was wollen Sie?

IWAN MICHAILOWITSCH: Ich will sagen, mein Sohn soll mir gegenüber nicht solchen Unsinn äußern, weiter nichts.

STUDENT: Ja dann, man kann ihn durchhauen.

IWAN MICHAILOWITSCH: Hören Sie, meine Geduld ist erschöpft.

STUDENT *eingeschüchtert*: Ich verstehe sehr wohl ... aber, glauben Sie, ich maße mir nicht an ... Sie wünschten doch, daß ich Ihren Sohn erziehe. Ich, ich ... bedaure sehr ... Ich kann meine Ansichten aber nicht vor ihm verbergen.

KATERINA MATWEJEWNA: Es wäre recht seltsam für Alexej Pawlowitsch, wenn er sozusagen die Erkenntnisse der Wissenschaft verschweigen oder ignorieren müßte.

PETRUSCHA: Ich kann meine eigenen Ansichten haben.

STUDENT: Um so mehr, als das Leben seine Rechte hat, und Vorurteile vertragen nicht die Kritik von Vernunft und Wissenschaft.

KATERINA MATWEJEWNA: Besonders nach dem gewaltigen Schritt, den die Naturwissenschaften gemacht haben, gibt es für rückständige Ansichten keinen Platz mehr.

IWAN MICHAILOWITSCH: Na schön, schön. Reden wir nicht mehr davon. Ich bitte meinen Sohn zu tun, was ich möchte, und das ist alles. *Nach einigem Schweigen zum Studenten*: Habe ich Sie auch nicht beleidigt, Alexej Pawlowitsch?

STUDENT: Ich schätze die Würde zu hoch ein, als daß ich mir beleidigt vorkäme. Für uns wird es Zeit zu lernen. Pribyschew junior, gehen wir.

PETRUSCHA: Nein, ich habe Hunger.

Sascha tritt ein mit einer Schüssel.

STUDENT: Dann setzen wir uns eben, was essen kann man. *Er geht zum Frühstückstisch.*

In hochgeschürztem Kleid, mit Strohhut und einem Korb Pilze kommt Ljubotschka ins Zimmer gerannt, ihr folgend zwei Mädchen.

LJUBOTSCHKA: Mamascha, mein Herzchen, denk dir, ich komme nicht allein!

MARJA WASSILJEWNA: Wer ist denn mitgekommen?

IWAN MICHAILOWITSCH: Mit wem denn?

LJUBOTSCHKA: Rate mal! Mit Anatoli Dmitrijewitsch. Ich gehe mit den Mädchen, da kommt er gefahren, und dann ist er mit mir gegangen. Zwei Steinpilze haben wir gefunden – wißt ihr, unterhalb der Schuppen, im Graben. Ein Wunder! Solche Prachtstücke! Und Anatoli Dmitrijewitsch sieht überhaupt nichts, er hat bloß einen Fliegenpilz gefunden. Seht nur, wie allerliebst sie sind! Katjenka, sieh mal. Maschka, du hast sie, gib her. *Sie nimmt dem einen Mädchen den Korb ab und holt die Pilze heraus.* Und die Birkenpilze, Saschka, sieh mal, wie viele! Und du hast gesagt – in der Birkenallee wachsen keine! Papascha, hast du gesehen?

IWAN MICHAILOWITSCH: Wo ist denn Anatoli Dmitrijewitsch?

LJUBOTSCHKA: Er säubert sich, er ist auf die Knie gefallen und hat sich schmutzig gemacht. Er trägt weiße Hosen. Papascha, was wir für Gespräche geführt haben, umwerfend! Aber das erzähl ich dir später allein.

IWAN MICHAILOWITSCH: Was gibt's denn? Was?

LJUBOTSCHKA: Etwas sehr Wichtiges, aber jetzt kann ich es unmöglich sagen – es geht mich an ...

IWAN MICHAILOWITSCH: Das ist aber nicht richtig, daß du so einfach allein mit einem jungen Mann durch den Wald gehst ... Zugegeben ... und dennoch.

LJUBOTSCHKA: So was von rückständig! Katjenka, nicht wahr?

IWAN MICHAILOWITSCH: Fängst du auch damit an! Also, komm her, erzähle. Was waren das für wichtige Gespräche?

LJUBOTSCHKA: Jetzt kann ich das unmöglich. Warte noch, du erfährst es. Nein, sieh dir das an, Mamascha, was für Prachtstücke. *Sie stützt sich auf, brüstet sich und zeigt einen Pilz.* Genau wie unser Lehrer, erinnerst du dich, Karl Karlytsch? – Klein und rundlich. Ach, mir ist heute so froh zumute! Saschka, morgen früh gehen wir beide gaaanz zeitig.

MARJA WASSILJEWNA: Was ist, möchtest du Tee oder Kaffee mit Weißbrot?

LJUBOTSCHKA: Na, du wirst dich wundern, Papa, worüber wir gesprochen haben. Du auch, Katja, und du ... auch Sie werden sich wundern, Alexej Pawlowitsch. Petruscha, gib mir was, was ißt du da? *Sie zieht ihm die Gabel weg und steckt sich einen Bissen in den Mund.*

Petruscha ißt eifrig.

KATERINA MATWEJEWNA *zum Studenten*: Und das soll zu Anatoli Dmitrijewitsch passen! So was von Niveaulosigkeit.

STUDENT: Aber dem Äußeren und dem Gesicht nach ein beachtliches und biederes Mädchen.

LJUBOTSCHKA: Mamascha, darf ich ihnen ein Stück geben? *Sie zeigt auf die Mädchen und gibt jedem ein Stück Weißbrot und Zucker.* Und morgen kommt ihr wieder gaaanz früh.

MARJA WASSILJEWNA *reicht ihr Tee*: Nimm, iß was, mit Sahne.

LJUBOTSCHKA: Ich hab gar keinen Hunger. Ich hab mir von Maschka einen Brotranft geben lassen, das hat geschmeckt, herrlich! *Sie setzt sich an den Tisch und steht sofort wieder auf.* Ich habe vergessen, dir einen Kuß zu geben, Papa. *Sie küßt ihn.* Du mein Steinpilz! Worüber habt ihr gestritten, als ich eintrat?

IWAN MICHAILOWITSCH: Deinem Bruder ist eingefallen, daß er seinen Vater nicht mehr zu küssen braucht, daß er sagen muß: Guten Tag, Vater! Guten Tag, Mutter!

PETRUSCHA *kauend*: Das ist mir nicht eingefallen, sondern ich bin zu der Überzeugung gelangt.

LJUBOTSCHKA: Ha, ha, ha! So was Dummes! Sie haben lauter solche neue Einfälle.

IWAN MICHAILOWITSCH: Und du gehst neuerdings allein mit jungen Männern spazieren?

LJUBOTSCHKA: Psst! Nicht über mich herfallen! Ich gehe absichtlich mit einem jungen Mann. Alexej Pawlowitsch, kommen Sie morgen mit in die Pilze?

STUDENT: Warum nicht, das ließe sich einrichten.

LJUBOTSCHKA: Ach nein, ich werde nicht können.

MARJA WASSILJEWNA *zum Studenten*: Möchten Sie kein Setzei?

STUDENT: Nein, ich möchte nicht, ich bin satt. Nun, Pribyschew junior, haben wir uns gestärkt? Gehen wir.

Der Student und Petruscha gehen ab. Der Vorarbeiter tritt ein.

IWAN MICHAILOWITSCH: Hm ... Was gibt es noch?

VORARBEITER: Auf dem Steinacker mähen sie nicht.

IWAN MICHAILOWITSCH: Wieso nicht? Und die freien Arbeiter?

VORARBEITER: Unsre Bauern haben sie davongejagt; 's ist zu einer Schlägerei gekommen. Den Matorin haben sie ganz blutig geschlagen. Er ist hier, wartet im Kontor.

LJUBOTSCHKA: Das hab ich vergessen dir zu sagen. Schrecklich sieht er aus, Papascha, wie ein Räuber, Mamascha, ich bin vielleicht erschrocken.

IWAN MICHAILOWITSCH: Worum ging es bei der Schlägerei?

VORARBEITER: Die Schnitter kamen, sie hatten sich kaum aufgestellt – da kam der Djomkin mit seinen Kerlen angerannt – sie hatten dort gepflügt. »Wie könnt ihr's wagen«, sagt er, »auf dem Grund und Boden unsres Herrn zu mähen!« Wir drauf: »Er hat uns angestellt.« – »Von wegen«, sagt er »ihr seid ganz schön schlau, wollt uns die Preise verderben. Sieh einer an, geben sich her, die Deßjatine für einen Rubel zu mähen! Er hätt uns zwei gegeben, wenn Not am Mann gewesen wär, sonst hätten's die Pferde abfressen müssen.« Und da fing er an sich zu prügeln. Jetzt kamen die Männer vom Feld gerannt. Bis aufs Blut haben sie sich geschlagen.

LJUBOTSCHKA: Der ganze Kopf ist blutig, noch jetzt. Schrecklich sieht er aus!

IWAN MICHAILOWITSCH: Warum haben Sie sich das mit angesehen? Das ist doch Ihre Sache. Und der Dorfschulze?

VORARBEITER: War zum Dorfältesten gefahren.

IWAN MICHAILOWITSCH: Gut, sehr gut!

VORARBEITER: Was denn, Iwan Michalytsch, mit diesem Volk kann man unmöglich arbeiten. Heute nacht haben sie wieder zwei Seile gestohlen. Bereifte Räder wollten sie schon wegschleppen, zum Glück habe ich's rechtzeitig gemerkt. Wie oft habe ich befohlen, alles einzuschließen. Man hört nicht. Ich bin doch für alles verantwortlich. Ich habe mich wirklich bemüht, hab meine Kräfte nicht geschont. Nun seien Sie so gnädig – entlassen Sie mich.

IWAN MICHAILOWITSCH: Was soll das, Bruder?

VORARBEITER: Nein, seien Sie so gnädig, ich kann nicht mehr.

IWAN MICHAILOWITSCH: Sie machen wohl Witze? Wie ist so was möglich, mitten in der Erntezeit.

VORARBEITER: Wie sie wollen, Iwan Michalytsch, aber ich bin nicht ihr Diener. Ich hab mich bemüht, so gut ich konnte. Es ist das reinste Unglück mit diesem Volk. Entlassen Sie mich.

IWAN MICHAILOWITSCH: Da soll man nun wirtschaften! *Er geht erregt auf und ab und bleibt vor dem Vorarbeiter stehen.* Ein Schwein bist du! Wie denken Sie sich das, erst Durcheinander und Schaden anrichten und dann mitten in der Ernte weggehen?

VORARBEITER: Was soll ich denn machen!

IWAN MICHAILOWITSCH: Raus! Ich möchte mir nicht die Hände schmutzig machen. Nein, das ist Raub. Das ist weiß der Teufel was! *Er geht auf und ab.*

MARJA WASSILJEWNA: Ich habe doch gesagt, Sie gehen jetzt alle weg.

LJUBOTSCHKA: Versuch's doch mal mit freien Arbeitern, Papascha. Anatoli Dmitrijewitsch sagt, das sei besser.

IWAN MICHAILOWITSCH: Euch soll doch der liebe Gott. Quasseln daher und wissen nicht, was. Die Augen verbinden und losrennen! Alles offen, umhergestreut, da wird weggeschleppt, gestohlen, keiner arbeitet mehr! Die Jungen erteilen den Älteren Lehren. Alles steht kopf. Und das nennt sich Fortschritt!

KATERINA MATWEJEWNA: Dafür gibt es meiner Meinung nach Gründe, die tiefer in der Struktur des Volkslebens verwurzelt sind.

IWAN MICHAILOWITSCH: Laßt mich in Frieden, um Christi willen! Also, Sie bleiben? Ich bitte Sie zu bleiben. Versteh doch, ich finde so schnell keinen neuen.

VORARBEITER: Ich kann nicht, ich habe schon eine Stellung.

IWAN MICHAILOWITSCH *wütend*: Na schön, und du denkst, du kannst so mit mir umspringen? Du Räuber! Gut. Ab aufs Revier!

VORARBEITER: Das dürfen Sie nicht, die Zeit ist vorbei.

IWAN MICHAILOWITSCH: Ach, das darf ich nicht! *Er packt ihn am Kragen.*

MARJA WASSILJEWNA *springt auf*: Jean! Iwan Michailowitsch, was tust du! Nimm doch Rücksicht auf mich!

IWAN MICHAILOWITSCH: Nein, mit dir rechne ich auf meine Weise ab. Komm, Kanaille! *Er führt ihn zur Tür.*

Marja Wassiljewna und Ljubotschka gehen ab. Wenerowski tritt ein.

WENEROWSKI: Da bin ich, ich komme Sie besuchen – Ihre Hand!

IWAN MICHAILOWITSCH: Nein, das ist unmöglich! Was tun?

WENEROWSKI: Was haben Sie denn? Alltagssorgen? Na ja, muß auch sein. Hehehe!

IWAN MICHAILOWITSCH: Und ich habe kein Mittel! Ein Mann, den ich mit Wohltaten überhäuft, den ich noch vor dem Manifest freigelassen und dem ich Land geschenkt habe. Er hat das Gut verwaltet, und jetzt auf einmal, ohne jeden Grund ...

WENEROWSKI: Er will nicht länger dienen, hehe! Jaja, das kennt man. Man möchte ihn durchhauen, quälen, auf kleinem Feuer rösten, aber unmöglich – was soll man da tun! Das ist die unangenehme Seite der freien Arbeit.

IWAN MICHAILOWITSCH: Ach, der Teufel soll sie holen! *Zum Vorarbeiter*: Gehen Sie, übergeben Sie alles dem Dorfschulzen. Ich komme selbst zu ihm.

Der Vorarbeiter geht ab.

WENEROWSKI: Bei Gott, man muß Sie bewundern, Iwan Michalytsch. Wie Sie sich ins Zeug legen. Das ist Kraft! Ja, Kraft. Und da nennt man Sie rückschrittlich – hehe!

MARJA WASSILJEWNA: Möchten Sie Tee oder Kaffee mit Sahne? Hier ist Weißbrot und Butter.

WENEROWSKI: Merci. Und überhaupt, wie läßt sie sich so an, die freie Arbeit? Als ich zu Ihnen fuhr, sah ich: Die Arbeit ist in vollem Gange – hehe! Läuft alles?

IWAN MICHAILOWITSCH: Ach, fragen Sie nicht! Es läuft, aber unter welchen Schwierigkeiten. Wie geht es Ihnen?

WENEROWSKI: Wir – ach ja, wir arbeiten so vor uns hin. All diese Mißstände im Gouvernement, sie bedrücken und hemmen. Wir kämpfen dagegen an, so gut wir können.

IWAN MICHAILOWITSCH: Nun ja, ja.

WENEROWSKI: Es geht ständig voran, Schritt für Schritt, gerade gestern haben wir eine Schule eröffnet für die Kinder der Goldschmiedegesellen. Wir haben uns die Räumlichkeit erkämpft, und fertig: Das Geld für die Schulbücher haben wir bei den Kaufleuten gesammelt. Läuft ganz gut. Kommen Sie mal mit Ljubow Iwanowna vorbei. Interessant.

IWAN MICHAILOWITSCH: Ja, Ihre Tätigkeit ist dankbar. Und wann findet Ihr nächster Vortrag statt?

WENEROWSKI: Ich habe dauernd keine Zeit, dauernd der Dienst. Die Brennereibesitzer machen so viel Betrug. Vor drei Tagen habe ich einen erwischt. Dreitausend hat er mir als Bestechung angeboten, hehe! Komische Leute, man kann nicht beleidigt sein. Was soll man machen; als würde man chinesisch reden, hehehe! Kommen Sie dieser Tage mit Ljubow Iwanowna die Schule ansehen? Ja, wissen Sie, da arbeitet man, arbeitet – und eines Tages spürt man, daß sich in diesem Gouvernementskreis irgendwas verändert hat. Wenn man mich auch haßt, hehe, das stört mich nicht! Ich hab es gern, wenn man mich haßt. Ein Zeichen von Stärke, hehe! Ich dagegen hasse nicht, ich verachte.

IWAN MICHAILOWITSCH: Wie war denn das, im Klub hatten Sie auch zu tun?

WENEROWSKI: Einen Betrüger haben wir dort ertappt – der Dorfälteste wollte die Klubgelder verschwinden lassen, aber wir haben ihn auf frischer Tat ertappt. Das sind doch alles mehr oder weniger Spitzbuben, hehe! Und da freut man sich eben, wenn man feststellt, daß die Ideen des Fortschritts, Ehrgefühl und menschliches Empfinden so ganz allmählich in diese harten Schädel eindringen, zumindest ein klein wenig. Ja, wenn Sie wollen, auch ein einzelner ehrlicher Mensch, wieviel kann er tun? Da brauch ich nur mich anzusehen, warum sollte ich bescheiden sein, hehe!

IWAN MICHAILOWITSCH: Schuldig sprechen kann man auch nicht gleich, was war denn das für eine Erziehung?

WENEROWSKI: Ich habe ein persönliches Anliegen an Sie. *Er führt ihn zur Seite.* Wenn man auch ausschließlich die gesellschaftlichen Belange im Auge hat, so muß man doch mitunter etwas an sich denken, der Egoismus ist nun mal jedem Menschen eigen. Bei mir kommt das selten vor, aber jetzt hat es sich gerade so ergeben ... Ich weiß gar nicht, wie ich es Ihnen sagen soll! Ich bin es so gar nicht mehr gewohnt, mich um meine eigenen Interessen zu kümmern. *Er lacht.* Wirklich komisch ...

IWAN MICHAILOWITSCH: Was ist denn, Sie brauchen doch nicht etwa Geld! Ich tue jederzeit, was in meinen Kräften steht ...

WENEROWSKI: Nein! Ich weiß genau, Sie mögen mich nicht, aber was hilft's! Wir haben Macht. Mit uns muß man rechnen.

IWAN MICHAILOWITSCH: Ja, mir scheint, jetzt endlich errate ich ... aber das ist eine Sache, in der ...

WENEROWSKI: Na, wenn Sie es erraten, dann geben Sie mir Ihre Tochter, jawohl! Nur, bitte, möglichst ohne Umstände.

IWAN MICHAILOWITSCH *feierlich*: Ihr Antrag, Anatoli Dmitrijewitsch, ehrt mich. Ich hatte stets die beste Meinung von Ihnen. Und Ihr jetziger Schritt bestätigt alles Gute. Sie handeln wie ein wahrhaft ehrenwerter Mann. Sie sind nicht ohne Grund mehrmals in unser Haus gekommen, haben das Mädchen nicht kompromittiert; und dann haben Sie, wie ein wahrhaft edler Mensch, sich nicht gestattet, das Mädchen zu verwirren, sondern sich zuerst an den Vater gewandt. Das ist ein überaus vornehmer Zug.

WENEROWSKI: Nun, unseren Überzeugungen nach stehen die Dinge etwas anders, hehe. Ich habe schon mit Ljubow Iwanowna gesprochen. Sie, hehe, will.

IWAN MICHAILOWITSCH: Hm ... Ja ... Sie wissen ... nun ja, ich bin einverstanden.

WENEROWSKI: Das Einverständnis von Marja Wassiljewna, nehme ich an ... Hehe ... na ja. Eins nur ... Sie wissen, ich bin ein Sonderling in Ihren Augen, hehe! Mir wären alle diese Glückwünsche, dieses Gerede unangenehm ... Ich möchte sowenig wie möglich von diesen Leuten sehen, die ich verachte. Deshalb halten Sie das alles geheim, bis es soweit ist; alle diese Zeremonien sind doch dumm.

IWAN MICHAILOWITSCH: Gut, ich verstehe. Und jetzt, mein lieber zukünftiger Schwiegersohn ...

WENEROWSKI: Iwan Michailowitsch! Ich bleibe Anatoli Dmitrijewitsch, und Sie – Iwan Michailowitsch – was soll das – Schwiegersohn, Schwiegervater! Das führt zu nichts, ist mir unangenehm, und – die Hauptsache – es ist dumm.

IWAN MICHAILOWITSCH: Das stimmt schon, ja ... Nun, jetzt halte ich es noch für nötig, Sie über Ljubotschkas Vermögen aufzuklären. Reich sind wir nicht, aber ...

WENEROWSKI: Als ob Sie mir damit einen Gefallen täten ... Was kümmert mich Vermögen? Ihr Vermögen ist ihr Vermögen; wenn sie eins hat, um so besser. Mir scheint, wer sich nur ein wenig in den Menschen auskennt, kann meine Tätigkeit einschätzen und sich danach ein Urteil über mich bilden. Ich will Ihnen sagen, was ich brauche. Ich habe nur ein Ziel. Dieses Mädchen ist von guter Art, sie hat gute Anlagen. Ich bin nicht in sie verliebt. Derlei Dummheiten kenne ich nicht. Anlagen hat sie, aber sie ist ungebildet, sehr ungebildet. Ich wünsche eines, sie auf mein Niveau emporzuheben, und dann werde ich sagen: Ich habe ein weiteres Werk getan, und ich wünsche, daß mich dabei niemand stört. Das sage ich Ihnen im voraus. Ihnen mag das seltsam erscheinen, aber wir sind neue Menschen, und was Ihnen seltsam und schwierig vorkommt, ist für uns einfach. Teilen Sie also bis zum ersten August niemandem etwas mit, und die Sache geht bestens. *Er drückt ihm die Hand.*

Iwan Michailowitsch drückt Wenerowskis Hand fest und lange.

IWAN MICHAILOWITSCH: Ich verstehe alles, ich verstehe alles. Erlauben Sie, daß ich Sie umarme.

WENEROWSKI: Nein, bitte nicht, lassen Sie das. Das wäre mir unangenehm. Leben Sie wohl! *Er geht ab.*

IWAN MICHAILOWITSCH: Ein nobler Mann. Das ist wahr. Da ist es, das neue Zeitalter! Aber trotzdem irgendwie seltsam, ich habe mich noch nicht daran gewöhnt. Aber Gott sei Dank, Gott sei Dank!

Vorhang

ZWEITER AKT

ERSTES BILD

Die Bühne stellt ein unaufgeräumtes Junggesellenzimmer in der Wohnung Wenerowskis dar.

WENEROWSKI *allein mit seinem Porträt in der Hand*: Heiraten! Entsetzlich, dumm, sich für ewig an eine ungebildete und von ihrer Umgebung verdorbene Frau zu binden. Entsetzlich, die eigene Reinheit und Kraft zu vergeuden in der beständigen Konfrontation mit Niedrigem und Schmutz – aber angenehm. Vieles ist angenehm. Ein gesichertes Leben ... dann sie selbst als Frau ... nicht übel. Den Dienst kann ich quittieren. Die literarische Arbeit ... Die Hauptsache ist – sie ist sehr reizvoll. Das alles ist herrlich. Eine herrliche Frau! Und immerhin hat sie mich nicht ohne Vergnügen geküßt. Sogar mit großer Begeisterung. Und ich hatte dabei ein Empfinden, als hätte ich das gar nicht erwartet. Ich hatte es auch nicht erwartet. Wieso hatte ich es nicht erwartet? Merkwürdig, wie unklar ich mir über mich selbst war. Daß ich so wenig über mich selbst Bescheid wußte. *Er betrachtet sich im Spiegel.* Ja, ein schönes Gesicht, bemerkenswertes Aussehen. Sogar sehr, sehr schön. Genau das, was man einen anziehenden Mann nennt; einen Mann von sehr reizvollem und bemerkenswertem Aussehen. Aber, man kennt sich selbst nicht! Und lächerlich, daran zu denken, mit wieviel Furcht ich mich ihr genähert habe. Was gab es da zu fürchten, hehe? Früher dachte ich, mein Aussehen sei nicht sehr anziehend, und versuchte, mich zu trösten. Nun, dachte ich, ich bin nicht so anziehend wie andere, aber dafür klug, denn wer ist klüger als ich? Wer begreift die Dinge so feinsinnig, leicht und tief? Nun, schön bin ich nicht, ich kann mich nicht mit diesen Salonlöwen messen, die auf ihren Rappen durch die Straßen reiten, aber dafür habe ich einen enormen Verstand, bin charakterfest, ehrlich und rein wie ein liberal denkender Mensch ... Das alles entschädigt mich. Auf diese Weise habe ich mich immer getröstet. Na schön, ich kann mich in den Salons nicht bewegen, kann nicht französisch plappern wie andere, und ich beneide die Herren im Salon. Aber, so denke ich, dafür bin ich gebildet wie keiner ... ich kenne tatsächlich niemanden mit so allseitiger und gründlicher Bildung. Gibt es eine Wissenschaft, wo ich keine Entdeckungen machen könnte – Philologie, Geschichte und die Naturwissenschaften? Ich kenne mich in allem aus. Und meine Begabungen ... Und ich denke es mir so: Das Schicksal gibt jedem das Seine –

dem einen, wie mir, Verstand, Talent, Bildung und Kraft, dem anderen – schnöde Gaben: Schönheit, Geschicklichkeit und Liebenswürdigkeit. Und plötzlich, was stellt sich heraus? Es stellt sich heraus, die Natur hat gar nicht geteilt, sondern alles vereinigt, und alles in einem Menschen. Und alles erklärt sich daraus, daß ich in Petersburg keine Gelegenheit hatte, meine Macht über Frauen ... dieser Sorte auszuprobieren. Dabei ist alles da. In den besten Adelskreisen und in den spießigsten, wo man nur aufs Äußere achtet. Denn Ljuba vermochte nicht das Wesen meiner Vorzüge zu begreifen ... In diesem Haus haben sich zwei Frauen in mich verliebt. Ja, verliebt. *Selbstzufrieden*: Ja, so muß es sein, ich bin sehr häßlich und ungeschickt ... Wie wenig man sich kennt, lachhaft, daran zu denken! *Er beschaut sich im Spiegel.* Ja, sehr gut ... Dazu noch diese sittliche Reife, die sie immerhin spüren, wie niedrig sie auch stehen mögen, dann zeigt sich, daß es solche Leute wenig gibt. Vielleicht auch überhaupt nicht. *Er macht ein finsteres Gesicht und betrachtet sich im Spiegel.* Welch durchgeistigter, ruhiger, entschiedener Ausdruck! Ja, dem ist schwer zu widerstehen. Das verstehe ich. Was doch eine starke Natur ausmacht. Immer unterschätzt man sich, nicht so wie alles mögliche Gesocks, das sich einbildet, wunder wer zu sein. Jedenfalls erweist sich, es gibt keinen Menschen, der glücklichere Anlagen mitbringt und seine Vorzüge dabei so niedrig schätzt. Ja ... Das ist klar.

Bekleschow tritt ein.

BEKLESCHOW: Also, Bruder, das war heute eine vortreffliche Jagd. Haha! Ich komme geradewegs aus dem Gerichtssaal.

WENEROWSKI: Das ist lobenswert, daß du dich in den Mühseligkeiten des Lebens umtust. Und was hat uns Gott beschert?

BEKLESCHOW: Wir haben zwei Gutsbesitzer gehetzt, eine Gutsbesitzerin, und einen bestechlichen Beamten haben wir zur Verantwortung gezogen. Alles in einer Sitzung. Das war ein Festessen, ich kann dir sagen!

WENEROWSKI: Das ist gut. Für die ist es nützlich, mir ist es angenehm, und du hast dein Vergnügen gehabt.

BEKLESCHOW: Ein unsagbares Vergnügen, Bruder! Na ja, mein

ganzes Leben gründet sich darauf. Meine Leidenschaft und mein Beruf. Ihr Idealisten zieht nur Schlußfolgerungen, wir Praktiker dagegen handeln. Warum nehme ich denn Anteil an deiner Heirat! Ganz und gar nicht, weil ich dein Kommilitone und Freund bin und hier dein Glück sehe. Durchaus nicht. Ich sehe nur das Säugetier Pribyschew, der dich reinzulegen beabsichtigt und den man hetzen muß, und ich werde ihn hetzen. Nun, wie stehen die Aktien? Fahren wir heute zu den Pribyschews? Heute steigt doch die formale Bekanntgabe. Ich bin bereit und gewappnet.

WENEROWSKI: Ach was, angenehm ist das nicht. Hehehe! Heute findet die Verlobung statt. Äußerst dumme Angelegenheit, wir müssen ihr aus dem Wege gehen, so gut wir nur können.

BEKLESCHOW: Das ist alles Nebensache. Wie steht es um die finanzielle Seite? Gab es eine Erklärung?

WENEROWSKI: Gleich zeigt sich dein praktischer Sinn!

BEKLESCHOW: Was denn sonst? Das ist ein wichtiger Umstand.

WENEROWSKI: Ich habe ihrem ehrenwerten Erzeuger gleich am ersten Tag zu verstehen gegeben, daß ihr Vermögen ihr Vermögen ist und daß er mir nicht mit diesem Unsinn kommen soll, ja – hehe! – und der Erzeuger war von dieser meiner Ansicht höchst erfreut – ja ...

BEKLESCHOW: Och, du Idealist! Du hast ihm die Waffe selbst in die Hand gegeben. Dieses Kalb bildet sich jetzt ein, er braucht deiner Braut nichts mitzugeben, aber den Unterhalt einer Frau auf sich zu nehmen, ohne neue Mittel, das ist irrsinnig. Ich glaube, das braucht nicht bewiesen zu werden.

WENEROWSKI: Das stimmt. Aber ich werde schon dafür sorgen, daß ich nicht den Dummen mache. Ich habe nur ein Ziel – dieses Mädchen, ein gutes Mädchen, der Verderbnis und der Sittenlosigkeit zu entreißen, in der sie gelebt hat. Und es ist doch wohl offensichtlich, daß dieses Mädchen nichts einbüßen darf dafür, daß sie mich erwählt hat, sie darf schließlich nicht um die einfachen Annehmlichkeiten des Lebens gebracht werden. Ich werde Schritte unternehmen zur Wahrung ihrer Interessen.

BEKLESCHOW: Laß dich nur nicht reinlegen. Ihr Idealisten seid da Meister. Ihr macht Pläne, aber die praktische Seite erörtert ihr nicht. Nun, was für Schritte willst du denn unternehmen?

WENEROWSKI: Paß auf. Bei unserem letzten Zusammentreffen fing Pribyschew in ihrer Gegenwart wieder ein Gespräch über Geld an; ich sagte, ich fände es passender, über diesen Punkt unter vier Augen zu sprechen, als vor Publikum damit großzutun.

BEKLESCHOW: Darin liegt der Hund ja begraben, du wirst mit Zartgefühl vorgehen, während sie dich hintergehen.

WENEROWSKI: Sieh mal, ich habe den heutigen Tag für diese Unterredung angesetzt. Ich bin entschlossen zu sagen, daß ich eine Klärung dieser Sachlage wünsche. Dafür verbürge ich mich.

BEKLESCHOW: Er haut dich übers Ohr, das sag ich dir. *Er überlegt.* Bedenke eins: Für sie, für dieses Volk, ist die Zeremonie wichtiger als alles andere. Und da mußt du sie zu fassen kriegen. Bedenke eins: Geh nicht in die Kirche, ehe du die schriftlichen Unterlagen in der Hand hast, die bestätigen, daß sie über konkreten Besitz verfügt.

WENEROWSKI: Du stellst die Frage so, als gehe es mir einzig und allein um ihr Vermögen. Das ist mir sogar unangenehm. Du bist wirklich zu praktisch.

BEKLESCHOW: Also, ich sag es ja – ein Idealist! Du vergißt eben, mit wem du es zu tun hast. Das ist doch ein abgefeimter Schurke. Fünfhundert Jahre haben die ihre Leibeigenen ausgeplündert, des Volkes Blut getrunken, und du willst ihm mit Idealismus kommen. Du hast ein ehrliches Ziel – sie zu retten, na ja. Was kümmern dich ihre Finanzen! Das ist doch Kinderei, Studentenleichtsinn!

WENEROWSKI: Bruder, mir geht es vor allem um die Sache. [Ein anderer und wichtigerer Umstand ist der Student. Für mich ist er ein Würstchen, aber sie kennt mich noch nicht richtig, kann nicht schätzen, was man an mir schätzen muß, und betrachtet alles von einem banalen Standpunkt aus. Und deshalb interessiert sie sich für ihn. Das einerseits. Andererseits brennt die Jungfer Dudkina vor Verlangen nach Aussprache und wird sich mit dem Frauen eigenen Leichtsinn durch die

Nachricht von meiner Heirat gekränkt fühlen. Diese beiden schädlichen Einflüsse müssen also beseitigt werden: der des Studenten und der dieser Dame. Darin brauche ich die Hilfe eines praktisch denkenden Freundes.]

BEKLESCHOW: Schön, schön. Idealist! Ich sag es ja, wenn ich dich nicht unter meine Fittiche nehme, plumpst du wie eine Henne in die Suppe. Aber von diesem Standpunkt aus werden wir die Hatz aufnehmen. Erzähl mal, wie ist denn das Frauenzimmerchen so?

WENEROWSKI: Was soll ich dir sagen – das Mädchen hat ein angenehmes Äußeres, sie ist gut, zärtlich und noch nicht ganz verdorben. Sie hat sehr gute Anlagen. In diesen letzten zwei Wochen habe ich ihr viel zu lesen gegeben, viel mit ihr gesprochen. Sie beginnt, die Dinge im richtigen Lichte zu sehen. Beispielsweise empfindet sie schon die ganze Abscheulichkeit ihrer Umgebung, möchte sich von ihr losreißen und erkennt die Nichtswürdigkeit ihrer ehrenwerten Eltern. Ein überaus ehrliches und braves Wesen. Wenn ich sie erst einmal aus diesem üblen, widerwärtigen Nest herausgerissen und natürlich alle Verbindungen zu den ehrenwerten Eltern abgebrochen habe, hoffe ich, wird sie sich ganz entfalten. Du wirst sehen. Heute fahren wir.

BEKLESCHOW: Hm, hm. Das ist gut. Nun, und was ist die Nichte für eine?

WENEROWSKI: Diese Nichte, weißt du, ist ein emanzipiertes Frauenzimmer, ein gescheites und gebildetes Persönchen, aber von wenig anziehendem Äußeren.

BEKLESCHOW: Du kannst sagen, was du willst – hübsches Aussehen und Bildung findest du bei Frauen nicht in einer Person. Da sind diese rosigen Dummerchen doch viel angenehmer.

WENEROWSKI: Hehe! Ja, natürlich. Dieses Frauenzimmer ist mir also höchst unbequem. Du mußt wissen, früher bestanden zwischen mir und dieser Jungfer gewisse Beziehungen ... Sie war das einzige denkende Geschöpf in der Familie, unwillkürlich habe ich mich näher an sie angeschlossen. Na ja, und jetzt macht dieses Frauenzimmer ihre Ansprüche geltend. Es geht einfach dumm aus und kann noch viel schlechter ausgehen, wenn sie von meiner Heirat erfährt.

BEKLESCHOW: Das ist blöd.

WENEROWSKI *stolz*: Nein, verehrter Sergej Petrowitsch, Vorwürfe kann mir niemand machen: Ich habe gehandelt, wie jeder ehrliche Mensch handeln muß, der die Freiheit der Frau bejaht. Ich habe ihr damals gesagt, daß ich keinerlei Verpflichtungen übernehme, daß ich mich diesen Beziehungen nur für eine begrenzte Zeit hingebe.

BEKLESCHOW: Hahaha! Ich sehe doch, was dich beschäftigt: Du überlegst, ob du, was sie betrifft, nicht doch schlecht gehandelt hast? Das nenne ich Idealismus! Überleg doch mal, mit wem du es zu tun hast. Erinnre dich, was diese Leute für gut und was für schlecht halten. In der Umgebung, in der sie leben, sind doch alle sittlichen Begriffe verzerrt. Wenn du auf diese Leute Rücksicht nimmst, machst du immer den Dummen. Merk dir die erste Regel: Was für uns unehrlich ist – ist für sie ehrlich, und umgekehrt. Vergiß das nicht. Aber nehmen wir an, du hast dein Vergnügen mit ihr gehabt – in der Not frißt der Teufel Fliegen –, was folgt denn daraus?

WENEROWSKI: Das stimmt – aber diese Jungfer ist aufdringlich, meint, sie habe Rechte, und kann mir schaden. Und überhaupt, ich möchte sie gern loswerden.

BEKLESCHOW: Man muß sehen.

Ein schmutziger Portier tritt ein, ein alter Mann, der den Lakai ersetzt. Später kommen Katerina Matwejewna und Iwan Michailowitsch.

PORTIER: Anatoli Dmitritsch, das Fräulein da fragt wieder nach Ihnen, und ein Herr ist auch mit.

WENEROWSKI: Was für ein Fräulein?

PORTIER: Na die da, die schon mal da war, die gestutzte.

WENEROWSKI: Das ist Pribyschew mit der Nichte. Laß sie herein.

Der Portier geht ab.

BEKLESCHOW: Das Wild rennt dem Fänger ins Netz. Ich hetze sie beide.

Iwan Michailowitsch und Katerina Matwejewna treten ein.

IWAN MICHAILOWITSCH: Nun, Katjenka und ich waren in Ihrer Schule. Ljubotschka wollte auch mitfahren, aber sie hatte Angst – sie hat sich gestern erkältet. Und da sind wir gleich mal bei Ihnen vorbeigekommen. Also, ich sage Ihnen, Anatoli Dmitrijewitsch, diese Kinder sind eine Augenweide, also, ich weiß nicht! Jawohl, wirklich brav, brav!

WENEROWSKI: Tja, Sie haben gut getan, vorbeizuschauen. Darf ich vorstellen: Bekleschow, mein Kollege – ein kluger und anständiger Herr. Katerina Matwejewna, darf ich Sie auch bekannt machen?

KATERINA MATWEJEWNA *drückt Bekleschow die Hand so fest, daß er vor Schmerz das Gesicht verzieht; zu Bekleschow*: Mich hat diese Erscheinung immer gewundert, daß zwischen Männern Freundschaftsbande Beständigkeit haben, wohingegen diese Erscheinung unter Frauen nicht ... reproduziert wird, sozusagen. Ob der Grund dafür nicht in der niederen Bildung wurzelt, die der Frau gegeben wird? Habe ich recht?

BEKLESCHOW: Freilich, eine Verbindung wird durch die Gleichheit von Ansichten gefestigt, und nicht ...

KATERINA MATWEJEWNA: Erlauben Sie, erlauben Sie, Ich nehme an, Sie sind nicht deshalb vorrangig mit Anatoli Dmitrijewitsch befreundet, weil Sie Kollegen sind, sondern weil Sie die gleichen Überzeugungen teilen.

BEKLESCHOW: Freilich, wir teilen ein und dieselben Überzeugungen. Sie waren in der Schule?

KATERINA MATWEJEWNA: Ja. Sagen Sie, was meinen Sie: Mir ist der Gedanke gekommen, ob die Entwicklung des reflektierenden Denkens bei den Jungen nicht schädlich sein könnte? Sie müssen zugeben, man hat es doch da mit viel zu unverfälschten Persönlichkeiten zu tun ...

BEKLESCHOW: Ich meine, ich weiß nicht, wie Sie das sehen. Reflexion ist nur ein Kennzeichen der Entwicklung.

Katerina Matwejewna und Bekleschow fahren im Gespräch fort und gehen zur Seite.

IWAN MICHAILOWITSCH *zu Wenerowski*: Ich wollte mir diese Schule schon lange mal ansehen – ist das interessant! Und obendrein, denke ich, müssen wir heute über Geschäftliches reden, erinnern Sie sich, über Ljubotschkas Vermögen; ich habe alles mitgebracht. *Er zeigt eine Aktenmappe.* Hier haben wir die beste Gelegenheit dazu. Wir bereden alles, und dann fahre ich Sie zu uns. Na ja, Katjenka können wir es sagen, heute erfahren es doch alle. Sie wird uns nicht hindern, im Gegenteil – sie wird uns raten. Wenn sie auch ihre Eigenheiten hat, so ist sie doch ein kluger Mensch. Katjenka!

WENEROWSKI: Jetzt paßt das schlecht – wissen Sie, dieser Herr ...

IWAN MICHAILOWITSCH: Nun, meinetwegen dann später. Nur, heute lasse ich Sie nicht wieder los. Sie müssen doch Bescheid wissen.

Bekleschow und Katerina Matwejewna nähern sich.

Also, ich bin Ihnen ja so dankbar, daß ich die Schule besichtigen durfte. Eine Pracht, diese Kinderchen, ich finde keine Worte. So fröhlich, wißbegierig, was für Erfolge, und dieses da ... na, Sie wissen schon ... Das muß man Ihnen lassen, wundervoll aufgebaut! Brav. Das ist wirklich eine gute Sache ... brav, brav.

WENEROWSKI: Ja, ein wenig arbeiten wir alle. Wenn man uns auch behindert, aber wir schaffen es.

IWAN MICHAILOWITSCH *zu Bekleschow*: Ich finde, für unser Volk gibt es keinen Fortschritt ohne wahre Bildung, ich meine sittliche Bildung.

BEKLESCHOW: Ja, wenn jemand begreift, was sittliche Bildung bedeutet, ist sie natürlich nützlich.

KATERINA MATWEJEWNA: Erlauben Sie, erlauben Sie! Sagen Sie, Anatoli Dmitrijewitsch, wieso haben Sie die Lautiermethode nicht eingeführt? Sie ist faßlicher und rationeller, viel rationeller.

WENEROWSKI: Na ja, nicht alles bewerkstelligt sich rationell. Ich habe die vereinfachte Methode von Solotow vorgezogen.

KATERINA MATWEJEWNA: Und noch eines möchte ich Ihnen ganz offen sagen. Ich habe mich soeben mit Bekleschow unterhalten. Ich bin der Meinung, daß es unzweckmäßig ist, in niedrigstehenden Persönlichkeiten die Reflexion zu entwikkeln.

IWAN MICHAILOWITSCH: Entschuldigen Sie, ich muß nur mal schnell zum Gericht, dann fahren wir und besprechen alles.

WENEROWSKI *zu Katerina Matwejewna*: Gleich diskutieren wir, hehehe! *Zu Iwan Michailowitsch*: Na dann, kommen Sie wieder vorbei, Bekleschow fährt auch mit. Haben Sie wohl noch Platz in Ihrer Kutsche?

IWAN MICHAILOWITSCH: Haben wir, haben wir. *Zu Bekleschow*: Sehr, sehr erfreut. Heute ist für uns ein angenehmer Tag. Und der Freund von Anatoli Dmitrijewitsch ist uns ein lieber Gast.

Sie sprechen leise.

KATERINA MATWEJEWNA *zu Wenerowski*: Wenn ich hierbleibe, übernehme ich einen Teil des Unterrichts an dieser Schule. Ich zeige Ihnen in der Praxis, daß die Reflexion schädlich ist.

WENEROWSKI: Ach ja, das wäre möglich.

IWAN MICHAILOWITSCH *im Weggehen*: Auf Wiedersehen also, ich bin in fünf Minuten fertig.

WENEROWSKI *zu Iwan Michailowitsch*: Ja dann, kommen Sie nur, kommen Sie nur. *Zu Katerina Matwejewna*: Warum sind Sie so sehr gegen die Entwicklung von Reflexionen bei den Kindern? Ich bin der Ansicht – was für uns gut ist, ist gut für jeden.

KATERINA MATWEJEWNA *zu Wenerowski*: Nein, erlauben Sie, erlauben Sie! Mir sind beim Besuch dieser Schule so viele Ideen gekommen! Es erhebt sich die Frage: Was wollen Sie aus diesen Persönlichkeiten machen? Sehen Sie die Entwicklung eines jeden Individuums als offensichtlichen Nutzen an, oder kann die Entwicklung des einzelnen ohne gesellschaftliche Initiative diesen einzelnen dank der bestehenden unnormalen Ordnung schaden?

WENEROWSKI: Ich sehe die Entwicklung stets als einen Nutzen an, wie auch immer sie sich äußert, aber …

KATERINA MATWEJEWNA: Ja, aber fügen Sie hinzu, auf dem Wege des Fortschritts.

WENEROWSKI: Das versteht sich von selbst. Aber man muß doch den Widerstand der Umwelt in Betracht ziehen.

KATERINA MATWEJEWNA: Das stimmt, aber Sie können sagen,

was Sie wollen, ich habe Ihnen schon erklärt, ich spüre es geradezu, daß Sie diesen mörderischen Zuständen, dieser muffigen Atmosphäre, die wir atmen, nicht gewachsen sind ...

WENEROWSKI *möchte seinem Freund etwas sagen*: Du ...

KATERINA MATWEJEWNA: Nein, erlauben Sie, erlauben Sie, lassen Sie mich zu Ende sprechen. Sie haben sich vorgenommen, Licht in diese Stagnation zu bringen, aber die Umwelt erstickt Sie, Sie brauchen eine breitere Arena. *Zu Bekleschow*: Ist es nicht so?

BEKLESCHOW *leise zu Wenerowski*: Mein lieber Mann – das ist ein Frauenzimmer! Komm da mal zu Worte.

KATERINA MATWEJEWNA *überlegt einen Augenblick*: Ja, dieser Besuch hat in mir eine ganze Kette von Ideen geboren. Ich verehre Sie jetzt noch mehr. *Sie drückt Wenerowski die Hand und sagt leise zu ihm*: Heute ist der Tag, den ich Ihnen genannt habe; heute spreche ich mich mit Ihnen aus. Ich möchte mich mit Ihnen allein unterhalten. *Laut, zu Bekleschow*: Bekleschow, ich stehe über den Vorurteilen der Öffentlichkeit, ich habe mit Wenerowski etwas Privates zu besprechen und bitte Sie deshalb zu gehen. Stehen Sie auch darüber?

BEKLESCHOW: Natürlich; ich setze mich ins Nebenzimmer. *Im Weggehen zu Wenerowski*: Um so besser. Ja, Niveau hat sie, aber sie ist unangenehm, ich kann dir sagen. *Er geht ab.*

Katerina Matwejewna schweigt. Wenerowski kichert und schweigt dann ebenfalls.

KATERINA MATWEJEWNA *wird verlegen*: Ja, heute ist der Tag ... und sozusagen ... ja, die innere Arbeit ist getan ... aber Sie sind ein ehrlicher Mann. Die Frau ist schon herausgetreten aus dem Joch, unter dem sie niedergehalten wurde ... sie ist dem Mann gleichberechtigt, und ich ... ja, ich bin gekommen, um Ihnen offen und ehrlich zu sagen ... ich habe gründlich über mich nachgedacht ... ja, ja ... So sagen Sie doch etwas!

WENEROWSKI: Ich höre zu. Offenbar wird das ein interessantes Gespräch.

KATERINA MATWEJEWNA: Ja, aber sozusagen ... ja, warten Sie ...

WENEROWSKI: Ich warte, Sie haben versprochen, mir Ihre Gefühle mitzuteilen, aber etwas scheint Sie zu hemmen. Sie sind eine freie Frau – überwinden Sie sich. Klarheit der Beziehungen bedarf Klarheit des Ausdrucks, des Wortes. Und Eindeutigkeit in unseren Beziehungen fände ich überaus wünschenswert. Ich sage alles freiheraus, tun Sie das auch, kümmern Sie sich nicht um die orthodoxe Meinung über die Beziehungen zwischen Mann und Frau. Hegen Sie keine Bedenken – es ist der alte Adam, wie die Mystiker seligen Andenkens sagten, der Sie verwirrt ... Also ...

KATERINA MATWEJEWNA *entschlossen*: Ja, das stimmt, es ist der alte Adam. Ich stehe darüber. *Sie streckt die Hand aus.* Wenerowski! Ich habe die Tiefen meines Bewußtseins durchforscht und mich davon überzeugt, daß wir uns vereinen müssen! Ja ... Wie diese Vereinigung vonstatten gehen soll – das überlasse ich Ihnen. Wenn Sie es für nötig halten, angesichts der Masse und angesichts Ihrer sowie meiner niveaulosen Verwandten die Zeremonie der Eheschließung durchführen zu lassen – würde ich, sosehr das meinen Überzeugungen widerstrebt, mein Einverständnis im voraus erklären und dieses Entgegenkommen auf mich nehmen. Aber ich wünsche eines. Die Umwelt, wie ich schon sagte, erstickt Sie und unterdrückt mich. Wir müssen von hier weg. Wir sollten uns in Petersburg niederlassen, wo wir für unsere Überzeugungen mehr Mitgefühl finden, und dort ein neues Leben beginnen, mit neuen Prinzipien und Grundlagen. Die Frage, ob Sie mich besitzen können, ist zwischen uns schon geklärt.

WENEROWSKI: Das nenne ich offen und ehrlich. Nun kann ich mich ebenso kategorisch äußern, und ich werde mich darum bemühen.

KATERINA MATWEJEWNA: Erlauben Sie, erlauben Sie, ich habe noch nicht alles gesagt. Das Leben, das uns erwartet, wird nicht nur für uns von Bedeutung sein, sondern auch für die gesamte Gesellschaft. Wir werden zum Prototyp der neuen

Beziehungen zwischen Mann und Frau, wir werden die Ideenwelt des Jahrhunderts verkörpern, wir werden ...

WENEROWSKI: Erlauben Sie auch mir, zwei Wörtchen zu sagen!

KATERINA MATWEJEWNA: Wenerowski! Ich verehre Sie – Sie kennen mich. Ich bin eine freie und dem Mann gleichberechtigte Frau. Ich bin stolz darauf, daß ich zuerst gesagt habe: Ich möchte mich mit Ihnen vereinen, und erwarte eine ehrliche und bewußte Antwort. Das alles ist sehr einfach. *Sie wirft ihr Haar zurück und geht erregt auf und ab.*

WENEROWSKI: Es erweist sich doch immer wieder, daß eine schlichte und ehrliche Einstellung zum Leben bequemer und zweckmäßiger ist. Sie sagen, Sie möchten sich mit mir vereinen. Das ist durchaus verständlich: auf jeden Fall, und man weiß, was man zu antworten hat. Ihre selbige Entscheidung und die Art und Weise, sie auszudrücken, alles das beweist Ihr hohes Niveau. Ich kenne keine andere junge Frau, die derart bewußt hätte auftreten können. Ich antworte Ihnen offen, diese Vereinigung kommt mir ungelegen, und deshalb kann ich sie nicht gutheißen. Was aber unsere früheren Beziehungen angeht, so muß eben dieses moralische Gefühl der Wahrhaftigkeit, über das Sie in so starkem Maße verfügen, für Ihre Zurückhaltung in dieser Hinsicht Gewähr bieten.

KATERINA MATWEJEWNA: Erlauben Sie, erlauben Sie ... Sie geben mir eine Absage? *Sie bleibt stehen und wirft das Haar zurück.*

WENEROWSKI: Katerina Matwejewna, es gibt keinen modernen Mann, der Ihren Antrag nicht als Lohn für seine Mühen ansehen würde, aber ich habe eine andere Wahl getroffen, und deshalb ...

KATERINA MATWEJEWNA: Ah! Gut, sehr gut ... Erlauben Sie, ich verehre Sie. *Sie geht erregt auf und ab.*

Iwan Michailowitsch tritt ein.

Ah, Iwan Michailowitsch! Wir haben uns ausgesprochen, die Situation ist geklärt. Ja, ich bin sehr froh über diese Gewißheit. Ja, wir haben alles geklärt.

IWAN MICHAILOWITSCH: War denn zwischen Ihnen etwas unklar?

WENEROWSKI: Mehr abstrakte Fragen.

KATERINA MATWEJEWNA: Erlauben Sie, nicht so ganz abstrakte ... aber ganz egal, ich freue mich sehr, fahren wir nach Hause ...

IWAN MICHAILOWITSCH: Nein, du mußt schon entschuldigen. Ich hatte versprochen, mich heute mit Anatoli Dmitrijewitsch über Geschäfte zu unterhalten, und bin absichtlich hierhergefahren, ich habe sogar Papiere mitgebracht ... Jetzt, Katjenka, kann ich es dir sagen. Gratuliere mir und Anatoli Dmitrijewitsch. Er hat Ljuba einen für uns schmeichelhaften Antrag gemacht und heiratet sie am ersten August.

KATERINA MATWEJEWNA *zu Wenerowski*: Es gibt drei Arten von Liebe: die Liebe der Astarte, die Liebe der Aphrodite und die Liebe der Gleichberechtigung ... Wenerowski, Sie stehen noch nicht über der Liebe der Astarte. Ich hatte Sie höher eingeschätzt ... aber trotzdem verehre ich Sie noch. Iwan Michailowitsch, wird die Besprechung lange dauern?

IWAN MICHAILOWITSCH: Nun ja, eine Viertelstunde werden wir schon zusammensitzen, dann fahren wir.

KATERINA MATWEJEWNA: Wenerowski, geben Sie mir die letzte Nummer von der »Poljarnaja swesda«, ich werde lesen.

WENEROWSKI *gibt ihr ein Heft*: Da ist sie; beachten Sie diesen Artikel. Er legt sehr gut dar ... Aber wollen Sie nicht ins Nebenzimmer gehen, damit wir Sie nicht stören?

KATERINA MATWEJEWNA: Nein.

WENEROWSKI: Wirklich, dort hätten Sie es bequemer.

KATERINA MATWEJEWNA: Nein.

WENEROWSKI *zur Seite*: Wieder ist die Aussprache unmöglich!

Katerina Matwejewna setzt sich abseits an einen Tisch, stützt den Kopf auf und beginnt zu lesen, schaut ab und an zu Wenerowski hin und schüttelt zweifelnd den Kopf. Iwan Michailowitsch setzt sich an den Tisch, öffnet seine Mappe und sortiert die Papiere. Wenerowski setzt sich ihm gegenüber.

IWAN MICHAILOWITSCH: Also, mein lieber, teurer Anatoli Dmitrijewitsch ...

WENEROWSKI: Worum geht es? Reden Sie.

IWAN MICHAILOWITSCH: Sie waren so großherzig am ersten

Tag, als ich von Ljubotschkas Vermögen sprechen wollte, daß Sie dieses Gespräch ablehnten; ich schätze das sehr hoch ein, glauben Sie mir. Aber Sie müssen zugeben, es ist mir als Vater sozusagen angenehm, Rechenschaft über die Verwaltung des Vermögens meiner Tochter abzulegen, Rechenschaft vor ihrem zukünftigen Gatten ...

WENEROWSKI: Na schön, ich höre. Sprechen Sie.

IWAN MICHAILOWITSCH: Ich will ganz offen sein. Ein anderer könnte sich vielleicht schämen, weil man es ihm als Geldgier auslegen würde, aber Sie, Anatoli Dmitrijewitsch, dürfen in dieser Hinsicht beruhigt sein. Ganz bestimmt wird niemand sagen, Sie hätten des Geldes wegen geheiratet ...

WENEROWSKI *schaut sich nach Katerina Matwejewna um*: Natürlich, so ist es. Aber das alles gehört nicht zur Sache.

IWAN MICHAILOWITSCH *sortiert die Papiere, nimmt eins heraus*: Sehen Sie, mein Vermögen ist klein, es geht auf meinen Sohn über. Ljubotschka verfügt über das Vermögen der Mutter. Die Mutter wünscht einen kleinen Teil für sich zu behalten – das übrige, haben wir beschlossen, geht alles auf Sie über ...

KATERINA MATWEJEWNA *steht auf, wirft das Haar zurück*: Erlauben Sie, erlauben Sie, Anatoli Dmitrijewitsch, die Verehrung, die ich für Sie empfand, beginnt in der Tiefe meines Bewußtseins zu wanken. Vor zwei Wochen gaben Sie der Überzeugung Ausdruck, daß Sie Ljubotschka nicht schätzen. Das lag in der Ordnung der Dinge.

IWAN MICHAILOWITSCH: Katjenka, stör nicht, was redest du dazwischen!

KATERINA MATWEJEWNA: Erlauben Sie, erlauben Sie! Wenerowski, Sie haben mir beteuert, daß Sie Ljubotschka als Frau nicht schätzen, und jetzt heiraten Sie sie. Das ist unlogisch.

WENEROWSKI: Ich verstehe nicht, mit welcher Absicht Sie das sagen.

KATERINA MATWEJEWNA: Erlauben Sie, ich habe gesagt: Das ist unlogisch. Ich habe nur das gesagt. Jetzt verhandeln Sie mit Iwan Michailowitsch über die Geldangelegenheiten Ihrer Braut – so nennt man das doch wohl! Ich sehe in dieser Tatsache ein niedriges Geschäft mit einem Menschen, und deshalb bitte ich Sie, mich nicht zu beleidigen, einander nicht zu beleidigen und die Menschenwürde nicht zu beleidigen, indem Sie dieses Gespräch fortsetzen. Weiter habe ich nichts zu sagen.

IWAN MICHAILOWITSCH: Aber, Katjenka, das wird peinlich und dumm.

WENEROWSKI: Überaus merkwürdig – das ist alles, was ich dazu sagen kann. *Leise zu Iwan Michailowitsch*: Wirklich ein peinliches Gespräch, wenn Sie mir etwas anvertrauen wollen, so vertrauen Sie es Bekleschow an, ich habe dafür wirklich keine Zeit, ich werde es ihm sagen.

IWAN MICHAILOWITSCH: Na schön, Anatoli Dmitrijewitsch, fahren Sie zu mir. Rufen Sie ihn. Fahren wir!

KATERINA MATWEJEWNA: Ich dulde diese Erniedrigung nicht.

IWAN MICHAILOWITSCH: In der Tat, das wird peinlich. Fahren wir.

WENEROWSKI: Ich komme sofort.

Iwan Michailowitsch und Katerina Matwejewna gehen ab.

BEKLESCHOW *kommt aus dem Nebenzimmer*: Also, Bruder, ich kann dir sagen – das ist ein gefährliches Mädchen. Die muß ausgeschaltet werden. Die muß unbedingt ausgeschaltet werden.

WENEROWSKI: Aber wie?

BEKLESCHOW: Ich fürchte eins, diese ganze Szene war gespielt und die übereifrige Jungfer Dudkina ist von Subotykow aufgehetzt worden.

WENEROWSKI: Nein, sie hat in aller Einfalt gehandelt.

BEKLESCHOW: Ich sage dir, es gibt keine Gemeinheit, zu der diese Herrschaften nicht fähig wären. Aber jetzt mußt du mich beauftragen, mit dem Vater über das Vermögen zu verhandeln – sag ihm das unterwegs –, mir wird er nicht ausweichen. Was die Jungfer angeht, weiß ich eins: Sie verzehrt sich in dem Bedürfnis nach Liebe. Man muß einen Jüngling auf sie hetzen, erst dann wird sie von dir ablassen. Fahren wir. Ich werde sie beide aufeinander hetzen.

WENEROWSKI: Ein praktischer Mann, o ja. Hehe!

Vorhang

ZWEITES BILD

Die Bühne zeigt einen ländlichen Garten auf dem Gut der Pribyschews. Marja Wassiljewna und die Kinderfrau.

KINDERFRAU: Also ist es doch gekommen, wie ich gesagt habe, Mütterchen Marja Wassiljewna, genau so. Der Bräutigam ist wirklich der Bräutigam. Und wie oft ich die Karten auch gelegt habe, dauernd der Karo-König und die Hochzeitskarte. Immer kam nur das heraus.

MARJA WASSILJEWNA: Ja, Kinderfrau, es ist nicht leicht, sich von der Tochter zu trennen. Als Iwan Michailowitsch es mir heute sagte, war mir, als hätte mich etwas hier an dieser Stelle getroffen. *Sie zeigt auf den Hinterkopf.* Mir ist so schwindlig. Ich bin eben etwas auf und ab gegangen, und es ist nicht besser geworden. Die Mitgift, die Hochzeit, das alles bringt solche Scherereien!

KINDERFRAU: Was denn für Scherereien? Alles fertig, alles da.

MARJA WASSILJEWNA: Ein Umstand, was sollen wir tun? Der Bräutigam mag keine Gäste. Aber wir müssen doch die Verwandten einladen. Wenigstens heute zum Essen habe ich Semjon Petrowitsch, Marja Petrowna, allen habe ich eine Einladung geschickt ...

KINDERFRAU: So geht das nicht, Mütterchen. Als würden Sie die Tochter heimlich verheiraten. Wir haben das doch nicht aufgebracht, wir können's nicht abschaffen. Eine Hochzeit ist eine ernste Sache. Und Ihre Verwandten sind nicht schlechter als seine. Wieso trägt er die Nase so hoch! Ist er vielleicht ein Fürst? Weiß Gott, von wem der stammt.

MARJA WASSILJEWNA: Immerzu schimpfst du auf ihn, Kinderfrau, das ist nicht recht. Denk daran, er wird Ljubotschkas Mann. Nur noch eine Woche. Und Ljubotschka ist ja so verliebt, so verliebt! Ich wundere mich sogar. Ljubotschka, Ljubotschka, paß auf, in einem Jahr hat sie selbst eine Ljubotschka. Wie ist das nur alles gekommen? Nein, Kinderfrau, du darfst nicht schlecht von ihm reden. Ganz bestimmt, er ist ein sehr bedeutender Mann – das sagen alle. Alles weiß er, überall ist er gewesen, ein Schriftsteller. Und von wem wird denn nicht schlecht gesprochen?

KINDERFRAU: Mütterchen, in Gegenwart von Ljubotschka, von Ljubow Iwanowna, sage ich nichts, aber wer soll Ihnen denn was sagen, wenn nicht ich. Das kann nicht gut gehen, er hat keinen Grund, überheblich zu sein. Sind Sie denn Bauern? Womit tut er sich vor Ihren Verwandten groß? Daß er im Ausland war – heutzutage, Mütterchen, fährt jede beliebige Gutsbesitzerin ins Ausland. Ich war im Ausland, da seht her! Alle fahren. Das ist nicht mehr wie früher. Oder: Ich bin Schriftsteller! Da staunen wir aber, ganz was Seltenes – nehmen wir doch Katerina Matwejewna! Wir kennen sie von Kind an – wie war sie schwer von Begriff, und von wegen Geschick oder Anmut, nichts da, dabei hat sie neulich gesagt, daß etwas von ihr gedruckt worden ist. Oder der jüngste Sohn des Diakons, vom Seminar haben sie ihn gejagt, und er wird auch gedruckt. Heutzutage setzt man damit keinen in Erstaunen. Und dann – weder Reichtum noch Verwandte. Es heißt, der Vater sei ein Säufer, der Sohn läßt ihn nicht einmal zu sich. Keine Umgangsformen ... das wäre wenigstens was. Kein vornehmes Auftreten. So wie Iwan Michailowitsch, wenn der sich fein macht, und als er noch jünger war, wie sah er manchmal gut aus. Aber der da will dauernd alles neu machen, als wär er was Besondres. Gar nichts ist er; und Scherze erlaubt er sich mitunter – so was gehört sich nicht.

MARJA WASSILJEWNA: Ach, Kinderfrau, reden wir lieber nicht davon! Das Schicksal will es eben so.

KINDERFRAU: Da haben Sie recht. Mit Worten ist da nicht zu helfen. Aber eins – die Hände küsse ich Ihnen, hören Sie auf die böse, abscheuliche Kinderfrau Marja, hören Sie auf meinen Rat. Um Gottes willen, ich bitte Sie! Geben Sie ihm nichts vorher von dem Geld oder dem Vermögen. Es gehört doch alles Ihnen, und niemand kann es Ihnen verbieten. Geben Sie alles: die Aussteuer, die Kleider, das Bettzeug, die Brillanten, geben Sie alles vom Besten, aber geben Sie ihm bloß kein Geld. Immerhin ist er ein Fremder. Warten Sie ab, schauen Sie erst, was von ihm zu erwarten ist. Geben können

Sie es ihm immer noch. Ich weiß doch, Sie behalten für sich kein bißchen.

MARJA WASSILJEWNA: Was redest du für dummes Zeug, Kinderfrau. Wie kann man denn so was?

KINDERFRAU: Hören Sie wenigstens einmal auf die törichte Alte, Sie werden an mich denken. Ich bitte Sie, um Gottes willen. Da ist doch nichts Schlechtes dabei. Leben Sie zwei Monate mit ihm zusammen, ein halbes Jahr, und wenn er zu seiner Schwiegermutter ehrerbietig ist und gut, dann geben Sie's ihm.

MARJA WASSILJEWNA: Ach, dummes Zeug!

KINDERFRAU: Was denn, wär's vielleicht besser, wenn er das Geld einsteckt, Ihnen keine Ehrerbietung entgegenbringt und Ljubotschka ein kümmerliches Leben fristen muß? Was redet er denn jetzt schon über Sie! Er hält von Ihnen soviel wie von diesem Strumpf hier. Hören Sie einmal im Leben auf die dumme Maschka, wenn nicht – werden Sie's noch bereuen. Siehst zwar die Hand, aber packen kannst du sie nicht.

MARJA WASSILJEWNA: Dummes Zeug, Kinderfrau. Ich werde mit Iwan Michailowitsch sprechen. Ganz bestimmt; da kommt auch Ljubotschka.

Ljubotschka und der Student treten auf.

STUDENT: Es war ein wenig amüsanter Ausflug, den wir unternommen haben.

LJUBOTSCHKA: Mamascha! Wieso kommen sie nicht! Ich bin ihnen entgegengegangen. Sie sind nicht zu sehen. Alexej Pawlowitsch ist mit mir gegangen, er flunkert dauernd.

STUDENT: Wir haben unsere Späße getrieben zur bevorstehenden Ankunft der Landherren. Und das Gespräch fügte sich nicht unangenehm.

LJUBOTSCHKA: Tun Sie nicht so geziert! Sie gehen mir auf die Nerven, sprechen Sie nicht so gedrechselt.

STUDENT: Insofern meine Art, mich auszudrücken, Ihnen unvergnüglich scheint, kommen Sie mit zur Schaukel, Ljubow Iwanowna. Ich werde Sie in schaukelnde Bewegung versetzen.

MARJA WASSILJEWNA: Alexej Pawlowitsch, möchten Sie nicht frühstücken?

STUDENT: Stärken könnte man sich – das wäre nicht schlecht. Ljubow Iwanowna, kommen Sie, wirklich, es wird langweilig.

LJUBOTSCHKA: Dann langweilen Sie sich allein, ich habe zu tun.

STUDENT: So ist das. Und es sind wichtige Übungen?

LJUBOTSCHKA: Ich muß einen Artikel lesen, den Anatoli Dmitrijewitsch mir gegeben hat.

STUDENT: Sinnlos!

LJUBOTSCHKA: Was wollen Sie dauernd von mir – wirklich, Sie langweilen mich.

KINDERFRAU: Und lauter so ungereimtes Zeug.

STUDENT: Sie gehen mir auch auf die Nerven. Aber ich achte Ihr Geschlecht.

LJUBOTSCHKA: Was ist das für ein Benehmen!

MARJA WASSILJEWNA: Alexej Pawlytsch, jetzt müssen Sie sich Ljuba gegenüber anders benehmen.

STUDENT: Benehmen habe ich aus einem sehr klugen Büchelchen gelernt, es ist dreiundsechzig erschienen, im Verlag Serkin, wurde von einem Below verfaßt und heißt: »Der Umgang mit Personen des schönen Geschlechts, oder die Kunst, für ebendieselben anziehend zu sein«.

LJUBOTSCHKA: Mamascha, jag ihn weg; was will er von mir! Es ist Zeit für Sie, mit Petruscha zu lernen. Petruscha!

PETRUSCHA *ruft durchs Fenster*: Was gibt's?

LJUBOTSCHKA: Ruf Alexej Pawlytsch zum Lernen in dein Zimmer. Gehen Sie, es wird langweilig – seit heute morgen kann ich Sie nicht loswerden.

STUDENT *beleidigt*: Sie haben Ihr Benehmen mir gegenüber plötzlich geändert, und ich weiß nicht, aus welchen Gründen.

LJUBOTSCHKA: Aus keinerlei Gründen, gehen Sie weg – und fertig.

STUDENT: Vorher waren Sie viel umgänglicher.

KINDERFRAU: Na, na, Herr, wär ich die Mutter, in meiner Gegenwart würden Sie mit meiner Tochter nicht so sprechen. Ich würde Ihnen heimleuchten!

MARJA WASSILJEWNA: Aber, Kinderfrau, genug jetzt, hast wohl den Verstand verloren. *Zum Studenten*: Ja, wirklich, Alexej Pawlytsch, warum lassen Sie sie nicht in Ruhe? Gehen Sie zu Petruscha, ich schicke Ihnen das Frühstück, ich habe mit Ljuba zu reden.

STUDENT *zur Seite*: Dieses Säugetier schüttelt sich vor Zorn. *Zu Marja Wassiljewna*: Na schön, frühstücken kann nicht schaden, schicken Sie was. *Er geht ab.*

PETRUSCHA *man hört nur seine Stimme*: Mutter, schicke Stör und Wein.

MARJA WASSILJEWNA: Gut.

LJUBOTSCHKA: Mamascha, was soll ich machen? Wohin ich auch gehe, überall folgt er mir nach, er haftet an mir wie Knoblauch ... verbiet es ihm, wirklich ... Ich bin jetzt ganz anders geworden.

MARJA WASSILJEWNA: Na, heute kommt ja nun der Bräutigam, und da wird man es allen bekanntgeben.

KINDERFRAU: Hätten Sie mal früher mit ihm keine Scherze gemacht, mein Fräulein. Gibst du diesem Volk nur soviel – *sie zeigt den kleinen Finger* –, nimmt es gleich die ganze Hand. Hättest du nicht mit ihm kokettiert. Aber dazu ist euch ja jeder recht. 's hat sich nun auskokettiert.

LJUBOTSCHKA: Kinderfrau, ich habe nicht kokettiert; nur so, mit Petruscha haben wir früher zusammen gespielt ... und er ist so widerlich! Jetzt spreche ich kein Wort mehr mit ihm, dauernd lerne ich und lese die Bücher, die Anatoli Dmitrijewitsch mir gebracht hat, und er läßt mir keine Ruhe.

KINDERFRAU: Man muß strenger auf sich achten. Ach was, ihr seid ja alle so gütig! Wenn's nach mir ginge, nicht über die Schwelle würde ich diesen Kerl lassen. Wartet nur ab – ich geb's ihm schon. Im ganzen Haus hat er nur vor mir allein Respekt. Soll ihn doch ...

LJUBOTSCHKA: Mamascha, weiß Katjenka schon, daß ich jetzt Braut bin?

MARJA WASSILJEWNA: Nein, mein Herzchen, nur Vater und die Kinderfrau, weiter niemand. Ihr wolltet es doch so. Heute wird man es allen bekanntgeben.

LJUBOTSCHKA: Wieso kommen sie nicht? Ich kriege richtig Angst. Mamascha, er sieht doch gut aus, ja? Nicht wahr, Kinderfrau?

MARJA WASSILJEWNA: Ja, ein bedeutendes Gesicht.

LJUBOTSCHKA: Und wie klug er ist! Wenn ihr bloß hören könntet, wie er mir alles erklärt. Und Katjenka wird böse sein! Geschieht ihr ganz recht. Dauernd sagt sie, ich sei niveaulos. Ich werde mich jetzt schon entwickeln. Er meint, in den zwei Wochen hätte ich große Fortschritte gemacht. Kinderfrau, weißt du, sie ist verliebt in ihn. Sie sagt es nicht, aber ich weiß Bescheid. Da sind sie, da sind sie! Mamascha, wirst du auch nicht weinen? Kinderfrau, weine nicht, bitte. Er mag das nicht, und es ist auch dumm. Das ist alles so altmodisch, bei uns wird alles neuzeitlich. Du begreifst ja gar nicht wie, Kinderfrau. Ich bin froh! Er ist so klug. Ja?

MARJA WASSILJEWNA: Ach, geb's Gott, geb's Gott!

KINDERFRAU: Ach, schlecht ist er nicht.

LJUBOTSCHKA: Wieso schlecht? Er ist vortrefflich. Ja?

Iwan Michailowitsch, Wenerowski, Bekleschow und Katerina Matwejewna treten auf.

IWAN MICHAILOWITSCH *stellt Bekleschow vor*: Ein Freund von Anatoli Dmitrijewitsch, Bekleschow, Pjotr Sergejewitsch.

MARJA WASSILJEWNA: Seien Sie willkommen, sehr erfreut. *Zu Wenerowski*: Wie ist Ihre Gesundheit? Comment va votre santé?

Marja Wassiljewna und Iwan Michailowitsch gehen ins Haus.

KATERINA MATWEJEWNA: Wo ist Alexej Pawlytsch? – Ich muß Ihnen etwas mitteilen.

STUDENT *kommt aus dem Haus*: Pjotr Iwanytsch und ich ernähren uns gerade.

BEKLESCHOW *zu Katerina Matwejewna*: Machen Sie mich bitte mit Ihrem Studenten bekannt.

KATERINA MATWEJEWNA: Ich verstehe, er allein ist eine Persönlichkeit.

BEKLESCHOW: Sehr, sehr angenehm. *Er drückt ihm die Hand.* Gehen wir ein Stück? *Er und der Student gehen ab.*

LJUBOTSCHKA *zu Wenerowski*: Warum haben Sie uns so lange

warten lassen? Ich habe mich so gelangweilt. Und ich habe Ihre beiden Artikel gelesen. Ich bin schon vertraut damit.

WENEROWSKI: Das ist gut. Und ich habe mir in bezug auf Sie etwas überlegt.

LJUBOTSCHKA: Was denn? Weiß ich es?

WENEROWSKI: Ich glaube nicht, Ljubow Iwanowna. Ich habe heute nachgedacht, habe sogar etwas auf dem Papier entworfen. *Er gibt ihr einen Artikel.*

LJUBOTSCHKA: Nein, bitte, sprechen Sie mit mir. Ich habe das furchtbar gern.

WENEROWSKI: Wollen Sie bitte sehen: Ich habe über unser letztes Gespräch nachgedacht. Über die Frau habe ich nachgedacht, daß eins der Hauptanliegen unseres Jahrhunderts die Befreiung der Frau aus der Sklaverei ist, in der sie schmachtet.

LJUBOTSCHKA: Ja, wieso kann eine Frau nicht ein zweites Mal heiraten? Ich habe oft darüber nachgedacht. Na ja, plötzlich bin ich eines Mannes überdrüssig, ich liebe ihn gar nicht mehr ...

WENEROWSKI: Ja, genauso wird durch das Gerede der Menge die großartige Doktrin von der Emanzipation der Frau kompromittiert! Sie besteht nicht darin, ganz und gar nicht darin. Die Freiheit der Frau besteht darin, dem Manne gleichberechtigt zu sein und nicht ewig erst vom Vater, dann vom Gatten gegängelt zu werden. Die Frau muß in der Gesellschaft fest auf ihren Beinen stehen und in der Lage sein, dieser Gesellschaft gerade in die Augen zu schauen.

LJUBOTSCHKA: Wieso sagt Katja dauernd, ich hätte nicht genügend Niveau. Ich verstehe alle die neuen Ideen so gut, so gut!

WENEROWSKI: Ja, es ist schwer, Ihnen meinen Gedanken klarzumachen. Aber ich will versuchen, ihn konkreter auszudrücken.

LJUBOTSCHKA: Wie haben Sie gesagt? Konkreter? Ich kenne noch etwas – der erkenntnistheoretische Weg. Und dann kenne ich noch die Ethik ... Nun, sagen Sie, was Sie sagen wollten.

WENEROWSKI: Ja, ich möchte Ihnen an einem Beispiel zeigen,

worauf die wahre Freiheit der Frau beruht. Wäre ich einer jener rückständigen Herren, die in unserer Gesellschaft herrschen, oder einer jener liberalen Sterngucker, würde ich nach der Heirat mit Ihnen annehmen, ich hätte ein Recht auf Ihre Person erworben. Sie wären von mir abhängig, ich wäre von Ihnen abhängig. Wir könnten uns nicht bewegen, ohne einander zu beleidigen. Zum Beispiel, ich bin krank, Ihnen ist es zuwider, einen Kranken um sich zu haben, aber Sie sind verpflichtet, bei mir zu sitzen; wir beide spucken Gift und Galle, müssen zusammen sein und leiden – und streiten uns. Oder ich möchte mein Geld für den Kauf von Büchern verwenden, Sie dagegen, nehmen wir an, für den Kauf von …

LJUBOTSCHKA: Nun, für den Kauf einer Nähmaschine oder irgendwelcher Werkzeuge. Ich werde nur so etwas kaufen, das schwarze Samtkleid will ich schon gar nicht mehr. Dabei wollte ich das sehr gern. Schwere Stoffe stehen mir. Also, was haben Sie gesagt? Ich höre Ihnen furchtbar gern zu.

WENEROWSKI: Na ja, Sie sehen schon, die Hauptsache in der Ehe ist die Freiheit und Unabhängigkeit beider Partner.

LJUBOTSCHKA: Ach, das verstehe ich. Wie wäre mir zumute, würde mir plötzlich bewußt, daß Sie mich kommandieren werden! Ich hatte sogar die Gouvernanten satt. Wir hatten Sarra Karlowna hier, Sie haben sie nicht kennengelernt. Ach, war die langweilig! Ich würde Sie um nichts in der Welt heiraten, wenn ich wüßte, daß Sie mich kommandieren werden. Mir kommt das lustig vor, daß wir, na ja, nicht wie Fremde sein werden, aber ganz gleichberechtigt, wir werden … Annetotschka Saizowa – Sie haben sie bei uns gesehen –, wir sind Freundinnen, aber sie ist nun wirklich niveaulos, liest dauernd Romane. Sie sagt also, man soll heiraten, wenn man liebt. Als ob man auf Wunsch lieben könnte! Und sich verstellen ist schlecht. Aber wenn beide gleichberechtigt sind, dann ist das sehr leicht. Man träumt immerzu. Wie kann man sich so einfach auf Bestellung verlieben!

WENEROWSKI: Ja, Ljubow Iwanowna, die Liebe ist für Mädchen wie Ihre Freundin nur ein Wort. Wir werden unser Leben so einrichten, daß wir uns nicht behindern, ich nicht Ihre, Sie nicht meine Freiheit. Wenn wir wollen, können wir uns vereinen, wenn uns das langweilig ist, können wir auseinandergehen, ohne daß einer den anderen in Verlegenheit bringt. Und dann, unser Leben darf von keinen Vorurteilen verdüstert werden. Wenn Sie oder ich plötzlich finden, daß wir schwer miteinander auskommen, müssen wir das Recht haben, uns ohne Vorwürfe, ohne Bitterkeit zu trennen. Alles das ist neu, aber es ist einfach.

LJUBOTSCHKA: Ja, herrlich! Wunderbar! Das alles verstehe ich. Nein, Sie haben gedacht, ich sei dumm? Katjenka hat mir das dauernd gesagt. Ich hatte es schon selbst geglaubt. Jetzt aber sehe ich, daß ich klug bin. Ich habe alles so schnell begriffen. Wenn Sie anfangen zu sprechen, weiß ich im voraus, was Sie sagen werden. Wirklich!

WENEROWSKI: Die Wahrheit ist einfach, dadurch unterscheidet sie sich ja von der Lüge. Und Sie haben eine gute Natur, Sie eignen sich schnell etwas an.

LJUBOTSCHKA: Unsere ganze alte Lebensweise kommt mir jetzt so lächerlich vor. Bei uns beiden wird alles besonders sein, voller neuer Ideen. Deswegen liebe ich Sie auch.

WENEROWSKI: Ljubow Iwanowna, mit nichts hätten Sie mich mehr belohnen können als mit dem, was Sie soeben gesagt haben. Ihre ganze Umgebung kommt Ihnen schon lächerlich vor, bald wird sie Ihnen garstig erscheinen, und das wird gut sein. Sie begreifen, das Haupthindernis für die Entwicklung der Individualität ist die Familie, besonders für Sie. Sie bringen alle guten Voraussetzungen mit, aber die Leute Ihrer Umgebung stehen weit unter dem niedrigsten Niveau. Die einzige menschliche Persönlichkeit ist Katerina Matwejewna, und auch sie ist aus Ihnen bekannten Gründen allen feindlich gesinnt. Was Sie sonst noch umgibt, ist Schmutz, der Sie besudelt ...

LJUBOTSCHKA: Aber warum denn, Papascha ist klug und denkt wie wir; na ja, Mamascha ein bißchen ... Aber sie ist so gut, sie hat mich so lieb. Und Papascha hat Sie sehr lieb ...

WENEROWSKI: Gerade von ihnen müssen Sie sich trennen, ja. Daß die beiden Sie lieben, ist verständlich. Jeder Schlechte, mag er noch so schlecht sein, möchte dem Guten nahe sein. Aber wir, warum sollten wir das Muffige und Minderwertige lieben? Sie müssen weit weg, weit weg.

LJUBOTSCHKA *eigensinnig*: Sprechen Sie nicht so. Ich mag das nicht, nein, ich mag das nicht, niemals.

WENEROWSKI: Schauen Sie sie doch einfach mal an wie Außenstehende, Sie werden sie kaum anziehend finden.

LJUBOTSCHKA: Ich mag es nicht, wenn Sie so reden, ich mag es nicht! Wenn Sie das noch einmal sagen, hör ich sofort auf, die neuen Ideen zu lieben, und werde, sobald ich Sie geheiratet habe, leben wie es mir und nicht wie es Ihnen gefällt. Das haben Sie dann davon.

WENEROWSKI: Nun, wie würde es Ihnen denn gefallen?

LJUBOTSCHKA: Ach, wir fahren nach Moskau, mieten das schönste Haus. Ich lasse mir ein schwarzes Samtkleid nähen und ein weißes aus pou-de-soie. Morgens fahren wir aus, dann fahren wir zu Tantchen essen, dann ziehe ich mein schwarzes Samtkleid an, und wir fahren ins Theater, in ein baignoire. Dann ziehe ich wieder ein anderes Kleid an, und wir fahren auf den Ball zu meinem Patenonkel, und wenn wir nach Hause kommen, werde ich Ihnen dauernd etwas erzählen und kein einziges Buch lesen. Lieben werde ich Sie. Ganz sehr werde ich Sie lieben und Ihnen keinerlei Freiheit geben. Denn wenn ich einmal liebe, dann so sehr, daß ich alles vergesse außer Ihnen. Mamascha war genauso, und ich bin ihr sehr ähnlich. Und Sie werden sich wundern, wie schön das wird! Sie werden sehen.

WENEROWSKI: Aber das tun Sie doch nur, wenn ich es sage!

LJUBOTSCHKA: Nein, ich tue es ganz einfach. Ich bin schon böse.

WENEROWSKI: Und werden Sie mich denn liebgewinnen?

LJUBOTSCHKA: Wenn Sie lieb sind – ja. Ich habe noch niemanden geliebt, nur einen ein bißchen. Aber das zählt nicht.

WENEROWSKI *lächelt, nimmt sie bei der Hand und ist unentschlossen, ob er sie küssen soll*: Ja, und so zu leben ... aber ... dazu muß man erstens Geld haben und zweitens – die Prinzipien vergessen ...

LJUBOTSCHKA: Reden Sie kein dummes Zeug! *Sie legt ihre Hand auf seine Lippen und streichelt sein Gesicht.* Das sind alles Kleinigkeiten!

WENEROWSKI: Liebes ... *Er will sie umarmen.*

LJUBOTSCHKA: Sagen Sie nicht Liebes, das ist so häßlich, so widerlich ... so ein dummes Wort.

WENEROWSKI: Wieso ist es Ihnen unangenehm? Dann eben – Allerschönste ...

LJUBOTSCHKA: Ich kann es nicht erklären ... es klingt nicht gut, so plump. Liebes! – Irgendwie häßlich. Sie können nicht zärtlich sein. *Sie lächelt.* Na, das bringe ich Ihnen bei. Irgendwie plump, ich kann es nicht ausdrücken.

WENEROWSKI: Oh, wie bezaubernd! Wenn das kein ästhetischer Genuß ist! Was schwatze ich da ... dumm ... na ja ... Ich gefalle Ihnen also, Ljubenka?

LJUBOTSCHKA: Ja. Aber warum gehen Sie, als täten Ihnen die Füße weh?

WENEROWSKI: Was rede ich da für Dummheiten! *Er steht auf.* Nein, Ljubow Iwanowna, man muß das Leben ernster nehmen. Gehen wir im Garten auf und ab ...

LJUBOTSCHKA: Kommen Sie.

Sie gehen ab und treffen mit Bekleschow zusammen.

BEKLESCHOW *leise zu Wenerowski*: Na, Bruder, das hätten wir. Die Jungfer Dudkina habe ich dermaßen auf den Studenten gehetzt, daß du die beiden nicht mehr auseinanderbringst.

Marja Wassiljewna und Iwan Michailowitsch treten auf.

IWAN MICHAILOWITSCH *zu Bekleschow*: Ich freue mich, daß Anatoli Dmitrijewitsch sie beauftragt hat, die finanziellen Angelegenheiten abzusprechen. Ich überreiche Ihnen alles, und Sie überreichen es ihm. Ich verstehe Anatoli Dmitrijewitsch sehr gut. Er ist so überaus edel, so zartfühlend, daß ...

BEKLESCHOW: Ohne Zweifel. Ich sage Ihnen, ich bin ein praktischer Mann, aber in der Hinsicht verstehe ich Wenerowskis Abneigung gegen dieses Gespräch. Es finden sich doch stets liebe Mitmenschen, die alles gegenteilig auslegen ...

IWAN MICHAILOWITSCH: Ja eben, ja eben. Befassen wir uns also gleich mit der Sache. Denn dann kommen die Gäste. Wenn Sie mal sehen wollen ... Ljubas Vermögen – das Vermögen der Mutter ...

MARJA WASSILJEWNA: Ich hoffe, Jean, du hast nichts ohne mich beschlossen. J'espère, Jean, que vous ne déciderez rien sans moi. Ich bin die Mutter, und das Vermögen gehört mir.

IWAN MICHAILOWITSCH *erstaunt*: Was hast du? Was hast du, Marja Wassiljewna? *Leise*: Was hast du, bist du krank? Wir haben doch alles besprochen.

MARJA WASSILJEWNA *plötzlich aufgebracht*: Ich bin immer noch die Mutter, und ehe diese Dinge mit Außenstehenden entschieden werden, sollte man erst einmal mit mir sprechen. Es heißt sowieso schon, daß man mir keine Beachtung schenkt. Ich werde weniger geschätzt als ein Strumpf. Das Vermögen gehört mir, und ich gebe nichts davon her, solange ich nicht will. Wenn ich will, gebe ich es her. Da hätte man mich wohl vorher fragen müssen. Das fordert schon der Anstand. Frag doch mal den Herrn. Rien que les convenances l'exigent – demandez à monsieur.

IWAN MICHAILOWITSCH: Also, das hätte ich nicht erwartet! Was ist denn los mit dir? Besinn dich, komm zu dir. Überleg dir, was du sagst in Gegenwart von Außenstehenden.

MARJA WASSILJEWNA: Vielleicht weißt du nicht, was du redest, ich weiß es wohl. Alle sagen, daß den Bräutigam keiner kennt.

IWAN MICHAILOWITSCH: Keiner kennt! Bitte, rede nicht solche Dummheiten!

BEKLESCHOW: Das alles ist recht merkwürdig, um nicht mehr zu sagen.

MARJA WASSILJEWNA: Nein, ich habe das lange genug geduldet. Alle sagen, ich sei die letzte Person im Hause. Ich vereitle die ganze Heirat!

IWAN MICHAILOWITSCH: Was ist in dich gefahren? Weswegen? Was willst du?

MARJA WASSILJEWNA: Es ist, weil ich ihn nicht kenne. Ich sage nichts Schlechtes. Je n'ai pas de dent contre lui, ich will nur vor der Hochzeit nichts hergeben von dem Vermögen. Wolokolamskoje gehört mir. Nach der Heirat, wenn er sich als ehrerbietiger Schwiegersohn erweist, werde ich es mir überlegen und es hergeben, da könnte doch jeder Schriftsteller ...

IWAN MICHAILOWITSCH *faßt sie streng am Arm*: Genug. Gehen wir, unterhalten wir uns drinnen.

MARJA WASSILJEWNA *wird schüchtern*: Mit mir ist nichts, Jean, ich brauche nirgends hinzugehen, laissez-moi en repos, au nom du ciel. Laß mich, um Gottes willen. Ich sage nichts mehr.

IWAN MICHAILOWITSCH *zu Bekleschow*: Na, sehen Sie, das ist so eine eigenartige Laune, aber Sie verstehen, das hat keinerlei Bedeutung. Und ich möchte Sie bitten, Anatoli Dmitrijewitsch nichts davon zu sagen.

BEKLESCHOW *tiefsinnig*: Ich verstehe sehr gut, ich fürchte, ich verstehe zu gut.

Gäste treten ein, ein Herr und eine Dame, nach ihnen kommen Ljubotschka und Wenerowski.

HERR: Wir haben es eben erst erfahren. So eine Überraschung; herzlichen Glückwunsch.

DAME: Ist das eine Freude für Sie, Marja Wassiljewna.

IWAN MICHAILOWITSCH: Vielen, vielen Dank.

MARJA WASSILJEWNA: Ja, sehr überraschend. Da kommt der Bräutigam mit der Braut, darf ich vorstellen.

WENEROWSKI *blickt die Gäste finster an und bleibt stehen*: Ja, Ljubow Iwanowna, ich muß die Sache, der ich mich angenommen habe, schon sehr lieben, ich muß schon sehr wünschen, Sie aus diesem Abgrund zu ziehen und Sie zu retten, wenn ich mich dieser ganzen widerlichen, empörenden Prozedur unterziehe. Sehen Sie, was soll das? Und zu diesen Leuten muß ich Beziehungen anknüpfen!

LJUBOTSCHKA: Aber, was kostet Sie das!

IWAN MICHAILOWITSCH: Da ist er. *Zu Wenerowski*: Das ist der Onkel meiner Frau, mein Vetter, machen Sie sich bitte bekannt.

HERR: Erlauben Sie, mich vorzustellen, Ihnen als zukünftigem Verwandten, herzlichen Glückwunsch. *Er streckt ihm die Hand hin.*

DAME: Sehr, sehr erfreut, Sie kennenzulernen, ich habe so viel von Ihnen gehört. Ljuba, ich gratuliere!

Wenerowski verneigt sich, legt die Hand auf den Rücken, wendet sich ab und geht zu Bekleschow.

HERR: Aber unhöflich ist er!

DAME: Was für ein seltsames Benehmen gegenüber Verwandten!

WENEROWSKI *zu Bekleschow:* Die wollen gar noch Hände schütteln! Man muß ihnen eine Abfuhr erteilen ... Das begreifen sie sehr gut.

Sie reden leise.

IWAN MICHAILOWITSCH: Darf ich in den Salon bitten, außerdem ist es Zeit, das Essen einzunehmen; dabei werden wir Bräutigam und Braut segnen.

HERR: Nun, was ist, Iwan Michailowitsch, haben Sie einen Verwalter gefunden?

IWAN MICHAILOWITSCH: Erinnern Sie mich nicht daran, ich plage mich ab ...

Ljubotschka, Marja Wassiljewna, Iwan Michailowitsch und die Gäste gehen ins Haus.

BEKLESCHOW: Mit der Jungfer Dudkina hat alles bestens geklappt – ich habe ihr und dem Studenten ein bißchen Zucker gestreut, für ihn eine Liebeserklärung gemacht und die beiden so aneinandergeheftet, daß du sie nicht mehr auseinanderbringst. Die hätte ich aufeinander gehetzt. Was dagegen die finanziellen Beziehungen angeht, so steht die Sache äußerst übel. Die Mutter möchte dich im Zaum halten und die Ehrerbietung des lieben Schwiegersohns abwarten. Bekannte Methode! Aber der Vater ist auch gut, das kann ich dir sagen ...

WENEROWSKI: Der Vater ist primitiv. Allein deswegen kann man ihm manches verzeihen.

BEKLESCHOW: Schön wär's, er wäre noch primitiver, aber mein Blick fürs Praktische sagt mir, daß diese Szene wieder gespielt war und die Mutter sich nur dumm stellt. Das ist der Partner, der nicht auffällt, der aber hart ist und den guten Partner in allem behindert. Na, wir haben schon ganz andere Leute gehetzt.

WENEROWSKI: Unangenehm ist es doch, gleich wird man diese blöden Zeremonien vollziehen, wo die Sache doch so unbestimmt ist.

BEKLESCHOW: Na und, verpflichten denn diese Zeremonien zu etwas? Ein Idealist, ich sage es ja! Immer denkst du nur daran, ja nicht schlecht zu handeln. Weg mit diesen Skrupeln; für die gibt es nichts Ehrliches und nicht Unehrliches. Sonst wirst du bei diesem Volk stets den Dummen machen. Betrachte die Dinge einfach. Wenn du einen Freund aus einer Räuberhöhle befreien müßtest, würdest du dann davor zurückschrecken, die Räuber zu hintergehen? Nun, ihnen gegenüber mußt du dich ebenso verhalten. Alles dreht sich um den eigentlichen Fakt der Eheschließung, und wenn nicht früher, dann wird dieser Alte an jenem denkwürdigen Tag von deinem ergebensten Diener gehetzt werden. Und du brauchst dich um gar nichts zu kümmern. Alles wird auf das trefflichste arrangiert. Hier hast du mein Wort. Na, gehen wir schon. *Er und Wenerowski gehen ins Haus.*

LJUBOTSCHKA *kommt heraus*: Kommen Sie doch, Anatoli Dmitrijewitsch, man will uns segnen. *Fröhlich*: Was stehen Sie hier herum? Ich finde das auch dumm, aber anders geht's nicht.

WENEROWSKI: Ich werde mir komisch und ekelhaft vorkommen, ja, hehe! Ljubow Iwanowna, mir ist diese Zeremonie zuwider. Sie kennen meine Überzeugungen.

LJUBOTSCHKA: Aber, aber, aber, nicht überlegen!

Bekleschow, Wenerowski und Ljubow Iwanowna gehen ins Haus.

Jetzt kommt meine schönste Stunde. *In der Tür zum Studenten und zu Petruscha*: Petja, geh schnell, Mamascha braucht dich. Es ist sehr wichtig.

Der Student und Petruscha kommen kauend aus dem Haus, gefolgt von Katerina Matwejewna.

PETRUSCHA: Was soll ich denn?

LJUBOTSCHKA: Geh bitte, du wirst es erfahren. *Zu Wenerowski*:

Aber, aber, Anatoli Dmitrijewitsch, nicht überlegen. Kommen Sie.

Alle gehen ins Haus. Der Student und Katerina Matwejewna treten auf. Hofgesinde läuft zum Fenster.

STUDENT: Was ist das für ein Gerenne? Oder spielt sich ein kleiner Skandal ab?

KATERINA MATWEJEWNA: Der die Freiheit der Frauen gepredigt hat, heiratet ein Gänschen, ja, ein unbedeutendes und niveauloses Gänschen. Da zeigt sich Ihnen die Schwäche der Grundsätze.

STUDENT: Das ist wirklich eine Überraschung.

KATERINA MATWEJEWNA *schaut zum Fenster hinein*: Schauen Sie, schauen Sie, man segnet sie, und sie knien nieder. Mir ist das viel zu abscheulich, viel zu erniedrigend für die Würde eines Menschen.

STUDENT *schaut*: Der Signor taugt nichts, ich habe Ihnen gegenüber diese Meinung mehrmals geäußert, aber Sie haben sie nicht geteilt.

KATERINA MATWEJEWNA: Nein, hören Sie, das ist scheußlich, nicht wahr?

STUDENT: Ja. Das ist eben das Halbniveau. Ein kleiner Liberaler von der Akzise!

KATERINA MATWEJEWNA *schaut*: Sie küssen sich – was für tierische Beziehungen! Ja, wenn man so eine Erniedrigung sieht, kann man leicht den Glauben an den Fortschritt verlieren. Das soll Ihnen eine Lehre sein, Alexej Pawlowitsch. Aber ich stehe über dem! Ja, Alexej Pawlowitsch, Sie sind noch die einzige ehrliche und reine Persönlichkeit unter all diesem Pack. Ich achte Sie.

STUDENT: Ja, wenn es mehr solche Frauen gäbe wie Sie! Haben die doch tatsächlich ein sittsames Fest veranstaltet!

Vorhang

DRITTER AKT

ERSTES BILD

Pribyschews Wohnung in der Gouvernementsstadt. Ein festlicher Abendbrottisch wird gedeckt. Im Zimmer sind Iwan Michailowitsch, Marja Wassiljewna, die Kinderfrau und Nikolajew, ein dicker schnurrbärtiger Gutsbesitzer.

IWAN MICHAILOWITSCH: Was ist, wird die Braut angekleidet? Na ja. Es wird Zeit, es wird Zeit. Es ist schon nach sechs.

NIKOLAJEW: Nein, mein lieber Iwan, wenn ich dich nicht von Kind an gern gehabt hätte, ich wäre nie und nimmer zu dieser Hochzeit gekommen. Nur deinetwegen. Ich mag diesen Herrn nicht. Was ist das für eine Art? Zweimal haben wir gewartet und gewartet – er läßt sich nicht blicken. Was soll das heißen? Der Bräutigam – und kommt nicht, um sich mit den Verwandten der Braut bekannt zu machen! Was ist los, verachtet er uns gar?

IWAN MICHAILOWITSCH: Ach, was bist du bloß für einer! Was willst du denn? Er hat doch keine Verwandten, niemand der ihm das beigebracht hätte, und dann die Lauferei ... Das ist doch kein Pappenstiel – alles muß herangeholt, alles vorbereitet werden – er hat es eben nicht geschafft. Du bist immer gleich beleidigt. Du bist ein guter Mensch, aber argwöhnisch.

NIKOLAJEW: Nein, mein Lieber, entschuldige ihn nicht ... Einmal lasse ich mir das gefallen, aber gestern haben wir auch gewartet, bis sechs Uhr gewartet ... Dann soll er doch sagen, daß er eben so ein bedeutender Herr ist und sich mit uns nicht bekannt machen will, dann hätten wir Bescheid gewußt und uns um vier zu Tisch gesetzt; wenigstens hätten wir dann kein aufgewärmtes Essen gehabt ... Nein, mein Lieber, ich warte auf niemanden gern.

IWAN MICHAILOWITSCH: Also, wie du das alles auslegst. Gar nichts wollte er zu verstehen geben ... Er ist ein hervorragender Mann, klug, gebildet ... Wenn du ihn erst kennenlernst, wirst du anders reden. Ich habe genauso gedacht, als ich ihn noch nicht kannte. Ihn hat dort einfach etwas aufgehalten ... Außerdem, mein Lieber, muß man in Betracht ziehen, daß jetzt ein anderes Jahrhundert ist, nicht so wie in unserer Zeit ... Andere Bedingungen, viele Bräuche sind veraltet.

NIKOLAJEW: Denk an meine Worte, bei euch wird es heute noch Ärger geben ... Und was redest du da! Heute zu den Plinsen? Genau dasselbe: Wir haben gewartet bis drei – und er kam nicht; wir haben wieder kalte Plinsen gegessen. Denk an meine Worte. Ich vermute, mein Lieber – *er führt ihn zur Seite* –, du hast ihn vielleicht in puncto Mitgift gekränkt? Sag mir die volle Wahrheit. Hast du ihm was gegeben oder noch nichts?

IWAN MICHAILOWITSCH: Ja, was denn, mein Lieber, ich sage dir ja die Wahrheit, er hat mich um nichts gebeten. Ich wollte davon anfangen – er hat abgelehnt. Ein andermal – das gleiche. Er sagt, ich brauche nichts ... Na ja, und dann hat meine Alte der Hafer gestochen ... Da beschloß ich zu warten. Ich denke: Er weiß, daß ich nur eine Tochter habe, ich habe ihr das Wolokolamsker Gut vermacht; ich will abwarten, wie er zu ihr ist; denn gebe ich es ihm vielleicht am Hochzeitstag oder morgen. Was die Aussteuer angeht – das ist alles erstklassig, das kann ich sagen.

NIKOLAJEW: Was ist das schon, mein Lieber – ein Dreck! Die jungen Dachse von heute sind noch schlimmer aufs Geld versessen als wir, besonders aufs Bargeld. Das ist nicht gut. Du wirst sehen, er spielt dir einen Streich!

IWAN MICHAILOWITSCH: Ach was, dummes Zeug! Nein, mein Lieber, und was ich euch für einen zwanzigjährigen Madeira vorsetze, meine Hochachtung!

NIKOLAJEW: So warte doch, erzähl mal, wie geht die Zeremonie vonstatten. Alles, wie es sich gehört? So, wir führen die Braut zum Altar – was dann?

IWAN MICHAILOWITSCH: Dann fahrt ihr zu ihm. Der Vater und die Mutter fahren, wie das der Brauch ist, nicht mit. Bei ihm wird es sicher Tee geben ... na ja, du weißt schon, Konfekt, Obst für die jungen Damen, vielleicht eine Bouillon in Täßchen, Fisch, irgendwas nach Junggesellenart ... Natürlich werdet ihr dort Champagner trinken ... Dann kommt ihr zu mir zum Abendessen und zum Geleit – von hier reisen sie ab.

Wir essen zu Abend, trinken auf die Gesundheit des jungen Paars ... Es gibt euch einen Madeira! Einen ungarischen! Den hat noch mein Vater vom Feldzug mitgebracht – fünfundvierzig Jahre! ... Dann fährt die Kutsche vor ... Die Aussteuer wird verstaut ... Wir segnen sie, und sie fahren mit Gott ins Ausland.

NIKOLAJEW: Ein blöder Einfall, dazu noch ein englischer. Sonst haben die Engländer kluge Einfälle, aber das – einfach dumm. Wie kann man nach der Trauung abreisen! Na schön, ihr seid wenigstens reich: eine Kutsche, die Zofe und alles, aber wie geht es den Armen? In einer Karrete und ohne Magd? Außerdem, nein, man muß der jungen Frau erst Zeit geben, sich zu fassen, und da kommst du und sagst: Vorwärts! Laß dich durchrütteln! – dumm ist das!

IWAN MICHAILOWITSCH: Was soll man machen, mein Lieber! Die neuen Sitten ... Aber in vielem sind sie auch gut.

Ein Lakai tritt ein mit einem Korb voll Tafelsilber und Geschirr.

So was? Ich hatte ihn zum Bräutigam geschickt – mit Silber, mit Geschirr ... Ein Junggeselle, weißt du, hat doch vielleicht nichts ... *Zum Lakai*: Nun, was ist?

LAKAI: Er sagt, er braucht nichts.

IWAN MICHAILOWITSCH: Wer hat das gesagt?

LAKAI: Er ist selbst rausgekommen und hat gesagt: Ich brauch das nicht, trag's zurück.

IWAN MICHAILOWITSCH: Na, da siehst du – er hat alles. Er mußte doch alles anschaffen. Und da soll ein junger Mann nicht alle Hände voll zu tun haben?

Ein Mädchen geht vorüber.

Na, was ist, kommt die Braut bald?

MÄDCHEN: Sie schmücken ihr den Kopf. *Sie geht weiter.*

LAKAI *kommt mit einem Brief*: Vom Bräutigam an das Fräulein.

IWAN MICHAILOWITSCH: Was ist das? Ein Kattuntuch. *Er liest:* »Meine Allerliebste, Allerschönste! Damit Sie sich nicht Ihr teures Hälschen erkälten, schicke ich Ihnen ein Tuch und bitte Sie, es umzubinden.« Irgendwie seltsam.

NIKOLAJEW: Na, was schreibt er, hat er ihr was geschenkt? Na ja, Brillanten, einen Kaschmirschal, du weißt, was so üblich ist?

IWAN MICHAILOWITSCH: Aber, wer schenkt jetzt noch was! Was soll er auch schenken. Wertvoll ist nicht das Geschenk, wertvoll ist die Liebe. Eine Schere hat er ihr geschenkt, glaube ich.

NIKOLAJEW: Also, du kannst mir in die Visage spucken, wenn da nicht irgendeine Gemeinheit dahintersteckt. Was hat das mit der Mode zu tun? Man heiratet doch nicht jeden Tag? Wenn du schon schlecht gelaunt bist, dann heitre wenigstens deine Tochter auf ... Was ist das schon für eine Freude für sie! Schickt er ihr für zwanzig Kopeken eine Schere ... Was soll das? Ich seh da keinen Sinn ... Wir sollten zu den Damen gehen ... Da kommt ja der Brautführer.

Der Brautführer tritt auf.

IWAN MICHAILOWITSCH: Nun, was ist mit dem Bräutigam? Kommt er bald? Ljubotschka, bist du bald fertig?

LJUBOTSCHKA *man hört ihre Stimme*: Gleich!

BRAUTFÜHRER: Er ist im Gehrock ...

IWAN MICHAILOWITSCH: Was? Was soll das heißen? Man muß ihm sagen, daß Ljubotschka ein weißes Brautkleid trägt. Fahren Sie schnell, sagen Sie ihm das!

NIKOLAJEW: Ich hab's gesagt: Es gibt einen Skandal ...

Der Brautführer geht ab. Maria Wassiljewna, die Kinderfrau, Ljubotschka mit Brautjungfern und Petja treten auf.

LJUBOTSCHKA: Was ist? Bin ich nicht schön, Papa?

ERSTE BRAUTJUNGFER: Wie gut dir fleur d'orange steht! Gib mir bitte eine aus dem Gebinde ...

LJUBOTSCHKA: Ich gebe euch allen welche.

ZWEITE BRAUTJUNGFER: Was ist, bindest du das Tuch vom Bräutigam um?

DRITTE BRAUTJUNGFER: Wo gibt's denn das! Was Buntes zum Brautkleid!

ERSTE BRAUTJUNGFER: Na und, wo er doch selbst im Gehrock kommt?

ZWEITE BRAUTJUNGFER: Das kann nicht sein!

LJUBOTSCHKA: Ich probier es. Er hat darum gebeten – ich muß

es umbinden. *Sie dreht sich vorm Spiegel.* Nein, unmöglich! Nun, ich steck es in die Tasche.

BRAUTFÜHRER: Fahren wir ... Erteilen Sie den Segen ...

NIKOLAJEW *segnet sie und küßt sie auf die Stirn*: Na dann, geb's Gott! ... Wie schön sie ist!

Ljubotschka küßt sich mit allen; die Frauen weinen. Der Student und Katerina Matwejewna kommen heraus und stehen schweigend da.

MARJA WASSILJEWNA: Er soll nur ja nicht zu spät zum Essen kommen.

IWAN MICHAILOWITSCH: Nun, Gott mit dir! – Hör auf, Kinderfrau, das ist dumm ...

KINDERFRAU *weint*: Ich seh dich nie mehr wieder, mein Liebling!

LJUBOTSCHKA *zu ihrem Brautführer*: Setzen Sie mir die Krone bitte nicht auf. Petruscha, du hältst sie über ihn.

MARJA WASSILJEWNA: Gib acht, tritt als erste auf den Teppich. Habt ihr die Kerzen mit? Kinderfrau, nimm die Münzen, wirf sie ihnen vor die Füße ...

KINDERFRAU: Ich mach das schon!

NIKOLAJEW: Ich sehe's an allem, das gibt einen Skandal ...

IWAN MICHAILOWITSCH: Na, Gott sei Dank ... Jetzt muß alles vorbereitet werden ... Wir verabschieden uns doch noch nicht?

Alle gehen einzeln hinaus, außer dem Studenten und Katerina Matwejewna.

KATERINA MATWEJEWNA: Jaa. Es gibt noch viele Subjekte, in deren Bewußtsein die neuen Anschauungen sozusagen erst andeutungsweise vorhanden und noch nicht in Fleisch und Blut übergegangen sind. Ja, ich habe mich schwer geirrt in diesem Herrn.

STUDENT: Sie dürfen der Lüge nicht glauben – dann werden Sie auch nicht betrogen, wie unser Psychologieprofessor zu sagen pflegte. Ein schlechter Charakter, das ist seine Stärke.

KATERINA MATWEJEWNA: Erlauben Sie, erlauben Sie! Aber wie erklären Sie sich diese Erscheinung? Jedem denkenden Menschen muß bekannt sein, daß dieser Hang zur Anmut nur die niedrigste Äußerung der menschlichen Natur darstellt. Wie kann eine Persönlichkeit wie dieser Herr die ganze Schändlichkeit dieser Neigung, die ganze Höhe seines Sturzes übersehen! Er muß doch begreifen, daß es kein Zurück mehr gibt, sobald er in diese Gesellschaftsschicht eintritt und sich all diesen unsinnigen und veralteten Bedingungen unterordnet. Dabei begreift er die Freiheit der Frau. Ich habe Fakten ...

STUDENT: Seinen Charakteranlagen nach ein miserabler Signor, weiter nichts. Nachdem ich nur einen Blick auf diese Persönlichkeit geworfen hatte, war ich überzeugt, daß alles an ihm falsch ist. Sagen Sie, was Sie wollen, ein Individuum, das bei der Akziseverwaltung dient, ein Pferd, eine Wohnung und zweitausend Rubel Gehalt hat, ist alles andere als ein neuer Mensch. Ein neuer Signor, weiter nichts. Ja doch! In meiner Gegenwart hat er einmal gesagt, die Studenten seien dumme Jungen! Das ist die Auffassung dieser Herrschaften! Ein Dreck, Verehrteste, ein Dreck ist diese ganze ehrenwerte Gesellschaft. Nein, das alles stinkt mich an. Man muß nach Moskau fahren.

KATERINA MATWEJEWNA: Ja, Sie mit Ihrem unbefangenen Gemüt sind tiefer in seine Natur eingedrungen. Ich erinnere mich jetzt, er hat mir gesagt, Reflexion sei schädlich! Ein minderwertiger Herr ... Sich so zu erniedrigen und so eine abgeschmackte Ehe mit allen Attributen der Minderwertigkeit einzugehen! Und mit wem! Mit einer ganz minderwertigen Person ...

STUDENT: Nun, das Mädchen war nicht übel. Sie hätte sich noch entwickeln können. Sie hatte das Zeug dazu ... Aber die Umwelt hat ihr die Flügel beschnitten. Ich fahre nach Moskau – mich ödet das an ... Ich werde Vorlesungen besuchen und arbeiten.

KATERINA MATWEJEWNA: Erlauben Sie. In Moskau gibt es niemand, den man hören könnte. Die Professoren sind ein niveauloses Volk. Ich würde selbst nach Moskau oder Petersburg fahren und mich ein bißchen mit Physiologie befassen ... Ja, ich teile diese Überzeugung. Wen soll man hören? In Petersburg gibt es niemand.

STUDENT: Immerhin – die Kommilitonen sind wenigstens aufgeweckte Persönlichkeiten, nicht solche muffigen Subjekte wie hier.

KATERINA MATWEJEWNA: Ja, Sie sind besser dran ... Aber wir Frauen, wie sollen wir unser Leben einrichten? Ich dachte selbst daran, eine Universität zu besuchen, wenn man bloß genau wüßte, welchen neuen Bedingungen man ausgesetzt ist? Für uns fortschrittliche Menschen ist es schwer, im Leben einen Weg zu finden, auf dem wir nicht von Rückschrittlichkeit, Stillstand und Starrheit erdrückt werden. Hier kann ich nicht länger bleiben. Ich fühle, alle die ehrlichen und liberalen Anlagen meiner Natur, die meine Stärke ausmachen, verkümmern hier, und ich werde – schrecklich, es auszusprechen – bald nicht mehr mir, sondern allen diesen Prinzipien ähnlich sein ... Was tun! Alexej Pawlowitsch! Sie sind eine großzügige, frische und unverdorbene Natur, Sie sehen klarer. Retten Sie mich! Retten Sie eine dahinsterbende freie – vielleicht die einzige völlig freie Frau. Ja, ich fühle, ich sterbe dahin. Dieses Licht des Freiseins vom Aberglauben, in dem ich gelebt habe, verlöscht. Dieser Mensch hat mir einen schrecklichen Schlag versetzt! Er hat den Glauben an den Fortschritt in mir erschüttert. Retten Sie mich, Alexej Pawlowitsch, Sie sind ein reiner Mensch, ein ganzer Mensch!

STUDENT *gerührt*: Was sind Sie für eine ehrliche Persönlichkeit!

KATERINA MATWEJEWNA: Nein, erlauben Sie! Ich sterbe dahin, und sie alle werden triumphieren! Sie alle werden sagen: Da wollte sie nun frei sein – und sie ist genauso eine wie wir alle. Das wird eine Freude für sie ... Raten Sie mir, was tun? Von dem ganzen Schwarm, der mich umgibt, verehre ich zutiefst nur Sie allein!

STUDENT *drückt ihr die Hand*: Ich muß sagen, daß ich Sie bis zu dieser Minute nicht gekannt habe. Mir schien – ich will ganz offen sein –, daß Sie nicht bis ins Innerste von unseren Überzeugungen durchdrungen sind. Erst jetzt sehe ich deutlich die ganze Größe und Reinheit Ihrer Ansichten.

KATERINA MATWEJEWNA *drückt ihm fest die Hand, so daß sie schmerzt*: Ja, ich habe meine Ansicht oft geändert und viel durchgemacht. Jetzt gibt es für mich kein Zurück mehr, ich hasse die Rückständigkeit, ich gehöre den neuen Ideen ganz. Es gibt nichts, was mich zurückhalten könnte, und ich verehre Sie, verehre Sie zutiefst. Raten Sie mir, wohin ich fliehen soll, wo ich leichter atmen kann. Diese Umgebung hier erstickt mich. Ich werde nur Ihren Rat befolgen. Ich warte.

STUDENT *überlegt*: Ja, ich kenne einen Kreis von Leuten, wo Sie den Platz im Leben einnehmen könnten, zu dem Sie berufen sind. Ja. Ich fürchte aber, daß Sie sich trotzdem hinreißen lassen, daß Sie Angst haben werden ...

KATERINA MATWEJEWNA: Erlauben Sie, erlauben Sie, womit wollen Sie das beweisen?

STUDENT: Sehen Sie mal. Für mich ist das Leben in Moskau langweilig geworden: Armut, das Fehlen einer fest bezahlten Arbeit ... Von Hörsaal zu Hörsaal ziehen und das Geschwätz der Professoren – lauter Hohlköpfe – hören, das habe ich satt ... Die wohlgenährten jungen Herren zu unterrichten ist noch trostloser. Mir schwebte ein anderes Leben vor. In Petersburg, wissen Sie, gibt es einen Kreis von Leuten, die sich eine gute Sache ausgedacht haben. Sie haben eine Kommune gegründet. Und diesen Leuten wollte ich mich anschließen ...

KATERINA MATWEJEWNA *packt ihn am Arm*: Alexej Pawlowitsch, erzählen Sie! Ich fühle, diese Kommune setzt sich aus solchen Persönlichkeiten zusammen, die ich suche ... Alexej Pawlowitsch, ich zittere vor Erregung ... Retten Sie mich!

STUDENT: Schauen Sie, diese Herrschaften wohnen in Petersburg. Einer von ihnen ist mein Freund. Er kommt von einem Seminar – wie allgemein bekannt ist, bedeutet schon das allein fast einen Titel, da die besten Köpfe und Talente alle von einem Seminar kommen. Er ist sogar in der literarischen Welt bekannt durch seine Kritik über die Erzählung »Die Zeisige«. Vielleich haben Sie sie gelesen? Ein bemerkenswerter Artikel: »Dem Zeisig verzeih ich«. Er entwickelt darin den Gedanken vom Fortschritt der Ideen auf unseren Seminaren.

KATERINA MATWEJEWNA: Bemerkenswert. Ich habe ihn gelesen. Ein herrlicher, ein wunderbarer Artikel.

Petruscha tritt auf und lauscht unbemerkt.

STUDENT: Nun, und dieser Herr schreibt mir, sie hätten in Petersburg eine Kommune gegründet. Anfangs waren sie zu dritt: ein Mediziner, ein Dies-und-das und ein Student. Ein überaus wichtiges Unternehmen. Die Sache ist die, sie haben sich zu einem gemeinsamen Leben zusammengetan. Wohnung, Tisch, Einnahmen und Ausgaben – alles ist bei ihnen gemeinschaftlich. Sie haben eine ordentliche Wohnung gemietet, zwei Frauen wohnen mit ihnen zusammen. Jeder arbeitet, was er möchte, jeder hat sein Zimmer, und dann gibt es noch ein Gemeinschaftszimmer. Die Frauen, die bei ihnen leben, sind durch keinerlei Verpflichtungen gebunden. Sie sind frei, arbeiten ... mal im Haushalt der Männer, mal literarisch ... Die Ehe gibt es nicht, vielmehr völlig freie Beziehungen. Angefangen hat es klein, aber jetzt, hat man mir gesagt, sind es schon an die achtzehn Kommunenmitglieder, und es werden immer mehr. Sie begreifen, was das für eine riesengroße Bedeutung haben muß. Außerdem, mein Freund schrieb mir, es habe kleine Unzufriedenheiten gegeben, die jedoch beseitigt seien, und der Geist in dieser Kommune sei unvorstellbar. Ihre Mitglieder, schreibt er, werden ganz andere Menschen, kaum, daß sie beigetreten sind.

KATERINA MATWEJEWNA: Und die Frau ist frei?

STUDENT: Völlig. Eine Gefahr droht von der Regierung, weil verständlich ist, welche riesengroße Bedeutung eine solche Einrichtung haben muß. So eine Sache hat man in Angriff genommen, so möchte ich leben, anstatt das wohlgenährte Herrensöhnchen zu unterrichten. Besäße ich doch bloß ein paar Mittel. So ist das. Von dieser Angelegenheit habe ich noch nie jemandem etwas erzählt, weil sie viel zu intim ist. Aber Ihnen habe ich es jetzt erzählt, weil ich sehe, daß es bei Ihnen keine Laune ist, sondern eine starke Überzeugung ...

KATERINA MATWEJEWNA *schlägt sich an den Kopf, leidenschaftlich*: Das ist herrlich! Eine Kommune – eine großartige Idee. Das ist wundervoll! Ja ich sehe das Morgenrot des wahrhaften Fortschritts in Rußland. Jawohl, Twerdynski – ich bin die Ihre!

STUDENT: Daran erkennt man die ehrliche Natur! Aber überlegen Sie sich das – es ist zweifellos eine überaus gute Sache, aber ...

KATERINA MATWEJEWNA: Ich bin ein Mitglied der Kommune. Schreiben Sie ihrem Freund, daß Sie und ich der Kommune beitreten. Ich nehme das Geld, das ich besitze, fahre mit Ihnen nach Petersburg und schreibe Iwan Michailowitsch, er soll mein Land verkaufen und die Summe an die Kommune schicken. Ich werde an meinem Werk über die Bedeutung der geistigen Arbeit der Frau schreiben. Twerdynski, einmal habe ich mich grausam geirrt! Sie werden unsere Grundsätze nicht verraten!

STUDENT: Ich hätte keine Achtung mehr vor mir, wenn ich sie verraten könnte; wir fahren, und je eher, desto besser.

KATERINA MATWEJEWNA: Leben Sie wohl, ich gehe und schreibe Iwan Michailowitsch einen Brief. Ich möchte ihn nicht sehen, ich erkläre ihm alles schriftlich.

STUDENT: Da ist noch ein unangenehmer Umstand, ich habe dreißig Rubel Vorschuß genommen.

KATERINA MATWEJEWNA: Ich besitze keine dreißig Rubel, aber ich werde ihm schreiben, er soll sie nach Belieben vom Erlös meines Lands abziehen.

STUDENT: Zweifellos ist unser Vorhaben so wichtig, daß man solche Erwägungen nicht anzustellen braucht. Unser Ziel rechtfertigt die Mittel.

PETRUSCHA *erscheint*: Gestatten Sie, Ihnen zu sagen, ich bin kein wohlgenährtes Herrensöhnchen, sondern ein Mensch, der seine Berufung ebenso begreift wie Sie. Sie haben kein Recht, so zu denken.

STUDENT: Ich habe allgemein gesprochen, ohne etwas auf Sie zu beziehen.

PETRUSCHA: Und das ist unedel, sogar häßlich! Ich bin nämlich gekommen, um Ihnen mitzuteilen, daß ich ebenfalls nicht in diesem Haus bleiben möchte. Ich habe meine Lage durchdacht und mich davon überzeugt, daß die Familie das Haupthindernis ist für die Entwicklung der Individualität; Vater schickt mich wieder aufs Gymnasium, aber ich bin der Ansicht, daß ich meinem Niveau nach über allen Lehrern stehe. Ich habe jetzt Buckle gelesen. Er sagt das gleiche. Ich fahre nach Moskau.

STUDENT: Sie verursachen einen Skandal, weiter nichts. Man wird Sie nicht lassen.

PETRUSCHA: Ich bin kein Kind mehr. Ich habe mit Vater gesprochen. Er verlangt, ich soll im Gymnasium bleiben, ich will aber nicht und fahre allein nach Moskau.

STUDENT: Pjotr Iwanowitsch, Sie verursachen nur ein heilloses Durcheinander, weiter nichts ... wir können Sie nicht mitnehmen.

PETRUSCHA: Ich habe Ihr Gespräch gehört. Ich möchte mit Ihnen der Kommune beitreten und werde mich mit Naturwissenschaften beschäftigen. Das Joch der väterlichen Macht ist mir unerträglich.

STUDENT: Sie sprechen gefühlsmäßig, Sie sind noch zu jung.

KATERINA MATWEJEWNA: Twerdynski, Sie vergessen Ihre Berufung. Wir haben kein Recht, ein aufkeimendes Gefühl zu unterdrücken, das sich nach Freiheit und Schwung sehnt. Pjotr Pribyschew, ich schlage Sie der Kommune als Mitglied vor.

PETRUSCHA: Katerina, ich verehre dich. Wann fahrt ihr? Heute? Dann pack ich meine Sachen. Ich fahre nur noch zu Wenerowski: Ich möchte diese ganze abgeschmackte Zeremonie sehen, um meinen Unwillen noch zu verstärken.

STUDENT *leise zu Katerina Matwejewna*: Sie hätten ihn nicht aufnehmen sollen. Er ist ein Lausebengel.

KATERINA MATWEJEWNA: Twerdynski, alle Menschen sind gleich, alle Menschen sind frei. Gehen wir, wir müssen packen und Briefe schreiben. Pjotr Iwanowitsch, lege dem Vater deine Überzeugungen dar.

PETRUSCHA: Ich lasse mir die Worte schon durch den Kopf gehen ... Die Familie ist ein Hindernis...

Sie gehen ab.

Vorhang

ZWEITES BILD

Die ärmliche Junggesellenwohnung des Bräutigams. Keinerlei Vorbereitungen sind getroffen. Verstreute Papiere. Koffer. Bekleschow und ein alter Verwandter des Bräutigams – ein Beamter mit einem Ordenskreuz – sowie ein Lakai packen.

VERWANDTER: Wo gibt's denn so was, Sergej Petrowitsch? Sie fahren einfach so ohne weiteres weg? Das ist nicht in Ordnung.

BEKLESCHOW: Sie fahren einfach weg. Das muß so sein. Gleich werden sie aus der Kirche kommen, ihre Reisemäntel anziehen und losfahren. Ich habe Ihnen doch gesagt, Anatoli Dmitrijewitsch wird sich bestimmt nicht über Sie freuen, Sie werden sehen. Ja, wäre das eine Hochzeit mit allem Drum und Dran, dann wäre das was anderes, aber so will man es in aller Stille machen.

VERWANDTER: Na ja, dann gehe ich halt wieder. Aber ich meine, daß ich meinen Neffen nicht blamieren würde, auch nicht vor den Verwandten der Braut. Ja, wenn sein Bruder Nikita hier wäre – dieser schreckliche Kerl – oder gar der Vater meines Schwiegersohnes; ich dagegen bin immerhin Kollegienrat und noch angesehen. Ich blamiere ihn nicht.

BEKLESCHOW: Darum geht es nicht, Väterchen. Das ist hier keine Kaufmannshochzeit, und es ist ja extra so vorgesehen, daß sie vom Altar weg die Equipage besteigen und ins Ausland fahren. *Zum Lakai*: Was ist, sind die Koffer gepackt? Und vergiß nicht, die Schlüssel vorn in die Kutsche zu legen. Und der Speck? Muß man auch noch für euch denken! So nimm schon den Koffer. *Zum Verwandten*: Ach, Sie! Sie stören hier nur! Und wozu haben Sie die weiße Krawatte umgebunden, das Ordenskreuz! Lächerlich das alles. Sehen Sie: Ich bin im Gehrock, der Bräutigam auch.

VERWANDTER: Ich gehe, ich gehe ja schon. Sagen Sie mir nur – hat Tolja denn viel kassiert?

BEKLESCHOW: Was heißt hier Tolja?! Der Mann ist fünfunddreißig Jahre alt. Nichts hat er kassiert. Man hat ihn betrogen.

VERWANDTER: Nein, Sie scherzen bestimmt? Bei Ihnen zählt Verwandtschaft ja nichts, aber wir alten Leute haben immer gedacht ... Sagen Sie mir die Wahrheit ... Wie denn das, nichts? Iwan Michailowitsch ist doch kein armer Mann.

BEKLESCHOW *bleibt vor ihm stehen, zur Seite*: Mag er es in der Stadt austratschen. *Laut*: Folgendermaßen hat man ihn betrogen. Zwei Monate hat er um das Mädchen geworben, man fing an, ihm gegenüber von der Mitgift zu reden, er war voller Zartgefühl und sagte, daß er nichts brauche ... Diese Idealisten!

VERWANDTER: Was für eine Dummheit!

BEKLESCHOW: Eben, und so warteten wir Stunde um Stunde, gaben das zu verstehen. Nichts. Gewissensbisse hat er. Ich verliere meinen guten Ruf, sagt er, und der ist mir lieber als die Mitgift ... Ich wollte eine offene Aussprache, aber er: Warte, warte – und dieser Trottel hat wohl tatsächlich gedacht, im neuen Zeitalter wird kein Geld gebraucht; und der Alte hat bis jetzt noch nichts rausgerückt. Das haben wir nun vom Zartgefühl! Iwan Michailowitsch, ausgezeichnet! Aber warte nur ab ...

Das junge Paar und Gäste treten ein. Glückwünsche. Die Braut setzt sich. Wenerowski geht zur Seite.

WENEROWSKI: Na, was ist, alles fertig? *Zum Verwandten*: Was behelligen Sie mich mit Ihren Glückwünschen, weiß Gott! Keiner hat Sie hergebeten.

VERWANDTER: Aber, Tolja, ich meine es doch gut. *Leise*: Eben habe ich gehört, daß mit der Mitgift nicht alles stimmt.

WENEROWSKI: Was haben Sie gehört? Was soll der Unsinn? Ich habe die Braut ohne Mitgift genommen. *Er geht zur Seite.* Der Teufel soll sie holen, jetzt auch noch diese blöde Gesellschaft ...

Petruscha tritt auf.

PETRUSCHA: Anatoli Dmitrijewitsch, Sie sind mein Schwager, aber ich betrachte Sie einfach als Mensch ...

WENEROWSKI: Seien Sie so gut, lassen Sie diese Dummheiten. Was wollen Sie?

PETRUSCHA: Vater sagt, Sie möchten bald zum Abendessen

kommen; er will Sie vor der Abreise segnen ... Ich hoffe, Sie fahren nicht hin? Blöd ist alles. Ich halte nichts davon. Ich verlasse ebenfalls das Haus meines Vaters.

WENEROWSKI: Gut. *Er geht mit Bekleschow zur Seite.*

BEKLESCHOW: Na, was ist, Bruder? Ich habe es dir gesagt. Aber ihr Idealisten hört ja nicht auf unsereinen von der Praxis. Was nun? Eine Frau hast du, Geld nicht.

WENEROWSKI: Die Schweine!

BEKLESCHOW: Noch ist die Partie nicht verloren. Ich fahre hin und kläre das. Zwei Möglichkeiten hast du jetzt: Entweder zu ihm fahren und liebedienern, schmeicheln und warten – oder abreisen und sie schikanieren. Entscheide dich.

WENEROWSKI: Bei Gott, du hältst mich Gott weiß für wen. Weder das eine noch das andere. Ich reise, und zwar möglichst bald. Was ist, hast du alles veranlaßt?

BEKLESCHOW: Ja, Stricke, Speck ... wir haben an alles gedacht ... Du willst also wirklich mit einem Tarantas fahren? Du wolltest doch eine Kutsche ...

WENEROWSKI: Woher nehmen! Wir sind arme Leute; vor wem sollen wir großtun, »arm, aber ehrlich«.

ERSTER GAST *in der Menge*: Warum ist der Bräutigam so schlechter Laune?

ZWEITER GAST: Was ist denn das auch? Man muß gratulieren.

DRITTER GAST: Geh nur hin – stell dich vor ihm auf, der fährt dir über den Mund.

VIERTER GAST: Ich gehe und frage ihn nach Champagner.

Wenerowski raucht eine Papirossa an und geht auf und ab.

NIKOLAJEW: Gut, sehr gut! *Er geht zur Braut und nimmt ihren Kopf zwischen beide Hände.* Nun, noch einmal alles Gute. Ich fahre zu deinem Vater ... Kommt nach ... *Zur Seite*: Ach, du armer Schmetterling!

LJUBOTSCHKA: Warten Sie! Tolja, was ist, fahren wir zu Papascha?

WENEROWSKI: Bitte, nennen Sie mich nicht Tolja – das klingt irgendwie dumm.

LJUBOTSCHKA: Wieso bist du schlechter Laune? Und mir ist so weh zumute ... Ich hatte ganz was anderes erwartet.

WENEROWSKI *lächelt gespielt*: Nein, es ist nichts. *Er setzt sich zu ihr.* Nur viel Scherereien: Wir müssen uns jetzt auf den Weg machen, und diese blöden Gäste ... was wollen Sie?

LJUBOTSCHKA: Aber, was willst du denn, Anatole? Es sind doch alles Verwandte, von den Freunden nur die allernächsten, und selbst von denen haben wir viele gekränkt! Also, was ist, fahren wir zu Papa? Und von da geradewegs ... Wenn ich mir das überlege, in zwölf Tagen schon über der Grenze ... Wie herrlich!

WENEROWSKI: Unmöglich, ich kann nicht, wir fahren nicht zu ihnen. Bitte, seien Sie nicht traurig. Was sollen wir dort? Alle diese Zeremonien, die reinste Folter waren sie für mich. Wie konnte ich das alles nur ertragen? Schlimm!

LJUBOTSCHKA: Und ich!

WENEROWSKI: Na, selbstredend!

BRAUTFÜHRER *kommt näher*: Anatoli Dmitrijewitsch, die Gäste möchten gratulieren.

WENEROWSKI: Sollen sie gratulieren, was stört mich das?

BRAUTFÜHRER: Aber dazu braucht man Champagner.

WENEROWSKI: Bekleschow, gib ihnen Wein – ist welcher da? Ja, da ist er. *Er nimmt eine Flasche und stellt sie auf den Tisch.* Trinke, wer Lust hat. Ljuba, ziehen Sie sich um, für uns wird es Zeit.

LJUBOTSCHKA: Na schön. Wo denn? Meine Dunjascha ist nicht hier.

WENEROWSKI: Wozu Dunjascha? Ich helfe Ihnen, sonst ist auch die Köchin da. Bitte schnell!

Ljubotschka geht ab.

BRAUTFÜHRER: Auf die Gesundheit des jungen Paars!

WENEROWSKI: Trinkt, auf wen ihr wollt, nur möglichst schnell.

GYMNASIAST *trinkt*: Und auf die Freiheit der Frau!

WENEROWSKI: Wir müssen fahren!

GYMNASIAST: Und auf die Wissenschaft und die Freiheit! Wo ist denn die Braut?

Die Gäste fahren einer nach dem anderen ab.

Leben Sie wohl, Herrschaften, ich fahre! Auf die Gesundheit des jungen Paars!

Wenerowski zieht den Mantel an, setzt den Hut auf.

LJUBOTSCHKA *kommt zurück*: Leben Sie wohl, Herrschaften! Grüßen Sie meinen Papascha. Leben Sie wohl!

PETRUSCHA: Wir sehen uns wieder ... Ich will Freiheit. Die werden sich wundern!

NIKOLAJEW: Habe ich es nicht vorausgesagt, das gibt einen Skandal! Dieses Schwein! Denkt, das sei neu ... So ein Schwein!

GYMNASIAST: Ich trinke auf die Reise. Wie viele Gedanken!

Vorhang

VIERTER AKT

Dasselbe Zimmer wie im dritten Akt, erstes Bild. Die Gäste sitzen grüppchenweise. Marja Wassiljewna hat sich fein angezogen, Iwan Michailowitsch geht mit dem Friedensrichter auf und ab.

MARJA WASSILJEWNA: Weshalb dauert das so lange? *Sie schaut auf die Uhr.* Es wäre an der Zeit!

ERSTER GAST: Sicher sind sie aufgehalten worden. Trinken wir auf ihre Gesundheit! *Er trinkt.* Und wie geht es Ihnen?

FRIEDENSRICHTER: Was den Loskauf anbelangt, Iwan Michailowitsch, sind Sie also fest entschlossen?

IWAN MICHAILOWITSCH: Das Grezowskaja-Brachland gebe ich ganz ab, umsonst, und auf die zusätzliche Bezahlung verzichte ich. Na, ich denke, sie werden einverstanden sein.

FRIEDENSRICHTER: Und ob sie einverstanden sind, Iwan Michailowitsch. Das wäre meine Schuld, wenn sie sich weigerten. Nicht nur hier in der Gegend, sondern im ganzen Gouvernement finden wir kein zweites Beispiel solcher Großzügigkeit ...

Ein zweiter Gast tritt heran.

ZWEITER GAST: Sie reden auch an so einem Tag nur von Geschäften?

FRIEDENSRICHTER: Es läßt sich nicht vermeiden. Wovon man auch spricht, das Gespräch wendet sich den noch nicht Losgekauften zu. Hier haben Sie ein Beispiel, wie Geschäfte geregelt werden. Iwan Michailowitsch gibt den Bauern siebzehn Deßjatinen Land umsonst und erläßt die Zahlung.

ZWEITER GAST: Ja!

IWAN MICHAILOWITSCH: Was soll ich machen? Es muß doch mal ein Ende haben!

FRIEDENSRICHTER: Was doch die Zeit bewirkt! Wenn man sich daran zurückerinnert, was Sie früher gesagt haben, Iwan Michailowitsch! Wir beide hätten uns damals fast gestritten, erinnern Sie sich? Wegen dieser Alten, die sich beschweren kam ...

IWAN MICHAILOWITSCH: Unmöglich. Es war was Neues, und da regt man sich eben auf. Aber wieso kommen sie nicht? Es geht auf elf.

FRIEDENSRICHTER: Und wie die Bauern Sie loben! Sie piken den anderen Gutsbesitzern in die Augen mit dem Herrn Pribyschew.

IWAN MICHAILOWITSCH: Ja, das zumindest ist ein Lohn.

FRIEDENSRICHTER: Und glauben Sie mir, das wird einträglicher für Sie, Iwan Michailowitsch.

IWAN MICHAILOWITSCH: Nun, ob einträglicher oder nicht – jedenfalls muß man mit dem Jahrhundert Schritt halten.

MARJA WASSILJEWNA: Er sagt dauernd – einträglicher. Er hat gesagt, der Freibrief habe alles besser gemacht, und er selbst ärgert sich dann, weil die Bauern nicht arbeiten. Was meinen Sie: Ist es durch den Freibrief besser geworden?

IWAN MICHAILOWITSCH: Natürlich besser. *Er geht zu den Damen.* Wovon sprechen Sie gerade?

MARJA WASSILJEWNA: Ach, wir haben uns zurückerinnert, wie es auf unseren Hochzeiten zugegangen ist. Ich habe erzählt, daß ich Angst vor dir hatte. Erinnerst du dich? Wie du mir das Brillantkollier brachtest. Ich wollte es nicht annehmen. Und dann auf dem Ball: Er tanzte eine Masurka mit mir, und ich wußte nicht recht, wen ich mir wählen sollte ... Wie jung und unerfahren man war! Aber fröhlich ... Meine Mutter veranstaltete gern glänzende Feste. Ganz Moskau war auf unserer Hochzeit ... Der ganze Eingang war mit rotem Tuch ausgeschlagen, und Blumen in zwei Reihen.

ZWEITE DAME: Ja, früher war alles ganz anders.

MARJA WASSILJEWNA: Was haben wir denn hier? Eine Kleinbürgerhochzeit. Hätte man die Hochzeit der einzigen Tochter so gefeiert!

FRIEDENSRICHTER: Nein, wieso denn, bei Ihnen ist es sehr – nicht gerade prächtig, aber comme il faut. So wird es heute nun mal gemacht: vom Altar weg in die Kutsche. Ich finde, das ist sehr schön.

MARJA WASSILJEWNA: Sie bleiben aber lange.

IWAN MICHAILOWITSCH: Ich meine auch, es wäre an der Zeit. Also Herrschaften! Bitte, probieren Sie meinen Wein. Ich behaupte, Sie haben so einen noch nicht getrunken.

MARJA WASSILJEWNA: Jean, erkläre mir, wie wir sie empfangen? Wer wird wo stehen? Ich habe doch schon alles vergessen.

ZWEITE DAME: Sobald sie angefahren kommen, Marja Wassiljewna, müssen Brautvater und Brautmutter sie hereinführen, und hier werden sie mit Brot und Salz empfangen. Zuerst Sie ...

ERSTER GAST: Nein! Der Reihe nach: Der Brautführer kündigt sie an, und nun treten die Stellvertreter der Eltern ein, und dann erst Vater und Mutter ...

IWAN MICHAILOWITSCH: Diese vielen Zeremonien!

FRIEDENSRICHTER: Ich liebe diese alten Bräuche. Sie sind schön, so russisch.

MARJA WASSILJEWNA: Jean, bitte, halte sie nicht so lange bei Tisch fest. Ich möchte mit Ljuba wenigstens kurz noch unter vier Augen sprechen.

ERSTE DAME: Die Freude und die Vorbereitungen, und das alles zusammen ... Ja, eine bemerkenswerte Zeit ...

IWAN MICHAILOWITSCH: Halt mal! Da ist jemand vorgefahren. Doch nicht etwa sie? Nun, steh auf, Marja Wassiljewna, nimm Brot und Salz. Das hier.

ZWEITE DAME: Legen Sie Goldstücke ins Salzfäßchen – damit sie in Reichtum leben.

MARJA WASSILJEWNA: Iwan Michailowitsch, gib mir ein paar Goldstücke.

IWAN MICHAILOWITSCH: Gleich! Ich habe schon welche reingelegt.

Stubenmädchen und die Kinderfrau stecken die Köpfe zur Tür heraus; die Musikanten stellen sich auf.

Aufgepaßt: wenn sie eintreten, einen Tusch. *Zu dem Lakaien*: Und du kommst mit dem Champagner, und daß mir sofort der Fisch serviert wird und ... sie kommen! *Er nimmt das Brot, macht sich zurecht und tritt in die Mitte.*

ERSTE DAME: Was ist das doch für ein feierlicher Augenblick!

ZWEITE DAME: Und erst für den Vater, für die Mutter!

IWAN MICHAILOWITSCH *küßt Marja Wassiljewna rührselig*: Nun, meine Liebe, ich gratuliere. Erleben wir diese Freude doch noch.

MARJA WASSILJEWNA: Ach, Jean, ich habe so große Angst, diese Freude, und ich weiß selbst nicht ... sag mir, wann ich dran bin, sonst – ich bin so durcheinander ... Sie kommen! Soll ich hier stehen?

Man hört Schritte, die Eltern stellen sich in Positur, die Verwandten auch. Nikolajew tritt ein.

IWAN MICHAILOWITSCH: Wieso kommen Sie ohne die Brautmutter? *Er gibt den Musikern ein Zeichen.*

NIKOLAJEW *zerzaust, zu den Musikern:* Schsch ... ihr Dummköpfe. – Nein, so eine Schweinerei hab ich mein Leben noch nicht gesehen! *Er wirft seinen Hut zu Boden.* Ich hab's dir altem Trottel gesagt! Nein, Bruder, mich auszulachen, das gestatte ich keinem. Ich bin für dich kein Bruder mehr, kein Freund, und ich will dich nicht mehr sehen. So! *Zu seiner Frau*: Sofja Andrejewna, wir fahren.

IWAN MICHAILOWITSCH: Was macht er denn? Was ist los mit Ihm?

MARJA WASSILJEWNA: Wo ist das junge Paar? Jean, ich bin ganz durcheinander.

NIKOLAJEW: Ja, marschier los, küß ihn ab, hol ihn ein!

IWAN MICHAILOWITSCH: Ja, was ist denn nun los? Spann mich nicht auf die Folter: Was hast du? Weswegen?

NIKOLAJEW: Abgereist sind sie – das ist los! Haben allen in die Visage gespuckt und sind abgereist. *Er setzt sich in einen Sessel, die Gäste umringen ihn.*

KINDERFRAU: Wie denn das, ohne Segen?

ERSTER GAST: Das kann nicht sein!

ZWEITER GAST: Das ist unerhört.

MARJA WASSILJEWNA: Ach! *Sie fällt in einen Sessel, die Kinderfrau stürzt zu ihr hin.*

IWAN MICHAILOWITSCH *noch immer mit dem Brot*: Nikolajew, damit scherzt man nicht ... Wo ist sie? Ich rede mit dir. *Zum Lakai*: Wo ist das junge Paar? Ich frage dich.

LAKAI: Sie haben geruht abzureisen.

IWAN MICHAILOWITSCH: Seid ihr allesamt verrückt geworden? Hast du das selbst gesehen?

LAKAI: Aber ja. Fjodor und ich haben sie doch auf einen Tarantas gesetzt.

IWAN MICHAILOWITSCH: Auf einen Tarantas? Auf was für einen Tarantas? Ich schlag dich tot, du Kanaille! *Er geht auf ihn los, wirft das Brot weg.*

Der Lakai reißt aus.

MARJA WASSILJEWNA: Jean, was tust du! Um Gottes willen ...

NIKOLAJEW: Ja, Bruder, das ist was Neues, ganz was Neues. Bedauernswert kommst du mir vor und lächerlich! Mach du Dummheiten, aber halt andre nicht zum Narren. Tätst du mir nicht leid, würde ich mich von dir zurückziehen und kein Wort mehr mit dir reden.

GÄSTE: Was war denn los? Wie ist das möglich, ohne Segen!

FRIEDENSRICHTER: Noch dazu auf einem Tarantas? Das kann nicht sein.

NIKOLAJEW: Ich hab's kommen sehen, daß da Niedertracht im Spiel ist. Geradezu gewartet hab ich drauf. Er hat mir zugeredet. Ich habe ihm geglaubt und bin zur Kirche gefahren. In die Kirche kommt dieser Flegel im Gehrock und in blauen Hosen ... Na schön. Ich wollte die Braut heimgeleiten, wie es Brauch ist ... Er hört sich nicht mal das Bittgebet bis zu Ende an, schnappt sie und setzt sie in seine Kutsche. Na, denke ich ... Ich wollte schon gar nicht mitfahren, aber Sofja

Andrejewna lag mir in den Ohren ... Fahren wir, weshalb Ljuba beleidigen ... er kennt den Brauch nun mal nicht ... Na gut, denke ich, fahren wir. Außerdem tut mir Ljuba leid.

IWAN MICHAILOWITSCH: Nikolajew, du machst Witze? Wo sind sie? Um Gottes willen, schone mich nicht ... ich bin doch der Vater ...

NIKOLAJEW: Wieso Witze, Bruder? Ich wär doch selber froh ... in Laschnjewo sicher, auf der Station.

IWAN MICHAILOWITSCH: So rede doch, rede ...

NIKOLAJEW: Ich denke, für einen alten Freund mußt du das tun, dabei wußte ich im voraus, da ist Niedertracht im Spiel ... Ja, denke ich, was ist dabei? Irgend so ein Lausekerl von Schreiberling kann mich doch nicht beleidigen: Und ich bin gefahren. Schön. Sofja Andrejewna und ich jagen los – niemand da, nur der Brautführer ... Die Wohnung – ein Schweinestall ist sauberer! Stricke liegen auf dem Fußboden und ein Freund von ihm, genauso ein Flegel wie er, nur im Hausmantel, und ein Verwandter des Bräutigams – irgendein Protokollant ... Was glauben Sie? Er dreht mir den Rücken zu und geht, er setzt den Hut auf, und sie fahren los!

IWAN MICHAILOWITSCH: Womit sind sie gefahren?

MARJA WASSILJEWNA: Ohne das Mädchen? Dunjascha ist hier. O mein Gott!

IWAN MICHAILOWITSCH: Womit sind sie gefahren? Stich mich nieder! Hier, trinke mein Blut!

NIKOLAJEW: Mit einem Tarantas. Ich hab es selbst gesehen ...

IWAN MICHAILOWITSCH: Nikolajew! Sieh dich vor ...

NIKOLAJEW: Wieso ich? Du hättest dich vorsehen sollen, wem du deine Tochter gibst.

IWAN MICHAILOWITSCH: War Petruscha dort?

ERSTER GAST: Was ist?

ZWEITER GAST: Bestimmt hat man ihn gekränkt?

DRITTER GAST: Nein. Es heißt, sie haben ihm alles vor der Hochzeit gegeben.

ERSTER GAST: Wahrscheinlich ist er verrückt. Glauben Sie mir, ein Verrückter.

ZWEITER GAST: Eins ist verwunderlich, wieso hat sie eingewilligt?

DRITTER GAST: Er hat fest zugepackt.

ERSTER GAST: Das ist eine gute Lehre für Iwan Michailowitsch.

ZWEITER GAST: Das kommt nur vom Stolz.

IWAN MICHAILOWITSCH: War Petruscha dort? He, Saschka!

MARJA WASSILJEWNA: Jean, um Gottes willen!

IWAN MICHAILOWITSCH: Verschwinde!

LAKAI *tritt ein*: Was belieben Sie?

IWAN MICHAILOWITSCH: Wo ist Pjotr Iwanowitsch?

LAKAI: Das weiß ich nicht.

IWAN MICHAILOWITSCH: Ich bring dir bei, was du zu wissen hast! Pjotr Iwanowitsch hat sofort hierzusein, hörst du, Strolch? *Er wird plötzlich böse.* Ich werde dir helfen, über mich zu lachen!

Der Lakai rennt davon.

ZWEITER LAKAI *kommt mit Briefen*: Pjotr Iwanowitsch sind mit Katerina Matwejewna und dem Studenten abgereist und haben befohlen, Ihnen dies sofort zu geben.

IWAN MICHAILOWITSCH: Was? *Er nimmt die Briefe.* Wohin gefahren? Wann?

ZWEITER LAKAI: Das weiß ich nicht. Sie sagten, nach Petersburg.

ERSTER GAST: Erstaunlich!

ZWEITER GAST: Ja, ein Unglück kommt selten allein.

NIKOLAJEW: Da hast du deine neuen Ideen ... wir waren mal Vettern.

IWAN MICHAILOWITSCH *öffnet den Brief*: Herrschaften, mir ist zu schwer ums Herz. Verschonen Sie mich! Ich weiß, ich bin schuld. Da ist nichts zu verheimlichen ... Ich kann es nicht lesen ... Lesen Sie wenigstens. *Er überfliegt den Brief und gibt ihn dem Brautführer.* Lesen Sie ... Warten Sie, he! *Zum Lakaien*: Die vier Grauen vor den Wagen! Und sag dem Kutscher Filka, daß ich ihm keinen Zahn im Mund lasse, wenn der Wagen nicht in einer Minute vorfährt. Ich schlag sie ihm alle aus. Das sag ich hier vor allen Leuten, und dann richte mich Gott und unser Zar! Nein, eure Zeit ist um! Also, lesen Sie.

BRAUTFÜHRER *liest den Brief*: »Herr Pribyschew!«
IWAN MICHAILOWITSCH: Von wem ist das?
BRAUTFÜHRER: Von Katerina Matwejewna.
IWAN MICHAILOWITSCH: Schön, auch mit dieser dummen Person werden wir abrechnen. Lesen Sie.
BRAUTFÜHRER *liest*: »Obwohl die unausgereiften sozialen Tendenzen, die in letzter Zeit reliefartiger bei Ihnen zutage traten, uns auch fühlen ließen, daß Sie begonnen haben, die Ruhe der stumpfsinnig selbstzufriedenen ultrakonservativen – ich gehe noch weiter – ultrarückschrittlichen Gesellschaftsschicht, in der Sie verkehren, zu erschüttern, und sie uns hoffen ließ, Ihre Tendenzen könnten jäh zur neuen Lehre hin umschwenken, ist der Triumph des Gedankens noch nicht der Triumph der Tat. Ich sage es einfach: Die unermeßliche Höhe des Niveaus, die uns von Ihrer Familie trennt, war mit höllischer Stärke subjektiv zu spüren. Die letzten Ereignisse in Ihrer Mitte spülten den ganzen in ihr verborgenen Abschaum von Unwissenheit, Sittenverderbnis und Verknöcherung an die Oberfläche. Wir waren gewaltsam gruppiert worden und konnten deshalb nicht miteinander verschmelzen. Wir standen alle einzeln da. Ich habe mich entschlossen, nach Petersburg zurückzukehren, unter das Banner, das meinen innersten Überzeugungen nähersteht, unter das Banner der neuen Lehre von der Frau. Da in Ihrem Bewußtsein ein Abschwenken auf den ehrlichen Weg zu vermerken war, nehme ich an, daß es von Interesse für Sie wäre, zu wissen, welche Erfolge unsere Tätigkeit zum Nutzen der allgemeinen Sache hat, die einen durchaus realistischen Charakter trägt. Gewisse fortschrittliche Persönlichkeiten und ehrliche Charaktere unternehmen den Versuch eines freien Zusammenlebens von Männern und Frauen auf neuen eigenständigen Grundlagen. Diese Institution erhielt den Namen Kommune. Ich trete ihr als Mitglied bei.«
NIKOLAJEW: Nun, Bruder – diese Institution ist altbekannt und heißt einfach ... *Er sagt ihm etwas ins Ohr.*
IWAN MICHAILOWITSCH: Lesen Sie ... Ist es noch viel?
BRAUTFÜHRER: Nein, gleich fertig. *Er liest*: »In der Kommune,

unter zu mir passenden Leuten lebend, werde ich an literarischen Organen mitarbeiten und die Ideen des Jahrhunderts sowohl theoretisch als auch konkret mit Nachdruck verbreiten. Ich werde frei und unabhängig sein. Leben Sie wohl, Pribyschew. Ich werfe Ihnen nichts vor. Ich weiß, daß sich der Schmutz Ihrer Umwelt auch auf Sie übertragen mußte; über Marja Wassiljewna sage ich nichts; Sie mußten das sein, was Sie sind. Aber merken Sie sich eins: Es gibt leuchtende Persönlichkeiten, die sich den Schlägen des Jahrhunderts nicht unterordnen, und auf die müssen Sie, wenn Sie die Menschenwürde nicht verlieren wollen, mit Rührung und Achtung schauen. Ich werde aufrichtig sein – ich achte Sie nicht, aber ich bestreite absolut nicht, daß Sie menschliche Tendenzen in sich tragen. Vorwürfe sind unter meiner Würde!«

IWAN MICHAILOWITSCH: Fertig? Warte doch!

BRAUTFÜHRER: Nein ... Postskriptum: »Ich bitte, mein Land zu verkaufen, und nehme an, nicht unter fünfzig Rubel die Deßjatine; ich hoffe auf Ihre Ehrlichkeit – und schicken Sie mir die zweitausenddreihundert Rubel in Silber bitte in kürzester Zeit mit der nächsten Post.«

IWAN MICHAILOWITSCH: Ausgezeichnet! Zweihundert hat sie sich schon geben lassen, und das ganze Gut bringt hundertfünfzig. Mit dir werde ich schon noch fertig, meine Liebe! So, den anderen: bestimmt vom Studenten. Lesen Sie.

NIKOLAJEW: Sie ist tollwütig! Sie gehört an die Kette. Und du lobst dauernd ihre Lehre.

BRAUTFÜHRER: »Iwan Michailowitsch! Ich habe von Ihnen zweiunddreißig Rubel Vorschuß genommen. Ich kann sie jetzt nicht zurückzahlen. Aber wenn Sie kein unehrlicher Herr sind, werden Sie nicht die Gemeinheit besitzen, mich anzuzeigen. Ich schicke Ihnen das Geld, sobald ich Boden gefaßt habe. Reiche Leute haben stets die Angewohnheit, arme zu verachten. In Ihrem Hause geschah das zu unhöflich. Ich reise mit Katerina Matwejewna. Denken Sie von ihr, wie Sie wollen, ich jedenfalls halte sie für eine hochstehende Persönlichkeit. Im übrigen, meine Verehrung.«

IWAN MICHAILOWITSCH: Da – kurz und klar. Sind die Pferde bereit? Ich jage sie alle vier zuschanden, aber ich hol euch ein und will wenigstens meinen Spaß haben.

MARJA WASSILJEWNA: Nicht doch, Iwan Michailowitsch! Hab Mitleid mit ihm! Er ist doch arm, allein.

ERSTER GAST: Wozu den bemitleiden!

IWAN MICHAILOWITSCH: So, nun noch den letzten ... Geben Sie mir den Rest ...

BRAUTFÜHRER *liest*: »Vater! Ich habe sehr viel über die Philosophie unseres Jahrhunderts nachgedacht. Und immer wieder stellt man fest, daß es den Menschen des neuen Jahrhunderts deshalb schlecht geht, weil Rückschrittler sie unterdrücken. Schon haben alle eingesehen, daß die Familie die Entwicklung der Individualität hemmt. Ich habe bereits eine sehr große Entwicklung genommen, aber bei uns herrscht Ultrakonservativismus, und Mamenka ist dumm; du selbst hast das geäußert – also wissen es alle. Warum soll ich im vollen Anlauf steckenbleiben und im Stillstand verharren? Die Lehrer am Gymnasium haben noch kein Niveau, und das ertrage ich nicht! Sie setzen einen in den Karzer! Die Zeit des Oblomowtums ist vorbei, jetzt haben für die fortschrittlichen Menschen neue Zeiten begonnen. Ich werde mich an der Petersburger Universität mit der Wissenschaft befassen, wenn die Professoren gut sind, wenn sie aber schlecht sind, werde ich selbständig arbeiten. Und wenn du kein Kirsanow und kein starrsinniger Despot bist, dann schicke mir die Mittel zum Leben nach Petersburg. Weil ich fest entschlossen bin. Außerdem habe ich mich davon überzeugt, daß auch Wenerowski ein Rückschrittler ist. Er erkennt die Freiheit der Frau nicht an. Leb wohl, Vater. Vielleicht sehen wir uns unter neuen und normalen Verhältnissen von Mensch zu Mensch wieder. Ich habe alles gesagt, was sich in meinem Herzen angestaut hat. Pjotr Pribyschew.«

IWAN MICHAILOWITSCH: Mein Gott! Mein Gott! Was ist das!

NIKOLAJEW: Leid tust du mir, Bruder Iwan, wirklich leid, aber da ist nichts zu machen, bist selber schuld. Da hast du das Neue! Von wegen Neues! – Alles alt, uralt. Seit der Erschaffung der Welt Stolz, Stolz, Stolz! Die Jungen wollen die Alten belehren.

GÄSTE: Das ist wahr.

ZWEITER GAST: Da sieht man, wohin das führt!

ERSTER GAST: Dumm und lächerlich.

IWAN MICHAILOWITSCH: Nun, Marja Wassiljewna, du bist zwar dumm, aber ich bin tausendmal dümmer als du. He, seid ihr fertig?

LAKAI: Der Wagen fährt soeben vor.

IWAN MICHAILOWITSCH: Sag Dunjascha, sie soll sich fertigmachen und mit mir fahren. Warte mal, wo ist sie denn, die Schenkungsurkunde? Nun, Herrschaften, verzeihen Sie, ich fahre! *Er verabschiedet sich von den Gästen.*

FRIEDENSRICHTER: Was wird aus unserer Sache, Iwan Michailowitsch?

IWAN MICHAILOWITSCH: Hören Sie. Solange man mir nicht das Messer an die Kehle setzt, gebe ich kein Fitzelchen umsonst her, erlasse ich keine Kopeke, keinen Tag, keine Strafe. Schluß mit der Wundertäterei! Nein, ich habe heute was gelernt.

LAKAI: Es ist soweit.

IWAN MICHAILOWITSCH: Nun, den Mantel, du Hundesohn! Was denkst du dir? Wie bisher? Du hast recht, Marja Wassiljewna, alles ist schlechter geworden. Die Gerichtsordnung, die Schulen, die Studenten ... alles das ist Gift, alles das ist der Untergang. Leben Sie wohl. Hauptsache, ich hole sie ein, und sei es auf der Landstraße. Dann werde ich meinem Herzen Luft machen! Petruschka haue ich mit der Peitsche durch! Jawohl.

MARJA WASSILJEWNA: Iwan Michailowitsch, tue mir den Gefallen, schrei Alexej Pawlowitsch nicht so sehr an. Wirklich, er ist doch so dünn, richtig mickrig! Na ja, er ist eben noch jung ...

NIKOLAJEW: Den Sohn kannst du zurückholen, die Tochter ist verheiratet!

IWAN MICHAILOWITSCH: Erinnere mich nicht daran. *Er geht zum Tisch und trinkt ein Glas Wein.* Und ob – dem zeig ich's mit der Peitsche. Leben Sie wohl. Freuen Sie sich, frohlocken Sie, giften Sie, den haue ich durch, den haue ich durch! Und er wird es mir danken, jawohl!

Vorhang

FÜNFTER AKT

Die Bühne stellt ein Wartezimmer für die Reisenden auf einer Poststation dar. Der Postmeister und der Stallmeister treten ein.

POSTMEISTER: Ist das ein Betrieb! Seit Makarius hat's das nicht gegeben. Wer ist dran?

STALLMEISTER: Akimkin; ist noch nicht zurück. Bestimmt hat man ihn in Lapschewo aufgehalten. Ein Glück, daß kein Kurier angehetzt kommt.

POSTMEISTER: Nach sechs kommt die nächste Post, was dann? Die Reisenden können einem jetzt ganz schön zusetzen.

STALLMEISTER: Früher, bei Tichon Mossejitsch, ging das so: Waren keine Pferde da, verkroch er sich in der Heukammer. Ich war damals auch Stallmeister. Einmal kamen welche vom Kaukasus, zwei Betrunkene, was haben die angestellt! Die ganze Station ist auseinandergerannt, sie haben alle verprügelt. Unseren Tichon Mossejitsch haben sie an den Beinen herausgezerrt. »Ich bin Beamter – unterstehen Sie sich!« Da haben sie ihn gestriegelt! Ob Sie's glauben oder nicht, übern Hof haben die ihn gezerrt. Das war ein Spaß!

POSTMEISTER: So einer sollte mir mal kommen. Dem würde ich's geben.

STALLMEISTER: Nein, heutzutage ist der Reisende viel friedlicher. Warum, so frag ich Euer Wohlgeboren, sagen denn alle Reisenden auf einmal »Sie« zu uns Bauern.

POSTMEISTER: Das ist eben Bildung, Fortschritt. Bist du wirklich so dumm?

STALLMEISTER: Aber die Stallburschen und ich haben festgestellt, wenn jemand uns Sie nennt – brauchst du auf kein

Trinkgeld zu hoffen. Wenn dagegen einer viel rumschreit und handgreiflich wird, der gibt bestimmt was. Von dem kannst du getrost fünfundzwanzig Kopeken erwarten oder dreißig.

POSTMEISTER *lacht*: Auf was ihr so alles aufpaßt! Und jetzt Schluß mit dem Geschwätz. Siehst ja den Schweinestall hier. Laß ausfegen, und wisch wenigstens den Tisch ab! Einen Reisenden, der nicht rumnörgelt, gibt's nicht. Nie sauber genug. Und wer schweinigelt? Nur sie. Die sind nur drauf aus, rumzuschweinigeln und abzureisen. Nie ist es ihnen sauber genug.

Der Stallmeister räumt auf.

Ich geh jetzt schlafen. Was denn, schon wieder! Na, die können sitzen, mach dich auf was gefaßt.

STALLMEISTER: Wenn sie doppelt zahlen, befördern wir sie.

Man hört ein Glöckchen. Wenerowski und die sehr bleiche, stille und traurige Ljubotschka treten ein.

WENEROWSKI: Herr Postmeister, ich verlange Pferde. Stallmeister, lassen Sie sofort anspannen. *Zu Ljubotschka*: Nun sind wir endlich allein. Herrlich. Erst jetzt, wo ich mich von diesem gräßlichen Unsinn losgerissen habe, fühle ich mich als Mensch! Freuen Sie sich, meine Liebste?

LJUBOTSCHKA: Sagen Sie in Gegenwart von Fremden nicht solche Worte.

POSTMEISTER: Die Pferde sind unterwegs.

WENEROWSKI: Ich sage Ihnen: Hier ist die Bescheinigung für die Pferde, hier ist Geld, spannen Sie an.

POSTMEISTER: Erst fressen lassen, dann anspannen.

WENEROWSKI: Entweder Sie spannen jetzt an, oder Sie geben mir Ihr Buch, ich werde mich beschweren.

POSTMEISTER: Das Buch ist hier, beschweren Sie sich. Sie sind nicht der einzige!

WENEROWSKI: Aha, gut, sehr gut! Nein, noch lange wird Ehrlichkeit uns allein auszeichnen ... Dieses niederträchtige Volk! *Er setzt sich an den Tisch, öffnet das Buch und schreibt.*

POSTMEISTER *tritt zu ihm, verärgert*: Belieben Sie erst mal, ins Buch hineinzuschauen. Wenn Sie mal sehen wollen – die Post mit acht Pferden um fünf Uhr dreiundzwanzig, jetzt ist's erst neun, sie sind noch nicht zurück. Ein Oberst mit Frau – sechs Pferde um sechs Uhr siebzehn. Sehen Sie hier: der Bestand – sechsunddreißig Pferde. Jawohl, mein Herr, erst muß man hinschauen, bevor man diejenigen niederträchtig nennt, die vielleicht besser sind als Sie – jawohl.

WENEROWSKI: Lassen Sie mich in Ruhe. Ich beabsichtige nicht, mich mit Ihnen zu streiten.

POSTMEISTER *im Weggehen*: In Zukunft sehen Sie sich vor! Ein General, der sechsspännig in einer Equipage vorfährt – auch dem erlauben wir nicht ... und schon gar nicht allem möglichen Gesocks ... *Er geht ab.*

WENEROWSKI: Stallmeister, bringen Sie bitte den Samowar. *Zu Ljubotschka*: Möchten Sie Tee trinken, Liebste? Und Tee und Zucker.

STALLMEISTER: Für den Samowar zwanzig Kopeken, Tee und Zucker verrechnen Sie mit der Wirtin.

WENEROWSKI: Bringen Sie alles her. Möchten Sie?

LJUBOTSCHKA: Ja ... nein ...

WENEROWSKI: Sie sollten den Umhang ablegen.

LJUBOTSCHKA: Ich möchte gar nichts.

WENEROWSKI *setzt sich zu ihr*: Da siehst du, meine Gute, welch tiefer Abgrund uns von deinem bisherigen Leben trennt. Wir werden das Leben einfach nehmen. Dieser Herr hält es dank seiner Überzeugungen, seiner Umgebung für nötig, die Leute zu drangsalieren. Das liegt in der Ordnung der Dinge, genauso wie deine Verwandten jene Dummheiten für unvermeidlich halten, denen wir entflohen sind. Sei's drum, wir können sie nicht ummodeln. Wir klugen Leute sollten vielmehr sagen: Herrschaften, Sie sind klein und häßlich, aber das steht Ihnen frei; nur lassen Sie uns ehrlich und menschlich sein! Wenn du dir diese Einstellung zu eigen machst, Liebste ...

LJUBOTSCHKA: Sagen Sie nicht: Liebste – ich mag das nicht.

WENEROWSKI: Ach was, egal. Achten Sie nur darauf, wie diese nichtswürdigen Leute bei all diesen Zusammenstößen erniedrigt werden. Ich hasse sie nicht, ich verachte sie, sie müssen erniedrigt werden, und das sehen Sie selbst ein, wenn Sie darüber nachdenken. Glauben Sie mir, Ihre Verwandten fühlen jetzt, wie dumm sie sind. Und so soll es ja auch sein.

LJUBOTSCHKA: Was haben dir meine Verwandten getan? Nehmen wir an, sie seien niveaulos, immerhin sind sie nicht die schlechtesten. Es gibt schlimmere.

WENEROWSKI: Sie sind sehr klug, Liebste. Das ist wahr. Es gibt schlimmere, aber da wir einmal erkannt haben, daß unsere Überzeugungen verschieden sind, daß der Boden, auf dem sie und ich stehen, nicht ein und derselbe ist, müssen die einen zur Rechten stehen, die anderen zur Linken. Alles ist doch ganz einfach. Ich mag keine dummen und ungebildeten, keine unehrlichen, apathischen und allem Neuen feindlich gesinnten Leute. Ihre Verwandten sind aber so, folglich können weder Sie noch ich sie achten. Damit sind Sie doch einverstanden? Ein anderer würde politisieren, seine Überzeugungen verbergen, ich aber meine, Ehrlichkeit und Wahrheit tragen stets Früchte.

LJUBOTSCHKA: Wieso denn? Vater ist kein Feind alles Neuen, im Gegenteil ...

WENEROWSKI: Aber, sehen Sie denn nicht, er hat nur Angst vor mir gehabt und geheuchelt. Ja, und eine dumme Frau, die außer Essen und Schlafen nichts versteht, kann man nicht achten!

LJUBOTSCHKA: Ich habe beide trotzdem geliebt ...

WENEROWSKI: Lieben Sie das Ehrliche, Freie und Vernünftige! Lieben Sie die Persönlichkeiten, die diese Eigenschaften in sich vereinen, dann sind Sie menschlich; aber eine Frau lieben, nur weil sie Sie auf die Welt gebracht hat, das ist sinnlos. Ja, teure Freundin! Wenn Sie mich auch lieben, dann nicht, weil ich hübsch oder klug bin, sondern weil sich in mir Eigenschaften vereinen, von denen ich gesprochen habe. Ja, das ist so.

Man bringt den Samowar.

Werden Sie einschenken?

LJUBOTSCHKA: Nein, ich mag nicht – das ist alles so schmutzig und häßlich ... sehen Sie, was für Tassen – ich will nicht.

WENEROWSKI: Ja, Ljubow Iwanowna, mein liebes kleines Frauchen. Andere gelangen zum Wissen um all das, was ich Ihnen mitgeteilt habe, durch Anstrengung, Kampf und gründliches Studium, und nur vereinzelte, starke Charaktere eignen sich diese Lehre so vollkommen und klar an, wie ich sie verstehe. Ihnen dagegen, mein liebes Glückskind, fällt das alles in den Schoß. Einfach zuhören, aufnehmen, und Sie erreichen sofort das Niveau, auf dem ein Mensch der neuen Zeit stehen muß. Aber lassen wir das Debattieren! Wir sind jetzt allein und frei. *Er rückt näher.* Warum trinken Sie denn nicht, mein Schwälbchen?

LJUBOTSCHKA *verzieht das Gesicht*: Was für Tassen! Abscheulich! Daraus hat sonstwer getrunken – vielleicht Kranke. Ich mag nicht.

WENEROWSKI: Darf ich dich küssen, Liebste? Ich möchte es.

LJUBOTSCHKA: Nein ... Lassen Sie mich ...

WENEROWSKI: Sie sind heute gar nicht so erregt. Freuen Sie sich denn nicht, daß wir fahren?

LJUBOTSCHKA: Mir ist alles gleich, ich bin nur müde ... Warum haben Sie Dunjascha nicht mitgenommen?

WENEROWSKI: Schon wieder! Ich halte mich nicht berechtigt, Sie mit Fragen zu beunruhigen. Sie sind ebenso frei wie ich, und das wird in Zukunft und immer so bleiben ... Ein anderer Mann würde meinen, er hätte Rechte auf Sie, ich dagegen erkenne Ihre völlige Freiheit an. Ja, Liebste, Ihr Leben wird sich so gestalten, daß Sie sich bald sagen werden: Ja, ich bin aus dem Gefängnis in Gottes freie Welt hinausgetreten.

LJUBOTSCHKA: Warum haben Sie Dunjascha nicht mitgenommen?

WENEROWSKI: Das wäre Dünkel gewesen, unwürdig, sie hätte uns beengt. *Er rückt näher.* Darf ich Sie jetzt küssen?

LJUBOTSCHKA: Lassen Sie mich! Und waschen Sie die Tassen aus, dieser Schmutz!

WENEROWSKI *lächelnd*: Das macht doch nichts. *Er gießt Tee ein und trinkt.* Was ist, darf ich Sie küssen? Sagen Sie's mir, wenn ich darf. Möchten Sie sich nicht ausruhen? Ich gehe. Ich werde Ihre Freiheit nie einengen.

LJUBOTSCHKA: Nein ... ja ... nein ... Ich brauche nichts. Mir ist so weh zumute.

WENEROWSKI: Sie denken vielleicht, ich hätte diese Zufälligkeit nicht vorausgesehen. Im Gegenteil. Wir fortschrittlichen Leute dreschen nicht nur Phrasen. Obwohl es auch solche gibt. Nein, wir sind Leute der Tat. Wir lassen uns nicht hinreißen. Ich wußte, Ihnen würde weh zumute werden. Wenn Sie wollen, sage ich Ihnen, woher. Sie brauchen sich nicht zu wundern, daß ich es erraten habe, das ist nicht verwunderlich. Sie sind in einer verdorbenen Umgebung aufgewachsen. Sie sind von guter Art, aber in Ihrem Leben haben Sie sich vieles aus jenem stumpfsinnigen und muffigen Milieu angenommen. Es hat sich unmerklich in Sie hineingeschlichen. Sie haben das früher nicht bemerkt, so wie man Schmutz in einem mistigen Stall eben nicht bemerkt, aber durch die Berührung mit Reinheit und Kraft fiel Ihnen der Schmutz selbst auf, und das Licht blendet Ihre Augen. Wenn Sie mich anschauen, fühlen Sie Ihre Makel ... *Er geht erregt auf und ab.*

LJUBOTSCHKA *leise*: Ach, nur von sich selbst!

WENEROWSKI: Wie?

LJUBOTSCHKA: Nichts ... Reden Sie.

WENEROWSKI: Erschrecken Sie nicht, meine Liebe: Das geht vorüber. Die aus dem Dunkeln kommen, denken im ersten Augenblick, das Licht sei unangenehm und blende. Aber das ist eine Empfindung, die jedem jähen Wechsel eigen ist. Erschrecken Sie nicht, reißen Sie diese Schwäche im Gegenteil mit der Wurzel aus. Wovon ist Ihnen weh zumute? Der Tarantas fährt Ihnen nicht ruhig genug, und Sie haben keine Zofe mit, und die Tassen hier sind Ihnen zu schmutzig ... Das ist der Stumpfsinn der Gutsbesitzer. Denken Sie doch daran, daß vor Ihnen ein ganzes Leben voll Freiheit liegt, daß Sie einen Mann vor sich haben, der für Sie, für Ihre herrlichen Augen der Abgeschmacktheit alle möglichen Konzessionen gemacht hat, die ...

LJUBOTSCHKA: Sie loben dauernd nur sich ...

WENEROWSKI: Ich lobe, was lobenswert ist, tadle, was tadelnswert ist, und ob in mir oder in Ihnen Gutes oder Schlechtes steckt, ist mir gleichgültig. Die sogenannte Bescheidenheit ist eines der Vorurteile, die sich durch Unwissenheit und Dummheit halten; Ihre Mutter sagt von sich selbst: Ich bin dumm. Nun, zu ihr paßt das, hehe!

LJUBOTSCHKA: Lassen Sie mich, mir ist so weh zumute.

WENEROWSKI: Na schön, ich schweige, ich lese ein bißchen. Ihnen wird besser werden. Vielleicht hat die Gallenblase keine Flüssigkeit abgesondert. Das geht vorüber, dafür gibt's physische Mittel. Ich werde Ihnen nie böse sein. Was Sie auch angestellt haben, ich werde nur suchen – ich werde den Grund finden und mich bemühen, ihn zu beseitigen. Ich schweige, und Sie trinken einen Schluck Wasser. *Er legt sich auf ein Sofa, nimmt ein Buch aus der Reisetasche und liest.*

LJUBOTSCHKA *steht auf, geht zur Tür und fragt durch die Tür*: Gibt es da bei Ihnen eine Frau? Darf man eintreten?

Hinter der Tür ruft jemand: »Nur herein.« Ljubotschka geht hinaus. Man hört ein Glöckchen und Stimmen.

STALLMEISTER *hinter der Bühne*: Keine Pferde da, ich sag's Ihnen doch.

KATERINA MATWEJEWNA *hinter der Bühne*: Erlauben Sie, erlauben Sie, Sie sagen – keine Pferde da. Wieso heißt das dann: Poststation? Das ist doch eine Station für Pferde, ja oder nein?

Katerina Matwejewna, Twerdynski, Petruscha treten ein, gefolgt vom Postmeister und vom Stallmeister.

STALLMEISTER: Ich sage Ihnen doch, alle sind unterwegs, da sitzen schon zwei und warten.

Wenerowski hat die Eintretenden erkannt und geht unbemerkt hinaus.

KATERINA MATWEJEWNA: Erlauben Sie, wollen Sie meine Frage nicht beantworten? Wieso weisen Sie Leute ab, die jedem General gleichberechtigt sind?

PETRUSCHA: Hick! Verstehen Sie ... hick ... daß wir nach Petersburg reisen ... hick ... Wir sind nämlich nicht irgendwer ... hick ... Pribyschewka gehört uns ... hick ... Geben Sie uns Pferde, sonst ... hick ... wäre das sehr häßlich von Ihnen ... hick.

STALLMEISTER: Ich schicke den Postmeister her. *Er will gehen.*

TWERDYNSKI *hält ihn zurück*: Verehrter Landmann! Wie ich Ihren Reden entnehmen kann, wünschen Sie eine kommerzielle Operation durchzuführen, aber wir möchten dieselbe nicht begünstigen.

STALLMEISTER: Hören Sie mit dem Unfug auf, Herr, soll Sie ...

Der Postmeister tritt auf.

KATERINA MATWEJEWNA: Erlauben Sie, wir möchten Pferde für uns. Wir haben das volle und gleiche Recht wie jeder Staatsbeamte auch. Hier ist meine Anweisung – oder wie das genannt wird ... Heutzutage ist die Zeit vorbei, wo nur Generäle geachtet, der Gelehrtenstand und die Studenten aber verachtet werden.

POSTMEISTER: Es geht auf drei, nicht ein Pferd ist da – belieben Sie, ins Buch zu schauen, und für uns sind alle gleich. Ich verstehe die heutige Zeit genauso wie jeder andere.

PETRUSCHA *zu Katerina Matwejewna*: Nein, gestatten Sie mir ... hick ... Ich überzeuge ihn ... ich kann das ... *Zum Postmeister*: Urteilen Sie selbst ... hick ... wann kommen wir denn in Petersburg an? Hick ... wenn auf jeder Station ... hick ... Wir haben's doch sehr eilig ... hick ... sehr, geben Sie uns ... überlegen Sie mal, wie spät das wird!

TWERDYNSKI *zum Stallmeister*: Awtomedon, anders ausgedrückt – unser Kutscher, soll das Köfferchen bringen und Weißbrot. Rechnen Sie aus, wieviel ... da ist ein Fläschchen drin ... und dann bewilligen Sie uns die Pferde.

KATERINA MATWEJEWNA: Erlauben Sie, ich beweise es Ihnen. In der heutigen Zeit kann man doch wohl verstehen, daß die Frau die gleichen Rechte hat.

POSTMEISTER: Aber wollen Sie nicht mal das Buch nehmen?

PETRUSCHA *zu Katerina Matwejewna*: Misch dich nicht ein ... hick ... Ich beweise es ihm ... hick ... Wir fahren nämlich in die Ko ... hick ... mmune ...

POSTMEISTER: Fahren Sie, wohin Sie wollen, das ist mir egal ...

TWERDYNSKI *nimmt das Buch*: In selbiger Schwarte steht geschrieben, daß Oberleutnant Stepanow über die Verzögerung verärgert war, da er es aus dienstlichen Gründen eilig hatte.

KATERINA MATWEJEWNA: Ich werde mich beschweren.

POSTMEISTER: Aber bitte, Gnädigste. Ich habe keine Pferde, und basta.

KATERINA MATWEJEWNA: Immer noch diese falsche Auffassung von Pflicht und diese Unmenschlichkeit.

TWERDYNSKI: Erlauben Sie, ich schildere in dieser Schwarte die ganze Bitternis unseres Seelenzustands und beschreibe die kannibalischen Sitten der Poststationsvorsteher.

PETRUSCHA: Nein, lassen Sie mich ... ich habe da eine Idee ... hick ...

POSTMEISTER *nimmt das Buch*: Was denn, Herrschaften, wollen Sie sich lustig machen! Wir sind nicht schlechter als Sie. Wenn Sie schreiben wollen, dann schreiben Sie, aber man muß sich im Zaum halten.

TWERDYNSKI: Sehen Sie, Katerina Matwejewna, ein niederträchtiges Hindernis hemmt unser Streben nach der Fackel des Fortschritts. Dieser Zeitgenosse ist in Wut, lassen wir ihn.

PETRUSCHA: Hick ... hick ... hick ...

TWERDYNSKI *lacht über Petruscha*: Ich habe Ihnen gesagt, daß Sie zuviel von den heilsamen ungarischen Tropfen genommen haben.

PETRUSCHA: Was? Hick ... Das ist nicht lächerlich ... hick ... Im Gegenteil ... Ich erlaube Ihnen nicht zu lachen ... hick ...

TWERDYNSKI: Wie kindisch von Ihnen, jedesmal gleich beleidigt zu sein.

PETRUSCHA: Sie sind selber kindisch ... hick ... Ich bin ein freier hick ... Mensch, hick ... Ich habe von selbst gesagt ... Ich ... hick ... fahre in die Kommune.

TWERDYNSKI: Schlafen Sie, Pribyschew junior, das wäre besser.

PETRUSCHA: Ich habe der Überzeugung Ausdruck verliehen, daß Sie kindisch sind ... hick ... und nicht ich. Sie erkennen ... hick ... die Freiheit der Persönlichkeit ... hick ... nicht an ... damit Sie's wissen ... Dumm von mir war nur, diesen Wein zu trinken ... hick ... und von ihm ist mir schlecht ... hick ... sonst würde ich Ihnen ... hick ... hick

... so die Meinung sagen ... hick ... daß Sie sich sehr wundern würden ... hick ... Ich möchte schlafen. *Er setzt sich. Im Einschlafen*: Hindernis ... hick ... Indi ... vi ... du ... hick ... hick ...

TWERDYNSKI: Na, dann warten wir eben. Wir können ja auch Tee trinken. Sonst langweilen wir uns. Da hat schon jemand getrunken. Landmann, Stallmeister, Herr Stallmeister, könnten wir nicht das Instrument bekommen, das im Volksmund Samowar genannt wird?

KATERINA MATWEJEWNA *setzt sich an den Tisch, zündet sich eine Papirossa an und wirft ihr Haar zurück*: Dieses spielerische Verhältnis zum Leben gefällt mir an Ihnen Twerdynski. So bedeutend die Ereignisse in Ihrem Leben auch sein mögen, Sie verschließen die ganze Tiefe Ihres Bewußtseins im Geheimfach Ihrer Seele und scherzen nach außen hin. Viele werden Sie für leichtsinnig halten, ich dagegen liebe das. Ich achte Sie dafür. Ja, da haben wir nun den ersten Schritt ins neue Leben getan.

TWERDYNSKI: Ja, das haben wir. Wozu dauernd große Reden schwingen! Ich weiß, es ist eine gute Sache, ich bin frei und vernünftig, was will ich mehr? Ich mag keine langen Vorbereitungen. Gibt es etwas zu tun – scheue ich weder Mühe noch Kampf, aber bis dahin ... kann man ruhig ein bißchen Spaß machen.

KATERINA MATWEJEWNA: Sagen Sie mir eins: Ich habe den ganzen Weg darüber nachgedacht. Warum ist der Begründer der Kommune ein Mann und keine Frau? Schimmert da nicht auch die Idee von der Abhängigkeit der Frau durch?

TWERDYNSKI: Nein, das ist Zufall.

Man bringt den Samowar.

So, wer übernimmt denn nun die Teebereitung?

KATERINA MATWEJEWNA: Erlauben Sie, ich nehme an, ich habe genausoviel Anlaß einzuschenken wie Sie. Hören Sie, wir ziehen das Los.

TWERDYNSKI: Also dann, vertrauen wir die Lösung dieser Frage der blindgeborenen Fortuna an. *Er nimmt eine Papirossa und versteckt sie hinterm Rücken.*

KATERINA MATWEJEWNA *nimmt einen Teelöffel und tut das gleiche*: Nein, Sie raten.

TWERDYNSKI *faßt sie am Arm, schaut sich schnell um und dreht sie am Arm hin und her*: Ich muß schon sagen, ganz schön mollig, das Ärmchen. So in der Hand.

KATERINA MATWEJEWNA *lächelnd*: Twerdynski, machen Sie keine Dummheiten. Sie haben es erraten. Ich werde eingießen.

TWERDYNSKI: Wie eine Reise doch näherbringt. Es ist ein seltsames Gefühl so mit einer Frau. *Er setzt sich näher.* Und wie großartig, daß Sie keine Krinolinen tragen. Und was Sie hier für ein Fältchen haben, direkt antik! *Er zeigt auf Katerina Matwejewnas Rücken.*

KATERINA MATWEJEWNA: Twerdynski, kennen Sie die Gedichte von Hugo? Hugo ist ein rückständiger Mann, aber mit poetischem Instinkt hat er vieles aus der Zukunft ergründet. N'insultez pas ...

TWERDYNSKI: Dieses Fältchen, entzückend. Erlauben Sie mir, darüberzustreichen, nicht streicheln, nur darüberstreichen. *Er berührt sie.*

KATERINA MATWEJEWNA *lächelt und schlägt ihn auf die Hand*: Twerdynski, wenn ich Sie näher kennen werde, erzähle ich Ihnen mein Schicksal. Das Schicksal einer Frau ist eine seltsame Anomalität in unserer unentwickelten Gesellschaft. *Sie rückt zur Seite.* Twerdynski, würde ich Sie weniger achten, könnte ich an der Aufrichtigkeit Ihrer Überzeugungen zweifeln. Was tut Ihre Hand?

TWERDYNSKI: Was es doch für seltsame Dinge gibt. Wir haben unter einem Dach gelebt, drei Monate lang, und dauernd nur von Dingen gesprochen, die zum Nachdenken anregen, jetzt dagegen hat sich meine Meinung von Ihnen augenblicklich geändert. Wieso mögen Sie das nicht, wenn ich meine Hand so lege? *Er legt die Hand auf die Lehne des Sessels, auf dem Katerina Matwejewna sitzt.* Ich berühre nichts ohne Erlaubnis. Nichts.

KATERINA MATWEJEWNA *strahlt*: Schauen Sie in die Tiefe Ihres Bewußtseins, und dann werde ich Ihr Bekenntnis ehrlich anhören. Ich möchte keinen Rausch, wir müssen über so etwas erhaben sein. Berühren Sie mich nicht.

TWERDYNSKI: Ich berühre Sie doch nicht, ich berühre nichts. Aber in Ihrem Blick liegt so etwas Schmachtendes, Überweibliches. Einer meiner Kommilitonen war mit einer Frau befreundet, sie war Gouvernante. Wawotschka, so nannten wir sie alle. Sie sind ihr ähnlich, sehr ähnlich. Aber was ist das für ein hinreißendes Fältchen ... *Er packt sie und preßt sie an sich.*

KATERINA MATWEJEWNA: Erlauben Sie, erlauben Sie, überlegen Sie sich das gut und gründlich, gehen Sie in sich! Der Weg, auf den ... Sagen Sie, mit was für einer Liebe lieben Sie mich? *Sie reißt sich von ihm los und steht auf.*

TWERDYNSKI *geht ihr nach*: Sie sind der Thymian meines Herzens, Sie sind eine Nargileh voller himmlischer Hoffnungen, Sie sind der Weihrauch von den Sohlen meiner Abgötter, die ganze Zartheit und das Licht am Firmament des Weltalls. Ich liebe Sie und wünsche, Ihnen eine Explikation zu machen.

KATERINA MATWEJEWNA: Reden Sie kein dummes Zeug, Sie beleidigen mich nicht als Frau, sondern als ehrlichen Menschen. Ich mache da keinen Unterschied. Sie sagen, Sie fühlen sich zu mir hingezogen; ich halte Sie für einen ordentlichen Herrn; erforschen Sie den Charakter Ihrer Neigung und sagen Sie mir Bescheid. Bemühen Sie sich, die Dinge objektiv zu sehen. Konkrete Erkenntnis kann Ihnen da nur helfen. Ich habe alles gesagt.

TWERDYNSKI *tritt näher an sie heran und faßt ihre Hand*: Göttliche, aber freie Frau! Das Schicksal will uns wohl. Dieser junge Zögling Minervas – *er zeigt auf den schlafenden Petja* – ruht in Morpheus' Armen, wir sind allein, und ich vergehe vor Liebe. *Er packt sie und will sie küssen.* Die Zukunft liegt in den Händen des Schicksals, die Gegenwart gehört uns. *Er umarmt sie.* So hören Sie doch auf, Liebste.

KATERINA MATWEJEWNA *befreit sich erschrocken*: Sie beleidigen mich, ich habe mich in Ihnen getäuscht. Ich schreie, lassen Sie mich los!

PETRUSCHA im Schlaf: Die Familie ... hick ... Hindernis ... In ... di ... vidu ... hick ... alität.

TWERDYNSKI *läßt sie in Ruhe, verärgert*: Das ist einer wahrhaft freien Frau ja nun wirklich unwürdig – alles so schmutzig aufzufassen ...

KATERINA MATWEJEWNA: Mein Gott, wo bin ich hingeraten! Mein Gott! Aber ich stehe darüber ... Nein ... Ich stehe tiefer als alles auf der Welt. Ich bin ein erbärmliches Geschöpf, Sie sind mir zuwider, aber ich selbst bin mir noch mehr zuwider! *Sie setzt sich erschöpft abseits und versinkt in tiefes Nachdenken.*

LJUBOTSCHKA *kommt tränenüberströmt mit Wenerowski herein*: Was ist denn das für eine Freiheit der Frau, wenn Sie mich quälen! Mir ist so weh zumute, Mamascha hat die Wahrheit gesa ... Katjenka! Alexej Pawlowitsch! Alle Heiligen, Petruscha auch! Was ist geschehen?

TWERDYNSKI: Keine üble Überraschung, Ljubow Iwanowna! Ich, na ja ... ich fahre auch nach Petersburg.

KATERINA MATWEJEWNA: Ljubow! Du hattest recht! Aber laß mich ... Ich muß vieles überdenken. *Sie setzt sich an den Tisch, stützt den Kopf auf und denkt nach.*

PETRUSCHA *erwacht plötzlich und steht auf*: Wartet, ich erzähle das alles besser. Du mußt selbst wissen, daß die Familie ... hick ... der Entwicklung der Individu ... hick ... alität. Ich wäre auch allein gefahren, aber Alexej Pawlowitsch hat erklärt, daß es eine Kommune gibt ... und die Kommune ist eine ... wunderbare Errich ... Einrichtung, ist ja egal ... Ich möchte so gern schlafen, weckt mich ... *Er setzt sich.*

LJUBOTSCHKA: Was ist mit ihm?

WENEROWSKI: Nichts Besonderes. Das ist alles verständlich. Der Junge hat sich betrunken und gibt nun beispiellose Scheußlichkeiten von sich.

PETRUSCHA *erhebt sich halb*: Sie selbst sind eine beispiellose Scheußlichkeit. Das wissen nämlich alle, daß Sie ein Rückschrittler sind, Alexej Pawlowitsch und Katjenka haben mir unterwegs erzählt, Sie hätten des Geldes wegen geheiratet. Das ist sehr gemein unseren Überzeu ... *Er schläft ein.*

TWERDYNSKI: Wirklich ein Lausejunge. Glauben Sie mir, Anatoli Dmitrijewitsch, ich habe nichts dergleichen gesagt und auch nicht gedacht, weil Ihre Überzeugungen ...

WENEROWSKI: Ja, Gemeinheiten reden und dann Rückzieher machen! Das sieht Ihnen ähnlich. *Zu Katerina Matwejewna*: Aber mit Ihnen, meine Gnädigste, erlauben Sie, möchte ich etwas klären. Als ich mich mit Ihnen aussprach, hehe, bei mir in der Wohnung, da bat ich Sie, über meine Person zu schweigen. Sie mußten mir das versprechen, aber wie man sieht, beliebte es Ihnen nicht, Wort zu halten. Jetzt zwinge ich Sie, hehe, ja. Wir, die wirklich klugen Leute, die Leute der Tat, unterscheiden uns dadurch von den Klatschbasen, wie ... viele Ihrer Bekannten ... unterscheiden uns dadurch, daß wir uns nicht einfangen lassen, wir fangen selber ein, so wie ich Sie eingefangen hatte, hehe, ja. *Leise zu ihr*: Sie brüsten sich, frei von Vorurteilen zu sein, aber etwas möchten Sie nicht publik werden lassen. Also denken Sie daran ...

KATERINA MATWEJEWNA: Erlauben Sie, erlauben Sie ...

WENEROWSKI: Bitte sehr ...

KATERINA MATWEJEWNA: Nein, nichts. Sie haben recht, nur lassen Sie mich zu Ende denken. *Sie nimmt wieder ihre frühere Stellung ein.* Bitte, lassen Sie mich, ich antworte Ihnen später.

WENEROWSKI *zu Ljubotschka*: Jetzt hab ich genug von dieser Dame. Hören auch Sie auf, Liebste. Ich bin stets nachsichtig gegenüber den geistig und körperlich schwächeren Menschen, und das ist sehr natürlich, weil ich ihre Absicht durchschaue. Aber wenn man sich mir entgegenstellt, habe ich die Angewohnheit, das zu zerbrechen, was mich stört. Sie möchten zeigen, daß Sie Ihren eigenen Willen haben. Das ist lobenswert und menschlich, aber das Ziel muß vernünftig sein.

LJUBOTSCHKA *heftig*: Sie denken immer, daß nur Sie vernünftig sind. Katjenka, du liebst mich nicht, aber sag bitte die Wahrheit, nimm mich in Schutz. Mir ist so weh zumute, so weh! Warum habe ich sie bloß verlassen? Wäre wenigstens Dunjascha bei mir! Katjenka, was ist los mit mir?

KATERINA MATWEJEWNA: Ljubow, stör mich nicht, ich muß einen Gedanken zu Ende denken. In mir vollzieht sich ein großer Wandel. Ich fühle das.

LJUBOTSCHKA: Alexej Pawlowitsch, sagen wenigstens Sie mir, würden Sie die Frau, die Sie lieben, quälen? Er beschimpft meine Familie, er liebt mich nicht.

TWERDYNSKI: Ljubow Iwanowna, ich bin in der Liebe sozusagen Neuling und sogar Atheist.

LJUBOTSCHKA: Sie scherzen dauernd, aber mir ist wirklich nicht nach Scherzen zumute. Mein Gott, warum bin ich losgefahren!

WENEROWSKI: Was für ein unangenehmes Geschwätz! Schluß jetzt! Ich sage zum letztenmal: Versuchen Sie, sich über Ihre Wünsche Rechenschaft abzulegen und sie dann auszudrükken. Das ist sehr einfach. Ich drücke mich klar und vernünftig aus, tun Sie das gleiche.

LJUBOTSCHKA: Katjenka sagt das auch immer. Kann man denn alles aussprechen, was man fühlt? Wie kann ich alles sagen? Sie reden nur von sich. Sie lieben mich nicht. Sie haben keine einzige Minute an mich gedacht ... Warum drängen Sie sich mir noch auf? Mir ist so weh zumute! Sie loben immer nur sich. Papascha würde mich verstehen.

WENEROWSKI: Ich habe Ihnen gesagt, daß ich über diesen Phrasen stehe, und Sie können mich nicht zwingen, in die Arena abgeschmackten Wortwechsels zu treten, in die Sie mich lokken wollen. Stallmeister!

Der Stallmeister tritt ein.

Wenerowski zum Stallmeister: Lassen Sie Privatpferde anspannen, ich zahle die doppelte Gebühr.

KATERINA MATWEJEWNA *steht auf und schüttelt ihr Haar*: Erlauben Sie. Ich sehe jetzt klar. Jetzt sage ich Ihnen alles ... Unsere Beziehungen ...

Hinter der Bühne hört man Lärm und Geschrei.

IWAN MICHAILOWITSCH *man hört nur seine Stimme*: Vier Pferde vor die Kutsche!

POSTMEISTER *man hört nur seine Stimme*: Keine da ...

IWAN MICHAILOWITSCH *man hört nur seine Stimme*: Ich schlag

dir alle Zähne aus! Räuber! Nein, Bruder, ich bin nicht mehr der. Und wenn sie mich ins Loch sperren, ich schlag dir alle Zähne aus! Hörst du? *Er tritt ein.* Ho ... ho ... ho! Die Lieben! Da sind sie ja, die Wackeren! Ich habe sie alle auf einen Streich geschnappt!

TWERDYNSKI: Ich kann euch sagen, das gibt einen Skandal, nicht von schlechten Eltern!

WENEROWSKI *setzt sich auf einen Stuhl Iwan Michailowitsch gegenüber und schaut ihm frech in die Augen*: Da ist er ja, der Herr, dem ich noch einen Nasenstüber versetzen muß.

KATERINA MATWEJEWNA *bleibt in ihrer Stellung*: Iwan Michailowitsch! Ich freue mich, Sie zu sehen.

LJUBOTSCHKA *nähert sich ihrem Vater*: Lieber Papa ...

PETRUSCHA *erhebt sich von seinem Platz und schaut den Vater verständnislos an*: Jetzt nun ... hick ... haben alle sehr wohl eingesehen ... hick ...

IWAN MICHAILOWITSCH *schiebt Ljubotschka mit der Hand beiseite, zu Twerdynski*: Nun, mein Herr, kommen Sie doch mal her!

TWERDYNSKI: Denken Sie wirklich, ich bin für Ihre zwanzig Rubel im Monat verpflichtet, mich zu begraben? Mir scheint, Sie selbst sehen ein ...

IWAN MICHAILOWITSCH: Nein, Freundchen ... Dieses Lied ist aus. Haben Sie sich verpflichtet, meinen Sohn zu unterrichten?

TWERDYNSKI: Sie haben doch nicht etwa vor, mich zu erschrekken? *Schüchtern*: Das Faustrecht ist nicht mehr ... zeitgemäß.

IWAN MICHAILOWITSCH: Zeitgemäß! Das haben wir oft genug gehört. Aber wer eine Sache übernimmt und sie ohne Grund nicht ausführt, wer noch dazu einen Lausejungen vom rechten Weg abbringt und ihn aus dem Elternhaus entführt, wie nennt man so einen Menschen, mein Herr! Sie wissen es nicht! Betrüger ...

TWERDYNSKI: Sie sind unverschämt, und ich erlaube niemandem ...

IWAN MICHAILOWITSCH: Waaas? *Er geht auf Twerdynski zu.*

Wenn Sie älter wären, aber so sind Sie mir viel zu erbärmlich, mein Herr ...

TWERDYNSKI: Natürlich, das ist alles, was man von Grobianen und Fausthelden erwarten kann. *Er weicht zurück.*

IWAN MICHAILOWITSCH *geht noch entschiedener auf ihn zu*: Raus!

TWERDYNSKI *ergreift eilig sein Bündel, geht und schreit in der Tür*: Verachtenswerter Rückschrittler!

IWAN MICHAILOWITSCH *schenkt Twerdynski keine Beachtung*: Nun, zu dir, mein Falke! *Er tritt an Petruscha heran.* Saschka!

Ein Lakai tritt ein.

Hast du die Rute mit?

LAKAI: Auf dem Bock.

PETRUSCHA: Die Individualität ... In ... di ...

IWAN MICHAILOWITSCH *zum Lakai*: Komm her. Nimm dieses Prachtexemplar mit und gieß ihm einen Eimer Wasser über den Kopf, hörst du? Und setz ihn in die Kutsche.

PETRUSCHA: Despotismus ... hick ... der elterlichen Macht ... Indivi ...

IWAN MICHAILOWITSCH *dreht Petruscha herum und gibt ihm einen Klaps*: Na, red nicht so viel! Marsch! Saschka! Führ ihn zum Brunnen, übergieß ihn mit Wasser und behalt ihn in der Kutsche.

PETRUSCHA: Das ...warum denn? Ich kann selbst ...

IWAN MICHAILOWITSCH: Wird's bald!

LAKAI: Na dann, kommen Sie nur, Pjotr Iwanytsch.

Der Lakai und Petruscha gehen ab.

IWAN MICHAILOWITSCH *zu Katerina Matwejewna*: Nun, kurzgeschnittene Imanzipation, wenn die Frage erlaubt ist: Führt Ihr Onkel vielleicht ein liederliches Haus? Wie?

KATERINA MATWEJEWNA: Iwan Michalytsch! Ich teile Ihre Überzeugungen ...

IWAN MICHAILOWITSCH: Nein, meine Liebe, diese Worte ziehen nicht mehr! Ich war mal so dumm, aber das ist vorbei. Habe ich vielleicht aus reiner Habsucht dein Lopuchowka verwaltet? Habe ich dich gar bestohlen? Hat man mir für deinen Unterhalt gezahlt? Du hast von deinem Dorf hundert Rubel im Jahr erhalten, aber mich hast du ... ach was, widerlich, davon zu reden!

KATERINA MATWEJEWNA: Sie haben völlig recht, Iwan Michailowitsch, mein Vorgehen ist inkonsequent.

IWAN MICHAILOWITSCH: Was haben Marja Wassiljewna und ich von dir zu sehen bekommen außer Verachtung? Und was ist die Krönung des Ganzen? Flucht und dieser Brief. *Er zieht den Brief hervor.* Ich bin nicht mehr Ihr Verwandter, Ihr Onkel. Belieben Sie zu fahren, wohin sie wollen, mit diesem Federfuchser.

KATERINA MATWEJEWNA: Ja, Sie Guter, ja, Sie sagen die Wahrheit. Ja, Sie Guter, ich sehe meine Verirrung ein. Bitte, vergessen Sie alles. Ich bin eine unglückliche Frau, Sie Guter.

IWAN MICHAILOWITSCH: Hast mich genug an der Nase herumgeführt, meine Liebe ... *Er schaut Wenerowski an.* Genug!

WENEROWSKI: Was sehen Sie mich so an? Ich verhehle Ihnen nicht, Iwan Michailowitsch, daß Sie mir mit Ihrem Geschrei auf die Nerven gehen. Fahren Sie heim – wirklich, dann wird es hier ruhiger. Kinder sind keine mehr da, Angst können Sie keinem machen.

IWAN MICHAILOWITSCH: Ich fahre, mein Herr, wenn ich alles gesagt haben werde.

WENEROWSKI: Was haben Sie denn noch zu sagen, kann man das vielleicht erfahren? Ich werde zuhören, obwohl ich alles weiß, was Sie sagen werden, und ich weiß auch, daß es weder neu noch geistreich sein wird ...

IWAN MICHAILOWITSCH: Ich habe Ihnen vieles zu sagen, aber ich tue es nicht in Gegenwart Ihrer Frau, meiner Tochter. Sie halten es für ehrbar, die Tochter gegen den Vater aufzubringen, ich aber bin altmodisch und weiß, wenn die Frau ihren Vater nicht achtet, ist sie keinen Pfifferling wert, und wenn sie ihren Mann nicht achtet – so ist das noch schlimmer.

WENEROWSKI *zu Katerina Matwejewna*: Dieser Herr, scheint mir, möchte mir Ehrbarkeit beibringen; das ist reichlich komisch.

KATERINA MATWEJEWNA: Er hat recht, er hat völlig recht, sprechen Sie nicht mit mir ... *Sie wendet sich ab.*

WENEROWSKI *zuckt die Schultern*: Stallmeister, lassen Sie die Pferde bringen. Und Sie, Iwan Michailowitsch, geben mir Spaß, nur Spaß.

IWAN MICHAILOWITSCH *schreit*: Ich habe Ihnen gesagt – genug, lassen wir das. Fahren Sie mit Gott. Ich habe dir Dunjascha mitgebracht, Ljuba, nimm sie mit. Wir waren traurig, sehr traurig ... aber Gott mit dir. Du wirst Kinder haben, dann wirst du das verstehen. *Er umarmt sie, sie weint.*

WENEROWSKI: Keine schlechte Komödie, aber sie kann einem auch über werden. Fahren wir, Ljubenka! Kommen Sie, wir setzen uns ins Nebenzimmer.

LJUBOTSCHKA: Ich will nicht, Papa! Bleib bei mir. *Zu Wenerowski*: Lassen Sie mich.

WENEROWSKI *nimmt Ljuba bei der Hand*: Ljuba, kommen Sie, Ihr Vater kann sich auch mit Katerina Matwejewna allein zanken.

LJUBOTSCHKA: Papascha, was habe ich getan! Ich fürchte mich vor ihm, ich hasse ihn. *Sie birgt ihr Gesicht an der Brust des Vaters.*

IWAN MICHAILOWITSCH: Du bist von Sinnen! Was sagst du da, Ljuba! Das geht nicht!

KATERINA MATWEJEWNA *tritt feierlich vor, wirft ihr Haar zurück*: Jetzt sage ich alles, was ich denke. Hören Sie mir zu, Iwan Michailowitsch, hören Sie mir zu, Wenerowski. Ljubow muß diesen Menschen verlassen. Dieser Mensch ist ein widerwärtiges, niedriges Individuum.

WENEROWSKI *bemüht, sie zu überschreien*: Sie sind eine dumme niveaulose und verdorbene Person! Schweigen Sie, oder ich ...

KATERINA MATWEJEWNA: Nein, Wenerowski, mir machen Sie keine Angst! Ich bin eine freie Natur. Mich überschreien Sie nicht, ich werde jetzt alles sagen. Wenerowski, Sie sind ein Schurke, und das sagt Ihnen keine Frau, sondern ein freier Mensch ... Er richtet Ljuba zugrunde, wenn sie bei ihm bleibt, so wie er mich zugrunde gerichtet und dann weggeworfen hat. Vor einer halben Stunde hielt ich mich für höherstehend als sonstwen auf der Welt, jetzt dagegen bin ich ein unglückliches, erbarmungswürdiges und verächtliches Geschöpf.

WENEROWSKI: Sie sind dumm und weiter nichts. Und Ihr Verhalten wundert mich kein bißchen; es folgert aus Ihrer Dummheit. Ljubow Iwanowna, ich schlage Ihnen vor, mit mir zu reisen.

LJUBOTSCHKA: Ich reise um nichts in der Welt. Lieber sterbe ich!

IWAN MICHAILOWITSCH: Mein armes Kind. Was habe ich dir angetan! Kommt, fahren wir. Leben Sie wohl, Herr. Jetzt kann ich Ihnen alles sagen. Sie wollten ein Vermögen heiraten. Ljubotschka haben Sie weder geliebt noch geachtet. Sie brauchten eins – Geld; und das haben Sie sich genommen. Und dafür, daß man Ihnen alles gegeben hat und obendrein auch noch ein Wesen, dessen kleinen Finger Sie nicht wert sind, haben Sie es unglücklich gemacht und Leuten ins Gesicht gespuckt, die Ihnen nur Gutes gewünscht haben. Unehrenhaft und hochmütig! Und ich bin an allem schuld.

WENEROWSKI *bemüht, ihn zu überschreien, packt Ljuba an der Hand*: Mir hat Ljuba leid getan, sie ging in Ihrer abscheulichen Familie zugrunde, ich habe Sie vor Ihrer Sittenverderbnis gerettet. Ljuba, fahren wir! Ich gestatte niemandem, sich über mich lustig zu machen. Ich mache mich über Sie lustig. Fahren wir! *Er zieht sie am Arm.*

LJUBOTSCHKA: Sie tun mir weh, ich fahre nicht mit, ich will nicht Ihre Frau sein, ich hasse Sie ...

KATERINA MATWEJEWNA: Und das ist ein Adept der neuen Lehre! Unserer Lehre!

IWAN MICHAILOWITSCH *geht zu ihm*: Loslassen! Wird's bald, ich sag es Ihnen. *Er stellt sich vor Ljubotschka.*

Wenerowski will vortreten.

Noch ein Schritt – und ich zermalme Sie!

WENEROWSKI: Hehe! *Er weicht zurück und zieht umständlich einen Revolver aus der Tasche.* Sie denken, ich hätte das nicht vorausgesehen? Ich habe alles vorausgesehen, da ich es mit

Leuten wie Ihnen zu tun habe. Beleidigungen und Handgreiflichkeiten habe ich vorausgesehen. Nur sind wir Leute der Tat und lassen uns nicht auslachen – hehe! Versuchen Sie es, mich zu beleidigen! *Er zielt auf ihn.*

IWAN MICHAILOWITSCH *bleibt vor ihm stehen und schüttelt den Kopf*: Dummkopf! Auf wen schießen! So schießen Sie doch! Fahren wir, Ljuba! *Sie gehen ab.*

WENEROWSKI *allein*: Was ist , habt ihr euch lustig gemacht über mich! Hehe! Nein, wir sind nicht Twerdynski, den man davonjagen kann. Bekleschow hat wahr gesprochen, wenn man es mit diesen Leuten zu tun hat, muß man sich von allen Prinzipien lossagen. Ich war viel zu ehrlich. Aber übrigens, die Frau ist frei, und ich mache keine Rechte auf sie geltend. Ja, hier ist ja noch die Schenkungsurkunde auf ihr Gut.

Ein Lakai tritt ein und holt einen Schal.

Kommen Sie her, bringen Sie Ihrem Herrn dieses Papier. Es wird ihm unverständlich sein, daß ich dieses Papier zurückgebe, hehe! Ja, die Umgangsformen in dieser verknöcherten Gesellschaft sind noch viel zu roh und grob! Oder wir sind zu weit fortgeschritten, sind hundert Jahre zu früh geboren, als daß zwischen uns irgendwelche Kompromisse möglich wären.

DER NIHILIST

Komödie in drei Akten

Fragment

Personen

Glafira Fjodorowna, *alte Dame*
Fiona Andrejewna, *ihre Kostgängerin*
Semjon Iwanytsch, *Glafira Fjodorownas Sohn, Gutsbesitzer, etwa 40 Jahre*
Marja Dmitrijewna, *seine junge Frau*
Ljuba, *ihre Schwester*
Natalja Pawlowna, *Ljubas Freundin*
Nikolenka, *Gymnasiast, Semjon Iwanytschs Neffe*
Chrisanf Wassiljewitsch, *Student, Nihilist, Nikolenkas Lehrer*

Ort der Handlung: Semjon Iwanytschs Dorf

ERSTER AKT

Glafira Fjodorowna, Fiona Andrejewna und Semjon Iwanytsch sitzen am Teetisch.

GLAFIRA FJODOROWNA: Senja, du hast da Gäste eingeladen, mir dreht sich der Kopf. Ja, wenn es noch ordentliche Leute wären, aber so – weiß Gott. Gestern sind sie zum Speicher hinaufgeklettert und haben alles um und um gestülpt, irgendwelche Vorbereitungen. Wo es so schon Scherereien mit den Dienstboten gibt. Och, das ist mir eine Jugend!

FIONA ANDREJEWNA: Iiih Väterchen, heutzutage ruft man sich keine Gäste mehr ins Haus. Bei den Shiwotowskis in Solotuchino, Sie haben vielleicht davon gehört, ist der Kutscher zum Fenster eingestiegen.

SEMJON IWANYTSCH: Um den Kutscher geht es nicht, Glafira Fjodorowna. Warum, Mamenka, sollen die jungen Leute nicht ihren Spaß haben! Eines wundert mich, wo sind sie alle hin?

GLAFIRA FJODOROWNA: Ja, mein Freund, du denkst an ihre Zerstreuung, aber sie haben jegliche Achtung vor dem Alter verloren. Du hast Namenstag, aber bis jetzt hat dir noch niemand gratuliert.

FIONA ANDREJEWNA: Lauter neue Sitten, Mütterchen, Genelisten haben sich eingenistet. Und alle müssen sie zu trinken und zu essen kriegen.

SEMJON IWANYTSCH: Wie viele sind es denn? Und warum machen Sie so ein Aufhebens, Mamenka? Den Neffen mußten wir doch während der Ferien aufnehmen, na ja, und er hat seinen Lehrer mitgebracht, einen Studenten ...

GLAFIRA FJODOROWNA: Bei allen Heiligen, man kann doch nicht ...

FIONA ANDREJEWNA: Jesus Maria!

SEMJON IWANYTSCH: Dann hat man meine Schwägerin aus dem Institut nach Hause fahren lassen, und sie hat ihre Freundin mitgebracht, ein sehr nettes Mädchen.

GLAFIRA FJODOROWNA: Diese Freundinnen, sie werden dir noch zu schaffen machen.

FIONA ANDREJEWNA: Das werden sie, Mütterchen, das werden sie.

SEMJON IWANYTSCH: Wie?

GLAFIRA FJODOROWNA: Nichts.

FIONA ANDREJEWNA: Nichts, Väterchen, nehmen Sie doch Zucker.

SEMJON IWANYTSCH: Ah, da ist sie ja.

Marja Dmitrijewna tritt ein.

MARJA DMITRIJEWNA *in der Tür*: Daß ihr mir das nicht vergeßt. *Sie geht der Reihe nach zu allen hin; sie küßt ihren Mann.* Guten Tag, mein Freund, ich gratuliere dir. Guten Tag, maman, ich gratuliere Ihnen zum Namenstag Ihres Sohnes. Fiona Andrejewna, meine Verehrung.

GLAFIRA FJODOROWNA: Mir scheint, ma chère, heute ist für uns ein Freudentag.

MARJA DMITRIJEWNA: Ich weiß, ich weiß es nur zu gut. *Sie küßt ihren Mann.*

SEMJON IWANYTSCH: Hast du nicht gesehen, wo sie alle sind, Ljuba und die jungen Leute?

MARJA DMITRIJEWNA: Habe ich ... ach nein, habe ich nicht.

GLAFIRA FJODOROWNA: Zu unserer Zeit war das ganz anders! Wenn mein seliger Iwan Sacharytsch Namenstag hatte, stand ich in aller Herrgottsfrühe auf, sah überall nach dem Rechten, bereitete verschiedene Überraschungen vor, Blumensträuße. Jemand hatte ein Gedicht gelernt, meine Schwester hat einmal ein Couplet auf dem Klavichord eingeübt.

FIONA ANDREJEWNA: Und wissen Sie noch, Mütterchen, wie wir einmal eine Komödie aufgeführt haben – »Die Gitarrensaite«?

GLAFIRA FJODOROWNA: Was für eine Saite?

FIONA ANDREJEWNA: Das war die Überschrift.

GLAFIRA FJODOROWNA: Dann trat mein Herzblatt ein, es folgten die Glückwünsche, sogar die Unbeteiligten waren gerührt. Bei euch ist das nicht so.

FIONA ANDREJEWNA: Mir kommen die Tränen, wenn ich daran zurückdenke. Das waren Namenstage, anders als heute ... Wenn man eure Liebe sieht, kriegt man das Weinen. *Sie weint.*

MARJA DMITRIJEWNA: So also war das, maman – und jetzt ist es schlechter?

GLAFIRA FJODOROWNA: Ja, meine Liebe, schlechter.

Natalja Pawlowna, Ljuba und der Student kommen gelaufen.

LJUBA: Guten Tag, Glafira Fjodorowna, ich habe die Ehre, Ihnen zum Namenstag Ihres Sohnes zu gratulieren! Guten Tag, Semjon Iwanytsch, Ihnen gratuliere ich auch.

NATALJA PAWLOWNA *knickst geziert*: Bonjour, madame, je vous félicite, et vous aussi, monsieur.

LJUBA *fröhlich*: Warum weinen Sie, Fiona Andrejewna! *Sie geht zur Seite.*

CHRISANF WASSILJEWITSCH *leise zu Marja Dmitrijewna*: Ich habe es bekommen, sehen Sie.

MARJA DMITRIJEWNA *ebenfalls leise*: Gut, sehr gut.

SEMJON IWANYTSCH: Was?

Allgemeines Schweigen.

CHRISANF WASSILJEWITSCH *zu Semjon Iwanytsch*: Da es Sitte ist zu gratulieren, gratuliere auch ich Ihnen.

SEMJON IWANYTSCH *zu Marja Dmitrijewna*: Was ist, hast du Chrisanf Wassiljewitsch nicht gesehen?

MARJA DMITRIJEWNA *verlegen*: Nein ... Ja ... Nein, wir haben uns noch nicht gesehen, guten Tag.

CHRISANF WASSILJEWITSCH *verneigt sich*: Nein, ich habe Sie schon gesehen. *Zur Kostgängerin*: Warum lösen Sie sich in Tränen auf, Fiona Andrejewna? In der heutigen Zeit des Fortschritts ist erwiesen, daß Tränen nur eine Ausscheidung des Organismus sind.

FIONA ANDREJEWNA: Sie mit Ihrem Surganismus, ich sage dir ganz andre Schimpfworte, bin schon mit ganz andren fertig geworden. *Sie wendet sich ab.*

GLAFIRA FJODOROWNA: Ich bin sehr froh, mes chers amis, daß

Sie gekommen sind, meinen Sohn zu besuchen, ich hoffe nur, es wird Ihnen mit uns alten Frauen nicht langweilig. Die alten Zeiten sind nicht mehr. *Zu Natalja*: Et vous, ma chère, avez-vous terminé vos études?

NATALJA PAWLOWNA: Non, madame, pas encore.

Ljuba zieht sie von hinten am Kleid.

Nicht doch, sonst kriegen sie's raus.

MARJA DMITRIJEWNA: Ach, wie heiß es hier ist. *Sie geht zu den jungen Leuten.* Um Gottes willen, Vorsicht, damit er nichts merkt!

Schweigen.

GLAFIRA FJODOROWNA: Wie schnell sich doch deine Frau an diese Herrschaften angeschlossen hat.

SEMJON IWANYTSCH: Wie?

FIONA ANDREJEWNA: Sie ist sehr gesellig.

NIKOLENKA *kommt angelaufen*: Ich gratuliere Ihnen zum Namenstag Ihres Sohnes, Glafira Fjodorowna, und Ihnen auch, Onkelchen. *Er verneigt sich komisch vor Fiona Andrejewna und geht zu den jungen Leuten.*

Sie flüstern miteinander und rennen alle davon.

SEMJON IWANYTSCH *ihnen nach*: Mascha, aber Mascha!

GLAFIRA FJODOROWNA: Ja, mein Freund, die Jugend sieht diese Dinge heutzutage auf ihre Art. Ich sage nicht, daß ihr euch an Jahren sehr unterscheidet, und dennoch könnte sie aufmerksamer sein. Traurig, sehr traurig.

FIONA ANDREJEWNA: Als wären alle zu einer Feuersbrunst gerannt.

SEMJON IWANYTSCH *wütend*: So schweigen Sie schon!

Fiona Andrejewna steht erschrocken auf.

GLAFIRA FJODOROWNA: Aber, mein Freund, was schreist du so. Deine Frau ist mit diesem Studenten weggerannt, anstatt bei ihrem Mann zu sitzen, was kann Fiona dafür, daß du auf dieses Bürschchen eifersüchtig bist.

SEMJON IWANYTSCH *steht auf*: Ach, maman, was reden Sie da nur! Wie kommen Sie darauf! Ich werde mich doch nicht so weit erniedrigen, eifersüchtig zu sein! Allein dieses Wort ist abscheulich. *Er haut wütend mit der Faust auf den Tisch.*

Und gestatten Sie mir zu sagen, daß, wenn Sie mich mit meiner Frau entzweien wollen ...

GLAFIRA FJODOROWNA: Ach, mein Lieber, Christus sei mit dir, schrei mich nicht an. Hast Gott weiß wen eingeladen, aber ich bin schuld. Kommen Sie, Fiona Andrejewna, ich sehe, wir sind überflüssig.

FIONA ANDREJEWNA: Überflüssig, Mütterchen, ja, überflüssig.

Beide gehen ab.

SEMJON IWANYTSCH *allein*: Eifersüchtig oder nicht, dummes Zeug. Aber seltsam, wirklich seltsam. Dieses Zwinkern, Flüstern – sie ist davongerannt ... Und sie alle, diese jungen Dinger, finden Wohlgefallen an diesem spindeldürren komischen Chrisanf. Das ist zuviel. Die jungen Dinger kokettieren, und sie ebenfalls. Aber das sind junge Dinger! Unbegreiflich! Aber was soll dieses geheimnisvolle Lächeln, Blinzeln? Ach, wie ärgerlich! Nein, das ist sogar schrecklich ... Ja, schrecklich. Ach, diese Frauen! *Er geht ab.*

Vorhang

ZWEITER AKT

Marja Dmitrijewna, Ljuba, Natalja Pawlowna und Nikolenka betrachten ein Transparent. Im Zimmer herrscht Unordnung, Papier, Kleister, Kostüme.

MARJA DMITRIJEWNA: Ausgezeichnet, ausgezeichnet hat Chrisanf das arrangiert, der liebe Gott hat uns diesen Chrisanf geschickt.

NATALJA PAWLOWNA *lacht*: Ach, Marja Dmitrijewna, wie satt ich ihn habe! Kommt er doch auf den Einfall, mir den Hof zu machen, redet von vernünftiger Liebe, dieser widerliche Kerl.

LJUBA: Das ist nicht wahr, Mascha, sie ist sehr froh. Sie kokettiert selbst mit ihm.

NATALJA PAWLOWNA: Ich? So ein Unsinn! Nein, Marja Dmitrijewna, sie hat mit ihm kokettiert. Dauernd hat sie von Emanzipation gesprochen.

LJUBA: Nein, du!

NATALJA PAWLOWNA *beleidigt*: Also, entschuldigt, von wegen ich.

LJUBA: Doch, du!

NATALJA PAWLOWNA *im gleichen Ton*: Also sei so gut, ich nicht.

LJUBA: Doch, du.

MARJA DMITRIJEWNA: Hört auf, hört auf zu streiten. Macht euch endlich ans Werk. Wir haben das S noch nicht fertig.

LJUBA: Nein, Mascha, ich kann das nicht; wir müssen Chrisanf Wassiljewitsch rufen.

NATALJA PAWLOWNA: Nicolas, holen Sie ihn schnell.

Nikolenka rennt davon.

Natalja Pawlowna geht eilig zu Mascha. Marja Dmitrijewna, wenn Chrisanf arbeitet, zieht er das Jackett aus. Gestatten Sie es ihm. Dann werden Sie sehen, was für ein Kattunhemd er anhat.

Der Student und Nikolenka treten auf.

MARJA DMITRIJEWNA: Ist das Gedicht fertig?

LJUBA: Malen Sie das Transparent mit Ruß, ich mache mir sonst nur die Hände schmutzig.

NATALJA PAWLOWNA: Was ist mit den Laternen?

CHRISANF WASSILJEWITSCH *bleibt in der Tür stehen*: Da haben wir sie, die Gleichberechtigung der Frau. Allgegenwärtig kann nur Gott sein, ich schaffe das nicht. Nein, ich habe es Ihnen gesagt, Natalja Pawlowna, daß unsere Frauen noch weit davon entfernt sind, die vernünftige Liebe zu begreifen.

LJUBA: Um Liebe geht es nicht, malen Sie mit dem Ruß hier.

MARJA DMITRIJEWNA: Ziehen Sie das Jackett aus.

NATALJA PAWLOWNA: Kleben Sie die Laternen.

CHRISANF WASSILJEWITSCH: Also dann, erlauben Sie. *Er zieht das Jackett aus.*

MARJA DMITRIJEWNA: Seien Sie so gut. Nikolenka, geh auf die Treppe; wenn jemand vorbeikommt, sagst du es uns schnell.

NIKOLENKA: Ihr könnt beruhigt sein, ich lasse weder Kater noch Katze vorbei. *Er läuft davon.*

Alle lenken ihre Aufmerksamkeit auf das Hemd des Studenten.

NATALJA PAWLOWNA *spöttisch*: Lila!

MARJA DMITRIJEWNA *ebenso*: Schmutzig!

LJUBA: Mit hellblauen Blümchen!

CHRISANF WASSILJEWITSCH: Was? Was?

LJUBA: Nichts, ich sage nur, hellblaue Blümchen würden sich auf den Laternen gut machen.

CHRISANF WASSILJEWITSCH: Aber ich bitte um Ihre Mithilfe, Herrschaften.

NATALJA PAWLOWNA: Gut, ich beklebe. *Sie klebt ihm einen Stern aufs Hemd.*

LJUBA *bemalt ihm den Hemdkragen*: Und ich male an.

MARJA DMITRIJEWNA: Was ist nun mit dem Gedicht?

CHRISANF WASSILJEWITSCH: Gönnen Sie mir eine Minute der Inspiration, Marja Dmitrijewna. *Er fährt sich mit der Hand übers Haar und beschmiert sich die Stirn mit Ruß.*

NATALJA PAWLOWNA UND LJUBA *gemeinsam*: Noch mehr, noch mehr Inspiration!

CHRISANF WASSILJEWITSCH *beschmiert sich abermals das Gesicht, bemerkt das nicht*: Aber bitte. *Er tritt zur Seite und stellt sich in Pose.* »Zum Namenstag ein Glückwunsch ...« Nein, das ist nicht gut ...

NIKOLENKA *kommt angerannt*: Er kommt, er kommt!

MARJA DMITRIJEWNA: Wer kommt?

NIKOLENKA: Der Koch Nikolai.

LJUBA: Ach, du Dummkopf!

MARJA DMITRIJEWNA: Um den Koch geht es doch nicht, bloß wenn jemand aus der Familie kommt ...

CHRISANF WASSILJEWITSCH: Erlauben Sie, erlauben Sie, Herrschaften. Sie haben mich beklebt und angeschmiert. Im doppelten Sinne angeschmiert.

NATALJA PAWLOWNA: Und das Gedicht ist noch immer nicht fertig.

MARJA DMITRIJEWNA: Halten Sie das mit Ihrer Intuation, wie Sie wollen, wir werden kleben.

CHRISANF WASSILJEWITSCH *zur Seite*: »Zum Namenstag ein Glückwunsch ...« Nein, das ist nicht gut. »Einen Glückwunsch bring ich Ihnen ...« *Er überlegt.* Ich nehme ein fertiges ... Wollen Sie geruhen, Marja Dmitrijewna, fertig. *Er deklamiert:*

Es mag heute nicht mehr üblich sein,
Im Grazienkleid zu gratulieren,
Doch bin ich dein und ewig dein,
Ich wag's, den Stilbruch zu riskieren!

Erlauben Sie fortzufahren?

MARJA DMITRIJEWNA: Das genügt. Ausgezeichnet, sehr gut. Wir überreichen ihm im Kostüm der drei Grazien den Namenszug, und ich singe das Gedicht. Ich bin Ihnen sehr dankbar, Chrisanf Wassiljewitsch. *Sie drückt dem Studenten die Hand.*

In diesem Augenblick öffnet sich das Fenster, und der Kopf von Semjon Iwanytsch zeigt sich.

Erschrocken, während die Mädchen die Lampions zudecken: Ach, Semjon Iwanytsch, komm nicht herein, ja nicht!

SEMJON IWANYTSCH *schaut seine Frau entsetzt an:* Ah, hier seid Ihr alle. Freut mich, daß ihr so guter Dinge seid. Gut, gut, ich gehe schon.

NATALJA PAWLOWNA: Mein Gott, er hat alles gesehen!

LJUBA: Nichts hat er gesehen, gar nichts!

MARJA DMITRIJEWNA: Wo steckt dieser verflixte Nikolenka? Ljuba, schlepp ihn hierher.

Ljuba läuft davon und stößt mit Nikolenka zusammen.

NIKOLENKA *kommt angerannt:* Er kommt, er kommt selbst.

MARJA DMITRIJEWNA: Was hast du angestellt?

LJUBA: Wo warst du?

NATALJA PAWLOWNA: Ach, alles ist aus!

CHRISANF WASSILJEWITSCH: Ungetreuer Sklave, ich hatte dich geheißen, meinen Weinberg zu bewachen, und du hast geschlafen.

Alle zausen Nikolenka.

LJUBA: Ich kitzle dich.

NATALJA PAWLOWNA: Und ich beschmier dich mit Ruß.

NIKOLENKA *strampelt:* Laßt mich los, laßt mich los!

FIONA ANDREJEWNA *tritt auf, entsetzt*: Alle Heiligen, sie haben das Kind erwürgt. Kusma! Leute! Zu Hilfe!

CHRISANF WASSILJEWITSCH: Gnädigste! So angenehm uns Ihre Gesellschaft ist, aber im Augenblick kommen wir ohne Ihre Tränen aus.

FIONA ANDREJEWNA: Pfui, du!

LJUBA: Gehen Sie, vorwärts. *Sie schlägt die Tür zu.*

FIONA ANDREJEWNA *zeigt ihr zerrissenes Kleid, kläglich*: Das schöne Kleid, Raschelkrepp! Die Wohltäterin hat's mir geschenkt!

MARJA DMITRIJEWNA: Sie mit Ihrer Wohltäterin!

FIONA ANDREJEWNA *schaut noch einmal zur Tür hinein*: O Schrecken, der Student hat sich als Teufel angeputzt! Das geh ich gleich erzählen. *Sie geht ab.*

MARJA DMITRIJEWNA: Gehen Sie. Nikolenka, lauf, halt Wache, wir machen uns ans Werk.

CHRISANF WASSILJEWITSCH: Wieso hat sie eigentlich gesagt, daß sich der Student als Teufel angeputzt hat? Das will ich sehen. *Er betrachtet sich im Spiegel und reißt verärgert das Papier ab.* So was Dummes. Wenig geistreich. Untertänigsten Dank, Natalja Pawlowna, das war bestimmt Ihr Einfall. *Er zieht sein Jackett an.*

LJUBA: Das war gar nicht Natascha, es hat sich von selbst angeklebt.

NATALJA PAWLOWNA UND MARJA DMITRIJEWNA: Von selbst, von selbst.

CHRISANF WASSILJEWITSCH: Wie niveaulos!

MARJA DMITRIJEWNA: Jetzt aber genug, Chrisanf Wassiljewitsch. Man muß doch Spaß verstehen! Aber ich muß jetzt gehen, sonst merken sie noch was.

NIKOLENKA *kommt angerannt*: Sie kommt, sie kommt, höchstpersönlich!

Alle rennen kopflos um den Tisch und rufen: »O Schreck!«

MARJA DMITRIJEWNA: Schluß jetzt, tragt alles weg, versteckt es!

Alle außer Marja Dmitrijewna und Chrisanf Wassiljewitsch rennen davon.

GLAFIRA FJODOROWNA *tritt auf*: Allerliebst, allerliebst. Simon, armer Simon! Und du hattest kein Mitleid mit meinem grauen Haar? Mit wem? Schön sieht er aus, der Schmierfink!

CHRISANF WASSILJEWITSCH *würdevoll*: Welches Recht haben Sie?

MARJA DMITRIJEWNA: Später, maman, später erzähle ich Ihnen alles. Kommen Sie, Chrisanf Wassiljewitsch. *Sie führt den Studenten weg.*

GLAFIRA FJODOROWNA *allein*: Weder Scham noch Gewissen! Soso, gnädige Frau! Hängt sich bei ihrem Geliebten ein und zieht ab. Mein Gott! Nein, das halte ich nicht aus. Fiona Andrejewna! Fiona Andrejewna!

FIONA ANDREJEWNA *kommt gelaufen*: Wohltäterin!

Vorhang

DRITTER AKT

Glafira Fjodorowna und Fiona Andrejewna legen Karten.

FIONA ANDREJEWNA: Und da hört sie ein ungewöhnliches Krachen, sie schaut hin und sieht unter den Heiligenbildern Kreise, lauter Kreise ...

GLAFIRA FJODOROWNA: Was denn für Kreise?

FIONA ANDREJEWNA: Na ja, Mütterchen, damit hat Gott ihr ein Zeichen gegeben ... Sie geht also zu einem alten Mönch, betritt die Zelle, und sieh da, dort sitzt ein Schwein ... der Böse drauf. Sie schlug der Länge nach hin. Zum Glück kam ein Klosterbruder herein, hat sie mit Wasser bespritzt und gesagt: »Das ist weiter nichts, er hat die Verzückung! Mitunter erscheint er in Gott weiß welcher Gestalt.«

GLAFIRA FJODOROWNA *gibt ihr die Karten*: Mischen Sie die Karten.

FIONA ANDREJEWNA: Aber bitte schön, Mütterchen. Sehen Sie, meine Gnädigste, und dieser alte Mönch hat ihr dann geraten: »Geh«, sagt er, »zum Solowezki-Kloster.«

GLAFIRA FJODOROWNA: Wohin?

FIONA ANDREJEWNA: Zum Solowezki-Kloster, Mütterchen. Sie ging also los – sie ging und ging, und sie hat ihn dauernd vor Augen ...

GLAFIRA FJODOROWNA: Wen?

FIONA ANDREJEWNA: Den Bösen. Und auf einmal tut ihr der Fuß weh, eine Beule.

GLAFIRA FJODOROWNA: Was?

FIONA ANDREJEWNA: Eine Beule, noch dazu genau an der Stelle – am Knöchel. Was nun? Sie blieb bei einem alten Mütterchen, aber der Mönch, Vater Anfilogi, hatte ihr gesagt: »Sieh dich vor, schlaf nie auf der rechten Seite, weil – er da sitzt ...«

GLAFIRA FJODOROWNA: Heilige Mutter, was erzählst du so unverständlich? Wer sitzt da?

FIONA ANDREJEWNA: Er, Mütterchen. Aber ja doch – Vater Anfilogi sagt: »Bei der Geburt eines jeden Menschen, so steht es geschrieben ...«

GLAFIRA FJODOROWNA: Ach was, hören Sie auf! Ich habe anderes im Kopf. Wo ist unser Senja? Armer Simon! Ich mag nicht daran denken. Da kommt er, gehen wir.

Sie gehen ab.

SEMJON IWANYTSCH *tritt auf, finster*: Nein, ich kann das nicht länger dulden. Mamenka hat mich rufen lassen und mir kurzerhand erklärt, sie selbst habe gesehen, wie meine Frau insgeheim mit diesem Herrn geredet hat. Sie sagt ... Aber das ist entsetzlich, was sie sagt und denkt ... Nehmen wir mal an, das sei Unsinn, aber wie kann man es so weit treiben, Anlaß zu solchen Vermutungen geben! Ich muß mich entschließen. Ich kann das nicht auf sich beruhen lassen. Ich gehe zu ihr und sage ihr meine Meinung. Mascha, Mascha, wie habe ich dich geliebt! Und diesen Herrn ... nun, diesem Herrn wird es schlecht ergehen – ja schlecht! *Er nimmt einen Knüppel.*

NATALJA PAWLOWNA *tritt auf*: Was haben Sie, Semjon Iwanytsch, mir scheint, Sie sind traurig?

SEMJON IWANYTSCH: Ich? Nein, nichts.

NATALJA PAWLOWNA: Was ist denn das für ein schrecklicher Stock? Wozu brauchen Sie ihn?

SEMJON IWANYTSCH: Nur so ... *Er schweigt.* Natalja Pawlowna, was würden Sie tun, wenn Sie einen Menschen von ganzem Herzen liebten, und dieser Mensch würde sich nicht scheuen, Sie zu kränken, Sie an der empfindlichsten Stelle zu treffen?

NATALJA PAWLOWNA: Ich weiß wirklich nicht, ich habe das noch nicht erlebt.

SEMJON IWANYTSCH *nimmt den Knüppel*: Ich weiß, was ich zu tun habe. *Er droht mit dem Knüppel.* Nein, es ist nichts. Leben Sie wohl.

Natalja Pawlowna will gehen.

Ach, nein ... Wo ist Mascha? Ich werde jetzt eine Entscheidung treffen, unbedingt! *Er geht.*

MARJA DMITRIJEWNA *hinter der Tür*: Senja, bist du das? Geh eine Minute hinaus, ich bitte dich.

SEMJON IWANYTSCH *zur Seite*: Sie verbirgt es nicht einmal! Unbegreiflich.

Natalja Pawlowna geht ab.

CHRISANF WASSILJEWITSCH *tritt auf, nimmt Kerzen, schiebt Tisch und Stühle zur Seite*: Sie werden gebeten, eine Minute hinauszugehen.

SEMJON IWANYTSCH *nimmt den Knüppel*: Bleiben Sie stehen, warten Sie!

CHRISANF WASSILJEWITSCH: Keine Zeit, später. *Er geht ab und nimmt die Kerzen mit.*

LJUBA *läuft zur Tür*: Glafira Fjodorowna, Allerbeste, schnell! Was bei uns los ist; herrlich! Kommen Sie schnell. *Sie läuft davon.*

GLAFIRA FJODOROWNA: Was soll denn das? Der Jüngste Tag!

FIONA ANDREJEWNA: Mütterchen, sprechen Sie in der Dunkelheit wenigstens ein Gebet.

SEMJON IWANYTSCH: Nein, das ist nicht zu ertragen, entweder ich oder ... Sie sind von Sinnen, ich begreife gar nichts!

Alle treten in Kostümen mit dem Transparent auf.

MARJA DMITRIJEWNA *singt*:

Es mag heut nicht mehr üblich sein,
Im Grazienkleid zu gratulieren,

Doch bin ich dein und ewig dein,
Ich wag's, den Stilbruch zu riskieren!

Fiona Andrejewna, Glafira Fjodorowna und Semjon Iwanytsch weinen.

SEMJON IWANYTSCH: Ach, ich Esel! Und ich dachte ...

MARJA DMITRIJEWNA: Was dachtest du?

SEMJON IWANYTSCH: Nein, ich sage es nicht.

MARJA DMITRIJEWNA: Siehst du.

GLAFIRA FJODOROWNA: Charmant, wie hübsch! Kinder umarmt mich.

FIONA ANDREJEWNA: Nein, der Nihilist schießt den Vogel ab!

CHRISANF WASSILJEWITSCH: Nun, allerschönste Dame, Fiona Andrejewna, feiern auch wir beide Versöhnung.

Vorhang

PETRUS DER BROTBÄCKER

Fragment

Personen

Petrus
Des Petrus Frau
Elisar, *des Petrus Sklave*
Der Fremde
Erster Bettler
Zweiter Bettler
Dritter Bettler
Vierter Bettler
Erste Bettlerin
Zweite Bettlerin
Närrin
Der Arzt
Eine Frau
Erster Käufer
Zweiter Käufer
Erster Herr
Zweiter Herr
Erster Ägypter
Zweiter Ägypter
Der Kaufmann
Der Stumme

ERSTER AKT

Es geschieht in Syrien im 3. Jahrhundert. Der Platz vor einem Haus. Bettler sitzen herum: zwei Frauen, drei Männer; Einwohner gehen vorbei. Die Bettler bitten um Almosen, man gibt ihnen. Ein bettelnder Fremder tritt auf.

DER FREMDE: Sei gegrüßt, Gesell.

ERSTER BETTLER: Woher?

DER FREMDE: Aus Kairo. Sammelt ihr gut?

ERSTER BETTLER: Schlecht, sind wenig Reiche da.

DER FREMDE: Wieso wenig? Da stehen so vornehme Häuser. *Er zeigt auf eines.* Der muß wohl Tausende haben.

ERSTE BETTLERIN: Ja, der hat große Reichtümer, doch eher erstickt er, als daß er einem Bettler was gäbe.

ZWEITER BETTLER: Alle kennen den Brotbäcker Petrus. Solang ich hier lebe, dreißig Jahre, hat er nie jemandem einen Kanten Brot gegeben.

DRITTER BETTLER: Und Weib und Tochter sind genauso.

ZWEITE BETTLERIN: Nein, die Tochter ist immerhin besser. Sagt die Magd.

ERSTE BETTLERIN: Es ist auf der Welt kein geizigerer Mensch als dieser Petrus; niemals gibt er was.

DER FREMDE: Was redet ihr. Wer's versteht, wer richtig bittet, holt auch was raus.

ERSTER BETTLER: Na, versuch's.

DER FREMDE: Und ich hol was raus. Keiner ist, der mir nichts gäbe, wenn ich ihm zusetze.

BETTLERIN UND BETTLER: Das denkst du dir: daß du was rausholst. Er gibt nichts.

DER FREMDE: Wetten?

ERSTER BETTLER: Um was?

Alle sammeln sich um den Fremden.

DER FREMDE: Willst du um drei Denare wetten?

ERSTER BETTLER: Abgemacht.

Sie schlagen ein und lachen.

Heraus mit dem Geld.

Der Fremde und der Bettler geben der ersten Bettlerin die Einlage.

ZWEITER BETTLER: Dort kommt er gerade. Er bringt Brot zum Fürsten.

Petrus tritt auf, ferner ein Sklave, der einen Korb mit Broten trägt.

DER FREMDE *tritt zu Petrus*: Um Christi willen eine Gabe für einen Wandersmann, einen Unbehausten. Ihr, unsere Väter, erbarmt euch. Wohltäter, um Christi willen, ich hungere, ich sterbe ... *usw.*

Petrus geht weiter, wendet sich gar nicht um, während der Fremde nicht von ihm abläßt, sich niederwirft, nach Petrus' Rockschößen faßt.

PETRUS: Hau ab.

DER FREMDE: Du Allerbester, Väterchen ... *usw.*

PETRUS: Fort mit dir.

DER FREMDE *läuft von der anderen Seite zu ihm, fällt vor ihm nieder*: Väterchen ... *usw.*

PETRUS: Fort! Ich schlag dich tot. *Er bückt sich, hebt einen Stein auf.*

DER FREMDE: Allergütigster. Hab Mitleid. *Er faßt nach Petrus' Hand ... usw.*

PETRUS: Ich hab gesagt, ich schlag dich zum Krüppel. Hau ab.

Er holt ein Brot aus dem Korb, wirft es nach ihm und geht ab.

DER FREMDE *hebt das Brot auf und läuft zu den Bettlern*: Was hab ich gesagt? Gewonnen. Da ist es, Petrus' Almosen. *Er zeigt das Brot.* Gebt mir mein Geld.

ZWEITER BETTLER: Hast Glück gehabt, Bruder. Hast gewonnen, bewirt uns dafür.

Vorhang

ZWEITER AKT

In einem Haus. Im Vordergrund sitzen des Petrus Frau und Tochter. Weiter hinten steht ein Bett, auf dem Petrus liegt, sich hin und her wirft und im Fieber irreredet.

PETRUS: Räuber. Bringen mich um. Soviel Mehl verschüttet. Bezahlen. Totschlagen. Kaiser. Tanzen jetzt, die Blumen. Ade. *Er wird still.*

PETRUS' FRAU: Heut abend sind's nun schon drei Tage, und es wird und wird nicht besser. Wenn er bloß nicht stirbt.

Die Gottesnärrin tritt ein.

NÄRRIN: Guten Tag, Mädchen. Da weinst du immer. Willst deinen Mann begraben. Keine Angst, er stirbt nicht. Ist noch nicht fertig. Dreißig Jahre hat er Geld gerafft, jetzt braucht er noch mal soviel Jahre, das Geld rauszuschmeißen. Dann erst ist er fertig.

PETRUS' FRAU: Hör auf, Dunjaschka, red nicht solchen Unsinn. Willst du was essen?

NÄRRIN: Brauch nichts zu essen. He, Alter, schläfst wohl?

Die Tochter geht hinaus. Petrus lauscht.

Ein Reicher kommt nicht ins Himmelreich. Du paßt nicht durch die Tür, bleibst hängen. Und paßt du nicht durch, fällst du in die Hölle, zu den Schwarzen.

Der Arzt tritt ein.

PETRUS *springt auf und schreit*: Was willst du? Willst auch du mich würgen?

ARZT: Beruhige dich, deine Krankheit geht vorbei. *Er faßt ihn an der Hand und drückt ihn aufs Bett.*

NÄRRIN: Dummkopf, Dummkopf, treibst Faxen, verpfuschst mir alles. Mag gar nicht zusehen. *Sie läuft weg.*

ARZT: Haltet ihn fest: *Er betastet ihn, klopft ihn ab, murmelt vor sich hin*: Hier nichts. Hier fängt es an. Ich hör's, hier ist er. Den treib ich aus. Die ganze Krankheit ist hier. Du wirst heil und gesund gemacht, verlaß dich drauf. Lieg ruhig. *Er holt ein Fläschchen hervor, läßt ihn davon trinken, gibt Petrus' Frau ein anderes Fläschchen mit einem Einreibemittel.*

Reibt ihn abends damit ein. Also. *Er geht ab, Petrus' Frau folgt ihm.*

PETRUS *allein, liegt lange schweigend, fährt plötzlich hoch, setzt sich auf*: Was ist das? Es ist der Tod. Ich fühl's, ich sterbe. Da kommt auch der Engel, meine Seele zu holen. Er sagt: »Du wirst heil und gesund sein.« Wie denn: heil und gesund, wenn's ans Sterben geht. Mein Gott, was geschieht mit mir dort? Ist es wirklich wahr, daß ein Reicher nicht ins Himmelreich kommt? Ist es wirklich wahr, daß mir alle meine Grausamkeit aufgerechnet wird: daß ich nie den Bettlern gab, kein Mitleid hatte mit der Witwe, der Waise, dem Kranken, dem Armen? Ist es wirklich wahr? Warum habe ich das nicht früher begriffen? Besser, ich gebe nicht die Hälfte sondern alles hin, besser alles, als jetzt zu den Schwarzen gehen. Da sind sie, da sind sie, zerren schon meine Seele zu sich hin. *Er blickt nach oben.* Ja, da ist sie, die Waage, auf ihr werden meine guten und meine bösen Taten gewogen. Da legen sie in die eine Waagschale das Geld, das ich den Witwen und Waisen nahm, den Lohn, den ich den Arbeitern vorenthielt, die Kränkungen, den Schimpf, die Schläge. Gehäuft voll ist diese Waagschale, sie neigt sich tief, tief, und da freuen sich schon die Teufel. O weh, ich bin verloren! Was werden sie jetzt in die andere Waagschale legen? ... Was ist das? Ein Brot. Ein einziges Brot, jenes Brot, das ich damals nach dem aufdringlichen Bettler geworfen habe. Ihr Lieben! Es zieht die Waage nach der anderen Seite. Schwerer wiegt das Brot als alle meine bösen Taten ... Das also bedeutet Barmherzigkeit. Wenn ich nur jetzt nicht sterbe. Ich wüßte, was ich täte. Nach Christi Gebot würde ich all mein Hab und Gut an die Bettler verteilen, nichts für mich übriglassen. *Er fällt aufs Bett und schläft ein.*

Vorhang

DRITTER AKT

Auf der Außentreppe vor Petrus' Haus. Petrus steht auf der Außentreppe, ringsum eine gewaltige Menge von Bettlern und mancherlei Volk. Petrus holt Geld aus einem großen Beutel und verteilt es.

ERSTER BETTLER *zum zweiten Bettler*: Du nimmst schon das zweitemal.

Sie schubsen einander.

ZWEITER BETTLER: Unsinn, du hast selber dreimal genommen.

EINE FRAU: O weh, ihr Lieben, ihr drückt mich tot.

STIMME AUS DER MENGE: Dann dräng dich nicht vor.

DRITTER BETTLER: Auch mir, auch mir – fünf Kinder, eins kleiner als das andere ...

Verschiedene Ausrufe.

PETRUS: Nehmt, nehmt, es wird reichen, nur kränkt einander nicht. Genug hab ich alle gekränkt, verzeiht um Christi willen.

PETRUS' FRAU *stürzt herbei*: Was treibst du da, du Räuber! Willst uns zu Bettlern machen? Über alle Maßen war er geizig, jetzt ist er über alle Maßen freigebig. Der Räuber. *Sie entreißt ihm den Geldbeutel und stößt ihn ins Haus. Sie schreit auf die Leute ein und will sie verjagen.*

Der Brotbäcker Petrus tritt mit dem Sklaven Elisar aus dem Haus.

PETRUS: So versprich mir, daß du das tun wirst, worum ich dich bitte.

ELISAR: Alles werde ich tun, denn ich liebe dich jetzt mehr als Vater und Mutter. Ich liebe dich, weil ich in dir den Geist Gottes sehe.

PETRUS: Versprichst du's, schwörst du's?

ELISAR: Ich verspreche es, ich schwör's.

PETRUS: Siehst du, die Familie hindert mich daran, meinen letzten Besitz wegzugeben. Ich kann nicht gewaltsam gegen sie handeln, und ich kann auch nicht so bleiben, wie ich gewesen bin. Ich habe jetzt meine Sünde erkannt und will für sie Buße tun und allein Gott dienen. Es steht geschrieben: »Verkaufe, was du hast, und gib's den Armen.« Was ich noch habe, läßt man mich nicht weggeben. Ich kann nicht darüber verfügen, über mich aber kann ich verfügen, und mich selbst will ich den Menschen hingeben. So geh denn mit mir auf den Markt, wo Sklaven gehandelt werden, bind mir die Hände, führe mich vor und verkauf mich als deinen Sklaven. Und den Erlös vom Verkauf gib den Armen.

ELISAR: Herr, das kann ich nicht tun.

PETRUS: Hast du's nicht versprochen und mir geschworen?

ELISAR: Tu das nicht, mich jammert deiner.

PETRUS: Warum jammerte dich meiner nicht, als ich Böses tat und mich ins Verderben stürzte? Und jetzt jammert es dich, da ich mich retten will.

ELISAR: Dein Wille soll geschehen.

PETRUS' FRAU *kommt heraus*: Was treibt ihr hier? Genug geschwatzt. Ins Haus mit euch.

Sie gehen hinein.

Vorhang

VIERTER AKT

Ein Markt, Sklavinnen und Sklaven, gebunden, in Ketten, und ihre Herren. Erster Herr mit zwei Sklaven; zweiter Herr mit einem alten Sklaven und dessen jungem Sohn, der gleichfalls Sklave ist. Elisar mit Petrus. Käufer.

ERSTER KÄUFER: Was verlangst du für sie? *Er zeigt auf eine Sklavin.*

ERSTER HERR: Zweihundert Silbergroschen.

ERSTER KÄUFER: Was kann sie?

ERSTER HERR: Sie tanzt, singt.

ERSTER KÄUFER: Kann sie kochen?

ERSTER HERR: Zum Kochen nimm eine Alte.

ERSTER KÄUFER: Dann nicht.

ZWEITER KÄUFER *tritt zu dem alten Sklaven mit dem Sohn*: Was verlangst du für die beiden?

ZWEITER HERR: Hundertdreißig.

ZWEITER KÄUFER: Wer gibt dir das? *Er faßt den alten Sklaven am Arm.* In dem steckt keine Kraft, und der dort ist zu jung.

ZWEITER HERR: Billiger verkauf ich sie nicht.

ZWEITER KÄUFER: Dann eben nicht, dann nicht. *Er tritt zu Petrus.* Zu welcher Arbeit taugt er?

ELISAR *leise*: Ich kann nicht, erlaß mir's.

PETRUS: Denk dran, du hast geschworen, stürz mich nicht ins Verderben. *Zum Käufer*: Ich tauge zu jeder Arbeit. Zu grober Arbeit, doch ich kann auch schreiben und rechnen.

ZWEITER KÄUFER: Was verlangst du?

PETRUS *flüsternd zu Elisar*: Sag: hundert Silbergroschen.

ELISAR: Hundert Silbergroschen.

Zwei Ägypter treten näher.

ERSTER ÄGYPTER *zum Käufer*: Worum geht der Handel?

ZWEITER KÄUFER: Ich brauche einen für grobe Arbeit. Und der da kann schreiben und rechnen; solche sind für schwere Arbeit kaum zu gebrauchen.

ERSTER ÄGYPTER: Und ich brauche gerade solch einen. Unser Edelsteinhandel verlangt keine schwere Arbeit, sondern Sauberkeit, Umsicht und Treue.

PETRUS: Herr, nimm mich, du wirst zufrieden sein. Ich werde dir dienen wie der Sohn dem leiblichen Vater.

ERSTER ÄGYPTER: Du gefällst mir. *Zu Elisar*: Nenn den Preis.

ELISAR: Hundert Silbergroschen.

ERSTER ÄGYPTER: Hier ist das Geld.

ELISAR *weint*: Ich kann nicht.

PETRUS *umarmt Elisar*: Leb wohl, verteil das Geld, wie ich dir's gesagt habe.

ELISAR: Alles will ich tun, wenn nur deine Seele Ruhe findet. Leb wohl, lieber Herr.

PETRUS: Schweig. *Er geht mit dem Ägypter ab.*

Elisar bleibt allein, er weint.

Vorhang

FÜNFTER AKT

Es geschieht in Ägypten. Der stumme Türhüter läßt den Arzt und den Kaufmann ein und bedeutet ihnen mit Gebärden, daß sein Herr sogleich erscheinen werde. Er geht ab.

ARZT: Er will wohl damit sagen, der Herr sei zu Hause; er bitte uns hinein. So gehn wir hinein.

KAUFMANN: Ich weiß ja, sie sind gastfreundliche Menschen.

Der erste Ägypter erscheint.

ERSTER ÄGYPTER *wendet sich an den Kaufmann*: Ich freue mich, euch bei mir zu sehen. Bitte einzutreten. Ihr seid gewiß müde von der Reise und werdet einen Imbiß nicht ausschlagen.

KAUFMANN: Danke. Ich komme mit meinem Freund, dem Arzt, aus dem fernen Syrien in Handelsgeschäften hier in eure Stadt, und es ist uns eine große Freude, euch zu besuchen.

ÄGYPTER *klatscht in die Hände und ruft*: Methodius! *Zu den Gästen*: Ich bitte, Platz zu nehmen.

Petrus tritt ein im Gewand eines bedienenden Sklaven; als er den Arzt erblickt, erschrickt er und wendet sich ab.

PETRUS: Was befiehlt der Herr?

ÄGYPTER: Bring den teuren Gästen Brot, Wein und Trauben. Gäste aus deiner Heimat. Kennst du sie nicht?

PETRUS: Nein, ich kenne sie nicht. *Er geht ab.*

ARZT *zum Herrn*: Warst du einmal in unserer Stadt?

ÄGYPTER: Ich war vor acht Jahren dort. Damals kaufte ich auch diesen Sklaven, den ihr eben gesehen habt.

ARZT: Das war gerade zu der Zeit, als in unserer Stadt jene unerhörte Begebenheit geschah, die bis heute keiner begreifen kann.

ÄGYPTER: Was war denn das für eine unerhörte Begebenheit?

ARZT: Es geschah, daß einer der reichsten Männer unserer Stadt, der Brotbäcker Petrus, der gewaltige Ländereien und große Gärten besaß und der geizigste Mann im ganzen Land gewesen war, sich plötzlich zum christlichen Glauben bekannte und alles weggab, was er weggeben konnte, und da ihm verwehrt war, den Rest seiner Habe wegzugeben, verkaufte er, so heißt es, sich selbst in die Sklaverei. Das Geld, das für ihn gezahlt wurde, ließ er an die Bettler verteilen, und er verschwand – keiner weiß, wohin.

KAUFMANN: Seine Frau schickt bis heute Boten überallhin, auf daß sie ihn fänden, doch niemand kann sagen, wo und was er ist.

ÄGYPTER: Welch eine erstaunliche Geschichte. Wie alt war er, und wie sah er aus?

Indessen tritt Petrus ein, er bringt einen Krug Wein und Früchte.

ARZT: Er zählte schon beinahe fünfzig Jahre und war von mittlerer Gestalt, eher mager als beleibt, ganz ähnlich deinem Sklaven.

Petrus verhüllt sein Gesicht und geht rasch ab.

Was für eine prächtige Erscheinung, dieser Sklave!

ÄGYPTER: Er ist kein Sklave, sondern Gold. Seit er bei mir ist, gelingt alles, was ich unternehme, aufs beste. Viele Male wollte ich ihm die Freiheit schenken, doch er nimmt sie nicht an. Er ist Sklave, aber einer der besten Menschen, die ich je kennenlernte. Methodius, komm her.

Petrus tritt ein.

ARZT *zum Kaufmann*: Sieh nur, er gleicht wahrhaftig dem Brotbäcker Petrus.

Petrus läuft zur Tür.

PETRUS: Stummer, mach auf.

Die Tür öffnet sich. Petrus läuft fort. Der Stumme tritt in den Raum und spricht.

DER STUMME: Das war ein Heiliger, ich hab's gesehen, wie er zur Tür hinausging, da umgab ihn ein Leuchten, und er verschwand.

ÄGYPTER: Ein Wunder, der Stumme spricht.

KAUFMANN UND ARZT: Er ist es, er ist es, er hält sich verborgen, auf daß die Menschen ihn nicht lobpreisen.

Vorhang

ANHANG

»TROTZDEM WIR ÜBERALL IN NACHT BLICKEN«

DIE REALISTISCHE BÜHNENKUNST LEW TOLSTOIS

Nachdem die Berliner »Freie Bühne« am 26. Januar 1890, fünf Jahre vor der ersten Aufführung an einem öffentlichen russischen Theater, Tolstois »Macht der Finsternis« in der Inszenierung von Hans Meery und der Übersetzung von August Scholz herausgebracht hatte, schrieb einer der aufmerksamsten Beobachter des hauptstädtischen Theaterlebens, der Romanschriftsteller Theodor Fontane, im Eingang seiner Besprechung für die »Vossische Zeitung«: »Die moderne realistische Kunst hat nichts Besseres und trotzdem wir überall in Nacht blicken, nichts heilig Leuchtenderes aufzuweisen als dieses Stück. Wer über realistische Kunst und ihre Berechtigung oder Nichtberechtigung mitsprechen will, der darf ihre Art nicht an ihren Entartungen demonstrieren, an ein Stück wie *dieses* muß er herantreten.« Fontane begrüßte das dramatische Hauptwerk Tolstois vor allem als beispielhaften Versuch, das Verfahren des Realismus von der erzählenden Literatur auf die Bühne und ihre Gesetzlichkeiten zu übertragen. Was ihn überzeugte, war die schon bei Ibsen und Hauptmann vorgefundene »Wahrheit und Ungeschminktheit in der Wiedergabe des Lebens«. Nur, sein Stilempfinden sah sich durch die breite Darstellung häßlicher und sündhafter Alltäglichkeit stärker verletzt als im Falle von Ibsens »Gespenster« oder Hauptmanns »Vor Sonnenaufgang«. In der Tat fehlt bei Tolstoi jede Verklärung des Häßlichen und jede Milderung des Sündhaften. Von den Dramatikern des ausgehenden Jahrhunderts hat keiner eine lichtlosere Bühnenwelt geschaffen.

Anfänge

Die Bühnenwelt Tolstois ähnelt in ihrer beklemmenden Düsterkeit jener Welt, die Alexander Ostrowski, an die satirische Tradition des achtzehnten Jahrhunderts anknüpfend, dem heimischen Publikum nach 1850 erschlossen hatte: der Welt der Moskauer Kaufmannschaft, einer Welt der Laster, der Triebe, der Leidenschaften. Die Ähnlichkeit ist kein Zufall. Ostrowski war nicht nur der Vorgänger, sondern auch das Vorbild Tolstois. Der junge Lew Nikolajewitsch kannte und schätzte zwar, seit seiner Kasaner Studienzeit, zahlreiche Werke der klassischen europäischen Dramatik, Werke von Molière, Marivaux und Beaumarchais, von Lessing, Goethe und Schiller; aber nichts beeindruckte ihn so nachhaltig wie die ersten Komödien Ostrowskis, die er in den fünfziger Jahren, am Beginn seiner schriftstellerischen Laufbahn, teils im Theater, teils durch Lektüre kennenlernte, die Komödien »Es bleibt ja in der Familie«, »Armut ist keine Schande« und »Ein einträglicher Posten«. Er bewunderte an ihnen, mehr noch als an Gogols »Revisor«, die Echtheit des dargestellten Milieus und die Eindringlichkeit der szenischen Bilder. Diese Bewunderung weckte in Tolstoi, inzwischen Autor der berühmten Erzählung »Kindheit« (1852), das Verlangen, sich auch auf dem Gebiet des Dramas zu versuchen. Eine Tagebuchnotiz vom Februar 1856 erwähnt neben vielen epischen Plänen erstmals den Plan zu einer Komödie. Es handelt sich um das einige Wochen nach dieser Erwähnung begonnene Stück »Eine Adelsfamilie«, das ebenso wie das nächste, »Freie Liebe« betitelte, unvollendet blieb. Beide Stücke sollten im Stile Ostrowskis auf komische Art und Weise entlarven, das eine die Ausschweifungen der ländlichen, das andere die Ausschweifungen der städtischen Aristokratie. Der aus den Erzählungen übernommene strenge Moralismus verhinderte jedoch die freie Entfaltung von Spiel, Witz und Phantasie. Tolstoi mußte gespürt haben, daß ihm die für die gewählte Gattungsform nötige Leichtigkeit fehlte. Nur dies erklärt den Abbruch.

Literarische Experimente, Reisen nach Westeuropa und, vor allen Dingen, pädagogische Interessen verzögerten die Wiederaufnahme der dramatischen Bemühungen. Sie erfolgte erst, als Tolstoi bereits für sein großes Roman-Epos »Krieg und Frieden« intensive historische Studien über die Zeit der Napoleonischen Kriege trieb. Ende 1863, Anfang 1864 entstand, einerseits als Stellungnahme zu den sozialen Veränderungen nach der Bauernbefreiung von 1861, andererseits als Antwort auf den 1862 erschienenen vieldiskutierten Generationenroman Turgenjews, die aktuelle Gesellschaftskomödie »Die verseuchte Familie«. Ihre Aktualität lag in dem Versuch, die sechziger Jahre als eine Phase des Übergangs zu beschreiben, als eine Epoche, die unentschlossen zwischen der Lebenstradition des Alten und dem Lebensanspruch des Neuen schwankt. Für seine richtige Zeitdiagnose besaß Tolstoi aber noch nicht die geeigneten, in jeder Hinsicht bühnengerechten Ausdrucksmittel. Er erkannte dies und verzichtete, nach der Ablehnung des Manuskripts durch das Moskauer »Kleine Theater«, sowohl auf eine Aufführung als auch auf die Drucklegung. Statt dessen variierte er 1866, unter dem Titel »Der Nihilist«, die gleiche Thematik. Die neue Fassung wirkt flüchtiger und unfertiger als die alte. Sie zeigt, daß Tolstoi seine künstlerische Aufmerksamkeit zu dieser Zeit ganz auf die Arbeit an »Krieg und Frieden« und damit auf die Epik konzentrierte. »Die epische Gattung«, hatte er schon 1863 geschrieben, »wird für mich zur einzig natürlichen.« Das bedingte, lange vor Beginn von »Anna Karenina« (1873–77), die völlige Zurücknahme aller Dramenpläne. Tolstois grundsätzliches Interesse an der Dramatik blieb davon unberührt. Er las, wie bisher, Molière und Goethe und, von den russischen Autoren, Puschkin, Gogol und Ostrowski, und er beabsichtigte, Sophokles und Euripides zu lesen. Doch nicht die Literatur, sondern die Realität bewirkte, fast zwei Jahrzehnte später, den dritten und eigentlichen Anfang seines Bühnenschaffens.

Seit den frühen achtziger Jahren erlebte Tolstoi, der mit seiner Familie von Jasnaja Poljana nach Moskau übergesiedelt war, zutiefst betroffen die unsägliche Armut eines Teils der Stadtbevölkerung. Die Schrift »Was sollen wir denn tun?« schildert, wie er, unter dem Eindruck dieser Betroffenheit, Polizeiwachen, Arbeitshäuser und Nachtasyle besuchte, mit Bettlern, Dieben und Prostituierten sprach und, fast immer vergeblich, bei den Besitzenden um Mitgefühl für die Armen, Unterdrückten und Erniedrigten warb. Eine Möglichkeit, etwas von der umgebenden Not zu lindern, entdeckte Tolstoi im April 1884, als er, während des Jahrmarkttreibens vor dem Jungfrauenkloster, die Begeisterung einfachster Menschen für theatralische Darbietungen beobachtete. Diese Beobachtung brachte ihn auf den Gedanken, Stoffe aus der Volksliteratur, Märchen, Schwänke, Legenden, szenisch zu bearbeiten. Theater als Lebenshilfe und Instrument der Erziehung – das war die Aufgabe, die sich Tolstoi stellte und die, nach jahrelangem Schreibverzicht, seine Rückkehr zur Literatur rechtfertigte.

Die Volksstücke

»Die Sache, die Sie beschäftigt – ein Volkstheater –, beschäftigt mich ebenfalls. Und ich wäre sehr froh, wenn ich dazu beitragen könnte. Deshalb freue ich mich nicht nur, daß Sie meine Erzählungen dramatisieren, sondern möchte auch versuchen, gleich in der Dramenform zu schreiben«, erwiderte Tolstoi im Februar 1886 auf einen Brief von P. A. Denissenko, dem Mitbegründer des Theaters für Arbeiter auf der Petersburger Wassiljew-Insel, und er verwirklichte seine Absicht kurze Zeit darauf mit dem Stück »Der erste Branntweinbrenner«. Zwei Jahre zuvor hatte er, bald nach seinem Besuch der Schaubuden, unter dem Titel »Petrus der Brotbäcker« eine Dramatisierung der Vita Peters des Zöllners aus einer mittelalterlichen Sammlung christlicher Heiligenleben begonnen, jedoch nicht beendet. Der Abschluß erfolgte erst im Jahre 1894. Tolstoi fügte der zugrunde gelegten Quelle eine Reihe neuer Figuren hinzu und erweiterte die Geschichte vom hartherzigen Reichen, der sich zu einem selbstlos dienenden Sklaven wandelt, um Monologe, die für sein eigenes Denken charakteristisch sind, Monologe über die Verwerflichkeit des Reichtums, ja des bloßen Strebens nach Geld und Besitz. Die Hauptgestalt erhielt, darüber hinaus, deutlich autobiographische Züge. Der reuige Sünder Petrus, der gegen den Widerstand seiner Frau unentwegt Gutes tut, um sich schließlich, in buchstäblicher Erfüllung der Bergpredigt, freiwillig auf dem Sklavenmarkt verkaufen zu lassen, erinnert an Tolstoi selber, der alles aufgeben und weggehen will, aber von Sofja Andrejewna aus Pflichtgefühl daran gehindert wird.

Die persönliche Problematik, die das Drama »Und das Licht scheint in der Finsternis« später noch weitaus stärker reflektierte, spielt in »Der erste Branntweinbrenner« keine Rolle. Wieder liegt eine Legende zugrunde. Sie stammt aus dem Weißrussischen und war von Tolstoi schon als Vorlage für seine Erzählung »Wie sich das Teufelchen einen Brotkanten verdiente« benutzt worden. Im Unterschied zur Erzählung ist die schwankartige Bühnenfassung nicht nur ein moralisierendes Lehrstück, das die Bauern vor den Folgen der Trunksucht warnt, sondern auch eine satirische Wendung gegen die Stände der Adligen und Kaufleute, der Richter und Gerichtsbeamten, die alle, Popen und Mönche eingeschlossen, eher dem Teufel verfallen als die Bauern. So meldet, im zweiten Akt, jeder Teufel eine stattliche Zahl an eingefangenen Seelen, 1836 der Adelsteufel, 9643 der Kaufmannsteufel, 3423 der Richterteufel, 1350 der Gerichtsbeamtenteufel, 1517 der Popenteufel und noch 112 der Mönchsteufel. Nur der Bauernteufel kehrt mit leeren Händen in die Hölle zurück. »Die dort«, zürnt der Oberste der Teufel, auf die anderen weisend, »was sie alles schon geliefert haben: der eine 10000, der andere 20000, wieder ein anderer gar 200000! Mönche hat er gebracht, ja, auch Mönche – 112. Und du kommst mit leeren Händen daher und bringst mir noch so einen Brotkanten. Erzählst mir Märchen! Treibst dich rum und arbeitest nicht. Deshalb entwischen sie dir. Wart nur, Bruder, ich bring dir's bei.« – »Nicht prügeln! Laß mich ein paar Worte sagen!« verteidigt sich der Bauernteufel, »die Teufel dort, die haben's gut: mit Bojaren und andern vom Adel, mit Kaufleuten, mit Weibern. Ist doch eine klare Sache: Zeig einem Bojaren eine Zobelmütze und ein Erbgut, schon hast du ihn in der Hand, führ ihn, wohin du willst. Genauso der Kaufmann. Zeig ihm einen Haufen Geld und weck seine Gier, und du hast ihn in der Schlinge, er reißt sich nicht mehr los. Mit Weibern ist's auch klar. Putz und Schleckereien – mach dann mit ihr, was du willst. Dagegen die Plackerei mit den Bauern. Wenn der doch vom Morgen bis zum Abend arbeitet, auch bis in die Nacht hinein, und ohne Gottes Namen nichts anfängt – wie sollst du da an ihn herankommen?« (10f.) Am Ende gelingt dem Erfolglosen mit einigen Gläschen Branntwein, was ihm mit dem Kanten Brot nicht gelang. Die dem Teufel verfallenen Bauern werden im letzten Akt als völlig entmenscht, als hinterlistige Füchse, reißende Wölfe und grunzende Schweine, gezeigt, ein Bild, das bereits die vollendete Düsterkeit von »Macht der Finsternis« ahnen läßt.

Der dunkle Schluß beeinträchtigte keineswegs die große Beliebtheit des Stücks. Nach der erfolgreichen Uraufführung, die in der Arbeitersiedlung Alexandrowsk unter freiem Himmel vor dreitausend Zuschauern stattfand, folgten zahlreiche weitere Aufführungen, zunächst durch das Schaubudentheater der Petersburger Porzellanfabrik, eine Inszenierung, zu der die Witwe des Komponisten Serow die Begleitmusik komponierte, dann durch Laienspielgruppen im ganzen Land, und dies trotz wiederholter Eingriffe und zeitweiliger Verbote seitens der staatlichen und kirchlichen Zensur. Um den zunehmenden Alkoholismus, weniger unter den Bauern als unter den Arbeitern, zu bekämpfen, wurde »Der erste Branntweinbrenner«, leicht aktualisiert, noch nach der Oktoberrevolution häufig gespielt. Ähnliches gilt von Tolstois letztem Volksstück, »Alles kommt von ihm«, das sich, 1910 für eine Gruppe theaterbegeisterter Jugendlicher geschrieben, sogar bis heute im Repertoire sowjetischer Amateurbühnen gehalten hat. Dasselbe Thema wird diesmal unter Verzicht auf die Mitwirkung jenseitiger Mächte behandelt. »Ich wollte«, äußerte sich Tolstoi, »ein Stück über die Schädlichkeit der Trunksucht schreiben, jedoch das Alltagsmilieu ohne Teufel darstellen; denn Teufel schrecken die Bauersfrauen ab. Und gerade diese Frauen sollten sich ein solches Stück ansehen.« Im Mittelpunkt der ganz aufs Dörflich-Diesseitige begrenzten Handlung steht ein halbgebildeter, zerlumpter Wanderer, ein Trinker und Dieb, der, gegen die Gesetze der Gesellschaft rebellierend, seine Diebstähle als Enteignungen betrachtet, der aber bei aller Unvollkommenheit die Gabe besitzt, die durch übermäßigen Alkoholgenuß verursachte Brutalität unter den Bewohnern eines einfachen Bauernhauses zu besänftigen. Ihm, dem moralisch Überlegenen, kann, nachdem er seine Wirtsleute bestohlen hat, spontan verziehen werden. Wie in »Petrus der Brotbäcker« und »Der erste Branntweinbrenner« tritt auch hier der erzieherische Sinn deutlich hervor. Denn nicht Kunstwerke, sondern dramatisierte Muster für ein Leben gemäß den Regeln christlicher Ethik wollte Tolstoi in ebenso unterhaltsamer wie drastischer Weise schaffen. Daher die Kürze der Szenen und das Holzschnittartige der Vorgänge, daher das Skizzenhafte der Figuren- und der Dialoggestaltung, das der schauspielerischen Improvisation einen bewußten Raum gewährt. All dies unterscheidet die Volksstücke von den eigentlich künstlerischen Bühnenwerken, die seit Ende 1886 entstanden und Tolstois Ruf als Dramatiker begründeten, einen Ruf, der zwar nicht an den des Epikers heranreicht, aber weit über die russische Literatur hinausdrang und vielfältige Wirkungen zeitigte.

Macht der Finsternis

Das erste Beispiel der künstlerischen Bühnenwerke, »Macht der Finsternis«, ist auch das einflußreichste. Den Einfluß bezeugen Namen wie Gerhart Hauptmann, Romain Rolland oder Eugene O'Neill. »Eine Revolution meiner normalen Entwicklung vollzog sich«, schrieb Gerhart Hauptmann 1888, »als ich Tolstois ›Macht der Finsternis‹ kennenlernte.« Ein unmittelbares Ergebnis dieser Bekanntschaft sind die Dramen »Vor Sonnenaufgang«, »Fuhrmann Henschel« und »Rose Bernd«. Was Hauptmann und andere bei Tolstoi lernten, das war vor allem die Milieutreue der detailliert protokollierenden Zustandsschilderung, die Intensität der psychologisch nuancierten Beobachtung und die Individualisierung der Personenrede durch die Verwendung von Dialekt und Umgangssprache. Diese Techniken sind Mittel einer Spielart des realistischen Theaters: der des naturalistischen. Sie stehen jedoch keinesfalls im Dienst eines engen und einseitigen Begriffs von Naturalismus. Die Menschen sind bei Tolstoi, anders als bei Zola, niemals vollständig durch Umwelt, Trieb und Erbanlage determiniert. Sie bewahren, so weit ihr Festgelegtsein auch reicht, einen Rest an Freiheit der Entscheidung. Aus diesem Rest entspringt die Tragik des Geschehens. Denn »Macht der Finsternis« ist, noch einmal, eine echte Tragödie. Eine Bauerntragödie. Die Handelnden: ausschließlich Angehörige einer Familie, eines Hofes, eines Dorfes.

Als Vorwurf diente ein dem Leben entnommener Fall, ein Kriminalfall. Ein siebenunddreißigjähriger Bauer, verheiratet mit einer fünfzigjährigen Witwe, gestand am Hochzeitstag seiner Stieftochter vor den versammelten Gästen, er habe mit der Braut ein Verhältnis gehabt und das aus diesem Verhältnis hervorgegangene Kind getötet. Nicht genug, nach dem Geständnis schlug er, in blinder Erregung, auch noch seine legitime sechsjährige Tochter nieder. Tolstoi, der durch den Staatsanwalt des Tulaer Kreisgerichts von den Vorgängen erfuhr, verwendete einige Jahre später das Gehörte bis in kleinste Einzelheiten für das vorliegende Stück. Nur den Mordversuch an der Tochter ließ er weg; dafür erfand er die Vergiftung des ersten Ehemannes. Ein weiteres, unverändert eingegangenes Handlungsmoment lieferte die Begegnung mit einem alten Mann, der darüber klagte, daß sein Sohn ein Mädchen verführt habe, aber das gegebene Eheversprechen unter keinen Umständen halten wolle. Der spezifisch eigene Anteil Tolstois liegt somit nicht im Stofflichen; er liegt, von der Echtheit bäuerlicher Alltagsrede abgesehen, zuallererst in der Umformung und Umdeutung der vorhandenen Figuren. Die Frauen sind gegenüber der Wirklichkeit deutlich negativer gezeichnet. Matrjona, Nikitas Mutter, und Anissja, Nikitas Frau, begehen gemeinsam ein Verbrechen, die eine aus Geldgier, die andere aus sinnlicher Leidenschaft. Dabei ist Matrjona, obwohl nur Anstiftende, nicht Ausführende, der aktivere Teil. Sie bringt das Pulver, mit dem Anissja ihren Mann, den kränklichen reichen Bauern Pjotr, vergiftet, um ihren heimlichen Liebhaber, den jungen Knecht Nikita, heiraten zu können. Sie drängt darauf, daß Anissja dem Sterbenden das ersparte Geld entwendet, bevor seine herbeigerufene Schwester eintrifft. Sie verkuppelt die schwangere Akulina, die ihre Stiefmutter mit ihrem Stiefvater betrogen hat, an einen der Brautwerber. Und sie vollendet den Kindermord, indem sie das getötete Neugeborene im Keller verscharrt. Dennoch ist Matrjona keine wirkliche Verbrechernatur. Sie ist eine Frau, die, klug, raffiniert, berechnend, aus der Tatsache ihrer Armut das Recht ableitet, mit allen Mitteln den persönlichen Vorteil zu suchen. Sündhaftes gehört für sie notwendig zur Bewältigung des Lebensalltags. Dagegen wächst Anissja erst allmählich in eine Rolle hinein, in der sie rücksichtslos um den Erhalt ihrer gesicherten Existenz kämpft und gleichzeitig die Erniedrigung ihres zweiten Ehemannes betreibt. Ohne die Enttäuschung durch Nikita wäre auf die Ermordung Pjotrs keine weitere Bluttat gefolgt.

So aber bewahrheiten sich die Worte Akims: »Sünde, die hängt sich an Sünde, eine zieht die andre nach sich« (70). Daß Böses Böses erzeugt, daß aus Schuld neue Schuld entsteht, das liegt als Grundgedanke bereits antiken Tragödien zugrunde. Tolstoi nimmt die uralte Vorstellung, ins Christliche und persönlich Moralistische gewendet, wieder auf. Sein Held, genauer Anti-Held, ist das Opfer jener Zwangsläufigkeit, die das einmal begangene Verbrechen, der Ehebruch und keineswegs erst der Giftmord, in Gang setzt. Nikita zeigt sich der Tat nicht gewachsen, zu der er von Anissja und Matrjona getrieben wird. Dies hängt aufs engste mit seinem Charakter zusammen. Zwar verführt er die arme Waise Marina und verspricht ihr die Ehe, um sich dann bedenkenlos für Anissja als die bessere Partie zu entscheiden. Zwar beginnt er, kaum verheiratet, zu trinken, das vorhandene Vermögen durchzubringen und seine Frau mit seiner Stieftochter, der einfältigen, aber sinnlichen Akulina, zu betrügen. Zwar läßt er sich zum Schlimmsten bewegen, der Tötung des eigenen Kindes. Jedoch: Kaum hat er die Tat getan, erwacht das Gewissen, und das zeitweilig verdrängte Gefühl für das Gute kehrt zurück. Er steigt am ganzen Körper zitternd aus dem Kellerloch und stürzt sich, wie rasend, zuerst auf Anissja, danach auf Matrjona. Daß sein Entsetzen zunächst als gezielte Aggressivität zutage tritt, resultiert aus der Erkenntnis, wehrlos

Erleidender zu sein: »Was haben die angerichtet? Was haben die aus mir gemacht? Wie's wimmerte, wie's unter mir knackte. Was haben sie aus mir gemacht!« (90) Schon vor der Tat hat Nikita in einem nachdenklichen Monolog die Ansicht vertreten, daß Anissja, Matrjona und Akulina, und zwar als Angehörige ihres Geschlechts, die eigentliche Ursache seines Unglücks sind: »Och, diese Weiber. Ein Unglück! Früher hätt ich mir's überlegen sollen, sagt sie. Was heißt da früher? Was heißt da überlegen? Wie war's denn: Voriges Jahr, da hat sich mir die Anissja an den Hals geworfen. Na und? Bin ich vielleicht ein Mönch? Der Bauer ist gestorben, na, ich hab die Sünde halt zugedeckt, wie sich's gehört. Kann mir doch keiner was vorwerfen. Als ob so was selten vorkäm. Und dann das mit den Pulvern. Hab ich sie vielleicht drauf gebracht? Hätt ich's gewußt, damals, ich hätt sie, die Hündin, gleich totgeschlagen. Jawohl, hätt sie totgeschlagen! Und sie hat's fertiggebracht, daß ich nun mit drinstecke in der Schweinerei, das Luder. Von dem Augenblick an war sie mir zuwider. Kaum daß mir's die Mutter damals gesagt hat, war mir das Weib zuwider, einfach zuwider, ich mocht sie gar nicht mehr anschaun. Und dann noch mit ihr leben? Na, und da fing eben *die* Geschichte an. Die Kleine, die lief mir nach. Was macht mir's schon aus. Tu ich es nicht, tut's ein andrer. Und nun haben wir den Mist. Aber eigentlich kann ich wieder nichts dafür, gar nichts« (85). Nikitas großer Rechtfertigungsmonolog enthält einen Gedanken, den Tolstoi zwei, drei Jahre später in seiner Erzählung »Die Kreutzersonate« ausführlicher behandelte. Es ist der Gedanke von der Macht der Frauen. Diese Macht besteht nach Tolstoi in der Rache für die sexuelle Erniedrigung durch den Mann. Die von hier aus gegebene Unausweichlichkeit entlastet Nikita aber nur bedingt. Er ist, wie jeder tragische Held, schuldig und unschuldig zugleich. Seine Schuld liegt darin, daß er dem im Weiblichen verkörperten Prinzip des Bösen zu wenig Widerstand geleistet hat. Als er das schließlich erkennt, übernimmt er die Verantwortung nicht nur für die eigenen Verfehlungen, sondern auch für die Verfehlungen der anderen. Tolstois Stück, das, Öffentliches und Privates verbindend, ebenso Sozial- wie Ehedrama ist, mündet am

Ende in ein Drama der Läuterung. Der Abfall von Gott wurde zurückgenommen. Die Zurücknahme erfolgte jedoch nur im Einzelfall. Allgemein ist die gestörte Ordnung keineswegs wiederhergestellt. Die ringsherum herrschende Dunkelheit bleibt unaufgehellt. Das bestätigt auch das Werk, das Tolstoi im unmittelbaren Anschluß an »Macht der Finsternis« begann und, nach längeren Unterbrechungen, zu Beginn des Jahres 1890 vollendete. Sein Titel: »Früchte der Bildung«.

Früchte der Bildung

Ein zufälliger Anlaß, die Lesung einiger Stücke Gogols und Ostrowskis durch den Schauspieler Stachowitsch, erneuerte in Tolstoi das Interesse an der Komödie, genauer gesagt, der Satire. Mit der Verbreitung spiritistischer Sitzungen innerhalb bestimmter Gesellschaftskreise lag ein Stoff bereit, der nach satirischer Verarbeitung drängte. Hauptobjekt des Spotts ist also der Spiritismus. Derjenige, der ihn in erster Linie vertritt, heißt Leonid Fjodorowitsch Swesdinzew, ein »Leutnant der Reitergarde a.D.« und »Besitzer von 24000 Deßjatinen Land«, wie der Personen-Index vor Beginn der Handlung mitteilt, ein »rüstiger Mann«, trotz seiner sechzig Jahre, und ein »sanftmütiger, liebenswürdiger Gentleman«. Ihn umgeben weitere Anhänger »mediumistischer Séancen«, unter denen Alexej Wladimirowitsch Krugoswetlow herausragt, ein »Gelehrter«, um die Fünfzig, »mit ruhigen, angenehm selbstsicheren Manieren« und »dazu passender gelassener, singender Redeweise«. An ihm soll der ständig begegnende komische Widerspruch zwischen dem Bekenntnis zu strenger Wissenschaftlichkeit und der Aufstellung phantastischster Konstruktionen illustriert werden. Dies schrieb Tolstoi in seiner Antwort auf einen empörten Brief des Moskauer Professors der Zoologie N. P. Wagner, der sich in der Figur Krugoswetlows karikiert sah, und er fügte hinzu, es gehe dabei nicht nur um den Spiritismus, sondern um jegliche Form religiösen Aberglaubens. So verallgemeinert, erweist sich das Thema des Spiritismus als ein geläufiges Komödienthema. Der Aberglaube ist, neben Geiz, Heuchelei, Mißtrauen, Pedanterie oder eingebildeter Krankheit, eine der vielen Untugenden, die die ältere Typen- und Charakterkomödie verspottet. Daß ihm selbst Gebildete verfallen, und dies in einem aufgeklärten Zeitalter, darauf legt Tolstoi am Ende des neunzehnten Jahrhunderts den Akzent. Er begnügt sich keineswegs mit der Selbstentlarvung der Abergläubischen im Handeln und Reden; vielmehr läßt er sie zusätzlich durch andere, die spöttisch lachenden jungen Leute, die laute Schadenfreude bekundende Anna Pawlowna und vor allem den räsonierenden Kammerdiener Fjodor Iwanytsch, entlarven. »Gelehrt sind sie«, monologisiert Fjodor Iwanytsch, ein kluger und gebildeter Mann, an einem der seltenen Ruhepunkte im raschen Wechsel der Auftritte und der damit verbundenen Turbulenz der Vorgänge, »wer weiß wie gelehrt, etwa der Alexej Wladimirowitsch; Professor ist er, und manchmal hat man doch seine Zweifel. Was es an grobem Aberglauben so beim Volk gibt, den Glauben an Hausgeister, Zauberer und Hexen, das treibt man aus. Wenn man sich's aber recht überlegt, ist dies da gerade solcher Aberglauben. Kann das denn sein, daß die Geister von Verstorbenen reden und Gitarre spielen? Entweder es hält sie einer zum Narren, oder sie narren sich selber« (182f.). Der Diener, das zeigt sich an solchen Stellen, ist klüger als die Herrschaft. Wenn der Spiritismus eine der »Früchte der Bildung« ist, wie der ironische Titel der Komödie lautet, dann, so die insgeheime Schlußfolgerung, bedarf es gar keiner Bildung. Die Einführung einer Gegenwelt, der Welt der Bauern, spricht für die Richtigkeit dieses Schlusses.

Das Auftreten der Kursker Bauern am Ende des ersten Akts erweitert das zentrale Thema um ein zweites, kaum weniger wichtiges: das des Vertrags über den Landverkauf. Die Verknüpfung der beiden Themen ergibt sich dadurch, daß das Zimmermädchen Tanja, eine Wiederverkörperung der listigen Zofe des achtzehnten Jahrhunderts, eine spiritistische Sitzung arrangiert, um Swesdinzew zu veranlassen, Land gegen Anzahlung und nicht, im Unterschied zu seiner früheren Zusage, lediglich gegen die Erstattung der vollen Kaufsumme abzugeben. Die Sitzung, auf der alle »übernatürlichen« Vorgänge von Tanja und

Semjon, dem Diener, stammen, bildet als übermütiges Spiel im Spiel den komödiantischen Höhepunkt. Sie endet im völligen Durcheinander. Aber der Trick gelingt. Swesdinzew unterschreibt das vorgelegte Papier in der Überzeugung, dem Willen des Mediums zu entsprechen. Sein Glaube an Mediumismus und Spiritismus bleibt, auch nach der Erkenntnis der Täuschung, grundsätzlich unerschüttert. Tolstois Komödie handelt nicht von der Überwindung, sondern von der Unüberwindbarkeit menschlicher Schwäche. Wie in den Romanen »Krieg und Frieden« und »Anna Karenina« entzieht sich die in ihrer Hohlheit enthüllte hauptstädtische Salonwelt jeglicher Änderung. Positives begegnet fast nur auf der Ebene der unteren Stände, bei den Bauern, vertreten durch die drei Kursker, und bei einem Teil der Dienerschaft, insbesondere Tanja und Fjodor Iwanytsch. Das sind auch diejenigen Personen, die am glücklichen Ausgang teilhaben: die Bauern, weil sie das benötigte Acker- und Weideland zu günstigen Bedingungen erhalten, Tanja, weil sie die ungeliebte Stellung aufgeben und Semjon heiraten kann, Fjodor Iwanytsch, weil er das junge Paar besuchen und im Alter voraussichtlich ganz auf dem Lande leben wird. Die Ungebildeten (nur Fjodor Iwanytsch stellt eine relative Ausnahme dar) erweisen sich als die Repräsentanten der Menschlichkeit. Dies ist in Tolstois Augen ein Wert, durch den selbst Tanjas List mühelos ihre moralische Rechtfertigung findet. Demut, Güte, Liebe zählen mehr als die »Bildung« der Gebildeten, die außer dem Spiritismus noch andere »Früchte«, das heißt Laster, hervorbringt, zum Beispiel die Koketterie der Tochter Betsy, die Vereinssucht des Sohnes Wassili Leonidytsch oder das blinde Vertrauen der Gräfin Anna Pawlowna zu den Ärzten.

Die individuellen Laster umfaßt ein allgemeines Übel, das, alle Personen dieses Kreises verbindend, als das Grundübel gelten kann: das Fehlen notwendiger und sinnvoller Betätigung. »Das ist ihre Arbeit«, erklärt die Köchin einem der Bauern, »auf dem Klavier spielen und dann die Karten. Kaum sind sie zusammen, gleich her mit den Karten, mit Schnaps, Zigarren und Zigaretten, und dann geht's die ganze Nacht. Sind sie aufgestanden, essen sie wieder!« (157) Auch von hier aus erscheinen die

Bauern und die Dienerschaft (bis auf Ausnahmen wie Grigori, den Eitlen, Frechen, Mißgünstigen, der die schlechten Angewohnheiten der Herrschaft nachahmt) als das vorbildhafte Gegenteil. So deutlich die Kontrastfunktion der beiden sozialen Lager, des arbeitenden und sittlichen sowie des nichtarbeitenden und unsittlichen, ist, Tolstois Moralismus drängt sich keineswegs auf. Er bleibt in das Komödiengeschehen eingebunden. Das ergibt die unbestreitbare Bühnenwirksamkeit eines Stücks, mit dem Stanislawski im Februar 1891 sein Debüt als Regisseur gab.

Zur Bühnenwirksamkeit tragen auch die Eigenarten der Komposition und der Sprache entscheidend bei. Die aus dem Rückgriff auf die klassischen Einheiten von Zeit, Ort und Handlung resultierende Statik wird durch die bewegungschaffenden Elemente der ungewöhnlich großen Zahl dramatischer Figuren und der ebenso großen Zahl kurzer, rasch wechselnder Auftritte innerhalb der Akte überdeckt. Der durch kompositionelle Mittel erzeugten Dynamik entspricht die durch sprachliche Mittel gewonnene Lebendigkeit, Farbigkeit, Anschaulichkeit. Lebendigkeit, Farbigkeit, Anschaulichkeit erreicht Tolstoi, der nach eigener Aussage die Sprache für den »wesentlichen, wenn nicht einzigen Weg zur Darstellung von Charakteren« hielt, vor allem durch das Prinzip der Individualisierung und Nuancierung des Redestils. Das bedeutet, er begnügt sich nicht damit, daß die eine Personengruppe die mit französischen Floskeln durchsetzte Salonsprache der Adligen spricht und die andere die bäuerliche Umgangssprache mit ihren Vulgarismen, Lakonismen und Dialektismen. Vielmehr spricht jeder, bei aller Bindung an die stilistische Tonart seiner Schicht, auf eine Weise, die sichtbar im charakterlichen Sosein wurzelt. Swesdinzew, der liebenswürdige Adlige und gastfreundliche Hausherr, beherrscht die Wendungen gesellschaftlicher Höflichkeit; aber seine dürftigen Sätze, die sich durch Nachlässigkeit, Zufälligkeit und Zusammenhangslosigkeit auszeichnen, sind das Ergebnis fehlender Disziplin im Denken und verraten einen ausgeprägten Mangel an Substanz. Anna Pawlowna, Swesdinzews Frau, beachtet vor den Besuchern aufs strengste die Regeln der Liebenswürdigkeit und Gastfreundlichkeit, um vor den Bediensteten und den Familienmitgliedern, entsprechend ihrem hysterischen Charakter, unentwegt zu schimpfen und zu schreien, was in diesem Fall zur häufigen Verwendung der Wortwiederholung führt. Krugoswetlow, der Professor, höflich, korrekt, beherrscht in Umgangsform wie sprachlichem Verhalten, spricht meistens so, als hielte er eine Vorlesung, wobei er durch gelehrte Termini und kunstvolle syntaktische Fügungen eine phantastische Gedankenwelt eröffnet, an deren Existenz keine Zweifel geduldet werden. Auch bei den Bauern, die alle die gleiche derbe, ungelenke Sprache des Alltags benutzen, zeigt sich Differenzierendes bereits im Reden. Der erste Bauer, dem das städtische Milieu offensichtlich nicht ganz fremd ist, kennt die Titel der Angestellten des herrschaftlichen Hauses und verwendet mit Vorliebe gehobene Ausdrücke und unbewußt entstellte Fremdwörter. Der zweite Bauer, der ein kritischeres Verhältnis zur höheren Gesellschaft hat, übersetzt das, was der erste sagt, ins Allgemeinverständliche und belebt seine ebenso einfachen wie klugen Ausführungen durch Sprichwörter und witzige Redensarten. Der dritte Bauer, ein nervöser alter Mann, in dessen emotionalisierten Sätzen noch deutliche Nachklänge des nicht vergessenen Rechts der Leibeigenschaft spürbar sind, versucht weniger auf argumentativem Weg als durch formelhafte Bitten zum Ziel, dem Vertrag über den Landverkauf, zu kommen.

Es ist gerade diese Technik der individualisierenden und nuancierenden Sprachgebung, der Tolstoi in seinen späten Stücken verstärkte Aufmerksamkeit widmete. Bezeichnenderweise wandte er um 1903, im Rahmen des berühmten Shakespeare-Traktats, gegen den großen englischen Dramatiker ein: »Alle Gestalten sprechen nicht ihre, sondern immer ein und dieselbe geschraubte und unnatürliche Sprache Shakespeares.«

Die späten Stücke

Nach Beendigung der Komödie »Früchte der Bildung« trat das dramatische Schaffen, zugunsten der Epik, für ein volles Jahrzehnt in den Hintergrund. Der Besuch einer Aufführung von Tschechows »Onkel Wanja« durch das Moskauer Künstlertheater im Januar 1900 gab Tolstoi den Anstoß zur Verwirklichung eines Plans, der erstmals in einer Tagebuchnotiz des Jahres 1897 auftaucht. Es war der Plan zu dem Schauspiel »Der lebende Leichnam«. Wieder liegt ein Fall zugrunde, mit dem sich die russische Justiz beschäftigen mußte. Nikolai Gimmer, ein Trinker und Herumtreiber, trennte sich nach zweijähriger Ehe von seiner Frau, die ihn einige Zeit später bat, Selbstmord vorzutäuschen, damit sie erneut heiraten konnte. Der Betrug kam heraus, und beide wurden zu Gefängnisstrafe und Zwangsarbeit verurteilt. Zwar trieb Tolstoi, ehe er an die Niederschrift ging, wie für »Macht der Finsternis« genaue Milieustudien, diesmal in Kneipen und in Nachtasylen; aber das fertige Werk erinnert kaum noch an die voraufgegangene Bauerntragödie. Es ist aus den engen Grenzen der Tolstoischen Morallehre gelöst und den freieren Prinzipien des Tschechowschen Theaters angenähert. Wie bei Tschechow gibt es keine Statik der Figuren, keine ausgeprägte Charakterdominante, keine Verteilung von Gut und Böse. Statt dessen begegnen nur widersprüchliche Naturen, die zwischen Tugend und Laster schwanken. Fedja Protassow, wie Nikolai Gimmer im Stück heißt, erscheint trotz seiner Flucht aus der Ehe und trotz seines fingierten wie (schließlich) tatsächlichen Freitods als der eigentlich moralische Mensch. Auf der anderen Seite enthüllt sich Wiktor Karenin, der zweite Ehemann und strenge Hüter herrschender Moral, zunehmend in seiner Selbstgefälligkeit und seiner Verfallenheit an die allgemeine Lebenslüge.

Die Verlagerung des Schwergewichts von der Handlung auf die innere Dramatik der komplizierten seelischen Vorgänge setzte Tolstoi in einem Stück fort, das er selbst für das wichtigste hielt: »Und das Licht scheint in der Finsternis«. Er nannte es sein »großes«, sein »eigenes« Drama und arbeitete, sporadisch seit 1890, verstärkt nach 1900, insgesamt zwanzig Jahre daran, ohne zu einem wirklichen Abschluß zu gelangen. Der autobiographische Charakter ist offenkundig. Tolstoi wollte hier, wie vorher in den Gestalten Besuchows aus »Krieg und Frieden«,

Lewins aus »Anna Karenina« oder Nechljudows aus »Auferstehung«, bloß umfassender, seine ureigensten Erfahrungen und Erlebnisse, seine Kämpfe, Leiden und Überzeugungen thematisieren. Tatsächlich entsprechen die Prinzipien, von denen sich Nikolai Iwanowitsch Sarynzew, die Hauptgestalt, leiten läßt, den Gedanken, die Tolstoi seit den späten siebziger und frühen achtziger Jahren in Abhandlungen, Tagebüchern und Gesprächen entwickelte. Das sind unter anderem die Idee der Selbstvervollkommnung, die Einsicht in die Notwendigkeit, sich den Forderungen des Staats und der Kirche zu entziehen, und der Glaube an die Sündhaftigkeit persönlichen Eigentums. Auch der Handlungskonflikt, Sarynzews Absicht, seinen Landbesitz unentgeltlich den Bauern zu übereignen, und die aus der Sorge um die Kinder erfolgende Weigerung seiner Frau, geht auf die Wirklichkeit in Jasnaja Poljana zurück.

Das Streben nach weitgehender Übereinstimmung von Lebenswahrheit und künstlerischer Gestalt führte zu einer Besonderheit, die »Und das Licht scheint in der Finsternis« noch in anderer Hinsicht gegenüber den früheren Stücken abhebt. Was sich schon in »Der lebende Leichnam« andeutete, die Abkehr vom traditionellen Dramenaufbau, wurde vollendet. Die Vielzahl der szenischen Bilder, nicht die begrenzende Einheit der Akte, erscheint als grundlegendes Kompositionsprinzip. Es ist die offene Form, die Tschechow in die russische Dramatik eingeführt hat. Der alte Tolstoi war einer der ersten, der ihre zukunftsweisende Bedeutung erkannte.

Bodo Zelinsky

ANMERKUNGEN

5 *Der erste Branntweinbrenner* – Die Komödie entstand wahrscheinlich im März 1886 und wurde noch im selben Jahr von dem auf Tolstois Initiative gegründeten Moskauer Volksverlag »Posrednik« (Der Mittler) gedruckt.

27 *Macht der Finsternis* – Die Erstfassung des Stückes entstand zwischen dem 25. Oktober und dem 14. November 1886. Nachdem Tolstoi das Stück siebenmal überarbeitet hatte, wurde es 1887 vom Verlag »Posrednik« in über hunderttausend Exemplaren gedruckt.

43 *Dmitri-Bet-Tag* – der Sonnabend zwischen dem 18. und dem 26. Oktober; wurde zu Ehren der verstorbenen Eltern gefeiert.

69 *Mariä Fürbitt* – der 1. Oktober alten Stils; an diesem Tag wurden Abrechnungen und Zahlungen durchgeführt.

eine Deßjatine – altes russisches Flächenmaß; 1 Deßjatine = ca. 1,1 ha.

99 *allerheiligste Muttergottes von Kasan* – berühmte, aus dem 16. Jahrhundert stammende Ikone, der wundertätige Kraft zugeschrieben wurde. Sie wurde 1811 in Petersburg im neuerbauten Kasaner Dom aufgestellt. Ihr zu Ehren benannte man den 8. Juli und den 22. Oktober als christlich-orthodoxe Feiertage.

115 *Früchte der Bildung* – Die Komödie trug zunächst den Arbeitstitel »Sie erreichte es durch List«. Das Werk erschien erstmals 1891 im Druck.

118 *Kattun-und-Kaliko-Bälle* – Im 19. Jahrhundert veranstaltete der russische Adel Bälle, zu denen die Gäste in Kleidern aus Kattun oder Kaliko (leichte, bedruckte Baumwollstoffe) erschienen. Diese Veranstaltungen ähnelten den deutschen Trachtenbällen.

Großmann – Als Prototyp für diese Gestalt diente der bekannte Moskauer Hypnotiseur O. I. Feldmann.

123 *Burdeh* – richtig: Bourdier, Marja Petrowna, Besitzerin einer bekannten Moskauer Damenschneiderei.

125 *Pironnet* – Josefine Karlowna Pironnet, Besitzerin einer Schuhwarenhandlung in Moskau.

128 *Crookes* – Sir William Crookes (1832–1919), englischer Physiker und Chemiker; verfaßte zahlreiche Schriften zur Verteidigung des Spiritismus.

Wallace – Alfred Russel Wallace (1823–1913), englischer Naturforscher und Spiritist.

129 *Kapčić* – Als Prototyp für diese Gestalt diente ein gewisser Malčić,

der bei einer spiritistischen Sitzung des Fürsten Nikolai Alexandrowitsch Lwow (1834–1887) im Jahre 1886, an der Tolstoi auf eigenen Wunsch teilnahm, als Medium fungierte. Dieses Erlebnis regte Tolstoi dazu an, die Komödie zu schreiben.

Hume – Daniel Douglas Hume (1833–1886), ein in Rußland lebender Engländer, der als Medium bekannt war.

138 *mère ... père ... fils* – (franz.) Mutter ... Vater ... Sohn.

Jeu de mots – (franz.) Wortspiel.

139 *Cessez, vous devenez impossible* – (franz.) Hören Sie auf, Sie werden unmöglich.

J' ai cessé, j' ai bébé, j' ai dédé – J' ai cessé = (franz.) ich habe aufgehört; zu diesem Satz bildet Petristschew Worte mit analogem Lautbild, die keinen Sinn ergeben.

163 *Soteh a la bamong ... Bawassari* – richtig: Sauté à la Beaumont ... Bœuf royal; Gerichte der älteren französischen Küche. Sauté à la Beaumont besteht aus kurz angebratenem Fleisch, das mit Weißwein abgelöscht und mit gebratenen Austern und mit Trüffeln garniert wird; Bœuf royal ist geschmortes Rindfleisch, das mit einer raffiniert zubereiteten Trüffelsauce gereicht wird.

167 *déjeuner dînatoire* – (franz.) großes Frühstück; ersetzt das Mittagessen.

168 *C'est fait* – (franz.) Erledigt.

170 *Mais dites-moi, on le paye?* – (franz.) Aber sagen Sie, bezahlt man ihn?

Je ne saurais vous dire – (franz.) Das kann ich Ihnen nicht sagen.

Mais c'est un monsieur? – (franz.) Aber es ist doch ein Herr?

Ça tient du miraculeux ... – (franz.) Das grenzt an ein Wunder, nicht wahr? Wie findet er es nur?

Je ne saurais vous dire ... – (franz.) Das kann ich Ihnen nicht sagen. Mein Mann wird es Ihnen erklären.

172 *Epatant!* – (franz.) Großartig!

Admirable! Ça ne le fait pas souffrir? – (franz.) Fabelhaft! Bereitet ihm das keine Schmerzen?

Pas le moins du monde – (franz.) Nicht im geringsten.

173 *Charcot* – Jean-Martin Charcot (1825–1893), französischer Neurologe; erwarb sich Verdienste bei der Erforschung der pathologischen Anatomie des Nervensystems; beschäftigte sich mit der Erforschung des Hypnotismus. Bei der Hypnose wandte er die Faszinationsmethode an, d.h., er fesselte sein Medium durch Aufblitzen eines Lichtes.

Liébeault – Ambrose-Auguste Liébeault (1823–1904), französischer Arzt; verwandte sich für die praktische Nutzung der Hypnose; benutzte die Verbalsuggestion, d.h., er suchte das Medium durch eindringliches Reden in einen schlafähnlichen Zustand zu versetzen.

174 *Salpêtrière* – eine in der Nähe von Paris gelegene Anstalt für alte und geisteskranke Frauen. An ihr wirkte auch Jean-Martin Charcot.

177 *Vous avez la main heureuse* – (franz.) Sie haben Glück.

180 *Slawophile* – (griech.) Slawenfreund; Anhänger einer zunächst liberalen, später reaktionären Richtung des russischen gesellschaftlichen Denkens um die Mitte des 19. Jahrhunderts. Die Slawophilen lehnten im Gegensatz zu den Westlern für Rußland die bürgerlich-kapitalistische Entwicklung ab. Sie beriefen sich dabei auf die bäuerliche Urwüchsigkeit Rußlands, die sie idealisierten.
Mais il est très bien – (franz.) Er ist doch sehr nett.
beau-frère – (franz.) Schwager.

188 *Abulie* – (griech.) Willenlosigkeit; krankhafte Störung der Entschlußfähigkeit.
Anästhesie – (griech.) Zustand der Unempfindlichkeit gegen Temperatur, Berührung, Schmerz.
Analgesie – (griech.) Schmerzunempfindlichkeit.
Katalepsie – (griech.) krankhafte Erstarrung des Körpers in einer bestimmten Haltung.

190 *Äther* – Im 19. Jahrhundert verstand man unter Äther (Lichtäther) in der Physik und der Astronomie eine Substanz, die den ganzen Weltraum erfüllte und Träger der elektromagnetischen Erscheinungen sein sollte. Die Existenz einer solchen Substanz, auf die sich die mechanische Lichttheorie gründete, ist von dem nordamerikanischen Physiker Albert Abraham Michelson (1852–1931) inzwischen widerlegt worden.

191 *Perturbation* – (lat.) Störung, Abweichung; in der Astronomie Störung der Planetenbahnen.

193 *das Braidsche Verfahren* – James Braid (1775–1860), englischer Arzt; entdeckte 1841 das Phänomen der Hypnose. Sein Verfahren bestand darin, durch längeres Anstarren glänzender Gegenstände einen schlafähnlichen (hypnotischen) Zustand hervorzurufen.
das Charcotsche Verfahren – Siehe Anmerkung zu Seite 173.

199 *je réserve mon opinion* – (franz.) ich behalte mir meine Meinung vor.
Sarasate – Pablo de Sarasate (1844–1908), spanischer Violinvirtuose und Komponist.

202 *Ne nous fais pas faux bond* – (franz.) Laß uns nicht aufsitzen.
J'en ai par-dessus la tête de votre Coco – (franz.) Euer Coco hängt mir zum Halse heraus.
Ordinairement il est d'une exactitude – (franz.) Gewöhnlich ist er von einer Pünktlichkeit.

203 *Cessez, les gens* – (franz.) Hören Sie auf, die Leute.
ma toute belle – (franz.) meine Schönste.
lä schang – richtig: les gens = (franz.) die Leute.

205 *Et ça ne m'arrange pas du tout* ... – (franz.) Und das paßt mir überhaupt nicht. Absolut nicht!
»mit jener wunderlichen Liebe« – Zitat aus dem Gedicht »Mein Vaterland« (1841) des russischen Dichters Michail Jurjewitsch Lermontow (1814–1841).
»des Volkes Pfad zu ihm wächst niemals zu« – Zitat aus dem Gedicht »Ein Denkmal baut ich mir ...« (1836) des russischen Dichters Alexander Sergejewitsch Puschkin (1799–1837).
manifestations – (franz.) Geistererscheinungen, Offenbarungen.
mon second – (franz.) mein zweiter; im Theater die zweite Hauptrolle.
206 *mon premier* – (franz.) mein erster; im Theater die erste Hauptrolle, der erste Liebhaber.
Ein Floß schon nah, / Auf ihm zwei Generäle – Anspielung auf das sozialkritische Märchen »Von zwei Generälen, die ein Bauer ernährte« des russischen Satirikers Michail Jewgrafowitsch Saltykow-Schtschedrin (1826–1889).
211 *Merci, mille fois merci* – (franz.) Dank, tausend Dank.
Merci, mille fois merci. A mardi. – (franz.) Dank, tausend Dank! Bis Dienstag.
219 *Und das Licht scheint in der Finsternis* – Das unvollendete Drama erschien erst nach Tolstois Tod im Jahre 1911 in den »Nachgelassenen künstlerischen Werken L. N. Tolstois« mit großen Streichungen der Zensur. Zur Aufführung kam das Stück erstmals in der Theatersaison 1917/18 im »Volkshaus« in Petrograd. In Westeuropa wurde es dagegen bald nach seiner Erstveröffentlichung inszeniert.
223 *J'aurais trouvé tout ça très gentil* – (franz.) Ich hätte das alles sehr nett gefunden.
Je lui dirai son fait, au cher – (franz.) Ich werde ihm schon meine Meinung sagen, dem lieben.
du train que cela va – (franz.) wenn das so weitergeht.
224 *il n'y a pas de raison* ... – (franz.) so gibt es keinen Grund, daß damit mal Schluß wäre.
J'aurais mis bon ordre ... – (franz.) Ich hätte allen seinen Schrullen schon längst ein Ende bereitet.
et fait le généreux ... – (franz.) und spielt sich überall als Wohltäter auf.
Nous en savons quelque chose – (franz.) Wir können ein Lied davon singen.
Semstwo – ein 1864 im zaristischen Rußland geschaffenes Organ der Selbstverwaltung, das sich überwiegend mit Fragen des Handels, der Industrie, der Volksbildung und der Volksgesundheit befaßte. Da die Wahlen auf dem Vermögenszensus beruhten, war den adligen Grundbesitzern die Vormachtstellung gesichert.

tout ce qui s'en suit – (franz.) alles, was sich daraus ergibt.
les grèves – (franz.) die Streiks.
Il était très gentil. ... – (franz.) Er war sehr freundlich und wie jedermann.

226 *tout y passera* – (franz.) geht alles dabei drauf.
à prendre tes mesures – (franz.) Maßnahmen zu ergreifen.
aide-toi, et Dieu t' aidera – (franz.) hilf dir selbst, so hilft dir Gott.

227 *Je lui dirai son fait* – (franz.) Ich werde ihm tüchtig meine Meinung sagen.

228 *Renan ... »Das Leben Jesu«* – Joseph-Ernest Renan (1823–1892), französischer Philosoph, Religionshistoriker und Orientalist; charakterisierte in seinem Buch »Das Leben Jesu« (1863) in romanhafter Form Jesus als einen religiösen Willensmenschen, leugnete aber dessen Göttlichkeit.

230 *Mais cessez au nom du ciel ...* – (franz.) Nun hören Sie aber doch auf um Himmels willen. Mit welchem Recht?

231 *Il n'y a pas de patience qui tienne* – (franz.) Jedem reißt einmal die Geduld.
Quand on parle du soleil ... – (franz.) Wenn man von der Sonne redet, sieht man schon ihre Strahlen.

233 *Elle flaire cela de loin* – (franz.) Sie wittert das von weitem.

234 *la princesse a des vues sur Louba ...* – (franz.) die Fürstin für ihren Sohn ein Auge auf Ljuba geworfen hat. Die hat es hinter den Ohren; sie wittert eine hübsche Mitgift.

235 *Il faut lui rendre cette justice* – (franz.) Das muß man ihr lassen.

236 *et vous leur avez donné un démenti* – (franz.) und Sie haben ihre Aussagen dementiert.

239 *C'est tiré par les cheveux* – (franz.) Das ist an den Haaren herbeigezogen.

250 *La ci darem la mano* – (ital.) Reich mir die Hand mein Leben; Arie aus der Oper »Don Giovanni« von Wolfgang Amadeus Mozart.
Rosine ... Don Basilio – Gestalten aus der Oper »Der Barbier von Sevilla« (1816) des italienischen Komponisten Gioacchino Rossini (1792–1868).

251 *Quelle énergie! Je l' admire.* – (franz.) Welche Energie! Ich bewundere sie.
Oh, pour ceci ce n'est pas ce qui nous manque – (franz.) Oh, was das betrifft, daran mangelt es uns nicht.

260 *George-Sand-Prélude* – Ein Musikstück, das Frédéric Chopin der französischen Romanschriftstellerin George Sand (1804–1876) gewidmet hat.
Saul – Name des christlichen Apostels Paulus vor seiner Bekehrung.

291 *une sauterie* – (franz.) ein Tanzvergnügen.
adolescents – (franz.) Jugendliche.

294 *c'est le secret de la comédie* – (franz.) das ist ein offenes Geheimnis.

296 *Guttapercha* – Ein in Malaysia aus dem Milchsaft von Bäumen gewonnener Stoff, der dem Naturkautschuk verwandt ist.

Rond des dames! Les cavaliers en avant! – (franz.) Damenreigen! Meine Herren, fordern Sie bitte auf!

297 *Renvoyez au moins cet homme ...* – (franz.) Schicken Sie wenigstens diesen Menschen weg. Ich will nicht, daß er Zeuge dieser Unterhaltung wird.

Komprenneh. Tuschur mua parteh – verballhorntes Französisch: Verstehen. Ich immer gehen.

305 *Der lebende Leichnam* – Das Drama erschien erstmals postum im September 1911 in der Zeitschrift »Russkoje slowo« (Russisches Wort) und erlebte im selben Jahr durch das Moskauer Künstlertheater seine Uraufführung.

319 *Je voudrais vous parler sans témoins* – (franz.) Ich möchte Sie ohne Zeugen sprechen.

Je viens de chez vous ... – (franz.) Ich war bei Ihnen. Ihre Frau hat mir diesen Brief anvertraut, und dann ...

329 *J'espère que je ne force pas la consigne* – (franz.) Ich hoffe, daß ich nicht störe.

vous êtes toujours le bienvenu – (franz.) Sie sind stets willkommen.

Il est ensorcelé ... – (franz.) Er ist verhext, ganz gewiß verhext.

Tout ça est dégoûtant – (franz.) All das ist widerlich.

330 *La possession de l'âme ...* – (franz.) Der Besitz der Seele genügt ihnen nicht mehr.

Elle m'a fait demander ... – (franz.) Sie hat bei mir anfragen lassen, wann ich sie empfangen kann.

Quels que soient ... – (franz.) Welches Unrecht er ihr auch immer angetan haben mag.

Si elle a pu le charmer à un tel point – (franz.) Wenn sie ihn in solchem Maße hat bezaubern können.

331 *C'est compter sans son hôte* – (franz.) Das heißt die Rechnung ohne den Wirt machen.

332 *Mais c'est plus fort que moi* – (franz.) Aber das übersteigt meine Kräfte.

333 *Vous êtes majeur* – (franz.) Sie sind volljährig.

en tête-à-tête – (franz.) unter vier Augen.

Ça dépendra – (franz.) Es hängt davon ab, ob ...

340 *que le bon Dieu les bénisse* – (franz.) möge der liebe Gott sie segnen.

346 *Hast du »Was tun?« gelesen?* – Gemeint ist der Roman »Was tun?« (1864), in dem der russische revolutionär-demokratische Schriftsteller Nikolai Gawrilowitsch Tschernyschewski (1828–1883) seine materialistische Moralphilosophie und seine utopisch-sozialistischen Ideen in belletristischer Form gestaltet.

dieser Rachmanow, der hat einfach so getan, als wäre er ins Wasser gegangen – ungenaue Wiedergabe einer Episode aus dem Roman »Was tun?«: Lopuchow, nicht Rachmetow, dessen Name hier von der Zigeunerin verballhornt wird, täuscht einen Selbstmord vor, um seiner Frau, Wera Pawlowna, die Möglichkeit zu geben, den von ihr wirklich geliebten Mann, seinen Freund Kirsanow, zu heiraten.

348 *pointilleux* – (franz.) empfindlich.

351 *C'est moi qui suis l'intrus* – (franz.) Ich bin der Eindringling.

352 *valeurs* – (franz.) Farbwerte, Farbtonabstufungen.

358 *C'est étonnant* ... – (franz.) Es ist erstaunlich, wie er ihn liebt, ganz wie den eigenen Vater.
Tant mieux ... – (franz.) Um so besser. Erinnert er sich noch an seinen richtigen Vater?
On aura beau dire ... – (franz.) Was man auch sagen mag, die Tat ist gut.

373 *Alles kommt von ihm* – Die kleine Komödie war für Liebhaberaufführungen bestimmt, die auf dem Besitztum Wladimir Grigorjewitsch Tschertkows (1854–1936), eines Vertrauten Tolstois, in Teljatinki für Bauern organisiert wurden. Sie entstand im Jahre 1910 und wurde erstmals 1911 in den »Nachgelassenen künstlerischen Werken L. N. Tolstois« veröffentlicht.

391 *Die verseuchte Familie* – Die Komödie entstand 1864. Die Endfassung, die Tolstoi seinem Bekannten, dem Schriftsteller Graf Wladimir Alexandrowitsch Sollogub (1813–1882) übergeben hatte, ist verlorengegangen. Das Werk wurde erstmals 1928 nach erhalten gebliebenen Manuskripten in »Lew Tolstoi. Nachgelassene künstlerische Werke« gedruckt.

396 *das Manifest* – Gemeint ist das Manifest des Zaren Alexander II. über die Aufhebung der Leibeigenschaft vom 16. Februar 1861.
– *Comment croyez-vous?* – (franz.) Was glauben Sie?

397 *Non, mais dites* – (franz.) Nein, aber sagen Sie nur.
je plaisante – (franz.) ich scherze.
Je voudrais savoir votre opinion – (franz.) Ich möchte Ihre Meinung hören.

401 *Dites-moi, mon cher Jean* – (franz.) Sagen Sie mir, mein lieber Jean.
daß sie nach dem Zarenerlaß nur noch die festgesetzten Tage arbeiten – Nach Aufhebung der Leibeigenschaft mußten die Bauern bis zur Regelung des Loskaufs (s. Anm. zu S. 403) für das ihnen zugeteilte Land eine bestimmte Zahl von Tagen weiterhin für den Gutsbesitzer arbeiten. Die Anzahl der Tage wurde örtlich verschieden festgelegt.
veut faire la proposition à Ljuba – (franz.) Ljuba einen Antrag machen will.

403 *dem Loskauf* – Mit Aufhebung der Leibeigenschaft erhielten die

russischen Bauern die persönliche Freiheit, mußten aber das ihnen zugeteilte Land käuflich von den Gutsbesitzern erwerben. Da die Bauern nicht genügend Mittel besaßen, bekamen die Gutsbesitzer die für den Loskauf des Landes nötige Summe vom Staat vorgeschossen, an den die Bauern das Geld im Laufe von 49 Jahren zurückzahlen mußten. Bis zur Regelung des Loskaufs blieben die Bauern als »zeitweilig Verpflichtete« in der Abhängigkeit der Gutsherren.

404 *Vraiment, je crains* – (franz.) In der Tat, ich habe Angst.

406 *Lewes* – George Henry Lewes (1817–1878), englischer Schriftsteller, Naturwissenschaftler und Philosoph; verfaßte biographische Erzählungen und Dramen sowie die bekannte »Geschichte der Philosophie von Thales bis Comte« (1866).

426 *Solotow* – Wassili Andrejewitsch Solotow (1804–1882), russischer Pädagoge; verfaßte eine weitverbreitete »Russische Fibel«.

431 *Es gibt drei Arten von Liebe ...* – Diese Passage bezieht sich auf den vierten Traum der Wera Pawlowna in Tschernyschewskis Roman »Was tun?«, wo Astarte – die Göttin der Liebe bei den alten Phöniziern – und Aphrodite – die Göttin der Liebe bei den alten Griechen – als Verkörperungen der rein sinnlichen Liebe sowie der unfreien und entwürdigenden Lage der Frau in der Sklavenhaltergesellschaft erscheinen.

»Poljarnaja swesda« – (russ.) Der Polarstern; gemeint ist der von den russischen revolutionär-demokratischen Schriftstellern Alexander Herzen (1812–1870) und Nikolai Platonytsch Ogarjow (1813–1877) in London herausgegebene Literaturalmanach, in dem in Rußland verbotene Werke publiziert wurden. Der Almanach erschien in den Jahren 1855 bis 1859 und 1861, 1862 sowie 1869.

443 *pou-de-soie* – (franz.) Seidenstoff.

baignoire – (franz.) Theaterloge.

445 *Je n'ai pas de dent contre lui* – (franz.) Ich habe nichts gegen ihn.

453 *fleur d'orange* – (franz.) Orangenblüte.

457 *In Petersburg ... gibt es einen Kreis von Leuten ...* – Vermutlich handelt es sich um eine Anspielung auf die von dem russischen revolutionär-demokratischen Schriftsteller Wassili Alexejewitsch Slepzow (1836 bis 1878) in den sechziger Jahren in Petersburg gegründete Wohn- und Lebensgemeinschaft, die den Beinamen »Slepzow-Kommune« erhielt.

Er kommt von einem Seminar ... – Anspielung darauf, daß viele Vertreter der Rasnotschinzen – Intellektuelle aus der liberalen und demokratischen Bourgeoisie –, die seit den fünfziger und sechziger Jahren das geistige und gesellschaftliche Leben Rußlands immer mehr bestimmten, zunächst geistliche Seminare besucht hatten. Dazu gehörten auch die bedeutenden Repräsentanten der revolutionär-demokratischen Bewegung N. G. Tschernyschewski und

Nikolai Alexandrowitsch Dobroljubow (1836–1861), die beide als Literaturkritiker an der Zeitschrift »Sowremennik« (Der Zeitgenosse) wirkten.

460 *Buckle* – Henry Thomas Buckle (1821–1862), englischer Historiker und Philosoph; verfaßte die »Geschichte der Zivilisation in England« (1857–1861).

463 *Tarantas* – einfacher, meist geschlossener langer russischer Reisewagen, dessen vorderer und hinterer Teil zur besseren Federung durch elastische Längsstangen verbunden sind.

465 *Was den Loskauf anbelangt* – Siehe Anmerkung zu Seite 403.

474 *Die Zeit des Oblomowtums ist vorbei* – Gemeint ist die Periode feudaler Stagnation vor der Aufhebung der Leibeigenschaft im Jahre 1861. Der Begriff Oblomowtum wurde von N. A. Dobroljubow in seinem Aufsatz über den Roman »Oblomow« (1859) von Iwan Alexandrowitsch Gontscharow (1812–1819) geprägt.

Kirsanow – Gestalt eines weichherzigen liberalen Gutsbesitzers aus Iwan Sergejewitsch Turgenjews Roman »Väter und Söhne« (1862).

476 *Seit Makarius hat's das nicht gegeben* – Als »Makarius« bezeichnete man einen Jahrmarkt, der alljährlich – ursprünglich in der Stadt Makarjew (Gouvernement Nishni Nowgorod) – zwischen dem 15. Juli und dem 8. September stattfand und viele auswärtige Besucher anzog. Im Jahre 1817 war dieser Jahrmarkt nach Nishni Nowgorod (Gorki) verlegt worden.

486 *N'insultez pas* – (franz.) Beleidigen Sie nicht ...

487 *Nargileh* – orientalische Wasserpfeife.

497 *Der Nihilist* – Tolstoi schrieb diese kleine Komödie 1866 für eine Liebhaberaufführung in Jasnaja Poljana. Die Endfassung ist jedoch nicht erhalten geblieben. Bei dem vorliegenden Text, der erstmals 1928 unter dem Arbeitstitel »Komödie in drei Akten« in »Lew Tolstoi. Nachgelassene künstlerische Werke« erschien, handelt es sich um eine Arbeitsfassung des Stückes, die während der Proben noch vielfach geändert und ergänzt wurde. – Als Nihilist bezeichnete man in Rußland abwertend die Anhänger der revolutionärdemokratischen Bewegung der sechziger und siebziger Jahre des 19. Jahrhunderts, später auch die Revolutionäre überhaupt.

499 *Genelisten* – Verballhornung von Nihilisten.

501 *Bonjour, madame ...* – (franz.) Guten Tag, gnädige Frau, ich beglückwünsche Sie, und auch Euch, mein Herr.

502 *Et vous, ma chère ...* – (franz.) Und Sie, meine Liebe, haben Sie Ihre Studien beendet?

Non, madame, pas encore – (franz.) Nein, gnädige Frau, noch nicht.

508 *Solowezki-Kloster* – eines der größten russischen Klöster, das in der ersten Hälfte des 16. Jahrhunderts am Ufer der Solowezki-Insel im Weißen Meer errichtet wurde.

513 *Petrus der Brotbäcker* – Das zwischen 1884 und 1894 entstandene Stück wurde erstmals 1918 in der ersten Nummer der Zeitschrift »Tolstois Stimme und die Einigung« gedruckt. Daraufhin kam es zu Inszenierungen des Werkes am Moskauer Neslobin-Theater und am Petrograder Alexandra-Theater. Das Schauspiel hatte jedoch keinen bleibenden Erfolg und wurde bald abgesetzt.

LITERATURHINWEISE

GUDZIJ, N., »Vlast' t'my«. Istorija sozdanija, napečatanija i postanovki p'esy na scene. In: Literaturnyj kritik. 1935. Nr. 11. S. 156–175.

TOLSTOJ, S. L., Istorija pisanija i pervoj postanovki »Plodov prosveščenija«. In: Teatr. 1940. Nr. 11. S. 116–125.

LOMUNOV, K., Dramaturgija L. N. Tolstogo. Moskau 1956.

GIBIAN, G., Tolstoj and Shakespeare. 's-Gravenhage 1957.

MICHAJLOVSKIJ, B., Voprosy kompozicii i stilistiki p'esy L. N. Tolstogo »Živoj trup«. In: Voprosy literatury. 1957. Nr. 2. S. 70–93.

LAKŠIN, V., Iskusstvo psichologičeskoj dramy Čechova i Tolstogo (»Djadja Vanja« i »Živoj trup«). Moskau 1958.

ČALMAEV, V., O nekotorych ėlementach komedijnogo stilja v »Plodach prosveščenija«. In: Lev Nikolaevič Tolstoj. Sbornik statej o tvorčestve II. Hg. N. K. Gudzij. Moskau 1959. S. 113–130.

NEJMAN, B. V., Reč' personažej v p'ese »Plody prosveščenija«. In: Tolstoj-chudožnik. Sbornik statej. Hg. D.D. Blagoj u.a. Moskau 1961. S. 289–313.

COLLIS, J. S., Marriage & Genius. Strindberg & Tolstoy. Studies in Tragi-Comedy. London 1963.

KERSTEN, G., Gerhard Hauptmann und Lev Nikolaevič Tolstoj. Studien zur Wirkungsgeschichte von L. N. Tolstoj in Deutschland 1885–1910. Wiesbaden 1966.

MATUAL, D. M., Tolstoj's »Vlast' t'my«. History and analysis. Diss. (Masch.) Ann Arbor, Mich. 1971.

FRELING, R. N., A Critical Study of two Tolstoy Plays. »The Power of Darkness« and »The Live Corpse«. Diss. (Masch.) Ann Arbor, Mich. 1972.

PECHSTEDT, E., L. N. Tolstoj auf der deutschsprachigen Bühne. In: Zeitschrift für Slawistik. XVIII. 1973. S. 664–677.

KORNMAN, W. R., Tolstoj and the Drama. Diss. (Masch.) Ann Arbor, Mich. 1974.

POLJAKOVA, E., Teatr L'va Tolstogo. Dramaturgija i opyty ee pročtenija. Moskau 1978.

INHALT

Der Abdruck der Übersetzungen, des Vorworts, der Zeittafel und der Anmerkungen erfolgt mit Genehmigung des Verlags Rütten & Loening, Berlin.

Verlegt 1979 im Winkler Verlag, München.
Satz und Druck: C. H. Beck'sche Buchdruckerei, Nördlingen. Gedruckt auf Persia-Bibeldruckpapier der Papierfabrik Schoeller & Hoesch, Gernsbach/Baden.
Printed in Germany